**한 번에 합격!**

# 해커스 감정평가사
# 합격 시스템

JN372024

**강사력**
업계 최고수준
교수진

**교재**
해커스=교재
절대공식

**관리시스템**
해커스만의
1:1 관리

취약 부분 즉시 해결!
**교수님 질문게시판**

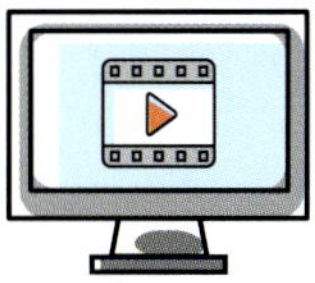

언제 어디서나 공부!
**PC&모바일 수강 서비스**

해커스만의
**단기합격 커리큘럼**

**초밀착 학습관리**
**& 1:1 성적관리**

## 해커스 합격생들의 생생한 후기!

작년에 타사 수강해서 떨어졌는데,
해커스의 우수한 강사진 덕분에
올해는 합격하게 되었습니다.

- 한*철 1차 합격생 -

해커스가 가장 유명하기도 하였고
수업의 퀄리티가 타학원들과 비교하여
남다르다고 생각했습니다.

- 이*현 1차 합격생 -

한 번에 합격! **해커스 감정평가사 ca.Hackers.com**

해커스 감정평가사

# 회계학

1차 기출+예상문제집

해커스

# 머리말

회계학 학습에서 가장 중요한 것은 각 거래들이 재무제표에 어떠한 영향을 주어 정보이용자에게 어떠한 의미로 전달되는 지를 파악하는 것입니다. 이를 위해서 우리는 다양한 방법을 통하여 각 거래를 학습하고 있습니다. 그러나 많은 수업생들이 회계학을 학습할 때 단순히 회계처리를 해보거나 그림을 그려 답을 구하려고만 하는 실수를 범하는 경우가 많습니다. 모든 회계처리와 그림의 결론은 '각 거래들이 재무제표에서 어떠한 의미로 기재되는가'라는 것을 항상 기억하시기를 바랍니다.

시험을 앞두고 많은 수험생들은 회계학을 정리하면서 이제까지 공부하였던 이론을 주로 암기하거나 문제의 답을 외우려고 합니다. 그러나 이러한 방법은 옳은 마무리법이 아닙니다. 남은 기간 동안 회계학 전체 파트에서 출제가 자주되는 유형이 무엇인지, 그 유형에서 대표적인 문제들은 무엇인지 그리고 그 문제들의 대표적인 풀이법은 무엇인지를 기억하는 것이 가장 중요합니다. 그래서 본서는 수험생들이 수험기간 마지막에 이러한 부분들을 보완하는데 도움이 되기 위하여 제작된 책입니다.

본서의 특징은 아래와 같습니다.

**첫째,** 재무회계 단원별로 감정평가사, 관세사 1차 시험에 맞추어 꼭 확인해야 하는 부분을 모두 문제화하였습니다.

**둘째,** 감정평가사, 관세사 1차 시험문제 중 출제비중이 높은 유형들을 선별하였습니다.

모든 과목이 동일하지만 특히나 회계학은 시험 막판에 가장 실력이 급상승하는 과목입니다. 그럼에도 불구하고 많은 학생들이 정리할 양에 질려서 이 중요한 시기에 포기하여 버리는 경우가 많습니다. 본서가 이러한 부분에서 수험생들에게 도움이 되었으면 합니다.

마지막으로 수험생 여러분의 합격을 진심으로 기원합니다.

정윤돈, 엄윤

# 목차

## PART 2 원가관리회계



## 정답 및 해설

# 감정평가사 시험 안내

## 1. 응시자격

(1) 응시자격 제한은 없습니다.

* 단, 최종 합격자 발표일 기준, 감정평가 및 감정평가사에 관한 법률 제12조상 결격사유에 해당하는 사람 또는 같은 법 제16조 제1항에 따른 처분을 받은 날부터 5년이 지나지 아니한 사람은 시험에 응시할 수 없음

(2) 결격사유(감정평가 및 감정평가사에 관한 법률 제12조, 2023.8.10. 시행)

① 파산선고를 받은 사람으로서 복권되지 아니한 사람

② 금고 이상의 실형을 선고받고 그 집행이 종료(집행이 종료된 것으로 보는 경우를 포함한다)되거나 그 집행이 면제된 날부터 3년이 지나지 아니한 사람

③ 금고 이상의 형의 집행유예를 받고 그 유예기간이 만료된 날부터 1년이 지나지 아니한 사람

④ 금고 이상의 형의 선고유예를 받고 그 선고유예기간 중에 있는 사람

⑤ 제13조에 따라 감정평가사 자격이 취소된 후 3년이 지나지 아니한 사람

※ 단, 제39조 제1항 제11호 및 제12호에 따라 자격이 취소된 후 5년이 지나지 아니한 사람은 제외

⑥ 제39조 제1항 제11호 및 제12호에 따라 자격이 취소된 후 5년이 지나지 아니한 사람

## 2. 원서접수방법

(1) Q-Net 감정평가사 홈페이지(http://www.Q-Net.or.kr/site/value)를 통하여 온라인으로 접수합니다.

(2) 인터넷 원서 접수 시 최근 6개월 이내에 촬영한 사진을 파일로 첨부하여 인터넷 회원가입 후 원서를 접수합니다(단, 기존 Q-Net 회원일 경우는 바로 원서접수 가능).

(3) 응시수수료*: 40,000원(1차), 40,000원(2차)

* 제36회 시험기준

## 3. 시험과목

| 구분 | 시험과목 |
|---|---|
| 제1차 시험 (6과목) | • 민법: 총칙, 물권에 관한 규정<br>• 경제학원론<br>• 부동산학원론<br>• 감정평가관계법규: 국토의 계획 및 이용에 관한 법률, 건축법, 공간정보의 구축 및 관리 등에 관한 법률 중 지적에 관한 규정, 국유재산법, 도시 및 주거환경정비법, 부동산등기법, 감정평가 및 감정평가사에 관한 법률, 부동산 가격공시에 관한 법률 및 동산·채권 등의 담보에 관한 법률<br>• 회계학<br>• 영어: 영어시험성적 제출로 대체 |
| 제2차 시험 (3과목) | • 감정평가실무<br>• 감정평가이론<br>• 감정평가 및 보상법규: 감정평가 및 감정평가사에 관한 법률, 공익사업을 위한 토지 등의 취득 및 보상에 관한 법률, 부동산 가격공시에 관한 법률 |

※ 정답은 시험시행일 현재 시행중인 법률, 회계처리기준 등을 적용해야 함

※ 회계학 과목의 경우 한국채택국제회계기준(K-IFRS)만 적용하여 출제

※ 기출제된 문제를 변형·활용하여 출제될 수 있음

## 4. 공인어학성적

(1) 제1차 시험 영어 과목은 영어시험성적으로 대체합니다.

(2) 제1차 시험 응시원서 접수 마감일부터 역산하여 5년이 되는 해의 1월 1일 이후에 실시된 시험에서 취득한 성적으로, 영어시험 시행기관에서 정한 성적의 자체 유효기간이 만료되기 전에 사전등록하여 진위가 확인된 성적에 한해 인정됩니다.

(3) 기준점수(감정평가 및 감정평가사에 관한 법률 시행령 별표2)

| 시험명 | 토플 | | 토익 | 텝스 | 지텔프 | 플렉스 | 토셀 | 아이엘츠 |
|---|---|---|---|---|---|---|---|---|
| | PBT | IBT | | | | | | |
| 일반응시자 | 530 | 71 | 700 | 340 | 65 (level-2) | 625 | 640 (Advanced) | 4.5 (Overall Band Score) |
| 청각장애인* | 352 | - | 350 | 204 | 43 (level-2) | 375 | 145 (Advanced) | - |

* 기타 감정평가사 국가자격시험 시행계획 공고문을 참고

## 5. 시험시간 및 시험방법

| 구분 | | 시험과목 | 입실완료 | 시험시간 | 시험방법 |
|---|---|---|---|---|---|
| 제1차 시험 | 1교시 | • 민법<br>• 경제학원론<br>• 부동산학원론 | 09:00 | 09:30~11:30(120분) | 과목별 40문항 (객관식 5지택일) |
| | 2교시 | • 감정평가관계법규<br>• 회계학 | 11:50 | 12:00~13:20(80분) | |
| 제2차 시험 | 1교시 | 감정평가실무 | 09:00 | 09:30~11:10(100분) | 과목별 4문항 (주관식) |
| | 2교시 | 감정평가이론 | 12:10 | 12:30~14:10(100분) | |
| | 3교시 | 감정평가 및 보상법규 | 14:30 | 14:40~16:20(100분) | |

※ 장애인 등 응시편의제공으로 시험시간 연장 시 수험인원과 효율적인 시험 집행을 고려하여 시행기관에서 휴식 및 중식 시간을 조정할 수 있습니다.

## 6. 합격자 결정방법

| | |
|---|---|
| 제1차 시험 | 영어 과목을 제외한 나머지 시험과목에서 과목당 100점을 만점으로 하여 모든 과목 40점 이상이고, 전 과목 평균 60점 이상인 사람<br>※ 전년도 1차 시험 합격자 및 감정평가 및 감정평가사에 관한 법률 시행령 제14조에서 정한 기관에서 5년 이상 감정평가와 관련된 업무에 종사한 사람은 1차 시험이 면제됨(경력 산정 기준일 등은 해당연도 Q-Net 감정평가사 시험계획 공고문을 참조) |
| 제2차 시험 | • 과목당 100점을 만점으로 하여 모든 과목 40점 이상, 전 과목 평균 60점 이상을 득점한 사람<br>• 최소합격인원에 미달하는 경우 최소합격인원의 범위에서 모든 과목 40점 이상을 득점한 사람 중에서 전 과목 평균점수가 높은 순으로 합격자를 결정<br>※ 동점자로 인하여 최소합격인원을 초과하는 경우에는 동점자 모두를 합격자로 결정하며 이 경우 동점자의 점수는 소수점 이하 둘째 자리까지만 계산하며, 반올림은 하지 아니함 |

# 관세사 시험 안내

## 1. 응시자격

(1) 응시자격 제한은 없습니다.

※ 단, 제2차 시험 합격자 발표일 기준 관세사법 제5조 각 호(제1호는 제외)의 결격사유에 해당하는 사람 또는 동법 제6조의3에 따른 처분을 받은 날부터 5년이 지나지 아니한 사람은 시험에 응시할 수 없음

※ 확인 결과 결격사유 해당자는 당해 관세사 시험을 무효로 함

(2) 결격사유(관세사법 제5조)

① 미성년자

※ 시험응시 가능, 최종 합격 시 성년이 된 시점 이후 자격증 교부

② 피성년후견인 또는 피한정후견인

③ 파산선고를 받고 복권되지 아니한 사람

④ 금고 이상의 실형을 선고받고 그 집행이 끝나거나 집행이 면제된 날부터 3년이 지나지 아니한 사람

⑤ 금고 이상의 형의 집행유예를 선고받고 그 유예기간이 끝난 날부터 1년이 지나지 아니한 사람

⑥ 금고 이상의 형의 선고유예를 받고 그 유예기간 중에 있는 사람

⑦ 관세사법 제29조 및 관세법 제269조부터 271조까지 및 제274조에 따라 벌금형 또는 통고처분을 받은 사람으로서 그 벌금형을 선고받거나 통고처분을 이행한 후 2년이 지나지 아니한 사람. 다만, 「관세사법」 제30조 및 「관세법」 제279조에 따라 처벌된 사람은 제외함

⑧ 탄핵이나 징계처분에 의하여 그 직으로부터 파면되거나 해임된 후 2년이 지나지 아니한 사람

※ 관세사법 제5조 개정('18.1.1 시행) 전에 발생한 사유로 인하여 상기 ④, ⑤, ⑥, ⑧호 개정 규정에 따른 결격사유에 해당되는 경우 종전 규정에 따름(관세사법 부칙 제3조)

## 2. 원서접수방법

(1) Q-Net 관세사 자격시험 홈페이지(www.Q-Net.or.kr/site/customs, 모바일웹브라우저 가능, 모바일 앱 불가)를 통하여 온라인으로 접수합니다.

※ 인터넷 활용 불가능자의 내방접수(공단지부 · 지사)를 위해 원서접수 도우미 지원하며, 단체접수는 불가

※ 진자리법수는 정기접수 환불로 발생한 수용인원 범위 내에서 선착순으로만 이러져

(2) 인터넷 원서 접수 시 최근 6개월 이내에 촬영한 여권용 사진을 파일로 첨부하여 등록합니다(기존 Q-Net 회원의 경우 마이페이지에서 사진 수정 등록).

(3) 응시 수수료*: 30,000원(1차), 30,000원(2차)

* 제42회 시험 기준

## 3. 시험과목 및 시험시간, 시험방법

| 구분 | 시험과목 | | 입실시간 | 시험시간 | 시험방법 |
|---|---|---|---|---|---|
| 제1차 시험 | 1교시 | • 관세법개론: 자유무역협정의 이행을 위한 관세법의 특례에 관한 법률을 포함<br>• 무역영어 | 09:00 | 09:30~10:50(80분) | 객관식 5지 선택형 |
| | 2교시 | • 내국소비세법: 부가가치세법, 개별소비세법, 주세법에 한함<br>• 회계학: 회계원리와 회계이론에 한함 | 11:10 | 11:20~12:40(80분) | |

| | | | | | |
|---|---|---|---|---|---|
| 제2차 시험 | 1교시 | • **관세법**: 관세평가는 제외, 수출용원재료에 대한 관세 등 환급에 관한 특례법 포함 | 09:00 | 09:30~10:50(80분) | 주관식 논술형 |
| | 2교시 | • **관세율표 및 상품학** | 11:10 | 11:20~12:40(80분) | |
| | 3교시 | • **관세평가** | 13:40 | 14:00~15:20(80분) | |
| | 4교시 | • **무역실무**: 대외무역법 및 외국환거래법을 포함 | 15:40 | 15:50~17:10(80분) | |

※ 법률·회계처리기준 등을 적용하여 정답을 구하여야 하는 문제는 '해당 시험일' 현재 시행중인 법률·회계처리기준 등을 적용해야 함

※ 회계학 과목의 경우 한국채택국제회계기준(K-IFRS)에 의거하여 출제

※ 기활용된 문제, 기출문제 등도 변형·활용되어 출제될 수 있음

## 4. 합격자 결정방법

| | |
|---|---|
| 제1차 시험 | 매 과목 100점을 만점으로 하여 매 과목 40점 이상, 전과목 평균 60점 이상을 득점한 자를 합격자로 결정 |
| 제2차 시험 | 매 과목 100점을 만점으로 하여 매 과목 40점 이상, 전 과목 평균 60점 이상을 득점한 자를 합격자로 결정 |

※ 단, 매 과목 40점 이상, 전 과목 평균 60점 이상을 득점한 자가 관세사법 시행령 제10조 제3항의 규정에 의한 최소합격인원에 미달하는 경우에는 동 최소합격인원의 범위 안에서 매 과목 40점 이상을 득점한 자 중에서 전 과목 평균득점에 의한 고득점자순으로 합격자를 결정

※ 상기 단서규정에 의하여 합격자를 결정함에 있어서 동점자로 인하여 최소 합격인원을 초과하는 경우에는 당해 동점자 모두를 합격자로 결정. 이 경우 동점자의 점수계산은 소수점 이하 둘째 자리까지 계산

## 5. 시험의 일부면제(관세사법 제6조, 제6조의2, 관세사법 시행령 제5조의2)

(1) 1차 시험 면제

① 전년도 관세사 1차 시험에 합격한 사람

② 일반직 공무원으로 관세행정 분야에서 10년 이상 종사한 사람 중 대통령령으로 정하는 분야에서 5년 이상 종사한 사람

(2) 2차 시험 면제

① 일반직 공무원으로 관세행정 분야에서 10년 이상 종사한 사람 중 5급 이상 공무원 또는 고위공무원단에 속하는 일반직 공무원으로 대통령령으로 정하는 분야에서 5년 이상 종사한 사람

② 일반직 공무원으로 관세행정 분야에서 20년 이상 종사한 사람 중 대통령령으로 정하는 분야에서 5년 이상 종사한 사람

③ 면제과목: 관세법 (관세평가 제외, 수출용 원재료에 대한 관세 등 환급에 관한 특례법 포함), 관세율표 및 상품학

해커스 회계학 1차 기출+예상문제집

해커스 감정평가사 ca.Hackers.com

# PART 1

## 재무회계

해커스 회계학 1차 기출+예상문제집

해커스 감정평가사 ca.Hackers.com

# 1장

# 개념체계와 재무제표

## Ⅰ. 필수 유형 정리

**01** 재무보고를 위한 개념체계 중 재무정보의 질적특성에 관한 설명으로 옳지 않은 것은?

① 유용한 재무정보의 질적특성은 그 밖의 방법으로 제공되는 재무정보뿐만 아니라 재무제표에서 제공되는 재무정보에도 적용된다.

② 중요성은 기업 특유 관점의 목적적합성을 의미하므로 회계기준위원회는 중요성에 대한 획일적인 계량임계치를 정하거나 특정한 상황에서 무엇이 중요한 것인지를 미리 결정하여야 한다.

③ 재무정보의 예측가치와 확인가치는 상호 연관되어 있다. 예측가치를 갖는 정보는 확인가치도 갖는 경우가 많다.

④ 재무보고의 목적을 달성하기 위해 근본적 질적특성 간 절충이 필요할 수도 있다.

⑤ 근본적 질적특성을 충족하면 어느 정도의 비교가능성은 달성된다.

**02** 재무보고를 위한 개념체계에 관한 설명으로 옳지 않은 것은?

① 이해가능성은 합리적인 판단력이 있고 독립적인 서로 다른 관찰자가 어떤 서술이 충실하게 표현되었다는 데 대체로 의견이 일치할 수 있다는 것을 의미한다.

② 근본적 질적특성은 목적적합성과 표현충실성이다.

③ 비교가능성, 검증가능성, 적시성 및 이해가능성은 목적적합하고 충실하게 표현된 정보의 유용성을 보강시키는 질적특성이다.

④ 목적적합한 재무정보는 정보이용자의 의사결정에 차이가 나도록 할 수 있다.

⑤ 적시성은 의사결정에 영향을 미칠 수 있도록 의사결정자가 정보를 제때에 이용가능하게 하는 것을 의미한다.

**03** 포괄손익계산서와 재무상태표에 관한 설명으로 옳지 않은 것은?

① 수익과 비용의 어느 항목도 당기손익과 기타포괄손익을 표시하는 보고서 또는 주석에 특별손익 항목으로 표시할 수 없다.

② 비용의 성격별 분류방법은 기능별 분류방법보다 자의적인 배분과 상당한 정도의 판단이 더 개입될 수 있다.

③ 해당 기간에 인식한 모든 수익과 비용의 항목은 단일 포괄손익계산서 또는 두 개의 보고서(당기손익 부분을 표시하는 별개의 손익계산서와 포괄손익을 표시하는 보고서) 중 한 가지 방법으로 표시한다.

④ 영업주기는 영업활동을 위한 자산의 취득시점부터 그 자산이 현금이나 현금성자산으로 실현되는 시점까지 소요되는 기간이다.

⑤ 기업의 정상영업주기가 명확하게 식별되지 않는 경우 그 주기는 12개월인 것으로 가정한다.

**04** 자본유지개념과 이익의 결정에 관한 설명으로 옳지 않은 것은?

① 재무자본유지개념을 사용하기 위해서는 현행원가기준에 따라 측정해야 한다.
② 자본유지개념은 기업의 자본에 대한 투자수익과 투자회수를 구분하기 위한 필수요건이다.
③ 자본유지개념 중 재무자본유지는 명목화폐단위 또는 불변구매력단위를 이용하여 측정할 수 있다.
④ 재무자본유지개념과 실물자본유지개념의 주된 차이는 기업의 자산과 부채에 대한 가격 변동 영향의 처리방법에 있다.
⑤ 자본유지개념은 이익이 측정되는 준거기준을 제공함으로써 자본개념과 이익개념 사이의 연결고리를 제공한다.

**05** 다음 중 재무제표의 작성과 표시에 대한 설명으로 옳은 것은?

① 매입채무 그리고 종업원 및 그 밖의 영업원가에 대한 미지급비용과 같은 유동부채는 기업의 정상영업주기 내에 사용되는 운전자본의 일부이지만, 이러한 항목은 보고기간 후 12개월 후에 결제일이 도래하면 비유동부채로 분류한다.
② 기업이 기존의 대출계약조건에 따라 보고기간 후 적어도 12개월 이상 부채를 차환하거나 연장할 것으로 기대하고 있고, 그런 재량권이 있더라도, 보고기간 후 12개월 이내에 만기가 도래하는 경우 유동부채로 분류한다.
③ 보고기간 말 이전에 장기차입약정을 위반했을 때, 대여자가 즉시 상환을 요구할 수 있는 채무라 하더라도 채권자가 보고기간 말 이후에 보고기간 후 적어도 12개월 이상의 유예기간을 주는 데 합의하여, 그 유예기간 내에 기업이 위반사항을 해소할 수 있고, 또 그 유예기간 동안에는 채권자가 즉시 상환을 요구할 수 없더라도, 그 부채는 유동부채로 분류한다.
④ 중요한 오류수정과 회계정책의 변경은 전진법을 적용하므로 이러한 수익과 비용은 당기손익에 반영된다.
⑤ 비용을 성격별로 분류하는 기업은 매출원가를 포함하여 비용의 기능에 대한 추가 정보를 주석 공시한다.

**06** 재무제표 표시에 관한 설명으로 옳은 것은?

① 기업은 재무제표, 연차보고서, 감독기구 제출서류 또는 다른 문서에 표시되는 그 밖의 정보 등 외부에 공시되는 모든 재무적 및 비재무적 정보에 한국채택국제회계기준을 적용하여야 한다.
② 투자자산 및 영업용자산을 포함한 비유동자산의 처분손익은 처분대가에서 그 자산의 장부금액과 관련 처분비용을 차감하여 상계표시한다.
③ 경영진이 기업을 청산하거나 경영활동을 중단할 의도를 가지고 있거나 청산 또는 경영활동의 중단의도가 있을 경우에도 계속기업을 전제로 재무제표를 작성한다.
④ 한국채택국제회계기준의 요구사항을 모두 충족하지 않더라도 일부만 준수하여 재무제표를 작성한 기업은 그러한 준수 사실을 주석에 명시적이고 제한 없이 기재한다.
⑤ 변경된 표시방법의 지속가능성이 낮아 비교가능성을 저해하더라도 재무제표이용자에게 신뢰성 있고 더욱 목적적합한 정보를 제공한다고 판단할 때에는 재무제표의 표시방법을 변경한다.

**07** 유용한 재무정보의 질적특성에 관한 설명으로 옳지 않은 것은?

① 목적적합성과 표현충실성이 없는 재무정보가 더 비교가능하거나, 검증가능하거나, 적시성이 있거나, 이해가능하다면 유용한 정보이다.

② 보고기업에 대한 정보는 다른 기업에 대한 유사한 정보 및 해당 기업에 대한 다른 기간이나 다른 일자의 유사한 정보와 비교할 수 있다면 더욱 유용하다.

③ 재무정보가 예측가치를 갖기 위해서 그 자체가 예측치 또는 예상치일 필요는 없으며, 예측가치를 갖는 재무정보는 정보이용자가 예측하는 데 사용된다.

④ 정보가 누락되거나 잘못 기재된 경우 특정 보고기업의 재무정보에 근거한 정보이용자의 의사결정에 영향을 줄 수 있다면 그 정보는 중요한 것이다.

⑤ 목적적합하고 충실하게 표현된 재무정보는 보강적 질적특성이 없더라도 유용할 수 있다.

# Ⅱ. 최신 기출 유형 정리

## 개념체계

**01** 다음에서 설명하는 의미와 관련된 유용한 재무정보의 질적특성은? [관세사 2022]

> • 정보가 나타내고자 하는 경제적 현상을 충실히 표현하는지를 이용자들이 확인하는 데 도움을 준다.
> • 합리적인 판단력이 있고 독립적인 서로 다른 관찰자가 어떤 서술이 표현충실성에 있어, 비록 반드시 완전히 의견이 일치하지는 않더라도 합의에 이를 수 있다.

① 중요성　② 비교가능성　③ 이해가능성
④ 적시성　⑤ 검증가능성

**02** 다음 설명과 관련된 유용한 재무정보의 질적특성은? [관세사 2023]

> 재무정보에 예측가치, 확인가치 또는 이 둘 모두가 있다면 그 재무정보는 의사결정에 차이가 나도록 할 수 있다.

① 비교가능성　② 이해가능성　③ 검증가능성
④ 표현충실성　⑤ 목적적합성

**03** 재무보고를 위한 개념체계 중 재무정보의 질적특성에 관한 설명으로 옳지 않은 것은? [감정평가사 2020]

① 유용한 재무정보의 질적특성은 그 밖의 방법으로 제공되는 재무정보뿐만 아니라 재무제표에서 제공되는 재무정보에도 적용된다.
② 중요성은 기업 특유 관점의 목적적합성을 의미하므로 회계기준위원회는 중요성에 대한 획일적인 계량 임계치를 정하거나 특정한 상황에서 무엇이 중요한 것인지를 미리 결정하여야 한다.
③ 재무정보의 예측가치와 확인가치는 상호 연관되어 있다. 예측가치를 갖는 정보는 확인가치도 갖는 경우가 많다.
④ 재무보고의 목적을 달성하기 위해 근본적 질적특성 간 절충('trade - off')이 필요할 수도 있다.
⑤ 근본적 질적특성을 충족하면 어느 정도의 비교가능성은 달성될 수 있다.

**04** 유용한 재무정보의 질적 특성에 관한 설명으로 옳은 것은? [감정평가사 2021]

① 근본적 질적특성은 목적적합성과 검증가능성이다.
② 목적적합한 재무정보는 이용자들의 의사결정에 차이가 나도록 할 수 있다.
③ 보고기간이 지난 정보는 더 이상 적시성을 갖지 않는다.
④ 정보가 비교가능하기 위해서는 비슷한 것은 다르게 보여야 하고 다른 것은 비슷하게 보여야 한다.
⑤ 표현충실성에서 오류가 없다는 것은 모든 면에서 완벽하게 정확하다는 것을 의미한다.

**05** 재무보고를 위한 개념체계에 관한 설명으로 옳지 않은 것은? [감정평가사 2023]

① 개념체계는 특정 거래나 다른 사건에 적용할 회계기준이 없는 경우에 재무제표 작성자가 일관된 회계정책을 개발하는 데 도움을 준다.
② 개념체계의 어떠한 내용도 회계기준이나 회계기준의 요구사항에 우선하지 아니한다.
③ 일반목적재무보고의 목적을 달성하기 위해 회계기준위원회는 개념체계의 관점에서 벗어난 요구사항을 정하는 경우가 있을 수 있다.
④ 개념체계는 수시로 개정될 수 있으며, 개념체계가 개정되면 자동으로 회계기준이 개정된다.
⑤ 개념체계에 기반한 회계기준은 경영진의 책임을 묻기 위한 필요한 정보를 제공한다.

**06** 재무정보의 질적 특성에 관한 설명으로 옳지 않은 것을 모두 고른 것은? [감정평가사 2023]

ㄱ. 오류가 없다는 것은 현상의 기술에 오류나 누락이 없고, 보고 정보를 생산하는 데 사용되는 절차의 선택과 적용 시 절차상 완벽하게 정확하다는 것을 의미한다.
ㄴ. 재무정보가 과거 평가에 대해 피드백을 제공한다면 확인가치를 갖는다.
ㄷ. 회계기준위원회는 중요성에 대한 획일적인 계량임계치를 정하거나 특정한 상황에서 무엇이 중요한 것인지를 미리 결정할 수 있다.
ㄹ. 목적적합하고 충실하게 표현된 정보의 유용성을 보강시키는 질적 특성으로는 비교가능성, 검증가능성, 적시성 및 이해가능성이 있다.

① ㄱ, ㄴ ② ㄱ, ㄷ ③ ㄱ, ㄹ
④ ㄴ, ㄷ ⑤ ㄷ, ㄹ

**07** 재무정보의 근본적 질적특성에 관한 설명으로 옳지 않은 것은? [관세사 2025]

① 중립적 정보는 목적이 없거나 행동에 대한 영향력이 없는 정보를 의미한다.
② 회계기준위원회는 중요성에 대한 획일적인 계량임계치를 정하거나 특정한 상황에서 무엇이 중요한 것인지를 미리 결정할 수 없다.
③ 오류가 없다는 것은 현상의 기술에 오류나 누락이 없고 보고정보를 생산하는 데 사용되는 절차의 선택과 적용 시 절차상 오류가 없음을 의미한다.
④ 목적적합한 재무정보는 이용자들의 의사결정에 차이가 나도록 할 수 있다.
⑤ 재무정보가 예측가치를 갖기 위해서 그 자체가 예측치 또는 예상치일 필요는 없다.

**08** 유용한 재무정보의 질적특성에 관한 설명으로 옳은 것은? [감정평가사 2025]

① 완벽한 표현충실성을 위해서 서술은 완전하고 중요하며 오류가 없어야 할 것이다.
② 재무정보가 예측가치를 갖기 위해서는 그 자체가 예측치 또는 예상치이어야 한다.
③ 나타내고자 하는 바를 충실하게 표현하는 가장 목적적합한 정보를 선택하려는 결정의 결과가 비대칭성인 경우라도 특정 회계기준에서 비대칭적인 요구사항을 포함할 수 없다.
④ 오류가 없다는 것은 현상의 기술에 오류나 누락이 없고 보고 정보를 생산하는 데 사용되는 측정과 절차 측면에서 완벽하게 정확하다는 것을 의미한다.
⑤ 합리적인 추정치의 사용은 재무정보의 작성에 필수적인 부분이며 추정치가 명확하고 정확하게 기술되고 설명되는 한 정보의 유용성을 저해하지 않는다.

**09** 재무보고를 위한 개념체계에 관한 설명으로 옳지 않은 것은? [감정평가사 2024]

① 경제적 효익의 유입가능성이나 유출가능성이 낮더라도 자산이나 부채가 존재할 수 있다.
② 부채가 발생하거나 인수할 때의 역사적 원가는 발생시키거나 인수하면서 수취한 대가에서 거래원가를 가산한 가치이다.
③ 매각이나 소비되는 자산의 원가에 대한 정보와 수취한 대가에 대한 정보는 예측가치를 가질 수 있다.
④ 가격 변동이 유의적일 경우, 현행원가를 기반으로 한 이익은 역사적 원가를 기반으로 한 이익보다 미래 이익을 예측하는데 더 유용할 수 있다.
⑤ 합리적인 추정의 사용은 재무정보 작성의 필수적인 부분이며 추정치를 명확하고 정확하게 기술하고 설명한다면 정보의 유용성을 훼손하지 않는다.

**10** 재무제표 요소에 관한 설명으로 옳지 않은 것은? [관세사 2021]

① 자산은 과거사건의 결과로 기업이 통제하는 현재의 경제적 자원이다.
② 자본은 기업의 자산에서 모든 부채를 차감한 후의 잔여지분이다.
③ 수익과 비용은 자본청구권 보유자에 대한 출자 및 분배와 관련된 것을 포함한다.
④ 부채는 과거사건의 결과로 기업이 경제적 자원을 이전해야 하는 현재의무이다.
⑤ 경제적 효익을 창출할 가능성이 낮더라도 권리가 경제적 자원의 정의를 충족할 수 있다면 자산이 될 수 있다.

## 측정기준

**11** 측정기준에 관한 설명으로 옳지 않은 것은? [관세사 2021]

① 현행가치는 자산의 손상이나 손실부담에 따른 부채와 관련되는 변동을 제외하고는 가치의 변동을 반영하지 않는다.
② 부채의 현행원가는 측정일 현재 동등한 부채에 대해 수취할 수 있는 대가에서 그 날에 발생할 거래원가를 차감한다.
③ 사용가치와 이행가치는 미래현금흐름에 기초하기 때문에 자산을 취득하거나 부채를 인수할 때 발생하는 거래원가는 포함하지 않는다.
④ 자산의 현행원가는 측정일 현재 동등한 자산의 원가로서 측정일에 지급할 대가와 그 날에 발생할 거래원가를 포함하여 측정한다.
⑤ 이행가치는 기업이 부채를 이행할 때 이전해야 하는 현금이나 그 밖의 경제적 자원의 현재가치이다.

**12** 다음에서 설명하고 있는 측정기준은? [관세사 2023]

| |
|---|
| 기업이 접근할 수 있는 시장의 참여자 관점을 반영한다. 시장참여자가 경제적으로 최선의 행동을 한다면 자산의 가격을 결정할 때 사용할 가정과 동일한 가정을 사용하여 그 자산을 측정한다. |

① 공정가치 ② 사용가치 ③ 이행가치
④ 역사적 원가 ⑤ 현행원가

**13** 측정기준에 관한 설명으로 옳지 않은 것은? [관세사 2025]

① 자산을 취득하거나 창출할 때의 역사적 원가는 자산의 취득 또는 창출에 발생한 원가의 가치로서, 자산을 취득 또는 창출하기 위하여 지급한 대가와 거래원가를 포함한다.

② 공정가치는 측정일에 시장참여자 사이의 정상거래에서 자산을 매도할 때 받거나 부채를 이전할 때 지급하게 될 가격이다.

③ 사용가치와 이행가치는 미래현금흐름에 기초하기 때문에 자산을 취득하거나 부채를 인수할 때 발생하는 거래원가는 포함하지 않는다.

④ 자산의 현행원가는 측정일 현재 동등한 자산의 원가로서 측정일에 지급할 대가와 그날에 발생할 거래원가를 포함한다.

⑤ 이행가치는 기업이 자산의 사용과 궁극적인 처분으로 얻을 것으로 기대하는 현금흐름 또는 그 밖의 경제적 효익의 현재가치이다.

**14** 공정가치 측정에 관한 설명으로 옳지 않은 것은? [관세사 2024]

① 공정가치는 측정일에 정상적 미래 수익창출활동을 통해 받게 될 유입가격으로 정의한다.

② 측정일 현재의 시장 상황에서 자산을 매도하거나 부채를 이전하는 시장참여자 사이의 정상거래에서 자산이나 부채가 교환되는 것으로 가정하여 공정가치를 측정한다.

③ 공정가치 측정은 자산을 매도하거나 부채를 이전하는 거래가 자산이나 부채의 주된(또는 가장 유리한) 시장에서 이루어지는 것으로 가정한다.

④ 공정가치를 측정하기 위해 사용하는 가치평가기법은 관련된 관측할 수 있는 투입변수를 최대한으로 사용하고 관측할 수 없는 투입변수를 최소한으로 사용한다.

⑤ 비금융자산의 공정가치 측정은 다른 기준서에서 특정하는 회계단위(개별자산일 수도 있다)와 일관되게 자산을 매도하는 것을 가정한다.

**15** 공정가치 측정에 관한 설명으로 옳지 않은 것은? [감정평가사 2021]

① 공정가치란 측정일에 시장참여자 사이의 정상거래에서 자산을 매도할 때 받거나 부채를 이전할 때 지급하게 될 가격이다.

② 공정가치는 시장에 근거한 측정치이며 기업 특유의 측정치가 아니다.

③ 공정가치를 측정하기 위해 사용하는 가치평가기법은 관측할 수 있는 투입변수를 최소한으로 사용하고 관측할 수 없는 투입변수를 최대한으로 사용한다.

④ 기업은 시장참여자가 경제적으로 최선의 행동을 한다는 가정하에, 시장참여자가 자산이나 부채의 가격을 결정할 때 사용할 가정에 근거하여 자산이나 부채의 공정가치를 측정하여야 한다.

⑤ 비금융자산의 공정가치를 측정할 때는 자신이 그 자산을 최고 최선으로 사용하거나 최고 최선으로 사용할 다른 시장참여자에게 그 자산을 매도함으로써 경제적 효익을 창출할 수 있는 시장참여자의 능력을 고려한다.

**16** 재무제표 요소의 측정기준에 관한 설명으로 옳은 것은? [감정평가사 2022]

① 공정가치는 측정일 현재 동등한 자산의 원가로서 측정일에 지급할 대가와 그 날에 발생할 거래원가를 포함한다.

② 현행원가는 자산을 취득 또는 창출할 때 발생한 원가의 가치로서 자산을 취득 또는 창출하기 위하여 지급한 대가와 거래원가를 포함한다.

③ 사용가치는 기업이 자산의 사용과 궁극적인 처분으로 얻을 것으로 기대하는 현금흐름 또는 그 밖의 경제적 효익의 현재가치이다.

④ 이행가치는 측정일에 시장참여자 사이의 정상거래에서 부채를 이전할 때 지급하게 될 가격이다.

⑤ 역사적 원가는 측정일 현재 자산의 취득 또는 창출을 위해 이전해야 하는 현금이나 그 밖의 경제적 자원의 현재가치이다.

## 자본유지개념

**17** (주)감평은 20×1년 초 현금 ₩2,000을 출자받아 설립되었으며, 이 금액은 (주)감평이 판매할 재고자산 200개를 구입할 수 있는 금액이다. 20×1년 말 자본은 ₩3,000이고 20×1년도 자본거래는 없었다. 20×1년 말 (주)감평이 판매하는 재고 자산의 개당 구입가격은 ₩12이고, 20×1년 말 물가지수는 20×1년 초 100에 비하여 10% 상승하였다. 실물자본유지개념을 적용할 경우 20×1년도 이익은? [감정평가사 2022]

① ₩200 ② ₩400 ③ ₩600
④ ₩800 ⑤ ₩1,000

## 재무제표 표시

**18** 재무제표 표시에 관한 설명으로 옳지 않은 것은?

① 경영진은 재무제표를 작성할 때 계속기업으로서의 존속가능성을 평가해야 한다.

② 한국채택국제회계기준에서 요구하거나 허용하지 않는 한 자산과 부채 그리고 수익과 비용은 상계하지 아니한다.

③ 기업이 명확히 식별 가능한 영업주기 내에서 재화나 용역을 제공하는 경우, 재무상태표에 유동자산과 비유동자산 및 유동부채와 비유동부채를 구분하여 표시한다.

④ 자산과 부채의 실현 예정일에 대한 정보는 기업의 유동성과 부채 상환능력을 평가하는 데 유용하다.

⑤ 대여자가 즉시 상환을 요구할 수 있는 채무는 보고기간 후 재무제표 발행승인일 전에 상환을 요구하지 않기로 합의하면 비유동부채로 분류한다.

**19** 재무제표 표시에 관한 설명으로 옳은 것은? [관세사 2021]

① 각각의 재무제표는 전체 재무제표에서 동등한 비중으로 표시한다.
② 한국채택국제회계기준을 준수하여 작성된 재무제표는 국제회계기준을 준수하여 작성된 재무제표임을 주석으로 공시할 수 없다.
③ 환경 요인이 유의적인 산업에 속해 있는 기업이 제공하는 환경보고서는 한국채택국제회계기준의 적용범위에 해당한다.
④ 부적절한 회계정책이라도 공시나 주석 또는 보충 자료를 통해 설명하면 정당화될 수 있다.
⑤ 기업이 재무상태표에 유동자산과 비유동자산 그리고 유동부채와 비유동부채로 구분하여 표시하는 경우, 이연법인세자산(부채)은 유동자산(부채)으로 분류한다.

**20** 포괄손익계산서에 관한 설명으로 옳지 않은 것은? [관세사 2021]

① 기타포괄손익의 항목과 관련한 법인세비용 금액은 포괄손익계산서나 주석에 공시한다.
② 수익과 비용의 어느 항목도 당기손익과 기타포괄손익을 표시하는 보고서 또는 주석에 특별손익 항목으로 표시할 수 없다.
③ 비용을 기능별로 분류하는 기업은 감가상각비, 기타 상각비와 종업원급여비용을 포함하여 비용의 성격에 대한 추가 정보를 공시한다.
④ 재분류조정은 해외사업장을 매각할 때와 위험회피예상거래가 당기손익에 영향을 미칠 때 발생한다.
⑤ 기타포괄손익으로 인식한 재평가잉여금의 변동은 후속 기간에 재분류하지 않으며, 자산이 제거될 때 이익잉여금으로 대체될 수 없다.

**21** 재무제표 표시의 일반사항에 관한 설명으로 옳지 않은 것은? [관세사 2022]

① 재고자산평가충당금과 대손충당금과 같은 평가충당금을 차감하여 관련 자산을 순액으로 측정하는 것은 상계표시에 해당한다.
② 한국채택국제회계기준을 준수하여 작성된 재무제표는 국제회계기준을 준수하여 작성된 재무제표임을 주석으로 공시할 수 있다.
③ 기업은 현금흐름 정보를 제외하고는 발생기준 회계를 사용하여 재무제표를 작성한다.
④ 부적절한 회계정책은 이에 대하여 공시나 주석 또는 보충 자료를 통해 설명하더라도 정당화될 수 없다.
⑤ 한국채택국제회계기준이 달리 허용하거나 요구하는 경우를 제외하고는 당기 재무제표에 보고되는 모든 금액에 대해 전기 비교정보를 표시한다.

**22** 재무제표 표시에 관한 설명으로 옳은 것은? [관세사 2023]

① 자산을 유동자산과 비유동자산으로 구분하여 표시하는 경우, 이연법인세자산은 유동자산으로 분류한다.
② 영업주기는 현금회수 여부와 상관없이 영업활동을 위한 자산의 취득시점부터 판매시점까지 소요되는 기간이다.
③ 수익과 비용항목을 당기손익과 기타포괄손익으로 표시하는 보고서에 특별손익항목도 표시할 수 있다.
④ 비용을 성격별로 분류하는 기업은 비용의 기능에 대한 추가 정보를 공시하여야 한다.
⑤ 주석은 실무적으로 적용 가능한 한 체계적인 방법으로 표시한다.

**23** 재무제표 표시에 관한 설명으로 옳은 것은? [관세사 2025]

① 동일 거래에서 발생하는 수익과 관련 비용의 상계표시가 거래나 그 밖의 사건의 실질을 반영한다면 그러한 거래의 결과는 상계하여 표시한다.
② 부적절한 회계정책을 사용한 경우에도 이에 대하여 주석 또는 보충 자료를 통해 충분히 설명하는 경우에는 정당화될 수 있다.
③ 기업이 재무상태표에 유동자산과 비유동자산으로 구분하여 표시하는 경우, 보고기간 후 12개월 이내에 소멸될 것으로 예상되는 이연법인세자산은 유동자산으로 분류한다.
④ 총포괄손익이란 소유주로서의 자격을 행사하는 소유주와의 거래로 인한 자본의 변동을 포함한 거래나 그 밖의 사건으로 인한 기간 중 자본의 변동을 말한다.
⑤ 일반목적 재무제표란 특정 필요에 따른 특수보고서의 작성을 기업에 요구할 수 있는 위치에 있는 재무제표이용자의 정보요구를 충족시키기 위해 작성되는 재무제표를 말한다.

**24** 별도재무제표에 관한 설명으로 옳지 않은 것은? [관세사 2024]

① 종속기업, 공동기업 및 관계기업에 대한 투자를 원가법을 적용하여 표시한 재무제표는 별도재무제표이다.
② 종속기업, 관계기업, 공동기업 참여자로서 투자지분을 소유하지 않은 기업의 재무제표는 별도재무제표가 아니다.
③ 종속기업에 대한 투자에 대하여 연결이 면제되는 경우, 그 기업의 유일한 재무제표로서 별도재무제표만을 재무제표로 작성할 수 있다.
④ 종속기업에 대한 투자에 대하여 연결재무제표를 작성할 경우에 별도재무제표는 이에 추가하여 표시하는 재무제표이다.
⑤ 종속기업, 공동기업, 관계기업에서 받는 배당금은 기업이 배당을 수취한 시점에 그 기업의 별도재무제표에 인식한다.

**25** 재무제표 표시에 관한 설명으로 옳은 것은? [감정평가사 2020]

① 비용을 성격별로 분류하는 경우에는 적어도 매출원가를 다른 비용과 분리하여 공시해야 한다.

② 기타포괄손익의 항목(재분류조정 포함)과 관련한 법인세비용 금액은 포괄손익계산서에 직접 표시해야 하며 주석을 통한 공시는 허용하지 않는다.

③ 유동자산과 비유동자산을 구분하여 표시하는 경우라면 이연법인세자산을 유동자산으로 분류할 수 있다.

④ 한국채택국제회계기준에서 별도로 허용하지 않는 한, 중요하지 않은 항목이라도 유사항목과 통합하여 표시해서는 안 된다.

⑤ 경영진은 재무제표를 작성할 때 계속기업으로서의 존속가능성을 평가해야 한다.

**26** 재무제표의 표시에 관한 설명으로 옳지 않은 것은? [감정평가사 2021]

① 재무제표가 한국채택국제회계기준의 요구사항을 모두 충족한 경우가 아니라면 한국채택국제회계기준을 준수하여 작성되었다고 기재하여서는 안 된다.

② 기업이 재무상태표에 유동자산과 비유동자산으로 구분하여 표시하는 경우, 이연법인세자산은 유동자산으로 분류하지 아니한다.

③ 비용을 기능별로 분류하는 기업은 감가상각비, 기타 상각비와 종업원급여비용을 포함하여 비용의 성격에 대한 추가 정보를 공시한다.

④ 수익과 비용의 어느 항목은 포괄손익계산서 또는 주석에 특별손익항목으로 별도 표시한다.

⑤ 매출채권에 대한 대손충당금을 차감하여 관련 자산을 순액으로 측정하는 것은 상계표시에 해당하지 아니한다.

**27** 재무제표 요소에 관한 설명으로 옳지 않은 것은? [감정평가사 2022]

① 자산은 과거사건의 결과로 기업이 통제하는 현재의 경제적 자원이다.

② 부채는 과거사건의 결과로 기업이 경제적 자원을 이전해야 하는 현재의무이다.

③ 수익은 자본청구권 보유자로부터의 출자를 포함하며, 자본청구권 보유자에 대한 분배는 비용으로 인식한다.

④ 기업이 발행한 후 재매입하여 보유하고 있는 채무상품이나 지분상품은 기업의 경제적 자원이 아니다.

⑤ 자본청구권은 기업의 자산에서 모든 부채를 차감한 후의 잔여지분에 대한 청구권이다.

**28** 재무제표 표시에 관한 일반사항으로 옳지 않은 것은? [감정평가사 2023]

① 서술형 정보는 당기 재무제표를 이해하는 데 목적적합하더라도 비교정보를 표시하지 아니한다.
② 재무제표가 계속기업기준으로 작성되지 않을 경우, 그 사실과 함께 재무제표 작성기준과 계속기업으로 보지 않는 이유를 공시하여야 한다.
③ 기업은 현금흐름정보를 제외하고는 발생기준 회계를 사용하여 재무제표를 작성한다.
④ 중요하지 않은 항목은 성격이나 기능이 유사한 항목과 통합하여 표시할 수 있다.
⑤ 한국채택국제회계기준을 준수하여 작성된 재무제표는 공정하게 표시된 재무제표로 본다.

**29** 재무제표 표시에 관한 설명으로 옳은 것은? [감정평가사 2024]

① 기업이 재무상태표에 유동자산과 비유동자산, 그리고 유동부채와 비유동부채로 구분하여 표시하는 경우, 이연법인세자산은 유동자산으로 분류한다.
② 한국채택국제회계기준을 준수하여 작성된 재무제표는 국제회계기준을 준수하여 작성된 재무제표임을 주석으로 공시할 수 있다.
③ 환경 요인이 유의적인 산업에 속해 있는 경우나 종업원이 재무제표이용자인 경우 재무제표 이외에 환경보고서나 부가가치보고서도 한국채택국제회계기준을 적용하여 작성한다.
④ 부적절한 회계정책은 이에 대하여 공시나 주석 또는 보충자료를 통해 설명하여 정당화될 수 있다.
⑤ 당기손익과 기타포괄손익은 별개의 손익계산서가 아닌 단일의 포괄손익계산서로 작성되어야 한다.

**30** 재무제표 표시에 관한 설명으로 옳지 않은 것은? [감정평가사 2025]

① 기업이 재무상태표에 유동자산과 비유동자산, 그리고 유동부채와 비유동부채로 구분하여 표시하는 경우, 이연법인세부채는 유동부채로 분류한다.
② 기업이 명확히 식별 가능한 영업주기 내에서 재화나 용역을 제공하는 경우, 재무상태표에 유동자산과 비유동자산 및 유동부채와 비유동부채를 구분하여 표시한다.
③ 기업이 보고기간 말 현재 기존의 대출계약조건에 따라 보고기간 후 적어도 12개월 이상 부채를 연장할 권리가 있다면, 보고기간 후 12개월 이내에 만기가 도래한다 하더라도 비유동부채로 분류한다.
④ 영업주기는 영업활동을 위한 자산의 취득시점부터 그 자산이 현금이나 현금성자산으로 실현되는 시점까지 소요되는 기간을 의미하며, 정상영업주기를 명확히 식별할 수 없는 경우에는 그 기간이 12개월인 것으로 가정한다.
⑤ 매입채무 그리고 종업원 및 그 밖의 영업원가에 대한 미지급비용과 같은 유동부채는 기업의 정상영업주기 내에 사용되는 운전자본의 일부이므로, 이러한 항목은 보고기간 후 12개월 후에 결제일이 도래한다 하더라도 유동부채로 분류한다.

**31** 특수관계자 공시에 관한 설명으로 옳지 않은 것은? [감정평가사 2024]

① 보고기업에 유의적인 영향력이 있는 개인이나 그 개인의 가까운 가족은 보고기업의 특수관계자로 보며, 이 때 개인의 가까운 가족의 범위는 자녀 및 배우자로 한정한다.

② 지배기업과 종속기업 사이의 관계는 거래의 유무에 관계없이 공시한다.

③ 특수관계자거래가 있는 경우, 재무제표에 미치는 특수관계의 잠재적 영향을 파악하는 데 필요한 거래, 채권 · 채무 잔액에 대한 정보뿐만 아니라 특수관계의 성격도 공시한다.

④ 기업의 재무제표에 미치는 특수관계자거래의 영향을 파악하기 위하여 분리하여 공시할 필요가 있는 경우를 제외하고는 성격이 유사한 항목은 통합하여 공시할 수 있다.

⑤ 지배기업과 최상위 지배자가 일반이용자가 이용할 수 있는 연결재무제표를 작성하지 않는 경우에는 일반이용자가 이용할 수 있는 연결재무제표를 작성하는 가장 가까운 상위의 지배기업의 명칭도 공시한다.

## Ⅲ. 타시험 기출 및 과거 기출 필수문제 정리

**01** '일반목적재무보고의 목적'에 대한 다음 설명 중 옳지 않은 것은? [공인회계사 2023]

① 많은 현재 및 잠재적 투자자, 대여자 및 그 밖의 채권자는 정보를 제공하도록 보고기업에 직접 요구할 수 없고, 그들이 필요로 하는 재무정보의 많은 부분을 일반목적재무보고서에 의존해야만 한다.

② 회계기준위원회는 회계기준을 제정할 때 최대 다수의 주요 이용자 수요를 충족하는 정보를 제공하기 위해 노력할 것이다. 그러나 공통된 정보수요에 초점을 맞춘다고 해서 보고기업으로 하여금 주요 이용자의 특정 일부집단에게 가장 유용한 추가 정보를 포함하지 못하게 하는 것은 아니다.

③ 보고기업의 경영진도 해당 기업에 대한 재무정보에 관심이 있다. 그러나 경영진은 필요로 하는 재무정보를 내부에서 구할 수 있기 때문에 일반목적재무보고서에 의존할 필요가 없다.

④ 보고기업의 경제적 자원 및 청구권의 성격 및 금액에 대한 정보는 이용자들이 보고기업의 재무적 강점과 약점을 식별하는 데 도움을 줄 수 있다.

⑤ 보고기업의 경제적 자원 및 청구권은 재무성과 외의 사유로는 변동될 수 없다.

**02** 일반목적재무보고에 관한 설명으로 옳지 않은 것은? [세무사 2024]

① 일반목적재무보고의 목적은 현재 및 잠재적 투자자, 대여자와 그 밖의 채권자가 기업에 자원을 제공하는 것과 관련된 의사결정을 할 때 유용한 보고기업 재무정보를 제공하는 것이다.

② 일반목적재무보고서는 보고기업의 가치를 보여주기 위해 고안된 것이 아니지만 현재 및 잠재적 투자자, 대여자와 그 밖의 채권자가 보고기업의 가치를 추정하는 데 도움이 되는 정보를 제공한다.

③ 한 기간의 보고기업의 재무성과에 투자자와 채권자에게서 직접 추가 자원을 획득한 것이 아닌 경제적 자원 및 청구권의 변동이 반영된 정보는 기업의 과거 및 미래 순현금유입 창출 능력을 평가하는 데 유용하다.

④ 많은 현재 및 잠재적 투자자, 대여자 및 그 밖의 채권자는 정보를 제공하도록 보고기업에 직접 요구하고, 그들이 필요로 하는 재무정보의 많은 부분을 일반목적재무보고서에 의존하는 것은 아니다.

⑤ 재무보고서는 정확한 서술보다는 상당 부분 추정, 판단 및 모형에 근거한다.

**03** '재무보고를 위한 개념체계'에 대한 다음 설명 중 옳지 않은 것은? [공인회계사 2024]

① 보고기업이 지배 - 종속관계로 모두 연결되어 있지는 않은 둘 이상 실체들로 구성된다면 그 보고기업의 재무제표를 '비연결재무제표'라고 부른다.

② 일반목적재무보고서의 대상이 되는 주요 이용자는 필요한 재무정보의 많은 부분을 일반목적재무제표에 의존해야 하는 현재 및 잠재적 투자자, 대여자와 그 밖의 채권자를 말한다.

③ 만일 어떤 두 가지 방법이 모두 현상에 대하여 동일하게 목적적합한 정보이고 동일하게 충실한 표현을 제공하는 것이라면, 보강적 질적특성은 이 두 가지 방법 가운데 어느 방법을 그 현상의 서술에 사용해야 할지를 결정하는 데 도움을 줄 수 있다.

④ 일반적으로 재무제표는 계속기업가정하에 작성되나, 기업이 청산을 하거나 거래를 중단하려는 의도가 있다면 계속기업과는 다른 기준에 따라 작성되어야 하고 사용한 기준을 재무제표에 기술한다.

⑤ 일반목적재무보고의 목적을 달성하기 위해 회계기준위원회는 '개념체계'의 관점에서 벗어난 요구사항을 정하는 경우가 있을 수 있다.

**04** (주)세무는 20×1년 초에 상품매매업을 영위할 목적으로 현금 ₩100,000을 납입받아 설립되었다. 회사는 20×1년 초에 상품 40단위를 단위당 ₩2,000에 현금으로 구입하였으며, 20×1년 말까지 단위당 ₩3,000에 모두 현금판매하였다. 동 상품은 20×1년 말 단위당 ₩2,500에 구입가능하다. 20×1년 초 물가지수를 100이라고 할 때 20×1년 말 물가지수는 120이다. 실물자본유지개념을 적용하여 산출한 20×1년 말에 인식할 이익과 자본유지조정 금액은? [세무사 2024]

| | 이익 | 자본유지조정 |
|---|---|---|
| ① | ₩10,000 | ₩30,000 |
| ② | ₩15,000 | ₩25,000 |
| ③ | ₩20,000 | ₩20,000 |
| ④ | ₩25,000 | ₩15,000 |
| ⑤ | ₩30,000 | ₩10,000 |

**05** (주)세무는 20×1년 초 ₩100,000을 지급하고 토지를 취득하였다. 취득 당시 거래원가 ₩20,000이 추가로 발생하였다. 20×1년 말 현재 동 토지와 동등한 토지를 취득하기 위해서는 ₩110,000을 지급하여야 하며, 추가로 취득 관련 거래원가 ₩5,000을 지급하여야 한다. 한편 (주)세무는 20×1년 말 현재 시장참여자 사이의 정상거래에서 동 토지를 매도할 경우 거래원가 ₩20,000을 차감하고 ₩98,000을 수취할 수 있다. 20×1년 말 현재 토지의 역사적 원가, 공정가치, 현행원가를 금액이 큰 순으로 옳게 나열한 것은? [세무사 2023]

① 역사적 원가 > 현행원가 > 공정가치
② 역사적 원가 > 공정가치 > 현행원가
③ 현행원가 > 공정가치 > 역사적 원가
④ 현행원가 > 역사적 원가 > 공정가치
⑤ 공정가치 > 역사적 원가 > 현행원가

**06** 재무제표 표시에 관한 설명으로 옳지 않은 것은? [세무사 2022]

① 비용을 기능별로 분류하는 기업은 감가상각비, 기타 상각비와 종업원급여비용을 포함하여 비용의 성격에 대한 추가 정보를 공시한다.
② 수익과 비용의 어느 항목도 당기손익과 기타포괄손익을 표시하는 보고서 또는 주석에 특별손익 항목으로 표시할 수 없다.
③ 비용의 기능별 분류 정보가 비용의 성격에 대한 정보보다 미래현금흐름을 예측하는 데 유용하다.
④ 동일 거래에서 발생하는 수익과 관련 비용의 상계표시가 거래나 그 밖의 사건의 실질을 반영한다면 그러한 거래의 결과는 상계하여 표시한다.
⑤ 기업이 재무상태표에 유동자산과 비유동자산, 그리고 유동부채와 비유동부채로 구분하여 표시하는 경우, 이연법인세자산(부채)은 유동자산(부채)으로 분류하지 아니한다.

**07** 재무제표 표시에 관한 설명으로 옳은 것은? [세무사 2023]

① 포괄손익계산서에 기타포괄손익의 항목은 관련 법인세효과를 차감한 순액으로 표시할 수 있다.
② 한국채택국제회계기준은 재무제표 이외에도 연차보고서 및 감독기구 제출서류에 반드시 적용한다.
③ 서술형 정보의 경우에는 당기 재무제표를 이해하는 데 목적적합하더라도 비교정보를 포함하지 않는다.
④ 재무상태표에 자산과 부채는 유동자산과 비유동자산, 그리고 유동부채와 비유동부채를 구분하여 표시하며, 유동성 순서에 따른 표시방법은 허용하지 않는다.
⑤ 한국채택국제회계기준의 요구에 따라 공시되는 정보가 중요하지 않더라도 그 공시를 제공하여야 한다.

**08** (주)관세의 20×1년 자료가 다음과 같을 때, 재무자본유지개념하에서 불변구매력단위를 이용하여 측정한 당기순이익은? (단, 주어진 자료 외 다른 거래는 없다) [관세사 2019]

- 20×1년 초 현금 ₩100,000으로 영업을 개시하였다.
- 20×1년 초 재고자산 15개를 단위당 ₩5,000에 현금 구입하였다.
- 20×1년 기중에 재고자산 15개를 단위당 ₩8,000에 현금 판매하였다.
- 20×1년 초 물가지수가 100이라고 할 때, 20×1년 말 물가지수는 125이다.
- 20×1년 말 재고자산의 단위당 구입가격은 ₩6,500으로 인상되었다.
- 20×1년 말 현금 보유액은 ₩145,000이다.

① ₩0 ② ₩15,000 ③ ₩20,000
④ ₩30,000 ⑤ ₩45,000

해커스 회계학 1차 기출+예상문제집

해커스 감정평가사 ca.Hackers.com

# 2장

# 재고자산

## [01 ~ 03]

A사는 20×1년 말 재고자산을 실사하였다. 실사 결과 회사가 보유한 재고자산의 원가는 ₩2,000,000이었으며, 재고자산 관련 자료는 아래와 같다.

(1) 선적지인도조건으로 구입한 재고자산은 ₩100,000이 결산일 현재 운송 중이다. 회사는 송장이 도착하지 않아 매입 회계처리를 하지 않았다.
(2) 도착지인도조건으로 판매한 재고자산이 결산일 현재 운송 중이다. 재고자산의 원가는 ₩200,000이다. 회사는 선적시점에 매출로 수익을 인식하였다.
(3) 회사는 20×1년 12월 20일에 원가 ₩50,000의 상품을 판매하고 판매대금을 수수하였다. 고객은 상품에 대한 법적 권리가 있으며 통제한다. 하지만, 고객은 20×2년 2월 8일에 동 상품을 인도받기를 원하여 회사의 창고에 보관하고 있으며, 실사금액에 포함되었다.
(4) 회사는 20×1년 12월 31일에 반품조건부로 원가 ₩400,000의 재고자산을 판매하였으며, 판매분 중 50%는 반품률을 합리적으로 추정할 수 없고 50%는 반품률을 10%로 추정하고 있다.
(5) 보고기간 말 현재 회사가 보관하고 있는 재고자산 중 ₩300,000은 차입금에 대한 담보로 제공되어 있다.
(6) A사는 20×1년 12월 1일에 원가 ₩800,000의 재고자산을 현금 ₩1,000,000에 판매하기로 고객과 계약을 체결하였다. 계약에는 20×2년 3월 31일 이전에 그 자산을 ₩1,050,000에 다시 살 권리를 기업이 가지는 콜옵션이 포함되어 있다. A사는 20×2년 3월 31일에 콜옵션을 행사하였다.

**01** 재고자산 관련 자료 중 (1), (2)를 고려할 때 기말재고자산에 가감될 금액은 얼마인가?

① ₩100,000 ② ₩200,000 ③ ₩300,000
④ ₩(−)200,000 ⑤ ₩0

**02** 재고자산 관련 자료 중 (3), (4)를 고려할 때 기말재고자산에 가감될 금액은 얼마인가?

① ₩(−)50,000 ② ₩350,000 ③ ₩(−)30,000
④ ₩(−)400,000 ⑤ ₩150,000

**03** 재고자산 관련 자료 중 (5), (6)을 고려할 때 기말재고자산에 가감될 금액은 얼마인가?

① ₩0 ② ₩1,000,000 ③ ₩(−)300,000
④ ₩700,000 ⑤ ₩800,000

## [04 ~ 08]

다음은 (주)한국의 상품에 관련된 자료이다. 각 물음은 서로 독립적이다.

(1) 모든 매입 · 매출거래는 현금거래이다.

(2) 상품의 단위당 판매가격은 ₩1,500이고, 20×1년 상품의 매입 · 매출에 관한 자료는 다음과 같다.

| 일자 | 구분 | 수량(개) | 단위원가 | 금액 |
|---|---|---|---|---|
| 1월 1일 | 기초상품 | 200 | ₩1,100 | ₩220,000 |
| 2월 28일 | 매입 | 2,400 | ₩1,230 | ₩2,952,000 |
| 3월 5일 | 매출 | 2,000 | | |
| 8월 20일 | 매입 | 2,600 | ₩1,300 | ₩3,380,000 |
| 12월 25일 | 매출 | 1,500 | | |
| 12월 31일 | 기말상품 | 1,700 | | |

**04** (주)한국이 재고자산 원가흐름의 가정으로 평균법을 사용하고 있고, 계속기록법을 사용하고 있을 때, 당해 연도의 매출원가는 얼마인가?

① ₩4,800,000 ② ₩4,780,000 ③ ₩4,342,000
④ ₩4,367,500 ⑤ ₩4,410,000

**05** (주)한국이 재고자산 원가흐름의 가정으로 평균법을 사용하고 있고, 실지재고조사법을 사용하고 있을 때, 당해 연도의 매출원가는 얼마인가?

① ₩4,800,000 ② ₩4,780,000 ③ ₩4,342,000
④ ₩4,367,500 ⑤ ₩4,410,000

**06** (주)한국이 재고자산 원가흐름의 가정으로 선입선출법을 사용하고 있고, 계속기록법을 사용하고 있을 때, 당해 연도의 매출원가는 얼마인가?

① ₩4,800,000 ② ₩4,780,000 ③ ₩4,342,000
④ ₩4,367,500 ⑤ ₩4,410,000

**07** (주)한국은 재고자산 원가흐름의 가정으로 평균법을 사용하고 있고, 실지재고조사법을 사용한다. 기초에 동 재고자산의 재고자산평가충당금은 없었고 실사 결과, 실제 창고에 존재하는 재고자산은 1,500개였다. 또한, 동 재고자산의 기말순실현가능가치는 단위당 ₩1,000이다. 이 경우 당해 연도의 매출원가는 얼마인가? (단, 감모손실은 모두 기타비용처리하고 평가손실만 매출원가에 반영한다)

① ₩4,800,000　② ₩4,780,000　③ ₩4,342,000
④ ₩4,367,500　⑤ ₩4,410,000

**08** (주)한국은 재고자산 원가흐름의 가정으로 평균법을 사용하고 있고, 실지재고조사법을 사용한다. 기초에 동 재고자산의 재고자산평가충당금은 ₩20,000이고 실사 결과, 실제 창고에 존재하는 재고자산은 1,500개였다. 또한, 동 재고자산의 기말순실현가능가치는 단위당 ₩1,000이다. 이 경우 당해 연도의 매출원가는 얼마인가? (단, 감모손실은 모두 기타비용처리하고 평가손실만 매출원가에 반영한다)

① ₩4,800,000　② ₩4,780,000　③ ₩4,342,000
④ ₩4,367,500　⑤ ₩4,410,000

**[09, 10]**

(주)포도는 20×1년에 설립된 회사로 원재료를 제조공정에 투입하여 재공품을 거쳐 제품을 생산 판매하고 있다.

<20×1년 말 현재 보유 중인 재고자산>

| 구분 | 실제수량 | 단위당 | | |
|---|---|---|---|---|
| | | 원가 | 현행대체원가 | 순실현가능가치 |
| 제품 | 370개 | ₩4,000 | ₩3,800 | ₩3,600 |
| 재공품 | 50개 | ₩1,500 | ₩1,200 | ₩1,400 |
| 원재료 | 180개 | ₩1,000 | ₩800 | ₩850 |

<20×2년 말 현재 보유 중인 재고자산>

| 구분 | 실제수량 | 단위당 | | |
|---|---|---|---|---|
| | | 원가 | 현행대체원가 | 순실현가능가치 |
| 제품 | 470개 | ₩5,000 | ₩4,800 | ₩5,200 |
| 재공품 | 20개 | ₩1,400 | ₩1,200 | ₩1,100 |
| 원재료 | 70개 | ₩1,200 | ₩700 | ₩900 |

(주)포도는 20×2년 12월 28일 (주)앵두에 제품 200개를 개당 ₩4,500에 판매하는 확정판매계약을 체결하였다. 동 계약은 20×3년 중에 인도할 예정이며, 판매 시 거래원가는 ₩200이다.

**09** (주)포도가 20×1년도에 인식할 재고자산평가손실(또는 평가손실환입)은 얼마인가?

① ₩5,000　② ₩148,000　③ ₩153,000
④ ₩189,000　⑤ ₩0

**10** (주)포도가 20×2년도에 인식할 재고자산평가손실[또는 (−)평가손실환입]은 얼마인가?

① ₩140,000　② ₩(−)43,000　③ ₩(−)7,000
④ ₩146,000　⑤ ₩181,000

**11** 12월 말 결산법인인 A사는 전기자동차를 제조판매하는 회사로 20×1년 4월 1일 창고에 화재가 발생하였다. 20×1년 1월 1일 상품재고액은 ₩10,000이며 관련된 자료들은 다음과 같다.

| 구분 | 금액 | 구분 | 금액 |
|---|---|---|---|
| 기초매입채무 | ₩30,000 | 기초매출채권 | ₩20,000 |
| 현금매입 | ₩10,000 | 현금매출 | ₩15,000 |
| 매입할인 | ₩3,000 | 매출할인 | ₩5,000 |
| 1분기 매입채무 결제액 | ₩500,000 | 1분기 매출채권 회수액 | ₩500,000 |
| 3월 31일 현재 매입채무 | ₩20,000 | 3월 31일 현재 매출채권 | ₩30,000 |

20×1년 3월 31일 현재 선적지인도조건으로 매입하는 운송 중인 미착품 ₩6,000이 있으며, 매입채무를 인식하지 않았다. A사는 제품을 판매할 때 원가에 25% 이익을 가산하여 판매한다. 화재 이후에 남은 창고보관 제품의 내역은 다음과 같다.

| 구분 | 원가 | 판매가 |
|---|---|---|
| 제품 A | ₩40,000 | ₩8,000 |
| 제품 B | ₩20,000 | ₩30,000 |

A사가 화재로 인하여 인식할 재해손실은 얼마인가?

① ₩60,000　② ₩62,000　③ ₩65,000
④ ₩68,000　⑤ ₩70,000

**12** 소매업을 영위하고 있는 (주)대한은 재고자산에 대해 소매재고법을 적용하고 있다.

<자료>

(1) (주)대한의 당기 재고자산과 관련된 항목별 원가와 매가는 다음과 같다.

| 항목 | 원가 | 매가 |
|---|---|---|
| 기초재고자산 | ? | ₩40,000 |
| 당기매입액(총액) | ? | ₩210,000 |
| 매입환출 | ₩3,000 | ₩5,000 |
| 매입할인 | ₩1,000 | |
| 매출액(총액) | | ₩120,000 |
| 매출환입 | ₩2,000 | ₩16,000 |
| 매출에누리 | | ₩4,000 |
| 가격 인상액(순액) | | ₩22,000 |
| 가격 인하액(순액) | | ₩15,000 |
| 정상파손 | ₩2,000 | ₩4,000 |
| 비정상파손 | ₩6,000 | ₩12,000 |
| 종업원할인 | | ₩2,000 |

(2) (주)대한이 재고자산에 대해 원가기준으로 선입선출법과 가중평균법을 각각 적용하여 측정한 원가율은 다음과 같다.

| 적용방법 | 원가율 |
|---|---|
| 원가기준 선입선출법 | 55% |
| 원가기준 가중평균법 | 50% |

(3) 정상파손의 원가는 매출원가에 포함하며, 비정상파손의 원가는 영업외비용으로 처리한다.

(4) 원가율 계산 시 소수점 이하는 반올림한다(예 61.6%는 62%로 계산).

(주)대한이 재고자산에 대해 저가기준으로 선입선출법을 적용하였을 경우 매출원가를 계산하시오.

① ₩61,260　② ₩58,660　③ ₩55,000

④ ₩51,660　⑤ ₩49,270

**13** (주)대한농림은 사과를 생산 · 판매하는 사과 과수원을 운영하고 있다.

<자료>

(1) 사과나무의 20×1년 초 장부금액은 ₩50,000이며, 잔존내용연수는 5년이다. 잔존가치는 없으며, 정액법으로 감가상각하고 원가모형을 적용한다.

(2) 20×1년 9월에 20박스의 사과를 수확하였으며, 수확한 사과의 순공정가치는 박스당 ₩30,000이고 수확비용은 총 ₩20,000이다.

(3) 20×1년 10월에 10박스를 ₩400,000에 판매하였고, 판매비용은 총 ₩10,000이다.

(4) 20×1년 말 사과 10박스를 보유하고 있고, 10박스의 순공정가치는 ₩450,000이다.

(5) 20×1년에 생산되기 시작하여 20×1년 말 수확되지 않고 사과나무에서 자라고 있는 사과의 순공정가치는 ₩200,000으로 추정된다.

(주)대한농림의 20×1년도 포괄손익계산서상 당기순이익에 미치는 영향을 계산하시오.

① ₩870,000　② ₩860,000　③ ₩855,000
④ ₩460,000　⑤ ₩400,000

# Ⅱ. 최신 기출 유형 정리

## 재고자산의 정의 및 분류

**01** 다음 항목과 계정 분류를 연결한 것으로 옳지 않은 것은? [감정평가사 2021]

① 직접 소유 또는 금융리스를 통해 보유하고 운용리스로 제공하고 있는 건물 - 재고자산
② 소유 자가사용부동산 - 유형자산
③ 처분예정인 자가사용부동산 - 매각예정비유동자산
④ 통상적인 영업과정에서 판매하기 위한 부동산이나 이를 위하여 건설 또는 개발 중인 부동산 - 재고자산
⑤ 장래 용도를 결정하지 못한 채로 보유하고 있는 토지 - 투자부동산

## 재고자산의 취득원가 및 기말재고자산 조정

**02** 재고자산의 취득원가에 포함하는 것은? [관세사 2021]

① 재료원가, 노무원가 및 기타 제조원가 중 비정상적으로 낭비된 부분
② 후속 생산단계에 투입하기 전에 보관이 필요한 경우 이외의 보관원가
③ 적격자산에 해당하는 재고자산의 제조에 직접 관련된 차입원가
④ 취득과정에 직접 관련되어 있으며 과세당국으로부터 추후 환급받을 수 있는 제세금
⑤ 재고자산을 현재의 장소에 현재의 상태로 이르게 하는 데 기여하지 않은 관리간접원가

**03** 재고자산 회계처리에 관한 설명으로 옳지 않은 것은? [감정평가사 2022]

① 생산에 투입하기 위해 보유하는 원재료 및 기타 소모품은 제품의 원가가 순실현가능가치를 초과할 것으로 예상되더라도 감액하지 아니한다.
② 생물자산에서 수확한 농림어업 수확물로 구성된 재고자산은 공정가치에서 처분부대원가를 뺀 금액으로 수확시점에 최초 인식한다.
③ 재고자산을 현재의 장소에 현재의 상태로 이르게 하는데 기여하지 않은 관리간접원가는 재고자산의 취득원가에 포함할 수 없다.
④ 매입할인이나 매입금액에 대해 수령한 리베이트는 매입원가에서 차감한다.
⑤ 개별법이 적용되지 않는 재고자산의 단위원가는 선입선출법이나 가중평균법을 사용하여 결정한다.

**04** (주)감평의 20×1년도 상품 매입과 관련된 자료이다. 20×1년도 상품 매입원가는? [단, (주)감평은 부가가치세 과세사업자이며, 부가가치세는 환급대상에 속하는 매입세액이다] [감정평가사 2021]

| 항목 | 금액 | 비고 |
|---|---|---|
| 당기매입 | ₩110,000 | 부가가치세 ₩10,000 포함 |
| 매입운임 | 10,000 | |
| 하역료 | 5,000 | |
| 매입할인 | 5,000 | |
| 리베이트 | 2,000 | |
| 보관료 | 3,000 | 후속 생산단계에 투입하기 전에 보관이 필요한 경우가 아님 |
| 관세납부금 | 500 | |

① ₩108,500 ② ₩110,300 ③ ₩110,500
④ ₩113,500 ⑤ ₩123,500

**05** 공기청정기를 위탁판매하고 있는 (주)감평은 20×1년 초 공기청정기 10대(대당 판매가격 ₩1,000, 대당 원가 ₩700)를 (주)한국에 적송하였으며, 운송업체에 총운송비용 ₩100을 현금으로 지급하였다. (주)한국은 위탁받은 공기청정기 10대 중 7대를 20×1년에 판매하였다. 20×1년 위탁판매와 관련하여 (주)감평이 인식할 매출원가는? [감정평가사 2021]

① ₩4,970 ② ₩5,700 ③ ₩7,070
④ ₩8,100 ⑤ ₩10,100

**06** (주)감평의 기말재고자산에 포함시켜야 할 항목을 모두 고른 것은? [감정평가사 2021]

ㄱ. 창고가 작아 기말 현재 외부에 보관 중인 (주)감평의 원재료
ㄴ. (주)감평이 FOB 선적지 인도조건으로 판매하였으나 기말 현재 도착하지 않은 상품
ㄷ. (주)감평이 고객에게 인도하고 기말 현재 고객이 사용의사를 표시한 시용품
ㄹ. (주)감평이 FOB 도착지 인도조건으로 매입하였으나 기말 현재 도착하지 않은 상품

① ㄱ ② ㄷ ③ ㄱ, ㄴ
④ ㄹ ⑤ ㄷ, ㄹ

**07** (주)감평의 창고에 보관 중인 20×1년 말 상품 재고실사 금액은 ₩2,840이다. 다음 자료를 반영한 이후 20×1년 말 재무상태표에 표시할 기말상품 금액은? [감정평가사 2023]

> • 기말 현재 일부 상품(원가 ₩100)을 물류회사에 보관 중이며, 보관료 ₩20을 지급하기로 하였다.
> • 수탁회사에 적송한 상품(원가 ₩600) 중 20%는 기말까지 판매되지 않았다.
> • 고객에게 발송한 시송품(원가 ₩500) 중 기말 현재 고객으로부터 매입의사표시를 통보받지 못한 상품이 ₩200이다.
> • 20×1년 12월 28일에 도착지 인도조건으로 거래처에서 매입한 상품(원가 ₩250)이 기말 현재 운송 중에 있다.

① ₩3,260　② ₩3,510　③ ₩3,560
④ ₩3,740　⑤ ₩3,810

**08** (주)관세의 20×1년 말 창고에 있는 재고자산 실사금액은 ₩15,000이다. 다음 사항을 추가로 반영한 기말재고자산은? (단, 재고자산감모손실과 평가손실은 없다) [관세사 2022]

> • (주)관세가 위탁판매를 위해 수탁자에게 적송한 상품 중 판매되지 않은 적송품 원가 ₩3,000
> • (주)관세가 시용판매를 위해 고객에게 발송한 상품 중 구매자가 매입의사표시를 하지 않은 시송품 원가 ₩4,000
> • (주)관세가 기중 선적지인도조건으로 (주)한국에게 판매하여 기말 현재 운송 중인 상품 원가 ₩2,000
> • (주)관세가 기중 (주)대한으로부터 선적지인도조건으로 매입하여 기말 현재 운송 중인 상품 원가 ₩4,000

① ₩15,000　② ₩22,000　③ ₩23,000
④ ₩26,000　⑤ ₩28,000

**09** (주)관세의 20×1년 재고자산 관련 자료이다. 20×1년도 정확한 매출원가와 당기순이익은?
[관세사 2020]

- 매출액 ₩60,000
- 기초재고자산 10,000
- 당기순매입액 29,800
- 기말재고자산[(주)한국으로부터 위탁받은 상품 ₩300 포함] 10,000
- 판매비와 관리비(판매 전 보관을 위한 창고비용 ₩500 포함) 10,000
- 법인세율 40%

| | 매출원가 | 당기순이익 |
|---|---|---|
| ① | ₩29,500 | ₩12,900 |
| ② | ₩29,800 | ₩12,120 |
| ③ | ₩29,800 | ₩12,420 |
| ④ | ₩30,100 | ₩11,940 |
| ⑤ | ₩30,100 | ₩12,240 |

**10** (주)관세의 20×1년 말 재고자산 관련 자료가 다음과 같을 때 기초상품재고액은? (단, 재고자산감모손실과 평가손실은 없다)
[관세사 2024]

| | | | |
|---|---|---|---|
| • 총매입액 | ₩3,750 | • 매입리베이트 | ₩250 |
| • 기말상품재고액 | 375 | • 총매출액 | 6,000 |
| • 매출에누리 | 500 | • 매출총이익 | 1,125 |

① ₩1,000　② ₩1,250　③ ₩1,500
④ ₩1,750　⑤ ₩2,000

**11** (주)관세는 20×1년 7월 1일 원가 ₩80,000의 재고자산을 판매하고 계약금으로 현금 ₩10,000을 수령한 후 다음과 같이 대금을 수령하기로 하였다. 재고자산 판매일 현재 할인율이 연 10%일 때 동 거래로 인하여 발생되는 (주)관세의 20×1년 매출총이익은? [단, 명목가치와 현재가치의 차이는 중요하고, 정상연금 ₩1의 현재가치는 2.4868(3기간, 10%)이다]
[관세사 2021]

| 20×2년 6월 30일 | 20×3년 6월 30일 | 20×4년 6월 30일 |
|---|---|---|
| ₩30,000 | ₩30,000 | ₩30,000 |

① ₩3,730　② ₩4,604　③ ₩8,334
④ ₩10,000　⑤ ₩20,000

**12** (주)관세는 20×1년 1월 1일 재고자산(원가 ₩35,000)을 판매하고 20×1년 12월 31일과 20×2년 12월 31일에 각각 ₩20,000씩 수령하기로 하였다. 재고자산 판매일 현재 할인율은 연 10%이다. 동 거래와 관련된 회계처리가 (주)관세의 20×1년도 당기순이익에 미치는 영향은? [단, 명목가치와 현재가치의 차이는 중요하고, 정상연금 ₩1의 현재가치는 1.7355(2기간, 10%)이며, 기대신용손실은 고려하지 않는다] [관세사 2023]

① ₩290 감소 ② ₩290 증가 ③ ₩3,181 증가
④ ₩3,471 증가 ⑤ ₩5,000 증가

## 재고자산의 단위원가결정 - 원가흐름가정

**13** (주)관세의 20×1년 재고자산 관련 자료는 다음과 같다. 선입선출법과 평균법 간의 기말재고자산 금액 차이는? (단, 실지재고조사법을 적용하고, 재고자산감모손실과 평가손실은 없다) [관세사 2022]

| 일자 | 내역 | 수량 | 매입단가 |
|---|---|---|---|
| 1월 1일 | 기초재고 | 300개 | ₩150 |
| 3월 3일 | 매입 | 450 | 165 |
| 5월 6일 | 매출 | 600 | |
| 9월 3일 | 매입 | 300 | 180 |
| 12월 5일 | 매출 | 300 | |

① ₩0 ② ₩1,125 ③ ₩2,250
④ ₩3,375 ⑤ ₩4,500

**14** 동일한 규격의 상품을 판매하는 (주)관세의 1월 중 재고자산에 대한 거래내역은 다음과 같다. 선입선출법에 의한 (주)관세의 1월 매출총이익은? (단, 재고자산감모손실과 평가손실은 없다) [관세사 2024]

| 일자 | 내역 | 수량 | 매입단가 | 단위당 판매가격 |
|---|---|---|---|---|
| 1일 | 재고 | 150개 | ₩300 | |
| 3일 | 매입 | 200개 | ₩350 | |
| 8일 | 매출 | 180개 | | ₩600 |
| 15일 | 매입 | 350개 | ₩400 | |
| 26일 | 매출 | 250개 | | ₩600 |

① ₩94,000 ② ₩111,000 ③ ₩129,000
④ ₩155,643 ⑤ ₩165,000

## 감모손실과 평가손실

**15** 재고자산의 저가법 평가에 관한 설명으로 옳지 않은 것은? [관세사 2020]

① 재고자산은 취득원가와 순실현가능가치 중 낮은 금액으로 측정한다.
② 저가법은 항목별로 적용하되, 경우에 따라서는 재고자산의 분류나 특정영업부문에 속하는 모든 재고자산에 기초하여 저가법을 적용하는 것도 적절하다.
③ 재고자산의 감액을 초래했던 상황이 해소되거나 경제상황의 변동으로 순실현가능가치가 상승한 명백한 증거가 있는 경우에는 최초의 장부금액을 초과하지 않는 범위 내에서 평가손실을 환입한다.
④ 재고자산을 순실현가능가치로 감액한 평가손실과 모든 감모손실은 감액이나 감모가 발생한 기간에 비용으로 인식한다.
⑤ 저가법은 자산의 장부금액이 판매나 사용으로부터 실현될 것으로 기대되는 금액을 초과하여서는 아니 된다는 견해와 일관성이 있다.

**16** 재고자산에 관한 설명으로 옳지 않은 것은? [관세사 2023]

① 재고자산은 정상적인 영업활동을 통하여 판매할 목적으로 보유하는 자산이라는 점에서 사용할 목적으로 보유하는 유형자산과는 구별된다.
② 선입선출법, 평균법 등의 평가방법은 실제 물량흐름과 상관없이 일정한 가정을 전제로 정의된 것이다.
③ 재고자산의 취득원가는 매입가격 이외에도 재고자산을 현재의 상태에 이르기까지 소요된 부대비용을 포함하여 인식한다.
④ 기업이 선택한 방법에 의하여 측정한 재고자산의 원가보다 순실현가치가 낮은 경우 저가법을 선택한 경우에 한하여 재고자산평가손실을 계상할 수 있다.
⑤ 수입한 재고자산의 취득원가에는 수입관세(과세당국으로부터 추후 환급받을 수 있는 금액은 제외)가 포함된다.

**17** 다음은 20×1년 설립된 (주)감평의 재고자산(상품) 관련 자료이다.

- 당기매입액: ₩2,000,000
- 취득원가로 파악한 장부상 기말재고액: ₩250,000

| 기말상품 | 실지재고 | 단위당 원가 | 단위당<br>순실현가능가치 |
|---|---|---|---|
| A | 800개 | ₩100 | ₩120 |
| B | 250개 | 180 | 150 |
| C | 400개 | 250 | 200 |

(주)감평의 20×1년 재고자산감모손실은? (단, 재고자산평가손실과 재고자산감모손실은 매출원가에 포함한다) [감정평가사 2020]

① ₩0　② ₩9,000　③ ₩25,000
④ ₩27,500　⑤ ₩52,500

**18** 20×1년 초에 설립한 (주)관세의 기말 상품과 원재료에 대한 자료는 다음과 같다.

| 재고자산 품목 | 단위당 취득원가 | 단위당<br>일반판매가 | 단위당<br>확정판매가 | 단위당<br>현행대체원가 |
|---|---|---|---|---|
| 상품(50개) | ₩20,000 | ₩17,000 | ₩18,000 | - |
| 원재료(50kg) | 1,000 | - | - | ₩900 |

상품 중 40개는 확정판매계약이 체결되어 보관 중이다. 일반판매시에는 판매가격의 10%에 해당하는 판매비용이 소요될 것으로 예상되며, 원재료를 이용하여 생산하는 제품은 원가 이상으로 판매될 것으로 예상된다. (주)관세가 상품과 원재료에 대하여 인식할 재고자산평가손실은? [관세사 2023]

① ₩110,000　② ₩115,000　③ ₩127,000
④ ₩132,000　⑤ ₩199,000

**19** (주)감평의 20×1년 기말 재고자산 자료가 다음과 같다.

• 단위당 예상판매비용: ₩30(모든 상품에서 발생)

| 종목 | 실사수량 | 단위당 취득원가 | 단위당 예상판매가격 |
|---|---|---|---|
| 상품 A | 100개 | ₩300 | ₩350 |
| 상품 B | 100개 | 200 | 250 |
| 상품 C | 200개 | 100 | 120 |

상품 B의 70%는 확정판매계약(취소불능계약)을 이행하기 위하여 보유하고 있으며, 상품 B의 단위당 확정판매계약가격은 ₩220이다. 재고자산평가와 관련하여 20×1년 인식할 당기손익은? (단, 재고자산의 감모는 발생하지 않았으며, 기초재고자산평가충당금은 없다) [감정평가사 2022]

① 손실 ₩2,700 ② 손실 ₩700 ③ ₩0
④ 이익 ₩2,200 ⑤ 이익 ₩3,200

**20** (주)감평의 20×1년 기말재고자산에 대한 자료가 다음과 같다.

| 항목 | 원가 | 확정판매계약가격 | 일반판매가격 | 현행대체원가 |
|---|---|---|---|---|
| 제품 A | ₩1,000 | ₩900 | ₩950 | - |
| 제품 B | 1,200 | - | 1,250 | - |
| 원재료 A | 1,100 | - | - | ₩1,000 |
| 원재료 B | 1,000 | - | - | 900 |

• 제품 A는 모두 확정판매계약을 이행하기 위하여 보유하고 있으며, 제품 A와 제품 B는 판매 시 계약가격 또는 일반판매가격의 10%에 해당하는 판매비용이 소요될 것으로 예상된다.
• 원재료 A를 이용하여 생산하는 제품은 원가 이상으로 판매될 것으로 예상된다.
• 원재료 B를 이용하여 생산하는 제품의 원가는 순실현가능가치를 초과할 것으로 예상된다.

모든 재고자산에 대해 항목별기준을 적용할 때 20×1년도에 인식할 재고자산평가손실은? (단, 재고자산 감모는 발생하지 않았으며, 기초재고자산평가충당금은 없다) [감정평가사 2024]

① ₩300 ② ₩335 ③ ₩350
④ ₩365 ⑤ ₩380

**21** 상품매매기업인 (주)감평은 계속기록법과 실지재고조사법을 병행하고 있다. (주) 감평의 20×1년 기초 재고는 ₩10,000(단가 ₩100)이고, 당기매입액은 ₩30,000(단가 ₩100), 20×1년 말 현재 장부상 재고수량은 70개이다. (주)감평이 보유하고 있는 재고자산은 진부화로 인해 단위당 순실현가능가치가 ₩80으로 하락하였다. (주)감평이 포괄손익계산서에 매출원가로 ₩36,000을 인식하였다면, (주)감평의 20×1년 말 현재 실제재고수량은? (단, 재고자산감모손실과 재고자산평가손실은 모두 매출원가에 포함한다) [감정평가사 2020]

① 40개 ② 50개 ③ 65개
④ 70개 ⑤ 80개

**22** (주)감평은 재고상품에 대해 선입선출법을 적용하여 단위원가를 결정하며, 20×1년 기초상품은 ₩30,000(단위당 원가 ₩1,000), 당기상품매입액은 ₩84,000(단위당 원가 ₩1,200)이다. 기말상품의 감모손실과 평가손실에 관한 자료는 다음과 같다.

| 장부수량 | 실제수량 | 단위당 예상판매가격 | 단위당 예상판매비용 |
|---|---|---|---|
| 20개 | 16개 | ₩1,250 | ₩80 |

(주)감평이 기말 재고자산감모손실은 장부에 반영하였으나 재고자산평가손실을 반영하지 않았을 경우 옳은 것은? [감정평가사 2022]

① 20×1년 당기순이익 ₩1,000 과대 ② 20×1년 기말재고자산 ₩600 과대
③ 20×1년 기말자본총계 ₩480 과소 ④ 20×2년 기초재고자산 ₩600 과소
⑤ 20×2년 당기순이익 ₩480 과소

**23** (주)감평의 20×1년도 상품 관련 자료는 다음과 같다. 기말상품 실사수량은 30개이며, 수량감소분 중 40%는 정상감모손실이다. (주)감평의 20×1년의 매출원가는? (단, 정상감모손실과 평가손실은 매출원가에 포함한다) [감정평가사 2023]

| 구분 | 수량 | 단위당 취득원가 | 단위당 판매가격 | 단위당 순실현가능가치 |
|---|---|---|---|---|
| 기초재고 | 70개 | ₩60 | - | - |
| 매입 | 100개 | ₩60 | - | - |
| 매출 | 120개 | - | ₩80 | - |
| 기말재고 | 50개 | - | | ₩50 |

① ₩7,200 ② ₩7,500 ③ ₩7,680
④ ₩7,980 ⑤ ₩8,700

**24** 20×1년 초 설립된 (주)관세의 20×1년도 기말재고자산에 관한 자료는 다음과 같다. (주)관세는 제품과 상품을 판매하며, 원재료는 모두 제품을 생산하기 위한 것이다. (주)관세가 항목별 저가법을 적용할 경우, 20×1년도에 인식할 재고자산평가손실은? [관세사 2025]

| 항목 | 실지재고 | 단위당 | | | |
|---|---|---|---|---|---|
| | | 취득원가 | 현행대체원가 | 예상 판매가격 | 예상 판매비용 |
| 원재료 | 1,000kg | ₩1,500 | ₩1,400 | ₩1,200 | ₩100 |
| 제품 | 2,000개 | 3,000 | 3,000 | 3,400 | 200 |
| 상품 | 2,500개 | 5,000 | 4,600 | 4,500 | 100 |

① ₩1,250,000 ② ₩1,400,000 ③ ₩1,500,000
④ ₩1,600,000 ⑤ ₩1,900,000

**25** (주)감평의 20×1년 기초상품은 ₩20,000, 당기상품매입액은 ₩80,000이다. 20×1년 기말 상품 관련 자료는 다음과 같다.

| | | | |
|---|---|---|---|
| • 장부상 수량 | 90개 | • 단위당 취득원가 | ₩300 |
| • 실제 수량 | 80개 | • 단위당 순실현가능가치 | ₩270 |

감모수량 중 7개는 정상적인 것이며, 나머지는 비정상적인 것이다. (주)감평의 20×1년 포괄손익계산서에 표시될 매출원가는? [단, (주)감평은 정상적인 감모손실과 평가손실은 매출원가로 처리하고, 기초 재고자산평가충당금은 없다] [감정평가사 2025]

① ₩75,100 ② ₩75,400 ③ ₩77,500
④ ₩78,400 ⑤ ₩79,300

## 특수한 원가배분방법 - 매출총이익률법

**26** 12월 1일 화재로 인하여 창고에 남아있던 (주)관세의 재고자산이 전부 소실되었다. (주)관세는 모든 매입과 매출을 외상으로 하고 있으며 이용 가능한 자료는 다음과 같다. 매출총이익률이 30%라고 가정할 때 화재로 인한 추정재고손실액은? [관세사 2021]

> (1) 기초 재고자산: ₩1,000
> (2) 기초 매출채권: ₩3,000
> 　12월 1일 매출채권: ₩2,000
> (3) 기초부터 12월 1일까지 거래
> - 매입액: ₩80,000
>   (FOB 선적지인도조건으로 매입하여 12월 1일 현재 운송 중인 상품 ₩100 포함)
> - 매출채권 현금 회수액: ₩100,000
> - 매출할인: ₩200

① ₩11,600　② ₩12,600　③ ₩13,600
④ ₩51,200　⑤ ₩52,200

**27** (주)감평의 매출액은 ₩215,000, 재고구입에 따른 현금유출액은 ₩120,000이다. 다음 (주)감평의 재고자산, 매입채무 변동 자료를 이용할 경우, 매출총이익은? [감정평가사 2023]

| | |
|---|---|
| 재고자산 증가액 | ₩4,000 |
| 매입채무 증가액 | ₩6,000 |

① ₩85,000　② ₩89,000　③ ₩91,000
④ ₩93,000　⑤ ₩97,000

**28** (주)관세의 20×1년도 매출, 매입, 재고자산과 관련된 자료이다. 다음 설명 중 옳은 것은? [관세사 2024]

| | | | |
|---|---|---|---|
| 매출액 | ₩20,000 | 매입액 | ₩18,000 |
| 기초매출채권(순액) | 5,000 | 기말매출채권(순액) | 4,000 |
| 기초매입채무 | 4,000 | 기말매입채무 | 2,000 |
| 기초재고자산 | 2,000 | 기말재고자산 | 3,000 |

① 매입으로 인한 현금지급액은 매입액보다 ₩2,000 작다.
② 매출원가는 매입으로 인한 현금지급액보다 ₩1,000 작다.
③ 매출로 인한 현금회수액은 매출액보다 ₩1,000 작다.
④ 매출총이익은 ₩2,000이다.
⑤ 매출과 매입으로 인한 순현금유입액은 ₩1,000이다.

**29** (주)관세의 20×1년 기초재고자산은 ₩3,000, 기말재고자산은 ₩4,200, 매출액은 ₩40,000이다. 당기 재고자산회전율이 6회라면 매출총이익은? (단, 재고자산회전율 계산 시 매출원가와 평균재고자산을 이용한다) [관세사 2022]

① ₩14,800 ② ₩18,000 ③ ₩18,400
④ ₩20,000 ⑤ ₩22,000

**30** 다음 자료를 이용하여 계산한 (주)관세의 매출채권회전율과 평균회수기간은? (단, 매출채권회전율 계산 시 평균 매출채권을 사용하고, 1년은 360일로 계산한다) [관세사 2024]

- 기초 순매출채권 ₩100
- 기말 순매출채권 ₩150
- 외상매출액 ₩200

① 0.8회, 285일 ② 0.8회, 225일 ③ 1.6회, 225일
④ 1.6회, 150일 ⑤ 2.4회, 150일

**31** (주)관세의 재고자산이 20×2년 말 화재로 인하여 모두 소실되었다. (주)관세의 20×1년과 20×2년 매출액 및 재고자산 자료는 다음과 같다. 20×2년의 매출총이익률이 20×1년과 동일하다고 가정할 때, 20×2년 말 화재로 소실된 재고자산 추정액은? [관세사 2025]

| 구분 | 20×1년 | 20×2년 |
|---|---|---|
| 매출액 | ₩10,000 | ₩12,000 |
| 기초재고 | 1,000 | 3,000 |
| 매입 | 8,000 | 8,000 |
| 기말재고 | 3,000 | ? |

① ₩2,800 ② ₩3,800 ③ ₩4,800
④ ₩6,200 ⑤ ₩7,200

## 특수한 원가배분방법 – 소매재고법

**32** (주)관세의 20×1년 재고자산 관련 자료는 다음과 같다. 원가기준 평균원가소매재고법에 따른 기말재고자산원가는? (단, 원가율 계산 시 소수점 둘째 자리에서 반올림한다) [관세사 2022]

| 구분 | 원가 | 판매가 |
|---|---|---|
| 기초재고액 | ₩44,500 | ₩70,000 |
| 당기순매입액 | 105,000 | 140,000 |
| 순인상액 | | 7,000 |
| 순인하액 | | 3,500 |
| 당기순매출액 | | 112,000 |
| 정상적 파손 | | 1,500 |
| 비정상적 파손 | 350 | 500 |

① ₩64,750 ② ₩69,650 ③ ₩70,000
④ ₩70,700 ⑤ ₩71,050

**33** (주)감평은 재고자산의 원가를 평균원가법에 의한 소매재고법으로 측정한다. 20×1년 재고자산 자료가 다음과 같을 때, 매출원가는? (단, 평가손실과 감모손실은 발생하지 않았다) [감정평가사 2022]

| 항목 | 원가 | 판매가 |
|---|---|---|
| 기초재고액 | ₩10,000 | ₩13,000 |
| 당기매입액 | 83,500 | 91,000 |
| 매가인상액 | | 9,000 |
| 인상취소액 | | 3,000 |
| 당기매출액 | | 90,000 |

① ₩73,500 ② ₩76,500 ③ ₩77,000
④ ₩78,200 ⑤ ₩80,620

**34** (주)관세의 재고자산과 관련된 자료는 다음과 같다. (주)관세가 저가기준에 의한 평균원가소매재고법에 따라서 재고자산을 평가한다고 할 때 기말재고 자산의 원가는? (단, 원가율 계산 시 백분율 기준 소수점 둘째 자리에서 반올림한다) [관세사 2023]

| 구분 | 원가 | 판매가 |
|---|---|---|
| 기초재고액 | ₩50,000 | ₩60,000 |
| 당기순매입액 | 112,500 | 170,000 |
| 순인상액 | - | 20,000 |
| 순인하액 | - | 10,000 |
| 정상파손 | 5,000 | 7,500 |
| 비정상파손 | 1,000 | 1,500 |
| 당기순매출액 | - | 130,000 |

① ₩65,549 ② ₩65,650 ③ ₩68,377
④ ₩71,390 ⑤ ₩71,500

**35** (주)감평은 재고자산을 원가기준 선입선출소매재고법으로 측정한다. 20×1년 재고자산 자료가 다음과 같을 때, 매출원가는? (단, 평가손실과 감모손실은 발생하지 않았다) [감정평가사 2024]

| 항목 | 원가 | 판매가 |
|---|---|---|
| 기초재고액 | ₩1,000 | ₩1,500 |
| 당기매입액 | 9,000 | 11,500 |
| 인상액 | - | 1,400 |
| 인상취소액 | - | 800 |
| 인하액 | - | 700 |
| 인하취소액 | - | 600 |
| 당기매출액 | - | 9,500 |

① ₩6,800 ② ₩7,000 ③ ₩7,160
④ ₩7,315 ⑤ ₩7,375

**36** (주)관세는 재고자산 평가방법으로 저가기준 선입선출소매재고법을 사용하고 있다. 재고자산과 관련된 자료가 다음과 같을 때, 기말재고자산원가와 매출원가는? [관세사 2020]

| | 원가 | 판매가 |
|---|---|---|
| 기초재고액 | ₩7,000 | ₩10,000 |
| 당기매입액 | 20,000 | 40,000 |
| 순인상액 | | 200 |
| 순인하액 | | 300 |
| 당기매출액 | | 30,000 |
| 정상파손 | | 100 |
| 비정상파손 | 100 | 400 |

| | 기말재고자산원가 | 매출원가 |
|---|---|---|
| ① | ₩8,560 | ₩18,440 |
| ② | ₩9,500 | ₩16,800 |
| ③ | ₩9,500 | ₩16,900 |
| ④ | ₩9,700 | ₩17,200 |
| ⑤ | ₩9,700 | ₩17,300 |

## 농림어업

**37** 생물자산에 관한 설명으로 옳지 않은 것은? [감정평가사 2024]

① 어떠한 경우에도 수확시점의 수확물은 공정가치에서 처분부대원가를 뺀 금액으로 측정한다.

② 수확 후 조림지에 나무를 다시 심는 원가는 생물자산의 원가에 포함된다.

③ 최초의 원가 발생 이후에 생물적 변환이 거의 일어나지 않는 경우 원가가 공정가치의 근사치가 될 수 있다.

④ 생물자산이나 수확물을 미래 일정시점에 판매하는 계약을 체결할 때, 공정가치는 시장에 참여하는 구매자와 판매자가 거래하게 될 현행시장의 상황을 반영하기 때문에 계약가격이 공정가치의 측정에 반드시 목적적합한 것은 아니다.

⑤ 생물자산이나 수확물을 유의적인 특성에 따라 분류하면 해당 자산의 공정가치 측정이 용이할 수 있을 것이다.

**38** 20×1년 초 설립된 (주)감평은 우유생산을 위하여 20×1년 2월 1일 어미 젖소 2마리(1마리당 순공정가치 ₩1,500)를 1마리당 ₩1,500에 취득하였으며, 관련 자료는 다음과 같다.

- 20×1년 12월 27일 처음으로 우유 100리터(ℓ)를 생산하였으며, 동 일자에 생산된 우유 1리터(ℓ)당 순공정가치는 ₩10이다.
- 20×1년 12월 28일 (주)감평은 생산된 우유 100리터(ℓ) 전부를 거래처인 (주)대한에 1리터(ℓ)당 ₩12에 판매하였다.
- 20×1년 12월 29일 송아지 1마리가 태어났다. 이 시점의 송아지 순공정가치는 1마리당 ₩300이다.
- 20×1년 말 어미 젖소와 송아지의 수량 변화는 없으며, 기말 현재 어미 젖소의 순공정가치는 1마리당 ₩1,600이고 송아지의 순공정가치는 1마리당 ₩250이다.

(주)감평의 20×1년도 포괄손익계산서상 당기순이익 증가액은? [감정평가사 2024]

① ₩1,000 ② ₩1,350 ③ ₩1,500
④ ₩1,650 ⑤ ₩2,000

**01** (주)대한이 재고자산을 실사한 결과 20×1년 12월 31일 현재 창고에 보관 중인 상품의 실사금액은 ₩1,500,000인 것으로 확인되었다. 재고자산과 관련된 추가 자료는 다음과 같다.

- (주)대한은 20×1년 9월 1일에 (주)강원으로부터 원가 ₩100,000의 상품에 대해 판매를 수탁받았으며, 이 중 원가 ₩20,000의 상품을 20×1년 10월 1일에 판매하였다. 나머지 상품은 20×1년 12월 31일 현재 (주)대한의 창고에 보관 중이며, 창고보관상품의 실사금액에 이미 포함되었다.
- (주)대한은 20×1년 11월 1일 (주)경북에 원가 ₩400,000의 상품을 인도하고, 판매대금은 11월 말부터 매월 말일에 3개월에 걸쳐 ₩150,000씩 할부로 수령하기로 하였다.
- (주)대한은 20×1년 11월 5일에 (주)충남과 위탁판매계약을 체결하고 원가 ₩200,000의 상품을 적송하였으며, (주)충남은 20×1년 12월 31일 현재까지 이 중 60%의 상품을 판매하였다.
- (주)대한이 20×1년 12월 23일에 (주)민국으로부터 선적지인도조건으로 매입한 원가 ₩100,000의 상품이 20×1년 12월 31일 현재 운송 중에 있다. 이 상품은 20×2년 1월 10일 도착 예정이다.
- (주)대한은 20×1년 12월 24일에 (주)충북에게 원가 ₩50,000의 상품을 ₩80,000에 판매 즉시 인도하고 2개월 후 ₩100,000에 재구매하기로 약정하였다.

위의 추가 자료를 반영한 후 (주)대한의 20×1년 말 재무상태표에 표시될 기말상품재고액은 얼마인가? [단, 재고자산감모손실 및 재고자산평가손실은 없다. (주)대한의 위탁(수탁)판매계약은 기업회계기준서 제1115호 '고객과의 계약에서 생기는 수익'의 위탁(수탁)약정에 해당한다] [공인회계사 2022]

① ₩1,570,000 ② ₩1,600,000 ③ ₩1,650,000
④ ₩1,730,000 ⑤ ₩1,800,000

**02** 20×1년 말 현재 (주)감평의 외부감사 전 재무상태표상 재고자산은 ₩1,000,000이다. (주)감평은 실지재고조사법을 사용하여 창고에 있는 상품만을 기말재고로 보고하였다. 회계감사 중 공인회계사는 (주)감평의 기말재고자산과 관련하여 다음 사항을 알게 되었다.

- 20×1년 12월 27일 FOB 선적지조건으로 (주)한국에게 판매한 상품(원가 ₩300,000)이 20×1년 말 현재 운송 중에 있다.
- 수탁자에게 20×1년 중에 적송한 상품(원가 ₩100,000) 중 40%가 20×1년 말 현재 판매 완료되었다.
- 고객에게 20×1년 중에 인도한 시송품의 원가는 ₩200,000이며, 이 중 20×1년 말까지 매입의 사표시를 해 온 금액이 ₩130,000이다.
- 20×1년 12월 29일 FOB 도착지조건으로 (주)민국으로부터 매입한 상품(원가 ₩200,000)이 20×1년 말 현재 운송 중에 있다.

위의 내용을 반영하여 작성된 20×1년 말 재무상태표상 재고자산은? [감정평가사 2018]

① ₩1,010,000 ② ₩1,110,000 ③ ₩1,130,000
④ ₩1,330,000 ⑤ ₩1,430,000

**03** 다음은 (주)감평의 20×1년도 재고자산 거래와 관련된 자료이다.

| 일자 | 적요 | 수량 | 단가 |
|---|---|---|---|
| 1월 1일 | 기초재고 | 100개 | ₩90 |
| 3월 9일 | 매입 | 200개 | 150 |
| 5월 16일 | 매출 | 150개 | |
| 8월 20일 | 매입 | 50개 | 200 |
| 10월 25일 | 매입 | 50개 | 220 |
| 11월 28일 | 매출 | 200개 | |

다음 설명 중 옳지 않은 것은? [감정평가사 2018]

① 실지재고조사법을 적용하여 선입선출법을 사용할 경우 기말재고자산 금액은 ₩11,000이다.
② 실지재고조사법을 적용하여 가중평균법을 사용할 경우 매출원가는 ₩52,500이다.
③ 선입선출법을 사용할 경우보다 가중평균법을 사용할 때 당기순이익이 더 작다.
④ 가중평균법을 사용할 경우, 실지재고조사법을 적용하였을 때보다 계속기록법을 적용하였을 때 당기순이익이 더 크다.
⑤ 선입선출법을 사용할 경우, 계속기록법을 적용하였을 때보다 실지재고조사법을 적용하였을 때 매출원가가 더 크다.

**04** 유통업을 영위하고 있는 (주)대한은 재고자산에 대해 계속기록법과 평균법을 적용하고 있으며, 기말에는 실지재고조사를 실시하여 실제 재고수량을 파악하고 있다. 다음은 (주)대한의 20×1년 재고자산에 관한 자료이다.

| 일자 | 적요 | 수량 | 매입단가 | 비고 |
|---|---|---|---|---|
| 1월 1일 | 기초재고 | 100개 | ₩300 | 전기 말 실제수량 |
| 6월 1일 | 매입 | 400개 | ₩400 | |
| 7월 1일 | 매출 | 300개 | | 판매단가 ₩600 |
| 9월 1일 | 매입 | 100개 | ₩500 | |
| 10월 1일 | 매출 | 200개 | | 판매단가 ₩500 |

20×1년 기말재고자산의 실제 재고수량은 장부수량과 일치하였고, 단위당 순실현가능가치는 ₩300인 경우, (주)대한의 20×1년도 매출총이익은 얼마인가? (단, 재고자산평가손실은 매출원가로 분류하며, 기초재고자산과 관련된 평가충당금은 ₩4,000이다) [공인회계사 2024]

① ₩70,000 ② ₩74,000 ③ ₩78,000
④ ₩82,000 ⑤ ₩100,000

**05** 유통업을 영위하는 (주)대한의 20×1년도 기초재고자산은 ₩855,000이며, 기초재고자산평가충당금은 ₩0이다. 20×1년도 순매입액은 ₩7,500,000이다. (주)대한의 20×1년도 기말재고자산 관련 자료는 다음과 같다.

| 조 | 항목 | 장부수량 | 실제수량 | 단위당 원가 | 단위당 순실현가능가치 |
|---|---|---|---|---|---|
| A | A1 | 120개 | 110개 | ₩800 | ₩700 |
| | A2 | 200개 | 200개 | ₩1,000 | ₩950 |
| B | B1 | 300개 | 280개 | ₩900 | ₩800 |
| | B2 | 350개 | 300개 | ₩1,050 | ₩1,150 |

(주)대한은 재고자산감모손실과 재고자산평가손실을 매출원가에 포함한다. (주)대한이 항목별기준 저가법과 조별기준 저가법을 각각 적용할 경우, (주)대한의 20×1년도 포괄손익계산서에 표시되는 매출원가는 얼마인가? [공인회계사 2018]

| | 항목별기준 | 조별기준 |
|---|---|---|
| ① | ₩7,549,000 | ₩7,521,000 |
| ② | ₩7,549,000 | ₩7,500,000 |
| ③ | ₩7,519,000 | ₩7,500,000 |
| ④ | ₩7,519,000 | ₩7,498,000 |
| ⑤ | ₩7,500,000 | ₩7,498,000 |

**06** (주)세무는 단일 상품을 판매하는 기업으로, 20×1년 결산 이전 재고자산의 정상적인 수량부족과 평가손실을 반영하지 않은 매출원가는 ₩989,400이다. 재고와 관련된 자료가 다음과 같을 때, 20×1년 기초재고자산은 얼마인가? (단, 재고자산의 정상적인 수량부족과 평가손실은 매출원가로 처리하고, 비정상적인 수량부족은 기타비용으로 처리한다) [세무사 2020]

- 당기매입 관련 자료
  - 상품매입액: ₩800,000
  - 매입운임: ₩60,000
  - 관세환급금: ₩10,000
- 기말재고실사자료
  - 기말재고 장부상 수량: 500개
  - 기말재고 실제수량: 480개(14개는 정상적인 수량부족임)
  - 단위당 취득단가: ₩900
  - 단위당 순실현가능가치: ₩800

① ₩584,000 ② ₩586,600 ③ ₩587,400
④ ₩589,400 ⑤ ₩596,600

**07** 20×1년 초 설립된 (주)세무는 단일 상품만 판매하고 있으며, 재고자산에 대하여 가중평균법(실지재고조사법)을 적용하고 있고, 기말장부상 재고와 실제재고를 함께 확인한다. (주)세무의 20×1년도 재고자산에 관한 자료는 다음과 같다.

| 일자 | 적요 | 수량 | 단위당 원가 |
|---|---|---|---|
| 1월 10일 | 매입 | 300개 | ₩100 |
| 3월 20일 | 매출 | 200 | - |
| 6월 15일 | 매입 | 300 | 120 |
| 10월 16일 | 매입 | 400 | 130 |
| 12월 7일 | 매출 | 400 | - |

20×1년 말 재고자산의 단위당 순실현가능가치는 ₩110이며, 20×1년도 재고자산평가손실은 ₩2,960일 때, (주)세무가 20×1년도 재무제표에 보고할 매출원가는? (단, 감모의 80%는 정상감모이며, 정상감모손실과 재고자산평가손실은 매출원가에 반영하고, 비정상감모손실은 기타비용으로 처리한다) [세무사 2024]

① ₩70,800 ② ₩71,508 ③ ₩73,632
④ ₩76,592 ⑤ ₩77,300

**08** 20×1년 12월 31일 (주)세무의 창고에 화재가 발생하여 재고자산의 90%가 소실되었다. (주)세무의 이용 가능한 회계자료가 다음과 같을 때, 재고자산의 추정 손실금액은 얼마인가? [단, (주)세무의 매출은 모두 신용거래이다] [세무사 2018]

| | | | |
|---|---|---|---|
| • 기초재고 | ₩150,000 | • 당기매입액 | ₩12,000,000 |
| • 매출채권(기초) | ₩80,000 | • 매출채권(기말) | ₩120,000 |
| • 손실충당금(기초) | ₩(8,000) | • 손실충당금(기말) | ₩(10,000) |

• 당기 매출채권 현금회수액: ₩11,500,000
• 당기 회수불능으로 인한 매출채권 제거 금액: ₩5,000
• 최근 3년간 평균매출총이익률은 40%이며 큰 변동은 없었다.

① ₩4,696,920 ② ₩4,700,700 ③ ₩4,704,480
④ ₩5,223,000 ⑤ ₩5,268,000

**09** (주)관세는 20×1년 8월 21일 발생한 홍수로 인하여 보유하고 있던 재고자산이 손상되었다. (주)관세의 20×1년 회계자료 중 일부는 다음과 같다. 홍수로 인한 재고자산의 손실추정액은 얼마인가? [관세사 2015]

| | | | |
|---|---|---|---|
| • 재고자산: 1월 1일 | ₩500,00 | 8월 21일 | ? |
| • 매출채권: 1월 1일 | ₩2,000,0000 | 8월 21일 | ₩2,400,000 |

• 1월 1일부터 8월 21일까지 발생한 거래
  가. 매출채권 현금회수액 ₩7,000,000
  나. 매출할인 ₩10,000
  다. 매입액 ₩6,300,000
• 8월 21일 현재 F.O.B. 선적지인도조건으로 매입하여 운송 중인 상품 ₩10,000이 있다.
• 홍수로 손상된 재고자산의 처분가치 ₩200,000
• 모든 판매와 구매는 외상으로 하고 있다.
• 추정매출총이익률은 20%이다.

① ₩662,000 ② ₩670,000 ③ ₩672,000
④ ₩680,000 ⑤ ₩682,000

10 유통업을 영위하고 있는 (주)세무는 저가기준으로 가중평균 소매재고법을 적용하고 있다. (주)세무의 재고자산과 관련된 자료가 다음과 같을 때, 매출총이익은? (단, 정상파손은 매출원가로 처리하고, 비정상파손은 기타비용으로 처리한다) [세무사 2023]

| 구분 | 원가 | 판매가 |
|---|---|---|
| 기초재고 | ₩80,000 | ₩100,000 |
| 총매입액 | ₩806,000 | ₩1,000,000 |
| 매입할인 | ₩50,000 | - |
| 총매출액 | - | ₩1,050,000 |
| 매출환입 | - | ₩24,000 |
| 순인상액 | - | ₩95,000 |
| 순인하액 | - | ₩50,000 |
| 정상파손 | - | ₩50,000 |
| 비정상파손 | ₩10,000 | ₩15,000 |

① ₩221,000 ② ₩227,800 ③ ₩237,800
④ ₩245,000 ⑤ ₩261,800

11 낙농업을 영위하는 (주)대한목장은 20×1년 1월 1일에 우유 생산이 가능한 젖소 10마리를 보유하고 있다. (주)대한목장은 우유의 생산 확대를 위하여 20×1년 6월 젖소 10마리를 1마리당 ₩100,000에 추가로 취득하였으며, 취득시점의 1마리당 순공정가치는 ₩95,000이다. 한편 (주)대한목장은 20×1년에 100리터(ℓ)의 우유를 생산하였으며, 생산시점(착유시점) 우유의 1리터(ℓ)당 순공정가치는 ₩3,000이다. (주)대한목장은 생산된 우유 전부를 20×1년에 거래처인 (주)민국유업에 1리터(ℓ)당 ₩5,000에 판매하였다. 20×1년 말 현재 (주)대한목장이 보유 중인 젖소 1마리당 순공정가치는 ₩100,000이다. 위 거래로 인한 (주)대한목장의 20×1년 포괄손익계산서상 당기순이익의 증가액은 얼마인가? (단, 20×0년 말 젖소의 1마리당 순공정가치는 ₩105,000이다) [공인회계사 2021]

① ₩340,000 ② ₩450,000 ③ ₩560,000
④ ₩630,000 ⑤ ₩750,000

해커스 회계학 1차 기출+예상문제집

해커스 감정평가사 ca.Hackers.com

# 3장

# 유형자산

# Ⅰ. 필수 유형 정리

**[01 ~ 05]**

20×1년 1월 1일 영업을 시작한 K회사의 유형자산 내역은 다음과 같다. K회사의 결산일은 매년 12월 31일이다.

(1) 20×1년 1월 1일 토지 A와 건물 A를 취득하고 ₩812,500을 지급하였다. 취득 당시의 공정가치는 토지 A는 ₩72,000, 건물 A는 ₩828,000이었다.

(2) 20×1년 7월 1일 기계 A를 ₩300,000에 구입하였다. 이 기계의 잔존가치는 ₩30,000이고, 내용연수는 5년이다.

(3) 20×1년 1월 1일에 기계 B를 취득하면서 ₩4,000을 먼저 지급하고, 잔금은 20×1년 12월 31일부터 매년 ₩4,000씩 3년간 분할상환하기로 하였다. 유효이자율은 연 8%이다(할인율이 8%인 경우 ₩1의 3년 현가는 0.79383이며, 연금현가는 2.57710이다).

<감가상각명세표>

| 자산 | 취득일 | 취득원가 | 잔존가치 | 감가상각방법 | 내용연수 | 감가상각비 | |
|---|---|---|---|---|---|---|---|
| | | | | | | 20×1년 | 20×2년 |
| 토지 A | 20×1.1.1. | (ㄱ) | | | | | |
| 건물 A | 20×1.1.1. | | ₩47,500 | 정액법 | (ㄴ) | ₩14,000 | ₩14,000 |
| 기계 A | 20×1.7.1. | ₩300,000 | ₩30,000 | 연수합계법 | 5년 | | (ㄷ) |
| 기계 B | 20×1.1.1. | | ₩308 | 정액법 | 5년 | | |

**01** 감가상각명세표의 (ㄱ)에 들어갈 금액은 얼마인가?

① ₩65,000 ② ₩75,000 ③ ₩32,000
④ ₩812,500 ⑤ ₩81,000

**02** 감가상각명세표의 (ㄴ)에 들어갈 금액은 얼마인가?

① 47년 ② 48년 ③ 49년
④ 50년 ⑤ 52년

**03** 감가상각명세표의 (ㄷ)에 들어갈 금액은 얼마인가?

① ₩65,000 ② ₩75,000 ③ ₩32,000
④ ₩812,500 ⑤ ₩81,000

## 04 K회사의 유형자산 중 기계 B가 20×1년 말 물리적 손상으로 인하여 사용가치가 ₩8,000, 순공정가치가 ₩10,000이 되었으나, 20×2년 말에 기계 B의 사용가치와 순공정가치를 재측정한 결과 사용가치가 ₩12,000, 순공정가치가 ₩11,000으로 회복되었다면, 다음 중 옳지 않은 것은? (단, 회사는 유형자산을 원가모형으로 후속측정하며, 다른 유형자산은 손상사유가 발생하지 않은 것으로 가정한다)

① 기계장치 B의 취득원가는 ₩14,308이다.
② 기계장치 B에 대한 20×1년의 손상차손은 ₩1,508이다.
③ 기계장치 B로 인식할 20×2년의 감가상각비는 ₩2,423이다.
④ 기계장치 B에 대한 20×2년의 손상차손환입액은 ₩1,131이다.
⑤ 기계장치 B와 관련하여 20×2년 말에 인식할 손상차손누계액은 없다.

## 05 유형자산의 감가상각방법, 내용연수 및 잔존가치는 매 회계연도 말에 재검토하여야 한다. 20×3년 말 감가상각 전 기계 A의 감가상각방법, 내용연수 및 잔존가치를 재검토한 결과 감가상각방법을 정액법으로, 잔존가치를 ₩14,000으로 변경하는 것이 타당한 것으로 파악되었으며, 잔존내용연수는 4년으로 추정되었다. 20×3년에 K회사가 인식할 기계 A의 감가상각비는 얼마인가?

① ₩65,000 ② ₩75,000 ③ ₩32,000
④ ₩812,500 ⑤ ₩81,000

## [06 ~ 08]

A사는 경주시 소유의 토지에 5년간 방사선폐기물 매립장을 설치하고 이를 이용하는 계약을 체결하였다. 동 계약에 따르면 5년의 계약기간 종료 후 A사는 토지를 원상회복해야 할 의무를 부담하기로 되어 있다. 방사선폐기물 매립장은 20×1년 1월 1일 ₩3,000,000에 설치가 완료되어 사용하기 시작하였으며, 동 일자로 추정한 원상회복을 위한 지출액은 ₩500,000으로 추정하였다. 방사선폐기물 매립장의 잔존가치는 없으며 정액법으로 상각한다.
부채의 특유위험과 화폐의 시간가치에 대한 현행시장의 평가를 반영한 세전이자율은 20×1년 1월 1일에 10%이다. 현가계수는 다음과 같다.

| 구분 | 1년 | 2년 | 3년 | 4년 | 5년 |
|---|---|---|---|---|---|
| 10% | 0.90909 | 0.82645 | 0.75131 | 0.68301 | 0.62092 |
| 12% | 0.89286 | 0.79719 | 0.71178 | 0.63552 | 0.56743 |

## 06 A사는 방사선폐기물 매립장에 대해 원가모형을 적용하고 있다. 동 거래가 A사의 20×1년 당기손익에 미치는 영향은 얼마인가?

① ₩(−)662,092 ② ₩(−)640,268 ③ ₩(−)693,138
④ ₩(−)702,091 ⑤ ₩(−)737,547

**07** A사는 방사선폐기물 매립장에 대해 원가모형을 적용하고 있다. 5년 후 원상복구 시 실제 지출액이 ₩530,000이었다. 동 거래가 A사의 20×5년 당기손익에 미치는 영향은 얼마인가?

① ₩(-)662,092 ② ₩(-)640,268 ③ ₩(-)670,773
④ ₩(-)702,091 ⑤ ₩(-)737,547

**08** 위 물음과 독립적으로 A사는 방사선폐기물 매립장에 대해 원가모형을 적용하고 있다. 20×1년 12월 31일에 기술발전의 결과로서 미래 복구비용이 ₩400,000으로 감소할 것으로 추정하였고 해당 시점의 적절한 할인율은 12%이다. 동 거래가 A사의 20×2년 당기손익에 미친 영향은 얼마인가?

① ₩(-)662,092 ② ₩(-)640,268 ③ ₩(-)670,773
④ ₩(-)702,091 ⑤ ₩(-)737,547

**[09 ~ 11]**

A회사는 방위산업에 종사하고 있는 회사로 20×1년에 방위산업설비의 취득 시 설비자금의 일부인 ₩1,000,000을 20×1년 7월 1일에 정부에서 현금지원받았다.

(1) 유형자산의 취득일은 20×1년 10월 1일이며, 유형자산의 취득원가는 ₩4,000,000, 내용연수는 5년이며, 잔존가치는 ₩200,000으로 추정된다.
(2) A회사는 해당 유형자산을 20×4년 9월 30일에 ₩1,600,000에 처분하였다.

**09** A회사가 감가상각방법을 정액법으로 하는 경우에 동 거래가 A회사의 20×4년 당기손익에 미친 영향은 얼마인가? (단, 회사는 정부보조금을 수령한 경우 이를 부채로 분류하여 인식하고 있다)

① ₩(-)140,000 ② ₩420,000 ③ ₩756,092
④ ₩350,000 ⑤ ₩(-)737,547

**10** A회사가 감가상각방법을 연수합계법으로 하는 경우에 동 거래가 A회사의 20×4년 당기손익에 미친 영향은 얼마인가? (단, 회사는 정부보조금을 수령한 경우 이를 부채로 분류하여 인식하고 있다)

① ₩(-)140,000 ② ₩420,000 ③ ₩756,092
④ ₩350,000 ⑤ ₩(-)737,547

**11** A회사가 감가상각방법을 정률법(상각률: 45%)으로 하는 경우에 동 거래가 A회사의 20×4년 당기손익에 미친 영향은 얼마인가? (단, 회사는 정부보조금을 수령한 경우 이를 부채로 분류하여 인식하고 있다)

① ₩(-)140,000 ② ₩420,000 ③ ₩756,092
④ ₩350,000 ⑤ ₩(-)737,547

## [12 ~ 14]

12월 말 결산법인인 A사는 20×1년 1월 1일 건물을 ₩100,000에 취득(경제적 내용연수 10년, 잔존가치 ₩0, 정액법 적용)하고 누계액제거법에 따라 재평가모형을 적용하고 있다. A사는 각 회계연도 말 공정가치와 회수가능액을 다음과 같이 추정하였다. 회수가능액이 공정가치에 미달하는 경우에는 손상징후가 발생하였다고 가정한다(단, 법인세효과는 고려하지 않는다).

| 구분 | 20×1년 말 | 20×2년 말 | 20×3년 말 |
|---|---|---|---|
| 공정가치 | ₩126,000 | ₩80,000 | ₩105,000 |
| 회수가능액 | ₩130,000 | ₩48,000 | ₩120,000 |

**12** A사가 재평가잉여금을 이익잉여금으로 대체하지 않는 정책을 채택하고 있을 경우, 동 거래로 인하여 20×2년도에 A사가 인식할 손상차손은 얼마인가?

① ₩0 ② ₩10,000 ③ ₩36,000
④ ₩28,000 ⑤ ₩32,000

**13** A사가 비례수정법에 따라 재평가에 대한 회계처리를 한다고 할 경우, 20×1년 말에 재무상태표에 기록될 건물의 취득원가는 얼마인가?

① ₩0 ② ₩126,000 ③ ₩136,000
④ ₩140,000 ⑤ ₩142,000

**14** 위 물음과 독립적으로 A사는 사업을 확장하기 위해 20×4년 4월 1일 미국에 있는 건물을 $1,000에 추가로 구입하였다. 동 건물의 내용연수는 5년이며, 잔존가치는 ₩0이다. 추가로 구입한 건물의 20×4년 말 공정가치가 $1,100일 경우, 동 건물과 관련하여 A사의 20×4년 재무제표에 표시될 재평가잉여금은 얼마인가? (단, 20×4년 4월 1일 환율은 ₩1,000/$이며, 20×4년 12월 31일 환율은 ₩900/$이다)

① ₩0 ② ₩126,000 ③ ₩136,000
④ ₩140,000 ⑤ ₩142,000

# Ⅱ. 최신 기출 유형 정리

## 유형자산의 취득원가

**01** 유형자산에 관한 설명으로 옳은 것을 모두 고른 것은? [관세사 2023]

> ㄱ. 자가사용 부동산의 경우 그 부동산에서 창출된 현금흐름이 생산이나 공급과정을 통해 다른 자산에도 귀속되는 속성이 있으므로 유형자산으로 분류한다.
> ㄴ. 유형자산의 교환거래로서 상업적 실질이 결여된 경우라면 취득한 자산의 원가는 제공한 자산의 공정가치로 인식한다.
> ㄷ. 유형자산의 사용 후 원상복구 의무를 부담하는 경우에 예상되는 복구원가는 조건 없이 해당 유형자산의 원가에 가산한다.
> ㄹ. 감가상각자산의 취득과 관련하여 정부보조금(상환의무 없음)을 수령한 경우 그 보조금은 해당 자산이 감가상각되는 기간과 비율에 따라 당기손익으로 인식한다.

① ㄱ, ㄴ ② ㄱ, ㄹ ③ ㄴ, ㄷ
④ ㄴ, ㄹ ⑤ ㄷ, ㄹ

**02** 토지의 취득원가에 포함해야 할 항목을 모두 고른 것은? [감정평가사 2020]

> ㄱ. 토지 중개수수료 및 취득세
> ㄴ. 직전 소유자의 체납재산세를 대납한 경우, 체납재산세
> ㄷ. 회사가 유지 · 관리하는 상하수도 공사비
> ㄹ. 내용연수가 영구적이지 않은 배수공사비용 및 조경공사비용
> ㅁ. 토지의 개발이익에 대한 개발부담금

① ㄱ, ㄴ, ㄷ ② ㄱ, ㄴ, ㅁ ③ ㄱ, ㄷ, ㄹ
④ ㄱ, ㄷ, ㅁ ⑤ ㄴ, ㄹ, ㅁ

**03** (주)관세는 20×1년 6월 초에 기존 건물이 있는 토지를 ₩7,500에 일괄 취득하였다. 취득당시 건물과 토지의 공정가치는 각각 ₩3,000과 ₩6,000이었다. 기존 건물은 취득 후 즉시 철거하면서 건물 철거비용 ₩300이 발생하였으며, 건물철거 폐자재는 ₩100에 처분하였다. (주)관세가 인식할 토지의 취득원가는? [관세사 2020]

① ₩5,000 ② ₩5,200 ③ ₩6,200
④ ₩7,700 ⑤ ₩7,800

**04** (주)감평은 20×1년 초 기계장치(내용연수 3년, 잔존가치 ₩0, 정액법 상각)를 구입과 동시에 무이자부 약속어음(액면금액 ₩300,000, 3년 만기, 매년 말 ₩100,000 균등상환)을 발행하여 지급하였다. 이 거래 당시 (주)감평이 발행한 어음의 유효이자율은 연 12%이다. 기계장치에 대해 원가모형을 적용하고, 당해 차입원가는 자본화대상에 해당하지 않는다. 20×1년 (주)감평이 인식할 비용은? (단, 12%, 3기간의 연금현가계수는 2.40183이고, 계산금액은 소수점 첫째 자리에서 반올림하며, 단수 차이로 인한 오차가 있으면 가장 근사치를 선택한다) [감정평가사 2021]

① ₩59,817 ② ₩80,061 ③ ₩88,639
④ ₩108,883 ⑤ ₩128,822

## 감가상각

**05** (주)관세는 20×1년 5월 초 영업활동에 사용할 목적으로 기계장치(취득원가 ₩210,000, 잔존가치 ₩10,000, 내용연수 5년, 정률법 상각)를 구입하였다. 20×2년 말 재무상태표에 인식할 감가상각누계액은? (단, 상각률은 45%로 가정하며, 월할 상각한다) [관세사 2020]

① ₩51,975 ② ₩66,150 ③ ₩94,500
④ ₩129,150 ⑤ ₩146,475

**06** (주)관세는 20×1년 7월 1일에 기계설비를 취득(취득원가: ₩1,000,000, 내용연수: 4년, 잔존가치: 취득원가의 10%)하고, 원가모형을 적용한다. 정률법(ㄱ)과 연수합계법(ㄴ)에 따른 20×2년도의 감가상각비는? (단, 정률상각률은 0.5로 적용하고, 감가상각은 월할 계산한다) [관세사 2023]

① ㄱ: ₩250,000, ㄴ: ₩180,000 ② ㄱ: ₩375,000, ㄴ: ₩270,000
③ ㄱ: ₩375,000, ㄴ: ₩315,000 ④ ㄱ: ₩625,000, ㄴ: ₩450,000
⑤ ㄱ: ₩625,000, ㄴ: ₩495,000

**07** (주)관세는 20×1년 1월 초 기계장치(취득원가 ₩5,100, 잔존가치 ₩100, 내용연수 5년, 정액법 상각)를 취득하였다. 20×3년 1월 초 ₩1,500을 지출하여 성능개선을 한 결과, 내용연수가 2년 더 연장되었으며, 잔존가치는 ₩50으로 추정되었다. 20×3년 12월 말 (주)관세가 기계장치에 대해 인식할 감가상각비는? [관세사 2020]

① ₩610 ② ₩890 ③ ₩910
④ ₩1,000 ⑤ ₩1,010

**08** (주)관세는 20×1년 1월 1일 기계장치를 취득(취득원가 ₩620,000, 내용연수 5년, 잔존가치 ₩20,000)하고 이를 정액법으로 감가상각하였다. 20×3년 1월 1일 감가상각방법을 정액법에서 연수합계법으로 변경하였으나, 내용연수와 잔존가치는 변함이 없다. 20×3년 감가상각비는? [관세사 2021]

① ₩176,000 ② ₩180,000 ③ ₩186,000
④ ₩190,000 ⑤ ₩196,000

**09** (주)관세는 20×1년 초 기계장치(취득원가 ₩10,000, 잔존가치 ₩0, 내용연수 5년, 정액법 상각)를 취득하였다. 20×3년 초 ₩3,000의 자본적 지출로 내용연수가 2년 연장되었으며, 감가상각방법을 연수합계법으로 변경하였다. 20×3년 말 (주)관세가 기계장치에 대해 인식할 감가상각비는? [관세사 2024]

① ₩1,800 ② ₩2,000 ③ ₩2,600
④ ₩3,000 ⑤ ₩433

**10** (주)감평은 20×1년 초 기계장치(취득원가 ₩1,000,000, 내용연수 5년, 잔존가치 ₩50,000, 정액법 상각)를 구입하고, 원가모형을 적용하였다. 20×4년 초 (주)감평은 기계장치의 내용연수를 당초 5년에서 7년으로, 잔존가치도 변경하였다. (주)감평이 20×4년에 인식한 감가상각비가 ₩100,000인 경우, 기계장치의 변경된 잔존가치는? [감정평가사 2021]

① ₩20,000 ② ₩30,000 ③ ₩50,000
④ ₩70,000 ⑤ ₩130,000

**11** (주)감평은 20×1년 초 기계장치(취득원가 ₩1,000,000, 내용연수 5년, 잔존가치 ₩0, 정액법 상각)를 취득하여 원가모형을 적용하고 있다. 20×2년 초 (주)감평은 동 기계장치에 대해 자산인식기준을 충족하는 후속원가 ₩325,000을 지출하였다. 이로 인해 내용연수가 2년 연장(20×2년 초 기준 잔존내용연수 6년)되고 잔존가치는 ₩75,000 증가할 것으로 추정하였으며, 감가상각방법은 이중체감법(상각률은 정액법 상각률의 2배)으로 변경하였다. (주)감평은 동 기계장치를 20×3년 초 현금을 받고 처분하였으며, 처분이익은 ₩10,000이다. 기계장치 처분 시 수취한 현금은? [감정평가사 2020]

① ₩610,000 ② ₩628,750 ③ ₩676,667
④ ₩760,000 ⑤ ₩785,000

**12** (주)관세는 20×1년 초 ₩250,000에 기계장치(내용연수 5년, 잔존가치 ₩0, 정액법 상각)를 취득하였다. (주)관세는 20×3년 초 동 기계장치에 대해 ₩20,000을 지출(자본적 지출)한 결과, 잔존가치가 ₩10,000 증가되었고, 내용연수는 1년 연장되었다. 동 기계장치에 대한 20×3년도 감가상각비는? (단, 상기 기계장치는 원가모형을 적용한다) [관세사 2025]

① ₩35,000 ② ₩37,500 ③ ₩40,000
④ ₩42,500 ⑤ ₩50,000

**13** (주)감평은 20×1년 초 영업용 차량운반구(취득원가 ₩500,000, 내용연수 5년, 잔존가치 ₩0, 정액법 상각)를 취득하고 원가모형을 적용하였다. (주)감평은 20×2년 초 차량운반구의 일상적인 유지와 관련하여 ₩30,000을 지출하였다. 또한 동 일자에 차량운반구의 성능을 향상시키기 위하여 ₩200,000을 추가 지출하였고, 이로 인해 차량운반구의 내용연수는 2년 연장되었으며 잔존가치는 ₩60,000으로 증가되었다. 동 차량운반구와 관련된 회계처리로 인한 (주)감평의 20×2년 당기순이익 감소액은?

[감정평가사 2025]

① ₩90,000 ② ₩95,000 ③ ₩100,000
④ ₩120,000 ⑤ ₩130,000



## 교환취득

**14** (주)관세는 20×1년 초 사용하던 기계장치 A(취득원가 ₩9,000, 감가상각누계액 ₩3,500)와 현금 ₩1,500을 제공하고 (주)한국의 기계장치 B와 교환하였다. 교환당시 기계장치 B의 공정가치는 ₩8,000이지만, 기계장치 A의 공정가치를 신뢰성 있게 측정할 수 없었다. 동 교환거래가 상업적 실질이 있는 경우(가)와 상업적 실질이 결여된 경우(나) 각각에 대해 (주)관세가 측정할 기계장치 B의 인식시점 원가는?

[관세사 2022]

| | (가) | (나) |
|---|---|---|
| ① | ₩7,000 | ₩5,500 |
| ② | ₩7,000 | ₩8,000 |
| ③ | ₩8,000 | ₩7,000 |
| ④ | ₩8,000 | ₩9,500 |
| ⑤ | ₩9,500 | ₩7,000 |

**15** (주)감평은 (주)한국과 다음과 같은 기계장치를 상호 교환하였다.

| 구분 | (주)감평 | (주)한국 |
|---|---|---|
| 취득원가 | ₩800,000 | ₩600,000 |
| 감가상각누계액 | 340,000 | 100,000 |
| 공정가치 | 450,000 | 480,000 |

교환과정에서 (주)감평은 (주)한국에게 현금을 지급하고, 기계장치 취득원가 ₩470,000, 처분손실 ₩10,000을 인식하였다. 교환과정에서 (주)감평이 지급한 현금은? (단, 교환거래에 상업적 실질이 있고 각 기계장치의 공정가치는 신뢰성 있게 측정된다)

[감정평가사 2020]

① ₩10,000 ② ₩20,000 ③ ₩30,000
④ ₩40,000 ⑤ ₩50,000

**16** (주)감평은 기계장치(장부금액 ₩2,000, 공정가치 ₩3,500)를 제공하고, (주)한국의 건물과 현금 ₩700을 취득하는 교환거래를 하였다. 건물의 공정가치는 ₩2,500으로 기계장치의 공정가치보다 더 명백하며, 이 교환거래는 상업적 실질이 있다고 할 때, (주)감평이 인식할 유형자산처분손익은?

[감정평가사 2023]

① 유형자산처분손익 0
② 유형자산처분손실 ₩1,200
③ 유형자산처분이익 ₩1,200
④ 유형자산처분손실 ₩2,200
⑤ 유형자산처분이익 ₩2,200

**17** (주)감평과 (주)한국은 사용 중인 유형자산을 상호 교환하여 취득하였다. 동 교환거래에서 (주)한국의 유형자산 공정가치가 (주)감평의 유형자산 공정가치보다 더 명백하며, (주)감평은 (주)한국으로부터 추가로 현금 ₩3,000을 수취하였다. 두 회사가 보유하고 있는 유형자산의 장부금액과 공정가치가 다음과 같을 때, (주)감평과 (주)한국이 인식할 유형자산처분손익은? (단, 두 자산의 공정가치는 신뢰성 있게 측정할 수 있으며, 상업적 실질이 있다)

[감정평가사 2024]

| 구분 | (주)감평 | (주)한국 |
|---|---|---|
| 장부금액(순액) | ₩10,000 | ₩8,000 |
| 공정가치 | 9,800 | 7,900 |

| | (주)감평 | (주)한국 |
|---|---|---|
| ① | 손실 ₩200 | 손실 ₩100 |
| ② | 손실 ₩200 | 손실 ₩1,200 |
| ③ | 이익 ₩200 | 이익 ₩900 |
| ④ | 이익 ₩900 | 손실 ₩100 |
| ⑤ | 이익 ₩900 | 손실 ₩1,200 |

**18** (주)감평은 20×1년 초 사용 중인 기계장치(장부금액 ₩100,000, 공정가치 ₩40,000)를 (주)한국의 구축물(장부금액 ₩80,000, 공정가치 ₩70,000)과 교환하면서 (주)한국에 추가로 현금 ₩10,000을 지급하였다. 동 교환은 상업적 실질이 있으며, 기계장치의 공정가치가 구축물의 공정가치보다 명백하다. 한편 (주)감평은 교환으로 취득한 구축물의 내용연수와 잔존가치를 각각 4년과 ₩5,000으로 추정하였으며, 연수합계법으로 상각한다. (주)감평이 동 교환 시 인식할 유형자산처분손실(A)과 교환으로 취득한 구축물과 관련하여 20×1년에 인식할 감가상각비 (B)는? (단, 교환으로 취득한 구축물은 영업에 사용하며, 원가모형을 적용한다)

[감정평가사 2025]

| | (A) | (B) |
|---|---|---|
| ① | ₩30,000 | ₩14,000 |
| ② | 60,000 | 14,000 |
| ③ | 60,000 | 18,000 |
| ④ | 70,000 | 14,000 |
| ⑤ | 70,000 | 18,000 |

## 복구원가

**19** (주)관세는 20×1년 초 유류저장 시설물을 취득(취득원가 ₩1,200,000, 내용연수 5년, 잔존가치 ₩0, 정액법 상각)하였다. 동 시설물은 내용연수 종료시점에 원상복구 의무가 있고, 그 비용은 ₩200,000으로 추정된다. 이에 대하여 연 8% 할인율을 적용하며, 실제 복구비용은 ₩210,000이 발생하였다. 20×1년 초에 인식할 동 시설물의 취득원가와 20×1 년 복구충당부채에 전입할 이자비용은? [단, 동 시설물은 원가모형을 적용하고, 단일금액 ₩1의 현재가치는 0.6806(5기간, 8%)이다] [관세사 2021]

| | 취득원가 | 이자비용 |
|---|---|---|
| ① | ₩1,336,120 | ₩10,890 |
| ② | ₩1,336,120 | ₩16,000 |
| ③ | ₩1,342,926 | ₩10,890 |
| ④ | ₩1,342,926 | ₩16,000 |
| ⑤ | ₩1,342,926 | ₩16,800 |

**20** (주)관세는 20×1년 초 ₩2,000,000의 해상구조물(내용연수 4년, 잔존가치 ₩200,000, 정액법 상각)을 설치하였다. 동 해상구조물은 내용연수 종료 후 이전상태로 원상복구 의무가 있으며, 이는 충당부채의 인식요건을 충족한다. 내용연수 종료시점의 복구원가는 ₩200,000으로 예상되며, 복구충당부채의 산정 시 적용할 유효이자율은 연 10%이다. (주)관세가 동 해상구조물과 관련하여 20×1년도 포괄손익계산서에 인식할 총 비용은? [단, 단일금액 ₩1의 현재가치는 0.6830(4기간, 10%)이다]

[관세사 2024]

① ₩136,600 ② ₩484,150 ③ ₩497,810
④ ₩499,176 ⑤ ₩534,165

**21** (주)감평은 20×1년 초 유류저장고(취득원가 ₩13,000, 내용연수 5년, 잔존가치 ₩1,000, 정액법 상각)를 취득하고 원가모형을 적용하였다. 동 설비는 내용연수가 종료되면 원상복구해야 할 의무가 있으며, 복구시점에 ₩3,000이 소요될 것으로 예상된다. 이는 충당부채의 인식요건을 충족하며, 복구원가에 적용할 할인율이 연 7%일 경우 동 유류저장고와 관련하여 20×1년도 포괄손익계산서에 인식할 비용은? [단, 단일금액 ₩1의 현가계수(5년, 7%)는 0.7130이며, 화폐금액은 소수점 첫째 자리에서 반올림하고 단수 차이로 인한 오차는 가장 근사치를 선택한다] [감정평가사 2024]

① ₩2,139 ② ₩2,828 ③ ₩2,978
④ ₩4,208 ⑤ ₩6,608

**22** (주)감평은 20×1년 초에 폐기물처리시설(내용연수 5년, 잔존가치 ₩0, 정액법 월할 상각)을 ₩1,000,000에 취득하였다. 주변민원으로 20×1년 10월 초부터 3개월간 가동이 일시 중단되었다. 20×2년 초에 사용종료(4년 후) 시 환경복구(지출 추정금액 ₩300,000, 현재가치 계산에 적용할 할인율 연 6%)를 조건으로 시설을 재가동하였다. 20×2년도 동 폐기물처리시설의 감가상각비는? (단, 금액은 소수점 첫째 자리에서 반올림하여 계산한다) [감정평가사 2023]

| 기간 | 단일금액 ₩1의 현재가치(할인율 = 6%) |
|---|---|
| 4 | 0.7921 |
| 5 | 0.7473 |

① ₩244,838 ② ₩247,526 ③ ₩259,408
④ ₩268,548 ⑤ ₩271,908

**23** (주)감평은 20×1년 초 환경설비(취득원가 ₩5,000,000, 내용연수 5년, 잔존가치₩0, 정액법 상각)를 취득하였다. 동 환경설비는 관계법령에 의하여 내용연수가 종료되면 원상복구해야 하며, 이러한 복구의무는 충당부채의 인식요건을 충족한다. (주)감평은 취득시점에 내용연수 종료 후 복구원가로 지출될 금액을 ₩200,000으로 추정하였으며, 현재가치계산에 사용될 적절한 할인율은 연 10%로 내용연수 종료시점까지 변동이 없을 것으로 예상하였다. 하지만 (주)감평은 20×2년 초 환경설비의 내용연수 종료 후 복구원가로 지출될 금액이 ₩200,000에서 ₩300,000으로 증가할 것으로 예상하였으며, 현재가치 계산에 사용될 할인율도 연 10%에서 연 12%로 수정하였다. (주)감평이 환경설비와 관련된 비용을 자본화하지 않는다고 할 때, 동 환경설비와 관련하여 20×2년도 포괄손익계산서에 인식할 비용은? [단, (주)감평은 모든 유형자산에 대하여 원가모형을 적용하고 있으며, 계산금액은 소수점 첫째 자리에서 반올림하고, 단수 차이로 인한 오차가 있으면 가장 근사치를 선택한다] [감정평가사 2020]

| 기간 | 단일금액 ₩1의 현재가치(할인율 = 10%) | 단일금액 ₩1의 현재가치(할인율 = 12%) |
|---|---|---|
| 4 | 0.6830 | 0.6355 |
| 5 | 0.6209 | 0.5674 |

① ₩1,024,837 ② ₩1,037,254 ③ ₩1,038,350
④ ₩1,047,716 ⑤ ₩1,061,227

**24** (주)관세는 20×1년 초 사용목적의 환경정화시설물을 현금 ₩1,000,000에 취득(내용연수 10년, 잔존가치 ₩0, 정액법 상각)하였다. 동 시설물은 내용연수 종료시점에 원상복구 의무가 있고, 복구원가와 연관된 예상현금흐름은 ₩500,000으로 추정되며 충당부채 인식요건을 충족한다. (주)관세는 복구원가 산정시 연 5%의 할인율을 적용한다. (주)관세가 동 시설물과 관련하여 20×2년도에 인식할 비용은? [단, 동 시설물은 원가모형을 적용하고, 단일금액 ₩1의 현재가치는 0.6139(10기간, 5%)이며, 화폐금액은 소수점 첫째 자리에서 반올림한다] [관세사 2025]

① ₩16,114 ② ₩130,695 ③ ₩146,043
④ ₩146,809 ⑤ ₩338,412

## 정부보조금

**25** (주)감평은 20×1년 초 지방자치단체로부터 무이자조건의 자금 ₩100,000을 차입(20×4년 말 전액 일시상환)하여 기계장치(취득원가 ₩100,000, 내용연수 4년, 잔존가치 ₩0, 정액법 상각)를 취득하는 데 전부 사용하였다. 20×1년 말 기계장치장부금액은? [단, (주)감평이 20×1년 초 금전대차 거래에서 부담할 시장이자율은 연 8%이고, 정부보조금을 자산의 취득원가에서 차감하는 원가(자산)차감법을 사용한다] [감정평가사 2020]

| 기간 | 단일금액 ₩1의 현재가치(할인율 = 8%) |
|---|---|
| 4 | 0.7350 |

① ₩48,500　② ₩54,380　③ ₩55,125
④ ₩75,000　⑤ ₩81,625

**26** (주)관세는 20×1년 초 친환경 설비자산(취득원가 ₩20,000, 잔존가치 ₩0, 내용연수 5년, 정액법 상각)을 취득하면서 자산취득 관련 정부보조금 ₩8,000을 수령하고, 동 자산을 원가모형으로 평가하고 있다. (주)관세는 20×3년 말 동 설비자산을 ₩5,000에 처분하였다. 20×3년 동 자산과 관련하여 인식할 순손익은? (단, 정부보조금은 정부지원 요건을 충족하며, 장부금액 계산 시 자산에서 차감하는 방식으로 처리한다) [관세사 2022]

① ₩2,400 손실　② ₩2,200 손실　③ ₩200 이익
④ ₩1,800 이익　⑤ ₩3,000 이익

**27** (주)감평은 20×1년 초 구축물로 분류되는 폐기물처리시설(내용연수 10년, 잔존가치 ₩0, 정액법 상각, 원가모형 적용)을 동 일자에 수령한 정부보조금(상환의무 없음) ₩300,000을 포함하여 총 ₩1,000,000에 취득하였다. 동 시설은 내용연수 종료시점에 원상복구의무가 있으며, 복구시점의 복구비용은 ₩200,000이 소요될 것으로 예상된다. 이는 충당부채의 인식요건을 충족하며, 복구충당부채에 대한 할인율은 연 8%이다. 정부보조금과 관련하여 자산차감법으로 인식할 경우, (주)감평이 20×1년에 동 폐기물처리시설과 관련하여 인식할 감가상각비는? (단, 8%, 10기간 단일금액 ₩1의 현가계수는 0.4632이고, 화폐금액은 소수점 첫째 자리에서 반올림하며, 단수 차이로 인한 오차가 있으면 가장 근사치를 선택한다) [감정평가사 2025]

① ₩70,000　② ₩79,264　③ ₩82,562
④ ₩100,000　⑤ ₩109,264

## 재평가모형

**28** (주)감평은 20×1년 초 토지 A(취득원가 ₩1,000)와 토지 B(취득원가 ₩2,000)를 각각 취득하고, 재평가모형을 적용하였다. 동 2건의 토지에 대하여 공정가치가 다음과 같을 때, 각 연도별 당기순이익 또는 기타포괄이익에 미치는 영향으로 옳은 것은? (단, 토지에 대한 재평가잉여금의 일부를 이익잉여금으로 대체하지 않는다) [감정평가사 2024]

| | 20×1년 말 | 20×2년 말 | 20×3년 말 |
|---|---|---|---|
| 토지 A | ₩1,100 | ₩950 | ₩920 |
| 토지 B | 1,700 | 2,000 | 2,100 |

① 20×1년 말 토지 A로부터 당기순이익 ₩100이 증가한다.
② 20×2년 말 토지 A로부터 당기순이익 ₩150이 감소한다.
③ 20×2년 말 토지 B로부터 기타포괄이익 ₩300이 증가한다.
④ 20×3년 말 토지 A로부터 기타포괄이익 ₩30이 감소한다.
⑤ 20×3년 말 토지 B로부터 기타포괄이익 ₩100이 증가한다.

**29** (주)관세는 20×1년 초 기계장치(취득원가 ₩10,000, 내용연수 10년, 잔존가치 ₩0, 정액법 상각)를 취득한 후 재평가모형을 적용하고 있다. 20×1년 말과 20×2년 말 공정가치가 각각 ₩12,600, ₩6,000인 경우, 동 기계장치의 재평가가 20×2년도 포괄손익계산서의 당기순이익에 미치는 영향은? [단, 취득 후 동 기계장치에 대한 손상은 발생하지 않았으며, (주)관세는 재평가잉여금의 일부를 이익잉여금으로 대체하는 정책은 채택하지 않고 있다] [관세사 2024]

① ₩1,400 감소
② ₩1,600 감소
③ ₩3,000 감소
④ ₩5,000 감소
⑤ ₩5,200 감소

**30** (주)감평은 20×1년 1월 1일 사용목적으로 ₩5,000에 건물(내용연수 5년, 잔존가치 ₩0, 정액법 감가상각)을 취득하고 재평가모형을 적용하고 있다. 건물을 사용함에 따라 재평가잉여금 중 일부를 이익잉여금으로 대체하고, 건물 처분 시 재평가잉여금 잔액을 모두 이익잉여금으로 대체하는 정책을 채택하고 있다. 20×2년 말 건물에 대한 공정가치는 ₩6,000이다. (주)감평이 20×5년 1월 1일 동 건물을 처분할 때, 재평가잉여금 중 이익잉여금으로 대체되는 금액은? [감정평가사 2022]

① ₩0
② ₩400
③ ₩500
④ ₩800
⑤ ₩1,000

**31** (주)관세는 다음의 기계장치에 대하여 재평가모형을 적용(매년 말 재평가실시)하고 있다. 동 기계장치 관련 회계처리가 (주)관세의 20×2년도 당기순이익에 미치는 영향은? (단, 기계장치가 제거되기 전까지 재평가잉여금을 이익잉여금으로 대체하지 않고, 손상차손은 고려하지 않으며, 감가상각비 중 자본화된 금액은 없다) [관세사 2025]

> • 기계장치 취득일: 20×1년 1월 1일
> • 기계장치 취득원가: ₩100,000(잔존가치 ₩0, 내용연수 5년, 정액법 상각)
> • 20×2년 초 기계장치에 후속원가₩10,000 지출(자산인식기준 충족)
> • 공정가치

| 20×1년 말 | 20×2년 말 |
|---|---|
| ₩70,000 | ₩68,000 |

① ₩8,000감소 ② ₩12,000감소 ③ ₩18,000감소
④ ₩20,000감소 ⑤ ₩22,000감소

## 원가모형의 손상회계

**32** (주)감평이 사용하는 기계장치의 20×1년 말 장부금액은 ₩3,500(취득원가 ₩6,000, 감가상각누계액 ₩2,500, 원가모형 적용)이다. 20×1년 말 동 기계장치의 진부화로 가치가 감소하여 순공정가치는 ₩1,200, 사용가치는 ₩1,800으로 추정되었다. (주)감평이 20×1년 인식할 기계장치 손상차손은? [감정평가사 2021]

① ₩1,200 ② ₩1,700 ③ ₩1,800
④ ₩2,000 ⑤ ₩2,300

**33** (주)관세는 20×1년 1월 초 기계장치(취득원가 ₩5,000, 잔존가치 ₩0, 내용연수 4년, 정액법 상각)를 취득하여 원가모형을 적용하여 평가하였다. 20×1년 12월 말 동 기계장치의 가치가 크게 하락하여 순공정가치가 ₩2,600, 사용가치가 ₩3,000으로 추정되었다. 20×2년 12월 말에는 회수가능액이 ₩2,700으로 회복되었다. 20×2년 12월 말 (주)관세가 인식할 손상차손환입액은? (단, 월할 상각한다) [관세사 2020]

① ₩500 ② ₩700 ③ ₩750
④ ₩1,000 ⑤ ₩1,250

**34** (주)관세는 20×1년 초 기계장치를 취득(취득원가 ₩3,600, 잔존가치 ₩0, 내용연수 5년, 정액법 상각)하고 원가모형을 적용하였다. 20×1년 말 동 기계장치에 손상 징후를 검토한 결과, 사용가치와 순공정가치가 각각 ₩1,500, ₩1,600으로 추정되어 손상차손을 인식하였으며, 20×2년 말 회수가능액이 ₩2,200으로 회복되었다. 동 자산에 대한 회계처리 중 옳지 않은 것은? [관세사 2021]

① 20×1년도 감가상각비는 ₩720이다.
② 20×1년 말 회수가능액은 ₩1,600이다.
③ 20×1년도 손상차손은 ₩1,280이다.
④ 20×2년도 감가상각비는 ₩400이다.
⑤ 20×2년도 손상차손환입액은 ₩1,000이다.

**35** (주)관세는 20×1년 초 기계장치를 ₩500,000에 취득(내용연수: 5년, 잔존가치: ₩0, 정액법 상각)하고, 원가모형을 적용한다. 동 기계장치의 회수가능액이 20×1년 말과 20×2년 말에 각각 ₩320,000과 ₩310,000일 경우 20×2년도에 인식할 손상차손환입액은? [관세사 2023]

① ₩50,000 ② ₩60,000 ③ ₩70,000
④ ₩80,000 ⑤ ₩90,000

**36** (주)감평은 20×1년 초 영업에 사용할 목적으로 특수장비(내용연수 5년, 잔존가치 ₩0, 정액법 감가상각, 원가모형 적용)를 ₩30,000에 취득하여 사용하다가, 20×2년 중 동 특수장비에 심각한 손상이 발생하였다. 특수장비의 회수가능액은 20×2년 말 ₩15,000으로 추정되었다. (주)감평의 20×2년 말 특수장비와 관련된 회계처리가 당기순이익에 미치는 영향은? [감정평가사 2023]

① ₩3,000 증가 ② ₩3,000 감소 ③ ₩6,000 증가
④ ₩6,000 감소 ⑤ ₩9,000 감소

**37** (주)관세는 20×1년 초 유형자산으로 기계장치(취득원가 ₩30,000, 잔존가치₩1,000, 내용연수 5년, 정액법 상각)를 취득하여 원가모형을 적용하여 평가하고 있다. 20×2년 말 동 기계장치에 심각한 손상 징후가 있어 손상검사를 실시한 결과, 순공정가치는 ₩9,000, 사용가치는 ₩16,000이었다. 20×3년 말 회수가능액이 ₩13,000이라면, 20×3년 말 동 기계장치와 관련하여 인식할 손상차손 또는 손상차손환입액은? [관세사 2022]

① 손상차손 ₩5,000 ② 손상차손 ₩4,800 ③ 손상차손 ₩2,400
④ 손상차손환입 ₩1,600 ⑤ 손상차손환입 ₩2,000

**38** (주)감평은 20×1년 초 유형자산인 기계장치를 ₩50,000에 취득(내용연수 5년, 잔존가치 ₩0, 정액법 상각)하여 사용하고 있다. 20×2년 중 자산손상의 징후를 발견하고 손상차손을 인식하였으나 20×3년 말 손상이 회복되었다고 판단하였다. 동 기계장치의 순공정가치와 사용가치가 다음과 같을 때, 20×2년 말 인식할 손상차손(A)과 20×3년 말 인식할 손상차손환입액(B)은? (단, 동 기계장치는 원가모형을 적용한다) [감정평가사 2024]

| 구분 | 순공정가치 | 사용가치 |
|---|---|---|
| 20×2년 말 | ₩15,000 | ₩18,000 |
| 20×3년 말 | 21,000 | 17,000 |

| | A | B |
|---|---|---|
| ① | ₩12,000 | ₩8,000 |
| ② | ₩12,000 | ₩9,000 |
| ③ | ₩15,000 | ₩8,000 |
| ④ | ₩15,000 | ₩9,000 |
| ⑤ | ₩15,000 | ₩12,000 |

**39** (주)감평은 20×1년 초 기계장치(취득원가 ₩1,600,000, 내용연수 4년, 잔존가치 ₩0, 정액법 상각)를 취득하였다. (주)감평은 기계장치에 대해 원가모형을 적용한다. 20×1년 말 동 기계장치에 손상징후가 존재하여 회수가능액을 결정하기 위해 다음과 같은 정보를 수집하였다.

- 20×1년 말 현재 기계장치를 처분할 경우, 처분금액은 ₩760,000이며 처분 관련 부대원가는 ₩70,000이 발생할 것으로 추정된다.
- (주)감평이 동 기계장치를 계속하여 사용할 경우, 20×2년 말부터 내용연수 종료시점까지 매년 말 ₩300,000의 순현금유입과, 내용연수 종료시점에 ₩20,000의 기계 철거 관련 지출이 발생할 것으로 예상된다.
- 현재가치 측정에 사용할 할인율은 연 12%이다.

| 기간 | 단일금액 ₩1의 현재가치(할인율 = 12%) | 정상연금 ₩1의 현재가치(할인율 = 12%) |
|---|---|---|
| 3 | 0.7118 | 2.4018 |

(주)감평이 20×1년 유형자산(기계장치) 손상차손으로 인식할 금액은? (단, 계산금액은 소수점 첫째 자리에서 반올림하며, 단수 차이로 인한 오차가 있으면 가장 근사치를 선택한다) [감정평가사 2020]

① ₩465,194 ② ₩470,000 ③ ₩479,460
④ ₩493,696 ⑤ ₩510,000

**40** (주)감평은 20×1년 초 영업에 사용할 목적으로 토지를 ₩200,000에 취득하였으며, 재평가모형을 적용하고 있다. 토지의 공정가치와 회수가능액이 다음과 같을 경우, 동 토지와 관련된 회계처리로 인한 (주)감평의 20×2년 당기순이익 감소액은? (단, 처분부대원가는 무시하지 못할 정도로 상당하며, 회수가능액이 공정가치에 미달하면 손상이 발생하였다고 가정한다. 또한 재평가잉여금의 일부를 이익잉여금으로 대체하지 않는다) [감정평가사 2025]

| 구분 | 20×1년말 | 20×2년말 |
|---|---|---|
| 공정가치 | ₩250,000 | ₩210,000 |
| 회수가능액 | 260,000 | 150,000 |

① ₩30,000 ② ₩40,000 ③ ₩50,000
④ ₩60,000 ⑤ ₩70,000

## 재평가모형의 손상회계

**41** (주)감평은 20×1년 초 ₩20,000에 기계장치(내용연수 5년, 잔존가치 ₩0, 정액법 감가상각)를 취득하여 사용하고 있다. (주)감평은 동 기계장치에 대해 취득 연도부터 재평가모형을 적용하고 있으며, 처분부대원가가 무시할 수 없을 정도로 상당하여 손상회계를 적용하고 있다. 공정가치와 회수가능액이 다음과 같을 경우, 20×2년도에 인식할 손상차손 또는 손상차손환입액은? (단, 기계장치를 사용함에 따라 재평가잉여금의 일부를 이익잉여금으로 대체하지 않는다) [감정평가사 2022]

| 구분 | 20×1년 말 | 20×2년 말 |
|---|---|---|
| 공정가치 | ₩18,000 | ₩12,000 |
| 회수가능액 | 19,500 | 11,000 |

① ₩0 ② 손상차손 ₩500
③ 손상차손 ₩1,000 ④ 손상차손환입 ₩500
⑤ 손상차손환입 ₩1,000

**42** (주)감평은 20×1년 1월 1일 기계장치(내용연수 5년, 잔존가치 ₩0, 정액법 상각)를 ₩1,000,000에 취득하여 사용개시 하였다. (주)감평은 동 기계장치에 재평가모형을 적용하며 20×2년 말 손상차손 ₩12,500을 인식하였다. 다음은 기계장치에 대한 재평가 및 손상 관련 자료이다.

| 구분 | 공정가치 | 순공정가치 | 사용가치 |
|---|---|---|---|
| 20×1년 말 | ₩850,000 | ₩800,000 | ₩900,000 |
| 20×2년 말 | ₩610,000 | ₩568,000 | ? |

20×2년 말 기계장치의 사용가치는? [감정평가사 2020]

① ₩522,500 ② ₩550,000 ③ ₩568,000
④ ₩575,000 ⑤ ₩597,500

# Ⅲ. 타시험 기출 및 과거 기출 필수문제 정리



**01** (주)세무는 20×1년 7월 1일에 순장부금액이 ₩7,000인 기계장치를 (주)국세의 기계장치(순장부금액 ₩8,000, 공정가치 ₩9,000)와 교환하면서 현금 ₩500을 추가로 지급하였으며, 유형자산처분손실로 ₩1,000을 인식하였다. (주)세무는 20×1년 7월 1일에 교환으로 취득한 기계장치와 관련하여 설치장소 준비원가 ₩500과 설치원가 ₩500을 지출하고 즉시 사용하였다. 한편, (주)세무는 취득한 기계장치의 잔존가치와 내용연수를 각각 ₩500과 3년으로 추정하였으며, 연수합계법으로 감가상각하고 원가모형을 적용한다. (주)세무의 20×2년도 기계장치 감가상각비는? [단, 동 자산의 교환은 상업적 실질이 있으며, (주)세무의 기계장치 공정가치는 신뢰성 있게 측정가능하고 (주)국세의 기계장치 공정가치보다 명백하다고 가정한다. 감가상각은 월할 계산한다] [세무사 2024]

① ₩1,750 ② ₩2,000 ③ ₩2,333
④ ₩2,917 ⑤ ₩3,500

**02** (주)세무는 20×1년 7월 1일에 본사사옥으로 사용하기 위하여 토지와 건물을 ₩14,000,000에 일괄취득하고, 공통으로 발생한 취득 관련 직접원가 ₩1,000,000을 지출하였다. 취득 당시 토지와 건물의 공정가치는 각각 ₩9,600,000과 ₩6,400,000이었다. 건물의 내용연수는 4년, 잔존가치는 ₩1,000,000, 연수합계법으로 감가상각한다. 건물과 관련하여 (주)세무가 20×2년도에 인식할 감가상각비는? (단, 감가상각은 월할 계산하고 건물에 대해 원가모형을 적용한다) [세무사 2023]

① ₩1,380,000 ② ₩1,500,000 ③ ₩1,610,000
④ ₩1,750,000 ⑤ ₩1,890,000

**03** (주)감평은 20×1년 1월 1일 토지와 토지 위에 있는 건물 A를 일괄하여 ₩40,000에 취득(토지와 건물 A의 공정가치 비율은 4 : 1)하였다. 취득당시 건물 A의 잔여 내용연수는 5년이고 잔존가치는 없으며 정액법으로 감가상각한다. 20×2년 1월 1일 더 이상 건물 A를 사용할 수 없고 철거하고 새로운 건물 B의 신축을 시작하였다. 건물 A의 철거비용은 ₩1,500이며, 철거 시 수거한 고철 등을 매각하여 ₩500을 수령하였다. 건물신축과 관련하여 20×2년에 ₩20,000의 건설비가 발생하였으며, 건물 B(내용연수 10년, 잔존가치 ₩0, 정액법 감가상각)는 20×2년 10월 1일 완공 후 즉시 사용하였다. 20×1년 12월 31일 건물 A의 장부금액과 20×2년 12월 31일 건물 B의 장부금액은? (단, 감가상각은 월할 계산한다)

[감정평가사 2017]

| | 건물 A | 건물 B |
|---|---|---|
| ① | ₩6,400 | ₩19,500 |
| ② | ₩6,400 | ₩18,000 |
| ③ | ₩6,400 | ₩25,900 |
| ④ | ₩8,000 | ₩19,500 |
| ⑤ | ₩8,000 | ₩26,900 |

**04** (주)국제는 당해 연도 초에 설립한 후 유형자산과 관련하여 다음과 같은 지출을 하였다.

| | |
|---|---|
| • 건물이 있는 토지 구입대금 | ₩2,000,000 |
| • 토지취득 중개수수료 | 80,000 |
| • 토지 취득세 | 160,000 |
| • 공장건축허가비 | 10,000 |
| • 신축공장건물 설계비 | 50,000 |
| • 기존건물 철거비 | 150,000 |
| • 기존건물 철거 중 수거한 폐건축자재 판매대금 | 100,000 |
| • 토지 정지비 | 30,000 |
| • 건물신축을 위한 토지굴착비용 | 50,000 |
| • 건물 신축원가 | 3,000,000 |
| • 건물 신축용 차입금의 차입원가(전액 자본화기간에 발생) | 10,000 |

위 자료를 이용할 때 토지와 건물 각각의 취득원가는? (단, 건물은 당기 중 완성되었다)

[감정평가사 2014]

| | 토지 | 건물 |
|---|---|---|
| ① | ₩2,220,000 | ₩3,020,000 |
| ② | 2,320,000 | 3,110,000 |
| ③ | 2,320,000 | 3,120,000 |
| ④ | 2,420,000 | 3,120,000 |
| ⑤ | 2,420,000 | 3,220,000 |

**05** (주)대한은 자사가 소유하고 있는 기계장치를 (주)세종이 소유하고 있는 차량운반구와 교환하였다. 두 기업의 유형자산에 관한 정보와 세부거래 내용은 다음과 같다.

- 이 교환은 상업적 실질이 있는 거래이다.
- (주)대한의 기계장치 공정가치가 더 명백하다.
- (주)세종은 (주)대한에게 공정가치의 차이인 ₩5,000을 지급하였다.

| | (주)대한 기계장치 | (주)세종 차량운반구 |
|---|---|---|
| 취득원가 | ₩50,000 | ₩50,000 |
| 감가상각누계액 | 30,000 | 20,000 |
| 공정가치 | 30,000 | 25,000 |
| 현금지급액 | 0 | 5,000 |
| 현금수취액 | 5,000 | 0 |

이 거래와 관련한 설명 중 옳은 것은? [감정평가사 2014]

① (주)대한은 이 교환거래와 관련하여 유형자산처분이익 ₩5,000을 인식해야 한다.
② (주)대한이 새로 취득한 차량운반구의 취득원가는 ₩30,000이다.
③ (주)세종은 이 교환거래와 관련하여 유형자산처분이익 ₩5,000을 인식해야 한다.
④ (주)세종이 새로 취득한 기계장치의 취득원가는 ₩30,000이다.
⑤ (주)대한과 (주)세종 모두 유형자산처분손익을 인식하지 않는다.

**06** 유형자산의 감가상각에 관한 설명으로 옳지 않은 것은? [감정평가사 2017]

① 건물이 위치한 토지의 가치가 증가할 경우 건물의 감가상각대상금액이 증가한다.
② 유형자산을 수선하고 유지하는 활동을 하더라도 감가상각의 필요성이 부인되는 것은 아니다.
③ 유형자산의 사용정도에 따라 감가상각을 하는 경우에는 생산활동이 이루어지지 않을 때 감가상각액을 인식하지 않을 수 있다.
④ 유형자산의 잔존가치는 해당 자산의 장부금액과 같거나 큰 금액으로 증가할 수 있다.
⑤ 유형자산의 공정가치가 장부금액을 초과하더라도 잔존가치가 장부금액을 초과하지 않는 한 감가상각액을 계속 인식한다.

**07** (주)세무는 20×1년 7월 1일 관리부서에서 사용할 설비를 ₩1,000,000에 취득하였다. 동 설비는 복구의무가 있으며, 내용연수 종료 후 원상복구를 위해 지출할 복구비용은 ₩300,000으로 추정된다. (주)세무는 동 설비에 대해 원가모형을 적용하고 있으며, 연수합계법(잔존가치 ₩200,000, 내용연수 4년)으로 감가상각한다. 동 설비와 관련하여 (주)세무가 20×2년도 당기비용으로 인식할 금액은 얼마인가? (단, 현재가치에 적용할 할인율은 연 10%이며, 이후 할인율의 변동은 없다. 10%, 4기간 단일금액 ₩1의 현재가치는 0.6830이다. 계산금액은 소수점 첫째 자리에서 반올림하며, 감가상각비와 이자비용은 월할 계산한다) [세무사 2021]

① ₩301,470 ② ₩322,985 ③ ₩351,715
④ ₩373,230 ⑤ ₩389,335

**08** (주)대한은 20×1년 1월 1일 정부로부터 자금을 전액 차입하여 기계장치를 ₩400,000에 구입하였다. 정부로부터 수령한 차입금은 20×4년 12월 31일에 일시상환해야 하며, 매년 말 차입금의 연 3% 이자를 지급하는 조건이다. (주)대한은 구입한 기계장치에 대해서 원가모형을 적용하며, 추정내용연수 4년, 잔존가치 ₩0, 정액법으로 감가상각한다. 20×1년 1월 1일 차입 시 (주)대한에 적용되는 시장이자율은 연 8%이다. 정부로부터 수령한 차입금과 관련하여 (주)대한의 20×1년 말 재무상태표상에 표시될 기계장치의 장부금액은 얼마인가? (단, 정부보조금은 자산의 취득원가에서 차감하는 원가(자산)차감법을 사용하여 표시한다. 단수 차이로 인해 오차가 있다면 가장 근사치를 선택한다) [공인회계사 2022]

| 할인율 / 기간 | 8% | |
|---|---|---|
| | 단일금액 ₩1의 현재가치 | 정상연금 ₩1의 현재가치 |
| 4년 | 0.7350 | 3.3121 |

① ₩242,309 ② ₩244,309 ③ ₩246,309
④ ₩248,309 ⑤ ₩250,309

**09** (주)세무는 20×1년 1월 1일 기계장치(내용연수 4년, 잔존가치 ₩0, 정액법 상각, 원가모형 적용)를 ₩240,000에 취득하여 기계장치가 정상적으로 작동되는지 여부를 시험한 후 즉시 사용하고 있다. 시험하는 과정에서 시운전비 ₩40,000이 발생하였고, 시험하는 과정에서 생산된 시제품은 시험 종료 후 즉시 전부 판매하고 ₩20,000을 현금으로 수취하였다. (주)세무는 20×1년 7월 1일 동 기계장치를 재배치하기 위해 운반비 ₩50,000과 설치원가 ₩50,000을 추가 지출하였다. 20×1년 말 기계장치에 대한 순공정가치와 사용가치는 각각 ₩150,000과 ₩120,000으로 손상이 발생하였으며, 20×2년 말 순공정가치와 사용가치는 각각 ₩160,000과 ₩170,000으로 회복되었다. 위 거래와 관련하여 (주)세무의 기계장치 회계처리에 관한 설명으로 옳은 것은? (단, 감가상각은 월할 계산한다) [세무사 2022]

① 20×1년 손상차손은 ₩45,000이다.
② 20×1년 감가상각비는 ₩65,000이다.
③ 20×2년 감가상각비는 ₩40,000이다.
④ 20×2년 말 장부금액은 ₩140,000이다.
⑤ 20×2년 손상차손환입액은 ₩30,000이다.

**10** (주)대한은 제조기업이며, 20×1년 초에 제품의 생산을 위해 기계장치를 취득하였다(취득원가: ₩6,000,000, 내용연수: 10년, 잔존가치: ₩500,000, 감가상각방법: 정액법). (주)대한은 기계장치에 대하여 재평가모형을 적용하기로 하였으며, 기계장치의 각 연도 말 공정가치는 다음과 같다.

| 20×1년 말 | 20×2년 말 | 20×3년 말 |
|---|---|---|
| ₩5,000,000 | ₩5,500,000 | ₩3,500,000 |

(주)대한은 20×3년 초에 기계장치의 잔존내용연수를 5년, 잔존가치는 ₩600,000으로 추정을 변경하였다. (주)대한의 기계장치 관련 회계처리가 20×3년도 당기순이익에 미치는 영향은 얼마인가? 단, (주)대한은 기계장치를 사용하는 기간 동안 재평가잉여금을 이익잉여금으로 대체하지 않으며, 손상차손은 고려하지 않는다. [공인회계사 2024]

① ₩980,000 감소 ② ₩1,020,000 감소 ③ ₩1,300,000 감소
④ ₩1,450,000 감소 ⑤ ₩2,000,000 감소

**11** (주)세무는 20×1년 초 영업부에서 사용할 차량운반구(취득원가 ₩2,000,000, 내용연수 3년, 잔존가치 ₩200,000, 정액법 상각, 재평가모형 적용)를 취득하였으며, 자산의 총장부금액에서 감가상각누계액을 제거하는 방법으로 재평가 회계처리를 한다. 차량운반구와 관련하여 20×2년 말에 손상이 발생하였으며, 차량운반구의 20×1년과 20×2년 말 공정가치와 회수가능액은 다음과 같다. 차량운반구 관련 회계처리가 (주)세무의 20×2년도 당기순이익에 미치는 영향은? (단, 재평가잉여금은 이익잉여금으로 대체하지 아니하며, 처분부대원가는 무시할 수 없는 수준이다) [세무사 2023]

| 구분 | 20×1년 말 | 20×2년 말 |
|---|---|---|
| 공정가치 | ₩1,600,000 | ₩500,000 |
| 회수가능액 | ₩1,600,000 | ₩300,000 |

① ₩400,000 감소 ② ₩600,000 감소 ③ ₩900,000 감소
④ ₩1,100,000 감소 ⑤ ₩1,300,000 감소

# 해커스 회계학 1차 기출+예상문제집

# 4장

# 차입원가 자본화

# I. 필수 유형 정리

**[01 ~ 05]**

12월 31일이 결산일인 (주)합격은 보유하고 있던 토지에 건물을 신축하기 위하여 20×1년 1월 1일 건설회사와 도급계약을 체결하였다. 관련 자료는 다음과 같다.

(1) (주)합격은 20×1년 4월 1일부터 4월 30일까지 건물설계와 건물 신축 관련 인가 업무를 완료하였고, 20×1년 5월 1일부터 본격적인 건물 신축공사를 시작하였다.

(2) (주)합격의 건물 신축과 관련하여 다음과 같이 지출이 발생하였다.

| 20×1.4.1. | ₩800,000 | 20×1.7.1. | ₩3,000,000 | 20×2.6.30. | ₩1,200,000 |
|---|---|---|---|---|---|

* 20×1년 4월 1일 정부로부터 동 건물 신축과 관련하여 ₩400,000을 보조받았다.

(3) 동 건물은 20×2년 6월 30일에 완공되었다.

(4) (주)합격의 20×1년 중 차입금 현황은 다음과 같다.

| 차입금 | 차입일 | 차입금액 | 상환일 | 연 이자율 |
|---|---|---|---|---|
| A | 20×1.4.1. | ₩1,200,000 | 20×2.3.31. | 12% |
| B | 20×1.7.1. | ₩3,000,000 | 20×2.12.31. | 9% |
| C | 20×0.1.1. | ₩1,000,000 | 20×3.12.31. | 12% |

* 이들 차입금 중 차입금 A는 건물 신축을 위하여 개별적으로 차입되었으며, 이 중 ₩400,000은 20×1년 4월 1일부터 20×1년 6월 30일까지 연 10%의 이자지급조건의 정기예금에 예치하였다. 차입금 B, C는 일반적으로 차입된 것이다.

**01** 20×1년 연평균지출액은 얼마인가?

① ₩1,800,000 ② ₩2,000,000 ③ ₩2,200,000
④ ₩3,000,000 ⑤ ₩3,100,000

**02** 20×1년 자본화가능차입원가는 얼마인가?

① ₩123,000 ② ₩200,000 ③ ₩220,000
④ ₩245,000 ⑤ ₩300,000

**03** 적격자산 평균지출액은 회계기간 동안 건설 중인 자산의 매월 말 장부금액 가중평균으로 계산한다고 할 때, 20×2년 연평균지출액은 얼마인가?

① ₩1,800,000 ② ₩2,000,000 ③ ₩2,200,000
④ ₩3,000,000 ⑤ ₩3,100,000

**04** 적격자산 평균지출액은 회계기간 동안 건설 중인 자산의 매월 말 장부금액 가중평균으로 계산한다고 할 때, 20×2년 자본화가능차입원가는 얼마인가?

① ₩100,000 ② ₩165,200 ③ ₩135,000
④ ₩172,250 ⑤ ₩182,250

**05** 위 물음과 독립적으로 일반차입금 B, C의 이자율을 알지 못한다고 가정할 때, 20×1년 건설과 관련하여 총차입원가 ₩218,000을 자본화하였다면 일반차입금에 대한 자본화이자율은 얼마인가?

① 10% ② 12% ③ 14%
④ 16% ⑤ 18%

# Ⅱ. 최신 기출 유형 정리

## 차입원가 자본화

**01** (주)감평은 20×1년 1월 초에 본사건물을 착공하여 20×2년 11월 말 완공하였다. 본사건물 신축 관련 자료가 다음과 같을 때, (주)감평이 20×1 년도에 자본화할 차입원가는? (단, 기간은 월할 계산한다)

[감정평가사 2023]

(1) 공사비 지출

| 일자 | 금액 |
|---|---|
| 20×1.1.1. | ₩2,000,000 |
| 20×1.7.1. | 400,000 |

(2) 차입금 현황

| 구분 | 차입금액 | 차입기간 | 연이자율 |
|---|---|---|---|
| 특정차입금 | ₩2,000,000 | 20×1.7.1. ~ 20×1.12.31. | 3% |
| 일반차입금 | 100,000 | 20×1.1.1. ~ 20×2.6.30. | 5% |

① ₩30,000 ② ₩35,000 ③ ₩50,000
④ ₩65,000 ⑤ ₩90,000

**02** (주)감평은 특정차입금 없이 일반차입금을 사용하여 건물을 신축하였다. 건물은 차입원가 자본화 대상인 적격자산이다. 신축 건물과 관련한 자료가 다음과 같을 경우, 20×1년도에 자본화할 차입원가(A)와 20×2년도에 자본화할 차입원가(B)는? (단, 계산 시 월할 계산하며, 전기에 자본화한 차입원가는 적격자산의 연평균지출액 계산 시 포함하지 않는다) [감정평가사 2022]

- 공사기간: 20×1년 5월 1일 ~ 20×2년 6월 31일
- 공사비 지출: 20×1년 5월 1일 ₩300,000
  20×1년 10월 1일 ₩200,000
  20×2년 4월 1일 ₩100,000
- 일반차입금 자본화 연이자율: 20×1년 10%, 20×2년 8%
- 실제 발생한 이자비용: 20×1년 ₩20,000, 20×2년 ₩24,200

| | (A) | (B) |
|---|---|---|
| ① | ₩20,000 | ₩22,000 |
| ② | ₩20,000 | ₩24,200 |
| ③ | ₩20,000 | ₩25,000 |
| ④ | ₩25,000 | ₩22,000 |
| ⑤ | ₩25,000 | ₩24,200 |

**03** (주)관세는 20×1년 4월 1일 사옥건설(20×2년 12월 31일 완공 예정)을 시작하였고, 공사대금으로 20×1년 4월 1일에 ₩200,000, 20×1년 7월 1일에 ₩300,000을 지출하였다. 동 사옥은 차입원가를 자본화하는 적격자산이며, (주)관세의 차입금 내역은 다음과 같다.

| 구분 | 차입액 | 차입일 | 상환일 | 연 이자율 |
|---|---|---|---|---|
| 특정차입금 | ₩300,000 | 20×1년 4월 1일 | 20×2년 12월 31일 | 5%(단리) |
| 일반차입금 | 700,000 | 20×1년 1월 1일 | 20×2년 12월 31일 | 7%(단리) |

특정차입금 중 ₩100,000을 20×1년 4월 1일부터 3개월 간 연 이자율 3%(단리)의 정기예금에 예치하였다. (주)관세가 건설 중인 사옥에 대하여 20×1년에 자본화할 차입원가는? (단, 연평균지출액, 이자비용, 이자수익은 월할 계산한다) [관세사 2025]

① ₩15,500 ② ₩15,750 ③ ₩16,500
④ ₩17,500 ⑤ ₩18,250

# Ⅲ. 타시험 기출 및 과거 기출 필수문제 정리

**01** (주)세무는 20×1년 7월 1일에 영업지점 건물 신축을 시작하여 20×2년 12월 31일에 공사를 완료하였다. 동 건물은 차입원가를 자본화하는 적격자산이며, 20×1년도 영업지점 건물 신축 관련 공사비지출 내역은 다음과 같다. 20×1년 10월 1일 지출액 중 ₩240,000은 당일에 정부로부터 수령한 보조금으로 지출되었다.

| 구분 | 20×1.7.1. | 20×1.10.1. | 20×1.12.1. |
|---|---|---|---|
| 공사대금지출액 | ₩300,000 | ₩960,000 | ₩1,200,000 |

(주)세무의 차입금 내역은 다음과 같으며, 모든 차입금은 매년 말 이자지급조건이다. 특정차입금 중 ₩200,000은 20×1년 7월 1일부터 20×1년 9월 30일까지 3개월간 연 10%의 수익률을 제공하는 금융상품에 투자하여 일시적 운용수익을 획득하였다.

| 차입금 | 차입일 | 차입금액 | 상환일 | 이자율 |
|---|---|---|---|---|
| 특정차입금 | 20×1.7.1. | ₩500,000 | 20×2.6.30. | 8% |
| 일반차입금 A | 20×1.1.1. | ₩500,000 | 20×2.12.31. | 8% |
| 일반차입금 B | 20×1.7.1. | ₩1,000,000 | 20×3.6.30. | 6% |

신축 중인 영업지점 건물과 관련하여 20×1년도에 자본화할 차입원가는 얼마인가? (단, 연평균지출액과 이자비용은 월할 계산하며, 정부보조금은 해당 자산의 장부금액에서 차감하는 방법으로 처리한다)

[세무사 2021]

① ₩15,000 ② ₩31,100 ③ ₩49,300
④ ₩62,300 ⑤ ₩85,000

**02** (주)세무는 20×1년 7월 1일 공장건물 신축을 시작하여 20×2년 12월 31일에 공사를 완료하였다. 동 공장건물은 차입원가를 자본화하는 적격자산이다. 공장건물 신축을 위해 20×1년 7월 1일에 ₩12,000,000, 그리고 20×2년에 ₩10,000,000을 각각 지출하였다. (주)세무는 20×1년 7월 1일 공장건물 신축을 위한 특정차입금 ₩2,000,000(이자율 5%, 2년 후 일시상환)을 차입하였다. (주)세무는 특정차입금 중 ₩1,000,000을 연 2% 이자지급조건의 정기예금에 20×1년 8월 1일부터 20×1년 10월 31일까지 예치하였다. (주)세무가 20×1년에 공장건물 신축과 관련하여 자본화한 차입원가는 ₩150,000일 때, 20×1년 일반차입금에 대한 자본화이자율은? (단, 특정차입금으로 사용하지 않은 지출액은 일반차입금으로 지출되었으며, 20×1년도에 일반차입금에서 발생한 실제 차입원가는 ₩520,000이다. 연평균지출액과 이자비용은 월할 계산한다) [세무사 2022]

① 2% ② 3% ③ 4%
④ 5% ⑤ 6%

**03** 차입원가의 회계처리와 관련하여 적격자산에 관한 설명으로 옳지 않은 것은? [관세사 2019]

① 적격자산의 취득, 건설 또는 생산과 직접 관련된 차입원가는 당해 적격자산과 관련된 지출이 발생하지 아니하였다면 부담하지 않았을 차입원가이다.

② 금융자산과 단기간 내에 제조되거나 다른 방법으로 생산되는 재고자산은 적격자산에 해당하지 아니한다.

③ 적격자산을 의도된 용도로 사용(또는 판매) 가능하게 하는 데 필요한 활동은 당해 자산의 물리적인 제작뿐만 아니라 그 이전단계에서 이루어진 기술 및 관리상의 활동도 포함한다.

④ 적격자산에 대한 적극적인 개발활동을 중단한 기간에는 차입원가의 자본화를 중단한다.

⑤ 적격자산을 취득하기 위한 목적으로 특정하여 차입한 자금에 한하여, 회계기간 동안 그 차입금으로부터 실제 발생한 차입원가에서 당해 차입금의 일시적 운용에서 생긴 투자수익을 가산한 금액을 자본화가능차입원가로 결정한다.

**04** (주)관세는 20×1년 1월 1일 공장 신축을 위하여 (주)한국건설과 건설계약을 체결하였으며, 건설기간은 20×1년 1월 1일부터 20×3년 6월 30일까지이다. (주)관세는 동 공장 신축과 관련하여 20×1년 1월 1일에 ₩6,000,000을 지출하였다. (주)관세가 일반적인 목적으로 자금을 차입하여 동 공장 신축에 사용하는 일반차입금과 관련된 내역은 다음과 같다.

| 차입금액 | 차입일 | 상환일 | 연 이자율 및 이자지급조건 |
|---|---|---|---|
| ₩5,000,000 | 20×0년 1월 1일 | 20×2년 12월 31일 | 10%, 매년 말 지급 |

한편 (주)관세는 20×1년 1월 1일 금융기관으로부터 동 공장 신축을 위한 목적으로 특정하여 3년 만기 조건(연 이자율 10%, 매년 말 지급)의 자금을 차입(특정차입금)하고 동 일자에 동 공장 신축에 전액 지출하였다. (주)관세가 20×1년도에 일반차입금과 관련하여 자본화한 차입원가가 ₩400,000이라면, (주)관세가 20×1년 1월 1일에 금융기관으로부터 차입한 특정차입금은? [관세사 2018]

① ₩1,200,000 ② ₩1,400,000 ③ ₩1,600,000
④ ₩1,800,000 ⑤ ₩2,000,000

해커스 회계학 1차 기출+예상문제집

해커스 감정평가사 ca.Hackers.com

# 5장

# 기타의 자산

# Ⅰ. 필수 유형 정리

**[01 ~ 05]**

12월 말 결산법인인 (주)하늘은 20×1년 1월 1일 건물을 ₩10,000에 취득하였다. 건물의 경제적 내용연수는 10년, 잔존가치는 없으며 감가상각방법은 정액법이다. 각 보고기간 말 현재 건물의 공정가치는 다음과 같다.

| 20×1년 말 | 20×2년 말 | 20×3년 말 | 20×4년 말 |
|---|---|---|---|
| ₩9,180 | ₩7,200 | ₩6,300 | ₩6,000 |

단, 동 건물을 자가사용부동산으로 분류하여 재평가모형을 적용하는 경우에는 사용 중에 재평가잉여금을 이익잉여금으로 대체하지 않고, 회계처리는 감가상각누계액을 우선적으로 상계하는 방법을 사용한다. 다음에 제시되는 문제는 각각 독립된 상황이다.

**01** (주)하늘이 동 건물을 아래의 3가지 경우로 분류한 경우, 20×2년도의 당기순이익이 큰 순서대로 나열한 것은? (단, 동 거래를 고려하지 않을 때 20×2년의 당기순이익이 ₩10,000이다)

> A: 유형자산으로 분류하고 원가모형 적용
> B: 유형자산으로 분류하고 재평가모형 적용
> C: 투자부동산으로 분류하고 공정가치모형 적용

① B > C > A  ② C > B > A  ③ A > C > B
④ A > B > C  ⑤ B > A > C

**02** (주)하늘은 동 건물을 임대목적으로 취득하여 공정가치모형을 적용하였으나 20×2년 7월 초 건물의 사용목적을 자가사용목적으로 변경하였다. 20×2년 7월 초 동 건물의 공정가치는 ₩10,500이다. 또한 20×2년 7월 초 현재 건물의 잔여내용연수를 10년으로 추정하였으며 잔존가치는 없이 정액법으로 감가상각하기로 하였다. (주)하늘이 동 건물에 대해서 원가모형을 적용하는 경우 동 거래가 20×2년 (주)하늘의 당기손익에 미친 영향은 얼마인가?

① ₩0  ② ₩795  ③ ₩1,320
④ ₩(－)1,980  ⑤ ₩(－)2,775

**03** (주)하늘은 동 건물을 임대목적으로 취득하여 공정가치모형을 적용하였으나 20×2년 7월 초 건물의 사용목적을 자가사용목적으로 변경하였다. 20×2년 7월 초 동 건물의 공정가치는 ₩10,500이다. 또한 20×2년 7월 초 현재 건물의 잔여내용연수를 10년으로 추정하였으며 잔존가치는 없이 정액법으로 감가상각하기로 하였다. (주)하늘이 동 건물에 대해서 재평가모형을 적용하는 경우 동 거래가 20×2년 (주)하늘의 당기손익에 미친 영향은 얼마인가?

① ₩0
② ₩795
③ ₩1,320
④ ₩(-)1,980
⑤ ₩(-)2,775

**04** 위 문제와 독립적으로 (주)하늘은 20×1년 7월 1일에 자가사용목적으로 건물을 ₩200,000에 취득하였으며 내용연수 20년, 잔존가치 없이 정액법으로 상각하였다가 20×2년 7월 초 투자부동산(공정가치모형 적용)으로 대체하였을 경우에 각 시점별 공정가치가 아래와 같다.

| 20×1.12.31. | 20×2.7.1. | 20×2.12.31. |
|---|---|---|
| ₩220,000 | ₩210,000 | ₩202,000 |

동 거래에 (주)하늘이 원가모형을 적용하는 경우 20×2년의 당기손익에 미친 영향은 얼마인가? (단, 소수점 이하의 숫자는 반올림한다)

① ₩0
② ₩(-)13,641
③ ₩(-)13,000
④ ₩(-)1,980
⑤ ₩(-)2,775

**05** 위 문제와 독립적으로 (주)하늘은 20×1년 7월 1일에 자가사용목적으로 건물을 ₩200,000에 취득하였으며 내용연수 20년, 잔존가치 없이 정액법으로 상각하였다가 20×2년 7월 초 투자부동산(공정가치모형 적용)으로 대체하였을 경우에 각 시점별 공정가치가 아래와 같다.

| 20×1.12.31. | 20×2.7.1. | 20×2.12.31. |
|---|---|---|
| ₩220,000 | ₩210,000 | ₩202,000 |

동 거래에 (주)하늘이 재평가모형을 적용하는 경우 20×2년의 당기손익에 미친 영향은 얼마인가? (단, 소수점 이하의 숫자는 반올림한다)

① ₩0
② ₩(-)13,641
③ ₩(-)13,000
④ ₩(-)1,980
⑤ ₩(-)2,775

**06** 다음은 (주)대한의 무형자산과 관련된 자료이다.

(1) (주)대한은 탄소배출량을 혁신적으로 감소시킬 수 있는 신기술에 대해서 연구 및 개발활동을 수행하고 있다. (주)대한의 20×1년과 20×2년의 연구 및 개발활동에서 발생한 지출 내역을 요약하면 다음과 같다.

| 구분 | 20×1년 | 20×2년 |
|---|---|---|
| 연구활동 | ₩900,000 | ₩300,000 |
| 개발활동 | - | ₩3,500,000 |

(2) (주)대한의 개발활동과 관련된 지출은 모두 무형자산의 인식요건을 충족한다.
(3) (주)대한의 탄소배출량 감소와 관련된 신기술은 20×2년 중에 개발이 완료되었으며, 20×2년 10월 1일부터 사용가능하게 되었다.
(4) (주)대한은 신기술 관련 무형자산에 대해서 원가모형을 적용하며 추정내용연수 4년, 잔존가치 ₩0, 연수합계법으로 상각한다.
(5) 20×3년 말 상기 신기술의 사업성이 매우 낮은 것으로 판명되었고, 신기술의 회수가능금액은 ₩1,000,000으로 평가되었다.

(주)대한이 동 거래로 인식할 20×3년 비용의 합계를 구하시오.

① ₩2,700,000
② ₩2,260,000
③ ₩2,150,000
④ ₩1,312,500
⑤ ₩837,700

# Ⅱ. 최신 기출 유형 정리



## 투자부동산

**01** 투자부동산에 관한 설명으로 옳지 않은 것은? [관세사 2020]

① 소유 투자부동산은 최초 인식시점에서 원가로 측정한다. 이때 발생한 거래원가는 당기비용으로 처리한다.
② 투자부동산에 대하여 공정가치모형을 선택한 경우에는 최초 인식 후 모든 투자부동산을 공정가치로 측정한다.
③ 투자부동산의 폐기나 처분으로 생기는 손익은 순처분금액과 장부금액의 차액이며 폐기하거나 처분한 기간에 당기손익으로 인식한다.
④ 투자부동산을 포함한 특정 자산군의 공정가치와 연동하는 수익 또는 그 자산군에서 얻는 수익으로 상환하는 부채와 연계되어 있는 모든 투자부동산은 공정가치모형 또는 원가모형을 선택하여 평가한다.
⑤ 투자부동산을 후불조건으로 취득하는 경우의 원가는 취득시점의 현금가격상당액으로 하며 현금가격상당액과 실제 총지급액의 차액은 신용기간 동안의 이자비용으로 인식한다.

**02** 투자부동산에 관한 설명으로 옳지 않은 것은? [관세사 2023]

① 임대수익이나 시세차익을 얻기 위하여 보유하는 부동산은 투자부동산으로 분류된다.
② 투자부동산은 최초 인식시점에서 원가로 측정한다.
③ 투자부동산을 개발하지 않고 처분하기로 결정하는 경우에는 재고자산으로 재분류하지 않는다.
④ 투자부동산의 공정가치 변동으로 발생하는 손익은 발생한 기간의 당기손익에 반영한다.
⑤ 투자부동산의 인식 후 측정에 있어서 자산의 분류별로 공정가치모형과 원가모형 중 선택하여 적용할 수 있다.

**03** 투자부동산의 분류에 관한 설명으로 옳지 않은 것은? [감정평가사 2023]

① 미사용부동산을 운용리스로 제공한 경우에는 투자부동산으로 분류한다.
② 리스계약에 따라 이전받은 부동산을 다시 제3자에게 임대한다면 리스이용자는 해당 사용권자산을 투자부동산으로 분류한다.
③ 지배기업이 다른 종속기업에게 자가사용건물을 리스하는 경우 당해 건물은 연결재무제표에 투자부동산으로 분류할 수 없다.
④ 건물 소유자가 그 건물의 사용자에게 제공하는 부수적 용역의 비중이 경미하면 해당 건물을 투자부동산으로 분류한다.
⑤ 처분예정인 자가사용부동산은 투자부동산으로 분류한다.

**04** 투자부동산에 관한 설명으로 옳지 않은 것은? [감정평가사 2021]

① 소유 투자부동산은 최초 인식시점에 원가로 측정한다.
② 투자부동산을 후불조건으로 취득하는 경우의 원가는 취득시점의 현금가격상당액으로 한다.
③ 투자부동산의 평가방법으로 공정가치모형을 선택한 경우, 감가상각을 수행하지 아니한다.
④ 공정가치로 평가하게 될 자가건설 투자부동산의 건설이나 개발이 완료되면 해당일의 공정가치와 기존 장부금액의 차액은 기타포괄손익으로 인식한다.
⑤ 재고자산을 공정가치로 평가하는 투자부동산으로 대체하는 경우, 재고자산의 장부금액과 대체시점의 공정가치의 차액은 당기손익으로 인식한다.

**05** (주)관세는 20×1년 초 임대수익 목적으로 건물을 취득(취득원가 ₩100,000, 내용연수 10년, 잔존가치 ₩0, 정액법 상각)하고, 이를 투자부동산으로 분류하여 공정가치모형을 적용하였다. 20×1년 말 건물의 공정가치가 ₩120,000일 때, 동 건물과 관련하여 20×1년도 인식할 당기손익은? [관세사 2021]

① ₩20,000 손실
② ₩10,000 손실
③ ₩0
④ ₩10,000 이익
⑤ ₩20,000 이익

**06** (주)감평은 20×1년 초 임대수익을 얻고자 건물(취득원가 ₩1,000,000, 내용연수 5년, 잔존가치 ₩100,000, 정액법 상각)을 취득하고, 이를 투자부동산으로 분류하였다. 한편, 부동산 경기의 불황으로 20×1년 말 동 건물의 공정가치는 ₩800,000으로 하락하였다. 동 건물에 대하여 공정가치모형을 적용할 경우에 비해 원가모형을 적용할 경우 (주)감평의 20×1년도 당기순이익은 얼마나 증가 혹은 감소하는가? [단, 동 건물은 투자부동산의 분류요건을 충족하며, (주)감평은 동 건물을 향후 5년 이내 매각할 생각이 없다] [감정평가사 2020]

① ₩20,000 증가
② ₩20,000 감소
③ ₩0
④ ₩180,000 증가
⑤ ₩180,000 감소

**07** (주)감평은 20×1년 초 임대목적으로 건물(취득원가 ₩1,000, 내용연수 10년, 잔존가치 ₩0, 정액법 감가상각)을 취득하여 이를 투자부동산으로 분류하였다. 20×1년 말 건물의 공정가치가 ₩930일 때 (A)공정가치모형과 (B)원가모형을 각각 적용할 경우 (주)감평의 20×1년도 당기순이익에 미치는 영향은? (단, 해당 건물은 매각예정으로 분류되어 있지 않다) [감정평가사 2022]

| | (A) | (B) |
|---|---|---|
| ① | ₩70 감소 | ₩100 감소 |
| ② | ₩70 감소 | ₩70 감소 |
| ③ | ₩30 감소 | ₩100 감소 |
| ④ | ₩30 증가 | ₩70 감소 |
| ⑤ | ₩30 증가 | ₩30 증가 |

**08** 도소매업을 영위하는 (주)감평은 20×1년 초 건물을 취득(취득원가 ₩10,000, 내용연수 5년, 잔존가치 ₩0, 정액법 상각)하였다. 공정가치가 다음과 같을 때, (주)감평이 동 건물을 유형자산으로 분류하고 재평가모형을 적용하였을 경우(A)와 투자부동산으로 분류하고 공정가치모형을 적용한 경우(B), 20×2년 당기순이익에 미치는 영향은? [감정평가사 2024]

| 구분 | 20×1년 말 | 20×2년 말 |
|---|---|---|
| 공정가치 | ₩9,000 | ₩11,000 |

| | A | B |
|---|---|---|
| ① | 영향 없음 | ₩1,000 증가 |
| ② | ₩2,250 감소 | ₩1,000 증가 |
| ③ | ₩2,250 감소 | ₩2,000 증가 |
| ④ | ₩2,000 감소 | ₩2,000 증가 |
| ⑤ | ₩2,000 증가 | 영향 없음 |

**09** (주)관세는 20×1년 초 투자부동산으로 건물(취득원가 ₩50,000, 잔존가치 ₩0, 내용연수 20년, 정액법 상각)을 취득하여 원가모형을 적용하여 평가해오다가 20×5년 초 평가방법을 공정가치모형으로 변경하였다. 20×5년 말 동 건물의 공정가치는 ₩42,000이다. 20×6년 초 동 건물을 ₩36,000에 처분할 경우 인식할 손익은? [관세사 2022]

① ₩6,000 손실 ② ₩3,200 손실 ③ ₩1,500 손실
④ ₩1,500 이익 ⑤ ₩4,500 이익

**10** (주)감평은 20×1년 초 임대수익을 목적으로 건물을 ₩320,000에 취득하고 공정가치 모형을 적용하였다. (주)감평은 20×2년 9월 1일 동 건물을 자가사용건물로 대체하였으며, 정액법(내용연수 10년, 잔존가치 ₩0)으로 상각(월할 상각)하고 재평가모형을 적용하였다. 시점별 건물의 공정가치는 다음과 같다.

| 20×1년 말 | 20×2년 9월 1일 | 20×2년 말 |
|---|---|---|
| ₩340,000 | ₩330,000 | ₩305,000 |

동 건물 관련 회계처리가 20×2년 당기순이익에 미치는 영향은? [감정평가사 2023]

① ₩14,000 감소 ② ₩21,000 감소 ③ ₩24,000 감소
④ ₩25,000 감소 ⑤ ₩35,000 감소

**11** (주)감평은 20×1년 초 투자부동산(내용연수 10년, 잔존가치 ₩0, 정액법 상각)을 ₩200,000에 취득하고 원가모형을 적용하였다. (주)감평은 20×2년부터 동 투자부동산에 대하여 공정가치모형을 적용하기로 하였으며 이러한 회계변경은 정당하다. 20×1년 말, 20×2년 말 동 투자부동산의 공정가치는 각각 ₩190,000, ₩185,000이다. 회계변경효과를 반영하여 20×2년 말 작성하는 비교재무제표(20×1년, 20×2년)에 표시될 금액에 관한 설명으로 옳은 것은? [감정평가사 2023]

① 20×1년도 투자부동산(순액)은 ₩180,000이다.
② 20×1년도 투자부동산 감가상각비는 ₩0이다.
③ 20×1년도 투자부동산평가손익은 ₩0이다.
④ 20×1년도 투자부동산평가이익은 ₩5,000이다.
⑤ 20×1년도 투자부동산(순액)은 ₩190,000이다.

**12** 상품매매기업인 (주)감평은 20×0년 말 취득한 건물(취득원가 ₩2,400,000, 내용연수 10년, 잔존가치 ₩0, 정액법 상각)을 유형자산으로 분류하여 즉시 사용개시하고, 동 건물에 대해 재평가모형을 적용하기로 하였다. 20×1년 10월 1일 (주)감평은 동 건물을 투자부동산으로 계정 대체하고 공정가치모형을 적용하기로 하였다. 시점별 건물의 공정가치는 다음과 같다.

| 20×0년 말 | 20×1년 10월 1일 | 20×1년 말 |
|---|---|---|
| ₩2,400,000 | ₩2,300,000 | ₩2,050,000 |

동 건물 관련 회계처리가 20×1년 당기순이익과 기타포괄이익에 미치는 영향은 각각 얼마인가? (단, 재평가잉여금은 이익잉여금으로 대체하지 않으며, 감가상각은 월할 계산한다) [감정평가사 2020]

| | 당기순이익 | 기타포괄이익 |
|---|---|---|
| ① | ₩180,000 감소 | ₩80,000 증가 |
| ② | ₩180,000 감소 | ₩350,000 증가 |
| ③ | ₩430,000 감소 | ₩80,000 증가 |
| ④ | ₩430,000 감소 | ₩350,000 증가 |
| ⑤ | ₩430,000 감소 | ₩430,000 감소 |

**13** 투자부동산에 해당하는 것을 모두 고른 것은? [감정평가사 2025]

ㄱ. 장래 용도를 결정하지 못한 채로 보유하고 있는 토지
ㄴ. 금융리스로 제공한 부동산
ㄷ. 직접 소유하고 운용리스로 제공하는 건물
ㄹ. 종업원이 사용하고 있는 부동산
ㅁ. 운용리스로 제공하기 위하여 보유하는 미사용 건물

① ㄴ ② ㄱ, ㄷ ③ ㄴ, ㄹ
④ ㄱ, ㄷ, ㅁ ⑤ ㄴ, ㄹ, ㅁ

## 무형자산

**14** 유 · 무형자산에 관한 설명으로 옳지 않은 것은? [관세사 2020]

① 무형자산은 자산에서 발생하는 미래 경제적 효익이 기업에 유입될 가능성이 높고, 자산의 원가를 신뢰성 있게 측정할 수 있는 경우에만 인식한다.

② 내부적으로 창출한 무형자산이 인식기준을 충족하는지를 평가하기 위하여 무형자산의 창출과정을 연구단계와 개발단계로 구분한다.

③ 유형자산에 대한 재평가의 빈도는 재평가되는 유형자산의 공정가치 변동에 따라 달라진다.

④ 특정 유형자산을 재평가할 때, 해당 자산이 포함되는 유형자산 유형 전체를 재평가한다.

⑤ 무형자산에 대해 재평가모형을 적용할 경우에는 매 보고기간 말에 공정가치로 측정한다.

**15** 무형자산에 관한 설명으로 옳지 않은 것은? [관세사 2023]

① 내용연수가 비한정인 무형자산은 상각하지 아니한다.

② 무형자산을 최초로 인식할 때에는 원가로 측정한다.

③ 내부적으로 창출한 영업권은 자산으로 인식하지 아니한다.

④ 최초에 비용으로 인식한 무형항목에 대한 지출은 그 이후에 무형자산의 원가로 인식할 수 없다.

⑤ 무형자산의 경제적 효익이 소비될 것으로 예상되는 형태를 반영한 방법을 신뢰성있게 결정할 수 없을 경우 상각방법은 정률법을 사용한다.

**16** 무형자산의 회계처리에 관한 설명으로 옳지 않은 것은? [감정평가사 2022]

① 무형자산의 잔존가치는 해당 자산의 장부금액과 같거나 큰 금액으로 증가할 수도 있다.

② 브랜드, 제호, 출판표제, 고객목록, 그리고 이와 실질이 유사한 항목(외부에서 취득하였는지 또는 내부적으로 창출하였는지에 관계없이)에 대한 취득이나 완성 후의 지출은 발생시점에 항상 당기손익으로 인식한다.

③ 무형자산의 상각방법은 자산의 경제적 효익이 소비될 것으로 예상되는 형태를 반영한 방법이어야 하지만, 그 형태를 신뢰성 있게 결정할 수 없는 경우에는 정액법을 사용한다.

④ 내용연수가 비한정적인 무형자산은 상각하지 않고, 무형자산의 손상을 시사하는 징후가 있을 경우에 한하여 손상검사를 수행한다.

⑤ 내부적으로 창출한 브랜드, 제호, 출판표제, 고객목록과 이와 실질이 유사한 항목은 무형자산으로 인식하지 아니한다.

**17** 무형자산에 관한 설명으로 옳지 않은 것은? [감정평가사 2023]

① 무형자산은 손상의 징후가 있거나 그 자산을 사용하지 않을 때에 상각을 중지한다.
② 무형자산의 인식기준을 충족하지 못해 비용으로 인식한 지출은 그 이후에 무형자산의 원가로 인식할 수 없다.
③ 내부적으로 창출한 영업권은 자산으로 인식하지 아니한다.
④ 개별취득 무형자산은 자산에서 발생하는 미래경제적 효익의 유입가능성이 높다는 인식기준을 항상 충족한다.
⑤ 무형자산으로 정의되려면 식별가능성, 자원에 대한 통제와 미래경제적 효익의 존재를 충족하여야 한다.

**18** 무형자산에 관한 설명으로 옳은 것은? [관세사 2025]

① 내용연수가 비한정인 무형자산을 유한 내용연수로 재평가하는 것은 그 자산의 손상을 시사하는 하나의 징후에 해당하지 않는다.
② 연구결과를 최종 선택하는 활동과 관련된 지출은 내부적으로 창출된 무형자산의 취득원가에 포함한다.
③ 아직 사용할 수 없는 무형자산에 대해서는 손상검사를 하지 않는다.
④ 내부적으로 창출한 브랜드는 내용연수가 비한정인 무형자산으로 인식한다.
⑤ 내용연수가 유한한 무형자산을 내용연수 종료 시점에 제3자가 구입하기로 약정한 경우, 그 무형자산의 잔존가치는 영(0)으로 보지 않는다.

**19** 무형자산에 관한 설명으로 옳은 것은? [감정평가사 2025]

① 내용연수가 비한정인 무형자산으로 최초 인식한 경우 그 이후에 비한정 내용연수를 유한 내용연수로 변경할 수 없다.
② 원가모형과 달리 무형자산에 재평가모형을 적용하는 경우에는 원가가 아닌 금액으로 무형자산을 최초로 인식하는 것을 허용한다.
③ 계약상 권리 또는 기타 법적 권리로부터 발생하는 무형자산의 내용연수는 자산의 예상사용기간에 따라 그러한 계약상 권리 또는 기타 법적 권리의 기간을 초과할 수 있다.
④ 제조과정에서 사용된 무형자산의 상각은 일반적으로 당기손익으로 인식한다.
⑤ 자산에서 발생하는 미래경제적효익이 기업에 유입될 가능성이 높고 자산의 원가를 신뢰성 있게 측정할 수 있는 경우에만 무형자산을 인식한다.

**20** 무형자산의 회계처리에 관한 설명으로 옳은 것을 모두 고른 것은? [감정평가사 2024]

ㄱ. 경영자가 의도하는 방식으로 운용될 수 있으나 아직 사용하지 않고 있는 기간에 발생한 원가는 무형자산의 장부금액에 포함한다.
ㄴ. 자산을 사용가능한 상태로 만드는데 직접적으로 발생하는 종업원 급여와 같은 직접 관련되는 원가는 무형자산의 원가에 포함한다.
ㄷ. 최초에 비용으로 인식한 무형항목에 대한 지출은 그 이후에 무형자산의 원가를 신뢰성 있게 측정할 수 있다면 무형자산으로 인식할 수 있다.
ㄹ. 새로운 지역에서 또는 새로운 계층의 고객을 대상으로 사업을 수행하는데서 발생하는 원가 등은 무형자산 원가에 포함하지 않는다.

① ㄱ, ㄴ ② ㄱ, ㄷ ③ ㄱ, ㄹ
④ ㄴ, ㄷ ⑤ ㄴ, ㄹ

**21** 다음의 특징을 모두 가지고 있는 자산은? [감정평가사 2021]

- 개별적으로 식별하여 별도로 인식할 수 없다.
- 손상징후와 관계없이 매년 손상검사를 실시한다.
- 손상차손환입을 인식할 수 없다.
- 사업결합 시 이전대가가 피취득자 순자산의 공정가치를 초과한 금액이다.

① 특허권 ② 회원권 ③ 영업권
④ 라이선스 ⑤ 가상화폐

**22** (주)감평은 신약개발을 위해 20×1년 중에 연구활동관련 ₩500,000, 개발활동관련 ₩800,000을 지출하였다. 개발활동에 소요된 ₩800,000 중 ₩300,000은 20×1년 3월 1일부터 동년 9월 30일까지 지출되었으며 나머지 금액은 10월 1일 이후에 지출되었다. (주)감평의 개발활동이 무형자산 인식기준을 충족한 것은 20×1년 10월 1일부터이며, (주)감평은 20×2년 초부터 20×2년 말까지 ₩400,000을 추가 지출하고 신약개발을 완료하였다. 무형자산으로 인식한 개발비는 20×3년 1월 1일부터 사용이 가능하며, 내용연수 4년, 잔존가치 ₩0, 정액법으로 상각하고, 원가모형을 적용한다. (주)감평의 20×3년 개발비 상각액은? [감정평가사 2020]

① ₩225,000 ② ₩250,000 ③ ₩300,000
④ ₩325,000 ⑤ ₩350,000

**23** (주)감평은 20×1년 중 연구개발비를 다음과 같이 지출하였다.

| 지출시기 | 구분 | 금액 | 비고 |
|---|---|---|---|
| 1월 초 ~ 6월 말 | 연구단계 | ₩50,000 | |
| 7월 초 ~ 9월 말 | 개발단계 | 100,000 | 자산인식 요건 미충족함 |
| 10월 초 ~ 12월 말 | 개발단계 | 50,000 | 자산인식 요건 충족함 |

(주)감평은 20×2년 말까지 ₩100,000을 추가 지출하고 개발을 완료하였다. 무형자산으로 인식한 개발비(내용연수 10년, 잔존가치 ₩0, 정액법 상각)는 20×3년 1월 1일부터 사용이 가능하며, 원가모형을 적용한다. 20×3년 말 현재 개발비가 손상징후를 보였으며 회수가능액은 ₩80,000이다. 20×3년 인식할 개발비 손상차손은? [감정평가사 2021]

① ₩50,000 ② ₩50,500 ③ ₩53,750
④ ₩55,000 ⑤ ₩70,000

**24** 도·소매업인 (주)관세는 20×1년 초 무형자산인 산업재산권을 취득(취득원가 ₩1,000,000, 내용연수 5년, 잔존가치 ₩0, 정액법 상각)하고 사용을 시작하였다. (주)관세는 산업재산권에 재평가모형을 적용하고 있으며, 20×1년 말과 20×2년 말 산업재산권의 공정가치는 각각 ₩780,000과 ₩610,000이다. 산업재산권 평가와 관련하여 20×2년도에 인식할 당기손익과 기타포괄손익은? (단, 재평가잉여금의 이익잉여금 대체는 없다) [관세사 2021]

① 당기손실 ₩20,000, 기타포괄손실 ₩5,000
② 당기손실 ₩25,000, 기타포괄손익 ₩0
③ 당기손익 ₩0, 기타포괄손실 ₩25,000
④ 당기이익 ₩25,000, 기타포괄손익 ₩0
⑤ 당기이익 ₩20,000, 기타포괄이익 ₩5,000

## 매각예정 비유동자산과 중단영업

**25** 매각예정으로 분류된 비유동자산 또는 처분자산집단에 관한 설명으로 옳은 것은? [감정평가사 2022]

① 매각예정으로 분류하였으나 중단영업의 정의를 충족하지 않는 비유동자산(또는 처분 자산집단)을 재측정하여 인식하는 평가손익은 계속영업손익에 포함한다.
② 소유주에 대한 분배예정으로 분류된 비유동자산(또는 처분자산집단)은 공정가치와 장부금액 중 작은 금액으로 측정한다.
③ 비유동자산이 매각예정으로 분류되거나 매각예정으로 분류된 처분자산집단의 일부이더라도 그 자산은 감가상각 또는 상각을 중단하지 아니한다.
④ 매각예정으로 분류된 비유동자산(또는 처분자산집단)은 공정가치와 장부금액 중 큰 금액으로 측정한다.
⑤ 매각예정으로 분류된 처분자산집단의 부채와 관련된 이자와 기타 비용은 인식을 중단한다.

**26** 매각예정으로 분류된 비유동자산 또는 처분자산집단의 회계처리에 관한 설명으로 옳지 않은 것은?
[감정평가사 2024]

① 매각예정으로 분류된 비유동자산(또는 처분자산집단)은 공정가치에서 처분부대원가를 뺀 금액과 장부금액 중 큰 금액으로 측정한다.
② 1년 이후에 매각될 것으로 예상된다면 처분부대원가는 현재가치로 측정하고, 기간 경과에 따라 발생하는 처분부대원가 현재가치의 증가분은 금융원가로서 당기손익으로 회계처리한다.
③ 매각예정으로 분류하였으나 중단영업의 정의를 충족하지 않는 비유동자산(또는 처분자산집단)을 재측정하여 인식하는 평가손익은 계속영업손익에 포함한다.
④ 비유동자산이 매각예정으로 분류되거나 매각예정으로 분류된 처분자산집단의 일부이면 그 자산은 감가상각(또는 상각)하지 아니한다.
⑤ 매각예정으로 분류된 처분자산집단의 부채와 관련된 이자와 기타 비용은 계속해서 인식한다.

**27** (주)감평은 20×1년 초 영업용 차량운반구(취득원가 ₩300,000, 내용연수 5년, 잔존가치 ₩50,000, 정액법 상각)를 취득하고 원가모형을 적용하였다. (주)감평은 20×2년 초 동 차량운반구를 매각하기로 결정하고 매각예정비유동자산으로 분류하였다. 동 차량운반구의 20×2년 초와 20×2년 말의 순공정가치와 사용가치가 다음과 같을 경우 (주)감평이 20×2년 말 재무상태표에 인식할 매각예정비유동자산의 장부금액은? (단, 동 차량운반구는 20×2년 초부터 20×2년 말 현재까지 매각예정 분류기준을 충족하고 있다)
[감정평가사 2025]

| | 20×2년 초 | 20×2년 말 |
|---|---|---|
| 순공정가치 | ₩200,000 | ₩190,000 |
| 사용가치 | 150,000 | 170,000 |

① ₩150,000
② ₩170,000
③ ₩180,000
④ ₩190,000
⑤ ₩200,000

## 웹 사이트 원가

**28** 웹 사이트 원가에 관한 설명으로 옳은 것은? [관세사 2022]

① 기업이 내부 또는 외부 접근을 위해 자체적으로 개발한 웹 사이트는 무형자산의 일반적인 인식조건뿐만 아니라 무형자산으로 인식하는 개발활동의 모든 사항 제시라는 두 가지 조건을 모두 충족한 경우에만 무형자산으로 인식한다.

② 기업이 주로 자체의 재화와 용역의 판매촉진과 광고를 위해 웹 사이트를 개발한 경우에는 그 웹 사이트 개발에 대한 모든 지출은 무형자산 취득원가에 포함한다.

③ 웹 사이트 개발의 계획단계에서 발생하는 지출은 발생시점에 무형자산으로 인식한다.

④ 내부적으로 창출한 무형자산의 원가가 그 무형자산이 특정 인식기준을 최초로 충족한 이후에 발생한 지출이 웹 사이트의 창출, 제조 및 경영자가 의도하는 방식으로 운영될 수 있게 준비하는 데 직접 관련된다면 별도의 자산으로 인식한다.

⑤ 무형자산으로 인식한 웹 사이트 관련 원가는 최초 인식 후 원칙적으로 재평가모형을 적용하여 측정한다.

## Ⅲ. 타시험 기출 및 과거 기출 필수문제 정리



**01** 제조업을 영위하는 (주)세무는 20×1년 4월 1일 시세차익을 위하여 건물을 ₩2,000,000에 취득하였다. 그러나 (주)세무는 20×2년 4월 1일 동 건물을 자가사용으로 용도를 전환하고 동 일자에 영업지점으로 사용하기 시작하였다. 20×2년 4월 1일 현재 동 건물의 잔존내용연수는 5년, 잔존가치는 ₩200,000이며, 정액법으로 감가상각(월할 상각)한다. 동 건물의 일자별 공정가치는 다음과 같다.

| 20×1.12.31. | 20×2.4.1. | 20×2.12.31. |
|---|---|---|
| ₩2,400,000 | ₩2,600,000 | ₩2,200,000 |

동 건물 관련 회계처리가 (주)세무의 20×2년도 당기순이익에 미치는 영향은 얼마인가? [단, (주)세무는 투자부동산에 대해서는 공정가치모형을 적용하고 있으며, 유형자산에 대해서는 원가모형을 적용하고 있다] [세무사 2021]

① ₩70,000 감소 ② ₩160,000 감소 ③ ₩200,000 감소
④ ₩40,000 증가 ⑤ ₩240,000 증가

**02** 유통업을 영위하는 (주)대한은 20×1년 1월 1일 건물을 ₩10,000에 취득하였다. 건물의 내용연수는 10년, 잔존가치는 ₩0이며, 정액법으로 상각한다. 다음은 20×1년 초부터 20×2년 말까지의 동 건물에 관한 공정가치 정보이다.

| 20×1년 초 | 20×1년 말 | 20×2년 말 |
|---|---|---|
| ₩10,000 | ₩10,800 | ₩8,000 |

(주)대한이 동 건물을 다음과 같은 방법(A ~ C)으로 회계처리하는 경우, 20×2년도 당기순이익 크기 순서대로 올바르게 나열한 것은? (단, 손상차손은 고려하지 않으며, 동 건물의 회계처리를 반영하기 전의 20×2년도 당기순이익은 ₩10,000이라고 가정한다) [공인회계사 2018]

> A. 원가모형을 적용하는 유형자산
> B. 재평가모형을 적용하는 유형자산
> (단, 재평가잉여금은 건물을 사용함에 따라 잉여금에 대체한다고 가정함)
> C. 공정가치모형을 적용하는 투자부동산

① A > B > C ② A > C > B ③ B > A > C
④ C > B > A ⑤ A > B = C

**03** 투자부동산의 분류에 관한 설명으로 옳은 것은? [세무사 2022]

① 통상적인 영업과정에서 가까운 장래에 개발하여 판매하기 위해 취득한 부동산은 투자부동산으로 분류한다.

② 토지를 자가사용할지 통상적인 영업과정에서 단기간에 판매할지를 결정하지 못한 경우 자가사용부동산으로 분류한다.

③ 호텔을 소유하고 직접 경영하는 경우 투숙객에게 제공하는 용역이 전체 계약에서 유의적인 비중을 차지하므로 투자부동산으로 분류한다.

④ 지배기업 또는 다른 종속기업에게 부동산을 리스하는 경우 당해 부동산을 연결재무제표에 투자부동산으로 분류할 수 없고 자가사용부동산으로 분류한다.

⑤ 사무실 건물의 소유자가 그 건물을 사용하는 리스이용자에게 경미한 비중의 보안과 관리용역을 제공하는 경우 부동산 보유자는 당해 부동산을 자가사용부동산으로 분류한다.

**04** 투자부동산의 회계처리에 관한 설명으로 옳지 않은 것은? [세무사 2023]

① 지배기업 또는 다른 종속기업에게 부동산을 리스하는 경우, 이러한 부동산은 연결재무제표에 투자부동산으로 분류한다.

② 부동산의 용도가 변경되는 경우에만 다른 자산에서 투자부동산으로 또는 투자부동산에서 다른 자산으로 대체한다.

③ 투자부동산의 손상, 멸실 또는 포기로 제3자에게서 받는 보상은 받을 수 있게 되는 시점에 당기손익으로 인식한다.

④ 재고자산을 공정가치로 평가하는 투자부동산으로 대체하는 경우, 재고자산의 장부금액과 대체시점의 공정가치의 차액은 당기손익으로 인식한다.

⑤ 부동산 보유자가 부동산 사용자에게 부수적인 용역을 제공하는 경우, 전체 계약에서 그러한 용역의 비중이 경미하다면 부동산 보유자는 당해 부동산을 투자부동산으로 분류한다.

**05** 기업회계기준서 제1040호 '투자부동산'에 대한 다음 설명 중 옳지 않은 것은? [공인회계사 2024]

① 부동산 보유자가 부동산 사용자에게 부수적인 용역을 제공하는 경우가 있다. 전체 계약에서 그러한 용역의 비중이 경미하다면 부동산 보유자는 당해 부동산을 투자부동산으로 분류한다.

② 부동산 보유자가 부동산 사용자에게 제공하는 용역이 유의적인 경우가 있다. 예를 들면 호텔을 소유하고 직접 경영하는 경우, 투숙객에게 제공하는 용역은 전체 계약에서 유의적인 비중을 차지한다. 그러므로 소유자가 직접 경영하는 호텔은 투자부동산이 아니며 자가사용부동산이다.

③ 투자부동산에 대하여 공정가치모형을 선택한 경우에는 투자부동산의 공정가치 변동으로 발생하는 손익은 발생한 기간의 당기손익에 반영한다.

④ 기업은 투자부동산의 공정가치를 계속 신뢰성 있게 측정할 수 있다고 추정한다. 그러나 처음으로 취득한 투자부동산의 공정가치를 계속 신뢰성 있게 측정하기가 어려울 것이라는 명백한 증거가 있을 수 있다.

⑤ 투자부동산을 공정가치로 측정해 온 경우라도 비교할만한 시장의 거래가 줄어들거나 시장가격 정보를 쉽게 얻을 수 없게 되면, 당해 부동산에 대한 공정가치 측정을 중단하고 원가로 측정한다.

**06** 투자부동산의 회계처리에 관한 설명으로 옳지 않은 것은? [세무사 2024]

① 투자부동산의 손상, 멸실 또는 포기로 제3자에게서 받는 보상은 받을 수 있게 되는 시점에 당기손익으로 인식한다.

② 투자부동산을 후불조건으로 취득하는 경우의 원가는 취득시점의 현금가격상당액으로 하고, 현금가격상당액과 실제 총지급액의 차액은 신용기간 동안의 이자비용으로 인식한다.

③ 지배기업이 보유하고 있는 건물을 종속기업에게 리스하여 종속기업의 본사 건물로 사용하는 경우 그 건물은 지배기업의 연결재무제표상에서 투자부동산으로 분류할 수 없다.

④ 부동산 중 일부는 시세차익을 얻기 위하여 보유하고, 일부분은 재화의 생산에 사용하기 위하여 보유하고 있으나, 이를 부분별로 나누어 매각할 수 없다면, 재화의 생산에 사용하기 위하여 보유하는 부분이 중요하다고 하더라도 전체 부동산을 투자부동산으로 분류한다.

⑤ 투자부동산을 공정가치로 측정해 온 경우라면 비교할만한 시장의 거래가 줄어들거나 시장가격 정보를 쉽게 얻을 수 없게 되더라도, 당해 부동산을 처분할 때까지 또는 자가사용부동산으로 대체하거나 통상적인 영업과정에서 판매하기 위하여 개발을 시작하기 전까지는 계속하여 공정가치로 측정한다.

**07** 무형자산의 인식과 측정에 대한 다음 설명 중 옳지 않은 것은? [공인회계사 2023]

① 개별 취득하는 무형자산과 사업결합으로 취득하는 무형자산은 무형자산 인식조건 중 자산에서 발생하는 미래경제적효익이 기업에 유입될 가능성이 높다는 조건을 항상 충족하는 것은 아니다.

② 무형자산을 최초로 인식할 때에는 원가로 측정하며, 사업결합으로 취득하는 무형자산의 원가는 취득일 공정가치로 한다.

③ 사업결합으로 취득하는 자산이 분리가능하거나 계약상 또는 기타 법적 권리에서 발생한다면, 그 자산의 공정가치를 신뢰성 있게 측정하기에 충분한 정보가 존재한다.

④ 내부적으로 창출한 영업권과 내부 프로젝트의 연구단계에서 발생한 지출은 자산으로 인식하지 않는다.

⑤ 내부적으로 창출한 무형자산의 원가는 그 자산의 창출, 제조 및 경영자가 의도하는 방식으로 운영될 수 있게 준비하는 데 필요한 직접 관련된 모든 원가를 포함한다.

**08** 다음은 (주)대한의 무형자산과 관련된 자료이다.

- (주)대한은 탄소배출량을 혁신적으로 감소시킬 수 있는 신기술에 대해서 연구 및 개발활동을 수행하고 있다. (주)대한의 20×1년과 20×2년의 연구 및 개발활동에서 발생한 지출내역을 요약하면 다음과 같다.

| 구분 | 20×1년 | 20×2년 |
|---|---|---|
| 연구활동 | ₩900,000 | ₩300,000 |
| 개발활동 | - | 3,500,000 |

- (주)대한의 개발활동과 관련된 지출은 모두 무형자산의 인식요건을 충족한다.
- (주)대한의 탄소배출량 감소와 관련된 신기술은 20×2년 중에 개발이 완료되었으며, 20×2년 10월 1일부터 사용가능하게 되었다.
- (주)대한은 신기술 관련 무형자산에 대해서 원가모형을 적용하며 추정내용연수 20년, 잔존가치 ₩0, 정액법으로 상각한다.
- 20×3년 말 상기 신기술의 사업성이 매우 낮은 것으로 판명되었고, 신기술의 회수가능가액은 ₩2,000,000으로 평가되었다.

동 신기술 관련 무형자산 회계처리가 (주)대한의 20×3년도 포괄손익계산서상 당기순이익에 미치는 영향은 얼마인가? [공인회계사 2022]

① ₩1,496,250 감소 ② ₩1,486,250 감소 ③ ₩1,480,250 감소
④ ₩1,456,250 감소 ⑤ ₩1,281,250 감소

**09** 무형자산의 회계처리에 관한 설명으로 옳은 것을 모두 고른 것은? [감정평가사 2019]

ㄱ. 내용연수가 비한정적인 무형자산은 상각하지 않고, 무형자산의 손상을 시사하는 징후가 있을 경우에 한하여 손상검사를 수행해야 한다.
ㄴ. 무형자산을 창출하기 위한 내부 프로젝트를 연구단계와 개발단계로 구분할 수 없는 경우에는 그 프로젝트에서 발생한 지출은 모두 연구단계에서 발생한 것으로 본다.
ㄷ. 브랜드, 제호, 출판표제, 고객목록 및 이와 실질이 유사한 항목은 그것을 외부에서 창출하였는지 또는 내부적으로 창출하였는지에 관계없이 취득이나 완성 후의 지출은 발생시점에 무형자산의 원가로 인식한다.
ㄹ. 내용연수가 유한한 무형자산의 잔존가치는 적어도 매 회계연도 말에는 검토하고, 잔존가치의 변동은 회계추정의 변경으로 처리한다.
ㅁ. 무형자산은 처분하는 때 또는 사용이나 처분으로부터 미래경제적효익이 기대되지 않을 때 재무상태표에서 제거한다.

① ㄱ, ㄴ, ㄷ ② ㄱ, ㄷ, ㄹ ③ ㄱ, ㄹ, ㅁ
④ ㄴ, ㄷ, ㅁ ⑤ ㄴ, ㄹ, ㅁ

**10** 기업회계기준서 제1105호 '매각예정비유동자산과 중단영업'에 대한 다음 설명 중 옳지 않은 것은?

[공인회계사 2021]

① 비유동자산의 장부금액이 계속사용이 아닌 매각거래를 통하여 주로 회수될 것이라면 이를 매각예정으로 분류한다.

② 매각예정비유동자산으로 분류하기 위한 요건이 보고기간 후에 충족된 경우 당해 비유동자산은 보고기간 후 발행되는 당해 재무제표에서 매각예정으로 분류할 수 없다.

③ 매각예정으로 분류된 비유동자산은 공정가치에서 처분부대원가를 뺀 금액과 장부금액 중 작은 금액으로 측정한다.

④ 비유동자산이 매각예정으로 분류되거나 매각예정으로 분류된 처분자산집단의 일부이면 그 자산은 감가상각(또는 상각)하지 아니하며, 매각예정으로 분류된 처분자산집단의 부채와 관련된 이자와 기타비용 또한 인식하지 아니한다.

⑤ 과거 재무상태표에 매각예정으로 분류된 비유동자산 또는 처분자산집단에 포함된 자산과 부채의 금액은 최근 재무상태표의 분류를 반영하기 위하여 재분류하거나 재작성하지 아니한다.

# 6장

# 금융부채

# Ⅰ. 필수 유형 정리

**[01 ~ 03]**

다음에 제시되는 물음은 각각 독립된 상황이다.

| |
|---|
| A사는 20×1년 초에 다음과 같은 조건의 사채를 B사에 발행하였으며 사채발행일에 A사의 사채에 적용될 시장이자율은 연 10%이다. A사의 보고기간은 매년 1월 1일부터 12월 31일까지이다. 동 사채의 액면금액은 ₩100,000이고 액면이자율은 연 8%, 이자지급일은 매년 12월 31일에 연 1회 지급하고 만기는 20×3년 말이다. |

**01** 사채발행 시 사채발행비로 ₩4,633을 지출하였으며, 20×1년 12월 31일 A사의 재무상태표에 위 사채의 장부금액이 ₩93,240으로 계상되었을 경우 A사가 계상할 20×1년의 이자비용은 얼마인가? (단, 이자율 10% 3기간 ₩1의 현가계수와 연금현가계수는 각각 0.75131, 2.48685이다)

① ₩10,847　② ₩12,847　③ ₩13,847
④ ₩9,745　⑤ ₩8,000

**02** 사채의 사채발행비가 없다고 가정하고 A사는 동 사채를 사채액면의 발행일인 20×1년 초가 아닌 20×1년 4월 1일에 실제 발행하였을 경우, 다음 중 옳지 않은 것은? (단, 실제발행일인 4월 1일의 시장이자율은 15%이며 이자율 15% 3기간 ₩1의 현가계수와 연금현가계수는 각각 0.65752, 2.28323이다)

① 20×1년 4월 1일의 사채발행금액은 ₩87,169이다.
② 20×1년 말 사채할인발행차금의 장부금액은 ₩11,379이다.
③ 20×1년 사채의 이자비용은 ₩9,452이다.
④ 20×1년 사채할인발행차금상각액은 ₩3,452이다.
⑤ 동 사채로 A사가 인식할 총이자비용은 ₩38,831이다.

**03** A사는 동 사채액면금액 ₩40,000을 20×3년 7월 1일 ₩45,000에 상환하였다. 동 거래가 A사의 20×3년 당기손익에 미치는 영향은 얼마인가?

① ₩(－)3,764　② ₩(－)4,909　③ ₩(－)7,855
④ ₩(－)11,619　⑤ ₩(－)12,000

# Ⅱ. 최신 기출 유형 정리



## 금융부채

**01** 다음 중 (주)관세의 금융부채를 발생시키는 거래를 모두 고른 것은? [관세사 2020]

ㄱ. (주)관세는 거래처로부터 ₩500을 차입하였다.
ㄴ. (주)관세는 제품을 판매하기로 하고 선금 ₩500을 받았다.
ㄷ. (주)관세는 ₩500의 비품을 구입하고 그 대가로 거래 상대방에게 자기지분상품 5주(주당액면금액 ₩100)를 인도하기로 하였다.
ㄹ. (주)관세는 보유자가 확정된 금액으로 상환을 청구할 수 있는 권리가 부여된 상환우선주 10주(주당액면금액 ₩500)를 주당 ₩700에 발행하였다.

① ㄱ, ㄷ ② ㄱ, ㄹ ③ ㄴ, ㄷ
④ ㄴ, ㄹ ⑤ ㄷ, ㄹ

**02** 도매업을 영위하는 (주)관세의 거래 중 금융부채를 발생시키는 거래를 모두 고른 것은? [관세사 2023]

ㄱ. 상품 ₩1,000을 외상으로 구입하였다.
ㄴ. 건물 임대료 ₩1,000을 미리 수취하였다.
ㄷ. 상품을 판매하기로 하고 계약금 ₩1,000을 수취하였다.
ㄹ. 일반사채(액면금액 ₩1,000, 표시이자율 연 8%, 만기 3년, 매년 말 이자지급)를 액면발행하였다.

① ㄱ, ㄷ ② ㄱ, ㄹ ③ ㄴ, ㄷ
④ ㄴ, ㄹ ⑤ ㄷ, ㄹ

**03** 금융부채가 발생하는 상황을 모두 고른 것은? (단, 회사는 상품매매업과 제조업을 함께 수행하며, 거래상대방은 특수관계 없는 제3자이다) [관세사 2025]

ㄱ. 현금 ₩100,000을 미리 받고 제품을 우선 제공하기로 하였다.
ㄴ. 상품을 구입하고 현금 ₩200,000을 지급하기로 하였다.
ㄷ. 원재료를 구입하고 공정가치 ₩300,000에 해당하는 자기지분상품을 제공하기로 하였다.
ㄹ. 패소하는 경우 현금 ₩500,000을 배상해야 하는 소송의 패소가능성이 높아졌다.

① ㄱ, ㄴ ② ㄱ, ㄷ ③ ㄴ, ㄷ
④ ㄴ, ㄹ ⑤ ㄷ, ㄹ

**04** 다음 부채 항목 중 금융부채의 합계금액은? [관세사 2022]

| | | | | | |
|---|---|---|---|---|---|
| • 매입채무 | ₩3,000 | • 선수수익 | ₩4,000 | • 제품보증충당부채 | 2,500 |
| • 장기차입금 | 10,000 | • 미지급금 | 3,300 | • 사채 | 15,000 |
| • 미지급법인세 | 4,500 | • 미지급이자 | 8,000 | | |

① ₩31,300 ② ₩32,800 ③ ₩35,300
④ ₩35,800 ⑤ ₩39,300

**05** (주)관세는 20×1년 1월 1일 다음과 같은 사채를 발행하고 동 사채를 상각후원가로 후속 측정하는 금융부채로 분류하였다. 20×2년 말 상각후원가 측정 금융부채의 장부금액은? (단, 다음의 현가계수를 이용하며, 화폐금액은 소수점 첫째 자리에서 반올림한다) [관세사 2023]

- 액면금액: ₩1,000,000(사채발행비는 발생하지 않음)
- 표시이자율: 연 10%(이자는 매년 말 지급)
- 발행시점의 유효이자율: 연 8%
- 만기: 4년

| 기간 | 단일금액 ₩1의 현재가치 | | 정상연금 ₩1의 현재가치 | |
|---|---|---|---|---|
| | 8% | 10% | 8% | 10% |
| 4 | 0.7350 | 0.6830 | 3.3121 | 3.1699 |

① ₩965,276 ② ₩981,804 ③ ₩1,018,478
④ ₩1,035,628 ⑤ ₩1,051,508

**06** (주)관세는 20×1년 초 액면금액 ₩100,000, 매년 말 액면이자 연 8% 지급조건, 5년 만기의 사채를 ₩92,416에 발행하였다. 동 사채 발행일의 시장이자율(연 10%)과 유효이자율은 일치하며, 유효이자율법에 따라 사채발행차금을 상각한다. (주)관세가 20×3년도에 상각할 사채할인발행차금은? (단, 계산금액은 소수점 첫째 자리에서 반올림한다) [관세사 2024]

① ₩1,242 ② ₩1,366 ③ ₩1,502
④ ₩1,653 ⑤ ₩1,821

**07** (주)관세는 20×1년 초 액면금액 ₩1,000,000, 만기 7년, 표시이자율 연 1%(이자는 매년 말 1회 지급)의 일반사채를 발행(발행시 유효이자율 연 4%)하고 상각후원가측정 금융부채로 분류하였다. 동 금융부채를 만기에 상환하였을 때, 20×1년 초부터 20×7년 말까지 발생한 이자비용의 총 합계액은? [단, 단일금액 ₩1의 현재가치는 0.7599(7기간, 4%), 정상연금 ₩1의 현재가치는 6.0021(7기간, 4%)이며, 화폐금액은 소수점 첫째 자리에서 반올림한다] [관세사 2025]

① ₩78,172 ② ₩180,079 ③ ₩201,828
④ ₩250,079 ⑤ ₩481,828

## 연속상환사채

**08** (주)감평은 20×1년 초 사채(액면금액 ₩60,000, 표시이자율 연 10%, 매년 말 이자지급, 만기 3년, 매년 말 ₩20,000씩 원금상환조건)를 발행하였다. 동 사채의 발행 당시 유효이자율은 연 12%이다. 다음 현재가치를 이용하여 계산한 사채의 발행가액과 20×2년도에 인식할 이자비용은? (단, 금액은 소수점 첫째 자리에서 반올림하여 계산한다) [감정평가사 2023]

〈단일금액 ₩1의 현재가치〉

| 기간 | 10% | 12% |
|---|---|---|
| 1년 | 0.9091 | 0.8929 |
| 2년 | 0.8264 | 0.7972 |
| 3년 | 0.7513 | 0.7118 |

| | 발행가액 | 20×2년 이자비용 |
|---|---|---|
| ① | ₩48,353 | ₩3,165 |
| ② | ₩48,353 | ₩3,279 |
| ③ | ₩52,487 | ₩3,934 |
| ④ | ₩58,008 | ₩4,676 |
| ⑤ | ₩58,008 | ₩6,961 |

**09** (주)감평은 20×1년 1월 1일에 액면금액 ₩900, 표시이자율 연 5%, 매년 말 이자를 지급하는 조건의 사채(매년 말에 액면금액 ₩300씩을 상환하는 연속상환사채)를 발행하였다. 사채발행 당시의 유효이자율은 연 6%이다. (주)감평의 20×2년 말 재무상태표 상 사채의 장부금액(순액)은? (단, 화폐금액은 소수점 첫째 자리에서 반올림하며, 단수 차이로 인한 오차는 가장 근사치를 선택한다) [감정평가사 2024]

| 기간 | 단일금액 ₩1의 현재가치 | | 정상연금 ₩1의 현재가치 | |
|---|---|---|---|---|
| | 5% | 6% | 5% | 6% |
| 1 | 0.9524 | 0.9434 | 0.9524 | 0.9434 |
| 2 | 0.9070 | 0.8900 | 1.8594 | 1.8334 |
| 3 | 0.8638 | 0.8396 | 2.7232 | 2.6730 |

① ₩298 ② ₩358 ③ ₩450
④ ₩550 ⑤ ₩592

## 사채의 상환

**10** (주)관세는 20×1년 1월 1일 사채(액면금액 ₩1,000,000, 표시이자율 연 8%, 매년 말 이자지급, 만기 3년)를 ₩950,263에 발행하였다. (주)관세는 동 사채를 20×3년 1월 1일에 전액 상환하였으며 발행시점부터 상환직전까지 인식한 총 이자비용은 ₩191,555이었다. 사채상환 시 사채상환손실이 ₩8,182인 경우 (주)관세가 지급한 현금은? [관세사 2021]

① ₩960,000 ② ₩970,000 ③ ₩980,000
④ ₩990,000 ⑤ ₩1,000,000

**11** (주)관세는 20×1년 1월 1일 사채(액면금액 ₩100,000, 3년 만기, 표시이자율 연 3%, 매년 말 이자지급)를 발행하였다. 동 사채의 발행시점에서 유효이자율은 연 5%이다. 20×3년 1월 1일 동 사채를 ₩95,000에 조기상환하였을 때, 사채상환손익은? (단, 동 사채는 상각후원가로 후속측정하는 금융부채이며, 화폐금액은 소수점 첫째 자리에서 반올림한다) [관세사 2022]

| 기간 | 단일금액 ₩1의 현재가치 | | 정상연금 ₩1의 현재가치 | |
|---|---|---|---|---|
| | 3% | 5% | 3% | 5% |
| 3 | 0.9151 | 0.8638 | 2.8286 | 2.7232 |

① ₩6,938 손실 ② ₩5,000 손실 ③ ₩0
④ ₩3,092 이익 ⑤ ₩5,000 이익

**12** (주)관세는 20×1년 1월 1일 사채(액면금액 ₩100,000, 만기 3년, 표시이자율 연10% 매년 말 지급)를 ₩95,000에 발행하였다. (주)관세는 동 사채와 관련하여 20×1년도 포괄손익계산서에 이자비용으로 ₩11,400을 인식하였다. 20×2년 7월 1일 (주)관세는 동 사채 중 액면금액 ₩50,000을 ₩60,000(상환분에 대한 경과이자 포함)에 조기상환하였다. 동 사채와 관련하여 (주)관세가 20×2년도에 인식할 이자비용은? (단, 동 사채는 상각후원가로 후속측정하는 금융부채이며, 계산 시 화폐금액은 소수점 첫째 자리에서 반올림한다) [관세사 2020]

① ₩2,892 ② ₩5,874 ③ ₩8,676
④ ₩9,287 ⑤ ₩11,568

**13** (주)감평은 20×1년 1월 1일에 액면금액 ₩1,000(표시이자율: 연 5%, 이자지급일: 매년 12월 31일, 만기: 20×3년 12월 31일)인 사채를 발행하였다. 발행 당시 유효이자율은 연 10%이고, 사채의 발행금액은 ₩876이다. (주)감평은 동 사채의 일부를 20×2년 6월 30일에 조기상환(상환가액 ₩300, 사채상환이익 ₩84)했다. (주)감평의 20×2년 말 재무상태표 상 사채 장부금액(순액)은? (단, 화폐금액은 소수점 첫째 자리에서 반올림하며, 단수 차이로 인한 오차는 가장 근사치를 선택한다) [감정평가사 2024]

① ₩400 ② ₩474 ③ ₩500
④ ₩574 ⑤ ₩650

**14** (주)관세는 20×1년 초 사채(액면금액 ₩100,000, 4년 만기, 표시이자율 연 2%, 매년 말 이자 지급)를 발행하였다. 동 사채 발행시점의 유효이자율은 연 5%이다. 20×4년 초 동 사채를 ₩100,000에 전액 조기상환하였을 때, (주)관세가 인식할 사채상환손익은? (단, 동 사채는 상각후원가 측정 금융부채이며, 화폐금액은 소수점 첫째 자리에서 반올림한다) [관세사 2025]

| 기간 | 단일금액 ₩1의 현재가치 | | 정상연금 ₩1의 현재가치 | |
|---|---|---|---|---|
| | 2% | 5% | 2% | 5% |
| 4 | 0.9238 | 0.8227 | 3.8077 | 3.5460 |

① ₩5,578 손실 ② ₩2,857 손실 ③ ₩0
④ ₩2,857 이익 ⑤ ₩5,578 이익

재무회계 PART 1 해커스 회계학 1차 기출+예상문제집

## 상각후원가로 후속측정하지 않는 금융부채

**15** (주)감평은 20×1년 중 공정가치선택권을 적용한 당기손익-공정가치 측정 금융부채 ₩80,000을 최초 인식하였다. 20×1년 말 해당 금융부채의 공정가치는 ₩65,000으로 하락하였다. 공정가치 변동 중 ₩5,000은 (주)감평의 신용위험 변동으로 발생한 것이다. 해당 금융부채로 인해 (주)감평의 20×1년 당기순이익에 미치는 영향은? [단, (주)감평의 신용위험 변동은 당기손익의 회계불일치를 일으키거나 확대하지는 않는다] [감정평가사 2021]

① ₩10,000 감소　② ₩5,000 감소　③ 영향 없음
④ ₩5,000 증가　⑤ ₩10,000 증가

**16** (주)관세는 20×1년 10월 1일 공정가치선택권을 사용하여 당기손익-공정가치 측정 금융부채 ₩1,000,000을 인식하였다. 20×1년 말 동 금융부채의 공정가치는 ₩700,000으로 하락하였다. 공정가치 감소액 중 ₩170,000은 (주)관세의 신용위험 증가로 발생하였으며 나머지는 시장이자율의 상승으로 인한 것이다. 동 금융부채의 공정가치 변동액이 (주)관세의 20×1년도 당기순이익에 미치는 영향은? (단, 동 금융부채는 대출약정 또는 금융보증계약이 아니며, 부채의 신용위험 변동효과의 회계처리가 회계불일치를 일으키거나 확대하지는 않는다) [관세사 2025]

① ₩130,000 증가　② ₩170,000 증가　③ ₩130,000 감소
④ ₩170,000 감소　⑤ ₩300,000 감소

# Ⅲ. 타시험 기출 및 과거 기출 필수문제 정리



**01** 상각후원가로 후속 측정하는 일반사채에 관한 설명으로 옳지 않은 것은? [관세사 2019]

① 사채를 할인발행하고 중도상환 없이 만기까지 보유한 경우, 발행자가 사채발행시점부터 사채만기까지 포괄손익계산서에 인식한 이자비용의 총합은 발행시점의 사채할인발행차금과 연간 액면이자 합계를 모두 더한 값과 일치한다.

② 사채발행비가 존재하는 경우, 발행시점의 발행자의 유효이자율은 발행시점의 시장이자율보다 낮다.

③ 사채를 할증발행한 경우, 중도상환이 없다면 발행자가 포괄손익계산서에 인식하는 사채 관련 이자비용은 매년 감소한다.

④ 사채를 할인발행한 경우, 중도상환이 없다면 발행자가 재무상태표에 인식하는 사채의 장부금액은 매년 체증적으로 증가한다.

⑤ 사채를 중도상환할 때 거래비용이 없고 시장가격이 사채의 내재가치를 반영하는 경우, 중도상환시점의 시장이자율이 사채발행시점의 유효이자율보다 크다면 사채발행자 입장에서 사채상환이익이 발생한다.

**02** (주)세무는 20×1년 초 5년 만기 사채를 발행하여 매년 말 액면이자를 지급하고 유효이자율법에 의하여 이자비용을 인식하고 있다. 20×2년 말 이자와 관련하여 다음과 같은 회계처리 후 사채의 장부금액이 ₩84,000이 되었다면, 20×3년 말 사채의 장부금액은 얼마인가? [세무사 2018]

| | | | |
|---|---|---|---|
| 차) 이자비용 | 8,200 | 대) 사채할인발행차금 | 2,000 |
| | | 현금 | 6,200 |

① ₩86,200 ② ₩86,600 ③ ₩87,000
④ ₩87,200 ⑤ ₩87,600

**03** (주)대한은 다음의 사채를 사채권면에 표시된 발행일(20×1년 1월 1일)이 아닌 20×1년 4월 1일에 실제 발행하였다.

- 만기일: 20×3년 12월 31일
- 액면금액: ₩100,000
- 표시이자율: 연 10%
- 이자는 매년 말에 지급한다.

20×1년 4월 1일 (주)대한의 시장이자율이 연 12%일 경우, 20×1년 4월 1일의 사채발행이 동 시점의 (주)대한의 부채총액에 미치는 영향은? (단, 현가계수는 아래의 표를 이용하며, 이자는 월할 계산한다. 단수 차이로 인한 오차가 있으면 가장 근사치를 선택한다) [감정평가사 2013]

<현가계수표>

| (3년 기준) | 연 10% | 연 12% |
|---|---|---|
| 단일금액 ₩1의 현가계수 | 0.7513 | 0.7118 |
| 정상연금 ₩1의 현가계수 | 2.4868 | 2.4018 |

① ₩95,554 증가 ② ₩97,698 증가 ③ ₩98,054 증가
④ ₩100,000 증가 ⑤ ₩102,500 증가

**04** (주)세무는 20×1년 1월 1일 액면금액 ₩1,000,000, 표시이자율 5%(매년 말 지급), 만기 3년인 회사채를 ₩875,645에 발행하고 상각후원가측정금융부채로 분류하였다. 사채발행시점의 유효이자율은 10%이었으며, 사채할인발행차금을 유효이자율법으로 상각한다. (주)세무는 20×2년 1월 1일에 동 사채의 일부를 ₩637,000에 조기상환하여, 사채상환이익 ₩2,184 발생하였다. 20×2년 말 재무상태표에 표시될 사채의 장부금액(순액)은 얼마인가? [세무사 2019]

① ₩190,906 ② ₩286,359 ③ ₩334,086
④ ₩381,812 ⑤ ₩429,539

**05** (주)세무는 20×1년 1월 1일 액면금액 ₩1,000,000(표시이자율 연 5%, 매년 말 이자지급, 만기 3년)인 사채를 발행하였으며, 사채발행비로 ₩46,998을 지출하였다. 사채발행 당시 시장이자율은 연 8%이며, 20×1년 말 이자비용으로 ₩87,566을 인식하였다. 사채의 액면금액 중 ₩600,000을 20×3년 4월 1일에 경과이자를 포함하여 ₩570,000에 조기상환한 경우 사채상환손익은 얼마인가? (단, 계산금액은 소수점 이하 첫째 자리에서 반올림한다) [세무사 2021]

| 기간 | 단일금액 ₩1의 현재가치 | | 정상연금 ₩ 1의 현재가치 | |
|---|---|---|---|---|
| | 5% | 8% | 5% | 8% |
| 3년 | 0.8638 | 0.7938 | 2.7233 | 2.5771 |

① 손실 ₩7,462 ② 손실 ₩9,545 ③ 이익 ₩7,462
④ 이익 ₩9,545 ⑤ 이익 ₩17,045

**06** (주)세무는 20×1년 초 상각후원가로 측정하는 금융부채에 해당하는 사채(액면금액 ₩2,000,000, 표시이자율 연 8%, 만기 3년, 매년 말 이자지급)를 ₩1,900,504에 발행하고, 사채발행비 ₩92,604을 현금으로 지출하였다. 발행 당시 시장이자율은 연 10%이며 (주)세무는 동 사채와 관련하여 20×1년도 이자비용으로 ₩216,948을 인식하였다. 20×2년 말 (주)세무가 경과이자를 포함하여 ₩2,000,000에 사채 전부를 조기상환하였다면, 사채의 상환으로 인식할 사채상환이익은? (단, 현재가치 계산 시 다음에 제시된 현가계수표를 이용한다) [세무사 2023]

| 기간 | 단일금액 ₩1의 현재가치 | | 정상연금 ₩1의 현재가치 | |
|---|---|---|---|---|
| | 8% | 10% | 8% | 10% |
| 1 | 0.9259 | 0.9091 | 0.9259 | 0.9091 |
| 2 | 0.8573 | 0.8265 | 1.7833 | 1.7355 |
| 3 | 0.7938 | 0.7513 | 2.5771 | 2.4869 |

① ₩51,325 ② ₩61,345 ③ ₩88,630
④ ₩123,656 ⑤ ₩160,000

**07** (주)한국은 권면상 발행일이 20×1년 1월 1일이며 만기는 20×3년 12월 31일, 액면금액 ₩1,000,000, 표시이자율 연 6%(매년 말 지급)인 사채를 20×1년 4월 1일에 발행하고, 사채발행비용 ₩10,000을 지출하였다. 20×1년 1월 1일 사채에 적용되는 시장이자율은 연 8%이지만, 실제발행일인 20×1년 4월 1일의 시장이자율은 연 10%이다. 20×1년 4월 1일에 동 사채를 당기손익-공정가치측정금융부채로 분류했을 때의 당기손익-공정가치측정금융부채 장부금액(A)과 상각후원가측정금융부채로 분류했을 때의 상각후원가측정금융부채 장부금액(B)을 구하면 각각 얼마인가? (단, 현가계수는 아래의 현가계수표를 이용하며, 단수 차이로 인해 오차가 있는 경우 가장 근사치를 선택한다) [공인회계사 2016]

| 할인율 | 단일금액 ₩1의 현가 | | | 정상연금 ₩1의 현가 | | |
|---|---|---|---|---|---|---|
| | 1년 | 2년 | 3년 | 1년 | 2년 | 3년 |
| 8% | 0.9259 | 0.8573 | 0.7938 | 0.9259 | 1.7832 | 2.5770 |
| 10% | 0.9091 | 0.8264 | 0.7513 | 0.9091 | 1.7355 | 2.4868 |

| | 당기손익-공정가치측정금융부채로 분류했을 때의 장부금액(A) | 상각후원가측정금융부채로 분류했을 때의 장부금액(B) |
|---|---|---|
| ① | ₩898,021 | ₩898,021 |
| ② | ₩898,021 | ₩908,021 |
| ③ | ₩908,021 | ₩898,021 |
| ④ | ₩942,388 | ₩942,388 |
| ⑤ | ₩952,388 | ₩942,388 |

**08** (주)세무는 20×1년 초 상각후원가로 측정하는 금융부채에 해당하는 사채(액면금액 ₩1,000,000, 표시이자율 연 8%, 만기 3년, 매년 말 이자지급)를 ₩950,252(유효이자율 연 10%)에 발행하였다. (주)세무는 20×2년 초에 표시이자율을 연 5%(매년 말 이자지급)로, 만기를 20×5년 말로 조건을 변경하는 것에 사채권자와 합의하였다. 조건변경과 관련한 수수료는 발생하지 않았으며, 20×2년 초 시장이자율은 12%이다. 동 사채의 회계처리가 (주)세무의 20×2년도 당기순이익에 미치는 영향은? (단, 현재가치 계산 시 다음에 제시된 현가계수표를 이용한다) [세무사 2023]

| 기간 | 단일금액 ₩1의 현재가치 | | | | 정상연금 ₩1의 현재가치 | | | |
|---|---|---|---|---|---|---|---|---|
| | 5% | 8% | 10% | 12% | 5% | 8% | 10% | 12% |
| 1 | 0.9524 | 0.9259 | 0.9091 | 0.8929 | 0.9524 | 0.9259 | 0.9091 | 0.8929 |
| 2 | 0.9070 | 0.8573 | 0.8265 | 0.7972 | 1.8594 | 1.7833 | 1.7355 | 1.6901 |
| 3 | 0.8638 | 0.7938 | 0.7513 | 0.7118 | 2.7233 | 2.5771 | 2.4869 | 2.4018 |
| 4 | 0.8227 | 0.7350 | 0.6830 | 0.6355 | 3.5460 | 3.3121 | 3.1699 | 3.0374 |
| 5 | 0.7835 | 0.6806 | 0.6209 | 0.5674 | 4.3295 | 3.9927 | 3.7908 | 3.6048 |

① ₩207,932 감소 ② ₩272,391 감소 ③ ₩39,637 증가
④ ₩53,212 증가 ⑤ ₩83,423 증가

ca.Hackers.com

해커스 회계학 1차 기출+예상문제집

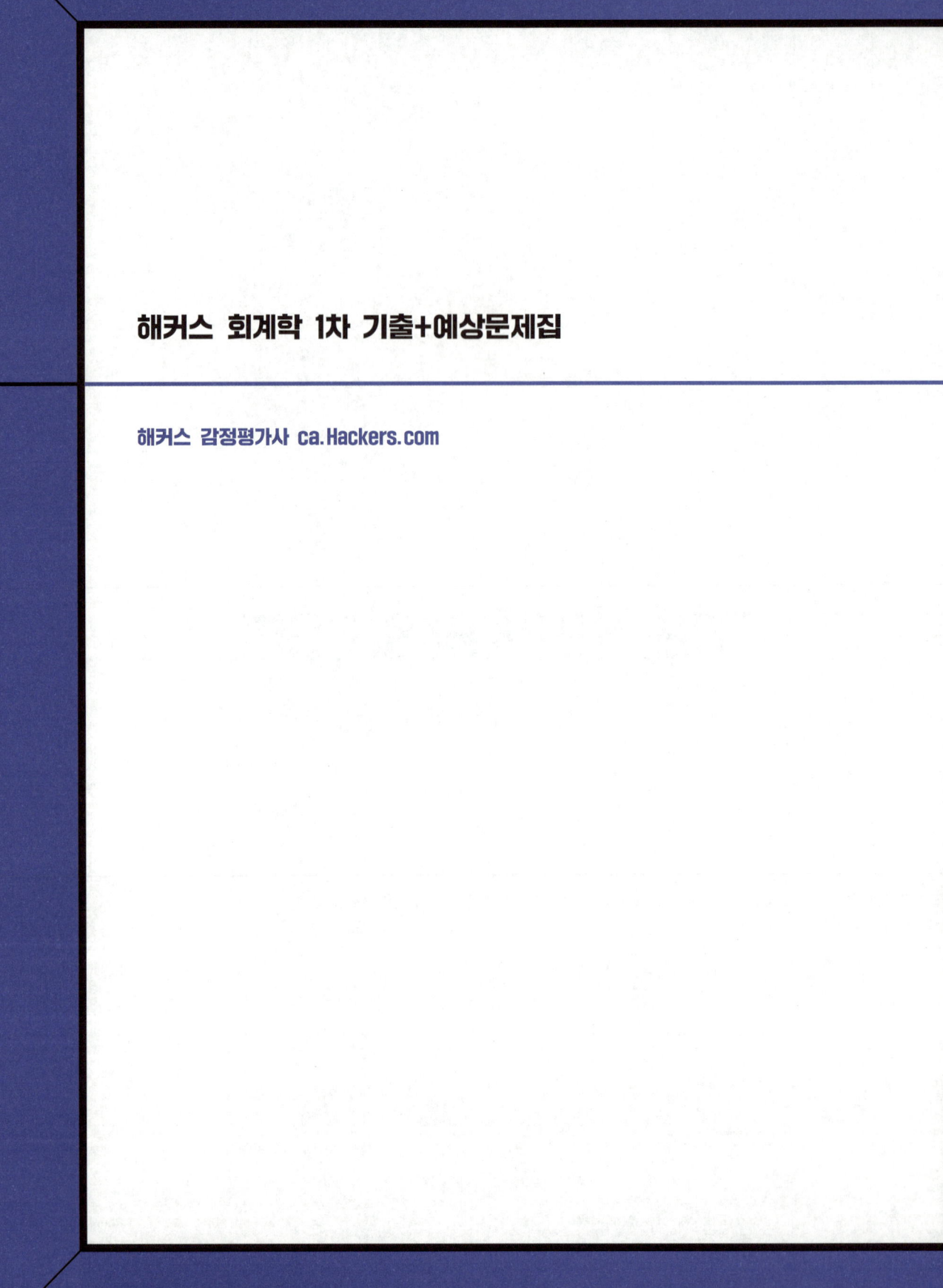

해커스 감정평가사 ca.Hackers.com

# 7장

# 충당부채와 보고기간후사건

# Ⅰ. 필수 유형 정리

**01** 충당부채에 관한 설명으로 옳지 않은 것은?

① 의무는 언제나 당해 의무의 이행대상이 되는 상대방이 존재하게 된다. 그러나 의무의 상대방이 누구인지 반드시 알아야 하는 것은 아니며 경우에 따라서는 일반 대중도 상대방이 될 수 있다.

② 현재의무를 이행하기 위하여 소요되는 지출금액에 영향을 미치는 미래사건이 발생할 것이라는 충분하고 객관적인 증거가 있는 경우에는 그러한 미래사건을 감안하여 충당부채 금액을 추정한다.

③ 의제의무는 과거의 실무관행, 발표된 경영방침 또는 구체적이고 유효한 약속 등을 통하여 기업이 특정 책임을 부담하겠다는 것을 상대방에게 표명하고, 책임을 이행하는 것이라는 정당한 기대를 상대방이 가지게 하여야 발생한다.

④ 우발자산은 경제적 효익이 유입될 것이 거의 확실하게 되는 경우에 그러한 상황 변화가 발생한 기간의 재무제표에 그 자산과 관련 이익을 인식한다.

⑤ 재무제표는 재무제표이용자들의 현재 및 미래 의사결정에 유용한 정보를 제공하는 데에 그 목적이 있다. 따라서 미래영업을 위하여 발생하게 될 원가에 대해서 충당부채로 인식한다.

**02** 보고기간후사건에 관한 설명으로 옳지 않은 것은?

① 보고기간 후부터 재무제표 발행승인일 전 사이에 배당을 선언한 경우에는 보고기간 말에 부채로 인식한다.

② 보고기간 말 이전에 구입한 자산의 취득원가나 매각한 자산의 대가를 보고기간 후에 결정하는 경우는 수정을 요하는 보고기간후사건이다.

③ 보고기간 말과 재무제표 발행승인일 사이에 투자자산의 공정가치의 하락은 수정을 요하지 않는 보고기간후사건이다.

④ 보고기간 후에 발생한 화재로 인한 주요 생산 설비의 파손은 수정을 요하지 않는 보고기간후사건이다.

⑤ 경영진이 보고기간 후에, 기업을 청산하거나 경영활동을 중단할 의도를 가지고 있다고 판단하는 경우에는 계속기업의 기준에 따라 재무제표를 작성해서는 안 된다.

**03** 충당부채와 우발부채에 관한 설명으로 옳지 않은 것은?

① 제3자와 연대하여 의무를 지는 경우에는 이행할 전체 의무 중 제3자가 이행할 것으로 예상되는 부분을 우발부채로 인식한다.
② 충당부채로 인식되기 위해서는 과거사건의 결과로 현재의무가 존재하여야 한다.
③ 충당부채를 현재가치로 평가할 때 할인율은 부채의 특유한 위험과 화폐의 시간가치에 대한 현행 시장의 평가를 반영한 세전 이율을 적용한다.
④ 충당부채와 관련하여 포괄손익계산서에 인식한 비용은 제3자의 변제와 관련하여 인식한 금액과 상계하여 표시할 수 있다.
⑤ 과거에 우발부채로 처리하였다면 이후 충당부채의 인식조건을 충족하더라도 재무제표의 신뢰성 제고를 위해서 충당부채로 인식하지 않는다.

**04** 다음은 20×1년 말 (주)당근의 자료에서 재무상태표에 표시될 충당부채 금액은 얼마인가? (단, 현재가치 계산은 고려하지 않는다)

> (1) 20×1년 초에 취득한 공장건물은 정부와의 협약에 의해 내용연수가 종료되면 부속 토지를 원상으로 회복시켜야 하는데, 그 복구비용은 ₩500,000이 발생될 것으로 추정된다.
> (2) 20×1년 말에 새로운 회계시스템의 도입으로 종업원들에 대한 교육훈련이 20×2년에 진행될 예정이며, 교육훈련비용으로 ₩300,000의 지출이 예상된다.
> (3) 20×1년 초에 구입한 기계장치는 3년마다 한 번씩 대대적인 수리가 필요한데, 3년 후 ₩600,000의 수리비용이 발생될 것으로 추정된다.

① ₩0　② ₩500,000　③ ₩600,000
④ ₩800,000　⑤ ₩1,100,000

**05** 다음은 충당부채에 관한 한국채택국제회계기준의 설명이다. 가장 옳지 않은 것은?

① 경제적 효익이 유출될 가능성이 높고 금액을 신뢰성 있게 추정할 수 있다 하더라도 의무의 이행대상이 정확히 누구인지 모를 경우에는 충당부채를 인식할 수 없다.
② 과거에 우발부채로 처리하였더라도 그 이후 상황변화로 인하여 미래경제적 효익의 유출가능성이 높아지고 금액을 신뢰성 있게 추정할 수 있는 경우에는 그러한 변화가 발생한 기간에 충당부채로 인식한다.
③ 충당부채는 부채로 인식하는 반면, 우발부채와 우발자산은 부채와 자산으로 인식하지 않는다.
④ 어떤 의무에 대하여 제3자와 연대하여 보증의무를 지는 경우에는 이행할 의무 중 제3자가 이행할 부분은 우발부채로 처리한다.
⑤ 구조조정과 관련된 자산의 처분이익, 구조조정을 완료하는 날까지 발생할 것으로 예상되는 영업손실은 충당부채로 인식될 금액에 반영하지 아니한다.

## 06 A회사에는 20×2년 말 현재 다음과 같은 세 가지 독립된 우발상황이 존재하고 있다.

> (1) 20×2년 12월 10일 A회사에 화재가 발생하여 건물이 소실되었으며, 이웃 건물에 상당한 재산상의 피해를 입혔다. 이 사고로 인한 어떠한 손해배상청구를 받지는 않았으나, A회사의 경영자와 변호사는 손실피해에 대한 채무로서 ₩2,000,000이 합당할 것으로 판단하였다. ₩2,000,000의 추정부채 중에서 ₩500,000은 보험금으로 배상할 수 있다.
> (2) A회사는 공장에서 나오는 유독물질로 인한 인근주민에 대한 질병유발혐의로 인근주민에 의하여 제소되었다. A회사의 변호사는 재판에서 회사가 패소할 가능성이 높으며, 보상비용은 ₩100,000과 ₩1,000,000 사이에 있을 것이라고 예측하고 있으나, 가장 합리적인 금액은 ₩500,000으로 판단되었다.
> (3) A회사는 당사의 주원료 공급업체인 B회사의 차입금 ₩2,000,000에 대해서 지급보증을 제공하였다. 그러나 B회사의 재정적인 문제 때문에 ₩2,000,000에 대해서 지불을 하면 ₩400,000밖에 받지 못할 것이 거의 확실시된다.

A회사는 위 상황에 대하여 아무런 회계처리를 하지 않았다. 위 상황을 K-IFRS에 따라 회계처리할 때 20×2년의 포괄손익계산서에 손실 또는 비용으로 인식될 금액은 얼마인가?

① ₩4,600,000
② ₩5,000,000
③ ₩3,600,000
④ ₩4,000,000
⑤ ₩3,900,000

## 07 다음은 한국채택국제회계기준서 제1037호 '충당부채, 우발부채 및 우발자산'에 관련된 설명이다. 기준서의 내용과 일치하지 않는 설명은 무엇인가?

① 충당부채는 현재의무이지만 지출의 시기 또는 금액이 불확실한 부채를 말한다. 하지만, 자원이 유출될 가능성이 높고 당해 금액을 신뢰성 있게 추정할 수 있는 경우에만 재무상태표에 부채로 인식한다.

② 현재의무의 존재 여부는 보고기간 말 기준으로 판단하여야 하며, 보고기간후사건이 제공하는 추가적인 증거까지 포함하여 판단하여야 한다.

③ 부채의 인식요건을 만족하지 않는 충당부채는 우발부채로 분류하고, 우발부채는 재무상태표에 부채로 인식하지 아니하며, 주석으로 공시하는 것을 원칙으로 한다.

④ 과거에 우발부채로 처리하였더라도 미래경제적 효익의 유출가능성이 높아진 경우에는 그러한 가능성의 변화가 발생한 기간의 재무제표에 충당부채로 인식한다.

⑤ 제품보증 또는 이와 유사한 계약 등 다수의 유사한 의무가 있는 경우 의무이행에 필요한 자원의 유출가능성은 당해 유사한 의무 전체를 고려하여 결정한다. 개별 항목의 의무이행에 필요한 자원의 유출가능성이 높지 않다면 전체적인 의무이행을 의하여 필요한 자원의 유출가능성이 높을 경우에도 충당부채로 인식할 수 없다.

**08** 충당부채는 부채의 인식요건을 만족하는 추정부채로 재무상태표에 부채로 계상한다. 이때 부채로 인식하는 금액은 현재의무를 보고기간 말에 이행하기 위하여 소요되는 지출에 대한 최선의 추정치이어야 한다. 다음 중 충당부채의 측정방법에 관한 한국채택국제회계기준의 내용과 일치하지 않는 설명은 무엇인가?

① 충당부채에 대한 최선의 추정치를 구할 때에는 관련된 사건과 상황에 대한 불가피한 위험과 불확실성을 고려한다.
② 화폐의 시간가치 효과가 중요한 경우 충당부채는 의무를 이행하기 위하여 예상되는 지출액의 현재가치로 평가한다.
③ 현재의무를 이행하기 위하여 소요되는 지출금액에 영향을 미치는 미래사건이 발생할 것이라는 충분하고 객관적인 증거가 있는 경우에는 그러한 미래사건을 감안하여 충당부채 금액을 추정한다. 하지만, 미래의 예상영업손실은 충당부채로 인식하지 아니한다.
④ 자산의 예상처분이익은 충당부채를 발생시킨 사건과 밀접하게 관련되어 있는 경우에도 충당부채를 측정할 때 고려하지 아니한다.
⑤ 충당부채를 결제하기 위하여 필요한 지출액의 일부 또는 전부를 제3자가 변제할 것이 예상되는 경우 기업이 의무를 이행한다면 변제를 받을 것이 거의 확실하게 되는 때에 한하여 변제금액을 인식하고 변제금액을 제외한 순액을 충당부채로 계산한다.

**09** A회사는 20×1년에 영업을 개시하여 1년간 확신유형의 제품보증을 해주는 조건으로 전기밥솥을 대당 ₩100에 현금판매하고 있다. 전기밥솥을 20×1년에 1,000대, 20×2년에 3,000대 판매하였다. 동종업계의 과거 경험으로 보아 보증기간 내에 평균 2%의 보증요청이 있고 보증비용은 대당 평균 ₩60이 소요된다. 20×1년 판매분에 대하여 20×1년 6월과 20×2년 5월에 각각 8대, 11대의 보증요청이 있었으며, 20×2년 판매분에 대하여 20×2년에 20대의 보증요청이 있었다. 다음 설명 중 옳지 않은 것은? (한편, A회사는 제품보증수리를 하면서 회수하는 전기밥솥의 폐부품을 처분하면서 처분이익으로 대당 평균 ₩25이 발생할 것으로 예상하고 있다)

① 20×1년의 손익계산서상 제품보증비용은 ₩1,200이다.
② 20×2년의 손익계산서상 제품보증비용은 ₩3,540이다.
③ 20×1년 말 재무상태표에 계상할 제품보증충당부채는 ₩720이다.
④ 20×2년 말 재무상태표에 계상할 제품보증충당부채는 ₩2,200이다.
⑤ 충당부채에 대하여 보충법으로 회계처리를 수행하는 경우 20×1년 말에 추가로 인식할 제품보증비용은 ₩720이다.

**10** 문제 **09**에서 제품보증기간이 판매 후 1년이 아니라, 2년인 경우 A회사가 20×2년 포괄손익계산서에 당기손익으로 인식할 제품보증비와 20×2년 말의 재무상태표에 부채로 인식할 제품보증충당부채의 금액은 각각 얼마인가?

| | 제품보증비 | 제품보증충당부채 |
|---|---|---|
| ① | ₩3,600 | ₩2,460 |
| ② | ₩3,600 | ₩2,400 |
| ③ | ₩3,540 | ₩2,460 |
| ④ | ₩3,540 | ₩2,400 |
| ⑤ | ₩2,460 | ₩3,600 |

# Ⅱ. 최신 기출 유형 정리



## 충당부채

**01** 충당부채 회계처리에 관한 설명으로 옳지 않은 것은? [관세사 2021]

① 미래의 예상 영업손실은 충당부채로 인식한다.
② 충당부채는 최초 인식과 관련 있는 지출에만 사용한다.
③ 예상되는 자산 처분이익은 충당부채를 측정하는 데 고려하지 아니한다.
④ 화폐의 시간가치 영향이 중요한 경우에 충당부채는 의무를 이행하기 위하여 예상되는 지출액의 현재가치로 평가한다.
⑤ 충당부채로 인식하는 금액은 현재의무를 보고기간 말에 이행하기 위하여 필요한 지출에 대한 최선의 추정치이어야 한다.

**02** 충당부채와 우발부채에 관한 설명으로 옳지 않은 것은? [관세사 2022]

① 충당부채와 관련하여 포괄손익계산서에 인식한 비용은 제삼자의 변제와 관련하여 인식한 금액과 상계하여 표시할 수 있다.
② 과거사건으로 생겼으나, 기업이 전적으로 통제할 수는 없는 하나 이상의 불확실한 미래사건의 발생 여부로만 그 존재 유무를 확인할 수 있는 잠재적 의무는 우발채무이다.
③ 어떤 의무를 제삼자와 연대하여 부담하는 경우에 이행하여야 하는 전체 의무 중에서 제삼자가 이행할 것으로 예상되는 정도까지만 우발부채로 처리한다.
④ 충당부채는 과거사건의 결과로 현재의무가 존재하며, 의무 이행에 경제적 효익이 있는 자원의 유출가능성이 높고, 그 금액을 신뢰성 있게 추정할 수 있을 때 인식한다.
⑤ 예상되는 자산 처분이 충당부채를 생기게 한 사건과 밀접하게 관련된 경우에 예상되는 자산 처분이익은 충당부채를 측정하는 데에 차감한다.

**03** 충당부채, 우발부채 및 우발자산에 관한 설명으로 옳지 않은 것은? [감정평가사 2022]

① 충당부채는 부채로 인식하는 반면, 우발부채는 부채로 인식하지 아니한다.
② 충당부채로 인식하는 금액은 현재의무를 보고기간 말에 이행하기 위하여 필요한 지출에 대한 최선의 추정치이어야 한다.
③ 충당부채에 대한 최선의 추정치를 구할 때에는 관련된 여러 사건과 상황에 따르는 불가피한 위험과 불확실성을 고려한다.
④ 예상되는 자산 처분이익은 충당부채를 생기게 한 사건과 밀접하게 관련되어 있다고 하더라도 충당부채를 측정함에 있어 고려하지 아니한다.
⑤ 충당부채는 충당부채의 법인세효과와 그 변동을 고려하여 세후 금액으로 측정한다.

**04** 충당부채를 인식할 수 있는 상황을 모두 고른 것은? (단, 금액은 모두 신뢰성 있게 측정할 수 있다)

[감정평가사 2024]

| |
|---|
| ㄱ. 법률에 따라 항공사의 항공기를 3년에 한 번씩 정밀하게 정비하도록 하고 있는 경우<br>ㄴ. 새로운 법률에 따라 매연 여과장치를 설치하여야 하는데, 기업은 지금까지 매연 여과장치를 설치하지 않은 경우<br>ㄷ. 법적 규제가 아직 없는 상태에서 기업이 토지를 오염시켰지만, 이에 대한 법률 제정이 거의 확실한 경우<br>ㄹ. 기업이 토지를 오염시킨 후 법적 의무가 없음에도 불구하고 오염된 토지를 정화한다는 방침을 공표하고 준수하는 경우 |

① ㄱ, ㄴ　② ㄱ, ㄷ　③ ㄴ, ㄷ
④ ㄴ, ㄹ　⑤ ㄷ, ㄹ

**05** 충당부채, 우발부채 및 우발자산에 관한 설명으로 옳은 것은? [감정평가사 2025]

① 미래의 예상 영업손실은 충당부채로 인식하여야 한다.
② 손실부담계약을 체결하고 있는 경우에는 관련된 현재의무를 충당부채로 인식하지 않는다.
③ 보수주의 관점에서 우발자산은 재무제표에 인식하지 아니하나, 우발부채는 재무제표에 인식한다.
④ 충당부채와 관련하여 포괄손익계산서에 인식한 비용은 제삼자의 변제와 관련하여 인식한 금액과 상계하여 표시할 수 있다.
⑤ 예상되는 자산 처분이 충당부채를 생기게 한 사건과 밀접하게 관련되었다면, 예상되는 자산 처분이익은 충당부채를 측정하는 데 고려하여야 한다.

**06** (주)감평이 20×1년 말 재무상태표에 계상하여야 할 충당부채는? (단, 아래에서 제시된 금액은 모두 신뢰성 있게 측정되었다) [감정평가사 2021]

| 사건 | 비고 |
|---|---|
| 20×1년 9월 25일에 구조조정 계획이 수립되었으며 예상비용은 ₩300,000으로 추정된다. | 20×1년 말까지는 구조조정계획의 이행에 착수하지 않았다. |
| 20×1년 말 현재 소송이 제기되어 있으며, 동 소송에서 패소 시 배상하여야 할 손해배상금액은 ₩200,000으로 추정된다. | (주)감평의 자문 법무법인에 의하면 손해발생 가능성은 높지 않다. |
| 미래의 예상 영업손실이 ₩450,000으로 추정된다. | |
| 회사가 사용 중인 공장 구축물 철거 시, 구축물이 정착되어 있던 토지는 원상복구의무가 있다. 원상복구원가는 ₩200,000으로 추정되며 그 현재가치는 ₩120,000이다. | |
| 판매한 제품에서 제조상 결함이 발견 되어 보증비용 ₩350,000이 예상되며, 그 지출가능성이 높다. 동 보증은 확신유형 보증에 해당한다. | 예상비용을 보험사에 청구하여 50%만큼 변제받기로 하였다. |

① ₩295,000　② ₩470,000　③ ₩550,000
④ ₩670,000　⑤ ₩920,000

**07** (주)감평은 20×1년 2월 초 영업을 개시하여 2년간 제품보증 조건으로 건조기(대당 판매가격 ₩100)를 판매하고 있다. 20×1년 1,500대, 20×2년 4,000대의 건조기를 판매하였으며, 동종업계의 과거 경험에 따라 판매수량 대비 평균 3%의 보증 요청이 있을 것으로 추정되고 보증비용은 대당 평균 ₩20이 소요된다. 당사가 제공하는 보증은 확신유형의 보증이며 연도별 보증이행 현황은 다음과 같다.

| 구분 | 20×1년 | 20×2년 |
|---|---|---|
| 20×1년 판매분 | 5대 | 15대 |
| 20×2년 판매분 | | 30대 |

20×2년 말 보증손실충당부채는? (단, 보증요청의 발생가능성이 높고 금액은 신뢰성 있게 측정되었다. 충당부채의 현재가치요소는 고려하지 않는다) [감정평가사 2021]

① ₩800　② ₩1,000　③ ₩1,200
④ ₩1,800　⑤ ₩2,300

**08** 20×1년부터 (주)감평은 제품판매 후 2년 동안 제품하자보증을 실시하고 있다. 20×2년도에 판매된 제품에 대하여 경미한 결함은 ₩100, 치명적인 결함은 ₩4,000의 수리비용이 발생한다. 과거 경험에 따르면 10%는 경미한 결함이, 5%는 치명적인 결함이 발생할 것으로 예상된다. 20×1년 말에 제품보증충당부채 잔액은 ₩200이다. 20×2년 기중에 20×1년 판매된 제품에 대한 수리비용이 ₩300 지출되었다면, (주)감평의 20×2년도 재무제표에 보고할 제품보증비와 제품보증충당부채는? [감정평가사 2023]

| | 제품보증비 | 제품보증충당부채 |
|---|---|---|
| ① | ₩100 | ₩310 |
| ② | ₩210 | ₩210 |
| ③ | ₩210 | ₩310 |
| ④ | ₩310 | ₩210 |
| ⑤ | ₩310 | ₩310 |

**09** 20×1년 2월 초 영업을 개시한 (주)감평은 제품하자보증을 실시하고 있다. 제품 매출액은 20×1년 ₩200,000, 20×2년 ₩250,000이고, (주)감평은 20×1년 매출액의 5%, 20×2년 매출액의 6%에 해당하는 무상수리비용이 발생할 것으로 추정하고 있다. 연도별 무상수리비용 실제 발생액은 다음과 같다.

| 구분 | 20×1년 | 20×2년 |
|---|---|---|
| 20×1년 판매분 | ₩2,500 | ₩3,000 |
| 20×2년 판매분 | - | 4,000 |

(주)감평의 제품하자보증기간이 판매일로부터 2년인 경우, 20×2년 말 제품보증충당부채 잔액은? (단, 제품보증은 확신유형의 보증이고, 추정치는 최선의 추정치이며, 현재가치는 고려하지 않는다)

[감정평가사 2025]

① ₩4,500
② ₩6,500
③ ₩9,500
④ ₩11,000
⑤ ₩15,500

**10** 20×1년 말 현재 (주)관세는 판매된 제품의 하자로 인해 고객들에게 배상의무를 이행해야 할 확률이 매우 높으며, 의무 이행을 위해서는 ₩500,000이 지출될 것으로 신뢰성 있게 추정된다. 한편, 이러한 하자 원인은 부품 공급처 중 한 회사로부터 제공받은 부품의 불량과도 무관하지 않다. 따라서 (주)관세가 의무를 이행한다면 불량부품을 공급한 거래처로부터 이행금액의 30%를 변제받을 수 있을것이 확실하다. 동 하자와 관련하여 (주)관세가 20×1년 말 재무상태표에 인식할 충당부채와 20×1년도 포괄손익계산서의 당기순이익에 미치는 영향은? [관세사 2020]

| | 충당부채 | 당기순이익 |
|---|---|---|
| ① | ₩350,000 | ₩150,000 증가 |
| ② | ₩350,000 | ₩350,000 증가 |
| ③ | ₩350,000 | ₩500,000 증가 |
| ④ | ₩500,000 | ₩350,000 감소 |
| ⑤ | ₩500,000 | ₩500,000 감소 |

## 보고기간후사건

**11** 다음 중 수정을 요하지 않는 보고기간후사건은? [관세사 2020]

① 보고기간 말과 재무제표 발행승인일 사이에 투자자산의 공정가치가 하락한 경우
② 보고기간 말 이전에 구입한 자산의 취득원가나 매각한 자산의 대가를 보고기간 후에 결정하는 경우
③ 보고기간 말에 존재하였던 현재의무가 보고기간 후에 소송사건의 확정에 의해 확인되는경우
④ 보고기간 말 이전 사건의 결과로서 보고기간 말에 종업원에게 지급하여야 할 법적 의무나 의제의무가 있는 이익분배나 상여금지급 금액을 보고기간 후에 확정하는 경우
⑤ 재무제표가 부정확하다는 것을 보여주는 부정이나 오류를 발견한 경우

**12** 다음 중 수정을 요하는 보고기간후사건을 모두 고른 것은? [관세사 2024]

ㄱ. 보고기간 말과 재무제표 발행승인일 사이에 투자자산의 공정가치 하락
ㄴ. 영업중단계획의 발표
ㄷ. 보고기간 말에 존재하였던 현재의무가 보고기간 후에 소송사건의 확정에 의해 확인되는 경우
ㄹ. 보고기간 후에 발생한 화재로 인한 주요 생산설비의 파손
ㅁ. 재무제표가 부정확하다는 것을 보여주는 부정이나 오류를 발견한 경우

① ㄱ, ㄴ ② ㄱ, ㅁ ③ ㄴ, ㄹ
④ ㄷ, ㄹ ⑤ ㄷ, ㅁ

**01** 충당부채와 우발부채에 관한 설명으로 옳지 않은 것은? [세무사 2023]

① 현재의무를 이행하기 위하여 필요한 지출금액에 영향을 미치는 미래 사건이 일어날 것이라는 충분하고 객관적인 증거가 있는 경우에는 그 미래 사건을 고려하여 충당부채금액을 추정한다.

② 우발부채는 의무를 이행하기 위하여 경제적 효익이 있는 자원을 유출할 가능성이 희박하지 않다면 주석으로 공시한다.

③ 충당부채와 관련하여 포괄손익계산서에 인식한 비용은 제삼자의 변제와 관련하여 인식한 금액과 상계하여 표시할 수 있다.

④ 당초에 다른 목적으로 인식된 충당부채를 그 목적이 아닌 다른 지출에 사용할 수 있다.

⑤ 충당부채를 현재가치로 평가하여 표시하는 경우에는 장부금액을 기간 경과에 따라 증액하고 해당 증가금액은 차입원가로 인식한다.

**02** (주)갑은 20×1년 초에 한정 생산 판매한 제품에 대하여 3년 동안 품질을 보증하기로 하였다. 20×1년 중 실제 발생한 품질보증비는 ₩210이다. (주)갑은 기대가치를 계산하는 방식으로 최선의 추정치 개념을 사용하여 충당부채를 인식한다. (주)갑은 이 제품의 품질보증과 관련하여 20×1년 말에 20×2년 및 20×3년에 발생할 것으로 예상되는 품질보증비 및 예상확률을 다음과 같이 추정하였다.

| 20×2년 | | 20×3년 | |
|---|---|---|---|
| 품질보증비 | 예상확률 | 품질보증비 | 예상확률 |
| ₩144 | 10% | ₩220 | 40% |
| ₩296 | 60% | ₩300 | 50% |
| ₩640 | 30% | ₩500 | 10% |

(주)갑은 20×2년 및 20×3년에 발생할 것으로 예상되는 품질보증비에 대해 설정하는 충당부채를 20%의 할인율을 적용하여 현재가치로 측정하기로 하였다. (주)갑의 20×1년 말 재무상태표에 보고될 제품보증충당부채는 얼마인가? (단, 20×2년과 20×3년에 발생할 것으로 예상되는 품질보증비는 각 회계연도 말에 발생한다고 가정한다) [공인회계사 2012]

① ₩310 ② ₩320 ③ ₩520
④ ₩560 ⑤ ₩730

**03** (주)세무는 20×1년 초에 한정 생산 · 판매한 제품에 대하여 3년 동안 품질을 보증하기로 하였다. 20×1년 중 실제 발생한 품질보증비는 ₩10,000이다. (주)세무는 기대가치를 계산하는 방식으로 최선의 추정치 개념을 사용하여 충당부채를 인식한다. (주)세무는 이 제품의 품질보증과 관련하여 20×1년 말에 20×2년 및 20×3년에 발생할 것으로 예상되는 품질보증비 및 예상확률을 다음과 같이 추정하였다.

| 20×2년 | | 20×3년 | |
|---|---|---|---|
| 품질보증비 | 예상확률 | 품질보증비 | 예상확률 |
| ₩1,800 | 20% | ₩3,000 | 30% |
| 3,000 | 50% | 4,000 | 60% |
| 7,000 | 30% | 5,000 | 10% |

(주)세무는 20×2년 및 20×3년에 발생할 것으로 예상되는 품질보증비에 대해 설정하는 충당부채를 10%의 할인율을 적용하여 현재가치로 측정하기로 하였다. 또한 (주)세무는 20×2년도에 ₩1,000의 영업손실이 발생할 것으로 예상하고 있다. (주)세무의 20×1년 말 재무상태표에 보고될 제품보증충당부채는? (단, 현재가치 계산 시 다음에 제시된 현가계수표를 이용한다. 20×2년과 20×3년에 발생할 것으로 예상되는 품질보증비는 각 회계연도 말에 발생한다고 가정한다) [세무사 2024]

| 기간 | 단일금액 ₩1의 현재가치 (할인율 = 10%) |
|---|---|
| 1 | 0.9091 |
| 2 | 0.8264 |
| 3 | 0.7513 |

① ₩6,360 ② ₩6,740 ③ ₩7,360
④ ₩7,740 ⑤ ₩8,360

**04** 충당부채, 우발부채 및 우발자산에 관한 설명으로 옳지 않은 것은? [감정평가사 2018]

① 충당부채는 현재의무이고 이를 이행하기 위하여 경제적 효익이 있는 자원을 유출할 가능성이 높고 해당 금액을 신뢰성 있게 추정할 수 있으므로 부채로 인식한다.
② 제품보증이나 이와 비슷한 계약 등 비슷한 의무가 다수 있는 경우에 의무 이행에 필요한 자원의 유출 가능성은 해당 의무 전체를 고려하여 판단한다.
③ 재무제표는 미래 시점의 예상 재무상태가 아니라 보고기간 말의 재무상태를 표시하는 것이므로, 미래 영업에서 생길 원가는 충당부채로 인식한다.
④ 손실부담계약은 계약상 의무의 이행에 필요한 회피 불가능 원가가 그 계약에서 받을 것으로 예상되는 경제적 효익을 초과하는 계약을 말한다.
⑤ 우발자산은 과거사건으로 생겼으나, 기업이 전적으로 통제할 수는 없는 하나 이상의 불확실한 미래 사건의 발생 여부로만 그 존재 유무를 확인할 수 있는 잠재적 자산을 말한다.

**05** 재무제표에 인식된 금액을 수정할 필요가 없는 보고기간후사건의 예로 옳은 것은? [세무사 2019]

① 보고기간 말에 존재하였던 현재의무가 보고기간 후에 소송사건의 확정에 의해 확인되는 경우

② 보고기간 말에 이미 자산손상이 발생되었음을 나타내는 정보를 보고기간 후에 입수하는 경우나 이미 손상차손을 인식한 자산에 대하여 손상차손금액의 수정이 필요한 정보를 보고기간 후에 입수하는 경우

③ 보고기간 말 이전 사건의 결과로서 보고기간 말에 종업원에게 지급하여야 할 법적 의무나 의제의무가 있는 이익분배나 상여금 지급금액을 보고기간 후에 확정하는 경우

④ 보고기간 말과 재무제표 발행승인일 사이에 투자자산의 공정가치 하락이 중요하여 정보이용자의 의사결정에 영향을 줄 수 있는 경우

⑤ 보고기간 말 이전에 구입한 자산의 취득원가나 매각한 자산의 대가를 보고기간 후에 결정하는 경우

ca.Hackers.com

# 해커스 회계학 1차 기출+예상문제집

해커스 감정평가사 ca.Hackers.com

# 8장

# 자본

# I. 필수 유형 정리

**01** 다음은 (주)도도의 20×1년 1월 1일 현재의 주주지분이다.

| | |
|---|---|
| 납입자본(보통주자본금, 액면금액 ₩5,000) | ₩50,000,000 |
| 이익잉여금 | ₩50,000,000 |
| 기타자본요소 | ₩1,200,000 |

상기 기타자본요소는 전액 자본잉여금이며 감자차익 ₩1,000,000, 자기주식처분이익 ₩200,000으로 구성되어 있다. (주)도도의 20×1년에 발생한 다음의 자기주식거래로 인하여 회사의 주주지분은 얼마나 증가(감소)하는가?

- 1월: 자기주식 1,000주를 주당 ₩6,000에 현금으로 취득
- 2월: 자기주식 300주를 소각
- 4월: 자기주식 400주를 주당 ₩5,400에 처분
- 6월: 자기주식 100주를 주당 ₩7,000에 처분
- 8월: 대주주로부터 공정가치 ₩8,000인 자기주식 50주를 증여받음
- 9월: 자기주식 50주를 주당 ₩8,000에 처분(단위당 원가는 이동평균법을 적용한다)

① ₩2,740,000 증가　② ₩2,740,000 감소　③ ₩1,600,000 감소
④ ₩1,200,000 증가　⑤ ₩1,200,000 감소

**02** A사의 20×1년도 기초자산총액은 ₩300,000이며, 동년 기말자산총액과 부채총액은 각각 ₩500,000과 ₩200,000이다. A사는 20×1년도 중에 ₩50,000을 유상증자했고 주주에게 ₩30,000의 현금배당과 ₩20,000의 주식배당을 실시하였다. 20×1년에 보유 중인 FVOCI금융자산의 평가손실이 ₩40,000 발생하였고 20×1년의 총포괄이익은 ₩120,000일 때, A사의 20×1년도 기초부채총액은 얼마인가?

① ₩40,000　② ₩120,000　③ ₩140,000
④ ₩170,000　⑤ ₩200,000

## 03

(주)앵두는 20×1년 1월 20일 자사가 발행한 보통주식 30주를 주당 ₩2,000에 취득하였다. 20×1년 4월 10일 자기주식 중 10주를 주당 ₩3,000에 매각한 후, 20×1년 5월 25일 나머지 20주를 주당 ₩500에 매각하였다. 20×1년도 말 자본에 표시되는 자기주식처분손익은 얼마인가? (단, 20×1년 1월 1일 현재 자기주식과 자기주식처분손익은 없다고 가정한다)

① 손실 ₩30,000 ② 손실 ₩20,000 ③ ₩0
④ 이익 ₩20,000 ⑤ 이익 ₩30,000

## 04

다음은 자본거래의 결과로 변동하게 되는 자본의 구성내역을 표시한 것이다. 틀린 것은 무엇인가? (단, 주식배당과 무상증자는 액면금액을 기준으로 이루어진 것으로 가정한다)

| | | 무상증자 | 주식배당 | 주식분할 | 주식병합 |
|---|---|---|---|---|---|
| ① | 발행주식수 | 증가 | 증가 | 증가 | 감소 |
| ② | 주당액면금액 | 불변 | 불변 | 감소 | 증가 |
| ③ | 자본금총액 | 증가 | 증가 | 불변 | 감소 |
| ④ | 자본잉여금 | 감소 가능 | 불변 | 불변 | 불변 |
| ⑤ | 이익잉여금 | 감소 가능 | 감소 | 불변 | 불변 |

## 05

A회사는 20×1년 1월 1일에 설립되었는데, 이 회사의 수권주식수는 액면 ₩5,000의 보통주 2,000주이다. 20×1년간의 자본거래는 다음과 같다. 아래의 거래로 인하여 A회사가 20×1년 말 재무상태표에 보고할 자본의 총계와 자본잉여금의 총계를 각각 계산하면 얼마인가?

(1) 1월 10일 주당 ₩5,000으로 보통주 1,000주를 발행하였으며, 3월 6일에 주당 ₩4,000으로 보통주 500주를 발행하였다.
(2) 5월 11일에 주당 ₩10,000으로 보통주 150주를 발행하였으며, 8월 12일에 주당 ₩4,000에 자기주식 250주를 매입하였다. 12월 31일에 주당 ₩7,000에 자기주식 250주를 처분하였다.

| | 자본총계 | 자본잉여금 |
|---|---|---|
| ① | ₩9,250,000 | ₩1,000,000 |
| ② | ₩9,250,000 | ₩1,750,000 |
| ③ | ₩7,500,000 | ₩1,600,000 |
| ④ | ₩7,500,000 | ₩1,750,000 |
| ⑤ | ₩9,250,000 | ₩1,500,000 |

**06** 20×1년 1월 1일 A회사는 액면금액 ₩500,000의 다음과 같은 조건의 상환우선주를 발행하였다. 우선주의 액면배당률은 20%이며 매년 말 배당을 지급할 계획이며, 실제로 지급하였다. 상환우선주의 발행과 관련하여 20×1년 당기손익에 미치는 영향을 누적적 우선주인 경우와 비누적적 우선주인 경우로 구분하여 계산하면 얼마인가?

> (1) A회사는 상기 상환우선주에 대하여 20×3년 12월 31일 ₩1,000,000에 의무적으로 상환하여야 한다.
> (2) 20×1년 1월 1일 A회사의 일반사채의 시장이자율은 12%이다.
> (3) 12%, 3기간 일시금현가계수와 연금현가계수는 각각 0.71178과 2.40183이다.

| | 누적적 우선주 | 비누적적 우선주 |
|---|---|---|
| ① | ₩114,236 | ₩85,414 |
| ② | ₩114,236 | ₩185,414 |
| ③ | ₩100,000 | ₩80,000 |
| ④ | ₩100,000 | 없음 |
| ⑤ | 없음 | 없음 |

**07** 20×1년 초에 설립된 (주)도도는 보통주 5,000주와 우선주 5,000주를 발행하여 설립되었으며 설립일 이후 당기순이익 이외에 자본의 변동은 없다. 보통주와 우선주의 주당 액면금액은 각각 ₩100이며, 우선주는 비누적적 10% 부분참가적이고 약정배당률은 5%이다. (주)도도의 20×3년 말 이익잉여금 잔액은 ₩220,000이며 전액 배당으로 처분한다고 가정할 경우, 우선주 주주에게 최대 지급가능한 배당금액은 얼마인가? (단, 배당은 전액 현금배당이며, 20×3년에 이익준비금을 적립하더라도 자본금의 1/2에 미달한다)

① ₩50,000
② ₩75,000
③ ₩100,000
④ ₩110,000
⑤ ₩150,000

## 자본에 미치는 영향

**01** 자본회계에 관한 설명으로 옳지 않은 것은? [관세사 2024]

① 주식의 할증발행 시 액면금액에 해당하는 금액은 자본금계정, 액면금액을 초과하는 금액은 주식발행초과금계정의 대변에 각각 기록한다.
② 주식의 발행과 관련하여 직접적으로 발생하는 신주발행비는 납입된 현금수취액에서 차감한다.
③ 자기주식의 취득 시 원가법으로 회계처리한 후 재발행하는 경우 재발행금액과 취득원가가 일치하지 않으면 자기주식처분손익이 발생한다.
④ 유상감자의 대가가 액면금액에 미달하는 경우 감자차익이 발생하고 이는 자본잉여금으로 분류한다.
⑤ 배당을 받을 권리가 있는 주주를 확정짓는 날인 배당기준일에 배당예상금액을 미지급배당금계정의 대변에 기록한다.

**02** 다음은 여행서비스를 주된 영업으로 하는 (주)관세의 20×1년 3월 회계상 거래이다. 각 거래의 발생시점에 자산총액에 영향을 미치지 않는 거래를 모두 고른 것은? [관세사 2021]

| |
|---|
| ㄱ. 3월 1일: 보통주(액면금액 ₩500) 60주를 주당 ₩600에 현금 발행하였다.<br>ㄴ. 3월 5일: 은행에서 연 이자율 5%로 1년 동안 현금 ₩15,000을 차입하였으며, 이자는 전액 만기에 지급하기로 하였다.<br>ㄷ. 3월 10일: 고객에게 외상으로 여행상품을 ₩20,000에 제공하고 대금은 한 달 후에 받기로 하였다.<br>ㄹ. 3월 20일: 주주총회에서 주주들에게 10%의 주식배당을 실시하기로 선언하였다.<br>ㅁ. 3월 31일: 4월 10일 지급 예정인 3월분 직원 급여 ₩10,000을 인식하였다. |

① ㄱ, ㄴ　② ㄱ, ㄷ　③ ㄴ, ㅁ
④ ㄷ, ㄹ　⑤ ㄹ, ㅁ

**03** 자본의 감소를 가져오는 거래는? [관세사 2023]

① 주주총회에서 보통주에 대해 현금배당을 지급하기로 결의하였다.
② 자기주식을 재발행하고 자기주식처분이익을 인식하였다.
③ 보통주를 현금납입 받아 신주발행하였다.
④ 이월결손금을 보전하기 위하여 보통주자본금을 무상감자하였다.
⑤ 주주총회에서 사업확장적립금을 별도적립금으로 대체하기로 결의하였다.

## 04 자본에 미치는 영향에 관한 설명으로 옳은 것은? (단, 각 거래는 독립적이다) [관세사 2021]

① 액면금액 ₩500인 보통주 30주를 주당 ₩700에 발행하면 보통주자본금은 ₩21,000 증가한다.
② 보통주주식발행초과금 중 ₩10,000을 자본전입하여 액면금액 ₩500인 보통주 20주를 발행하면 자본총액은 증가한다.
③ 이월결손금 ₩80,000을 보전하기 위하여 액면금액과 발행금액이 ₩500으로 동일한 발행주식 400주를 2주당 1주의 비율로 감소시키면 자본잉여금 ₩20,000이 증가한다.
④ 주주총회에서 유통보통주 1,000주에 대해 ₩20,000의 현금배당이 선언되면 자본은 불변한다.
⑤ 액면금액 ₩500인 자기주식 10주를 주당 현금 ₩700에 취득할 경우 자본금 ₩5,000이 증가한다.

## 05 (주)관세의 20×1년 자본거래내역이다. 20×1년 초 (주)관세의 자본총계가 ₩290,000일 경우 20×1년 말 자본총계는? (단, (주)관세는 주당액면금액 ₩500인 보통주만 발행하고 있으며, 20×1년 배당 시 이익준비금 설정은 고려하지 않는다) [관세사 2020]

| 일자 | 내역 |
|---|---|
| 3.30. | 이익잉여금을 재원으로 ₩100,000의 현금배당과 100주의 주식배당을 결의하고 실시하였다. |
| 6.9. | 자기주식 50주를 주당 ₩800에 취득하였다. |
| 7.13. | 6월 9일 취득한 자기주식 중 20주를 주당 ₩900에 재발행하였다. |
| 12.13. | 유상증자를 실시하고, 보통주 50주를 주당 ₩1,000에 발행하였다. |

① ₩166,000 ② ₩168,000 ③ ₩202,000
④ ₩216,000 ⑤ ₩218,000

## 06 (주)관세의 20×1년 초 자본총액이 ₩2,000,000이고, 20×1년 중 다음과 같은 거래가 발생하였을 때, 20×1년 말 자본총액은? [관세사 2023]

- 설립 이후 처음으로 액면가 ₩500인 자기주식(원가법 적용) 10주를 주당 ₩700에 구입하였다.
- 주주총회 결과 기존 주주들에게 10% 주식배당(배당 직전 자본금 ₩1,000,000)을 실시하기로 결의하고, 즉시 신주를 발행하여 교부하였다.
- 액면가 ₩500인 보통주 100주를 주당 ₩800에 발행하였으며, 주식발행과 관련된 직접원가는 ₩5,000이다.
- 자기주식 6주를 주당 ₩600에 재발행하였다.
- 액면가 ₩500인 보통주 100주를 발행하면서 그 대가로 신뢰성 있게 측정된 토지(공정가치 ₩55,000)를 현물출자 받았다.
- 20×1년 당기순이익은 ₩200,000이고, 기타포괄손실은 ₩10,000이다.

① ₩2,236,600 ② ₩2,316,600 ③ ₩2,319,400
④ ₩2,331,600 ⑤ ₩2,339,400

## 07

(주)관세의 20×1년 초 자본총계는 ₩50,000이다. 다음의 자료를 반영한 기말 자본총계는? [단, (주)관세의 주당 액면금액은 ₩100이며, 20×1년 이전 자기주식 거래는 없었다] [관세사 2024]

| 일자 | 자본거래내역 |
|---|---|
| 2월 28일 | 현금배당 ₩2,000, 주식배당 50주 |
| 5월 15일 | 자기주식 20주 주당 ₩150에 취득 |
| 7월 17일 | 유상증자 100주(주당 발행금액 ₩200) |
| 9월 10일 | 무상증자 100주 |
| 10월 5일 | 자기주식 10주 주당 ₩180에 매각 |
| 11월 11일 | 자기주식 10주 소각 |

① ₩63,800 ② ₩65,300 ③ ₩66,800
④ ₩67,800 ⑤ ₩75,300

## 08

(주)감평의 20×1년 중 발생한 자본항목 사건이다.

| | |
|---|---|
| • 무상증자 시행 | ₩500 |
| • 자기주식 취득 | 600 |
| • 당기순이익 발생 | 1,000 |
| • 주식배당 결의 | ₩300 |
| • 자기주식 소각 | 600 |
| • 기타포괄이익 발생 | 800 |

20×1년 초 (주)감평의 자본은 ₩10,000이고 이 외에 자본항목 사건은 없다고 가정할 때, 20×1년 말 (주)감평의 자본은? [감정평가사 2021]

① ₩10,400 ② ₩11,000 ③ ₩11,200
④ ₩11,600 ⑤ ₩11,800

**09** (주)감평의 20×2년 자본 관련 자료이다. 20×2년 말 자본총계는? (단, 자기주식 거래는 선입선출법에 따른 원가법을 적용한다) [감정평가사 2023]

> (1) 기초자본
> - 보통주 자본금(주당 액면금액 ₩500, 발행주식수 40주) ₩20,000
> - 보통주 주식발행초과금 4,000
> - 이익잉여금 30,000
> - 자기주식(주당 ₩600에 10주 취득) (6,000)
> - 자본총계 ₩48,000
>
> (2) 기중자본거래
> - 4월 1일 자기주식 20주를 1주당 ₩450에 취득
> - 5월 25일 자기주식 8주를 1주당 ₩700에 처분
> - 6월 12일 자기주식 3주를 소각
> - 8월 20일 주식발행초과금 ₩4,000과 이익잉여금 중 ₩5,000을 재원으로 무상증자 실시
>
> (3) 20×2년 당기순이익: ₩50,000

① ₩77,300 ② ₩87,500 ③ ₩94,600
④ ₩96,250 ⑤ ₩112,600

**10** 다음은 (주)감평의 20×1년도 기초와 기말 재무상태표의 금액이다.

| 구분 | 20×1년 기초 | 20×1년 기말 |
|---|---:|---:|
| 자산총계 | ₩5,000 | ₩7,000 |
| 부채총계 | 2,500 | 3,400 |

(주)감평은 20×1년 중에 ₩300의 유상증자와 ₩100의 무상증자를 각각 실시하였으며, 현금배당 ₩200을 지급하였다. 20×1년도 당기에 유형자산 관련 재평가잉여금이 ₩80만큼 증가한 경우 (주)감평의 20×1년도 포괄손익계산서상 당기순이익은? (단, 재평가잉여금의 변동 외에 다른 기타자본요소의 변동은 없다) [감정평가사 2022]

① ₩820 ② ₩900 ③ ₩920
④ ₩980 ⑤ ₩1,000

**11** (주)감평은 20×1년 초 액면가 ₩5,000인 보통주 200주를 주당 ₩15,000에 발행하여 설립되었다. 다음은 (주)감평의 20×1년 중 자본거래이다.

- 20×1년 10월 1일 주가 안정을 위해 보통주 100주를 주당 ₩10,000에 취득
- 20×1년 당기순이익 ₩1,000,000

경영진은 20×2년 초 부채비율(총부채 ÷ 주주지분) 200%를 160%로 낮추기 위한 방안을 실행하였다. 20×2년 초 실행된 방안으로 옳은 것은? [감정평가사 2020]

① 자기주식 50주를 소각
② 자기주식 50주를 주당 ₩15,000에 처분
③ 보통주 50주를 주당 ₩10,000에 유상증자
④ 이익잉여금 ₩750,000을 재원으로 주식배당
⑤ 주식발행초과금 ₩750,000을 재원으로 무상증자

**12** (주)관세는 20×1년 5월 1일에 주당 ₩1,500의 현금을 납입받고 보통주 500주(액면금액 ₩1,000)를 유상증자하였다. 동 유상증자와 직접 관련된 원가 ₩30,000이 발생하였다. 유상증자 직전 (주)관세의 장부에 주식할인발행차금 ₩60,000이 계상되어 있었다. 동 유상증자가 20×1년 자본총계에 미치는 영향은? [관세사 2025]

① ₩500,000 증가 ② ₩660,000 증가 ③ ₩690,000 증가
④ ₩720,000 증가 ⑤ ₩750,000 증가

**13** (주)관세는 20×1년에 자기주식 100주를 주당 ₩500에 최초로 취득하였으며, 20×1년 말 자기주식의 주당 공정가치는 ₩600이다. 20×2년에 이 중 40주를 주당 ₩800에 처분하였으며, 10주는 소각하였다. 자기주식 처분과 소각이 20×2년의 자본총계에 미치는 영향은? [단, (주)관세는 주당 액면금액 ₩100인 보통주만 발행하고 있다] [관세사 2025]

① ₩8,000 증가 ② ₩12,000 증가 ③ ₩25,000 증가
④ ₩32,000 증가 ⑤ ₩36,000 증가

**14** 다음은 (주)관세의 재무제표 자료 중 일부이다.

| | 20×1년 초 | 20×1년 말 |
|---|---|---|
| 자산총계 | ₩22,000 | ₩26,000 |
| 부채총계 | 16,000 | 17,000 |

20×1년 중 무상증자 ₩1,000이 있었으며, 자기주식을 ₩300에 취득하였다. 현금배당 ₩400과 주식배당 ₩300이 결의 및 지급되고 토지재평가잉여금 ₩100이 발생하였다면, (주)관세의 20×1년도 당기순이익은? (단, 토지재평가는 20×1년에 처음실시하였다) [관세사 2025]

① ₩2,400 ② ₩2,800 ③ ₩3,000
④ ₩3,400 ⑤ ₩3,600

## 이익잉여금

**15** (주)관세의 20×2년 2월 중 개최된 주주총회에서 이루어진 20×1년 재무제표에대한 결산승인 내역은 다음과 같다. (주)관세의 결산 승인 전 미처분이익잉여금이 ₩43,000일 때, 결산 승인 내역을 반영한 후의 차기이월미처분이익잉여금은? (단, 이익준비금 설정은 고려하지 않는다) [관세사 2022]

| | |
|---|---|
| • 임의적립금 이입액 | ₩3,000 |
| • 주식할인발행차금 상각액 | 2,000 |
| • 현금배당액 | 10,000 |

① ₩27,000 ② ₩28,000 ③ ₩32,000
④ ₩33,000 ⑤ ₩34,000

**16** (주)관세의 20×1년 초 자본내역과 20×2년 2월 개최한 주주총회 관련 자료는 다음과 같다.

> • 20×1년 초 자본내역: 보통주자본금 ₩50,000(단, 보통주자본금 변동 없음)
> 배당평균적립금 ₩500
> 미처분이익잉여금 ₩150
> • 20×1년도 당기순이익: ₩4,000
> • 20×2년 2월 28일 주주총회 결의내용
> - 배당평균적립금 이입: ₩500
> - 현금배당: 보통주자본금의 3%(현금배당 시 상법의 규정에 따라 1/10을 이익준비금으로 적립)
> - 주식배당: ₩300
> - 사업확장적립금 적립: ₩100

주주총회 결의 후 (주)관세의 차기이월미처분이익잉여금은? [관세사 2024]

① ₩2,100 ② ₩2,600 ③ ₩2,650
④ ₩2,750 ⑤ ₩2,900

## 이익배당 우선주

**17** 20×1년 초 설립된 (주)관세의 20×3년 말 자본금 관련 내역은 다음과 같다. (주)관세는 설립 후 처음으로 20×4년 3월 ₩38,000의 현금배당을 결의하였다. (주)관세의 우선주 주주에게 배분될 배당금은? (단, 설립 이후 20×3년 말까지 자본금과 관련한 변동은 없다) [관세사 2022]

| 구분 | 발행주식수 | 주당 액면금액 | 비고 |
|---|---|---|---|
| 보통주 | 300주 | ₩500 | |
| 우선주 | 200주 | ₩500 | 배당률 5%, 누적적 · 완전참가적 우선주 |

① ₩15,000 ② ₩15,200 ③ ₩16,800
④ ₩21,200 ⑤ ₩22,750

**18** 20×1년 초 설립된 (주)감평의 자본계정은 다음과 같으며, 설립 후 20×3년 초까지 자본금 변동은 없었다. 우선주에 대해서는 20×1년도에 배당가능이익이 부족하여 배당금을 지급하지 못한 (주)감평이 20×3년 초 ₩500의 현금배당을 결의하였을 때, 우선주에 배분될 배당금은? [감정평가사 2024]

> • 보통주 자본금: 액면금액 ₩20, 발행주식수 200주(배당률 4%)
> • 우선주 자본금: 액면금액 ₩20, 발행주식수 50주(누적적, 완전참가적, 배당률 5%)

① ₩100 ② ₩108 ③ ₩140
④ ₩148 ⑤ ₩160

**19** 20×1년 초 설립된 (주)관세는 설립 후 처음으로 20×5년 3월 ₩50,000의 현금배당을 결의하였다. 20×4년 말 자본금 관련 내역이 다음과 같을 경우, 보통주 주주에게 귀속되는 배당금은? (단, 설립 이후 20×4년 말까지 자본금과 관련한 변동은 없다) [관세사 2020]

| | 발행주식수 | 주당 액면금액 | 비고 |
|---|---|---|---|
| 우선주 | 200주 | ₩500 | 배당률 4%, 누적적 · 부분참가적(7%) 우선주 |
| 보통주 | 500주 | ₩500 | |

① ₩10,000 ② ₩19,000 ③ ₩31,000
④ ₩34,000 ⑤ ₩43,000

**20** 20×1년 초 설립된 (주)관세는 20×4년 3월 주주총회에서 설립 후 처음으로 ₩45,000의 현금배당을 계획하고 있다. 20×3년 말 자본금 관련 내역이 다음과 같을 경우, 우선주 주주에게 배분될 배당금은? (단, 설립 이후 자본금의 변동은 없다) [관세사 2025]

| 구분 | 발행주식수 | 주당 액면금액 | 비고 |
|---|---|---|---|
| 보통주 | 400주 | ₩1,000 | 배당률5% |
| 우선주 | 100주 | 1,000 | 배당률 6%, 누적적, 부분참가적(8%) |

① ₩8,000 ② ₩9,000 ③ ₩19,400
④ ₩20,000 ⑤ ₩25,600

**21** 20×1년 초 설립된 (주)감평의 20×3년 말 자본계정은 다음과 같으며, 설립 후 현재까지 자본금 변동은 없었다.

| 구분 | 액면금액 | 발행주식수 | 비고 |
|---|---|---|---|
| 보통주 자본금 | ₩500 | 100주 | 배당률 5% |
| 우선주 자본금 | ₩500 | 50주 | 누적적, 완전참가적, 배당률 ? |

(주)감평은 그 동안 배당가능이익이 부족하여 어떠한 형태의 배당도 할 수 없었으나, 설립 후 처음으로 20×4년 초 ₩10,000의 현금배당을 결의하였다. 보통주에 배분될 배당금이 ₩4,500일 때, 우선주 배당률은? [감정평가사 2025]

① 5% ② 6% ③ 7%
④ 8% ⑤ 9%

## 상환우선주

**22** (주)감평은 20×1년 초 액면금액 ₩100,000인 전환상환우선주(액면배당률 연 2%, 매년 말 배당지급)를 액면발행 하였다. 전환상환우선주 발행 시 조달한 현금 중 금융부채요소의 현재가치는 ₩80,000이고 나머지는 자본요소(전환권)이다. 전환상환우선주 발행시점의 금융부채요소 유효이자율은 연 10%이다. 20×2년 초 전환상환우선주의 40%를 보통주로 전환할 때, (주)감평의 자본증가액은?

[감정평가사 2021]

① ₩32,000 ② ₩34,400 ③ ₩40,000
④ ₩42,400 ⑤ ₩50,000

## 자본변동표

**23** 자본변동표에 관한 설명으로 옳지 않은 것은? [관세사 2024]

① 지배기업의 소유주와 비지배지분에게 각각 귀속되는 금액으로 구분하여 표시한 해당 기간의 총포괄손익을 주석에 표시한다.
② 자본의 각 구성요소별로 회계정책 변경의 결과 인식된 소급적용의 영향에 관한 정보는 자본변동표에 표시한다.
③ 자본변동표나 주석에 당해 기간 동안에 소유주에 대한 배분으로 인식된 배당금액과 주당배당금을 표시한다.
④ 자본의 구성요소는 각 분류별 납입자본, 각 분류별 기타포괄손익의 누계액과 이익잉여금의 누계액 등을 포함한다.
⑤ 보고기간 시작일과 종료일 사이의 자본의 변동은 당해 기간의 순자산 증가 또는 감소를 반영한다.

# Ⅲ. 타시험 기출 및 과거 기출 필수문제 정리

**01** 자본에 관한 설명으로 옳지 않은 것은? [관세사 2018]

① 자본금은 발행된 주식의 액면금액 합계를 의미하므로, 기업이 무액면주식을 발행하는 경우 자본금의 변동은 없다.
② 자본총액은 그 기업이 발행한 주식의 시가총액 또는 순자산을 나누어서 처분하거나 기업 전체로 처분할 때 받을 수 있는 대가와 일치하지 않는 것이 일반적이다.
③ 자본은 기업의 자산에서 모든 부채를 차감한 후의 잔여지분이다.
④ 무상증자나 무상감자(형식적 감자)가 있는 경우 원칙적으로 기업의 자본총계는 변하지 않는다.
⑤ 자본은 자산 및 부채와 함께 재무상태의 측정에 직접 관련되는 요소이다.

**02** 무상증자, 주식배당, 주식분할 및 주식병합 간의 비교로 옳지 않은 것은? [관세사 2019]

① 무상증자, 주식배당 및 주식병합의 경우 총자본은 변하지 않지만 주식분할의 경우 총자본은 증가한다.
② 무상증자와 주식배당의 경우 자본금은 증가한다.
③ 주식배당과 주식분할의 경우 자본잉여금은 변하지 않는다.
④ 주식배당의 경우 이익잉여금이 감소하지만 주식분할의 경우 이익잉여금은 변하지 않는다.
⑤ 무상증자, 주식배당 및 주식분할의 경우 발행주식수가 증가하지만 주식병합의 경우 발행주식수가 감소한다.

**03** (주)세무의 20×1년 초 자본총계는 ₩3,000,000이었다. 20×1년 중 자본과 관련된 자료가 다음과 같을 때, 20×1년 말 자본총계는? [세무사 2022]

- 4월 1일: 1주당 액면금액 ₩5,000인 보통주 100주를 1주당 ₩12,000에 발행하였다.
- 7월 30일: 이사회에서 총 ₩200,000의 중간배당을 결의하고 즉시 현금으로 지급하였다.
- 10월 1일: 20주의 보통주(자기주식)를 1주당 ₩11,000에 취득하였다.
- 11월 30일: 10월 1일에 취득하였던 보통주(자기주식) 중에서 10주는 1주당 ₩13,000에 재발행하였고, 나머지 10주는 소각하였다.
- 12월 31일: 20×1년도의 당기순이익과 기타포괄이익으로 각각 ₩850,000과 ₩130,000을 보고하였다.

① ₩4,040,000 ② ₩4,470,000 ③ ₩4,690,000
④ ₩4,760,000 ⑤ ₩4,890,000

**04** (주)세무의 20×1년 초 자본잉여금은 ₩100,000이고 20×1년 기중 거래내역이 다음과 같을 때, 20×1년 12월 31일 자본잉여금은 얼마인가? [세무사 2020]

| 일자 | 거래내역 |
|---|---|
| 2월 1일 | 보통주 600주(주당 액면 ₩500)를 주당 ₩700에 발행하고, 주식발행비용 ₩30,000이 발생하였다. |
| 3월 10일 | 이월결손금 ₩250,000을 보전하기 위하여 기발행주식수 3,000주(주당 액면금액 ₩500)를 1주당 0.8주로 교부하는 주식병합을 실시하였다. (20×1년 초 감자차손 없음) |
| 5월 2일 | 화재발생으로 유형자산(장부금액 ₩400,000)이 전소되고, 보험회사로부터 ₩40,000의 화재보험금을 수령하였다. |
| 8월 23일 | 이익준비금 ₩200,000을 재원으로 하여 보통주 400주(주당 액면 ₩500)를 무상증자하였다. |
| 9월 30일 | 신제품 생산용 기계장치 구입을 위해 정부보조금 ₩80,000을 수령하였다. |
| 11월 17일 | 보유 중인 자기주식 500주(재취득가 주당 ₩650)를 주당 ₩700에 재발행하였다. (20×1년 초 자기주식처분손실은 없으며, 자기주식은 원가법으로 회계처리함) |

① ₩215,000 ② ₩235,000 ③ ₩240,000
④ ₩245,000 ⑤ ₩265,000

**05** (주)관세의 20×1년 12월 31일 재무상태표에 표시된 이익잉여금은 ₩300,000으로 이에 대한 세부항목은 이익준비금 ₩30,000과 임의적립금 ₩60,000 그리고 미처분이익잉여금 ₩210,000이다. (주)관세는 20×2년 2월 27일에 개최한 정기주주총회에서 20×1년도 재무제표에 대해 다음과 같이 결산승인하였다.

| | | | |
|---|---|---|---|
| • 임의적립금 이입액 | ₩20,000 | • 이익준비금 적립액 | ₩10,000 |
| • 자기주식처분손실 상각액 | ₩10,000 | • 현금 배당액 | ₩100,000 |

(주)관세가 20×2년 2월 27일의 결산승인사항을 반영한 후 이익잉여금은? (단, 이익준비금은 자본금의 1/2에 미달한다고 가정한다) [관세사 2017]

① ₩180,000 ② ₩190,000 ③ ₩200,000
④ ₩210,000 ⑤ ₩220,000

**06** (주)세무는 20×1년 초 보통주와 우선주를 발행하여 영업을 개시하였으며, 영업개시 이후 자본금의 변동은 없었다. 20×3년 말 현재 (주)세무의 자본금 구성은 다음과 같다.

| 구분 | 1주당 액면금액 | 배당률 | 자본금 | 비고 |
|---|---|---|---|---|
| 보통주 | ₩1,000 | 2% | ₩8,000,000 | |
| 우선주 | ₩1,000 | 3% | ₩2,000,000 | 누적적,<br>5% 부분참가적 |

20×4년 3월 말 주주총회에서 ₩600,000의 현금배당이 결의되었다. (주)세무의 보통주에 배분될 배당금은? (단, 과거에 배당을 실시하지 않았고 배당가능이익은 충분하다) [세무사 2024]

① ₩360,000 ② ₩380,000 ③ ₩400,000
④ ₩420,000 ⑤ ₩440,000

**07** (주)대한은 20×1년 1월 1일에 상환우선주 200주(1주당 액면금액 ₩500)를 공정가치로 발행하였다. 동 상환우선주와 관련된 자료는 다음과 같다.

- (주)대한은 상환우선주를 20×2년 12월 31일에 1주당 ₩600에 의무적으로 상환해야 한다.
- 상환우선주의 배당률은 액면금액기준 연 3%이며, 배당은 매년 말에 지급한다. 배당이 지급되지 않는 경우에는 상환금액에 가산하여 지급한다.
- 20×1년 1월 1일 현재 상환우선주에 적용되는 유효이자율은 연 6%이며, 그 현가계수는 아래 표와 같다.

| 기간 \ 할인율 | 6% | |
|---|---|---|
| | 단일금액 ₩1의 현재가치 | 정상연금 ₩1의 현재가치 |
| 2년 | 0.8900 | 1.8334 |

- 20×1년 말에 (주)대한은 동 상환우선주의 보유자에게 배당을 결의하고 지급하였다.

(주)대한이 동 상환우선주와 관련하여 20×1년 포괄손익계산서상 이자비용으로 인식해야 할 금액은 얼마인가? (단, 단수 차이로 인해 오차가 있다면 가장 근사치를 선택한다) [공인회계사 2021]

① ₩0 ② ₩3,000 ③ ₩3,600
④ ₩6,408 ⑤ ₩6,738

**08** 자본항목에 관한 설명으로 옳지 않은 것은? [세무사 2023]

① 지분상품의 상환이나 차환은 자본의 변동으로 인식하지만, 지분상품의 공정가치 변동은 재무제표에 인식하지 않는다.

② 확정수량의 보통주로 전환되는 조건으로 발행된 전환우선주는 지분상품으로 회계처리한다.

③ 기업이 자기지분상품을 재취득하는 경우에는 자본에서 차감하며, 자기지분상품을 매입, 매도, 발행, 소각하는 경우의 손익은 당기손익으로 인식하지 않는다.

④ 액면주식을 액면발행한 경우, 발생한 주식발행 직접원가는 주식할인발행차금으로 차변에 기록된다.

⑤ 보유자가 발행자에게 특정일이나 그 후에 확정되었거나 결정가능한 금액으로 상환해 줄 것을 청구할 수 있는 권리가 있는 우선주는 지분상품으로 분류한다.

# 해커스 회계학 1차 기출+예상문제집

해커스 감정평가사 ca.Hackers.com

# 9장

## 금융자산(1)

# Ⅰ. 필수 유형 정리

**[01 ~ 02]**

아래는 12월 말 결산법인인 C사가 거래한 D사 주식과 관련된 내용들이다. 이들 자료를 이용하여 물음에 답하시오.

> (1) 20×1년 10월 1일 D사 주식 100주를 주당 ₩4,900에 취득하고 증권회사 수수료로 주당 ₩50을 지급하였다. 취득일 현재 D사 주식의 주당 공정가치는 ₩4,900이다.
> (2) 20×1년 말 현재 D사 주식의 주당 공정가치는 ₩4,700이다.
> (3) 20×2년 7월 1일 C사는 D사 주식 40주를 주당 ₩5,200에 처분하였으며, 처분 시 거래원가는 주당 ₩50이다.
> (4) 20×2년 말 현재 D사 주식의 주당 공정가치는 ₩5,400이다.

**01** C사가 동 주식을 FVPL금융자산으로 분류할 경우, 다음 중 옳은 것은?

① 20×1년에 인식할 평가손익은 ₩(-)25,000이다.
② 20×2년에 인식할 처분손익은 ₩(-)30,000이다.
③ 20×2년에 인식할 평가이익은 ₩30,000이다.
④ 20×1년에 인식할 평가손익은 ₩(-)20,000이다.
⑤ 20×2년에 인식할 처분손익은 ₩(-)40,000이다.

**02** C사가 동 주식을 FVOCI금융자산으로 분류할 경우, 다음 중 옳은 것은?

① 20×1년에 포괄손익계산서상에 인식할 평가손익은 ₩(-)20,000이다.
② 20×2년에 인식할 처분손익은 ₩(-)30,000이다.
③ 20×1년에 포괄손익계산서상에 인식할 평가손익은 ₩(-)25,000이다.
④ 20×2년에 인식할 처분손익은 ₩0이다.
⑤ 20×2년에 인식할 총포괄손익은 FVOCI와 FVPL금융자산이 서로 다르다.

## [03 ~ 07]

12월 말 결산법인인 A사는 20×1년 1월 1일 액면금액 ₩100,000, 만기 3년의 회사채를 취득하였다. 다음은 이와 관련된 자료들이다.

(1) 회사채의 발행일은 20×1년 1월 1일, 만기일은 20×3년 말이며, 표시이자율은 4%로 매년 말 지급한다.
(2) 취득일 현재 시장이자율은 10%이며, 거래원가를 고려하는 경우 유효이자율은 연 9%이다.
(3) 회사채의 20×1년 말 현재 공정가치는 ₩90,000이며, 신용위험은 유의적으로 증가하지 않았다. 20×1년 말 현재 12개월 기대신용손실과 전체 기간 기대신용손실은 각각 ₩3,000과 ₩7,000으로 추정하였다.

| 기간 | 9% | | 10% | |
|---|---|---|---|---|
| | 현가계수 | 연금현가계수 | 현가계수 | 연금현가계수 |
| 1년 | 0.9174 | 0.9174 | 0.9091 | 0.9091 |
| 2년 | 0.8417 | 1.7591 | 0.8265 | 1.7356 |
| 3년 | 0.7722 | 2.5313 | 0.7513 | 2.4869 |

**03** A사가 회사채를 취득할 때 발생한 거래원가는 얼마인가?

① ₩2,268 ② ₩2,368 ③ ₩2,578
④ ₩3,123 ⑤ ₩1,794

**04** A사가 회사채를 FVPL금융자산으로 분류하기로 하였을 때, 동 회사채가 20×1년도의 당기손익에 미친 영향은 얼마인가?

① ₩4,861 ② ₩8,923 ③ ₩6,655
④ ₩5,698 ⑤ ₩1,794

**05** A사가 회사채를 AC금융자산으로 분류하기로 하였을 때, 동 회사채가 20×1년도의 당기손익에 미친 영향은 얼마인가?

① ₩4,861 ② ₩8,923 ③ ₩6,655
④ ₩5,698 ⑤ ₩1,794

**06** A사가 회사채를 FVOCI금융자산으로 분류하기로 하였을 때, 동 회사채가 20×1년도의 당기손익에 미친 영향은 얼마인가?

① ₩4,861 ② ₩8,923 ③ ₩6,655
④ ₩5,698 ⑤ ₩1,794

## 07 A사가 회사채를 FVOCI금융자산으로 분류하기로 하였을 때, 동 회사채가 20×1년도의 기타포괄손익에 미친 영향은 얼마인가?

① ₩4,861　② ₩8,923　③ ₩6,655
④ ₩5,698　⑤ ₩1,794

## [08 ~ 11]

12월 말 결산법인인 A사는 20×1년 1월 1일 액면금액 ₩100,000의 B사 사채를 ₩93,660에 취득하였다. 사채의 표시이자율은 8%로 이자지급일은 매년 말이며, 취득 시의 유효이자율은 10%이다. 사채 만기일은 20×4년 12월 31일이다.

(1) 20×1년 12월 31일, B사 사채의 공정가치는 ₩92,000이며, 신용위험은 유의적으로 증가하지 않았다. B사 사채의 12개월 기대신용손실과 전체 기간 기대신용손실은 각각 ₩2,000과 ₩3,000이다.

(2) 20×2년 중 B사 사채는 신용손실이 발생하였으며 20×2년 12월 31일 현재 추정미래현금흐름은 다음과 같이 추정된다. 20×2년 말 현재 유사한 금융자산의 현행시장이자율은 14%이며, 20×2년 말에 수령할 표시이자는 정상적으로 회수하였다.

| 구분 | 20×3년 말 | 20×4년 말 |
|---|---|---|
| 액면금액 | - | ₩60,000 |
| 표시이자 | ₩4,000 | ₩4,000 |

(3) 20×3년 12월 31일, B사 사채의 추정미래현금흐름은 다음과 같이 추정되었으며, 이들 현금흐름의 회복은 신용손실이 회복된 사건과 관련되어 있다. 20×3년 말 현재 유사한 금융자산의 현행시장이자율은 12%이며, 20×3년 말에 수령할 것으로 추정된 표시이자 ₩4,000은 정상적으로 회수하였다.

| 구분 | 20×4년 말 |
|---|---|
| 액면금액 | ₩80,000 |
| 표시이자 | ₩7,000 |

## 08 A사가 동 금융자산을 AC금융자산으로 분류한 경우 20×2년에 인식할 손상차손은 얼마인가?

① ₩2,000　② ₩38,000　③ ₩40,000
④ ₩20,909　⑤ ₩22,909

## 09 A사가 동 금융자산을 AC금융자산으로 분류한 경우 20×3년에 인식할 손상차손환입은 얼마인가?

① ₩2,000　② ₩38,000　③ ₩40,000
④ ₩20,909　⑤ ₩22,909

**10** A사가 동 금융자산을 FVOCI금융자산으로 분류한 경우 20×2년에 인식할 손상차손은 얼마인가?

① ₩2,000 ② ₩38,000 ③ ₩40,000
④ ₩20,909 ⑤ ₩22,909

**11** A사가 동 금융자산을 FVOCI금융자산으로 분류한 경우 20×3년에 인식할 손상차손환입은 얼마인가?

① ₩2,000 ② ₩38,000 ③ ₩40,000
④ ₩20,909 ⑤ ₩22,909

**[12 ~ 14]**

A사는 20×1년 1월 1일 액면금액 ₩100,000의 B사가 발행한 사채를 ₩92,790에 FVOCI금융자산으로 취득하였다.

> (1) B사 사채의 만기일은 20×5년 12월 31일이며, 표시이자율은 10%, 이자지급일은 매년 12월 31일이다. 투자채무상품 취득 시 유효이자율은 12%이다.
> (2) A사가 손실충당금으로 측정한 20×1년 말 기대신용손실은 ₩2,000이며, 20×2년 말과 20×3년 말의 기대신용손실은 각각 ₩5,000과 ₩7,000이다.
> (3) 투자채무상품의 20×1년 말 공정가치는 ₩90,000이며, 20×2년 말 공정가치는 ₩88,000, 20×3년 말 공정가치는 ₩92,000이다. 기말의 공정가치는 다음 연도 초 공정가치와 같다.

**12** A사는 20×2년 10월 1일 사업모형을 변경하여 투자채무상품을 FVOCI금융자산에서 FVPL금융자산으로 재분류하였다. 동 금융자산이 A사의 20×3년 당기손익에 미치는 영향은 얼마인가?

① ₩1,804 ② ₩10,424 ③ ₩14,348
④ ₩11,804 ⑤ ₩9,424

**13** A사는 20×2년 10월 1일 사업모형을 변경하여 투자채무상품을 FVOCI금융자산에서 AC금융자산으로 재분류하였다. 동 금융자산이 A사의 20×3년 당기손익에 미치는 영향은 얼마인가?

① ₩1,804 ② ₩10,424 ③ ₩14,348
④ ₩11,804 ⑤ ₩9,424

**14** 위 물음과 독립적으로 A사는 동 채무상품을 취득시점부터 FVPL금융자산으로 분류하여 오다가 20×4년 10월 1일에 사업모형을 변경하여 투자채무상품을 FVPL금융자산에서 AC금융자산으로 재분류하였다. A사가 20×5년에 인식할 이자수익은 얼마인가? (단, 20×4년 말 동 채무상품의 공정가치는 ₩95,652이고, 기대신용손실은 고려하지 않는다)

① ₩1,804 ② ₩10,424 ③ ₩14,348
④ ₩11,804 ⑤ ₩9,424

# Ⅱ. 최신 기출 유형 정리



## 금융자산 일반

**01** 금융상품에 관한 설명으로 옳지 않은 것은? [관세사 2022]

① 금융상품이란 거래당사자 어느 한쪽에게는 금융자산이 생기게 하고 거래상대방에게 금융부채나 지분상품이 생기게 하는 모든 계약을 의미한다.

② 잠재적으로 유리한 조건으로 거래상대방과 금융자산이나 금융부채를 교환하기로 한 계약상 권리는 금융자산에 해당한다.

③ 거래상대방에게 현금 등 금융자산을 인도하기로 한 계약상 의무는 금융부채에 해당한다.

④ 금융상품의 발행자는 계약의 실질과 금융부채, 금융자산, 지분상품의 정의에 따라 최초 인식시점에 금융상품이나 금융상품의 구성요소를 금융부채, 금융자산, 지분상품으로 분류해야 한다.

⑤ 기업이 자기지분상품을 재취득하는 경우에는 이러한 지분상품은 금융자산으로 인식한다.

**02** 금융상품에 관한 설명으로 옳지 않은 것은? [감정평가사 2022]

① 금융자산의 정형화된 매입 또는 매도는 매매일이나 결제일에 인식하거나 제거한다.

② 당기손익 - 공정가치 측정 금융자산이 아닌 경우 해당 금융자산의 취득과 직접 관련되는 거래원가는 최초 인식시점의 공정가치에 가산한다.

③ 금융자산의 계약상 현금흐름이 재협상되거나 변경되었으나 그 금융자산이 제거되지 아니하는 경우에는 해당 금융자산의 총 장부금액을 재계산하고 변경손익을 당기손익으로 인식한다.

④ 금융자산 양도의 결과로 금융자산 전체를 제거하는 경우에는 금융자산의 장부금액과 수취한 대가의 차액을 당기손익으로 인식한다.

⑤ 최초 발생시점이나 매입할 때 신용이 손상되어 있는 상각후원가 측정 금융자산의 이자수익은 최초 인식시점부터 총 장부금액에 유효이자율을 적용하여 계산한다.

**03** 금융상품에 관한 설명으로 옳지 않은 것은? [감정평가사 2023]

① 종류별로 금융상품을 공시하는 경우에는 공시하는 정보의 특성에 맞게, 금융상품의 특성을 고려하여 금융상품을 종류별로 분류하여야 한다.

② 기타포괄손익 - 공정가치로 측정하는 금융자산의 장부금액은 손실충당금에 의해 감소되지 않는다.

③ 당기손익 - 공정가치로 측정되는 지분상품은 후속적 공정가치 변동을 기타포괄손익으로 표시하도록 최초 인식시점에 선택할 수 있다.

④ 금융자산과 금융부채를 상계하면 손익이 발생할 수 있다.

⑤ 금융자산의 회수를 합리적으로 예상할 수 없는 경우에는 해당 금융자산의 총 장부금액을 직접 줄인다.

**04** (주)관세의 20×1년 말 재무상태표의 금융자산은 ₩3,000이고, 금융부채는 ₩500이다. 다음 자료를 이용할 때 20×1년 말 (주)관세의 매출채권(A)과 매입채무(B)는? [관세사 2021]

| 자산 | 부채 |
|---|---|
| • 매출채권 (A)<br>• 대여금 ₩500<br>• 선급비용 ₩500<br>• 투자사채 ₩1,000 | • 매입채무 (B)<br>• 선수수익 ₩100<br>• 차입금 ₩100<br>• 사채 ₩200 |

| | (A) | (B) |
|---|---|---|
| ① | ₩1,000 | ₩100 |
| ② | ₩1,000 | ₩200 |
| ③ | ₩1,000 | ₩300 |
| ④ | ₩1,500 | ₩100 |
| ⑤ | ₩1,500 | ₩200 |

## 투자지분상품

**05** (주)관세는 20×1년 초 (주)한국의 지분상품을 취득(매매수수료 ₩1,000을 포함하여 총 ₩11,000을 지급)하고 당기손익 - 공정가치 측정 금융자산으로 분류하였다. 20×1년 말 동 지분상품의 공정가치는 ₩9,000이다. (주)관세는 20×2년 4월 초 동 지분상품을 공정가치인 ₩11,000에 처분하였다. (주)관세가 동 지분상품과 관련하여 20×2년도에 인식할 당기손익은? [관세사 2023]

① 손실 ₩1,000　② 손실 ₩2,000　③ ₩0
④ 이익 ₩1,000　⑤ 이익 ₩2,000

**06** (주)관세의 20×1년 당기손익 - 공정가치 측정 금융자산 관련 자료는 다음과 같다. 동 금융자산과 관련하여 (주)관세가 20×1년 인식할 당기손익은? [관세사 2022]

- 4월 1일: (주)한국의 주식 50주를 거래원가 ₩1,500을 포함하여 ₩41,500에 취득
- 6월 9일: 4월 1일 취득한 주식 중 30주를 주당 ₩900에 처분(처분 시 거래원가는 없음)
- 12월 31일: (주)한국의 주당 공정가치는 ₩700임

① ₩1,000 손실　② ₩500 손실　③ ₩0
④ ₩1,000 이익　⑤ ₩3,000 이익

**07** (주)감평은 20×1년 초 A사 주식 10주(보통주, @₩100)를 수수료 ₩100을 포함한 ₩1,100에 취득하여 당기손익 - 공정가치 측정 금융자산으로 분류하였다. (주)감평은 20×2년 7월 1일 A사 주식 5주를 1주당 ₩120에 매각하고, 거래수수료로 매각대금의 3%와 거래세로 매각대금의 2%를 각각 지급하였다. A사 주식의 1주당 공정가치는 20×1년 말 ₩90이고, 20×2년 말 ₩110일 때, (주)감평의 20×2년도 포괄손익계산서의 당기순이익 증가액은? [감정평가사 2024]

① ₩0　② ₩100　③ ₩140
④ ₩180　⑤ ₩220

**08** (주)관세는 20×1년 중 (주)대한의 보통주 100주, 200주, 400주를 각각 1주당 ₩100, ₩200, ₩500에 순차적으로 취득하고, 기타포괄손익 - 공정가치 측정 금융자산으로 선택하여 분류하였다. 20×1년 말 (주)대한의 보통주 1주당 공정가치는 ₩400이다. (주)관세가 20×2년 중 보유하고 있던 (주)대한의 보통주 100주를 1주당 ₩300(공정가치)에 매각하였을 때 처분손익은? [관세사 2021]

① ₩20,000 손실　② ₩10,000 손실　③ ₩0
④ ₩10,000 이익　⑤ ₩20,000 이익

**09** (주)감평은 20×1년 초 주당 액면금액이 ₩150인 (주)한국의 보통주 20주를 주당 ₩180에 취득하였고, 총거래원가 ₩150을 지급하였다. (주)감평은 동 주식을 기타포괄손익 - 공정가치 측정 금융자산으로 분류하였고 20×1년 말 동 주식의 공정가치는 주당 ₩240이다. 동 금융자산과 관련하여 20×1년 인식할 기타포괄이익은? [감정평가사 2021]

① ₩1,050　② ₩1,200　③ ₩1,350
④ ₩1,600　⑤ ₩1,950

**10** (주)관세의 20×1년 당기손익 - 공정가치 측정 금융자산자료는 다음과 같다. 동 금융자산 관련 회계처리가 (주)관세의 20×1년도 당기순이익에 미치는 영향은? (단, 금융자산의 취득단가는 이동 평균법에 의하여 산정한다) [관세사 2025]

| 일자 | 거래 및 관련 내역 |
|---|---|
| 2월 15일 | K사가 발행한 K주식 200주를 주당 ₩1,050(공정가치)에 구입하였으며, 취득과 관련하여 주당 거래원가 ₩50을 추가로 지불하였다. |
| 4월 30일 | K사는 주당 ₩30의 현금배당을 결의하였고, K사로부터 동 배당금을 수령하였다. |
| 7월 1일 | K주식 100주를 주당 ₩1,200에 처분하였으며, 처분 관련 거래원가가 주당 ₩50 발생하였다. |
| 10월 15일 | K사의 무상증자로 K주식 20주를 수령하였으며, 수령일 현재 K주식의 주당공정가치는 ₩1,100, 주당액면금액은 ₩500이다. |
| 12월 31일 | K주식 기말 주당공정가치는 ₩1,300이며, 예상처분관련거래원가는 주당 ₩50이다. |

① ₩31,000증가　② ₩41,000증가　③ ₩51,000증가
④ ₩57,000증가　⑤ ₩67,000증가

## 투자채무상품

**11** (주)감평은 20×1년 1월 1일에 액면금액 ₩500,000(표시이자율 연 10%, 만기 3년, 매년 말 이자 지급)의 사채를 ₩475,982에 취득하고, 당기손익-공정가치 측정 금융자산으로 분류하였다. 동 사채의 취득 당시 유효이자율은 연 12%이며, 20×1년 말 공정가치는 ₩510,000이다. 상기 금융자산(사채) 관련 회계처리가 (주)감평의 20×1년도 당기순이익에 미치는 영향은? (단, 단수 차이로 인한 오차가 있다면 가장 근사치를 선택한다) [감정평가사 2022]

① ₩84,018 증가　② ₩70,000 증가　③ ₩60,000 증가
④ ₩34,018 증가　⑤ ₩10,000 증가

**12** (주)관세는 20×1년 초 사채(액면금액 ₩100,000, 4년 만기, 표시이자율 연 7%, 이자는 매년 말 지급)를 ₩90,490에 취득하고 상각후원가측정 금융자산으로 분류하였다. 취득 당시 사채의 유효이자율은 연 10%이다. 20×1년 말 동 사채의 공정가치가 ₩92,000일 때, 20×1년 말 상각후원가 측정 금융자산의 장부금액은? (단, 금융자산 손상은 없다) [관세사 2022]

① ₩89,951　② ₩92,000　③ ₩92,539
④ ₩94,049　⑤ ₩97,490

**13** (주)관세는 20×1년 1월 1일 (주)한국이 발행한 사채(액면금액 ₩50,000, 만기5년, 표시이자율 연 5% 매년 말 지급)를 ₩45,900에 취득하고, 이를 기타포괄손익-공정가치 측정 금융자산으로 분류하였다. 사채의 20×1년 말 공정가치는 ₩47,000이고, 20×2년 말 공정가치는 ₩48,000이다. (주)관세가 동 금융자산과 관련하여 20×2년도에 인식할 이자수익은? (단, 취득 당시 유효이자율은 연 7%이며, 계산 시 화폐금액은 소수점 첫째 자리에서 반올림한다) [관세사 2020]

① ₩3,263　② ₩3,290　③ ₩3,360
④ ₩3,649　⑤ ₩3,886

**14** (주)관세는 20×1년 초 채무상품(액면금액 ₩1,000,000, 표시이자율 연 5%, 매년 말 이자지급, 3년 만기)을 ₩875,640에 구입하여 기타포괄손익-공정가치 측정금융자산으로 분류하였다. 취득 당시 유효이자율은 연 10%이고, 20×1년 말 동 채무싱품의 공정가치는 ₩950,000이다. 20×1년도 (주)관세가 동 금융자산과 관련하여 인식할 기타포괄이익은?(단, 화폐금액은 소수점 첫째 자리에서 반올림한다) [관세사 2023]

① ₩36,796　② ₩37,564　③ ₩50,000
④ ₩74,360　⑤ ₩87,564

**15** 상품매매기업인 (주)감평은 20×1년 초 건물(취득원가 ₩10,000,000, 내용연수 10년, 잔존가치 ₩0, 정액법 상각)을 취득하면서 다음과 같은 조건의 공채를 액면금액으로 부수 취득하였다.

- 액면금액: ₩2,000,000
- 발행일: 20×1년 1월 1일, 만기 3년
- 액면이자율: 연 4%(매년 말 이자지급)
- 유효이자율: 연 8%

(주)감평이 동 채권을 상각후원가 측정(AC) 금융자산으로 분류할 경우, 건물과 상각후원가 측정(AC) 금융자산 관련 거래가 20×1년 당기순이익에 미치는 영향은? (단, 건물에 대해 원가모형을 적용하고, 계산금액은 소수점 첫째 자리에서 반올림하며, 단수 차이로 인한 오차가 있으면 가장 근사치를 선택한다)

[감정평가사 2020]

| 기간 | 단일금액 ₩1의 현재가치 | | 정상연금 ₩1의 현재가치 | |
|---|---|---|---|---|
| | 4% | 8% | 4% | 8% |
| 3 | 0.8890 | 0.7938 | 2.7751 | 2.5771 |

① ₩143,501 증가 ② ₩856,499 감소 ③ ₩877,122 감소
④ ₩920,000 감소 ⑤ ₩940,623 감소

**16** 20×1년 1월 1일 (주)감평은 (주)한국이 동 일자에 발행한 사채(액면금액 ₩1,000,000, 액면이자율 연 4%, 이자는 매년 말 지급)를 ₩896,884에 취득하였다. 취득 당시 유효이자율은 연 8%이다. 20×1년 말 동 사채의 이자수취 후 공정가치는 ₩925,000이며, 20×2년 초 ₩940,000에 처분하였다. (주)감평의 동 사채관련 회계처리에 관한 설명으로 옳지 않은 것은? (단, 계산금액은 소수점 첫째 자리에서 반올림하며, 단수 차이로 인한 오차가 있으면 가장 근사치를 선택한다) [감정평가사 2020]

① 당기손익 - 공정가치(FVPL) 측정 금융자산으로 분류하였을 경우, 20×1년 당기순이익은 ₩68,116 증가한다.
② 상각후원가(AC) 측정 금융자산으로 분류하였을 경우, 20×1년 당기순이익은 ₩71,751 증가한다.
③ 기타포괄손익 - 공정가치(FVOCI) 측정 금융자산으로 분류하였을 경우, 20×1년 당기순이익은 ₩71,751 증가한다.
④ 상각후원가(AC) 측정 금융자산으로 분류하였을 경우, 20×2년 당기순이익은 ₩11,365 증가한다.
⑤ 기타포괄손익 - 공정가치(FVOCI) 측정 금융자산으로 분류하였을 경우, 20×2년 당기순이익은 ₩15,000 증가한다.

**17** (주)감평은 20×1년 초 (주)한국이 3년 만기로 발행한 사채(발행일 20×1년 초, 액면금액 ₩100,000, 표시이자율 연 10%, 매년 말 이자 지급)를 발행일의 공정가치인 ₩105,151에 취득하였다. 동 사채의 취득목적은 원리금을 수취하면서 매도할 목적으로 (주)감평은 동 사채를 기타포괄손익 - 공정가치 측정 금융자산으로 분류하였다. 취득 당시 금융자산에 적용된 유효이자율은 연 8%이다. 동 사채의 20×1년 말과 20×2년 말 공정가치는 각각 ₩100,000과 ₩95,000이다. (주)감평이 20×3년 초 동 사채를 공정가치인 ₩95,000에 매각하였다면, 동 금융자산 처분과 관련한 회계처리가 (주)감평의 20×3년 당기순이익에 미치는 영향은? (단, 화폐금액은 소수점 첫째 자리에서 반올림하며, 단수 차이로 인한 오차가 있으면 가장 근사치를 선택한다) [감정평가사 2025]

① ₩1,437 감소 ② ₩1,437 증가 ③ ₩3,563 감소
④ ₩6,848 감소 ⑤ ₩6,848 증가

## 금융자산의 기타사항

**18** 금융자산의 재분류에 관한 설명으로 옳지 않은 것은? [관세사 2020]

① 금융자산을 상각후원가 측정 범주에서 당기손익 - 공정가치 측정 범주로 재분류하는 경우에 재분류일의 공정가치로 측정하고, 금융자산의 재분류 전 상각후원가와 공정가치의 차이에 따른 손익은 당기손익으로 인식한다.
② 금융자산을 당기손익 - 공정가치 측정 범주에서 상각후원가 측정 범주로 재분류하는 경우에 재분류일의 공정가치가 새로운 총장부금액이 된다.
③ 금융자산을 기타포괄손익 - 공정가치 측정 범주에서 상각후원가 측정 범주로 재분류하는 경우에 재분류일의 공정가치로 측정하고, 재분류 전에 인식한 기타포괄손익누계액은 재분류일에 당기손익으로 인식한다.
④ 금융자산을 상각후원가 측정 범주에서 기타포괄손익 - 공정가치 측정 범주로 재분류하는 경우에 재분류일의 공정가치로 측정하고, 금융자산의 재분류 전 상각후원가와 공정가치의 차이에 따른 손익은 기타포괄손익으로 인식한다.
⑤ 금융자산을 당기손익 - 공정가치 측정 범주에서 기타포괄손익 - 공정가치 측정 범주로 재분류하는 경우에 계속 공정가치로 측정한다.

**19** (주)감평은 20×1년 초 금융자산을 취득하고, 이를 상각후원가로 측정하는 금융자산으로 분류하였다. 20×1년 말 동 금융자산의 손실충당금 반영 전 장부금액은 ₩9,200이고, 기대신용손실은 ₩600으로 예상된다. 20×2년 초 (주)감평은 동 금융자산을 당기손익 - 공정가치 측정 금융자산으로 재분류하였다. 재분류시점에 금융자산의 공정가치는 ₩8,800이다. (주)감평이 금융자산의 재분류로 인해 인식할 당기손익은? [감정평가사 2025]

① ₩200 이익 ② ₩400 이익 ③ ₩600 이익
④ ₩200 손실 ⑤ ₩400 손실

# Ⅲ. 타시험 기출 및 과거 기출 필수문제 정리



**01** 기업회계기준서 제1109호 '금융상품'에 관한 다음 설명 중 옳은 것은? [공인회계사 2018]

① 회계불일치 상황이 아닌 경우의 금융자산은 금융자산의 관리를 위한 사업모형과 금융자산의 계약상 현금흐름 특성 모두에 근거하여 상각후원가, 기타포괄손익 - 공정가치, 당기손익 - 공정가치로 측정되도록 분류한다.

② 당기손익 - 공정가치로 측정되는 지분상품에 대한 특정 투자의 후속적인 공정가치 변동은 최초 인식시점이라도 기타포괄손익으로 표시하는 것을 선택할 수 없다.

③ 금융자산의 전체나 일부의 회수를 합리적으로 예상할 수 없는 경우에도 해당 금융자산의 총장부금액을 직접 줄일 수는 없다.

④ 기타포괄손익 - 공정가치 측정 금융자산의 손상차손은 당기손실로 인식하고, 손상차손환입은 기타포괄손익으로 인식한다.

⑤ 회계불일치를 제거하거나 유의적으로 줄이는 경우에는 최초 인식시점에 해당 금융자산을 기타포괄손익 - 공정가치 측정항목으로 지정할 수 있으며, 지정 후 이를 취소할 수 있다.

**02** (주)세무는 (주)대한의 주식 A를 취득하고, 이를 기타포괄손익 - 공정가치 측정 금융자산으로 '선택'(이하 "FVOCI") 지정분류하였다. 동 주식 A의 거래와 관련된 자료가 다음과 같고, 다른 거래가 없을 경우 설명으로 옳은 것은? (단, 동 FVOCI 취득과 처분은 공정가치로 한다) [세무사 2020]

| 구분 | 20×1년 기중 | 20×1년 기말 | 20×2년 기말 | 20×3년 기중 |
|---|---|---|---|---|
| 회계처리 | 취득 | 후속평가 | 후속평가 | 처분 |
| 공정가치 | ₩100,000 | ₩110,000 | ₩98,000 | ₩99,000 |
| 거래원가 | ₩500 | - | - | ₩200 |

① 20×1년 기중 FVOCI 취득원가는 ₩100,000이다.

② 20×1년 기말 FVOCI 평가이익은 ₩10,000이다.

③ 20×2년 기말 FVOCI 평가손실은 ₩3,000 발생된다.

④ 20×3년 처분 직전 FVOCI 평가손실 잔액은 ₩2,000이다.

⑤ 20×3년 처분 시 당기손실 ₩200이 발생된다.

**03** (주)대한과 관련된 다음의 자료를 활용하여 물음에 답하시오.

• (주)대한은 다음과 같은 A, B, C사채를 발행일에 취득하였다.

| 사채 | A사채 | B사채 | C사채 |
|---|---|---|---|
| 액면금액 | ₩2,000,000 | ₩1,500,000 | ₩500,000 |
| 표시이자율 | 연 6% | 연 8% | 연 10% |
| 만기일 | 20×3.12.31. | 20×3.12.31. | 20×3.12.31. |
| 발행일 | 20×1.1.1. | 20×1.1.1. | 20×1.1.1. |

• (주)대한은 A, B, C사채를 구입한 직후에 A사채는 당기손익 - 공정가치 측정(FVPL) 금융자산으로, B사채와 C사채는 기타포괄손익 - 공정가치 측정(FVOCI) 금융자산으로 각각 분류하였다.
• A, B, C사채 모두 이자 지급일은 매년 말이며, 사채발행일 현재 유효이자율은 연 10%이다.
• (주)대한이 사채에 대해서 발행일에 취득한 가격은 A사채 ₩1,801,016, B사채 ₩1,425,366, C사채 ₩500,000이고, 해당 취득가격은 공정가치와 같다.
• 20×1년 12월 31일, 연말 이자수취 직후의 금액인 공정가치는 A사채의 경우 ₩1,888,234이고, B사채는 ₩1,466,300이며, C사채는 ₩501,000이다.

(주)대한의 금융자산에 대한 회계처리가 20×1년도 포괄손익계산서의 당기순이익에 미치는 영향은 얼마인가? (단, 단수차이로 인해 오차가 있다면 가장 근사치를 선택한다) [공인회계사 2024]

① ₩50,755 증가 ② ₩120,755 증가 ③ ₩399,755 증가
④ ₩417,218 증가 ⑤ ₩427,218 증가

**04** 12월 말 결산법인인 (주)한영은 20×1년 초 B사가 발행한 액면금액 ₩200,000(만기 3년, 액면이자율 8%, 이자는 매년 말 지급)의 사채를 공정가치 ₩180,792에 취득하고 AC금융자산으로 분류하였다. (주)한영은 사채의 취득과 관련하여 거래원가 ₩9,260을 지출하였으며, 이를 고려한 유효이자율은 10%이다. 20×1년 말 B사 사채의 신용위험이 유의적으로 증가하지 않았으며, 12개월 기대손실은 ₩6,000으로 추정하였다. 20×2년 말 표시이자는 정상적으로 회수하였으나 20×2년 말 B사 사채의 신용이 손상되어 20×3년 말 이자회수는 불가능하고 20×3년 말 액면금액만 회수할 것으로 추정하였다. 20×2년 말 현재 시장이자율은 13%일 때, B사 사채의 보유가 (주)한영의 20×2년도 당기손익에 미치는 영향은 얼마인가?

① ₩10,761 증가 ② ₩8,538 감소 ③ ₩4,770 감소
④ ₩16,000 증가 ⑤ ₩19,306 증가

**05** (주)대한은 (주)민국이 발행한 사채(발행일 20×1년 1월 1일, 액면금액 ₩3,000,000으로 매년 12월 31일에 연 8% 이자지급, 20×4년 12월 31일에 일시상환)를 20×1년 1월 1일에 사채의 발행가액으로 취득하였다. (취득 시 신용이 손상되어 있지 않음) (주)대한은 취득한 사채를 상각후원가로 측정하는 금융자산으로 분류하였으며, 사채발행시점의 유효이자율은 연 10%이다. (주)대한은 (주)민국으로부터 20×1년도 이자 ₩240,000은 정상적으로 수취하였으나 20×1년 말에 상각후원가로 측정하는 금융자산의 신용이 손상되었다고 판단하였다. (주)대한은 채무불이행확률을 고려하여 20×2년부터 20×4년까지 다음과 같은 현금흐름을 추정하였다.

- 매년 말 수취할 이자: ₩150,000
- 만기에 수취할 원금: ₩2,000,000

또한 (주)대한은 (주)민국으로부터 20×2년도 이자 ₩150,000을 수취하였으며, 20×2년 말에 상각후원가로 측정하는 금융자산의 채무불이행확률을 합리적으로 판단하여 20×3년부터 20×4년까지 다음과 같은 현금흐름을 추정하였다.

- 매년 말 수취할 이자: ₩210,000
- 만기에 수취할 원금: ₩2,000,000

(주)대한이 20×2년도에 인식할 손상차손환입은 얼마인가? (단, 단수 차이로 인해 오차가 있다면 가장 근사치를 선택한다) [공인회계사 2018]

| 할인율 / 기간 | 단일금액 ₩1의 현재가치 | | 정상연금 ₩1의 현재가치 | |
|---|---|---|---|---|
| | 8% | 10% | 8% | 10% |
| 1년 | 0.9259 | 0.9091 | 0.9259 | 0.9091 |
| 2년 | 0.8573 | 0.8264 | 1.7832 | 1.7355 |
| 3년 | 0.7938 | 0.7513 | 2.5770 | 2.4868 |
| 4년 | 0.7350 | 0.6830 | 3.3120 | 3.1698 |

① ₩0 ② ₩104,073 ③ ₩141,635
④ ₩187,562 ⑤ ₩975,107

**06** (주)대한은 (주)민국이 20×1년 1월 1일에 발행한 사채를 발행일에 취득하였으며, 취득 시 동 사채를 기타포괄손익 - 공정가치측정금융자산(FVOCI금융자산)으로 분류하였다. (주)민국의 사채는 다음과 같은 조건으로 발행되었다.

- 액면금액: ₩1,000,000
- 만기일: 20×3년 12월 31일(일시상환)
- 표시이자율: 연 4%, 매년 말 지급
- 유효이자율: 연 6%

(주)대한은 (주)민국으로부터 20×1년도 표시이자는 정상적으로 수취하였으나, 20×1년 말에 상기 사채의 신용이 손상되어 향후 표시이자 수령 없이 만기일에 원금의 80%만 회수가능할 것으로 추정하였다. (주)대한은 20×2년에 예상대로 이자는 회수하지 못하였으나, 20×2년 말 현재 상황이 호전되어 사채의 만기일에 원금의 100%를 회수할 수 있을 것으로 추정하였다(이자는 회수불가능). 상기 사채의 20×1년 말과 20×2년 말 현재 공정가치는 각각 ₩700,000과 ₩820,000이다.
(주)대한의 상기 금융자산이 (1) 20×1년도 총포괄이익에 미치는 영향과 (2) 20×2년도 당기순이익에 미치는 영향은 각각 얼마인가? (단, 단수 차이로 인해 오차가 있다면 가장 근사치를 선택한다)

[공인회계사 2023]

| 할인율<br>기간 | 단일금액 ₩1의 현재가치 | | 정상연금 ₩1의 현재가치 | |
|---|---|---|---|---|
| | 4% | 6% | 4% | 6% |
| 1년 | 0.9615 | 0.9434 | 0.9615 | 0.9434 |
| 2년 | 0.9246 | 0.8900 | 1.8861 | 1.8334 |
| 3년 | 0.8890 | 0.8396 | 2.7751 | 2.6730 |

| | (1) 20×1년도 총포괄이익 | (2) 20×2년도 당기순이익 |
|---|---|---|
| ① | ₩206,520 감소 | ₩213,200 증가 |
| ② | ₩206,520 감소 | ₩231,400 증가 |
| ③ | ₩186,520 감소 | ₩213,200 증가 |
| ④ | ₩186,520 감소 | ₩231,400 증가 |
| ⑤ | ₩186,520 감소 | ₩121,200 증가 |

**07** 금융자산의 재분류 시 회계처리에 관한 설명으로 옳지 않은 것은? [세무사 2018]

① 상각후원가 측정 금융자산을 당기손익 - 공정가치 측정 금융자산으로 재분류할 경우 재분류일의 공정가치로 측정하고, 재분류 전 상각후원가와 공정가치의 차이를 당기손익으로 인식한다.

② 상각후원가 측정 금융자산을 기타포괄손익 - 공정가치 측정 금융자산으로 재분류할 경우 재분류일의 공정가치로 측정하고, 재분류 전 상각후원가와 공정가치의 차이를 기타포괄손익으로 인식하며, 재분류에 따라 유효이자율과 기대신용손실 측정치는 조정하지 않는다.

③ 기타포괄손익 - 공정가치 측정 금융자산을 당기손익 - 공정가치 측정 금융자산으로 재분류할 경우 계속 공정가치로 측정하고, 재분류 전에 인식한 기타포괄손익누계액은 재분류일에 이익잉여금으로 대체한다.

④ 기타포괄손익 - 공정가치 측정 금융자산을 상각후원가 측정 금융자산으로 재분류할 경우 재분류일의 공정가치로 측정하고, 재분류 전에 인식한 기타포괄손익누계액은 자본에서 제거하고 재분류일의 금융자산의 공정가치에서 조정하며, 재분류에 따라 유효이자율과 기대신용손실 측정치는 조정하지 않는다.

⑤ 당기손익 - 공정가치 측정 금융자산을 기타포괄손익 - 공정가치 측정 금융자산으로 재분류할 경우 계속 공정가치로 측정하고, 재분류일의 공정가치에 기초하여 유효이자율로 다시 계산한다.

**08** 다음은 금융자산의 분류 및 재분류 등에 관한 설명이다. 옳은 설명을 모두 고른 것은? [세무사 2022]

> ㄱ. 계약상 현금흐름을 수취하기 위해 보유하는 것이 목적인 사업모형하에서 금융자산을 보유하고, 금융자산의 계약조건에 따라 특정일에 원금과 원금잔액에 대한 이자지급만으로 구성되어 있는 현금흐름이 발생하는 금융자산은 상각후원가로 측정한다.
> ㄴ. 계약상 현금흐름의 수취와 금융자산의 매도 둘 다를 통해 목적을 이루는 사업모형하에서 금융자산을 보유하고, 금융자산의 계약조건에 따라 특정일에 원금과 원금잔액에 대한 이자지급만으로 구성되어 있는 현금흐름이 발생하는 금융자산은 당기손익 - 공정가치로 측정한다.
> ㄷ. 서로 다른 기준에 따라 자산이나 부채를 측정하거나 그에 따른 손익을 인식한 결과로 발생한 인식이나 측정의 불일치를 제거하거나 유의적으로 줄이는 경우에는 최초 인식시점에 해당 금융자산을 당기손익 - 공정가치 측정항목으로 지정할 수 있다.
> ㄹ. 금융자산을 기타포괄손익 - 공정가치 측정범주에서 당기손익 - 공정가치 측정범주로 재분류하는 경우, 재분류 전에 인식한 기타포괄손익누계액은 재분류일에 자본의 다른 항목으로 직접 대체한다.

① ㄱ, ㄴ ② ㄱ, ㄷ ③ ㄴ, ㄷ
④ ㄴ, ㄹ ⑤ ㄷ, ㄹ

**09** (주)대한은 (주)민국이 20×1년 1월 1일에 발행한 사채를 동 일자에 ₩950,244에 취득하였으며, 이를 상각후원가로 측정하는 금융자산(AC금융자산)으로 분류하였다. (주)민국의 사채는 다음과 같은 조건으로 발행되었다.

- 액면금액: ₩1,000,000
- 만기일: 20×3년 12월 31일(일시상환)
- 표시이자율: 연 8%, 매년 말 지급
- 유효이자율: 연 10%

20×1년 12월 31일에 (주)대한과 (주)민국은 다음과 같은 조건으로 재협상하여 계약상 현금흐름을 변경하였다.

- 만기일: 20×4년 12월 31일로 1년 연장(일시상환)
- 표시이자율: 20×2년부터 연 5%로 인하, 매년 말 지급
- 변경시점의 현행시장이자율: 연 12%

계약상 현금흐름의 변경과 관련하여 발생한 수수료 ₩124,360은 (주)대한이 부담하였다. (주)대한은 재협상을 통한 계약상 현금흐름의 변경이 금융자산의 제거조건을 충족하지 않는 것으로 판단하였다. 상기 금융자산과 관련하여 (주)대한이 20×2년도에 인식할 이자수익은 얼마인가? (단, 단수 차이로 인해 오차가 있다면 가장 근사치를 선택한다) [공인회계사 2023]

| 할인율 / 기간 | 단일금액 ₩1의 현재가치 | | 정상연금 ₩1의 현재가치 | |
|---|---|---|---|---|
| | 10% | 12% | 10% | 12% |
| 1년 | 0.9091 | 0.8929 | 0.9091 | 0.8929 |
| 2년 | 0.8264 | 0.7972 | 1.7355 | 1.6901 |
| 3년 | 0.7513 | 0.7118 | 2.4868 | 2.4019 |

① ₩50,000 ② ₩87,564 ③ ₩89,628
④ ₩95,024 ⑤ ₩96,527

**10** (주)감평은 20×1년 1월 1일 (주)한국이 동 일자에 발행한 액면금액 ₩1,000,000, 표시이자율 연 10%(이자는 매년 말 지급)의 3년 만기의 사채를 ₩951,963에 취득하였다. 동 사채의 취득시 유효이자율은 연 12%이었으며, (주)감평은 동 사채를 상각후원가로 측정하는 금융자산으로 분류하였다. 동 사채의 20×1년 12월 31일 공정가치는 ₩975,123이었으며, (주)감평은 20×2년 7월 31일에 경과이자를 포함하여 ₩980,000에 전부 처분하였다. 동 사채 관련 회계처리가 (주)감평의 20×2년도 당기순이익에 미치는 영향은? (단, 단수 차이로 인한 오차가 있으면 가장 근사치를 선택한다) [감정평가사 2018]

① ₩13,801 증가 ② ₩14,842 감소 ③ ₩4,877 증가
④ ₩34,508 감소 ⑤ ₩48,310 증가

ca.Hackers.com

해커스 회계학 1차 기출+예상문제집

해커스 감정평가사 ca.Hackers.com

# 10장

# 금융자산(2)

# I. 필수 유형 정리

**01** 다음은 (주)현주의 20×1년 결산자료의 일부이다. 부도수표는 B은행에 입금한 수표에서 발생한 것이며, 당좌예금잔액은 두 은행 모두 정확한 잔액이다. 또한 지점전도금은 영업활동자금으로 보낸 것이다. (주)현주가 재무상태표에 표시할 현금및현금성자산의 금액은 얼마인가?

| | | | |
|---|---|---|---|
| (1) 통화 | ₩700,000 | (2) 차입금담보제공예금 | ₩200,000 |
| (3) B은행 당좌예금 | ₩55,000 | (4) 만기도래 국채이자표 | ₩135,000 |
| (5) 차용증서 | ₩30,000 | (6) 타인발행약속어음 | ₩300,000 |
| (7) 선일자수표 | ₩27,000 | (8) 타인발행당좌수표 | ₩180,000 |
| (9) 우편환증서 | ₩38,000 | (10) 수입인지 | ₩20,000 |
| (11) 부도수표 | ₩34,000 | (12) 국세환급통지표 | ₩400,000 |
| (13) 국채(만기 1년) | ₩50,000 | (14) 배당금지급통지표 | ₩120,000 |
| (15) 직원급여가불증 | ₩100,000 | (16) 지점전도금 | ₩140,000 |
| (17) A은행 당좌차월 | ₩30,000 | (18) 당좌개설보증금 | ₩22,000 |
| (19) 여행자수표 | ₩100,000 | (20) 자기앞수표 | ₩500,000 |

① ₩2,368,000 ② ₩2,568,000 ③ ₩2,338,000
④ ₩2,668,000 ⑤ ₩2,700,000

**02** (주)국세는 20×1년 12월 31일 자금담당 직원이 회사자금을 횡령하고 잠적한 사건이 발생하였다. 12월 31일 현재 회사 장부상 당좌예금계정잔액을 검토한 결과 ₩106,000이었으며, 은행 측 당좌예금계정잔액을 조회한 결과 ₩70,000으로 확인되었다. 회사 측 잔액과 은행 측 잔액이 차이가 나는 이유가 다음과 같다고 할 경우 자금담당 직원이 회사에서 횡령한 것으로 추정할 수 있는 금액은 얼마인가?

- 은행 미기입예금: ₩60,000
- 은행수수료: ₩10,000
- 기발행 미인출수표: ₩50,000
- 미통지입금: ₩46,000
- 타사발행수표를 (주)국세의 당좌예금계좌에서 차감한 금액: ₩22,000

① ₩22,000 ② ₩26,000 ③ ₩32,000
④ ₩36,000 ⑤ ₩40,000

**03** (주)세무는 (주)한국에 상품을 판매한 대가로 이자부약속어음(액면가액 ₩160,000, 5개월 만기, 표시이자 연 9%)을 받고, 이 어음을 2개월간 보유한 후 은행에서 할인하여 ₩161,518을 수령하였다. 동 어음할인 거래는 금융자산의 제거요건을 충족한다. 이 어음 거래에 적용된 연간 할인율은 얼마인가? (단, 이자는 월할 계산한다) [세무사 2018]

① 10.2% ② 10.4% ③ 10.5%
④ 10.6% ⑤ 10.8%

# Ⅱ. 최신 기출 유형 정리

## 현금및현금성자산

**01** 유동자산에 관한 설명으로 옳지 않은 것은? [관세사 2022]

① 지분상품은 원칙적으로 현금성자산에서 제외하나, 상환일이 정해져 있고 취득일로부터 상환일까지의 기간이 단기인 우선주와 같이 실질적인 현금성 자산인 경우에는 예외적으로 포함될 수 있다.

② 보고기간 후 12개월 이내에 기한이 도래하지 않으면서 사용 목적이 제한되어 있거나 혹은 일상적인 기업의 영업활동과정에서 지급수단으로 사용할 수 없는 예금은 유동자산으로 분류할 수 있다.

③ 금융기관이 취급하는 예금 중에서 기업이 단기적인 자금운용을 목적으로 하거나 보고기간 후 12개월 이내에 만기가 도래하는 정기예금, 정기적금 또는 보고기간 후 12개월 이상이 아닌 기간의 사용이 제한되어 있는 단기예금은 유동자산으로서 단기금융자산에 포함시킨다.

④ 현금성자산이란 유동성이 매우 높은 단기 투자자산으로서 확정된 금액의 현금으로 전환이 용이하고 가치변동의 위험이 경미한 자산을 말한다.

⑤ 정형화된 금융상품이라고 하더라도 취득시 만기가 3개월 이내에 도래하여 유동성이 매우 높은 금융상품은 현금성자산으로 분류한다.

**02** (주)관세의 20×1년 말 금융자산 등의 내역이다. 20×1년 말 재무상태표의 현금및현금성자산에 포함될 항목을 모두 고른 것은? [관세사 2020]

ㄱ. 송금환
ㄴ. 타인발행약속어음
ㄷ. 우표
ㄹ. 만기가 도래한 국채 이자표
ㅁ. 20×1년 2월 초에 취득한 만기가 2개월 남은 정기예금

① ㄱ, ㄴ ② ㄱ, ㄷ ③ ㄱ, ㄹ
④ ㄴ, ㅁ ⑤ ㄷ, ㄹ

**03** (주)관세는 20×1년 말 현재 다음의 항목을 보유하고 있다. 20×1년 말 현금및현금성자산으로 보고할 금액은? [관세사 2024]

| | | | |
|---|---|---|---|
| • 보관 중인 현금 | ₩200 | • 선일자수표 | ₩700 |
| • 타인발행수표 | 600 | • 당좌개설보증금 | 400 |
| • 배당금지급 통지서 | 500 | • 우편환 증서 | 200 |

① ₩800 ② ₩1,000 ③ ₩1,300
④ ₩1,500 ⑤ ₩2,200

**04** 현금및현금성자산으로 재무상태표에 표시될 수 없는 것을 모두 고른 것은? (단, 지분상품은 현금으로 전환이 용이하다) [감정평가사 2021]

ㄱ. 부채상환을 위해 12개월 이상 사용이 제한된 요구불예금
ㄴ. 사용을 위해 구입한 수입인지와 우표
ㄷ. 상환일이 정해져 있고 취득일로부터 상환일까지 기간이 2년인 회사채
ㄹ. 취득일로부터 1개월 내에 처분할 예정인 상장기업의 보통주
ㅁ. 재취득한 자기지분상품

① ㄱ, ㄴ, ㄹ ② ㄱ, ㄷ, ㄹ ③ ㄴ, ㄷ, ㅁ
④ ㄱ, ㄴ, ㄷ, ㅁ ⑤ ㄱ, ㄴ, ㄷ, ㄹ, ㅁ

**05** (주)관세의 20×1년 말 재무상태표의 현금및현금성자산은 ₩30,000이다. 다음 자료를 이용할 때 20×1년 말 (주)관세의 외국환통화($)는? (단, 20×1년 말 기준환율은 $1 = ₩1,100이다) [관세사 2021]

• 지점전도금 ₩500
• 우편환 ₩3,000
• 당좌예금 ₩400
• 선일자수표 ₩1,000
• 만기가 도래한 국채 이자표 ₩500
• 외국환통화 ( ? )
• 배당금지급통지표 ₩7,500
• 차용증서 ₩1,000
• 양도성예금증서(취득: 20×1년 12월 1일, 만기: 20×2년 1월 31일) ₩500

① $10 ② $16 ③ $20
④ $26 ⑤ $30

## 은행계정조정

**06** (주)감평이 총계정원장상 당좌예금 잔액과 은행측 당좌예금잔액증명서의 불일치원인을 조사한 결과 다음과 같은 사항을 발견하였다. 이 때 (주)감평이 장부에 반영해야 할 항목을 모두 고른 것은?

[감정평가사 2022]

> ㄱ. 매출대금으로 받아 예입한 수표가 부도 처리되었으나, (주)감평의 장부에 기록되지 않았다.
> ㄴ. 대금지급을 위해 발행한 수표 중 일부가 미인출수표로 남아 있다.
> ㄷ. 매입채무를 지급하기 위해 발행한 수표 금액이 장부에 잘못 기록되었다.
> ㄹ. 받을어음이 추심되어 (주)감평의 당좌예금 계좌로 입금되었으나, (주)감평에 아직 통보되지 않았다.

① ㄴ ② ㄱ, ㄴ ③ ㄴ, ㄷ
④ ㄱ, ㄷ, ㄹ ⑤ ㄴ, ㄷ, ㄹ

**07** 20×1년 말 (주)감평의 올바른 당좌예금금액을 구하기 위한 자료는 다음과 같다. (주)감평의 입장에서 수정 전 당좌예금계정 잔액에 가산 또는 차감해야 할 금액은? [감정평가사 2023]

> (1) 수정 전 잔액
> • 은행의 당좌예금잔액증명서상 금액: ₩4,000
> • (주)감평의 당좌예금 계정원장상 금액: ₩2,100
> (2) 은행과 (주)감평의 당좌예금 수정 전 잔액 차이 원인
> • 20×1년 말 현재 (주)감평이 발행 · 기록한 수표 중 은행에서 미결제된 금액: ₩1,200
> • 20×1년 은행이 기록한 수수료 미통지 금액: ₩100
> • 20×1년 말 받을어음 추심으로 당좌예금 계좌에 기록되었으나, (주)감평에 미통지된 금액: ₩1,000
> • 20×1년 중 거래처로부터 받아 기록하고 추심 의뢰한 수표 중 은행으로부터 부도 통지 받은 금액: ₩200

| | 가산할 금액 | 차감할 금액 |
|---|---|---|
| ① | ₩1,000 | ₩300 |
| ② | ₩1,100 | ₩200 |
| ③ | ₩1,300 | ₩1,400 |
| ④ | ₩1,400 | ₩100 |
| ⑤ | ₩2,200 | ₩300 |

**08** (주)관세는 당좌예금 장부잔액 ₩320,000에 대하여 주거래은행에 확인을 요청한 결과, 은행측 잔액과 일치하지 않은 것을 발견하였다. 불일치 내용은 다음과 같으며, 이러한 차이를 조정한 후 (주)관세와 주거래은행의 당좌예금 잔액은 일치하였다. 이에 관한 설명으로 옳지 않은 것은? [관세사 2021]

- (주)관세가 거래처 A에게 발행한 수표 ₩30,000이 주거래은행의 당좌예금 계좌에서 아직 인출되지 않았다.
- (주)관세가 기중에 주거래은행에 예입한 수표 ₩73,000이 전산장애로 아직 입금처리되지 않았다.
- 거래처 B가 (주)관세의 주거래은행측 당좌예금 계좌로 수표 ₩50,000을 입금하였으나 (주)관세에는 통보되지 않았다.
- 거래처 C에게 상품매입 대가 ₩23,000을 수표발행 결제하였으나, (주)관세의 직원이 이를 ₩32,000으로 잘못 기록하였다.
- 주거래은행은 당좌거래 수수료 ₩1,000을 부과하고 당좌예금 계좌에서 차감하였으나, (주)관세에는 통보되지 않았다.

① 거래처 A에게 발행한 수표에 대하여 (주)관세가 조정할 내용은 없다.
② 거래처 B가 입금한 수표에 대하여 주거래은행이 조정할 내용은 없다.
③ 거래처 C에게 발행한 수표에 대하여 (주)관세는 당좌예금 계정에 ₩9,000을 가산해야 하지만, 주거래은행이 조정할 내용은 없다.
④ 주거래은행이 부과한 당좌거래 수수료에 대하여 (주)관세는 당좌예금 계정에서 차감하는 조정을 해야 한다.
⑤ 당좌예금 조정 전 잔액은 (주)관세가 주거래은행보다 ₩15,000이 더 많다.

**09** 20×1년 말 (주)관세의 장부상 당좌예금계정 잔액은 ₩18,000으로 은행측 당좌예금 거래명세서 잔액과 불일치하였다. 다음의 불일치 원인을 조정하기 전 20×1년 말 은행측 당좌예금 거래명세서 잔액은? [관세사 2022]

- 기중 발행되었으나 미인출된 수표 ₩2,000이 있다.
- 기중 당좌거래 관련 은행수수료 ₩800이 차감되었으나 (주)관세의 장부에는 반영되지 않았다.
- 기중 거래처에 대한 어음상 매출채권 ₩6,000이 추심 · 입금되었으나 (주)관세는 통지받지 못하였다.
- 기중 당좌예입한 수표 ₩1,500이 부도 처리되었으나 (주)관세는 통지받지 못하였다.

① ₩18,700 ② ₩21,700 ③ ₩22,500
④ ₩23,700 ⑤ ₩24,500

## 수취채권의 손상

**10** (주)관세의 20×1년 말과 20×2년 말 재무상태표의 매출채권 관련 부분이다.

| 구분 | 20×1년 말 | 20×2년 말 |
|---|---|---|
| 매출채권 | ₩100,000 | ₩300,000 |
| 손실충당금 | (5,000) | (6,000) |

(주)관세는 20×2년 7월 초 매출채권 ₩7,000이 회수불능으로 확정되어 장부에서 제각하였으나, 동년도 12월 초 제각한 매출채권 중 ₩3,000을 회수하였다. (주)관세의 매출채권과 관련한 20×2년도 손상차손은? [관세사 2020]

① ₩2,000 ② ₩3,000 ③ ₩5,000
④ ₩6,000 ⑤ ₩8,000

## 받을어음의 할인, 팩토링

**11** (주)관세가 20×1년 3월 1일 매출채권 중 일부를 다음과 같이 팩토링과 어음할인을 통해 현금화할 경우, 인식할 매출채권처분손익은? (단, 어음의 할인은 월할 계산한다) [관세사 2022]

| 구분 | 금액 | 채권발생일 | 만기 | 비고 |
|---|---|---|---|---|
| 외상매출금 | ₩100,000 | 20×1년 1월 1일 | 3개월 | 제거요건 미충족, 팩토링수수료 ₩2,000 |
| 받을어음(무이자부) | ₩200,000 | 20×1년 2월 1일 | 3개월 | 제거요건 충족, 어음할인율 연 9% |

① ₩5,000 손실 ② ₩3,000 손실 ③ ₩2,000 손실
④ ₩1,500 손실 ⑤ ₩5,000 이익

**12** (주)관세는 20×1년 4월 1일 상품을 판매하고 약속어음(액면금액 ₩100,000, 이자율 연 8%, 만기 6개월)을 수취하였다. (주)관세가 어음을 3개월간 보유한 후 거래 은행에 연 10%의 이자율로 할인하였을 경우, 수령하게 되는 현금은? (단, 어음의 할인은 월할 계산하며 위험과 보상의 대부분을 이전하였다고 가정한다) [관세사 2021]

① ₩98,600 ② ₩100,000 ③ ₩100,600
④ ₩101,400 ⑤ ₩106,600

**13** (주)관세는 거래처가 발행한 이자부어음(액면금액 ₩100,000, 만기 3개월, 이자율 연 12% 만기 시 지급)을 1개월간 보유한 후 금융기관에 연 15% 이자율로 할인하였다. 동 거래로 어음과 관련된 위험과 보상은 모두 금융기관에 이전되었다. (주) 관세가 동 어음과 관련하여 인식할 처분손실은? (단, 이자는 월할 계산한다) [관세사 2023]

① ₩425　② ₩575　③ ₩1,000
④ ₩1,575　⑤ ₩2,575

**14** (주)관세는 거래처로부터 받은 이자부어음(액면금액 ₩120,000, 만기 6개월, 이자율 연 10% 만기 시 지급)을 2개월간 보유한 후 금융기관에 연 12% 이자율로 할인하였다. 동 거래로 어음과 관련된 위험과 보상은 모두 금융기관에 이전되었다. (주)관세가 동 어음과 관련하여 인식할 당기손익은? (단, 이자는 월할 계산한다) [관세사 2020]

① 당기이익 ₩960　② 당기이익 ₩1,200　③ 당기손실 ₩840
④ 당기손실 ₩1,040　⑤ 당기손실 ₩4,800

**15** (주)관세는 20×1년 5월 1일 상품판매대가로 약속어음(액면금액 ₩2,400,000, 6개 월 만기, 표시이자율 연 6%)을 받았으나, 4개월 보유 후 은행에서 이를 할인하여 현금 ₩2,439,040을 수취하였다. 동 어음할인에 적용된 연간 할인율은? (단, 이 어음의 할인은 월할 계산하며, 금융자산 제거조건을 충족한다)
[관세사 2025]

① 7.2%　② 7.4%　③ 7.5%
④ 7.8%　⑤ 8.0%

**16** (주)감평은 20×1년 6월 1일 제품 판매대금으로 만기가 20×1년 9월 30일인 액면금액 ₩120,000, 연 10%의 이자부 어음(이자는 만기 시 수취)을 거래처로부터 수취하였다. (주)감평은 20×1년 7월 1일 동 어음을 은행에서 할인하였으며, 할인율은 연 12%이다. 어음의 할인이 제거조건을 충족하는 경우, (주)감평이 어음의 할인으로 인해 인식할 금융자산처분손실은? (단, 이자는 월할 계산한다)
[감정평가사 2025]

① ₩160　② ₩240　③ ₩480
④ ₩720　⑤ ₩960

## 지속적관여자산

**17** (주)관세는 20×1년 1월 1일 금융기관에 금융자산(장부금액 ₩500, 공정가치 ₩600)을 ₩700에 양도하였다. (주)관세는 채무자가 채무를 이행하지 못할 경우, ₩300의 지급보증(지급보증의 공정가치 ₩100)을 제공하고 있다. 20×1년 2월 1일 채무자의 채무불이행으로 인하여 (주)관세는 지급보증의무 ₩200을 이행하였다. (주)관세가 20×1년 1월 1일 인식할 지속관여자산관련부채(가)와 20×1년 2월 1일 발생한 지급보증비용(나)은? [관세사 2024]

| | (가) | (나) |
|---|---|---|
| ① | ₩400 | ₩100 |
| ② | ₩400 | ₩200 |
| ③ | ₩500 | ₩100 |
| ④ | ₩500 | ₩200 |
| ⑤ | ₩500 | ₩300 |

# Ⅲ. 타시험 기출 및 과거 기출 필수문제 정리



**01** 20×1년 말 (주)세무와 관련된 자료는 다음과 같다. 20×1년 말 (주)세무의 재무상태표에 표시해야 하는 현금및현금성자산은 얼마인가? (단, 사용이 제한된 것은 없다) [세무사 2016]

(1) (주)세무의 실사 및 조회자료
- 소액현금: ₩100,000
- 지급기일이 도래한 공채이자표: ₩200,000
- 수입인지: ₩100,000
- 양도성예금증서(만기 20×2년 5월 31일): ₩200,000
- 타인발행당좌수표: ₩100,000
- 우표: ₩100,000
- 차용증서: ₩300,000
- 은행이 발급한 당좌예금잔액증명서 금액: ₩700,000

(2) (주)세무와 은행 간 당좌예금잔액 차이 원인
- 은행이 (주)세무에 통보하지 않은 매출채권 추심액: ₩50,000
- 은행이 (주)세무에 통보하지 않은 은행수수료: ₩100,000
- (주)세무가 당해 연도 발행했지만 은행에서 미인출된 수표: ₩200,000
- 마감시간 후 입금으로 인한 은행미기입예금: ₩300,000

① ₩1,050,000 ② ₩1,200,000 ③ ₩1,300,000
④ ₩1,350,000 ⑤ ₩1,400,000

**02** (주)관세가 20×1년 말 다음과 같은 항목들을 보유하고 있을 때 재무상태표에 현금및현금성자산계정으로 보고할 금액은? (단, 20×1년 말 환율은 €1 = ₩1,300, $1 = ₩1,200이다) [관세사 2019]

- 국내통화 ₩1,200
- 외국환 통화 €1
- 외국환 통화 $1
- 보통예금 ₩1,800
- 수입인지 ₩100
- 우편환 ₩200
- 선일자수표 ₩200
- 급여가불증 ₩250
- 20×1년 10월 초 가입한 1년 만기 정기예금 ₩150
- 20×1년 12월 초 취득한 2개월 만기 환매채 ₩400
- 20×1년 12월 초 취득한 2개월 만기 양도성예금증서 ₩300(단, 사용이 제한됨)

① ₩3,600 ② ₩3,850 ③ ₩4,000
④ ₩6,100 ⑤ ₩6,300

**03** 다음 자료를 이용하여 계산한 (주)관세의 기말 매출채권 잔액은? [관세사 2018]

- 기초 매출채권은 ₩10,000이고, 당기 매출채권 현금회수액은 ₩40,000이며, 당기 현금매출액은 ₩7,000이다.
- 기초와 기말의 상품재고액은 각각 ₩16,000과 ₩22,000이며, 당기상품 매입액은 ₩32,000이다.
- 당기 매출총이익은 ₩13,000이다.

① ₩0　② ₩1,000　③ ₩2,000
④ ₩22,000　⑤ ₩35,000

**04** 다음은 (주)관세의 재무상태표 중 매출채권과 대손충당금에 관한 부분이다.

| | 20×1년 12월 31일 | 20×2년 12월 31일 |
|---|---|---|
| 매출채권 | ₩40,000 | ₩52,000 |
| 대손충당금 | (₩4,000) | (₩2,800) |

(주)관세는 20×2년도 포괄손익계산서에 대손상각비(손상차손)로 ₩2,000을 보고하였다. 만약 20×2년 중에 (주)관세가 현금으로 회수한 매출채권액이 ₩200,000이라면, 동년 중에 외상으로 매출한 금액은? [관세사 2016]

① ₩52,000　② ₩206,000　③ ₩212,000
④ ₩215,200　⑤ ₩255,200

ca.Hackers.com

# 해커스 회계학 1차 기출+예상문제집

해커스 감정평가사 ca.Hackers.com

# 11장

# 복합금융상품

# Ⅰ. 필수 유형 정리

**[01 ~ 04]**

(주)한영은 20×1년 초에 신주인수권부사채를 발행하였다. (주)한영의 결산일은 매년 12월 31일이며, 관련 자료는 다음과 같다.

> (1) 신주인수권부사채는 액면 ₩100,000, 표시이자율 10%, 만기 3년, 이자는 매년 말 1회 지급조건이다.
> (2) 신주인수권부사채의 발행가액은 ₩100,000이고, 행사조건은 사채액면 ₩10,000당 보통주 1주(액면 ₩5,000)를 ₩7,000에 매입할 수 있다. 보장수익률은 12%이고 상환할증률은 106.749%이다. 사채발행 당시의 시장이자율은 연 13%이다(단, 13%, 3년의 연금현가요소는 2.36115이고 13%, 3년 현가요소는 0.69305이다).

**01** (주)한영이 동 신주인수권부사채를 발행하였을 때, 인식할 신주인수권대가는 얼마인가?

① ₩2,406 ② ₩3,408 ③ ₩12,687
④ ₩13,431 ⑤ ₩6,468

**02** (주)한영이 동 신주인수권부사채로 인해 인식할 20×3년 이자비용은 얼마인가?

① ₩2,406 ② ₩3,408 ③ ₩12,687
④ ₩13,431 ⑤ ₩6,468

**03** (주)한영의 재무상태표상에 계상될 20×1년 말 신주인수권조정의 장부금액은 얼마인가?

① ₩2,406 ② ₩3,408 ③ ₩12,687
④ ₩13,431 ⑤ ₩6,468

**04** 동 신주인수권이 20×1년 말 40%가 행사되었을 때, 다음 중 옳지 않은 것은?

① 신주인수권의 행사시점에 자본은 ₩30,114 증가한다.
② 신주인수권의 행사시점에 주식발행초과금은 ₩11,076 증가한다.
③ 신주인수권의 행사 이후 만기지급액(액면이자 제외)은 ₩104,049이다.
④ 신주인수권의 행사 이후 20×2년에 인식할 이자비용은 ₩7,822이다.
⑤ 신주인수권의 행사 이후 20×2년 말에 신주인수권조정의 장부금액은 ₩3,120이다.

**05** A회사는 20×1년 초 액면가액 ₩1,000,000의 3년 만기 전환사채를 액면발행하였다.

> (1) 전환권이 행사되면 사채액면 ₩20,000당 액면 ₩5,000의 보통주 1주를 교부하며, 권리가 행사되지 않은 부분에 대하여는 액면가액의 115%를 만기금액으로 지급한다.
> (2) 표시이자율은 연 4%로 매년 말 후급조건이며, 사채발행일 현재 동종 일반사채의 시장이자율은 10%이다(단, 3기간 10% 현가계수와 연금현가계수는 각각 0.75131과 2.48685이다).

전환사채발행 시 사채발행원가로 ₩100,000이 소요되는 경우 사채발행일의 사채 순발행가액은 얼마인가?

① ₩963,481　② ₩867,133　③ ₩954,383
④ ₩913,431　⑤ ₩876,468

**06** (주)포도는 20×1년 1월 1일에 전환사채를 발행하였다. 전환사채와 관련된 내용은 아래와 같다.

> (1) 만기일: 20×3년 12월 31일
> (2) 액면금액: ₩100,000
> (3) 액면이자율은 2%로 매년 말 지급하며, 만기까지 전환되지 않는 경우에 상환할증금을 지급하는 조건으로 보장수익률은 4%이다.
> (4) 전환사채의 액면금액 ₩200당 보통주 1주(액면금액 ₩100)로 전환가능하다.
> (5) 전환사채 발행일 현재 일반사채의 유효이자율은 7%이다.
> (6) (주)포도의 보통주의 공정가치는 다음과 같다.

| 구분 | 20×1년 초 | 20×2년 초 | 20×3년 초 |
|---|---|---|---|
| 공정가치 | ₩200 | ₩150 | ₩120 |

> (7) 현재가치계수는 다음과 같다.

| 기간 | 단일금액 ₩1의 현가계수 | | | | 정상연금 ₩1의 현가계수 | | | |
|---|---|---|---|---|---|---|---|---|
| | 4% | 6% | 7% | 8% | 4% | 6% | 7% | 8% |
| 1 | 0.9615 | 0.9434 | 0.9346 | 0.9259 | 0.9615 | 0.9434 | 0.9346 | 0.9259 |
| 2 | 0.9246 | 0.8900 | 0.8734 | 0.8573 | 1.8861 | 1.8334 | 1.8080 | 1.7832 |
| 3 | 0.8890 | 0.8396 | 0.8163 | 0.7938 | 2.7751 | 2.6730 | 2.6243 | 2.5770 |

20×1년 초에 전환사채는 액면발행되었다. 20×2년 초에 동 전환사채의 60%가 전환되었다. (주)포도가 동 전환사채로 인하여 20×2년 재무제표에 표시할 주식발행초과금 증가액을 구하시오.

① ₩34,663　② ₩32,663　③ ₩30,663
④ ₩27,663　⑤ ₩25,663

# Ⅱ. 최신 기출 유형 정리

## 전환사채

**01** (주)관세가 20×1년 1월 1일 다음과 같은 조건으로 전환사채를 액면발행하였을 때 전환권대가는? [단, 단일금액 ₩1 의 현재가치는 0.7513(3기간, 10%), 정상연금 ₩1의 현재가치는 2.4868(3기간, 10%)이다] [관세사 2021]

- 액면금액: ₩500,000
- 만기일: 20×3년 12월 31일
- 표시이자율: 연 8%(매년 12월 31일 지급)
- 전환조건: 사채 액면금액 ₩2,000당 보통주(주당 액면금액 ₩1,000) 1주로 전환
- 사채발행시점의 유효이자율: 연 10%
- 원금상환방법: 상환기일에 액면금액을 일시상환

① ₩20,000 ② ₩24,878 ③ ₩25,512
④ ₩28,132 ⑤ ₩30,000

**02** (주)관세는 20×1년 초 다음과 같은 조건으로 전환사채를 액면발행하였다. 20×1년 말까지 전환권이 행사되지 않은 경우, (주)관세가 20×1년 말 재무상태표에 부채로 보고할 전환사채의 장부금액은? [단, 단일금액 ₩1의 현재가치는 0.6830(4기간, 10%), 정상연금 ₩1의 현재가치는 3.1700(4기간, 10%)을 적용한다] [관세사 2024]

- 액면금액: ₩100,000
- 표시이자율: 연 5%(매년 말 지급)
- 만기일: 20×4년 12월 31일
- 전환조건: 사채액면금액 ₩1,000당 보통주(주당 액면금액 ₩500) 2주로 전환
- 원금상환방법: 상환기일에 액면금액의 100%를 일시상환
- 전환사채 발행시점에 일반사채의 시장이자율: 연 10%

① ₩82,565 ② ₩84,150 ③ ₩87,565
④ ₩89,150 ⑤ ₩98,000

**03** (주)감평은 20×1년 초 전환사채(액면금액 ₩10,000, 만기 3년, 표시이자율 연 3%, 매년 말 이자지급)를 액면발행하였다. 사채 발행 당시 전환권이 없는 일반사채의 시장이자율은 연 8%이며, 전환권 미행사 시 만기일에 연 7%의 수익을 보장한다. 동 전환사채가 만기 상환될 경우, 다음 미래가치를 이용하여 계산한 상환할증금은? (단, 금액은 소수점 첫째 자리에서 반올림하여 계산한다) [감정평가사 2023]

<단일금액 ₩1의 미래가치>

| 기간 | 7% | 8% |
|---|---|---|
| 1년 | 1.070 | 1.080 |
| 2년 | 1.145 | 1.166 |
| 3년 | 1.225 | 1.260 |

① ₩1,119 ② ₩1,286 ③ ₩1,299
④ ₩1,376 ⑤ ₩1,402

**04** (주)감평은 20×1년 1월 1일 다음과 같은 조건의 전환사채를 액면발행하였다.

- 액면금액: ₩1,000,000
- 표시이자율: 연 6%
- 일반사채 시장이자율: 연 10%
- 이자지급일: 매년 말
- 만기상환일: 20×3년 12월 31일

동 전환사채는 전환권을 행사하지 않을 경우 만기상환일에 액면금액의 106.49%를 일시 상환하는 조건이다. 전환청구가 없었다고 할 때, (주)감평이 동 전환사채와 관련하여 3년(20×1년 1월 1일 ~ 20×3년 12월 31일)간 인식할 이자비용 총액은? (단, 단수 차이로 인한 오차가 있다면 가장 근사치를 선택한다) [감정평가사 2022]

| 기간 | 단일금액 ₩1 의 현재가치 | | 정상연금 ₩1 의 현재가치 | |
|---|---|---|---|---|
| | 6% | 10% | 6% | 10% |
| 3 | 0.83962 | 0.75131 | 2.67301 | 2.48685 |

① ₩50,719 ② ₩115,619 ③ ₩244,900
④ ₩295,619 ⑤ ₩344,619

**05** (주)관세는 20×1년 1월 1일 만기 3년, 표시이자와 상환할증금이 없는 액면금액 ₩100,000의 전환사채를 액면발행하였다. 발행시점에 유사한 조건의 일반사채 시장이자율은 연 5%이며, 사채발행비용은 발생하지 않았다. 동 전환사채는 액면금액 ₩5,000당 (주)관세의 보통주 1주로 전환할 수 있으며, 보통주 1주당 액면금액은 ₩500이다. 20×2년 초에 액면가액 60%에 해당하는 전환사채가 보통주로 전환되었을 경우 증가하는 주식발행초과금은? [단, 전환권 행사시 전환권대가는 주식발행초과금으로 대체하는 것으로 하며, 단일금액 ₩1의 현재가치는 0.8638(3기간, 5%)이고, 계산 시 화폐금액은 소수점 첫째 자리에서 반올림한다] [관세사 2023]

① ₩51,819 ② ₩54,419 ③ ₩56,591
④ ₩62,591 ⑤ ₩90,699

**06** 다음은 (주)감평이 20×1년 1월 1일 액면발행한 전환사채와 관련된 자료이다.

- 액면금액: ₩100,000
- 20×1년 1월 1일 전환권조정: ₩11,414
- 20×1년 12월 31일 전환권조정 상각액: ₩3,087
- 전환가격: ₩1,000(보통주 주당 액면금액 ₩500)
- 상환할증금: 만기에 액면금액의 105.348%

20×2년 1월 1일 전환사채 액면금액의 60%에 해당하는 전환사채가 보통주로 전환될 때, 증가하는 주식발행초과금은? [단, 전환사채 발행시점에서 인식한 자본요소(전환권대가) 중 전환된 부분은 주식발행초과금으로 대체하며, 계산금액은 소수점 첫째 자리에서 반올림하며, 단수 차이로 인한 오차가 있으면 가장 근사치를 선택한다] [감정평가사 2020]

① ₩25,853 ② ₩28,213 ③ ₩28,644
④ ₩31,853 ⑤ ₩36,849

**07** (주)감평은 20×1년 초 다음과 같은 조건의 전환사채를 액면발행하였다.

- 액면금액: ₩100,000
- 표시이자율: 연 6%(이자는 매년 말 지급)
- 사채발행시 전환권이 부여되지 않은 일반사채의 시장이자율: 연 9%
- 전환가격: 사채 액면 ₩1,000당 1주의 보통주(주당 액면금액 ₩500)
- 상환방법: 만기(20×3년 12월 31일)에 액면금액의 106.7%를 일시 상환

전환사채와 관련하여 20×2년 인식할 이자비용은? (단, 화폐금액은 소수점 첫째 자리에서 반올림하며, 단수차이로 인한 오차가 있으면 가장 근사치를 선택한다) [감정평가사 2025]

① ₩6,000 ② ₩8,872 ③ ₩9,033
④ ₩9,303 ⑤ ₩9,758

## 신주인수권부사채

**08** (주)감평은 20×1년 1월 1일 다음과 같은 조건의 비분리형 신주인수권부사채를 액면발행하였다.

- 액면금액: ₩1,000
- 표시이자율: 연 5%
- 사채발행시 신주인수권이 부여되지 않은 일반사채의 시장이자율: 연 12%
- 이자지급일: 매년 12월 31일
- 행사가격: 1주당 ₩200
- 발행주식의 액면금액: 1주당 ₩100
- 만기상환일: 20×3년 12월 31일
- 상환조건: 신주인수권 미행사시 상환기일에 액면금액의 113.5%를 일시상환

20×2년 초 상기 신주인수권의 60%가 행사되어 3주가 발행되었다. 20×2년 초 상기 신주인수권의 행사로 인해 증가하는 (주)감평의 주식발행초과금은? (단, 신주인수권 행사 시 신주인수권대가는 주식발행초과금으로 대체한다. 화폐금액은 소수점 첫째 자리에서 반올림하며, 단수 차이로 인한 오차는 가장 근사치를 선택한다) [감정평가사 2024]

| 기간 | 단일금액 ₩1의 현재가치 | | 정상연금 ₩1의 현재가치 | |
|---|---|---|---|---|
| | 5% | 12% | 5% | 12% |
| 1 | 0.9524 | 0.8928 | 0.9524 | 0.8928 |
| 2 | 0.9070 | 0.7972 | 1.8594 | 1.6900 |
| 3 | 0.8638 | 0.7118 | 2.7232 | 2.4018 |

① ₩308　② ₩335　③ ₩365
④ ₩408　⑤ ₩435

**09** (주)관세는 20×1년 초 만기 5년, 표시이자와 상환할증금이 없는 액면금액 ₩1,000,000의 신주인수권부사채를 액면발행하였다. 발행시점에 유사한 조건의 일반사채 시장이자율은 연 7%이며, 사채발행비용은 발생하지 않았다. 동 신주인수권부사채는 액면금액 ₩10,000당 (주)관세의 보통주 1주로 행사가능하며(1주당 행사가액 ₩10,000), 보통주 1주당 액면금액은 ₩1,000이다. 20×2년 초 액면금액 40%의 신주인수권부사채가 행사된 경우, 행사시점에 증가하는 자본총액은? [단, 신주인수권 행사 시 신주인수권대가는 주식발행초과금으로 대체하며, 단일금액 ₩1의 현재가치는 0.7130(5기간, 7%)이고, 화폐금액은 소수점 첫째 자리에서 반올림한다] [관세사 2025]

① ₩49,910　② ₩114,800　③ ₩287,000
④ ₩400,000　⑤ ₩474,800

**01** (주)대한은 비분리형 신주인수권부사채를 액면발행하였으며, 관련된 자료는 다음과 같다.

- 발행일: 20×1년 1월 1일
- 액면금액: ₩100,000
- 만기일: 20×3년 12월 31일(일시상환)
- 표시이자율: 연 4%, 매년 말 지급
- 발행 당시 신주인수권이 없는 일반사채의 시장이자율: 연 8%
- 보장수익률은 연 6%이며, 동 신주인수권부사채는 액면금액 ₩10,000당 보통주 1주(액면금액: ₩5,000)를 인수(행사가격: ₩10,000)할 수 있다.
- 신주인수권 행사기간은 발행일로부터 1개월이 경과한 날부터 상환기일 30일 전까지이다.
- 적용할 현가계수는 아래의 표와 같다.

| 기간 \ 할인율 | 단일금액 ₩1의 현재가치 | | 정상연금 ₩1의 현재가치 | |
|---|---|---|---|---|
| | 6% | 8% | 6% | 8% |
| 1년 | 0.9434 | 0.9259 | 0.9434 | 0.9259 |
| 2년 | 0.8900 | 0.8573 | 1.8334 | 1.7832 |
| 3년 | 0.8396 | 0.7938 | 2.6730 | 2.5770 |

20×2년 1월 1일 (주)대한의 신주인수권부사채 40%(액면금액 기준)에 해당하는 신주인수권이 행사되었다. (주)대한은 신주인수권 발행 시 인식한 자본요소(신주인수권대가) 중 행사된 부분은 주식발행초과금으로 대체하는 회계처리를 한다. (주)대한의 신주인수권과 관련된 회계처리와 관련하여 20×2년 1월 1일 신주인수권 행사로 인한 (주)대한의 주식발행초과금 증가액은 얼마인가? (단, 만기 전에 상환된 신주인수권부사채는 없다. 단수 차이로 인한 오차가 있다면 가장 근사치를 선택한다) [공인회계사 2024]

① ₩15,431 ② ₩22,431 ③ ₩23,286
④ ₩24,286 ⑤ ₩28,431

**02** (주)세무는 20×1년 1월 1일 액면금액 ₩1,000,000의 전환사채를 액면발행하였다. 다음 자료를 이용할 경우, 전환사채 상환 회계처리가 (주)세무의 20×2년도 당기순이익에 미치는 영향은? (단, 현재가치 계산 시 다음에 제시된 현가계수표를 이용한다) [세무사 2023]

- 표시이자율 연 5%, 매년 말 이자지급
- 만기상환일: 20×3년 12월 31일
- 일반사채의 유효이자율: 20×1년 1월 1일 연 10%, 20×2년 1월 1일 연 12%
- 상환조건: 상환기일에 액면금액의 115%를 일시상환
- 전환조건: 사채액면 ₩1,000당 보통주식 1주(주당 액면 ₩500)로 전환
- 20×2년 1월 1일에 전환사채 중 50%를 동 일자의 공정가치 ₩550,000에 상환

| 기간 | 단일금액 ₩1의 현재가치 | | 정상연금 ₩1의 현재가치 | |
|---|---|---|---|---|
| | 10% | 12% | 10% | 12% |
| 1 | 0.9091 | 0.8929 | 0.9091 | 0.8929 |
| 2 | 0.8265 | 0.7972 | 1.7355 | 1.6901 |
| 3 | 0.7513 | 0.7118 | 2.4869 | 2.4018 |

① ₩25,583 감소 ② ₩31,413 감소 ③ ₩55,830 감소
④ ₩17,944 증가 ⑤ ₩25,456 증가

**03** (주)감평은 20×1년 1월 1일에 액면금액 ₩500,000의 전환사채를 다음과 같은 조건으로 액면발행하였다.

- 표시이자율: 연 6%(매년 말 지급)
- 전환사채 발행당시 일반사채의 시장이자율: 연 10%
- 만기일: 20×3년 12월 31일

전환사채의 만기 상환조건이 액면상환조건인 경우의 전환권대가(A)와 할증상환조건(보장수익률 8%, 상환할증금 ₩32,464)인 경우의 전환권대가(B)는? (단, 계산금액은 소수점 첫째 자리에서 반올림하고, 단수 차이로 인한 오차가 있으면 가장 근사치를 선택한다) [감정평가사 2019]

| 기간 | 단일금액 ₩1의 현재가치 | | 정상연금 ₩1의 현재가치 | |
|---|---|---|---|---|
| | 8% | 10% | 8% | 10% |
| 3 | 0.7938 | 0.7513 | 2.5771 | 2.4869 |

① A: ₩24,878 B: ₩488 ② A: ₩25,787 B: ₩17
③ A: ₩25,787 B: ₩25,353 ④ A: ₩49,743 B: ₩25,353
⑤ A: ₩49,743 B: ₩17

**04** (주)감평은 20×1년 1월 1일 다음과 같은 조건의 전환사채(만기 3년)를 액면발행하였다. 20×3년 1월 1일에 액면금액의 40%에 해당하는 전환사채가 보통주로 전환될 때 인식되는 주식발행초과금은? (단, 전환권대가는 전환 시 주식발행초과금으로 대체되며, 단수 차이로 인한 오차가 있으면 가장 근사치를 선택한다) [감정평가사 2018]

- 액면금액: ₩1,000,000
- 표시이자율: 연 5%
- 이자지급시점: 매년 12월 31일
- 일반사채의 시장이자율: 연 12%
- 전환가격: ₩2,000(보통주 주당 액면금액 ₩1,000)
- 상환할증금: 만기상환 시 액면금액의 119.86%로 일시상환

| 기간 | 단일금액 ₩1의 현재가치 | | 정상연금 ₩1의 현재가치 | |
|---|---|---|---|---|
| | 5% | 12% | 5% | 12% |
| 1 | 0.9524 | 0.8929 | 0.9524 | 0.8929 |
| 2 | 0.9070 | 0.7972 | 1.8594 | 1.6901 |
| 3 | 0.8638 | 0.7118 | 2.7233 | 2.4018 |

① ₩166,499 ② ₩177,198 ③ ₩245,939
④ ₩256,638 ⑤ ₩326,747

해커스 회계학 1차 기출+예상문제집

해커스 감정평가사 ca.Hackers.com

# 12장

# 고객과의 계약에서 생기는 수익

# Ⅰ. 필수 유형 정리

**01** 다음은 (주)대한의 20×1년과 20×2년의 수취채권, 계약자산, 계약부채에 대한 거래이다.

> (1) (주)대한은 고객에게 제품을 이전하기로 한 약속을 수행의무로 식별하고, 제품을 고객에게 이전할 때 각 수행의무에 대한 수익을 인식한다.
> (2) (주)대한은 20×2년 1월 31일에 (주)민국에게 제품 A를 이전하는 취소 불가능 계약을 20×1년 10월 1일에 체결하였다. 계약에 따라 (주)민국은 20×1년 11월 30일에 대가 ₩1,000 전액을 미리 지급하여야 하나 ₩300만 지급하였고, 20×2년 1월 15일에 잔액 ₩700을 지급하였다. (주)대한은 20×2년 1월 31일에 제품 A를 (주)민국에게 이전하였다.
> (3) (주)대한은 (주)만세에게 제품 B와 제품 C를 이전하고 그 대가로 ₩1,000을 받기로 20×1년 10월 1일에 계약을 체결하였다. 계약에서는 제품 B를 먼저 인도하도록 요구하고, 제품 B의 인도대가는 제품 C의 인도를 조건으로 한다고 기재되어 있다. (주)대한은 제품의 상대적 개별 판매가격에 기초하여 제품 B에 대한 수행의무에 ₩400을, 제품 C에 대한 수행의무에 ₩600을 배분한다. (주)대한은 (주)만세에게 20×1년 11월 30일에 제품 B를, 20×2년 1월 31일에 제품 C를 각각 이전하였다.

상기 거래에 대하여, 20×1년 12월 31일 현재 (주)대한의 수취채권, 계약자산, 계약부채 금액은 각각 얼마인가? (단, 기초잔액은 없는 것으로 가정한다)

| | 수취채권 | 계약자산 | 계약부채 |
|---|---|---|---|
| ① | ₩1,000 | ₩400 | ₩700 |
| ② | ₩700 | ₩400 | ₩1,000 |
| ③ | ₩500 | ₩500 | ₩400 |
| ④ | ₩600 | ₩500 | ₩400 |
| ⑤ | ₩1,200 | ₩600 | ₩1,000 |

## [02, 03]

| |
|---|
| 20×1년 1월 1일 A사는 제품 120개를 고객에게 개당 ₩100에 판매하기로 계약하고, 향후 2개월에 걸쳐 고객에게 이전하기로 하였다. A사는 제품에 대한 통제를 한 시점에 이전한다. 20×1년 1월 중 기업이 제품 50개에 대한 통제를 고객에게 이전한 다음에, 추가로 제품 30개를 고객에게 납품하기로 계약을 변경하였다. 그 후 20×1년 2월 중 기존 계약 제품 40개와 추가 계약 제품 10개를 고객에게 이전하였다. 추가 제품은 최초 계약에 포함되지 않았다. |

**02** 계약을 변경할 때 추가 제품 30개에 대한 계약변경의 가격은 개당 ₩95이다. 추가 제품은 계약변경 시점에 그 제품의 개별 판매가격을 반영하여 가격이 책정되고, 원래 제품과 구별된다. 이 경우 A사가 2월에 고객에게 이전한 기존 계약 제품 40개에 대한 수익인식액과 추가 계약 제품 10개에 대한 수익인식액의 합계는 얼마인가?

① ₩5,150　② ₩5,000　③ ₩4,950
④ ₩4,700　⑤ ₩4,500

**03** 추가 제품 30개를 구매하는 협상을 진행하면서, 처음에는 개당 ₩80에 합의하였다. 동 금액은 그 제품의 개별 판매가격을 반영하지 못하였다. 그러나 고객은 20×1년 1월에 이전받은 최초 제품 50개에 그 인도된 제품 특유의 사소한 결함이 있음을 알게 되었다. A사는 그 제품의 결함에 대한 보상으로 고객에게 개당 ₩15씩 일부 공제를 약속하였다. 그러나 동 공제금액을 A사가 고객에게 별도로 지급하지 않고, 기업이 추가 제품 30개에 부과하는 가격에서 공제하기로 합의하였다. 이로 인해 계약변경으로 추가 주문되는 제품 30개의 가격을 개당 ₩55으로 정하였다. 이 경우 A사가 2월에 고객에게 이전한 기존 계약 제품 40개에 대한 수익인식액과 추가 계약 제품 10개에 대한 수익인식액의 합계는 얼마인가?

① ₩5,150　② ₩5,000　③ ₩4,950
④ ₩4,700　⑤ ₩4,500

## [04, 05]

| |
|---|
| A회사는 고객에게 환불조건부판매를 마케팅 포인트로 하여 영업을 하고 있는 회사이다. C회사와 제품을 개당 ₩100에 판매하기로 20×1년 10월 1일에 계약을 체결하였으며, 계약상 C회사가 6개월 동안 1,000개 넘게 구매하면 개당 가격을 ₩90으로 소급하여 낮추기로 계약을 정하였다. 따라서 계약상 대가 중의 일부는 환불될 수 있다. A회사는 제품에 대한 통제를 고객에게 이전할 때 대가를 지급받을 권리가 생긴다. 그러므로 기업은 가격 감액을 소급 적용하기 전까지는 개당 ₩100의 대가를 받을 무조건적 권리(수취채권)가 있다.<br>20×1년 12월 31일까지 C회사에 제품 600개를 판매하였다. A회사는 C회사가 대량 할인을 받을 수 있는 1,000개의 임계치를 초과하여 구매할 수 있을 것이라고 추정한다. |

**04** 20×2년 3월 31일까지 C회사에 추가로 제품 500개를 판매하였다. 판매대금은 20×2년 4월 1일에 일괄적으로 현금회수하였다. A회사가 20×2년에 수익으로 인식할 금액은 얼마인가?

① ₩30,000 ② ₩36,000 ③ ₩40,000
④ ₩45,000 ⑤ ₩48,000

**05** 위의 문제 **04**와 달리 20×2년 3월 31일까지 C회사에 추가로 제품 300개를 판매하였다. 판매대금은 20×2년 4월 1일에 일괄적으로 현금회수하였다. A회사가 20×2년에 수익으로 인식할 금액은 얼마인가?

① ₩30,000 ② ₩36,000 ③ ₩40,000
④ ₩45,000 ⑤ ₩48,000

## [06 ~ 08]

각 물음은 서로 독립적이다.

**06** A사는 20×1년 7월 1일 고객에게 1년 동안 재화를 판매하기로 계약을 체결하였다. 고객은 1년 동안은 최소 제품 100단위를 단위당 ₩20,000씩 총 ₩2,000,000의 제품을 사기로 약속하였다. 계약에서 A사는 계약 개시시점에 고객에게 환불되지 않는 ₩200,000을 고객에게 지급하도록 되어 있다. 이는 고객이 기업의 제품을 사용하는 데 필요한 변경에 대해 고객에게 보상하는 것이다. A사는 20×1년에 제품 50단위를 판매하고 현금 ₩1,000,000을 수령하였다. A사가 20×1년에 인식할 수익은 얼마인가?

① ₩900,000 ② ₩1,000,000 ③ ₩400,000
④ ₩390,000 ⑤ ₩449,440

**07** B사는 20×1년 11월 1일 고객 C에게 자체 제작한 생산설비를 ₩400,000에 판매하는 계약을 체결하였다. 생산설비의 판매대가는 전액 계약 개시시점에 수령하였다고 가정한다. B사는 계약 개시시점에 고객 C에게 환불되지 않는 금액 ₩50,000을 지급하였다. 이 금액은 B사가 고객 C에게 경영자문을 받은 대가에 해당하며, 고객 C는 통상적인 경영자문에 대하여 ₩40,000을 대가로 받는다. B사가 20×1년도에 인식할 수익은 얼마인가?

① ₩900,000 ② ₩1,000,000 ③ ₩400,000
④ ₩390,000 ⑤ ₩449,440

**08** A사는 20×1년 7월 1일 제품을 판매하기로 고객과 계약을 체결하였다. 제품에 대한 통제는 20×3년 6월 30일에 고객에게 이전될 것이다. 계약에 따라 고객은 20×1년 7월 1일 계약에 서명하는 시점에 ₩400,000을 지급하기로 하였다. A사는 약속된 대가를 조정하기 위해 사용해야 할 이자율은 연 6%라고 판단하였다. 그러나 20×1년 말 이후 A사는 고객 신용특성의 변동을 반영하여 새로운 할인율 연 10%를 산정하였다. A사는 20×3년 6월 30일에 원가 ₩300,000의 재고자산을 이전하였다. A사가 20×3년에 제품을 판매할 때 인식할 매출액은 얼마인가?

① ₩900,000 ② ₩1,000,000 ③ ₩400,000
④ ₩390,000 ⑤ ₩449,440

**[09, 10]**

D건설회사는 20×1년 초에 도로와 교량을 건설하는 계약을 체결하고 즉시 공사를 진행하였다(도로의 건설과 교량의 건설이라는 별도의 이행의무가 있다고 가정). D건설회사는 계약체결 시 거래가격을 ₩120,000으로 결정하였고 이는 ₩100,000의 고정가격과 포상금에 대한 추정치 ₩20,000이 포함된 금액이다. 회사는 ₩20,000의 장려금에 대한 변동가능대가를 추정하는 데 최선의 추정치를 이용한다. D건설회사는 추정치의 변동으로 수익이 감소하지 않을 가능성이 매우 높다고 결론 내렸다. 20×2년 초에 변동가능대가가 계약 개시 이후 예상했던 ₩20,000에서 ₩30,000으로 변동되었다. 동 변동은 건설기간 중 기상상황의 호전으로 인한 것으로서 예상한 것보다 일찍 공사를 종료할 것으로 기대하였기 때문에 발생하였다. 예측치가 변동되어 20×1년 말에 도로는 90%가 완료되었지만 교량 건설은 아직 시작하지 않았다가 20×2년에 두 공사 모두 완료되었다(단, 20×1년 도로 건설의 개별 판매가격은 ₩70,000이고 교량 건설의 개별 판매가격은 ₩70,000이었으나 20×2년 도로 건설의 개별 판매가격은 ₩60,000이고 교량 건설의 개별 판매가격은 ₩70,000으로 변경되었다. 또한 동 공사는 모두 지금까지 수행을 완료한 부분에 대해 집행가능한 지급청구권을 D건설회사가 가지고 있다).

**09** 동 거래로 기업이 20×1년에 수익으로 계상할 금액은 얼마인가?

① ₩60,000 ② ₩54,000 ③ ₩76,000
④ ₩65,000 ⑤ ₩11,000

**10** 동 거래로 기업이 20×2년에 수익으로 계상할 금액은 얼마인가?

① ₩60,000 ② ₩54,000 ③ ₩76,000
④ ₩65,000 ⑤ ₩11,000

**11** A사는 제품을 ₩50,000에 판매하기로 계약을 체결하였다. 이 계약의 일부로 기업은 앞으로 30일 이내에 ₩40,000 한도의 구매에 대해 30% 할인권을 고객에게 주었다. A사는 할인을 제공하기로 한 약속을 제품 판매 계약에서 수행의무로 회계처리한다. A사는 고객의 60%가 할인권을 사용하고 추가 제품을 평균 ₩25,000에 구매할 것으로 추정한다. 또한, A사는 계절 마케팅의 일환으로 앞으로 30일 동안 모든 판매에 10% 할인을 제공할 계획이다. 10% 할인은 30% 할인권에 추가하여 사용할 수 없다. A사가 동 제품을 판매하는 시점에 인식할 수익은 얼마인가?

① ₩45,872 ② ₩47,170 ③ ₩40,872
④ ₩41,170 ⑤ ₩50,000

**12** 12월 말 결산법인인 A사는 20×1년 말에 제조원가 ₩300,000인 기계 1대를 ₩480,000에 판매하고 중장비를 사용하는 중에 고장이 발생하면 4년간 무상으로 수리해주기로 하였다. 관련 법률에 따르면 판매 후 2년간 무상수리하여야 하며, 동종업계에서는 모두 2년간 무상수리를 보증한다. 향후 4년간 발생할 것으로 예상되는 수리비용은 다음과 같다.

| 구분 | 20×2년 | 20×3년 | 20×4년 | 20×5년 |
|---|---|---|---|---|
| 수리비용 | ₩1,000 | ₩2,000 | ₩6,000 | ₩10,000 |

A사는 무상수리를 별도로 판매하지 않으므로 수리용역의 개별 판매가격은 없으나 적정이윤은 원가의 25%에 해당하는 것으로 추정하였다. 동 거래로 A사의 20×1년 말 재무상태표상 계상될 충당부채와 20×1년에 수익으로 인식할 금액의 합은 얼마인가?

① ₩300,000 ② ₩425,000 ③ ₩444,200
④ ₩455,760 ⑤ ₩463,800

**13** 유통업을 영위하고 있는 (주)대한은 20×1년 1월 1일 제품 A를 생산하는 (주)민국과 각 제품에 대해 다음과 같은 조건의 판매 계약을 체결하였다.

> • (주)대한은 제품 A에 대해 매년 최소 200개의 판매를 보장하며, 이에 대해서는 재판매 여부에 관계없이 (주)민국에게 매입대금을 지급한다. 다만, (주)대한이 200개를 초과하여 제품 A를 판매한 경우 (주)대한은 판매되지 않은 제품 A를 모두 조건 없이 (주)민국에게 반환할 수 있다.
> • 고객에게 판매할 제품 A의 판매가격은 (주)대한이 결정한다.
> • (주)민국은 (주)대한에 1개당 원가 ₩1,000의 제품 A를 1개당 ₩1,350에 인도하며, (주)대한은 판매수수료 ₩150을 가산하여 1개당 ₩1,500에 고객에게 판매한다.

(주)민국은 위 계약을 체결한 즉시 (주)대한에게 제품 A 250개를 인도하였다. (주)대한이 20×1년에 제품 A 240개를 판매하였을 경우 (주)대한과 (주)민국이 20×1년에 인식할 수익금액을 구하시오.

| | (주)대한이 수익으로 인식할 금액 | (주)민국이 수익으로 인식할 금액 |
|---|---|---|
| ① | ₩306,000 | ₩330,000 |
| ② | ₩306,000 | ₩60,000 |
| ③ | ₩360,000 | ₩330,000 |
| ④ | ₩360,000 | ₩60,000 |
| ⑤ | ₩420,000 | ₩60,000 |

**[14, 15]**

> A회사의 20×1년 말 반품가능조건 현금판매액은 ₩10,000이며, 매출원가율은 70%이다. 그리고 업계평균 반품률은 1%이며, 업계평균 반품률을 이용하여 반품으로 인한 환불액을 신뢰성 있게 추정가능하다. 가방이 반품될 경우 수선만하면 판매가치의 감소는 없다. 그리고 가방이 반품될 경우 수선에 총 ₩20이 지출될 것으로 추정된다.

**14** 동 거래로 A회사의 20×1년 당기손익에 미친 영향은 얼마인가?

① ₩10,000 ② ₩9,900 ③ ₩2,950
④ ₩(−)75 ⑤ ₩(−)60

**15** 20×2년에 실제로 반품된 금액이 ₩150이며, 수선으로 인해 총 ₩30이 지출되고 반환된 재고자산의 가치감소액이 ₩50이다. 반품으로 인해 A회사의 20×2년 당기손익에 미친 영향은 얼마인가?

① ₩10,000 ② ₩9,900 ③ ₩2,950
④ ₩(−)75 ⑤ ₩(−)60

**[16, 17]**

아래의 각 상황은 독립적이다.

**16** A사는 20×1년 1월 1일에 원가 ₩800,000의 재고자산을 ₩1,000,000에 판매하기로 고객과의 계약을 체결하였다. 계약에는 20×1년 3월 31일 이전에 그 자산을 ₩1,050,000에 다시 살 권리를 기업에 부여하는 콜옵션이 포함되어 있다. A사는 20×1년 3월 31일에 콜옵션을 행사하였다. 동 거래로 A사가 20×1년에 수익으로 인식할 금액은 얼마인가?

① ₩0 ② ₩1,000,000 ③ ₩1,050,000
④ ₩900,000 ⑤ ₩100,000

**17** A사는 20×1년 1월 1일에 원가 ₩800,000의 재고자산을 ₩1,000,000에 판매하기로 고객과의 계약을 체결하였다. 계약에는 20×1년 3월 31일 이전에 그 자산을 ₩1,050,000에 다시 살 권리를 기업에 부여하는 콜옵션이 포함되어 있다. A사는 20×1년 3월 31일까지 콜옵션을 행사하지 않았다. 동 거래로 A사가 20×1년에 수익으로 인식할 금액은 얼마인가?

① ₩0 ② ₩1,000,000 ③ ₩1,050,000
④ ₩900,000 ⑤ ₩100,000

**18** A사는 20×1년 1월 1일에 장부금액 ₩800,000의 유형자산을 ₩1,000,000에 판매하기로 고객과 계약을 체결하였다. 계약에서 고객의 요구에 따라 20×1년 3월 31일 이전에 기업이 자산을 ₩900,000에 다시 사야 하는 풋옵션이 포함되어 있다. 20×1년 3월 31일에 시장가치는 ₩750,000이 될 것으로 예상된다. A사는 재매입일의 재매입가격이 자산의 기대시장가치를 유의적으로 초과하기 때문에 고객이 풋옵션을 행사할 경제적 유인이 유의적이라고 결론을 지었다. 20×1년 3월 31일에 고객은 풋옵션을 행사하였다. 동 거래로 A사가 20×1년에 수익으로 인식할 금액은 얼마인가?

① ₩0 ② ₩1,000,000 ③ ₩1,050,000
④ ₩900,000 ⑤ ₩100,000

**19** PK마트는 20×1년에 일정 기간 동안 상품을 구매한 회원에게 포인트를 부여하였다. 회원은 포인트를 이용하여 PK마트의 식료품을 추가 구매할 수 있으며, 포인트의 유효기간은 부여일 이후 3년이다. PK마트의 20×1년 매출은 총 ₩100,000,000이며, 부여한 총포인트는 100,000포인트이다.
고객에게 판매한 상품의 개별 판매가격은 ₩94,500,000이지만, 고객에게 부여한 100,000포인트의 객관적인 공정가치는 신뢰성 있게 추정할 수 있다(다만, 포인트를 사용하는 경우 1포인트의 개별 판매가격은 ₩105이다. 다음은 연도별 예상 포인트와 실제 청구된 포인트의 내역이다).

| 구분 | 20×1년 | 20×2년 | 20×3년 |
|---|---|---|---|
| 청구예상 포인트 | 80,000 | 90,000 | 85,000 |
| 실제청구된 포인트 | 24,000 | 57,000 | 4,000 |
| 실제회수된 누적보상포인트 | 24,000 | 81,000 | 85,000 |

PK마트가 20×1년에 수익으로 인식할 금액은 얼마인가?

① ₩10,000,000 ② ₩93,000,000 ③ ₩90,000,000
④ ₩96,000,000 ⑤ ₩91,000,000

# Ⅱ. 최신 기출 유형 정리

## 수익

**01** '고객과의 계약에서 생기는 수익'과 관련된 내용 중 기간에 걸쳐 수행의무를 이행하는 것은? [관세사 2023]

① 고객은 기업이 수행하는 대로 기업의 수행에서 제공하는 효익을 동시에 얻고 소비한다.
② 고객이 자산을 인수하였다.
③ 고객에게 자산의 법적 소유권이 있다.
④ 자산의 소유에 따른 유의적인 위험과 보상이 고객에게 있다.
⑤ 기업이 자산의 물리적 점유를 이전하였다.

**02** 고객과의 계약에서 생기는 수익에 관한 설명으로 옳지 않은 것은? [관세사 2024]

① 자산은 고객이 그 자산을 통제할 때 또는 기간에 걸쳐 통제하게 되는 대로 이전된다.
② 자산에 대한 통제란 자산을 사용하도록 지시하고 자산의 나머지 효익의 대부분을 획득할 수 있는 능력을 말한다.
③ 기간에 걸쳐 이행하는 수행의무의 진행률은 보고기간 말마다 다시 측정한다.
④ 기간에 걸쳐 이행하는 수행의무의 적절한 진행률 측정방법에는 산출법과 투입법이 포함된다.
⑤ 기업이 만든 자산이 기업에 대체 용도는 있지만 지급청구권은 없다면, 기간에 걸쳐 수익을 인식한다.

**03** 고객과의 계약에서 생기는 수익에 관한 설명으로 옳지 않은 것은? [감정평가사 2021]

① 거래가격을 산정하기 위해서는 계약 조건과 기업의 사업 관행을 참고하며, 거래가격에는 제삼자를 대신해서 회수한 금액은 제외한다.
② 고객과의 계약에서 약속한 대가는 고정금액, 변동금액 또는 둘 다를 포함할 수 있다.
③ 변동대가의 추정이 가능한 경우, 계약에서 가능한 결과치가 두 가지뿐일 경우에는 기댓값이 변동대가의 적절한 추정치가 될 수 있다.
④ 기업이 받을 권리를 갖게 될 변동대가(금액)에 미치는 불확실성의 영향을 추정할 때에는 그 계약 전체에 하나의 방법을 일관되게 적용한다.
⑤ 고객에게서 받은 대가의 일부나 전부를 고객에게 환불할 것으로 예상하는 경우에는 환불부채를 인식한다.

**04** 고객과의 계약으로 식별하기 위한 기준에 관한 설명으로 옳지 않은 것은? [감정평가사 2021]

① 계약 당사자들이 계약을 서면으로, 구두로 또는 그 밖의 사업 관행에 따라 승인하고 각자의 의무를 수행하기로 확약한다.
② 이전할 재화나 용역과 관련된 각 당사자의 권리를 식별할 수 있다.
③ 이전할 재화나 용역의 지급조건을 식별할 수 있다.
④ 계약에 상업적 실질을 요하지는 않는다.
⑤ 고객에게 이전할 재화나 용역에 대하여 받을 권리를 갖게 될 대가의 회수 가능성이 높다.

**05** 고객과의 계약에서 생기는 수익에 관한 설명으로 옳지 않은 것은? [감정평가사 2022]

① 고객과의 계약에서 약속한 대가에 변동금액이 포함된 경우 기업은 고객에게 약속한 재화나 용역을 이전하고 그 대가로 받을 권리를 갖게 될 금액을 추정한다.
② 고객이 재화나 용역의 대가를 선급하였고 그 재화나 용역의 이전 시점이 고객의 재량에 따라 결정된다면, 기업은 거래가격을 산정할 때 화폐의 시간가치가 미치는 영향을 고려하여 약속된 대가(금액)를 조정해야 한다.
③ 적절한 진행률 측정방법에는 산출법과 투입법이 포함되며, 진행률 측정방법을 적용할 때 고객에게 통제를 이전하지 않은 재화나 용역은 진행률 측정에서 제외한다.
④ 고객과의 계약체결 증분원가가 회수될 것으로 예상된다면 이를 자산으로 인식한다.
⑤ 고객이 기업이 수행하는 대로 기업의 수행에서 제공하는 효익을 동시에 얻고 소비한다면, 기업은 재화나 용역에 대한 통제를 기간에 걸쳐 이전하는 것이므로 기간에 걸쳐 수익을 인식한다.

**06** 고객과의 계약에서 생기는 수익에 관한 설명으로 옳은 것은? [감정평가사 2023]

① 계약의 결과로 기업의 미래 현금흐름의 위험, 시기, 금액이 변동될 것으로 예상되지 않는 경우에도 고객과의 계약으로 회계처리할 수 있다.
② 계약은 서면으로, 구두로, 기업의 사업 관행에 따라 암묵적으로 체결할 수 있다.
③ 이전할 재화나 용역의 지급조건을 식별할 수 없는 경우라도 고객과의 계약으로 회계처리할 수 있다.
④ 계약변경은 반드시 서면으로만 승인될 수 있다.
⑤ 고객과의 계약에서 식별되는 수행의무는 계약에 분명히 기재한 재화나 용역에만 한정된다.

**07** 20×1년 초 설립된 (주)감평은 커피머신 1대를 이전(₩300)하면서 2년간 일정량의 원두를 공급(₩100)하기로 하는 계약을 체결하여 약속을 이행하고 현금 ₩400을 수령하였다. 이 계약이 고객과의 계약에서 생기는 수익의 기준을 모두 충족할 때 수익 인식 5단계 과정에 따라 순서대로 옳게 나열한 것은? (단, 거래가격의 변동요소는 고려하지 않는다) [감정평가사 2024]

> ㄱ. 거래가격을 ₩400으로 산정
> ㄴ. 고객과의 계약에 해당하는지 식별
> ㄷ. 거래가격 ₩400을 커피머신 1대 이전에 대한 수행의무 1(₩300)과 2년간 원두공급에 대한 수행의무 2(₩100)에 배분
> ㄹ. 커피머신 1대 이전의 수행의무 1과 2년간 원두 공급의 수행의무 2로 수행의무 식별
> ㅁ. 수행의무 1(₩300)은 커피머신이 인도되는 시점에 수익을 인식하며, 수행의무 2(₩100)는 2년간 기간에 걸쳐 수익인식

① ㄱ → ㄴ → ㄷ → ㄹ → ㅁ
② ㄴ → ㄱ → ㅁ → ㄷ → ㄹ
③ ㄴ → ㄹ → ㄱ → ㄷ → ㅁ
④ ㅁ → ㄷ → ㄱ → ㄴ → ㄹ
⑤ ㅁ → ㄹ → ㄴ → ㄱ → ㄷ

## 거래가격의 산정

**08** (주)감평은 20×1년 1월 1일 제품을 판매하기로 (주)한국과 계약을 체결하였다. 동 제품에 대한 통제는 20×2년 말에 (주)한국으로 이전된다. 계약에 의하면 (주)한국은 ㉠ 계약을 체결할 때 ₩100,000을 지급하거나 ㉡ 제품을 통제하는 20×2년 말에 ₩125,440을 지급하는 방법 중 하나를 선택할 수 있다. 이 중 (주)한국은 ㉠을 선택함으로써 계약체결일에 현금 ₩100,000을 (주)감평에게 지급하였다. (주)감평은 자산 이전시점과 고객의 지급시점 사이의 기간을 고려하여 유의적인 금융요소가 포함되어 있다고 판단하고 있으며, (주)한국과 별도 금융거래를 한다면 사용하게 될 증분차입이자율 연 10%를 적절한 할인율로 판단한다. 동 거래와 관련하여 (주)감평이 20×1년 말 재무상태표에 계상할 계약부채의 장부금액(A)과 20×2년도 포괄손익계산서에 인식할 매출수익(B)은? [감정평가사 2020]

| | (A) | (B) |
|---|---|---|
| ① | ₩100,000 | ₩100,000 |
| ② | ₩110,000 | ₩121,000 |
| ③ | ₩110,000 | ₩125,440 |
| ④ | ₩112,000 | ₩121,000 |
| ⑤ | ₩112,000 | ₩125,440 |

## 반품권이 부여된 판매

**09** (주)관세는 20×1년 1월 1일 제품 200개(개당 원가 ₩200)를 개당 ₩300에 판매하는 계약을 (주)한국과 체결하고 즉시 제품을 인도하였으며, 동 자산에 대한 통제는(주) 한국에 이전되었다. 동 거래는 45일 이내에 반품하면 즉시 환불해 주는 반품권이 부여된 거래이다. 이러한 경험이 상당히 많은 (주)관세는 과거 경험 등에 기초하여 판매수량의 5%가 반품될 것으로 추정하였다. 동 거래로 (주)관세가 20×1년 1월 1일에 인식할 부채는? [관세사 2020]

① ₩0 ② ₩1,000 ③ ₩2,000
④ ₩3,000 ⑤ ₩4,000

**10** (주)관세는 20×1년 1월 1일 제품 500개(개당 판매가격 ₩100, 개당 원가 ₩50)를 현금판매하고, 고객이 사용하지 않은 제품을 30일 이내에 반품하면 전액 환불해준다. (주)관세는 판매한 수량의 10%가 반품될 것으로 추정한다. 1월 15일 동 판매제품 중 30개가 반품되었으며, 반품된 제품은 전부 개당 ₩60에 즉시 현금판매되었다. 위 거래의 회계처리 결과에 관한 설명으로 옳은 것은? (단, 재고자산에대하여 계속기록법을 사용하고, 반품회수원가는 무시한다) [관세사 2022]

① 매출총이익은 ₩22,800이다. ② 매출원가는 ₩25,000이다.
③ 환불부채 잔액은 ₩5,000이다. ④ 매출액은 ₩50,000이다.
⑤ 환불금액은 ₩2,500이다.

## 재매입약정

**11** 다음은 (주)감평의 수익 관련 자료이다.

- (주)감평은 20×1년 초 (주)한국에게 원가 ₩50,000의 상품을 판매하고 대금은 매년 말 ₩40,000씩 총 3회에 걸쳐 현금을 수취하기로 하였다.
- (주)감평은 20×1년 12월 1일 (주)대한에게 원가 ₩50,000의 상품을 ₩120,000에 현금 판매하였다. 판매계약에는 20×2년 1월 31일 이전에 (주)대한이 요구할 경우 (주)감평이 판매한 제품을 ₩125,000에 재매입해야 하는 풋옵션이 포함된다. 20×1년 12월 1일에 (주)감평은 재매입일 기준 제품의 예상 시장가치는 ₩125,000 미만이며, 풋옵션이 행사될 유인은 유의적일 것으로 판단하였으나, 20×2년 1월 31일까지 풋옵션은 행사되지 않은 채 소멸하였다.

| 기간 | 단일금액 ₩1의 현재가치 (할인율 = 5%) | 정상연금 ₩1의 현재가치 (할인율 = 5%) |
|---|---|---|
| 3 | 0.8638 | 2.7232 |

(주)감평이 20×2년에 인식해야 할 총수익은? [단, 20×1년 초 (주)한국의 신용특성을 반영한 이자율은 5%이고, 계산금액은 소수점 첫째 자리에서 반올림하며, 단수 차이로 인한 오차가 있으면 가장 근사치를 선택한다] [감정평가사 2020]

① ₩0 ② ₩120,000 ③ ₩125,000
④ ₩128,719 ⑤ ₩130,718

**12** (주)감평은 20×1년 10월 1일에 고객과 원가 ₩900의 제품을 ₩1,200에 판매하는 계약을 체결하고 즉시 현금 판매하였다. 계약에 따르면 (주)감평은 20×2년 3월 31일에 동 제품을 ₩1,300에 재매입할 수 있는 콜옵션을 보유하고 있다. 동 거래가 다음의 각 상황에서 (주)감평의 20×2년도 당기순이익에 미치는 영향은? [단, 각 상황(A, B)은 독립적이고, 화폐의 시간가치는 고려하지 않으며, 이자비용(수익)은 월할 계산한다] [감정평가사 2022]

| | |
|---|---|
| 상황A | 20×2년 3월 31일에 (주)감평이 계약에 포함된 콜옵션을 행사한 경우 |
| 상황B | 20×2년 3월 31일에 계약에 포함된 콜옵션이 행사되지 않은 채 소멸된 경우 |

| | 상황 A | 상황B |
|---|---|---|
| ① | ₩100 감소 | ₩100 증가 |
| ② | ₩50 감소 | ₩100 증가 |
| ③ | ₩50 감소 | ₩350 증가 |
| ④ | ₩300 증가 | ₩350 증가 |
| ⑤ | ₩400 증가 | ₩400 증가 |

## 고객충성제도

**13** (주)감평은 고객에게 매출액의 1%를 사용기간 제한 없는 포인트로 제공한다. 고객은 이 포인트를 (주)감평의 상품 구매대금 결제에 사용할 수 있다. (주)감평의 20×1년도 매출액은 ₩50,000, 포인트의 단위당 공정가치는 ₩10이다. 20×1년에 총 2,500포인트가 사용될 것으로 추정되며, 20×1년 중 500포인트가 실제로 사용되었다. (주)감평이 20×1년 인식할 포인트 관련 매출은? [감정평가사 2023]

① ₩0 ② ₩1,000 ③ ₩1,250
④ ₩1,500 ⑤ ₩5,000

**14** (주)관세는 20×1년부터 고객충성제도를 운영하고 있으며, 관련 자료는 다음과 같다.

- 구매 ₩10당 고객충성포인트 1점을 고객에게 보상하며, 각 포인트는 (주)관세의 제품을 미래에 구매할 때 ₩1의 할인과 교환할 수 있다.
- 20×1년 3월 1일에 고객은 제품을 총 ₩20,000에 구매하고 미래 구매에 교환할 수 있는 2,000포인트를 얻었다. 대가는 고정금액이고 구매한 제품의 개별 판매가격은 총 ₩20,000이다.
- 20×1년 3월 1일에 (주)관세는 1,800포인트가 교환될 것으로 예상하였으며, 교환될 가능성에 기초하여 포인트의 개별 판매가격을 총 ₩1,800으로 추정하였다.
- (주)관세가 고객에게 포인트를 제공하는 약속은 수행의무이다.

(주)관세가 20×1년 3월 1일에 인식할 수익은? (단, 포인트의 유효기간은 3년이며, 화폐금액은 소수점 첫째 자리에서 반올림한다) [관세사 2024]

① ₩18,200 ② ₩18,349 ③ ₩19,621
④ ₩20,000 ⑤ ₩21,800

**15** (주)감평은 20×1년부터 제품판매 ₩5당 포인트 1점을 고객에게 제공하는 고객충성제도를 운영하고 제품판매 대가로 ₩10,000을 수취하였다. 포인트는 20×2년부터 (주)감평의 제품을 구매할 때 사용할 수 있으며 포인트 이행약속은 (주)감평의 중요한 수행의무이다. (주)감평은 포인트 1점당 ₩0.7으로 측정하고, 20×1년 부여된 포인트 중 75%가 사용될 것으로 예상하여 포인트의 개별 판매가격을 추정하였다. 포인트가 없을 때 20×1년 제품의 개별 판매가격은 ₩9,450이다. 상대적 개별 판매가격에 기초하여 (주)감평이 판매대가 ₩10,000을 수행의무에 배분하는 경우, 20×1년 말 재무상태표에 인식할 포인트 관련 이연수익(부채)은? [감정평가사 2021]

① ₩1,000　② ₩1,050　③ ₩1,450
④ ₩1,550　⑤ ₩2,000

**16** 20×1년 영업을 개시한 (주)감평은 상품구매 ₩10당 1포인트를 고객에게 보상하는 고객충성제도를 운영한다. 각 포인트는 기업의 상품을 미래에 구매할 때 ₩1의 할인과 교환할 수 있다. (주)감평은 20×1년 고객에게 현금 ₩100,000에 상품을 판매하고 동시에 10,000포인트를 부여하였다. (주)감평이 부여한 포인트는 별도의 수행의무에 해당하며, 20×1년 판매대가 ₩100,000에는 상품 및 부여된 포인트의 개별 판매가격이 포함되어 있다. (주)감평은 부여된 포인트의 90%가 사용될 것으로 예상하고 있고, 1포인트당 개별 공정가치를 ₩0.8으로 추정한다. (주)감평은 예상 사용률을 반영하여 포인트의 개별 판매가격을 측정한 후, 포인트 개별 판매가격을 차감한 잔여금액을 상품의 개별 판매가격으로 배분한다. 20×1년 실제로 6,000포인트가 사용된 경우, (주)감평이 20×1년 인식할 매출(수익)은? (단, 포인트의 소멸시효는 부여일로부터 3년이다) [감정평가사 2025]

① ₩92,000　② ₩92,800　③ ₩96,400
④ ₩97,120　⑤ ₩97,600

# Ⅲ. 타시험 기출 및 과거 기출 필수문제 정리

**01** (주)세무는 고객에게 제품을 이전하기로 한 약속을 수행의무로 식별하고, 제품을 고객에게 이전할 때 각각의 수행의무에 대한 수익을 인식하고 있다. (주)세무는 (주)한국에게 제품 A와 제품 B를 이전하기로 하는 계약을 20×1년 12월 1일에 체결하였고, 동 계약에 따라 받기로 한 대가는 총 ₩10,000이다. 동 계약에 따르면, 제품 A를 먼저 인도한 후 제품 B를 나중에 인도하기로 하였지만, 대가 ₩10,000은 모든 제품(제품 A와 제품 B)을 인도한 이후에만 받을 권리가 생긴다. (주)세무는 20×1년 12월 15일에 제품 A를 인도하였고, 제품 B에 대한 인도는 20×2년 1월 10일에 이루어졌으며, 20×2년 1월 15일에 대가 ₩10,000을 수령하였다. (주)세무는 제품 A를 개별적으로 판매할 경우 ₩8,000에 판매하고 있지만, 제품 B는 판매경험 및 유사제품에 대한 시장정보가 없어 개별 판매가격을 알지 못한다. 따라서 잔여접근법으로 거래가격을 배분하기로 한다. (주)세무의 상기 거래에 관한 설명으로 옳지 않은 것은? (단, 제시된 거래의 효과만을 반영하기로 한다) [세무사 2022]

① 20×1년 말 (주)세무의 재무상태표에 표시할 수취채권의 금액은 영(0)이다.
② 20×1년 말 (주)세무의 재무상태표에 표시할 계약자산의 금액은 ₩8,000이다.
③ (주)세무가 20×1년도 포괄손익계산서에 수익으로 인식할 금액은 ₩8,000이다.
④ 20×1년 말 (주)세무의 재무상태표에 표시할 계약부채는 없다.
⑤ (주)세무의 20×2년 1월 10일 회계처리로 인하여 계약자산은 ₩2,000 증가한다.

**02** 20×1년 10월 1일에 (주)대한은 제품 120개를 고객에게 개당 ₩1,000에 판매하기로 약속하였다. 제품은 6개월에 걸쳐 고객에게 이전되며, 각 제품에 대한 통제는 한 시점에 이전된다. (주)대한은 20×1년 10월 31일에 제품 50개에 대한 통제를 고객에게 이전한 후, 추가로 제품 30개를 개당 ₩800에 고객에게 납품하기로 계약을 변경하였다. 추가된 제품 30개는 구별되는 재화에 해당하며, 최초 계약에 포함되지 않았다. 20×1년 11월 1일부터 20×1년 12월 31일까지 기존 계약 수량 중 40개와 추가 계약 수량 중 20개에 대한 통제를 고객에게 이전하였다.
계약을 변경할 때, 추가 제품의 가격(₩800/개)이 (1) 계약변경시점의 개별 판매가격을 반영하여 책정된 경우와 (2) 계약변경시점의 개별 판매가격을 반영하지 않은 경우, (주)대한이 20×1년도 포괄손익계산서에 인식할 수익은 각각 얼마인가? (단, 계약변경일에 아직 이전되지 않은 약속한 제품은 계약변경일 전에 이전한 제품과 구별된다) [공인회계사 2023]

| | (1) | (2) |
|---|---|---|
| ① | ₩16,000 | ₩18,800 |
| ② | ₩90,000 | ₩87,600 |
| ③ | ₩90,000 | ₩106,400 |
| ④ | ₩106,000 | ₩87,600 |
| ⑤ | ₩106,000 | ₩106,400 |

**03** (주)대한은 20×1년 초에 건물관리 용역을 제공하는 계약을 고객과 체결하였다. 계약기간은 2년이며, 고객은 매년 말에 건물관리 용역의 개별 판매가격에 해당하는 ₩1,000,000을 후급하기로 하였다. 이후 20×2년 초에 고객은 계약기간을 4년 추가하는 대신 추가된 기간(20×3년부터 20×6년까지) 동안에는 ₩900,000을 지급할 것을 요구하였으며, (주)대한은 추가된 기간에 대한 용역 대가가 개별 판매가격을 반영하지 않는 금액이지만 매년 초에 선급하는 조건으로 계약변경에 합의하였다. (주)대한이 20×3년에 인식할 수익금액은 얼마인가? (단, 계약변경일 이후에 제공할 용역은 이미 제공한 용역과 구별된다고 간주하며, 현재가치 평가는 고려하지 않는다) [공인회계사 2024]

① ₩900,000 ② ₩920,000 ③ ₩950,000
④ ₩1,150,000 ⑤ ₩1,900,000

**04** (주)세무는 제품 A를 ₩2,000에 판매하기로 계약을 체결하였으며, 이 계약의 일부로 앞으로 30일 이내에 ₩2,000 한도의 구매에 대해 30% 할인권을 고객에게 주었다. (주)세무는 계절 판촉활동을 위해 앞으로 30일 동안 모든 판매에 대해 10% 할인을 제공할 계획인데, 10% 할인은 30% 할인권에 추가하여 사용할 수 없다. (주)세무는 고객의 80%가 할인권을 사용하고 추가 제품을 평균 ₩1,500에 구매할 것이라고 추정하였을 때, 제품 판매 시 배분될 계약부채(할인권)는? (단, 제시된 거래의 효과만을 반영하기로 한다) [세무사 2024]

① ₩214 ② ₩240 ③ ₩305
④ ₩400 ⑤ ₩500

**05** 수익의 인식에 관한 설명으로 옳지 않은 것은? [세무사 2020]

① 거래가격은 고객에게 약속한 재화나 용역을 이전하고 그 대가로 기업이 받을 권리를 갖게 될 것으로 예상하는 금액이며, 제3자를 대신해서 회수한 금액(예 일부 판매세)은 제외한다.
② 약속한 재화나 용역이 구별되지 않는다면, 구별되는 재화나 용역의 묶음을 식별할 수 있을 때까지 그 재화나 용역을 약속한 다른 재화나 용역과 결합한다.
③ 변동대가(금액)는 기댓값 또는 가능성이 가장 높은 금액 중에서 고객이 받을 권리를 갖게 될 대가(금액)를 더 잘 예측할 것으로 예상하는 방법을 사용하여 추정한다.
④ 계약의 각 당사자가 전혀 수행되지 않은 계약에 대해 상대방(들)에게 보상하지 않고 종료할 수 있는 일방적이고 집행가능한 권리를 갖는다면, 그 계약은 존재하지 않는다고 본다.
⑤ 계약을 개시한 다음에는 계약 당사자들이 수행의무를 실질적으로 변경하는 계약변경을 승인하지 않는 한, 자산이 기업에 대체 용도가 있는지를 다시 판단하지 않는다.

**06** 기업회계기준서 제1115호 '고객과의 계약에서 생기는 수익'의 측정에 대한 다음 설명 중 옳은 것은?

[공인회계사 2020]

① 거래가격의 후속변동은 계약 개시시점과 같은 기준으로 계약상 수행의무에 배분한다. 따라서 계약을 개시한 후의 개별 판매가격 변동을 반영하기 위해 거래가격을 다시 배분해야 한다. 이행된 수행의무에 배분되는 금액은 거래가격이 변동되는 기간에 수익으로 인식하거나 수익에서 차감한다.

② 계약을 개시할 때 기업이 고객에게 약속한 재화나 용역을 이전하는 시점과 고객이 그에 대한 대가를 지급하는 시점 간의 기간이 1년 이내일 것이라고 예상한다면 유의적인 금융요소의 영향을 반영하여 약속한 대가를 조정하지 않는 실무적 간편법을 쓸 수 있다.

③ 고객이 현금 외의 형태의 대가를 약속한 계약의 경우, 거래가격은 그 대가와 교환하여 고객에게 약속한 재화나 용역의 개별 판매가격으로 측정하는 것을 원칙으로 한다.

④ 변동대가는 가능한 대가의 범위 중 가능성이 가장 높은 금액으로 측정하며 기댓값 방식은 적용할 수 없다.

⑤ 기업이 고객에게 대가를 지급하는 경우, 고객에게 지급할 대가가 고객에게서 받은 구별되는 재화나 용역에 대한 지급이 아니라면 그 대가는 판매비로 회계처리한다.

**07** 기업회계기준서 제1115호 '고객과의 계약에서 생기는 수익'에 대한 다음 설명 중 옳지 않은 것은?

[공인회계사 2022]

① 일반적으로 고객과의 계약에는 기업이 고객에게 이전하기로 약속하는 재화나 용역을 분명히 기재한다. 그러나 고객과의 계약에서 식별되는 수행의무는 계약에 분명히 기재한 재화나 용역에만 한정되지 않을 수 있다.

② 계약을 이행하기 위해 해야 하지만 고객에게 재화나 용역을 이전하는 활동이 아니라면 그 활동은 수행의무에 포함되지 않는다.

③ 고객이 약속한 대가(판매대가) 중 상당한 금액이 변동될 수 있으며 그 대가의 금액과 시기가 고객이나 기업이 실질적으로 통제할 수 없는 미래 사건의 발생 여부에 따라 달라진다면 판매대가에 유의적인 금융요소는 없는 것으로 본다.

④ 적절한 진행률 측정방법에는 산출법과 투입법이 포함된다. 진행률 측정방법을 적용할 때, 고객에게 통제를 이전하지 않은 재화나 용역은 진행률 측정에서 제외하는 반면, 수행의무를 이행할 때 고객에게 통제를 이전하는 재화나 용역은 모두 진행률 측정에 포함한다.

⑤ 수익은 한 시점에 이행하는 수행의무 또는 기간에 걸쳐 이행하는 수행의무로 구분한다. 이러한 구분을 위해 먼저 통제 이전 지표에 의해 한 시점에 이행하는 수행의무인지를 판단하고, 이에 해당하지 않는다면 그 수행의무는 기간에 걸쳐 이행되는 것으로 본다.

**08** (주)대한은 상업용 로봇을 제작하여 고객에게 판매한다. 20×1년 9월 1일에 (주)대한은 청소용역업체인 (주)민국에게 청소로봇 1대를 ₩600,000에 판매하고, (주)민국으로부터 2개월간 청소용역을 제공받는 계약을 체결하였다. (주)대한은 (주)민국의 청소용역에 대한 대가로 ₩50,000을 지급하기로 하였다. (주)대한은 20×1년 10월 1일 청소로봇 1대를 (주)민국에게 인도하고 현금 ₩600,000을 수취하였으며, (주)민국으로부터 20×1년 10월 1일부터 2개월간 청소용역을 제공받고 현금 ₩50,000을 지급하였다. 다음의 독립적인 2가지 상황(상황 1, 상황 2)에서 상기 거래로 인해 (주)대한이 20×1년도에 인식할 수익은 각각 얼마인가? [공인회계사 2022]

> (상황 1) (주)민국이 (주)대한에 제공한 청소용역의 공정가치가 ₩40,000인 경우
> (상황 2) (주)민국이 (주)대한에 제공한 청소용역의 공정가치를 합리적으로 추정할 수 없는 경우

| | (상황 1) | (상황 2) |
|---|---|---|
| ① | ₩590,000 | ₩550,000 |
| ② | ₩590,000 | ₩600,000 |
| ③ | ₩560,000 | ₩550,000 |
| ④ | ₩560,000 | ₩600,000 |
| ⑤ | ₩600,000 | ₩600,000 |

**09** 프랜차이즈를 운영하는 (주)세무가 20×1년 11월 초 고객과 체결한 계약과 관련된 정보가 다음과 같을 때, (주)세무가 20×1년도에 인식할 수익은? (단, 라이선스를 부여하기로 하는 것과 설비를 이전하기로 하는 것은 구별되며, 변동대가와 고정대가는 모두 개별 판매금액을 반영한 것이다) [세무사 2023 수정]

> • (주)세무는 계약일로부터 5년 동안 고객이 (주)세무의 상호를 사용하고 제품을 판매할 권리를 제공하는 프랜차이즈 라이선스를 부여하기로 약속하였다.
> • (주)세무는 라이선스를 부여하는 대가로 고객의 월 매출액 중 3%(변동대가)를 판매기준 로열티로 다음 달 15일에 수령하기로 하였다.
> • (주)세무는 설비가 인도되는 시점에 설비의 대가로 ₩1,500,000(고정대가)을 받기로 하였다.
> • 계약과 동시에 설비를 고객에게 이전하였으며, 고객의 20×1년 11월과 12월의 매출액은 각각 ₩7,000,000과 ₩8,000,000이다.

① ₩210,000 ② ₩450,000 ③ ₩500,000
④ ₩1,710,000 ⑤ ₩1,950,000

# 해커스 회계학 1차 기출+예상문제집

해커스 감정평가사 ca.Hackers.com

# 13장

# 건설계약

# Ⅰ. 필수 유형 정리

**01** (주)대한은 20×1년 1월 1일에 댐건설을 위하여 정부와 건설계약(공사기간 3년, 도급금액 ₩12,000,000)을 체결하고, 계약금 ₩600,000을 수취하였다. (주)대한은 동 건설계약의 수익을 진행기준으로 인식하며, 발생한 누적계약원가를 기준으로 진행률을 계산한다. 동 건설계약과 관련된 연도별 자료가 다음과 같을 때 옳지 않은 것은?

| 구분 | 20×1년 | 20×2년 | 20×3년 |
|---|---|---|---|
| 당기 실제 발생계약원가 | ₩4,000,000 | ₩2,600,000 | ₩4,400,000 |
| 연도 말 예상 추가계약원가 | ₩6,000,000 | ₩4,400,000 | - |
| 공사대금청구액(계약금 포함) | ₩2,800,000 | ₩3,200,000 | ₩6,000,000 |
| 공사대금회수액(계약금 포함) | ₩2,600,000 | ₩3,000,000 | ₩6,400,000 |

① 20×2년도 계약손실은 ₩200,000이다.
② 20×3년도 계약수익은 ₩4,800,000이다.
③ 20×1년 말 계약자산은 ₩2,000,000이다.
④ 20×2년 말 누적계약수익은 ₩7,200,000이다.
⑤ 20×1년 말 수취채권은 ₩800,000이다.

# Ⅱ. 최신 기출 유형 정리

## 건설계약

**01** (주)관세는 20×1 년 초 장기건설계약(건설기간 4년)을 체결하였다. 총공사계약액은 ₩10,000이고 공사원가 관련 자료는 다음과 같다. (주)관세가 발생원가에 기초하여 진행률을 계산하는 경우, 20×3년도에 인식할 공사손익은? [관세사 2021]

| 구분 | 20×1년 | 20×2년 | 20×3년 | 20×4년 |
|---|---|---|---|---|
| 당기발생 공사원가 | ₩1,200 | ₩2,300 | ₩2,500 | ₩2,000 |
| 완성에 소요될 추가공사원가 예상액 | ₩4,800 | ₩3,500 | ₩2,000 | - |

① ₩1,500 손실
② ₩700 손실
③ ₩0
④ ₩700 이익
⑤ ₩1,500 이익

**02** (주)감평은 20×1년 초 총 계약금액이 ₩1,200인 공사계약을 체결하고, 20×3년 말에 완공하였다, 다음 자료를 기초로 (주)감평이 20×1년도 재무제표에 인식할 공사이익과 계약자산(또는 계약부채)은? (단, 진행률은 누적 발생공사원가를 추정 총공사원가로 나눈 비율로 계산한다) [감정평가사 2023]

| | 20×1년 | 20×2년 | 20×3년 |
|---|---|---|---|
| 실제발생 공사원가 | ₩300 | ₩500 | ₩350 |
| 완성시까지 예상 추가 공사원가 | 700 | 200 | - |
| 공사대금 청구액 | 400 | 300 | 500 |
| 공사대금 회수액 | 320 | 200 | 680 |

| | 공사이익 | 계약자산(계약부채) |
|---|---|---|
| ① | ₩40 | ₩40 |
| ② | ₩60 | ₩40 |
| ③ | ₩60 | ₩(40) |
| ④ | ₩80 | ₩40 |
| ⑤ | ₩80 | ₩(40) |

**03** (주)관세는 20×1년 초 건설공사계약을 체결하였으며, 동 건설공사는 20×3년 말 완공될 예정이다. 총 공사계약금액(공사대금)은 ₩100,000이고 공사원가 및 대금청구 관련 자료는 다음과 같다. (주)관세가 동 건설공사계약에 진행기준을 적용하는 경우, 20×2년 말 재무상태표에 미청구공사(계약자산) 또는 초과청구공사(계약부채)로 표시할 금액은? [단, (주)관세는 발생원가에 기초한 투입법으로 진행률을 계산한다] [관세사 2025]

| 구분 | 20×1년 | 20×2년 | 20×3년 |
|---|---|---|---|
| 당기 발생한 공사원가 | ₩20,000 | ₩40,000 | ₩18,000 |
| 완성시까지 추가소요원가 추정액 | 60,000 | 15,000 | - |
| 당기 청구한 계약대금 | 15,000 | 35,000 | 50,000 |

① 미청구공사 ₩5,000
② 미청구공사 ₩20,000
③ 미청구공사 ₩30,000
④ 초과청구공사 ₩20,000
⑤ 초과청구공사 ₩30,000

# Ⅲ. 타시험 기출 및 과거 기출 필수문제 정리

**01** (주)한국건설은 20×1년 초에 (주)대한과 교량건설을 위한 건설계약을 발주금액 ₩10,000,000에 체결하였다. 총 공사기간은 계약일로부터 3년인데, 20×2년도에 공사내용의 일부 변경에 따른 계약원가 추가 발생으로 건설계약금액을 ₩2,000,000 증가시키는 것으로 합의하였다. 동 건설계약과 관련된 연도별 자료는 다음과 같다.

| 구분 | 20×1년 | 20×2년 | 20×3년 |
|---|---|---|---|
| 실제 계약원가발생액 | ₩2,400,000 | ₩4,950,000 | ₩3,150,000 |
| 연도 말 예상 추가계약원가 | ₩5,600,000 | ₩3,150,000 | - |
| 계약대금청구액 | ₩2,500,000 | ₩5,500,000 | ₩4,000,000 |
| 계약대금회수액 | ₩2,500,000 | ₩5,500,000 | ₩4,000,000 |

(주)한국건설이 진행률을 누적발생계약원가에 기초하여 계산한다고 할 때, 동 건설계약과 관련하여 (주)한국건설이 20×2년 말 재무상태표상 인식할 계약자산(계약부채)금액은 얼마인가?

[공인회계사 2014]

① 계약자산 ₩100,000 ② 계약자산 ₩400,000 ③ 계약자산 ₩500,000
④ 계약부채 ₩100,000 ⑤ 계약부채 ₩400,000

**02** (주)감평은 20×1년 초에 도급금액 ₩1,000,000인 건설공사를 수주하고, 20×3년 말에 공사를 완공하였다. 이와 관련된 원가자료는 다음과 같다. (주)감평이 20×1년도 포괄손익계산서에 인식할 공사손익과 20×1년말 재무상태표에 표시할 미청구공사(또는 초과청구공사) 금액은? (단, 진행률은 발생누적계약원가를 추정총계약원가로 나눈 비율로 계산한다) [감정평가사 2017]

| | 20×1년 | 20×2년 | 20×3년 |
|---|---|---|---|
| 실제발생 공사원가 | ₩320,000 | ₩200,000 | ₩250,000 |
| 연도 말 예상 추가원가 | 480,000 | 280,000 | |
| 계약대금 청구액 | 350,000 | 350,000 | 300,000 |

| | 공사이익(손실) | 미청구공사(초과청구공사) |
|---|---|---|
| ① | ₩80,000 | ₩ 50,000 |
| ② | ₩60,000 | ₩ 30,000 |
| ③ | ₩60,000 | ₩(30,000) |
| ④ | ₩80,000 | ₩(50,000) |
| ⑤ | ₩80,000 | ₩ 30,000 |

# 해커스 회계학 1차 기출+예상문제집

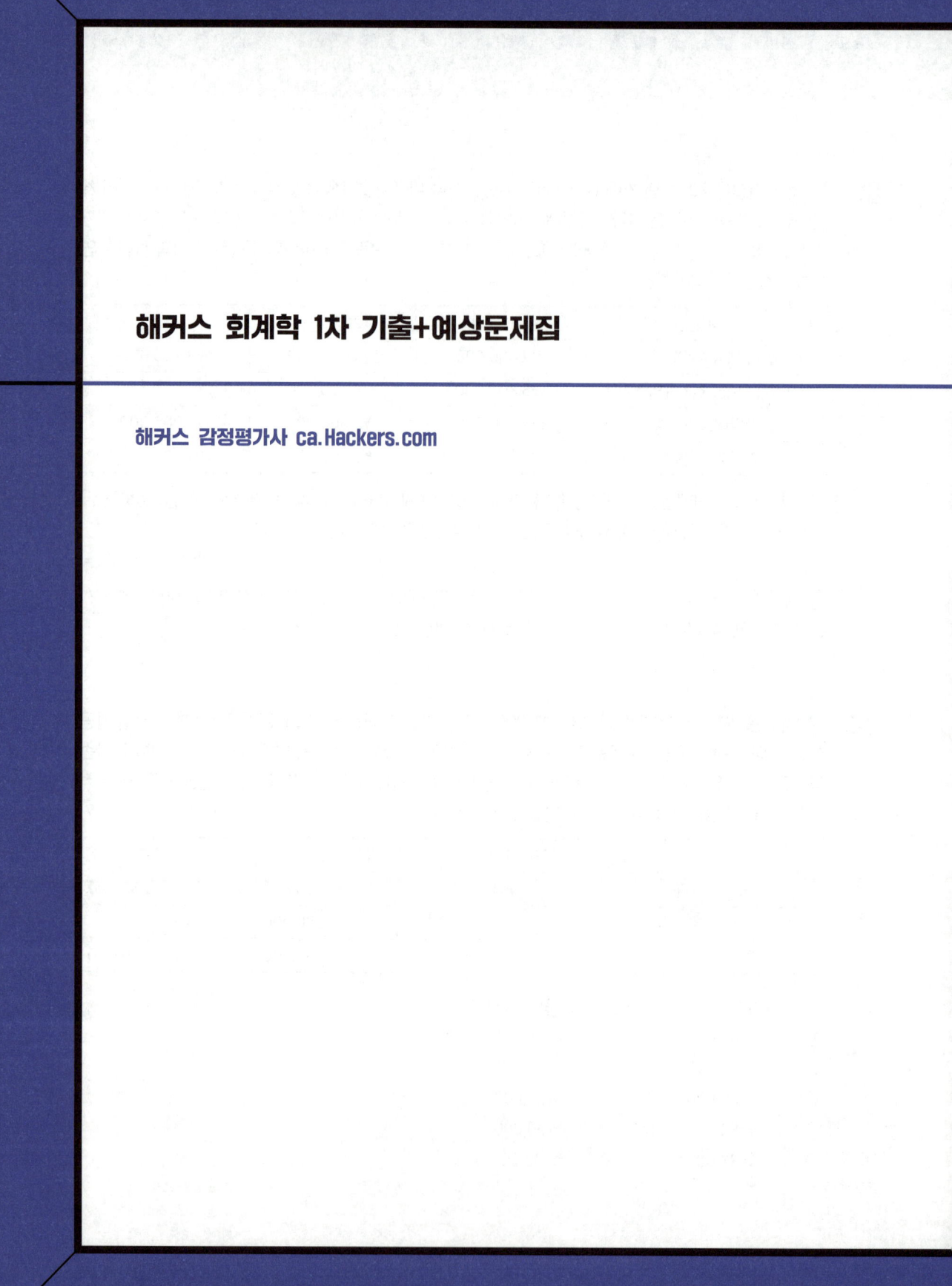

해커스 감정평가사 ca.Hackers.com

# 14장

# 리스

# Ⅰ. 필수 유형 정리

**[01 ~ 03]**

A리스의 기계장치 1대를 아래와 같은 조건으로 B사에게 금융리스하였다.

> (1) 리스기간: 20×1년 1월 1일부터 20×3년 12월 31일
> (2) 고정리스료: 리스이용자는 리스기간 동안 매년 12월 31일에 ₩100,000씩 지급
> (3) 잔존가치 보증: 리스종료 시 기계장치를 리스제공자에게 반환하되, 예상잔존가치 ₩30,000 중 ₩20,000을 리스이용자가 보증
> (4) A리스의 리스개설직접원가: ₩10,000
> (5) 내재이자율: 연 5%
> (6) 3기간 이자율 5%의 현가계수: 0.86384, 3기간 이자율 5%의 연금현가계수: 2.72325
> (7) 2기간 이자율 5%의 현가계수: 0.90703, 2기간 이자율 5%의 연금현가계수: 1.85941

**01** 동 리스거래가 20×1년 A리스의 당기손익에 미친 영향은 얼마인가?

① ₩3,810　② ₩24,912　③ ₩14,912
④ ₩5,842　⑤ ₩(−)3,810

**02** 20×1년 말에 리스기간 종료시점의 잔존가치 추정이 ₩30,000에서 ₩15,000으로 변경된 경우에 동 리스거래가 20×1년 A리스의 당기손익에 미친 영향은 얼마인가?

① ₩3,810　② ₩24,912　③ ₩14,912
④ ₩5,842　⑤ ₩(−)3,810

**03** 문제 **02**와 독립적으로 리스기간 동안 종료시점의 잔존가치 추정액의 변경은 없었으나 리스기간 종료시점에 기초자산의 실제 잔존가치가 ₩15,000이었다면 동 리스거래가 20×3년 A리스의 당기손익에 미친 영향은 얼마인가? (단, B사는 실제 잔존가치와 보증 잔존가치의 차이금액을 리스종료시점에 A리스에 현금으로 지급하였다)

① ₩3,810　② ₩24,912　③ ₩14,912
④ ₩5,842　⑤ ₩(−)3,810

## [04 ~ 06]

(주)대한은 20×0년 12월 31일에 항공기를 ₩5,198,927에 취득하였다. 리스제공자인 (주)대한은 항공서비스를 제공하는 (주)세무와 20×1년 1월 1일에 금융리스계약을 체결하였다. 구체적인 계약내용이 다음과 같을 때, 각 물음에 답하시오.

(1) 리스개시일은 20×1년 1월 1일이고, 만료일은 20×4년 12월 31일이다. 이 기간 동안은 리스계약의 해지가 불가능하다.
(2) 기초자산(항공기)의 공정가치는 ₩5,198,927이며, 경제적 내용연수는 6년이고 내용연수 종료 후 추정잔존가치는 없다. 해당 기초자산은 정액법으로 감가상각한다.
(3) 리스기간 종료시점의 해당 기초자산 잔존가치는 ₩500,000으로 추정되며, (주)세무의 보증잔존가치는 ₩200,000이다. 추정잔존가치 중 (주)세무가 보증한 잔존가치 지급예상액은 ₩200,000이다.
(4) 리스료는 리스기간 동안 매년 말 고정된 금액을 수수한다.
(5) 리스기간 종료시점에 소유권 이전약정이나 염가매수선택권은 없으며, 리스기간 종료 시 기초자산을 (주)대한에 반환하여야 한다.
(6) (주)대한이 리스계약과 관련하여 지출한 리스개설직접원가는 ₩300,000이며, (주)세무가 리스계약과 관련하여 지출한 리스개설직접원가는 ₩200,000이다. 이들 리스개설직접원가는 모두 현금으로 지급하였다.
(7) (주)대한의 내재이자율은 연 10%이며, (주)세무의 증분차입이자율은 12%이다. (주)세무는 (주)대한의 내재이자율을 알고 있다.
(8) (주)세무는 사용권자산에 대한 감가상각방법으로 정액법을 채택하고 있으며, 감가상각비는 지급할 것으로 예상되는 보증잔존가치를 차감하는 방법으로 회계처리한다.
(9) 현재가치 계산 시 아래의 현가계수를 이용하며, 금액을 소수점 첫째 자리에서 반올림하여 계산한다(예 ₩5,555.5 → ₩5,556).

| 구분 | 단일금액 ₩1의 현가계수 | | 정상연금 ₩1의 현가계수 | |
|---|---|---|---|---|
| | 10% | 12% | 10% | 12% |
| 1기간 | 0.9091 | 0.8929 | 0.9091 | 0.8929 |
| 2기간 | 0.8264 | 0.7972 | 1.7355 | 1.6901 |
| 3기간 | 0.7513 | 0.7118 | 2.4868 | 2.4018 |
| 4기간 | 0.6830 | 0.6355 | 3.1699 | 3.0373 |

**04** (주)대한이 매년 받게 될 고정리스료는 얼마인가?

① ₩1,627,000　② ₩1,527,000　③ ₩1,509,073
④ ₩1,344,000　⑤ ₩1,250,678

**05** (주)대한이 동 리스거래로 인해 인식하게 될 미실현금융수익은 얼마인가?

① ₩1,627,000 ② ₩1,527,000 ③ ₩1,509,073
④ ₩1,344,000 ⑤ ₩1,250,678

**06** 동 리스거래와 관련하여 회계처리가 (주)세무의 20×1년도 당기순이익에 미치는 영향은 얼마인가?

① ₩(－)1,852,910 ② ₩(－)1,854,135 ③ ₩(－)1,324,732
④ ₩(－)1,224,732 ⑤ ₩(－)1,032,578

# Ⅱ. 최신 기출 유형 정리



## 리스

**01** 리스에 관한 설명으로 옳은 것을 모두 고른 것은? [감정평가사 2023]

> ㄱ. 단기리스나 소액 기초자산 리스를 제외한 모든 리스에 대해서 리스이용자는 사용권자산과 리스부채를 인식해야 한다.
> ㄴ. 리스이용자는 리스의 내재이자율을 쉽게 산정할 수 없는 경우에는 리스제공자의 증분차입이자율을 사용하여 리스료를 할인한다.
> ㄷ. 리스이용자는 사용권자산이 손상되었는지를 판단하고 식별되는 손상차손을 회계처리하기 위하여 자산손상 기준서를 적용한다.
> ㄹ. 투자부동산의 정의를 충족하는 사용권자산은 재무상태표에 투자부동산으로 표시한다.

① ㄱ, ㄴ ② ㄱ, ㄷ ③ ㄷ, ㄹ
④ ㄱ, ㄷ, ㄹ ⑤ ㄴ, ㄷ, ㄹ

**02** 리스제공자 입장에서 일반적으로 금융리스로 분류될 수 있는 조건이 아닌 것은? [감정평가사 2024]

① 리스기간 종료시점에 기초자산의 소유권을 그 시점의 공정가치에 해당하는 변동 지급액으로 이전하는 경우
② 기초자산의 소유권이 이전되지는 않더라도 리스기간이 기초자산의 경제적 내용연수의 상당 부분(major part)을 차지하는 경우
③ 리스약정일 현재, 리스료의 현재가치가 적어도 기초자산 공정가치의 대부분에 해당하는 경우
④ 기초자산이 특수하여 해당 리스이용자만이 주요한 변경 없이 사용할 수 있는 경우
⑤ 리스이용자가 선택권을 행사할 수 있는 날의 공정가치보다 충분히 낮을 것으로 예상되는 가격으로 기초자산을 매수할 수 있는 선택권을 가지고 있고, 그 선택권을 행사할 것이 리스약정일 현재 상당히 확실한 경우

**03** (주)감평은 20×1년 1월 1일 (주)한국리스로부터 기계장치(기초자산)를 리스하는 계약을 체결하였다. 계약상 리스기간은 20×1년 1월 1일부터 4년, 내재이자율은 연 10%, 고정리스료는 매년 말 일정 금액을 지급한다. (주)한국리스의 기계장치취득금액은 ₩1,000,000으로 리스개시일의 공정가치이다. (주)감평은 리스개설과 관련하여 법률비용 ₩75,000을 지급하였으며, 리스기간 종료시점에 (주)감평은 매수선택권을 ₩400,000에 행사할 것이 리스약정일 현재 상당히 확실하다. 리스거래와 관련하여 (주)감평이 매년 말 지급해야 할 고정리스료는? (단, 계산금액은 소수점 첫째 자리에서 반올림하고, 단수 차이로 인한 오차가 있으면 가장 근사치를 선택한다) [감정평가사 2020]

| 기간 | 단일금액 ₩1의 현재가치 (할인율 = 10%) | 정상연금 ₩1의 현재가치(할인율 = 10%) |
|---|---|---|
| 4 | 0.6830 | 3.1699 |
| 5 | 0.6209 | 3.7908 |

① ₩198,280　② ₩200,000　③ ₩208,437
④ ₩229,282　⑤ ₩250,000

**04** (주)감평(리스이용자)은 20×1년 1월 1일에 (주)한국리스(리스제공자)와 다음과 같은 리스계약을 체결하였다.

- 리스개시일: 20×1년 1월 1일
- 리스기간: 20×1년 1월 1일부터 20×3년 12월 31일까지
- 고정리스료: 매년 말 ₩1,000,000 후급
- (주)감평은 리스기간 종료일에 (주)한국리스에게 ₩300,000을 지급하고, 기초자산(리스자산)의 소유권을 이전받기로 하였다.
- (주)감평과 (주)한국리스는 리스개시일에 리스개설직접원가로 각각 ₩100,000과 ₩120,000을 지출하였다.
- 리스개시일 현재 기초자산의 내용연수는 4년이고, 잔존가치는 ₩0이다.

(주)감평은 사용권자산에 대해 원가모형을 적용하고 있으며 정액법으로 감가상각한다. 리스 관련 내재이자율은 알 수 없으나 (주)감평의 증분차입이자율이 연 10%라고 할 때, 상기 리스거래와 관련하여 (주)감평이 20×1년도에 인식할 비용총액은? (단, 상기 리스계약은 소액 기초자산 리스에 해당하지 않으며, 감가상각비의 자본화는 고려하지 않는다. 또한, 단수 차이로 인한 오차가 있다면 가장 근사치를 선택한다) [감정평가사 2022]

| 기간 | 단일금액 ₩1의 현재가치 | 정상연금 ₩1의 현재가치 |
|---|---|---|
| | 10% | 10% |
| 3 | 0.75131 | 2.48685 |

① ₩532,449　② ₩949,285　③ ₩974,285
④ ₩1,175,305　⑤ ₩1,208,638

**05** (주)감평은 20×1년 초 해지불능 리스계약을 체결하고 사용권자산(내용연수 5년, 잔존가치 ₩0, 정액법 상각)과 리스부채(리스기간 5년, 매년 말 정기리스료 ₩13,870, 리스기간 종료 후 소유권 무상이전 약정)를 각각 ₩50,000씩 인식하였다. 리스계약의 내재이자율은 연 12%이고 (주)감평은 리스회사의 내재이자율을 알고 있다. (주)감평은 사용권자산에 대해 재평가모형을 적용하고 있으며 20×1년 말 사용권자산의 공정가치는 ₩35,000이다. 동 리스계약이 (주)감평의 20×1년 당기순이익에 미치는 영향은? (단, 리스계약은 소액자산리스 및 단기리스가 아니라고 가정한다) [감정평가사 2021]

① ₩5,000 감소 ② ₩6,000 감소 ③ ₩15,000 감소
④ ₩16,000 감소 ⑤ ₩21,000 감소

**06** 리스에 관한 설명으로 옳지 않은 것은? [관세사 2025]

① 제조자 또는 판매자인 리스제공자는 금융리스 체결과 관련하여 부담하는 원가를 리스개설직접원가로 보아 리스순투자의 최초 측정치에 포함한다.
② 리스순투자란 리스총투자를 리스의 내재이자율로 할인한 금액을 말한다.
③ 리스총투자란 금융리스에서 리스제공자가 받게 될 리스료와 무보증잔존가치의 합계액을 말한다.
④ 리스이용자의 경우에 리스료는 잔존가치보증에 따라 리스이용자가 지급할 것으로 예상되는 금액을 포함한다.
⑤ 리스의 내재이자율이란 리스료 및 무보증잔존가치의 현재가치 합계액을 기초자산의 공정가치와 리스제공자의 리스개설직접원가의 합계액과 동일하게 하는 할인율을 말한다.

**07** (주)감평은 20×1년 초 (주)대한리스와 사용목적으로 차량운반구(내용연수 5년, 잔존가치 ₩0, 정액법 상각, 재평가모형 적용) 금융리스계약(리스기간 3년)을 체결하였다. (주)감평은 리스개시일에 리스개설직접원가로 ₩98,200을 부담하였으며, 리스기간 종료 시 차량운반구 소유권은 (주)감평에게 무상으로 이전된다. (주)감평은 정기리스료로 리스기간 동안 매년 말 ₩1,000,000을 (주)대한리스에게 지급한다. 20×1년 말 차량운반구의 공정가치가 ₩1,800,000일 때, 동 리스의 회계처리로 인한 (주)감평의 20×1년 당기순이익 감소액은? [단, 동 금융리스는 소액리스가 아니며, 금융리스에 적용되는 (주)감평의 증분차입이자율은 연 12%이고, 정상연금 ₩1의 현가계수(3기간, 12%)는 2.4018이다]
[감정평가사 2025]

① ₩768,576 ② ₩788,216 ③ ₩968,576
④ ₩988,216 ⑤ ₩1,066,776

# Ⅲ. 타시험 기출 및 과거 기출 필수문제 정리

**01** (주)세무는 20×1년 1월 1일 (주)대한리스로부터 기계장치(기초자산)를 리스하는 해지금지조건의 금융리스계약을 체결하였다. 계약상 리스개시일은 20×1년 1월 1일, 리스기간은 20×1년 1월 1일부터 20×3년 12월 31일, 내재이자율은 연 10%, 고정리스료는 매년 말 일정금액을 지급한다. (주)대한리스의 동 기계장치 취득금액은 ₩2,000,000으로 리스개시일의 공정가치이다. 동 기계장치의 내용연수는 4년, 내용연수 종료시점의 잔존가치는 없고, 정액법으로 감가상각한다. (주)세무는 리스기간 종료시점에 매수선택권을 ₩400,000에 행사할 것이 리스약정일 현재 상당히 확실하다. (주)대한리스가 리스기간 동안 매년 말 수취하는 연간 고정리스료는? (단, 리스계약은 소액자산리스 및 단기리스가 아니라고 가정하며, 현재가치 계산 시 다음에 제시된 현가계수표를 이용한다) [세무사 2024]

| 기간 | 단일금액 ₩1의 현재가치 (할인율 = 10%) | 정상연금 ₩1의 현재가치 (할인율 = 10%) |
|---|---|---|
| 3 | 0.7513 | 2.4869 |
| 4 | 0.6830 | 3.1699 |

① ₩544,749　② ₩630,935　③ ₩683,373
④ ₩804,214　⑤ ₩925,055

**02** (주)세무리스는 (주)한국과 운용리스계약을 체결하고, 20×2년 10월 1일 생산설비(취득원가 ₩800,000, 내용연수 10년, 잔존가치 ₩0, 정액법 감가상각)를 취득과 동시에 인도하였다. 리스기간은 3년이고, 리스료는 매년 9월 30일에 수령한다. (주)세무리스가 리스료를 다음과 같이 수령한다면, 동 거래가 20×2년 (주)세무리스의 당기순이익에 미치는 영향은 얼마인가? (단, 리스와 관련된 효익의 기간적 형태를 더 잘 나타내는 다른 체계적인 인식기준은 없고, 리스료와 감가상각비는 월할 계산한다)

[세무사 2016 수정]

| 일자 | 리스료 |
|---|---|
| 20×3년 9월 30일 | ₩100,000 |
| 20×4년 9월 30일 | ₩120,000 |
| 20×5년 9월 30일 | ₩140,000 |

① ₩5,000 증가　② ₩10,000 증가　③ ₩25,000 증가
④ ₩30,000 증가　⑤ ₩40,000 증가

**03** (주)대한은 기계장치를 제조 및 판매하는 기업이다. 20×1년 1월 1일 (주)대한은 (주)민국에게 원가(장부금액) ₩100,000의 재고자산(기초자산)을 아래와 같은 조건으로 판매하였는데, 이 거래는 금융리스에 해당한다.

- 리스개시일은 20×1년 1월 1일이며, 리스개시일 현재 재고자산(기초자산)의 공정가치는 ₩130,000이다.
- (주)대한은 20×1년부터 20×3년까지 매년 12월 31일에 (주)민국으로부터 ₩50,000의 고정리스료를 받는다.
- (주)대한은 동 금융리스 계약의 체결과 관련하여 리스개시일에 ₩1,000의 수수료를 지출하였다.
- (주)민국은 리스기간 종료일인 20×3년 12월 31일에 리스자산을 해당 시점의 공정가치보다 충분히 낮은 금액인 ₩8,000에 매수할 수 있는 선택권을 가지고 있으며, 20×1년 1월 1일 현재 (주)민국이 이를 행사할 것이 상당히 확실하다고 판단된다.
- 20×1년 1월 1일에 (주)대한의 증분차입이자율은 연 8%이며, 시장이자율은 연 12%이다.
- 적용할 현가계수는 아래의 표와 같다.

| 기간 \ 할인율 | 단일금액 ₩1의 현재가치 | | 정상연금 ₩1의 현재가치 | |
|---|---|---|---|---|
| | 8% | 12% | 8% | 12% |
| 1년 | 0.9259 | 0.8929 | 0.9259 | 0.8929 |
| 2년 | 0.8573 | 0.7972 | 1.7832 | 1.6901 |
| 3년 | 0.7938 | 0.7118 | 2.5770 | 2.4019 |

위 거래가 (주)대한의 20×1년도 포괄손익계산서상 당기순이익에 미치는 영향은 얼마인가? (단, 단수차이로 인해 오차가 있다면 가장 근사치를 선택한다) [공인회계사 2022]

① ₩24,789 증가 ② ₩25,789 증가 ③ ₩39,884 증가
④ ₩40,884 증가 ⑤ ₩42,000 증가

**04** 금융업을 영위하는 (주)대한리스는 20×1년 1월 1일에 (주)민국과 다음과 같은 조건으로 리스계약을 체결하였다.

- (주)대한리스는 (주)민국이 지정하는 기계설비를 제조사인 (주)만세로부터 신규 취득하여 20×1년 1월 1일부터 (주)민국이 사용할 수 있는 장소로 배송한다.
- 리스기간: 20×1년 1월 1일 ~ 20×3년 12월 31일(리스기간 종료 후 반환조건)
- 잔존가치 보증: (주)대한리스는 리스기간 종료 시 리스자산의 잔존가치를 ₩10,000,000으로 예상하며, (주)민국은 ₩7,000,000을 보증하기로 약정하였다.
- 리스개설직접원가: (주)대한리스와 (주)민국이 각각 ₩300,000과 ₩200,000을 부담하였다.
- (주)대한리스는 상기 리스를 금융리스로 분류하였고, 동 리스에 대한 내재이자율로 연 10%를 산정하였다.
- 연간 정기리스료: 매년 말 ₩3,000,000 지급
- 할인율이 10%인 경우 현가계수는 아래의 표와 같다.

| 기간 | 단일금액 ₩1의 현재가치 | 정상연금 ₩1의 현재가치 |
|---|---|---|
| 3년 | 0.7513 | 2.4868 |

(주)대한리스의 (1) 기계설비 취득원가(공정가치)와 (2) 리스기간 종료 시 회수된 기계설비의 실제 잔존가치가 ₩5,000,000인 경우의 손실금액은 각각 얼마인가? (단, 단수 차이로 인해 오차가 있다면 가장 근사치를 선택한다)

[공인회계사 2023]

| | (1) 취득원가 | (2) 회수 시 손실금액 |
|---|---|---|
| ① | ₩14,673,400 | ₩3,000,000 |
| ② | ₩14,673,400 | ₩5,000,000 |
| ③ | ₩14,973,400 | ₩2,000,000 |
| ④ | ₩14,973,400 | ₩3,000,000 |
| ⑤ | ₩14,973,400 | ₩5,000,000 |

**05** (주)감평은 리스이용자로 사무실용 건물을 20×1년 초부터 4년간 리스하는 계약(연간리스료 매년 말 ₩90,000 지급)을 체결하였다. (주)감평은 리스개시일인 20×1년 초에 리스부채로 ₩311,859을 인식하였다. 한편, 2년이 경과된 20×3년 초 (주)감평은 리스회사와 매년 말 연간 리스료 ₩70,000을 지급하기로 합의하였다. 20×3년 초 리스변경을 반영한 후 (주)감평의 리스부채 장부금액은? [단, 리스의 내재이자율은 쉽게 산정할 수 없으나, 리스개시일과 20×3년 초 리스이용자인 (주)감평의 증분차입이자율은 각각 연 6%와 연 8%이다] [감정평가사 2019]

| 기간 | 정상연금 ₩1의 현재가치 | |
|---|---|---|
| | 6% | 8% |
| 1 | 0.9434 | 0.9259 |
| 2 | 1.8334 | 1.7833 |
| 3 | 2.6730 | 2.5771 |
| 4 | 3.4651 | 3.3121 |

① ₩124,831 ② ₩128,338 ③ ₩159,456
④ ₩231,847 ⑤ ₩242,557

해커스 회계학 1차 기출+예상문제집

해커스 감정평가사 ca.Hackers.com

# 15장

# 법인세 회계

# Ⅰ. 필수 유형 정리

**[01, 02]**

12월 31일 결산법인인 (주)현주의 20×4년도 법인세와 관련한 세무조정사항은 다음과 같다.

| | |
|---|---|
| 법인세비용차감전순이익 | ₩2,000,000 |
| 접대비 한도초과액 | ₩100,000 |
| 감가상각비 한도초과액 | ₩50,000 |
| FVPL금융자산평가이익 | ₩20,000 |

한국채택국제회계기준상 감가상각비가 세법상 감가상각비 한도를 초과한 ₩50,000 중 ₩30,000은 20×5년에 소멸되고, ₩20,000은 20×6년에 소멸될 것이 예상된다. 또한 당기손익인식금융자산은 20×5년 중에 처분될 예정이다. (주)현주의 연도별 과세소득에 적용될 법인세율은 20×4년 25%, 20×5년 28%이고, 20×6년도부터는 30%가 적용된다. 20×3년 12월 31일 현재 이연법인세자산(부채)잔액은 없었다.

**01** 20×4년도 (주)현주의 법인세비용은 얼마인가? (단, 이연법인세자산의 실현가능성은 높고 이연법인세자산·부채는 상계요건을 충족하였다)

① ₩523,700　② ₩532,500　③ ₩544,500
④ ₩420,000　⑤ ₩432,500

**02** 위 문제와 독립적으로 당기부터 세율은 20%로 변경이 없을 것으로 가정할 때, 20×4년도 (주)현주의 법인세비용은 얼마인가? (단, 이연법인세자산의 실현가능성은 높고 이연법인세자산·부채는 상계요건을 충족하였다)

① ₩523,700　② ₩532,500　③ ₩544,500
④ ₩420,000　⑤ ₩432,500

# Ⅱ. 최신 기출 유형 정리



## 법인세 회계

**01** 법인세 회계처리에 관한 설명으로 옳은 것은? [관세사 2020]

① 영업권을 최초로 인식할 때 차감할 일시적 차이가 발생하므로 이연법인세자산을 인식한다.
② 이연법인세자산과 이연법인세부채는 소멸시점을 상세히 추정하여 현재가치로 할인한다.
③ 과거 회계기간의 당기법인세에 대하여 소급공제가 가능한 세무상결손금과 관련된 혜택은 자산으로 인식하지 않는다.
④ 이연법인세자산의 일부 또는 전부에 대한 혜택이 사용되기에 충분한 과세소득이 발생할 가능성이 더 이상 높지 않더라도 이연법인세자산의 장부금액을 감액시키지 않는다.
⑤ 일시적 차이는 자산 또는 부채를 최초로 인식하는 시점에도 발생할 수 있다.

**02** 법인세에 관한 설명으로 옳지 않은 것은? [관세사 2022]

① 과거 회계기간의 당기법인세에 대하여 소급공제가 가능한 세무상결손금과 관련된 혜택은 자산으로 인식한다.
② 자산의 장부금액이 세무기준액보다 크다면 당해 일시적 차이는 미래 회계기간에 회수가능한 법인세만큼 이연법인세자산을 발생시킨다.
③ 미래의 과세소득에 가산할 일시적 차이로 인하여 미래 회계기간에 법인세를 납부하게 될 의무가 이연법인세부채이다.
④ 이연법인세 자산과 부채는 당해 자산이 실현되거나 부채가 결제될 회계기간에 적용될 것으로 기대되는 세율을 사용하여 측정한다.
⑤ 매 보고기간 말에 재검토를 통하여, 미래 과세소득에 의해 이연법인세자산이 회수될 가능성이 높아진 범위까지 과거 인식되지 않은 이연법인세자산을 인식한다.

**03** 법인세에 관한 설명으로 옳은 것을 모두 고른 것은? [관세사 2024]

ㄱ. 법인세비용(수익)은 당기법인세비용(수익)과 이연법인세비용(수익)으로 구성된다.
ㄴ. 기업이 집행가능한 상계권리를 가지고 있는 경우 또는 기업이 순액으로 결제할 의도가 있는 경우에는 당기법인세자산과 당기법인세부채를 상계한다.
ㄷ. 이연법인세자산의 장부금액은 매 보고기간 말에 검토한다.
ㄹ. 기업 간 비교가능성을 높이기 위해 이연법인세자산과 이연법인세부채는 현재가치로 할인한다.

① ㄱ, ㄷ ② ㄱ, ㄹ ③ ㄴ, ㄷ
④ ㄴ, ㄹ ⑤ ㄷ, ㄹ

**04** 다음은 20×1년 초 설립한 (주)감평의 법인세 관련 자료이다.

- 20×1년 세무조정사항
  - 감가상각비한도초과액 ₩125,000
  - 접대비한도초과액 60,000
  - 정기예금 미수이자 25,000
- 20×1년 법인세비용차감전순이익 ₩490,000
- 연도별 법인세율은 20%로 일정하다.
- 이연법인세자산(부채)의 실현가능성은 거의 확실하다.

20×1년 법인세비용은? [감정평가사 2020]

① ₩85,000 ② ₩98,000 ③ ₩105,000
④ ₩110,000 ⑤ ₩122,000

**05** 다음은 20×1년 초 설립한 (주)감평의 법인세 관련 자료이다.

- 20×1년 세무조정사항
  - 감가상각비한도초과액 ₩55,000
  - 정기예금 미수이자 25,000
  - 접대비한도초과액 10,000
  - 자기주식처분이익 30,000
- 20×1년 법인세비용차감전순이익 ₩400,000
- 연도별 법인세율은 20%로 일정하다.
- 당기 이연법인세자산(부채)은 인식요건을 충족한다.

20×1년도 법인세비용은? [감정평가사 2023]

① ₩80,000 ② ₩81,000 ③ ₩82,000
④ ₩86,000 ⑤ ₩94,000

**06** 20×1년 초 설립한 (주)감평의 법인세 관련 자료이다. (주)감평의 20×1년도 유효법인세율은? (단, 유효법인세율은 법인세비용을 법인세비용차감전순이익으로 나눈 값으로 정의한다) [감정평가사 2021]

- 20×1년 세무조정 사항
  - 벌과금 손금불산입 ₩20,000
  - 접대비한도초과액 15,000
  - 감가상각비한도초과액 15,000
- 20×1년도 법인세비용차감전순이익은 ₩500,000이며, 이연법인세자산(부채)의 실현가능성은 거의 확실하다.
- 연도별 법인세율은 20%로 일정하다.

① 19.27% ② 20% ③ 21.4%
④ 22% ⑤ 22.8%

**07** (주)관세의 법인세 관련 자료는 다음과 같다.

| 구분 | 20×1년 | 20×2년 |
|---|---|---|
| 법인세비용차감전순이익 | ₩120,000 | ₩130,000 |
| 일시적차이(A) | (20,000) | (10,000) |
| 과세소득 | 100,000 | 120,000 |
| 법인세율 | 20% | 20% |

일시적차이(A)는 20×0년에 ₩50,000이 발생하였고, 20×1년과 20×2년에 각각 ₩20,000과 ₩10,000이 반대조정으로 소멸되었으며, 이를 제외한 일시적 차이는 없다. 20×2년 말까지 소멸되지 않은 일시적 차이는 모두 20×3년 이후에 소멸될 것으로 예상된다. 20×1년 말 예상한 20×2년 이후의 법인세율은 20%이었으나, 20×2년 중 세법개정으로 20×2년 말 예상한 20×3년 이후의 법인세율은 25%이다. 이연법인세자산의 실현가능성이 높다고 할 때, (주)관세의 20×2년도 법인세비용은?

[관세사 2025]

① ₩20,000　② ₩23,000　③ ₩24,000
④ ₩25,000　⑤ ₩29,000

**08** 다음은 20×1년 설립한 (주)감평의 20×2년 법인세 관련 자료이다.

- 20×2년 법인세비용차감전순이익: ₩500,000
- 20×2년 처음 발생한 세무조정사항
  - 접대비한도초과액: ₩20,000
  - 감가상각비한도초과액: ₩100,000
- 설립 이후 연도별 법인세율은 20%로 일정하다.
- 이연법인세자산(부채)의 실현가능성은 거의 확실하다.

20×1년 세무조정사항은 정기적금 미수이자 ₩80,000이 있으며 20×2년 소멸한다.

(주)감평의 20×2년 포괄손익계산서에 인식할 법인세비용은? [감정평가사 2025]

① ₩100,000　② ₩104,000　③ ₩120,000
④ ₩124,000　⑤ ₩140,000

# Ⅲ. 타시험 기출 및 과거 기출 필수문제 정리



**01** 법인세회계에 관한 설명으로 옳지 않은 것은? [세무사 2024]

① 이연법인세자산은 차감할 일시적 차이, 미사용 세무상결손금의 이월액, 미사용 세액공제 등의 이월액과 관련하여 미래 회계기간에 회수될 수 있는 법인세 금액이다.

② 매 보고기간 말에 인식되지 않은 이연법인세자산에 대하여 재검토하며, 미래 과세소득에 의해 이연법인세자산이 회수될 가능성이 높아진 범위까지 과거 인식되지 않은 이연법인세자산을 인식한다.

③ 당기법인세자산과 부채는 기업이 인식된 금액에 대한 법적으로 집행가능한 상계권리를 가지고 있는 경우 또는 순액으로 결제하거나, 자산을 실현하고 부채를 결제할 의도가 있는 경우에 상계한다.

④ 과세대상수익의 수준에 따라 적용되는 세율이 다른 경우에는 일시적 차이가 소멸될 것으로 예상되는 기간의 과세소득(세무상결손금)에 적용될 것으로 기대되는 평균세율을 사용하여 이연법인세자산과 부채를 측정한다.

⑤ 사업결합에서 발생한 영업권을 최초로 인식하는 경우에는 이연법인세부채를 인식하지 않는다.

**02** (주)세무의 20×2년도 법인세 관련 자료가 다음과 같을 때, 20×2년도 법인세비용은? [세무사 2022]

- 20×2년도 법인세비용차감전순이익 ₩500,000
- 세무조정사항
  - 전기 감가상각비 한도초과액 ₩(80,000)
  - 접대비 한도초과액 ₩130,000
- 감가상각비 한도초과액은 전기 이전 발생한 일시적 차이의 소멸분이고, 접대비 한도초과액은 일시적 차이가 아니다.
- 20×2년 말 미소멸 일시적 차이(전기 감가상각비 한도초과액)는 ₩160,000이고, 20×3년과 20×4년에 각각 ₩80,000씩 소멸될 것으로 예상된다.
- 20×1년 말 이연법인세자산은 ₩48,000이고, 이연법인세부채는 없다.
- 차감할 일시적 차이가 사용될 수 있는 과세소득의 발생가능성은 매우 높다.
- 적용될 법인세율은 매년 20%로 일정하고, 언급된 사항 이외의 세무조정 사항은 없다.

① ₩94,000　② ₩110,000　③ ₩126,000
④ ₩132,000　⑤ ₩148,000

**03** 다음은 (주)감평의 20×1년 세무조정사항 등 법인세 계산 자료이다. (주)감평의 20×1년도 법인세비용은? [감정평가사 2019]

- 접대비 한도초과액은 ₩24,000이다.
- 감가상각비 한도초과액은 ₩10,000이다.
- 20×1년 초 전기이월 이연법인세자산은 ₩7,500이고, 이연법인세부채는 없다.
- 20×1년도 법인세비용차감전순이익은 ₩150,000이고, 이후에도 매년 이 수준으로 실현될 가능성이 높다.
- 과세소득에 적용될 세율은 25%이고, 향후에도 변동이 없다.

① ₩37,500 ② ₩40,500 ③ ₩43,500
④ ₩45,500 ⑤ ₩48,500

**04** 다음은 20×1년 초 설립한 (주)감평의 20×1년도 법인세와 관련된 내용이다.

20×1년 과세소득 산출내역

| | |
|---|---|
| 법인세비용차감전순이익 | ₩1,000,000 |
| 세무조정항목: | |
| 감가상각비 한도초과액 | 250,000 |
| 접대비한도초과액 | 50,000 |
| 과세소득 | ₩1,300,000 |

- 감가상각비 한도초과액은 20×2년에 전액 소멸한다.
- 차감할 일시적 차이가 사용될 수 있는 미래 과세소득의 발생가능성은 높다.
- 연도별 법인세율은 20%로 일정하다.

20×1년도에 인식할 법인세비용은? [감정평가사 2018]

① ₩200,000 ② ₩210,000 ③ ₩260,000
④ ₩310,000 ⑤ ₩320,000

ca.Hackers.com

해커스 회계학 1차 기출+예상문제집

해커스 감정평가사 ca.Hackers.com

# 16장

## 종업원급여

# Ⅰ. 필수 유형 정리

**[01, 02]**

다음은 (주)한국이 채택하고 있는 퇴직급여제도와 관련된 20×1년도 자료이다.

(1) 20×1년 초 확정급여채무의 현재가치와 사외적립자산의 공정가치는 각각 ₩4,500,000과 ₩4,200,000이다.
(2) 20×1년 말 확정급여채무의 현재가치와 사외적립자산의 공정가치는 각각 ₩5,000,000과 ₩3,800,000이다.
(3) 20×1년 말 일부 종업원의 퇴직으로 퇴직금 ₩1,000,000을 사외적립자산에서 지급하였으며, 20×1년 말에 추가로 적립한 기여금 납부액은 ₩200,000이다.
(4) 20×1년에 종업원이 근무용역을 제공함에 따라 증가하는 예상 미래퇴직급여지급액의 현재가치는 ₩500,000이다.
(5) 20×1년 말 확정급여제도의 일부 개정으로 종업원의 과거근무기간의 근무용역에 대한 확정급여채무의 현재가치가 ₩300,000 증가하였다.
(6) 20×1년 초와 20×1년 말 현재 우량회사채의 연 시장수익률은 각각 8%, 10%이며, 퇴직급여채무의 할인율로 사용한다.

**01** (주)한국의 확정급여제도로 인한 20×1년도 포괄손익계산서의 당기순이익과 기타포괄이익에 미치는 영향은 각각 얼마인가? (단, 법인세효과는 고려하지 않는다)

| | 당기순이익 | 기타포괄이익 | | 당기순이익 | 기타포괄이익 |
|---|---|---|---|---|---|
| ① | ₩(－)848,000 | ₩286,000 | ② | ₩(－)824,000 | ₩(－)276,000 |
| ③ | ₩(－)848,000 | ₩(－)252,000 | ④ | ₩(－)848,000 | ₩(－)276,000 |
| ⑤ | ₩(－)824,000 | ₩(－)252,000 | | | |

**02** 만약, 위 물음과 달리 20×1년 초에 확정급여제도의 일부 개정으로 종업원의 과거근무기간의 근무용역에 대한 확정급여채무의 현재가치가 ₩300,000 증가하였다면, (주)한국의 확정급여제도로 인한 20×1년도 포괄손익계산서의 당기순이익과 기타포괄이익에 미치는 영향은 각각 얼마인가? (단, 법인세효과는 고려하지 않는다)

| | 당기순이익 | 기타포괄이익 | | 당기순이익 | 기타포괄이익 |
|---|---|---|---|---|---|
| ① | ₩(－)848,000 | ₩286,000 | ② | ₩(－)824,000 | ₩(－)276,000 |
| ③ | ₩(－)848,000 | ₩(－)252,000 | ④ | ₩(－)848,000 | ₩(－)276,000 |
| ⑤ | ₩(－)824,000 | ₩(－)252,000 | | | |

# Ⅱ. 최신 기출 유형 정리



## 퇴직급여제도

**01** 퇴직급여제도에 관한 설명으로 옳지 않은 것은? [감정평가사 2022]

① 확정기여제도에서는 종업원이 보험수리적위험(급여가 예상에 미치지 못할 위험)과 투자위험(투자자산이 예상급여액을 지급하는데 충분하지 못할 위험)을 실질적으로 부담한다.

② 확정기여제도에서는 기여금의 전부나 일부의 납입기일이 종업원이 관련 근무용역을 제공하는 연차보고기간 말 후 12개월이 되기 전에 모두 결제될 것으로 예상되지 않는 경우를 제외하고는 할인되지 않은 금액으로 채무를 측정한다.

③ 확정급여채무의 현재가치와 당기근무원가를 결정하기 위해서는 예측단위적립방식을 사용하며, 적용할 수 있다면 과거근무원가를 결정할 때에도 동일한 방식을 사용한다.

④ 확정급여제도에서 기업이 보험수리적위험(실제급여액이 예상급여액을 초과할 위험)과 투자위험을 실질적으로 부담하며, 보험수리적 실적이나 투자실적이 예상보다 저조하다면 기업의 의무가 늘어날 수 있다.

⑤ 퇴직급여채무를 할인하기 위해 사용하는 할인율은 보고기간 말 현재 그 통화로 표시된 국공채의 시장수익률을 참조하여 결정하고, 국공채의 시장수익률이 없는 경우에는 보고기간 말 현재 우량회사채의 시장수익률을 사용한다.

**02** 퇴직급여제도에 관한 설명으로 옳지 않은 것은? [관세사 2024]

① 퇴직급여에는 퇴직연금과 퇴직일시금 등의 퇴직금, 퇴직후생명보험이나 퇴직후의료급여등과 같은 그 밖의 퇴직급여가 포함된다.

② 확정기여제도에서 기업의 법적의무나 의제의무는 기업이 기금에 출연하기로 약정한 금액으로 한정된다.

③ 확정급여제도에서 기업의 의무는 약정한 급여를 전직·현직 종업원에게 지급하는 것이다.

④ 확정기여제도를 채택하는 경우에는 기업이 각 기간에 부담하는 채무나 비용을 측정하기 위해 보험수리적가정이 필요하다.

⑤ 확정급여채무의 현재가치와 당기근무원가를 결정하기 위해서는 예측단위적립방식을 사용하며, 적용할 수 있다면 과거근무원가를 결정할 때에도 동일한 방식을 사용한다.

**03** 퇴직급여제도의 용어에 관한 설명으로 옳은 것은? [감정평가사 2023]

① 비가득급여: 종업원의 미래 계속 근무와 관계없이 퇴직급여제도에 따라 받을 권리가 있는 급여
② 약정퇴직급여의 보험수리적 현재가치: 퇴직급여제도에 의거하여 현직 및 전직 종업원에게 이미 제공한 근무용역에 대해 지급할 예상퇴직급여의 현재가치
③ 급여지급에 이용가능한 총자산: 제도의 자산에서 약정퇴직급여의 보험수리적 현재가치를 제외한 부채를 차감한 잔액
④ 확정기여제도: 종업원에게 지급할 퇴직급여금액이 일반적으로 종업원의 임금과 근무연수에 기초하는 산정식에 의해 결정되는 퇴직급여제도
⑤ 기금적립: 퇴직급여를 지급할 현재의무를 충족하기 위해 사용자와는 구별된 실체(기금)에 자산을 이전하는 것

**04** (주)관세는 200명의 종업원에게 1년에 7근무일의 유급휴가를 제공하고 있다. 미사용분은 1년간 이월하여 사용가능하며, 당기분을 먼저 소진한 후 이월분을 사용할수 있다. 20×1년 말 현재 종업원당 미사용 유급휴가 일수는 평균 5일이며, 20×2년에 종업원 중 160명은 7일 이내, 40명은 평균 11일의 유급휴가를 사용할 것으로 추정된다. 유급휴가는 1일당 ₩15이 지급될 예정이다. (주)관세가 20×1년 말 유급휴가와 관련하여 인식할 종업원급여는? [관세사 2022]

① ₩0 ② ₩2,400 ③ ₩3,000
④ ₩3,600 ⑤ ₩6,600

**05** (주)관세는 확정급여제도를 채택하고 있으며, 20×1년도 확정급여제도와 관련된 자료는 다음과 같다.

- 20×1년 초 확정급여채무의 현재가치 ₩180
- 당기근무원가 40
- 사외적립자산에서 지급된 퇴직금 50
- 20×1년 말 확정급여채무의 현재가치 160
- 확정급여채무 계산 시 적용한 20×1년 초 할인율 연 10%

(주)관세가 20×1년도에 인식할 확정급여채무에 대한 보험수리적이익(재측정요소)은? (단, 모든 거래는 연도 말에 발생하였다고 가정한다) [관세사 2023]

① ₩10 ② ₩20 ③ ₩28
④ ₩49 ⑤ ₩50

**06** 확정급여제도를 채택하고 있는 (주)관세의 20×1년도 관련 자료는 다음과 같다. [관세사 2024]

> • 20×1년 초 사외적립자산의 공정가치는 ₩1,000이다.
> • 20×1년 초 확정급여채무의 현재가치는 ₩1,200이다.
> • 당기근무원가는 ₩200이다.
> • 사외적립자산에 출연된 현금은 ₩300이다.
> • 20×1년 말 현재 사외적립자산의 공정가치와 확정급여채무의 현재가치는 각각 장부금액과 동일하다.
> • 순확정급여부채 계산 시 적용한 할인율은 연 5%이다.
> • 모든 거래는 연도 말에 발생한다.

(주)관세가 20×1년 말 재무상태표에 보고할 순확정급여부채는?

① ₩100 ② ₩110 ③ ₩160
④ ₩260 ⑤ ₩500

**07** 20×1년 1월 1일에 설립된 (주)감평은 확정급여제도를 운영하고 있다. 20×1년도 관련 자료가 다음과 같을 때, 20×1년 말 재무상태표의 기타포괄손익누계액에 미치는 영향은? (단, 확정급여채무 계산 시 적용하는 할인율은 연 10%이다) [감정평가사 2024]

| | |
|---|---|
| • 기초 확정급여채무의 현재가치 | ₩120,000 |
| • 기초 사외적립자산의 공정가치 | 90,000 |
| • 퇴직급여 지급액(사외적립자산에서 기말 지급) | 10,000 |
| • 당기 근무원가 | 60,000 |
| • 사외적립자산에 기여금 출연(기말 납부) | 20,000 |
| • 기말 확정급여채무의 현재가치 | 190,000 |
| • 기말 사외적립자산의 공정가치 | 110,000 |

① ₩2,000 감소 ② ₩2,000 증가 ③ 영향 없음
④ ₩7,000 감소 ⑤ ₩7,000 증가

**08** (주)관세는 확정급여제도를 채택하고 있으며, 20×1년도 관련 자료는 다음과 같다.

> • 20×1년 초 및 20×1년 말 현재 순확정급여부채는 모두 ₩0(영)이다.
> • 20×1년 말 사외적립자산에 출연한 현금은 ₩50,000이다.
> • 20×1년에 발생한 당기근무원가는 ₩40,000이고, 퇴직금지급액은 없다.
> • 20×1년 중 확정급여채무에서 발생한 재측정요소는 없다.
> • 20×1년 말 확정급여채무의 현재가치는 ₩120,000이다.

20×1년도 사외적립자산에서 발생한 재측정요소가 (주)관세의 20×1년도 기타포괄이익에 미치는 영향은? [관세사 2025]

① ₩20,000 감소 ② ₩10,000 감소 ③ ₩10,000 증가
④ ₩20,000 증가 ⑤ ₩30,000 증가

**09** (주)감평은 확정급여제도를 채택하고 있으며, 20×1년 초 순확정급여부채는 ₩20,000이다. (주)감평의 20×1년도 확정급여제도와 관련된 자료는 다음과 같다.

> • 순확정급여부채(자산) 계산 시 적용한 할인율은 연 6%이다.
> • 20×1년도 당기근무원가는 ₩85,000이고, 20×1년 말 퇴직종업원에게 ₩38,000의 현금이 사외적립자산에서 지급되었다.
> • 20×1년 말 사외적립자산에 ₩60,000을 현금으로 출연하였다.
> • 20×1년에 발생한 확정급여채무의 재측정요소(손실)는 ₩5,000이고, 사외적립자산의 재측정요소(이익)는 ₩2,200이다.

(주)감평이 20×1년 말 재무상태표에 순확정급여부채로 인식할 금액과 20×1년도 포괄손익계산서상 당기손익으로 인식할 퇴직급여 관련 비용은? [감정평가사 2020]

| | 순확정급여부채 | 퇴직급여 관련 비용 |
|---|---|---|
| ① | ₩11,000 | ₩85,000 |
| ② | ₩11,000 | ₩86,200 |
| ③ | ₩43,400 | ₩86,200 |
| ④ | ₩49,000 | ₩85,000 |
| ⑤ | ₩49,000 | ₩86,200 |

# Ⅲ. 타시험 기출 및 과거 기출 필수문제 정리

**01** (주)세무는 확정급여제도를 채택하여 시행하고 있다. 20×1년 초 확정급여채무의 현재가치는 ₩900,000이고, 사외적립자산의 공정가치는 ₩720,000이다. 20×1년 동안 당기근무원가는 ₩120,000이다. 20×1년 9월 1일 퇴직한 종업원에게 ₩90,000의 퇴직급여가 사외적립자산에서 지급되었으며, 20×1년 10월 1일 사외적립자산에 대한 기여금 ₩60,000을 납부하였다. 20×1년 말 순확정급여부채는 얼마인가? (단, 우량회사채의 시장수익률은 연 10%이고, 이자원가 및 이자수익은 월할 계산한다) [세무사 2020]

① ₩240,000　② ₩256,500　③ ₩258,000
④ ₩316,500　⑤ ₩318,000

**02** (주)대한은 확정급여제도를 채택하고 있으며, 관련 자료는 다음과 같다.

- 20×1년 초 확정급여채무의 현재가치와 사외적립자산의 공정가치는 각각 ₩1,200,000과 ₩900,000이다.
- 20×1년 5월 1일에 퇴직종업원에게 ₩240,000의 현금이 사외적립자산에서 지급되었다.
- 20×1년 9월 1일에 사외적립자산에 ₩120,000을 현금으로 출연하였다.
- 20×1년도의 당기근무원가 발생액은 ₩300,000이다.
- 할인율을 제외한 보험수리적가정의 변동을 반영한 20×1년 말 확정급여채무의 현재가치는 ₩1,400,000이다.
- 20×1년 말 현재 사외적립자산의 공정가치는 ₩920,000이다.
- 순확정급여자산(부채) 계산 시 적용한 할인율은 연 10%로 매년 변동이 없다.
- 관련 이자비용 및 이자수익은 월할로 계산한다.

(주)대한의 확정급여제도 적용이 20×1년도 총포괄이익에 미치는 영향은 얼마인가? [공인회계사 2023]

① ₩300,000 감소　② ₩280,000 감소　③ ₩260,000 감소
④ ₩240,000 감소　⑤ ₩220,000 감소

**03** (주)세무는 확정급여제도를 채택하여 시행하고 있으며, 관련 자료는 다음과 같다. (주)세무가 20×2년도에 인식할 퇴직급여와 기타포괄손익은? [세무사 2023]

- 20×1년 말 사외적립자산 잔액은 ₩300,000이며, 확정급여채무 잔액은 ₩305,000이다.
- 20×2년 초에 현금 ₩180,000을 사외적립자산에 출연하였다.
- 20×2년도의 당기근무원가는 ₩190,000이다.
- 20×2년 말에 사외적립자산 ₩150,000이 퇴직종업원에게 현금으로 지급되었다.
- 20×2년 말 현재 확정급여채무의 현재가치와 사외적립자산의 공정가치는 각각 ₩373,000과 ₩375,000이며, 자산인식상한은 ₩1,000이다.
- 순확정급여부채(자산) 계산 시 적용한 할인율은 연 10%로 변동이 없다.

| | 퇴직급여 | 기타포괄손익 |
|---|---|---|
| ① | ₩172,500 | 손실 ₩500 |
| ② | ₩172,500 | 손실 ₩1,500 |
| ③ | ₩172,500 | 이익 ₩1,500 |
| ④ | ₩190,500 | 손실 ₩16,500 |
| ⑤ | ₩190,500 | 이익 ₩16,500 |

**04** 퇴직급여제도에 관한 설명으로 옳은 것은? [관세사 2016]

① 확정기여제도에서 기업의 법적의무나 의제의무는 기업이 종업원에게 지급하기로 약정한 급여로 한정된다.

② 확정기여제도에서는 기업이 보험수리적위험과 투자위험을 실질적으로 부담한다.

③ 확정급여제도에서는 기업이 채무나 비용을 측정하기 위해 보험수리적 가정을 세울 필요가 없다.

④ 확정급여제도에서 퇴직급여채무를 할인하기 위해 사용하는 할인율은 보고기간 말 현재 해당 기업의 기업의 자본조달비용을 사용한다.

⑤ 확정급여제도에서는 보험수리적손익을 기타포괄손익으로 인식한다.

**05** (주)감평은 20×2년 퇴직급여 관련 정보가 다음과 같을 때 이로 인해 20×2년도 기타포괄손익에 미치는 영향은? (단, 기여금의 출연과 퇴직금의 지급은 연도 말에 발생하였다고 가정한다)

[감정평가사 2016]

| | |
|---|---|
| • 기초 확정급여채무 현재가치 | ₩24,000 |
| • 기초 사외적립자산 공정가치 | 20,000 |
| • 당기근무원가 | 3,600 |
| • 기여금 출연 | 4,200 |
| • 퇴직금 지급 | 2,300 |
| • 기말 확정급여채무 현재가치 | 25,000 |
| • 기말 사외적립자산 공정가치 | 22,000 |
| • 확정급여채무 계산시 적용할 할인율 | 5% |

① ₩1,500 감소 ② ₩900 감소 ③ ₩0
④ ₩600 증가 ⑤ ₩2,400 증가

**06** 20×1년 1월 1일에 설립된 (주)감평은 20×1년 말에 확정급여제도를 도입하였다. 확정급여채무 계산시 적용한 할인율은 연 10%이며, 20×1년 이후 할인율의 변동은 없다. 다음 자료를 이용하여 계산된 20×2년 순확정급여부채는?

[감정평가사 2015]

- 20×1년 말 확정급여채무의 장부금액은 ₩30,000이다.
- 20×1년 말 사외적립자산 ₩20,000을 현금으로 출연하였다
- 20×2년 말 퇴직한 종업원에게 ₩1,000의 현금이 사외적립자산에서 지급되었다. 당기근무원가는 ₩40,000이다.
- 20×2년 말 사외적립자산에 ₩30,000을 현금으로 출연하였다.
- 20×2년 말 현재 사외적립자산의 공정가치는 ₩65,000이다.
- 20×2년 말 보험수리적 가정의 변동을 반영한 확정급여채무의 현재가치는 ₩80,000이다.

① ₩15,000 ② ₩20,000 ③ ₩25,000
④ ₩65,000 ⑤ ₩80,000

# 해커스 회계학 1차 기출+예상문제집

해커스 감정평가사 ca.Hackers.com

# 17장

# 주식기준보상거래

# Ⅰ. 필수 유형 정리

**[01 ~ 04]**

(주)합격은 20×1년 초에 종업원 500명에게 각각 회사의 보통주를 주당 ₩600에 살 수 있는 주식선택권 100개씩을 부여하였다. 주식선택권 1개당 보통주 1주를 교부하며, 보통주 1주의 액면금액은 ₩500이다.

(1) 주식선택권은 근무기간이 5년을 경과하면 가득되는데, 주식선택권을 부여받은 종업원 500명은 근무기간이 2년 경과하여 잔여가득기간은 3년이다. 주식선택권의 행사기간은 20×4년 초부터 20×5년 말까지 2년간이다.

(2) 20×1년 초 부여일의 주식선택권 단위당 공정가치는 ₩150이다.

(3) 주식선택권이 가득되지 않은 종업원 500명의 연도별 퇴사예정인원에 대한 예측치와 실제치는 다음과 같다.

| 누적 퇴사인원수 | | |
|---|---|---|
| 연도 | 직전연도 예측치 | 실제 퇴사인원수 |
| 20×1년 | - | 20명 |
| 20×2년 | 75명 | 45명 |
| 20×3년 | 60명 | 58명 |

**01** (주)합격이 20×2년에 인식할 주식보상비용(환입)은 얼마인가? (단, 20×2년 말 주식선택권의 공정가치는 ₩200이다)

① ₩1,125,000　② ₩2,050,000　③ ₩2,125,000
④ ₩2,275,000　⑤ ₩4,400,000

**02** 20×4년 말에 가득된 주식선택권 30,000개가 행사되어 신주를 발행하여 교부하였다. 동 거래로 인한 (주)합격의 주식발행초과금 증가액은 얼마인가?

① ₩6,500,000　② ₩7,500,000　③ ₩8,500,000
④ ₩9,500,000　⑤ ₩10,000,000

**03** 20×4년 말에 가득된 주식선택권 30,000개가 행사되어 신주를 발행하여 교부하였다. 이때 (주)합격은 가득된 주식선택권이 행사될 때 보유하고 있던 자기주식(취득원가 ₩30,000,000)을 교부하였다면 동 거래로 인식하게 될 자기주식처분이익(손실)은 얼마인가?

① ₩22,500,000　② ₩(-)7,500,000　③ ₩8,500,000
④ ₩(-)22,500,000　⑤ ₩(-)10,000,000

**04** 만약, 주식선택권의 일부가 행사되어 주식발행초과금이 ₩3,750,000 증가하였다면 행사한 종업원은 몇 명인가?

① 150명　② 200명　③ 250명
④ 300명　⑤ 350명

**05** (주)합격은 20×1년 초에 종업원 50명에게 각각 회사주식(액면금액: ₩500)을 매입할 수 있는 주식선택권(행사가격: ₩600, 권리행사만료일: 20×5년 말) 1,000개를 부여하고 3년의 용역제공조건을 부과하였다. 관련 자료는 다음과 같다.

(1) 부여일 현재 회사는 주식선택권의 공정가치를 신뢰성 있게 측정할 수 없다고 판단하였으며, 부여일 현재 회사의 주가는 ₩600이다.
(2) 20×1년 말 현재 이미 3명이 퇴사하였고, 회사는 20×2년과 20×3년에도 추가로 7명이 퇴사할 것으로 추정하였다. 따라서 부여한 주식선택권의 80%(40명분)가 가득될 것으로 추정된다.
(3) 20×2년에 실제로 2명이 퇴사하였고, 회사는 미래에 가득될 것으로 기대되는 주식선택권의 비율을 86%로 추정하였다. 그리고 20×3년에 실제로 2명이 퇴사하였고, 20×3년 말까지 총 43,000개의 주식선택권이 가득되었다.
(4) 20×1년부터 20×5년까지 회사의 주가와 행사된 주식선택권의 수량은 다음과 같다. 행사된 주식선택권은 모두 회계연도 말에 행사되었다.

| 구분 | 회계연도 말 주가 | 행사된 주식선택권 수량 |
|---|---|---|
| 20×1년 | ₩630 | |
| 20×2년 | ₩650 | |
| 20×3년 | ₩750 | |
| 20×4년 | ₩880 | 20,000개 |
| 20×5년 | ₩1,000 | 23,000개 |

(주)합격이 20×4년에 인식할 주식보상비용은 얼마인가?

① ₩1,033,333　② ₩5,016,667　③ ₩5,590,000
④ ₩6,100,000　⑤ ₩6,222,000

**[06, 07]**

12월 말 결산법인인 B사는 20×1년 1월 1일 종업원 100명에게 각각 권리행사일의 주가가 행사가격을 초과하는 경우 그 차액을 현금으로 지급하는 주가차액보상권 100개를 부여하고 3년의 용역제공조건을 부여하였다. 개당 행사가격은 ₩500이며, 20×4년 말에 30명의 종업원이 권리를 행사하였다.

<주가차액보상권의 개당 공정가치>

| 구분 | 20×1년 말 | 20×2년 말 | 20×3년 말 | 20×4년 말 |
|---|---|---|---|---|
| 주가 | ₩550 | ₩620 | ₩630 | ₩700 |
| 공정가치 | ₩90 | ₩120 | ₩160 | ₩250 |

<각 회계연도 말의 가득예정인원>

| 20×1년 말 | 20×2년 말 | 20×3년 말 |
|---|---|---|
| 90명 | 80명 | 85명 |

**06** 동 거래가 B사의 20×4년도 당기순이익에 미친 영향은 얼마인가?

① ₩(-)150,000 ② ₩(-)450,000 ③ ₩(-)615,000
④ ₩765,000 ⑤ ₩792,000

**07** 20×5년도에 권리를 행사한 종업원은 없으며, 주식보상비용으로 인식한 금액은 ₩165,000이라면 20×5년 말 주가차액보상권의 개당 공정가치는 얼마인가?

① ₩120 ② ₩180 ③ ₩240
④ ₩280 ⑤ ₩310

# Ⅱ. 최신 기출 유형 정리



## 주식기준보상거래

**01** 주식기준보상에 관한 설명으로 옳은 것은? [관세사 2024]

① 현금결제형 주식기준보상거래로 용역을 제공받는 경우에는 그에 상응한 자본의 증가를 인식한다.
② 주식선택권의 행사가격이 ₩30이고 기초주식의 공정가치가 ₩20이라면 내재가치는 ₩10이다.
③ 현금결제형 주식기준보상거래에서는 매 보고기간 말과 결제일까지의 공정가치 변동액을 기타 포괄손익으로 인식한다.
④ 주식기준보상약정에서 가득은 권리의 획득을 의미하며, 가득조건에는 용역제공조건과 성과조건이 있다.
⑤ 종업원 및 유사용역제공자와의 주식기준보상거래에서는 기업이 용역을 제공받는 날, 종업원 및 유사용역제공자가 아닌 자와의 거래에서는 부여일을 측정기준일로 한다.

**02** 주식결제형 주식기준보상에 관한 설명으로 옳은 것은? [관세사 2021]

① 종업원에게서 제공받는 용역의 가치는 용역을 제공받는 날을 측정기준일로 한다.
② 주식선택권의 가치를 공정가치로 측정할 때 가득조건에 성과조건이 있다면 미래 가득기간에 걸쳐 보상비용을 인식하되, 성과조건이 시장조건이면 후속적으로 미래 기대가득기간을 수정할 수 있다.
③ 주식선택권의 가치를 공정가치로 측정할 때 가득된 지분상품이 추후 상실되거나 주식선택권이 행사되지 않은 경우 종업원에게서 제공받은 근무용역에 대해 인식한 금액을 환입한다.
④ 주식선택권의 가치를 공정가치로 측정할 때 부여한 지분상품의 조건이 종업원에게 유리하도록 변경되는 경우 조건이 변경되지 않은 것으로 본다.
⑤ 주식선택권의 가치를 내재가치로 측정하는 경우 가득일 이후에도 매 보고기간 말과 최종 결제일에 내재가치를 재측정하고 내재가치의 변동을 당기손익으로 인식한다.

## 용역제공조건 주식결제형 주식선택권

**03** (주)감평은 20×1년 1월 종업원 70명에게 향후 3년 동안의 계속 근무 용역제공조건으로 가득되는 주식결제형 주식선택권을 1명당 50개씩 부여하였다. 권리 부여일 현재 주식선택권의 개당 공정가치는 ₩10(향후 변동 없음)으로 추정되며, 연도별 종업원 퇴직현황은 다음과 같다. (주)감평의 20×2년 말 재무상태표상 주식선택권 장부금액은? [감정평가사 2023]

| 연도 | 실제 퇴직자(명) | 추가 퇴직 예상자(명) |
|---|---|---|
| 20×1년 | 6 | 10 |
| 20×2년 | 8 | 5 |

① ₩8,000 ② ₩9,000 ③ ₩17,000
④ ₩18,667 ⑤ ₩25,500

**04** (주)감평은 20×1년 초 부여일로부터 3년의 용역제공을 조건으로 직원 50명에게 각각 주식선택권 10개를 부여하였으며, 부여일 현재 주식선택권의 단위당 공정가치는 ₩1,000으로 추정되었다. 주식선택권 1개로는 1주의 주식을 부여받을 수 있는 권리를 가득일로부터 3년간 행사가 가능하며, 총 35명의 종업원이 주식선택권을 가득하였다. 20×4년 초 주식선택권을 가득한 종업원 중 60%가 본인의 주식선택권 전량을 행사하였다면, (주)감평의 주식발행초과금은 얼마나 증가하는가? [단, (주)감평 주식의 주당 액면금액은 ₩5,000이고, 주식선택권의 개당 행사가격은 ₩7,000이다] [감정평가사 2020]

① ₩630,000 ② ₩1,050,000 ③ ₩1,230,000
④ ₩1,470,000 ⑤ ₩1,680,000

**05** (주)감평은 20×1년 초 부여일로부터 3년의 용역제공을 조건으로 직원 50명에게 각각 주식선택권 10개를 부여하였다. 부여일 현재 주식선택권의 단위당 공정가치는 ₩1,000으로 추정되었으며, 매년 말 추정한 주식선택권의 공정가치는 다음과 같다.

| 20×1.12.31. | 20×2.12.31. | 20×3.12.31. | 20×4.12.31. |
|---|---|---|---|
| ₩1,000 | ₩1,100 | ₩1,200 | ₩1,300 |

주식선택권 1개당 1주의 주식을 부여받을 수 있으며 권리가득일로부터 3년간 행사가 가능하다. (주)감평은 20×1년 말과 20×2년 말에 가득기간 중 직원의 퇴사율을 각각 25%와 28%로 추정하였으며, 20×1년도와 20×2년도에 실제로 퇴사한 직원은 각각 10명과 2명이다. 20×3년 말 주식선택권을 가득한 직원은 총 35명이다. 20×4년 1월 1일 주식선택권을 가득한 종업원 중 60%가 본인의 주식선택권 전량을 행사하였을 경우 이로 인한 (주)감평의 자본 증가액은? [단, (주)감평 주식의주당 액면금액은 ₩5,000이고 주식선택권의 개당 행사가격은 ₩6,000이다] [감정평가사 2022]

① ₩210,000 ② ₩420,000 ③ ₩1,050,000
④ ₩1,260,000 ⑤ ₩1,470,000

**06** (주)관세는 20×1년 초 종업원 100명에게 주식선택권을 각각 10개씩 부여하였다. 각 주식선택권은 종업원이 앞으로 3년간 근무할 것을 조건으로 한다. 부여일 현재 주식선택권의 단위당 공정가치는 ₩30으로 추정되었다. 20×1년 말 (주)관세는 종업원 중 20%가 부여일로부터 3년 이내에 퇴사할 것으로 예상하였으나, 20×2년 말에 종업원 중 10%가 부여일로부터 3년 이내에 퇴사하여 주식선택권을 상실할 것으로 재추정하였다. (주)관세가 주식선택권의 대가로 제공받는 근무용역에 대해 20×2년도에 인식할 보상비용은? [관세사 2025]

① ₩6,000 ② ₩8,000 ③ ₩10,000
④ ₩18,000 ⑤ ₩20,000

**07** (주)감평은 20×1년 초 종업원 100명에게 각각 주식선택권 10개(개당 행사가격 ₩500, 주당 액면금액 ₩150)를 부여하고 부여일로부터 2년의 용역제공조건을 부과하였다. 부여일 현재 주식선택권의 단위당 공정가치는 ₩200으로 추정되었다. 주식선택권 1개당 1주의 보통주식을 부여받을 수 있으며, 실제로 총 80명의 종업원이 주식선택권을 가득하였다. 20×3년 초 주식선택권을 가득한 종업원 전원이 주식선택권 전량을 행사한 경우, (주)감평의 자본증가액은? [감정평가사 2025]

① ₩120,000 ② ₩160,000 ③ ₩200,000
④ ₩400,000 ⑤ ₩440,000

## 비시장 성과조건

**08** (주)관세는 20×1년 1월 1일에 종업원 100명에게 각각 주식 20주를 부여하고 가득기간 동안 종업원이 계속 근무할 것을 요구하는 조건을 부과하였다. 20×1년 1월 1일 현재 부여한 주식의 단위당 공정가치는 ₩1,000이며 이는 부여일의 주가와 동일하다. 부여일부터 3년 동안 배당금은 지급되지 않을 것으로 예상되었다. 부여한 주식은 회사의 누적 연평균 영업이익 성장률이 20% 이상이면 20×2년 말에, 15% 이상이면 20×3년 말에 가득된다. 각 연도별 영업이익과 퇴사자에 대한 현황은 다음과 같다.

| 구분 | 20×1년도 | 20×2년도 |
|---|---|---|
| 당해 연도 실제 영업이익 | 22% 증가 | 16% 증가 |
| 다음 연도 예상 영업이익 | 20% 증가 | 8% 증가 |
| 당해 연도 실제 퇴사자 | 8명 | 5명 |
| 다음 연도 예상 퇴사자 | 6명 | 3명 |

(주)관세가 20×2년도 포괄손익계산서에 보고할 보상비용은? [관세사 2023]

① ₩200,000 ② ₩220,000 ③ ₩240,000
④ ₩260,000 ⑤ ₩280,000

## 용역제공조건 현금결제형 주가차액보상권

**09** (주)관세는 20×1년 1월 1일 종업원 100명에게 2년의 용역제공조건으로 현금결제형 주가차액보상권을 각각 50개씩 부여하였다. 20×1년 말 재직 중인 종업원은 95명이며, 20×2년에 추가로 퇴사할 것으로 예상되는 종업원은 10명이다. 그러나 20×2년도에 실제 퇴사한 종업원은 1명으로 주가차액보상권을 가득한 종업원은 94명이다. 20×2년 말 현재 주가차액보상권의 행사자는 없었다. (주)관세가 동 주가차액보상권과 관련하여 20×2년 말 재무상태표에 인식할 부채는? (단, 20×1년 말과 20×2년 말의 주가차액보상권의 개당 공정가치는 각각 ₩100과 ₩500이다) [관세사 2020]

① ₩2,125,000 ② ₩2,137,500 ③ ₩2,237,500
④ ₩2,350,000 ⑤ ₩2,500,000

**10** (주)감평은 20×1년 초 종업원 100명에게 각각 현금결제형 주가차액보상권 10개씩을 3년의 용역조건으로 부여하였다. 20×1년에 실제로 5명이 퇴사하였으며, 20×2년에 8명, 20×3년에 12명이 각각 추가로 퇴사할 것으로 추정하였다. 20×2년에는 실제로 7명이 퇴사하였고, 20×3년에 추가로 15명이 퇴사할 것으로 추정하였으며, 20×3년 말 최종가득자는 75명, 권리행사자는 40명이다. 주가차액보상권의 공정가치가 각각 20×1년 말 ₩14, 20×2년 말 ₩15, 20×3년 말 ₩17이고, 20×3년 말 내재가치는 ₩16일 때, 동 주가차액보상권과 관련하여 20×3년 인식할 보상비용(순액)은? [감정평가사 2024]

① ₩5,050 ② ₩5,450 ③ ₩5,950
④ ₩6,400 ⑤ ₩6,800

**11** (주)감평은 20×1년 초 종업원 100명에게 현금결제형 주가차액보상권을 각각 20개씩 부여하고 2년간의 용역제공조건을 부과하였다. (주)감평은 20×1년에 ₩6,000, 20×2년에 ₩6,500을 주식보상비용으로 인식하였다. 20×1년 초부터 20×2년 말까지 30명의 종업원이 퇴사하였으며, 20×3년 말 종업원 10명이 권리를 행사하였다. 20×3년 말 현금결제형 주가차액보상권의 개당 공정가치는 ₩15, 개당 내재가치는 ₩10이라고 할 때, (주)감평이 20×3년 인식할 주식보상비용은? [감정평가사 2021]

① ₩5,500 ② ₩6,000 ③ ₩7,000
④ ₩7,500 ⑤ ₩8,500

# Ⅲ. 타시험 기출 및 과거 기출 필수문제 정리



**01** 유통업을 영위하는 (주)대한은 20×1년 1월 1일에 종업원 100명에게 각각 3년의 용역제공조건과 함께 주식선택권을 부여하고, 부여일 현재 주식선택권의 단위당 공정가치를 ₩300으로 추정하였다. 가득되는 주식선택권 수량은 연평균 매출액 증가율에 따라 결정되며, 그 조건은 다음과 같다.

| 연평균 매출액 증가율 | 1인당 가득되는 주식선택권 수량 |
|---|---|
| 10% 미만 | 0개(가득되지 않음) |
| 10% 이상 15% 미만 | 150개 |
| 15% 이상 | 200개 |

20×1년의 매출액 증가율은 15%이었으며, 20×3년까지 동일한 증가율이 유지될 것으로 예상하였다. 20×2년의 매출액 증가율은 11%이었으며 20×3년에도 11%로 예상하였다. 그러나, 20×3년의 매출액 증가율은 1%에 불과하여 최종적으로 가득요건을 충족하지 못하였다. 주식기준보상약정을 체결한 종업원 모두가 20×3년 말까지 근무할 것으로 예측하였고, 이 예측은 실현되었다.
(주)대한의 주식기준보상거래에 대한 회계처리가 20×3년도 당기순이익에 미치는 영향은 얼마인가?

[공인회계사 2023]

① ₩3,000,000 감소 ② ₩1,000,000 감소 ③ ₩0(영향 없음)
④ ₩1,000,000 증가 ⑤ ₩3,000,000 증가

**02** (주)세무는 20×1년 1월 1일 현재 근무 중인 임직원 300명에게 20×4년 12월 31일까지 의무적으로 근무할 것을 조건으로 임직원 1명당 주식선택권 10개씩을 부여하였다. 주식선택권 부여일 현재 동 주식선택권의 단위당 공정가치는 ₩200이다. 동 주식선택권은 20×5년 1월 1일부터 행사할 수 있다. 20×2년 1월 1일 (주)세무는 주가가 크게 하락하여 주식선택권의 행사가격을 조정하였다. 이러한 조정으로 주식선택권의 단위당 공정가치는 ₩20 증가하였다. (주)세무는 20×1년 말까지 상기 주식선택권을 부여받은 종업원 중 20%가 퇴사할 것으로 예상하여, 주식선택권의 가득률을 80%로 추정하였으나, 20×2년 말에는 향후 2년 내 퇴사율을 10%로 예상함에 따라 주식선택권의 가득률을 90%로 추정하였다. 부여한 주식선택권과 관련하여 (주)세무가 20×2년에 인식할 주식보상비용은? [세무사 2022]

① ₩120,000 ② ₩150,000 ③ ₩168,000
④ ₩240,000 ⑤ ₩270,000

**03** (주)세무는 20×1년 초 종업원 100명에게 각각 주식선택권을 10개씩 부여하였다. 주식선택권은 3년간 종업원이 용역을 제공하는 조건으로 부여되었으며, 주식선택권의 만기는 6년이다. 주식의 주당 액면금액은 ₩40이고, 주식선택권의 행사가격은 ₩50, 부여일 현재 기업의 주가도 주당 ₩50이다. (주)세무는 부여일 현재 종업원으로부터 제공받는 근로용역의 공정가치와 주식선택권의 공정가치를 신뢰성 있게 측정할 수 없다고 판단하여 내재가치법을 적용하기로 하였다. 행사된 주식선택권은 모두 회계연도 말에 행사되었으며, 주식선택권과 관련된 자료가 다음과 같을 때, (주)세무가 (A) 20×3년도에 인식할 보상비용과 (B) 20×4년 말 재무상태표에 보고할 주식선택권은? [세무사 2024]

- 20×1년 중 실제퇴사자는 5명이며, 20×1년 말 추정한 미래 예상퇴사자는 12명이다.
- 20×2년 중 실제퇴사자는 8명이며, 20×2년 말 추정한 미래 예상퇴사자는 7명이다.
- 20×3년 중 실제퇴사자는 15명이며, 주식선택권 최종 가득자는 72명이다.
- 매 연도 말 (주)세무의 주가와 행사된 주식선택권의 수량은 다음과 같다.

| 연도 | 연도 말 주가 | 행사된 주식선택권 수량 |
|---|---|---|
| 20×1년 | ₩53 | - |
| 20×2년 | 55 | - |
| 20×3년 | 60 | - |
| 20×4년 | 70 | 400개 |
| 20×5년 | 65 | 100 |
| 20×6년 | 80 | 220 |

| | (A) | (B) |
|---|---|---|
| ① | ₩3,000 | ₩6,400 |
| ② | ₩4,533 | ₩6,400 |
| ③ | ₩4,533 | ₩7,200 |
| ④ | ₩7,200 | ₩10,400 |
| ⑤ | ₩7,200 | ₩14,400 |

## 04

(주)세무는 20×1년 1월 1일 종업원 100명에게 각각 현금결제형 주가차액보상권 10개씩 부여하였다. 주가차액보상권은 3년간 종업원이 용역을 제공하는 조건으로 부여되었으며, 주가차액보상권과 관련된 자료는 다음과 같다. (주)세무가 20×3년도에 인식할 당기비용은 얼마인가? [세무사 2021]

- 20×1년 실제 퇴사자는 10명이며, 미래 예상 퇴사자는 15명이다.
- 20×2년 실제 퇴사자는 12명이며, 미래 예상 퇴사자는 8명이다.
- 20×3년 실제 퇴사자는 5명이며, 주가차액보상권의 최종 가득자는 73명이다.
- 20×3년 말 주가차액보상권을 행사한 종업원 수는 28명이다.
- 매 연도 말 주가차액보상권에 대한 현금지급액과 공정가치는 다음과 같다.

| 연도 | 현금지급액 | 공정가치 |
|---|---|---|
| 20×1년 | - | ₩1,000 |
| 20×2년 | - | ₩1,260 |
| 20×3년 | ₩1,200 | ₩1,400 |

① ₩56,000 ② ₩378,000 ③ ₩434,000
④ ₩490,000 ⑤ ₩498,000

## 05

주식기준보상에 관한 설명으로 옳은 것은? [세무사 2023]

① 현금결제형 주식기준보상거래의 경우에 제공받는 재화나 용역과 그 대가로 부담하는 부채를 부채의 공정가치로 측정하며, 부채가 결제될 때까지 매 보고기간 말과 결제일에 부채의 공정가치를 재측정하지 않는다.
② 주식결제형 주식기준보상거래로 가득된 지분상품이 추후 상실되거나 주식선택권이 행사되지 않은 경우에는 종업원에게서 제공받은 근무용역에 대해 인식한 금액을 환입하여 당기손익으로 인식한다.
③ 부여한 지분상품의 공정가치를 신뢰성 있게 추정할 수 없어 내재가치로 측정한 경우에는 부여일부터 가득일까지 내재가치 변동을 재측정하여 당기손익으로 인식하고, 가득일 이후의 내재가치 변동은 수정하지 않는다.
④ 시장조건이 있는 지분상품을 부여한 때에는 그 시장조건이 충족되는 시점에 거래상대방에게서 제공받는 재화나 용역을 인식한다.
⑤ 거래상대방이 결제방식을 선택할 수 있는 주식기준보상거래의 경우, 기업이 결제일에 현금을 지급하는 대신 지분상품을 발행하면 부채를 발행되는 지분상품의 대가로 보아 자본으로 직접 대체한다.

**06** (주)감평은 20×1년 초에 부여일로부터 3년의 지속적인 용역제공을 조건으로 직원 100명에게 주식선택권을 1인당 10개씩 부여하였다. 20×1년 초 주식선택권의 단위당 공정가치는 ₩150이며, 주식선택권은 20×4년 초부터 행사할 수 있다. (주)감평의 연도별 실제 퇴직자 수 및 추가퇴직 예상자 수는 다음과 같다.

| | 실제 퇴직자 수 | 추가퇴직 예상자 수 |
|---|---|---|
| 20×1년 말 | 5명 | 15명 |
| 20×2년 말 | 8명 | 17명 |

(주)감평은 20×1년 말에 주식선택권의 행사가격을 높이는 조건변경을 하였으며, 이러한 조건변경으로 주식선택권의 단위당 공정가치가 ₩30 감소하였다. 20×2년도 인식할 보상비용은? [감정평가사 2018]

① ₩16,000 ② ₩30,000 ③ ₩40,000
④ ₩56,000 ⑤ ₩70,000

ca.Hackers.com

# 해커스 회계학 1차 기출+예상문제집

해커스 감정평가사 ca.Hackers.com

# 18장

# 주당이익

# I. 필수 유형 정리

**[01, 02]**

다음은 A사의 20×1년 기본주당이익 계산에 필요한 자료이다. A사의 회계기간은 1월 1일부터 12월 31일까지이며, 20×1년 당기순이익과 기초유통보통주식수는 각각 ₩1,000,000과 5,000주(액면 ₩500)이다. 다음의 각 물음은 독립적이다.

**01** 아래의 자료를 고려하였을 때, A사의 20×1년 기본주당이익을 산정하기 위한 보통주당기순이익은 얼마인가?

> (1) 누적적 상환우선주(액면 ₩500, 1,000주): 20×1년의 배당률은 5%이며, 부채로 분류되었다.
> (2) 비누적적 비상환우선주(액면 ₩500, 2,000주): 20×1년의 배당률은 10%이며, 20×1년 초에 발행주식수는 1,000주였으나 20×1년 10월 1일에 1,000주를 추가로 발행하였다. 유상신주의 배당기산일은 납입한 때이다(20×2년 초에 배당결의가 있었음).
> (3) 누적적 비상환우선주(액면 ₩500, 2,000주): 배당률은 8%이며, 전기 이전의 기간에 누적된 배당금은 없으나 20×1년의 배당금은 지급하지 않기로 하였다. 그리고 당기에 총발행주식 3,000주 중 1,000주를 매입하였으며 우선주의 장부금액을 초과하여 지불한 매입대가는 ₩10,000이었다.

① ₩810,000 ② ₩857,000 ③ ₩912,000
④ ₩982,000 ⑤ ₩999,000

**02** 아래의 자료를 고려하였을 때, A사의 20×1년 기본주당이익을 산정하기 위한 보통주당기순이익은 얼마인가?

> (1) 누적적 할증배당우선주(액면 ₩500, 1,000주): 20×0년 할인발행한 것으로 20×3년부터 배당(배당률 10%)하며, 20×1년에 유효이자율법으로 상각한 우선주할인발행차금은 ₩18,000이다.
> (2) 누적적 전환우선주(액면 ₩500, 2,000주): 배당률은 4%이며 전기 이전의 기간에 누적된 배당금 ₩70,000을 당기에 지급하였다. 그리고 당기에 총발행주식 5,000주 중 3,000주가 보통주로 전환되었으며, 전환 시 1주당 공정가치가 ₩300인 100주의 보통주를 추가로 지급하였다.

① ₩847,500 ② ₩857,000 ③ ₩912,000
④ ₩982,000 ⑤ ₩999,000

## [03, 04]

(주)세무의 20×1년 1월 1일 현재 자본금은 보통주자본금 ₩5,000,000과 우선주자본금(비참가적, 누적적 10%) ₩500,000으로 구성되어 있다. 유상신주의 배당기산일은 납입한 때이며, 무상신주의 배당기산일은 원구주에 따른다. 보통주와 우선주의 주당 액면금액은 각각 ₩500으로 동일하다. 또한 (주)세무의 20×1년 1월 1일 현재 보통주의 유통주식수는 9,000주이며, 법인세율은 20%이다. (주)세무는 자기주식에 대해서 증자 및 배당을 실시하지 않는다. (주)세무는 20×1년도에 대한 배당을 보통주 및 우선주에 각각 10% 실시하였다.

| | |
|---|---|
| (1) 20×1년 4월 1일 | 보통주에 대해 25%의 유상증자를 실시하여 2,250주를 발행하였다. 주당발행가액은 ₩1,000이었으며, 유상증자 직전 일의 주당 공정가치는 ₩2,250이었다. |
| (2) 20×1년 7월 1일 | 유통 중인 우선주 500주를 ₩350,000에 공개매수하였다. 20×1년 초 우선주의 장부금액은 액면금액과 동일하였다. |
| (3) 20×1년 10월 1일 | 자기주식 중 보통주 200주는 주당 ₩1,800에 처분하였다. |
| (4) 20×1년 12월 31일 | 당기순이익(계속영업이익)으로 ₩3,000,000을 보고하였다. |

유상증자 관련 조정비율계산에서는 소수점 이하 넷째 자리에서 반올림하고, 이를 제외한 나머지 계산에서는 소수점 이하 첫째 자리에서 반올림하시오. 또한 주식 수의 가중평균은 월수로 계산하여 구하시오.

**03** (주)세무의 20×1년도 기본주당이익을 계산하기 위한 가중평균유통보통주식수는 얼마인가?

① 10,100주 ② 10,789주 ③ 11,019주
④ 11,500주 ⑤ 12,100주

**04** (주)세무의 20×1년도 기본주당이익을 계산하기 위한 보통주에 귀속되는 당기순손익은 얼마인가?

① ₩2,975,000 ② ₩2,910,000 ③ ₩2,875,000
④ ₩2,782,000 ⑤ ₩1,999,000

# Ⅱ. 최신 기출 유형 정리

## 주당이익

**01** (주)관세의 20×1년 보통주 관련 자료이다. (주)관세의 20×1년 기본주당이익 산정을 위한 가중평균유통보통주식수는?(단, 가중평균유통보통주식수 산정 시 월수를 가중치로 사용한다) [관세사 2020]

| 일자 | 내역 |
|---|---|
| 1.1. | 기초 유통주식수 10,000주 |
| 4.1. | 25% 무상증자 실시 |
| 7.1. | 5,000주 유상증자(7월 1일 현금납입 되었으며, 공정가치로 발행하였음) |
| 10.1. | 자기주식 1,000주 취득 |

① 14,125주 ② 14,750주 ③ 15,250주
④ 15,375주 ⑤ 15,875주

**02** (주)감평의 20×1년 초 유통보통주식수는 1,600주(주당 액면금액 ₩100)이며 20×1년 7월 1일 기존주주를 대상으로 보통주 600주를 발행하는 유상증자를 실시하였다. 주당 발행가액은 ₩400이며 유상증자 직전 주당 공정가치는 ₩600이었다. 기본주당이익 계산을 위한 가중평균유통보통주식수는? (단, 유상증자대금은 20×1년 7월 1일 전액 납입완료 되었으며, 유통보통주식수는 월할 계산한다)

[감정평가사 2022]

① 1,600주 ② 1,760주 ③ 1,800주
④ 1,980주 ⑤ 2,200주

**03** (주)감평의 20×1년 초 유통보통주식수는 18,400주이다. (주)감평은 20×1년 7월 초 주주우선배정방식으로 유상증자를 실시하였다. 유상증자 권리행사 전일의 공정가치는 주당 ₩50,000이고, 유상증자 시의 주당 발행금액은 ₩40,000, 발행주식수는 2,000주이다. (주)감평은 20×1년 9월 초 자기주식을 1,500주 취득하였다. (주)감평의 20×1년 가중평균유통보통주식수는? (단, 가중평균유통보통주식수는 월할 계산한다) [감정평가사 2021]

① 18,667주 ② 19,084주 ③ 19,268주
④ 19,400주 ⑤ 20,400주

**04** 20×1년 초 설립된 (주)감평의 20×1년 주식과 관련된 자료가 다음과 같다.

- 20×1년 초 유통보통주식수: 3,000주
- 4월 초 모든 주식에 대하여 10% 무상증자 실시
- 7월 초 전환사채의 보통주 전환: 900주
- 10월 초 주주우선배정 방식으로 보통주 1,000주 유상증자 실시
  (발행금액: 주당 ₩2,000, 증자 직전 주식의 공정가치: 주당 ₩2,500)

무상신주는 원구주에 따르고, 유상증자대금은 10월 초 전액 납입완료되었을 때, 20×1년 가중평균유통보통주식수는? (단, 유통보통주식수는 월할 계산한다) [감정평가사 2024]

① 3,796주　② 3,875주　③ 4,000주
④ 4,082주　⑤ 4,108주

**05** (주)관세의 20×1년도 보통주와 관련된 자료는 다음과 같다.

| 내역 | 주식수 |
|---|---|
| 1월 1일: 유통보통주식수 | 800주 |
| 4월 1일: 유상증자(주당 발행금액 ₩100, 증자직전 주당 공정가치 ₩150) | 300주 |
| 9월 1일: 유상증자(공정가치 발행) | ? |

(주)관세의 20×1년도 기본주당이익 산정을 위한 가중평균유통보통주식수가 1,095주일 때, 9월 1일에 발행된 유상증자 주식수는? (단, 가중평균유통보통주식수는 월할 계산하며, 주식수는 소수점 첫째 자리에서 반올림한다) [관세사 2024]

① 50주　② 100주　③ 120주
④ 150주　⑤ 210주

**06** (주)관세의 20×1년 보통주 관련 자료는 다음과 같다.

- 1월 1일: 회사를 설립하고 보통주를 발행
- 7월 1일: 400주 유상증자(현금을 받을 권리 발생일은 7월 1일이며, 공정가치로 발행) 실시
- 10월 1일: 10% 무상증자 실시

20×1년 (주)관세의 보통주에 귀속되는 당기순이익은 ₩264,000, 기본주당이익은 ₩200일 때, 설립 시 발행한 보통주식수는? (단, 가중평균유통보통주식수 계산 시 월수를 가중치로 사용한다)
[관세사 2022]

① 1,000주　② 1,018주　③ 1,120주
④ 1,185주　⑤ 1,320주

**07** (주)관세의 20×1년도 보통주 귀속 당기순이익은 ₩1,253,000이다. 20×1년도 보통주와 관련된 자료가 다음과 같을 때 기본주당이익은? (단, 가중평균유통보통주식수 계산 시 월수를 가중치로 사용한다)

[관세사 2023]

- 기초 유통보통주식수 3,200주
- 7월 1일: 유상증자(발행금액은 주당 ₩2,000이고 증자 직전 주식의 공정가치는 주당 ₩2,500이다) 1,000주
- 10월 1일: 자기주식 취득 800주

① ₩250　② ₩315　③ ₩350
④ ₩385　⑤ ₩431

**08** 20×1년 1월 1일 설립한 (주)감평의 20×1년 보통주(주당 액면금액 ₩5,000) 변동현황은 다음과 같다.

| 구분 | 내용 | 보통주 증감 |
|---|---|---|
| 1월 1일 | 유통보통주식수 | 10,000주 증가 |
| 4월 1일 | 무상증자 | 2,000주 증가 |
| 7월 1일 | 유상증자 | 1,800주 증가 |
| 10월 1일 | 자기주식 취득 | 1,800주 감소 |

20×1년 7월 1일 주당 ₩5,000에 유상증자가 이루어졌으며, 유상증자 직전 주당 공정가치는 ₩18,000이다. 20×1년 기본주당순이익이 ₩900일 때, 당기순이익은? (단, 우선주는 없고, 가중평균유통보통주식수는 월할 계산한다)

[감정평가사 2020]

① ₩10,755,000　② ₩10,800,000　③ ₩11,205,000
④ ₩11,766,600　⑤ ₩12,273,750

**09** (주)관세의 20×0년 12월 31일 유통주식은 보통주 1,200주(액면금액 ₩500), 우선주 1,000주(액면금액 ₩500, 연 8% 배당인 비참가적 · 비누적적 우선주)이다. (주)관세는 20×1년 10월 1일 보통주 자기주식 200주를 취득하였다. 20×1년 당기순이익이 ₩1,650,000일때, 20×1년 기본주당순이익은? (단, 이익에 대한 현금배당 결의를 하였으며, 가중평균유통보통주식수는 월할 계산한다)

[관세사 2021]

① ₩825　② ₩1,375　③ ₩1,400
④ ₩1,500　⑤ ₩1,610

**10** 20×1년 설립된 (주)감평의 20×1년 주식과 관련된 자료는 다음과 같다.

- 20×1년 1월 초 유통주식수: 보통주 5,000주, 우선주 300주
- 6월 초 모든 주식에 대해 무상증자 10% 실시
- 10월 초 보통주 자기주식 300주 취득
- 20×1년도 당기순이익: ₩900,000

20×1년 (주)감평의 기본주당이익이 ₩162일 때, 우선주 배당금은? (단, 기간은 월할 계산한다) [감정평가사 2023]

① ₩21,150 ② ₩25,200 ③ ₩27,510
④ ₩32,370 ⑤ ₩33,825

**11** (주)관세의 20×1년도 보통주 귀속 당기순이익은 ₩1,800,000이다. 20×1년도 보통주와 관련된 자료가 다음과 같을 때 기본주당이익은? (단, 가중평균유통보통주식수는 월할 계산하며, 기본주당이익은 소수점 첫째 자리에서 반올림한다) [관세사 2025]

- 기초 유통보통주식수: 4,000주
- 4월 1일: 유상증자(4월 1일 현금납입, 공정가치 발행): 2,000주
- 8월 1일: 주식배당 10%
- 10월 1일: 자기주식 취득 200주

① ₩295 ② ₩300 ③ ₩305
④ ₩310 ⑤ ₩316

## 희석주당이익

**12** (주)감평의 20×1년 보통주에 귀속되는 당기순이익은 ₩1,000,000, 가중평균유통보통주식수는 100주, 중단사업손익은 없다. (주)감평이 희석주당이익을 계산할 때 필요한 자료는 다음과 같다.

| 구분 | 보통주로 전환(행사)되었다고 가정할 경우 추가적으로 유통되었을 가중평균유통보통주식수(분모) | 보통주로 전환(행사)되었다고 가정할 경우 증가하는 법인세 효과를 반영한 보통주귀속이익(분자) |
|---|---|---|
| 전환사채 | 150주 | ₩425,000 |
| 전환우선주 | 100 | 190,000 |
| 신주인수권부사채 | 200 | 10,000 |
| 옵션 | 100 | 0 |

(주)감평의 20×1년 희석주당이익은? (단, 20×1년 잠재적보통주식의 변동은 없다)

[감정평가사 2025]

① ₩2,400 ② ₩2,500 ③ ₩2,525
④ ₩5,000 ⑤ ₩10,000

# Ⅲ. 타시험 기출 및 과거 기출 필수문제 정리



**01** (주)대한의 20×1년 1월 1일 유통보통주식수는 24,000주이며, 20×1년도 중 보통주식수의 변동내역은 다음과 같았다.

| 일자 | 보통주식수 변동내역 |
|---|---|
| 3월 1일 | 유상증자를 통해 12,000주 발행 |
| 5월 1일 | 자기주식 6,000주 취득 |
| 9월 1일 | 자기주식 3,000주 재발행 |
| 10월 1일 | 자기주식 1,000주 재발행 |

한편, 20×1년 3월 1일 유상증자 시 주당 발행가격은 ₩1,000으로서 권리락 직전 일의 종가인 주당 ₩1,500보다 현저히 낮았다. (주)대한의 20×1년도 기본주당순이익 계산을 위한 가중평균유통보통주식수는 얼마인가? (단, 가중평균유통보통주식수는 월할 계산한다) [세무사 2013]

① 31,250주 ② 31,750주 ③ 32,250주
④ 32,750주 ⑤ 33,250주

**02** 20×1년 1월 1일 현재 (주)대한의 보통주 발행주식수는 7,000주(1주당 액면금액 ₩500)이며, 이 중 600주는 자기주식이고, 전환우선주(누적적) 발행주식수는 900주(1주당 액면금액 ₩200, 연 배당률 20%, 3주당 보통주 1주로 전환가능)이다.

- 3월 1일 유상증자를 실시하여 보통주 2,000주가 증가하였다. 유상증자 시 1주당 발행금액은 ₩2,000이고 유상증자 직전 1주당 공정가치는 ₩2,500이다.
- 7월 1일 전년도에 발행한 전환사채(액면금액 ₩500,000, 액면금액 ₩500당 1주의 보통주로 전환) 중 25%가 보통주로 전환되었다.
- 10월 1일 전환우선주 600주가 보통주로 전환되었다.

(주)대한이 20×1년 당기순이익으로 ₩2,334,600을 보고한 경우 20×1년도 기본주당이익은 얼마인가? [단, 기중에 전환된 전환우선주에 대해서는 우선주배당금을 지급하지 않는다. 가중평균유통보통주식수는 월할 계산하되, 잠재적보통주(전환사채, 전환우선주)에 대해서는 실제 전환일을 기준으로 한다]
[공인회계사 2022]

① ₩220 ② ₩240 ③ ₩260
④ ₩280 ⑤ ₩300

**03** (주)대한의 20×1년도 당기순이익은 ₩15,260,000이며, 주당이익과 관련된 자료는 다음과 같다.

- 20×1년 1월 1일 현재 유통보통주식수는 30,000주(주당 액면금액 ₩1,500)이며, 유통우선주식수는 20,000주(주당 액면금액 ₩5,000, 배당률 5%)이다. 우선주는 누적적 우선주이며, 전년도에 지급하지 못한 우선주배당금을 함께 지급하기로 결의하였다.
- 20×1년 7월 1일에 보통주 2,000주를 공정가치로 유상증자하였으며, 9월 1일에 3,200주를 무상증자하였다.
- 20×1년 10월 1일에 전년도에 발행한 전환사채 액면금액 ₩1,000,000 중 20%가 보통주로 전환되었으며, 전환가격은 ₩500이다. 20×1년도 포괄손익계산서에 계상된 전환사채의 이자비용은 ₩171,000이며, 세율은 20%이다.

(주)대한의 20×1년도 희석주당이익은 얼마인가? (단, 가중평균유통주식수는 월할로 계산하며, 단수차이로 인해 오차가 있다면 가장 근사치를 선택한다) [공인회계사 2023]

① ₩149 ② ₩166 ③ ₩193
④ ₩288 ⑤ ₩296

**04** (주)감평의 20×1년도 희석주당이익은? (단, 전환우선주 전환 이외의 보통주식수의 변동은 없으며, 유통보통주식수 계산 시 월할 계산한다. 또한 계산결과는 가장 근사치를 선택한다) [감정평가사 2018]

- 20×1년도 당기순이익: ₩1,049,000
- 기초유통보통주식수: 20,000주(주당 액면금액 ₩1,000)
- 기초유통우선주식수: 5,000주(전환우선주, 주당 액면금액 ₩1,000, 전환 비율 1 : 1)
- 전환우선주: 회계연도 말까지 미전환된 부분에 대해서 액면금액의 8% 배당(전년도에는 배당가능이익이 부족하여 배당금을 지급하지 못하였으나, 20×1년도에는 전년도 배당금까지 포함하여 지급할 예정)
- 20×1년 5월 1일: 전환우선주 900주가 보통주로 전환되고 나머지는 기말까지 미전환

① ₩30 ② ₩32 ③ ₩35
④ ₩37 ⑤ ₩42

**05** (주)감평은 20×6년 10월 1일 전환사채권자의 전환권 행사로 1,000주의 보통주를 발행하였다. 20×6년 말 주당이익 관련 자료가 다음과 같을 때 20×6년도 기본주당이익과 희석주당이익은? (단, 유통보통주식수 계산 시 월할 계산하며 전환간주일 개념은 적용하지 않는다. [감정평가사 2016]

- 기초유통보통주식수 8,000주
- 당기순이익 ₩198,000
- 보통주 1주당 액면금액 ₩1,000
- 전환사채 액면금액은 ₩1,000,000이며 전환가격은 1주당 ₩500
- 포괄손익계산서상 전환사채 이자비용 ₩15,000
- 법인세율 20%

| | 기본주당이익 | 희석주당이익 |
|---|---|---|
| ① | ₩24 | ₩22 |
| ② | ₩24 | ₩21 |
| ③ | ₩24 | ₩20 |
| ④ | ₩25 | ₩21 |
| ⑤ | ₩25 | ₩22 |

해커스 회계학 1차 기출+예상문제집

해커스 감정평가사 ca.Hackers.com

# 19장

## 회계변경 및 오류수정

# Ⅰ. 필수 유형 정리

**01** 자동차 부품을 제조 · 납품하는 A사가 20×1년 초에 부품의 자동제조설비를 ₩30,000,000에 취득하였고 원가모형을 적용한다. 동 설비자산의 내용연수는 8년, 잔존가치는 ₩1,000,000으로 추정하였으며 이중체감법으로 감가상각한다. A사는 20×3년 초에 설비자산에 대해서 ₩5,000,000의 수선비를 지출하였는데 이로 인하여 내용연수가 4년 더 연장될 것으로 추정하였으며, 회사는 20×3년부터 감가상각방법을 정액법으로 변경하기로 하였는데, 이는 기업환경의 변화로 인해 정액법이 동 설비자산의 미래경제적효익의 기대소비형태를 보다 잘 반영한다고 판단되었기 때문이다. 20×3년도 설비자산의 감가상각비는 얼마인가?

① ₩1,000,000 ② ₩1,457,500 ③ ₩1,987,500
④ ₩2,087,500 ⑤ ₩2,135,000

**02** A사는 재고자산 원가흐름의 가정을 선입선출법에서 이동평균법으로 변경하였다. 각 방법에 따른 매출원가는 다음과 같으며, 주어진 내용을 제외한 회계연도의 매출원가는 두 방법이 일치하였다.

| 구분 | 선입선출법 | 이동평균법 |
|---|---|---|
| 20×1년 매출원가 | ₩34,000 | ₩38,000 |
| 20×2년 매출원가 | ₩45,000 | ₩47,000 |
| 20×3년 매출원가 | ₩63,000 | ₩74,000 |

A사는 20×3년도의 재무제표에 매출원가와 재고자산을 선입선출법으로 보고하였다. 20×3년 말 재고자산이 ₩26,000인 경우, 20×3년 말 재무상태표에 보고할 재고자산금액은 얼마인가?

① ₩7,000 ② ₩8,000 ③ ₩9,000
④ ₩10,000 ⑤ ₩11,000

## [03, 04]

B사는 20×6년부터 구입 및 판매를 시작한 D제품에 대하여 재고자산의 원가흐름가정으로 선입선출법을 사용하여 왔으나 20×8년에 총평균법으로 변경하였다. 이 변경은 정당한 변경이다. 이와 관련된 자료는 다음과 같다.

| 구분 | 20×6년 | 20×7년 | 20×8년 |
|---|---|---|---|
| 매출원가(선입선출법) | ₩1,200,000 | ₩1,800,000 | ₩1,900,000 |
| 기말재고(선입선출법) | ₩400,000 | ₩800,000 | ₩750,000 |
| 기말재고(총평균법) | ₩300,000 | ₩650,000 | ₩500,000 |

B사는 20×8년에도 계속 선입선출법을 사용하여 회계처리하였다.

**03** 동 거래를 20×8년 말에 수정분개하였을 때, 수정분개로 인한 20×8년의 당기손익에 미친 영향은 얼마인가?

① ₩(－)250,000　② ₩(－)100,000　③ ₩150,000
④ ₩(－)150,000　⑤ ₩(－)50,000

**04** 동 거래를 20×8년 말에 수정분개하였을 때, 수정분개로 인한 20×8년 초의 이익잉여금에 미친 영향은 얼마인가?

① ₩(－)250,000　② ₩(－)100,000　③ ₩150,000
④ ₩(－)150,000　⑤ ₩(－)50,000

## [05, 06]

A사는 B사를 인수하기 위하여 동 회사로부터 다음과 같은 연도 말 재무상태표와 지난 3년 동안의 이익(납세 후)에 관한 간단한 정보 <자료 1>을 검토하였다. 또한 세부자료 검토 결과 지난 3년 동안 계속 여러 가지 회계처리상 오류를 범한 것을 확인하였다.

<자료 1>

제1차 연도(20×1년), 제2차 연도(20×2년), 제3차 연도(20×3년)의 수정 전 당기순이익은 각각 ₩16,000, ₩9,200과 ₩6,300이었다.

<자료 2>

(1) 재고자산오류

| 20×1년 | ₩9,700 과대 | 20×2년 | ₩7,500 과대 | 20×3년 | ₩5,900 과소 |
|---|---|---|---|---|---|

(2) 유동자산으로 처리해야 할 선급비용을 당기비용으로 처리

| 20×1년 | ₩1,950 | 20×2년 | ₩2,100 | 20×3년 | ₩2,300 |
|---|---|---|---|---|---|

(3) 판매수수료 미지급분 기록 누락

| 20×1년 | ₩2,400 | 20×2년 | ₩2,200 | 20×3년 | ₩1,900 |
|---|---|---|---|---|---|

(4) 20×1년 1월 1일에 ₩23,000을 지급하고 트럭 1대를 구입한 적이 있으며 구입한 해에 모두 비용처리하였다. 내용연수는 5년, 잔존가치는 ₩3,000으로 추정되며 정액법으로 감가상각해야 한다.

20×0년 12월 31일의 이익잉여금이 ₩60,000이었고, 위의 오류들은 중요한 오류이기 때문에 오류수정을 소급법으로 회계처리한다고 가정한다.

**05** 위의 오류를 반영한 20×3년의 정확한 당기순이익은 얼마인가?

① ₩16,200 ② ₩17,200 ③ ₩18,200
④ ₩19,300 ⑤ ₩20,000

**06** 위의 오류를 반영한 20×3년 말의 정확한 이익잉여금은 얼마인가?

① ₩101,200 ② ₩103,800 ③ ₩104,500
④ ₩106,500 ⑤ ₩108,800

# Ⅱ. 최신 기출 유형 정리



## 회계변경과 오류수정

**01** 회계정책과 변경에 관한 설명으로 옳지 않은 것은? [관세사 2020]

① 회계정책의 변경을 반영한 재무제표가 거래, 기타 사건 또는 상황이 재무상태, 재무성과 또는 현금흐름에 미치는 영향에 대하여 신뢰성 있고 더 목적적합한 정보를 제공하는 경우 기업은 회계정책을 변경할 수 있다.

② 과거에 발생하지 않았거나 발생하였어도 중요하지 않았던 거래, 기타 사건 또는 상황에 대하여 새로운 회계정책을 적용하는 경우는 회계정책의 변경에 해당한다.

③ 회계정책이란 기업이 재무제표를 작성 · 표시하기 위하여 적용하는 구체적인 원칙, 근거, 관습, 규칙 및 관행을 의미한다.

④ 당기 기초시점에 과거기간 전체에 대한 새로운 회계정책 적용의 누적효과를 실무적으로 결정할 수 없는 경우, 실무적으로 적용할 수 있는 가장 이른 날부터 새로운 회계정책을 전진적용하여 비교정보를 재작성한다.

⑤ 회계정책의 변경과 회계추정의 변경을 구분하는 것이 어려운 경우에는 이를 회계추정의 변경으로 본다.

**02** 회계정책, 회계추정치 변경과 오류에 관한 설명으로 옳은 것은? [관세사 2024]

① 오류수정은 성격상 추가 정보가 알려지는 경우에 변경이 필요할 수도 있는 근사치인 회계추정치 변경과 구별된다.

② 새로운 회계정책을 과거기간에 적용하는 경우, 과거기간에 인식된 금액의 추정에 사후에 인지된 사실을 이용할 수 있다.

③ 거래 및 기타 사건에 대하여 적용할 수 있는 한국채택국제회계기준이 없는 경우, 경영진은 판단에 따라 회계정책을 적용하여 회계정보를 작성할 수 없다.

④ 과거에 발생한 거래와 실질이 다른 거래, 기타 사건 또는 상황에 대하여 다른 회계정책을 적용하는 경우에는 회계정책의 변경에 해당한다.

⑤ 과거에 발생하지 않았던 거래, 기타 사건에 대하여 새로운 회계정책을 적용하는 경우에는 회계정책의 변경에 해당한다.

**03** (주)감평은 재고자산을 20×1년 말까지 평균법을 적용해 오다가 20×2년 초 선입선출법으로 회계정책을 변경하였다. 다음은 20×1년 말과 20×2년 말의 평가방법별 재고자산 금액이다.

| 구분 | | 20×1년 말 | 20×2년 말 |
|---|---|---|---|
| 재고자산 금액 | 평균법 | ₩2,800 | ₩2,200 |
| | 선입선출법 | 2,500 | 2,800 |

평균법을 적용한 20×2년 당기순이익이 ₩2,000일 때, 변경 후 20×2년 당기순이익은? (단, 동 회계정책 변경은 한국채택국제회계기준에서 제시하는 조건을 충족하는 것이며, 선입선출법으로의 회계정책 변경에 대한 소급효과를 모두 결정할 수 있다고 가정한다) [감정평가사 2021]

① ₩1,400 ② ₩2,000 ③ ₩2,300
④ ₩2,600 ⑤ ₩2,900

**04** (주)관세는 20×1년 장부마감 이전에 다음과 같은 사항을 확인하였으나, 20×1년 10월 1일에 보험료 ₩1,200을 지급(1개월 ₩100, 20×1년 10월 1일부터 20×2년 9월 30일까지 보장)하고 전액 자산으로 인식한 거래에 대하여 기말 수정분개가 누락된 것을 발견하였다. (주)관세가 이에 대한 기말 수정분개를 반영하여 장부를 마감하였을 때, 20×1년 기말부채는? [관세사 2021]

| | |
|---|---|
| • 기초자산 | ₩10,000 |
| • 기초부채 | ₩7,000 |
| • 기말자산 | ₩15,000 |
| • 총수익 | ₩12,000 |
| • 총비용 | ₩9,000 |
| • 유상증자 | ₩1,000 |
| • 현금배당 | ₩100 |

① ₩8,100 ② ₩8,400 ③ ₩8,600
④ ₩8,700 ⑤ ₩9,000

**05** (주)감평은 취득원가 ₩2,500(처분당시 장부금액은 ₩1,500, 원가모형 적용)인 기계장치를 20×1년 초 ₩1,600에 처분하였다. (주)감평은 기계장치 장부금액을 제거하지 않고 처분대가를 잡수익으로 처리하고, 20×1년과 20×2년 각각 취득원가의 10%를 감가상각비로 계상하였다. 이러한 오류는 20×3년 초 발견되었고, 20×2년도의 장부가 마감되었다면, (주)감평의 20×3년 당기순이익에 미치는 영향은? (단, 상기 오류는 오류의 영향이나 오류의 누적효과를 실무적으로 결정할 수 있으며 중요한 오류에 해당한다) [감정평가사 2021]

① 영향 없음 ② ₩100 증가 ③ ₩250 증가
④ ₩500 증가 ⑤ ₩600 증가

**06** (주)감평은 20×1년부터 20×3년까지 매년 말 다음과 같이 기말재고자산을 과소 또는 과대계상하였으며 오류수정 전 20×2년도와 20×3년도의 당기순이익은 각각 ₩200과 ₩250이다. 20×3년도 장부가 마감되기 전 오류를 발견하고 해당 오류가 중요하다고 판단하였을 경우, 오류수정 후 20×3년도 당기순이익은? [감정평가사 2024]

| 20×1년도 | 20×2년도 | 20×3년도 |
|---|---|---|
| ₩30 과소계상 | ₩10 과소계상 | ₩20 과대계상 |

① ₩190 ② ₩220 ③ ₩230
④ ₩240 ⑤ ₩250

## 법인세를 고려한 오류수정

**07** 20×1년 초에 사업을 개시한 (주)감평의 회계담당자는 20×1년 말에 정기예금에 대한 미수이자 ₩200을 계상하지 않은 오류를 발견하였다. (주)감평의 당기 및 차기 이후 적용 법인세율이 모두 30%일 때 이러한 회계처리 오류가 (주)감평의 20×1년도 재무제표에 미친 영향으로 옳은 것은? [단, 세법상 정기예금 이자는 이자수령시점에 과세된다. 또한, (주)감평은 이연법인세회계를 적용하고 있으며, 미래에 충분한 과세소득이 발생할 것으로 판단된다] [감정평가사 2022]

① 당기법인세자산이 ₩60 과대계상되었다.
② 당기법인세부채가 ₩60 과소계상되었다.
③ 법인세비용이 ₩60 과대계상되었다.
④ 당기순이익이 ₩140 과소계상되었다.
⑤ 이연법인세자산이 ₩60 과소계상되었다.

# III. 타시험 기출 및 과거 기출 필수문제 정리

**01** (주)대한은 20×1년 1월 1일에 임대목적으로 건물을 ₩5,000,000에 취득하고, 내용연수는 10년, 잔존가치는 ₩1,000,000으로 추정하였다. (주)대한은 동 건물에 대해 원가모형을 적용하며, 정액법으로 감가상각하기로 하였다. 그러나 20×2년부터 (주)대한은 동 건물에 대하여 원가모형 대신 공정가치모형을 적용하기로 하였으며, 이 회계변경은 정당한 변경에 해당한다. (주)대한은 동 건물 이외의 투자부동산은 보유하고 있지 않으며, 동 건물의 공정가치는 다음과 같다.

| 구분 | 20×1년 말 | 20×2년 말 |
|---|---|---|
| 건물의 공정가치 | ₩4,500,000 | ₩4,800,000 |

(주)대한의 20×1년 말 보고된 이익잉여금은 ₩300,000이었고, 투자부동산 회계처리를 반영하기 전 20×2년도 당기순이익은 ₩700,000일 때, (주)대한의 20×2년 말 이익잉여금은 얼마인가? (단, 이익잉여금 처분은 없다고 가정한다) [공인회계사 2024]

① ₩900,000 ② ₩1,000,000 ③ ₩1,200,000
④ ₩1,300,000 ⑤ ₩1,400,000

**02** 한국채택국제회계기준에서 인정하는 회계정책의 변경에 해당하는 것은 모두 고른 것은? [세무사 2024]

ㄱ. 과거에 발생한 거래와 실질이 다른 거래, 기타 사건 또는 상황에 대하여 다른 회계정책을 적용하는 경우
ㄴ. 한국채택국제회계기준의 요구에 따라 회계정책을 변경하는 경우
ㄷ. 회계정책의 변경을 반영한 재무제표가 거래, 기타 사건 또는 상황이 재무상태, 재무성과 또는 현금흐름에 미치는 영향에 대하여 신뢰성 있고 더 목적적합한 정보를 제공하는 경우
ㄹ. 과거에 발생하지 않았거나 발생하였어도 중요하지 않았던 거래, 기타 사건 또는 상황에 대하여 새로운 회계정책을 적용하는 경우
ㅁ. 한국채택국제회계기준에서 인정되지 않는 회계정책을 적용하다가 이를 한국채택국제회계기준에서 허용하는 방법으로 변경하는 경우

① ㄱ, ㄴ ② ㄱ, ㅁ ③ ㄴ, ㄷ
④ ㄷ, ㄹ ⑤ ㄹ, ㅁ

**03** (주)대한의 회계감사인은 20×2년도 재무제표에 대한 감사과정에서 20×1년 말 재고자산 금액이 ₩10,000만큼 과대계상되어 있음을 발견하였으며, 이는 중요한 오류에 해당한다. 동 재고자산의 과대계상 오류가 수정되지 않은 (주)대한의 20×1년과 20×2년의 손익은 다음과 같다.

| 구분 | 20×1년 | 20×2년 |
|---|---|---|
| 수익 | ₩150,000 | ₩170,000 |
| 비용 | 90,000 | 40,000 |
| 당기순이익 | ₩60,000 | ₩130,000 |

한편, 20×2년 말 재고자산 금액은 정확하게 계상되어 있으며, (주)대한의 20×1년 초 이익잉여금은 ₩150,000이다. 상기 재고자산 오류를 수정하여 비교재무제표를 작성할 경우, (주)대한의 20×1년 말과 20×2년 말의 이익잉여금은 각각 얼마인가? [공인회계사 2022]

| | 20×1년 말 | 20×2년 말 |
|---|---|---|
| ① | ₩200,000 | ₩330,000 |
| ② | ₩200,000 | ₩340,000 |
| ③ | ₩210,000 | ₩330,000 |
| ④ | ₩210,000 | ₩340,000 |
| ⑤ | ₩220,000 | ₩340,000 |

**04** (주)세무는 20×1년 초에 사채(상각후원가로 측정하는 금융부채)를 발행하였다. 20×1년 말 장부마감 과정에서 동 사채의 회계처리와 관련한 다음과 같은 중요한 오류를 발견하였다.

- 사채의 발행일에 사채발행비 ₩9,500이 발생하였으나 이를 사채의 발행금액에서 차감하지 않고, 전액 20×1년도의 당기비용으로 처리하였다.
- 20×1년 초 사채의 발행금액(사채발행비 차감 전)은 ₩274,000이고, (주)세무는 동 발행금액에 유효이자율 연 10%를 적용하여 20×1년도 이자비용을 인식하였다.
- 상기 사채발행비를 사채발행금액에서 차감할 경우 사채발행시점의 유효이자율은 연 12%로 증가한다.

(주)세무의 오류수정 전 20×1년도의 당기순이익이 ₩100,000인 경우, 오류를 수정한 후의 20×1년도 당기순이익은? [세무사 2022]

① ₩90,500 ② ₩95,660 ③ ₩104,340
④ ₩105,160 ⑤ ₩109,500

**05** 회계정책, 회계추정의 변경 및 오류에 관한 설명으로 옳은 것은? [감정평가사 2017]

① 측정기준의 변경은 회계정책의 변경이 아니라 회계추정의 변경에 해당한다.
② 회계추정의 변경효과를 전진적으로 인식하는 것은 추정의 변경을 그것이 발생한 시점 이후부터 거래, 기타 사건 및 상황에 적용하는 것을 말한다.
③ 과거에 발생한 거래와 실질이 다른 거래, 기타 사건 또는 상황에 대하여 다른 회계정책을 적용하는 경우에도 회계정책의 변경에 해당한다.
④ 과거기간의 금액을 수정하는 경우 과거기간에 인식, 측정, 공시된 금액을 추정함에 있어 사후에 인지된 사실을 이용할 수 있다.
⑤ 회계정책의 변경과 회계추정의 변경을 구분하는 것이 어려운 경우에는 이를 회계정책의 변경으로 본다.

**06** (주)감평은 20×1년 초 업무용 건물을 ₩2,000,000에 취득하였다. 구입당시에 동 건물의 내용연수는 5년이고 잔존가치는 ₩200,000으로 추정되었다. (주)감평은 감가상각방법으로서 연수합계법을 사용하여 왔으나 20×3년 초에 정액법으로 변경하고, 동일 시점에 잔존가치를 ₩20,000으로 변경하였다. 20×3년도 포괄손익계산서상 감가상각비는? [감정평가사 2018]

① ₩144,000　② ₩300,000　③ ₩360,000
④ ₩396,000　⑤ ₩400,000

**07** (주)감평은 20×3년도부터 재고자산 평가방법을 선입선출법에서 가중평균법으로 변경하였다. 이러한 회계정책의 변경은 한국채택국제회계기준에서 제시하는 조건을 충족하며, (주)감평은 이러한 변경에 대한 소급효과를 모두 결정할 수 있다. 다음은 (주)감평의 재고자산평가방법별 기말재고와 선입선출법에 의한 당기순이익이다.

| | 20×1년 | 20×2년 | 20×3년 |
|---|---|---|---|
| 기말 재고자산: | | | |
| 선입선출법 | ₩1,100 | ₩1,400 | ₩2,000 |
| 가중평균법 | 1,250 | 1,600 | 1,700 |
| 당기순이익 | ₩21,000 | ₩21,500 | ₩24,000 |

회계변경 후 20×3년도 당기순이익은? (단, 20×3년도 장부는 마감 전이다) [감정평가사 2018]

① ₩23,500　② ₩23,700　③ ₩24,000
④ ₩24,300　⑤ ₩24,500

**08** (주)감평의 20×1년도 회계오류 수정 전 법인세비용차감전순이익은 ₩500,000이다. 오류수정과 관련된 자료는 다음과 같다.

| | 20×0년 | 20×1년 |
|---|---|---|
| 기말재고자산 과대(과소)계상 | ₩12,000 과소 | ₩5,000 과대 |
| 선급비용을 당기비용으로 처리 | ₩4,000 | ₩3,000 |

회계오류 수정 후 (주)감평의 20×1년도 법인세비용차감전순이익은? [감정평가사 2019]

① ₩476,000 ② ₩482,000 ③ ₩486,000
④ ₩488,000 ⑤ ₩492,000

해커스 회계학 1차 기출+예상문제집

해커스 감정평가사 ca.Hackers.com

# 20장

## 현금흐름표

**[01 ~ 04]**

A사의 20×1년 말과 20×2년 말의 수정 후 시산표의 내역 및 그 밖의 자료는 다음과 같다.

(1) 시산표

| 과목 | 20×2년 | 20×1년 | 과목 | 20×2년 | 20×1년 |
|---|---|---|---|---|---|
| 현금 | ₩2,450 | ₩1,700 | 매입채무 | ₩7,000 | ₩9,000 |
| 매출채권 | ₩14,000 | ₩11,100 | 미지급이자 | ₩1,800 | ₩1,000 |
| 재고자산 | ₩9,000 | ₩6,000 | 감가상각누계액 | ₩3,500 | ₩2,700 |
| 유형자산 | ₩9,000 | ₩5,000 | 사채 | ₩4,000 | ₩4,000 |
| 이연법인세자산 | ₩400 | ₩800 | 손실충당금 | ₩2,500 | ₩2,300 |
| 사채할인발행차금 | ₩900 | ₩1,200 | 당기법인세부채 | ₩800 | ₩700 |
| 매출원가 | ₩36,000 | ₩33,000 | 자본금 | ₩5,000 | ₩5,000 |
| 판매비 | ₩6,000 | ₩4,000 | 자본잉여금 | ₩3,000 | ₩3,000 |
| 관리비 | ₩4,700 | ₩2,900 | 매출액 | ₩58,250 | ₩51,000 |
| 감가상각비 | ₩800 | ₩800 | 이자수익 | ₩1,100 | ₩900 |
| 손상차손 | ₩400 | ₩300 | | | |
| 이자비용 | ₩1,300 | ₩1,400 | | | |
| 법인세비용 | ₩2,000 | ₩1,600 | | | |

* 단, 매출채권 중 당기에 회수불가능한 것으로 판명된 금액 ₩200이 있다.

(2) 20×2년 취득한 유형자산에 대한 자본화 차입원가는 ₩100이다.

**01** 20×2년 고객으로부터 유입된 현금은 얼마인가?

① ₩41,200　② ₩(−)1,500　③ ₩(−)300
④ ₩(−)41,000　⑤ ₩55,150

**02** 20×2년 공급자에게 지급하는 현금은 얼마인가?

① ₩41,200　② ₩(−)1,500　③ ₩(−)300
④ ₩(−)41,000　⑤ ₩55,150

**03** 20×2년 이자지급으로 인한 현금유출액은 얼마인가?

① ₩41,200 ② ₩(−)1,500 ③ ₩(−)300
④ ₩(−)41,000 ⑤ ₩55,150

**04** 20×2년 법인세의 납부로 인한 현금유출액은 얼마인가?

① ₩41,200 ② ₩(−)1,500 ③ ₩(−)300
④ ₩(−)41,000 ⑤ ₩55,150

**05** 다음은 A사의 20×1년도 비교재무제표 중 기계장치와 관련된 부분들만 발췌한 것으로, A사는 기계장치를 원가모형으로 측정한다. A사가 당기에 처분한 기계장치의 처분금액은 ₩75,000으로 처분금액 중 ₩12,000은 20×2년도에 받기로 하였다. A사의 20×1년도에 기계장치의 취득으로 유출된 현금은 얼마인가?

| 계정과목 | 20×1년 | 20×0년 |
|---|---|---|
| 기계장치 | ₩300,000 | ₩150,000 |
| 감가상각누계액 | ₩(−)52,000 | ₩(−)45,000 |
| 감가상각비 | ₩45,000 | |
| 유형자산처분이익 | ₩15,000 | |

① ₩80,000 ② ₩248,000 ③ ₩95,000
④ ₩215,000 ⑤ ₩132,900

**06** 다음은 B사의 20×1년도 비교재무제표 중 건물과 관련된 부분들만 발췌한 것으로 건물은 재평가모형을 적용한다. B사는 20×1년 중 재평가잉여금 ₩10,000을 이익잉여금으로 대체하였으며, 당기의 건물 취득액은 ₩300,000이다. B사가 20×1년도에 건물의 처분으로 수령한 현금은 얼마인가?

| 계정과목 | 20×1년 | 20×0년 |
|---|---|---|
| 건물 | ₩700,000 | ₩600,000 |
| 감가상각누계액 | ₩190,000 | ₩250,000 |
| 재평가잉여금 | ₩30,000 | ₩80,000 |
| 감가상각비 | ₩40,000 | - |
| 유형자산처분이익 | ₩20,000 | - |

① ₩80,000 ② ₩248,000 ③ ₩95,000
④ ₩215,000 ⑤ ₩132,900

**07** 다음은 C사의 20×1년도 비교재무제표 중 사채와 관련된 부분들만 발췌한 것이다. C사가 당기에 발행한 사채의 발행금액은 ₩182,000(액면금액 ₩200,000)이며, 이자비용으로 처리된 사채할인발행차금상각액은 ₩4,000이다. C사가 20×1년도에 사채상환으로 지급한 현금은 얼마인가?

| 계정과목 | 20×1년 | 20×0년 |
|---|---:|---:|
| 사채 | ₩300,000 | ₩200,000 |
| 사채할인발행차금 | ₩(-)26,000 | ₩(-)15,000 |
| 이자비용 | ₩80,000 | - |
| 사채상환이익 | ₩2,000 | - |

① ₩80,000 ② ₩248,000 ③ ₩95,000
④ ₩215,000 ⑤ ₩132,900

**08** D사의 20×1년 이자비용과 관련한 자료는 다음과 같다. D사의 이자지급으로 인한 현금유출액은 얼마인가?

(1) 기초 및 기말재무상태표에서 추출한 자료

| 구분 | 기초 | 기말 |
|---|---:|---:|
| 선급이자 | ₩20,000 | ₩40,000 |
| 미지급이자 | ₩40,000 | ₩45,000 |

(2) 포괄손익계산서상의 이자비용은 ₩200,000으로 사채할인발행차금상각액 ₩30,000이 포함되어 있으며, 당기에 자본화한 차입원가는 ₩30,000이다.

① ₩80,000 ② ₩248,000 ③ ₩95,000
④ ₩215,000 ⑤ ₩132,900

## [09 ~ 11]

다음은 20×2년 A사의 부분재무제표이다.

(1) 부분재무상태표

| 구분 | 20×1년 말 | 20×2년 말 |
|---|---|---|
| 매출채권 | ₩2,500 | ₩2,800 |
| 손실충당금 | ₩(-)50 | ₩(-)65 |
| 재고자산 | ₩3,600 | ₩3,500 |
| 유형자산 | ₩9,200 | ? |
| 감가상각누계액 | ₩(-)2,100 | ₩(-)2,300 |
| 선급판매비용 | ₩900 | ₩870 |
| 매입채무 | ₩1,200 | ₩1,350 |
| 미지급판매비용 | ₩740 | ₩620 |
| 당기법인세부채 | ₩300 | ₩320 |
| 외화장기차입금 | ? | ₩4,850 |
| 확정급여채무 | ₩1,450 | ₩1,640 |

(2) 부분포괄손익계산서

| 구분 | 금액 |
|---|---|
| 감가상각비 | ₩800 |
| 퇴직급여 | ₩300 |
| 손상차손 | ₩20 |
| 유형자산처분손실 | ₩250 |
| 외화환산손실(외화차입금에서 발생) | ₩200 |

(3) 부분현금흐름표(직접법)

| 구분 | 금액 |
|---|---|
| 고객으로부터의 유입액 | ₩45,695 |
| 공급자에 대한 유출액 | ₩(-)39,000 |
| 판매비 유출액 | ₩(-)1,900 |
| 법인세비용 유출액 | ₩(-)790 |
| 퇴직금 유출액 | ₩(-)110 |
| 유형자산처분으로 인한 유입액 | ₩1,750 |
| 유형자산취득으로 인한 유출액 | ₩(-)1,800 |
| 외화장기차입금의 차입으로 인한 유입액 | ₩2,100 |
| 외화장기차입금의 상환으로 인한 유출액 | ₩(-)4,250 |

**09** 20×2년도 포괄손익계산서의 매출액은 얼마인가?

① ₩39,250 ② ₩42,000 ③ ₩46,000
④ ₩2,560 ⑤ ₩3,370

**10** 20×2년도 포괄손익계산서의 매출원가는 얼마인가?

① ₩39,250 ② ₩42,000 ③ ₩46,000
④ ₩2,560 ⑤ ₩3,370

**11** 20×2년도 현금흐름표의 영업활동으로 인한 순현금흐름은 ₩3,895이다. 20×2년도 법인세비용차감전순이익은 얼마인가? (단, 법인세의 납부를 영업활동으로 분류한다)

① ₩39,250 ② ₩42,000 ③ ₩46,000
④ ₩2,560 ⑤ ₩3,370

# Ⅱ. 최신 기출 유형 정리



## 현금흐름표의 작성방법

**01** 현금흐름표에 관한 설명으로 옳지 않은 것은? [관세사 2022]

① 현금흐름표는 회계기간 동안 발생한 현금흐름을 영업활동, 투자활동 및 재무활동으로 분류하여 보고한다.
② 종속기업과 기타 사업에 대한 지배력의 획득 또는 상실에 따른 총현금흐름은 별도로 표시하고 재무활동으로 분류한다.
③ 외화거래에서 발생하는 현금흐름은 현금흐름 발생일의 기능통화와 외화 사이의 환율을 외화 금액에 적용하여 환산한 기능통화 금액으로 기록한다.
④ 재화의 판매와 용역 제공에 따른 현금유입은 영업활동 현금흐름에 해당한다.
⑤ 현금및현금성자산의 사용을 수반하지 않는 투자활동과 재무활동 거래는 현금흐름표에서 제외한다.

**02** 영업활동 현금흐름의 예로 옳지 않은 것은? [관세사 2025]

① 재화의 판매와 용역 제공에 따른 현금유입
② 로열티, 수수료, 중개료 및 기타수익에 따른 현금유입
③ 재화와 용역의 구입에 따른 현금유출
④ 종업원과 관련하여 직·간접으로 발생하는 현금유출
⑤ 주식이나 기타 지분상품의 발행에 따른 현금유입

## 영업활동으로 인한 현금흐름

**03** 다음 자료를 이용하여 계산한 (주)관세의 기말 순매출채권은? [관세사 2021]

- 기초 순매출채권은 ₩10,000이다.
- 당기 중 매출채권 ₩2,000이 회수불능으로 판단되었다.
- 당기에 고객으로부터 유입된 현금은 ₩30,000이다.
- 당기 포괄손익계산서상 매출액은 ₩40,000이고 매출채권손상차손은 ₩3,000이다.

① ₩14,000 ② ₩15,000 ③ ₩16,000
④ ₩17,000 ⑤ ₩18,000

**04** (주)관세의 20×1년도 매출, 매입, 재고자산과 관련된 자료이다. 다음 설명 중 옳은 것은?

[관세사 2024]

| | | | |
|---|---|---|---|
| 매출액 | ₩20,000 | 매입액 | ₩18,000 |
| 기초매출채권(순액) | 5,000 | 기말매출채권(순액) | 4,000 |
| 기초매입채무 | 4,000 | 기말매입채무 | 2,000 |
| 기초재고자산 | 2,000 | 기말재고자산 | 3,000 |

① 매입으로 인한 현금지급액은 매입액보다 ₩2,000 작다.
② 매출원가는 매입으로 인한 현금지급액보다 ₩1,000 작다.
③ 매출로 인한 현금회수액은 매출액보다 ₩1,000 작다.
④ 매출총이익은 ₩2,000이다.
⑤ 매출과 매입으로 인한 순현금유입액은 ₩1,000이다.

**05** 다음은 (주)감평의 20×1년도 재무제표의 일부 자료이다.

(1) 재무상태표의 일부 자료

| 계정과목 | 기초잔액 | 기말잔액 |
|---|---|---|
| 매출채권(순액) | ₩140 | ₩210 |
| 선급 영업비용 | 25 | 10 |
| 미지급 영업비용 | 30 | 50 |

(2) 포괄손익계산서의 일부 자료

매출액 ₩410
영업비용 ₩150

위 자료에 기초한 20×1년도 (주)감평의 (A)고객으로부터 유입된 현금흐름과 (B)영업비용으로 유출된 현금흐름은?

[감정평가사 2022]

| | (A) | (B) |
|---|---|---|
| ① | ₩335 | ₩155 |
| ② | ₩340 | ₩115 |
| ③ | ₩340 | ₩145 |
| ④ | ₩350 | ₩115 |
| ⑤ | ₩350 | ₩155 |

## 06 (주)관세의 20×1년 당기순이익이 ₩2,500일 때, 다음 자료를 반영한 영업에서 창출된 현금은?

[관세사 2024]

| | | | |
|---|---|---|---|
| 매출채권의 증가 | ₩1,000 | 재고자산의 감소 | ₩500 |
| 매입채무의 증가 | 800 | 법인세비용 | 1,000 |
| 감가상각비 | 200 | 토지처분이익 | 100 |
| 이자비용 | 600 | 사채상환손실 | 250 |

① ₩3,750 ② ₩4,150 ③ ₩4,350
④ ₩4,750 ⑤ ₩5,750

## 07 (주)관세의 20×2년도 포괄손익계산서에는 당기순이익 ₩600, 유형자산처분이익 ₩300, 감가상각비 ₩200이 계상되어 있으며, 비교재무상태표의 주요 자산 및 부채 계정은 다음과 같다.

| | 20×2년 말 | 20×1년 말 |
|---|---|---|
| 매출채권(순액) | ₩900 | ₩500 |
| 선급비용 | 200 | 400 |
| 매입채무 | 300 | 200 |
| 단기차입금 | 500 | 200 |

(주)관세의 20×2년 영업활동 현금흐름은? [관세사 2020]

① ₩200 현금유입 ② ₩400 현금유입 ③ ₩600 현금유입
④ ₩200 현금유출 ⑤ ₩400 현금유출

## 08 (주)감평의 20×1년 현금흐름표 작성을 위한 자료이다.

| | | | |
|---|---|---|---|
| 당기순이익 | ₩147,000 | 감가상각비 | ₩5,000 |
| 법인세비용 | 30,000 | 매출채권 감소액 | 15,000 |
| 유형자산처분이익 | 20,000 | 재고자산 증가액 | 4,000 |
| 이자비용 | 25,000 | 매입채무 감소액 | 6,000 |
| 이자수익 | 15,000 | 배당금수익 | 8,000 |

(주)감평의 20×1년 영업에서 창출된 현금은? [감정평가사 2023]

① ₩159,000 ② ₩161,000 ③ ₩167,000
④ ₩169,000 ⑤ ₩189,000

**09** 다음 자료를 이용하여 계산한 법인세 납부액은? [단, 당기법인세부채와 이연법인세자산(부채)는 당기손익과 관련된 것이다] [관세사 2024]

| | | | |
|---|---|---|---|
| 법인세비용 | ₩1,500 | 당기법인세부채 증가 | ₩500 |
| 이연법인세자산 증가 | 200 | 이연법인세부채 증가 | 100 |

① ₩1,100 ② ₩1,300 ③ ₩1,500
④ ₩1,900 ⑤ ₩2,100

**10** (주)감평의 20×1년도 현금흐름표상 영업에서 창출된 현금(영업으로부터 창출된현금)은 ₩100,000이다. 다음 자료를 이용하여 계산한 (주)감평의 20×1년 법인세비용차감전순이익 및 영업활동순현금흐름은? (단, 이자지급 및 법인세 납부는 영업활동으로 분류한다) [감정평가사 2020]

| | |
|---|---|
| 매출채권손상차손 | ₩500 |
| 매출채권(순액) 증가 | ₩4,800 |
| 감가상각비 | 1,500 |
| 재고자산(순액) 감소 | 2,500 |
| 이자비용 | 2,700 |
| 매입채무 증가 | 3,500 |
| 사채상환이익 | 700 |
| 미지급이자 증가 | 1,000 |
| 법인세비용 | 4,000 |
| 미지급법인세 감소 | 2,000 |

| | 법인세비용차감전순이익 | 영업활동순현금흐름 |
|---|---|---|
| ① | ₩94,800 | ₩92,300 |
| ② | ₩95,300 | ₩92,300 |
| ③ | ₩96,800 | ₩95,700 |
| ④ | ₩97,300 | ₩95,700 |
| ⑤ | ₩98,000 | ₩107,700 |

## 투자활동으로 인한 현금흐름

**11** (주)관세는 20×1년 중에 건물(취득원가 ₩5,000, 감가상각누계액 ₩2,000)을 처분하고 ₩1,000의 유형자산처분이익을 인식하였다. 20×1년도 (주)관세의 건물에 대한 자료는 다음과 같으며, 원가모형을 적용하고 있다.

| 계정과목 | 20×1년 초 | 20×1년 말 |
|---|---|---|
| 건물 | ₩10,000 | ₩9,000 |
| 감가상각누계액 | (4,000) | (2,500) |
| 장부금액 | ₩6,000 | ₩6,500 |

(주)관세의 건물에 대한 취득과 처분으로 인한 20×1년도 순현금유출액은? (단, 건물에 대한 취득과 처분은 모두 현금거래이다) [관세사 2023]

① ₩0　② ₩500　③ ₩1,000
④ ₩1,500　⑤ ₩2,000

**12** (주)감평의 20×1년 기계장치(원가모형 적용)와 관련된 기초 및 기말잔액 자료는 다음과 같다.

| 계정 | 기초 | 기말 |
|---|---|---|
| 기계장치 | ₩130,000 | ₩150,000 |
| 감가상각누계액 | (-)40,000 | (-)50,000 |
| 손상차손누계액 | (-)5,000 | (-)3,000 |
| 장부금액 | 85,000 | 97,000 |

20×1년 중 장부금액 ₩10,000의 기계장치(취득원가 ₩30,000, 감가상각누계액 ₩15,000, 손상차손누계액 ₩5,000)를 처분하고 ₩50,000의 처분이익을 인식하였다. 기계장치와 관련된 (주)감평의 20×1년 순현금유입액(현금유입액 - 현금유출액)은? (단, 기계장치의 취득과 처분은 현금거래이다)

[감정평가사 2025]

① (-)₩60,000　② (-)₩30,000　③ (-)₩10,000
④ (+)₩10,000　⑤ (+)₩30,000

## 재무활동으로 인한 현금흐름

**13** 다음은 (주)관세의 20×1년과 20×2년 말 사채 관련 자료이다.

| 계정과목 | 20×1년 | 20×2년 |
|---|---|---|
| 사채 | ₩2,000 | ₩4,000 |
| 사채할인발행차금 | (200) | (800) |

사채의 발행, 상환, 이자지급은 모두 현금으로 이루어졌다. (주)관세는 20×2년 말 사채 액면 ₩2,000을 조기상환하고, 액면 ₩4,000의 사채를 신규 발행하였다. 20×2년도 당기손익에 인식된 사채상환이익은 ₩300, 사채이자비용은 ₩600(사채할인발행차금상각 ₩100 포함)이다. (주)관세의 20×2년도 사채 관련 재무활동순현금흐름은? (단, 이자지급은 재무활동현금흐름으로 분류한다) [관세사 2024]

① ₩1,000 ② ₩1,100 ③ ₩1,200
④ ₩1,600 ⑤ ₩2,100

**14** (주)관세는 20×1년 중 외화차입금의 일부를 상환하고 ₩8,000의 외환차손을 인식하였으며, 외화차입금 ₩200,000을 신규로 차입하고 결산일에 ₩15,000의 외화환산손실을 인식하였다. (주)관세의 외화차입금 내역이 다음과 같을 때, 외화차입금차입과 상환으로 인한 20×1년도 순현금유입액은? (단, 외화차입금 차입과 상환은 모두 현금거래이다) [관세사 2025]

| | 20×1년 초 | 20×1년 말 |
|---|---|---|
| 외화차입금 | ₩150,000 | ₩300,000 |

① ₩65,000 ② ₩73,000 ③ ₩127,000
④ ₩142,000 ⑤ ₩200,000

## 발생주의에서 현금주의로의 수정

**15** (주)감평의 20×2년 발생주의 수익과 비용은 각각 ₩1,500과 ₩600이며, 관련 자산과 부채는 다음과 같다.

| 계정과목 | 20×1년 말 | 20×2년 말 |
|---|---|---|
| 재고자산 | ₩1,500 | ₩1,300 |
| 미수수익 | 500 | 800 |
| 매출채권 | 500 | 400 |
| 미지급비용 | 600 | 300 |

20×2년 순현금흐름(현금유입액 - 현금유출액)은? [감정평가사 2021]

① (-)₩800 ② (-)₩700 ③ (+)₩300
④ (+)₩400 ⑤ (+)₩600

# Ⅲ. 타시험 기출 및 과거 기출 필수문제 정리



**01** 현금흐름표에 관한 설명으로 옳지 않은 것은? [세무사 2021]

① 영업활동현금흐름은 일반적으로 당기순손익의 결정에 영향을 미치는 거래나 그 밖의 사건의 결과로 발생한다.

② 법인세로 인한 현금흐름은 별도로 공시하며, 재무활동과 투자활동에 명백히 관련되지 않는 한 영업활동현금흐름으로 분류한다.

③ 현금및현금성자산의 사용을 수반하지 않는 투자활동과 재무활동 거래는 현금흐름표에서 제외한다.

④ 이자와 배당금의 수취 및 지급에 따른 현금흐름은 각각 별도로 공시한다. 각 현금흐름은 매 기간 일관성 있게 영업활동, 투자활동 또는 재무활동으로 분류한다.

⑤ 단기매매목적으로 보유하는 유가증권의 취득과 판매에 따른 현금흐름은 투자활동으로 분류한다.

**02** 다음은 (주)대한의 재무상태표에 표시된 두 종류의 상각후원가(AC)로 측정하는 금융부채(A사채, B사채)와 관련된 계정의 장부금액이다. 상기 금융부채 외에 (주)대한이 보유한 이자발생 부채는 없으며, (주)대한은 20×1년 포괄손익계산서상 당기손익으로 이자비용 ₩48,191을 인식하였다. 이자지급을 영업활동으로 분류할 경우, (주)대한이 20×1년 현금흐름표의 영업활동현금흐름에 표시할 이자지급액은 얼마인가? (단, 당기 중 사채의 추가발행 · 상환 · 출자전환 및 차입금의 신규차입은 없었으며, 차입원가의 자본화는 고려하지 않는다) [공인회계사 2021]

| 구분 | 20×1년 1월 1일 | 20×1년 12월 31일 |
|---|---:|---:|
| 미지급이자 | ₩10,000 | ₩15,000 |
| A사채(순액) | ₩94,996 | ₩97,345 |
| B사채(순액) | ₩110,692 | ₩107,334 |

① ₩42,182
② ₩43,192
③ ₩44,200
④ ₩45,843
⑤ ₩49,200

**03** 다음의 자료를 이용하여 (주)대한의 20×1년도 매출액과 매출원가를 구하면 각각 얼마인가?

[공인회계사 2022]

- (주)대한의 20×1년도 현금흐름표상 '고객으로부터 유입된 현금'과 '공급자에 대한 현금유출'은 각각 ₩730,000과 ₩580,000이다.
- (주)대한의 재무상태표에 표시된 매출채권, 매출채권 관련 손실충당금, 재고자산, 매입채무의 금액은 각각 다음과 같다.

| 구분 | 20×1년 초 | 20×1년 말 |
|---|---|---|
| 매출채권 | ₩150,000 | ₩115,000 |
| (손실충당금) | (40,000) | (30,000) |
| 재고자산 | 200,000 | 230,000 |
| 매입채무 | 90,000 | 110,000 |

- 20×1년도 포괄손익계산서에 매출채권 관련 외환차익과 매입채무 관련 외환차익이 각각 ₩200,000과 ₩300,000으로 계상되어 있다.
- 20×1년도 포괄손익계산서에 매출채권에 대한 손상차손 ₩20,000과 기타비용(영업외비용)으로 표시된 재고자산감모손실 ₩15,000이 각각 계상되어 있다.

| | 매출액 | 매출원가 |
|---|---|---|
| ① | ₩525,000 | ₩855,000 |
| ② | ₩525,000 | ₩645,000 |
| ③ | ₩545,000 | ₩855,000 |
| ④ | ₩545,000 | ₩645,000 |
| ⑤ | ₩725,000 | ₩555,000 |

**04** 다음은 유통업을 영위하는 (주)대한의 현금흐름표 관련 자료이다.

• 20×1년 재무상태표 관련 자료

| 계정과목 | 기초 | 기말 |
|---|---|---|
| 재고자산 | ₩300,000 | ₩170,000 |
| 재고자산평가충당금 | - | 3,000 |
| 매입채무 | 280,000 | 400,000 |

• (주)대한의 재고자산은 전부 상품이며, 재고자산평가충당금은 전액 재고자산평가손실로 인한 것이다. (주)대한은 당기 발생한 재고자산평가손실 ₩3,000을 기타비용(영업외비용)으로 처리하였다.
• (주)대한의 당기 상품매입액 중 ₩25,000은 현금매입액이며, 나머지는 외상매입액이다.
• 20×1년도에 매입채무와 관련하여 발생한 외화환산이익은 ₩11,000이다.

(주)대한의 20×1년도 현금흐름표상 공급자에 대한 현금유출(상품매입)이 ₩660,000이라면, 20×1년도 포괄손익계산서상 매출원가는 얼마인가? [공인회계사 2024]

① ₩885,000　② ₩896,000　③ ₩910,000
④ ₩921,000　⑤ ₩924,000

**05** 다음 자료는 (주)코리아의 20×0년 말과 20×1년 말 재무상태표와 20×1년 포괄손익계산서 및 현금흐름표에서 발췌한 회계자료의 일부이다. (주)코리아는 이자의 지급을 영업활동으로 분류하고 있다. 다음의 자료만을 이용할 때 20×1년도 '법인세비용차감전순이익' 및 '영업에서 창출된 현금'을 계산하면 각각 얼마인가? [공인회계사 2015]

| | |
|---|---|
| (1) 감가상각비 | ₩40,000 |
| (2) 유형자산처분손실 | ₩20,000 |
| (3) 이자비용 | ₩25,000 |
| (4) 법인세비용 | ₩30,000 |
| (5) 미지급법인세의 감소액 | ₩5,000 |
| (6) 이연법인세부채의 증가액 | ₩10,000 |
| (7) 이자지급액 | ₩25,000 |
| (8) 매출채권의 증가액 | ₩15,000 |
| (9) 손실충당금의 증가액 | ₩5,000 |
| (10) 재고자산의 감소액 | ₩4,000 |
| (11) 매입채무의 감소액 | ₩6,000 |
| (12) 영업활동순현금흐름 | ₩200,000 |

| | 법인세비용차감전순이익 | 영업에서 창출된 현금 |
|---|---|---|
| ① | ₩177,000 | ₩250,000 |
| ② | ₩172,000 | ₩245,000 |
| ③ | ₩225,000 | ₩192,000 |
| ④ | ₩167,000 | ₩240,000 |
| ⑤ | ₩172,000 | ₩220,000 |

**06** (주)세무의 20×1년도 현금흐름표를 작성하기 위한 자료는 다음과 같다. (주)세무가 20×1년도 현금흐름표에 보고할 영업활동순현금유입액은? [세무사 2022]

- 법인세비용차감전순이익: ₩1,000,000
- 법인세비용: ₩120,000(20×1년 중 법인세납부액과 동일)
- 이자비용: ₩30,000(모두 사채의 이자비용이며, 사채할인발행차금상각액을 포함함)
- 자산과 부채의 증감

| 계정과목 | 기초금액 | 기말금액 |
|---|---|---|
| 매출채권 | ₩200,000 | ₩210,000 |
| 재고자산 | 280,000 | 315,000 |
| 건물 | 1,200,000 | 1,150,000 |
| 건물 감가상각누계액 | (380,000) | (370,000) |
| 사채 | 300,000 | 300,000 |
| 사채할인발행차금 | (15,000) | (10,000) |

- 20×1년 중 건물 관련 거래가 (주)세무의 순현금흐름을 ₩30,000 증가시켰다.
- 20×1년 중 사채 관련 거래가 (주)세무의 순현금흐름을 ₩25,000 감소시켰으며, 20×1년 중 사채의 발행 및 상환은 없었다.
- (주)세무는 간접법을 사용하여 영업활동현금흐름을 산출하며, 이자지급 및 법인세납부는 영업활동으로 구분한다.

① ₩850,000　② ₩880,000　③ ₩890,000
④ ₩930,000　⑤ ₩970,000

**07** (주)세무의 20×1년도 현금흐름표상 영업활동순현금유입액은 ₩100,000이다. 다음 자료를 이용하여 계산한 (주)세무의 20×1년도 당기순이익은? [세무사 2023]

- 법인세비용 ₩50,000
- 대손상각비 ₩20,000
- 감가상각비 ₩25,000
- 사채이자비용 ₩40,000(사채할인발행차금상각액 ₩10,000 포함)
- 토지처분이익 ₩30,000
- 미지급이자 감소액 ₩10,000
- 매출채권(순액) 증가액 ₩15,000
- 법인세부채 증가액 ₩5,000
- (주)세무는 간접법을 사용하여 영업활동현금흐름을 산출하며, 이자지급 및 법인세납부는 영업활동으로 구분한다.

① ₩105,000　② ₩115,000　③ ₩125,000
④ ₩135,000　⑤ ₩145,000

**08** 다음은 (주)감평의 20×1년도 현금흐름표를 작성하기 위한 자료이다.

(1) 20×1년도 포괄손익계산서 자료
- 당기순이익: ₩100,000
- 대손상각비: ₩5,000(매출채권에서 발생)
- 감가상각비: ₩20,000
- 유형자산처분이익: ₩7,000
- 사채상환손실: ₩8,000

(2) 20×1년 말 재무상태표 자료
- 20×1년 기초금액 대비 기말금액의 증감은 다음과 같다.

| 자산 | | 부채 | |
|---|---|---|---|
| 계정과목 | 증가(감소) | 계정과목 | 증가(감소) |
| 재고자산 | (₩80,000) | 매입채무 | (₩4,000) |
| 매출채권(순액) | 50,000 | 미지급급여 | 6,000 |
| 유형자산(순액) | (120,000) | 사채(순액) | (90,000) |

(주)감평의 20×1년도 영업활동순현금흐름은? [감정평가사 2018]

① ₩89,000 ② ₩153,000 ③ ₩158,000
④ ₩160,000 ⑤ ₩161,000

**09** (주)관세의 20×1년의 기초 미지급사채이자는 ₩220이고, 기말 미지급사채이자는 ₩250이다. 20×1년도 사채이자비용이 ₩6,000(사채할인발행차금 상각액 ₩400포함)이라면, (주)관세가 20×1년에 현금으로 지급한 이자액은? [관세사 2018]

① ₩5,030 ② ₩5,200 ③ ₩5,570
④ ₩5,970 ⑤ ₩6,000

**10** (주)오월은 당기 중 다음과 같은 거래가 있었다.

- 전환사채 ₩600,000이 주식 10주로 전환
- 유상증자(발행가 ₩50,000, 액면가 ₩20,000이며, 주주 100%가 유상증자에 참여하여 전액 현금수취)
- 무상증자(자본잉여금 ₩10,000을 자본전입)
- 전기에 ₩5,000에 취득하였던 자기주식을 당기에 현금 ₩3,000에 처분
- 외화차입금에 대한 외화환산이익 ₩10,000

위 자료를 이용할 때 당기 현금흐름표상의 재무활동 순현금흐름(유입 - 유출)은? [감정평가사 2014]

① ₩53,000 ② ₩63,000 ③ ₩73,000
④ ₩80,000 ⑤ ₩92,000

ca.Hackers.com

해커스 회계학 1차 기출+예상문제집

해커스 감정평가사 ca.Hackers.com

# 21장

# 기타주제

# Ⅰ. 최신 기출 유형 정리

## 사업결합과 합병

**01** (주)관세는 20×1년 초 (주)한국을 합병하면서 이전대가로 공정가치 ₩30,000의 주식(액면금액 ₩20,000)을 발행·교부하였다. 합병 당시 (주)한국의 식별가능한순자산 장부금액은 ₩25,000, 공정가치는 ₩31,000이었다. (주)관세가 동 합병으로 인식할 영업권 또는 염가매수차익은?

[관세사 2022]

① 영업권 ₩1,000 ② 영업권 ₩5,000 ③ 염가매수차익 ₩1,000
④ 염가매수차익 ₩5,000 ⑤ 염가매수차익 ₩11,000

**02** (주)관세는 20×1년 초 신기술 개발 중인 (주)한국을 합병하면서 이전대가로 공정가치 ₩200,000의 주식(액면금액 ₩150,000)을 발행·교부하였다. (주)한국의 신기술 개발비를 제외한 식별가능한 순자산의 공정가치는 ₩170,000(장부금액₩210,000)이다. 합병시 (주)한국의 신기술 개발비는 무형자산 정의를 충족하며, 공정가치는 ₩20,000인 것으로 확인되었다. (주)관세가 동 합병으로 인식할 영업권 또는 염가매수차익은?

[관세사 2023]

① 영업권 ₩10,000 ② 영업권 ₩30,000 ③ ₩0
④ 염가매수차익 ₩10,000 ⑤ 염가매수차익 ₩30,000

**03** (주)감평은 20×1년 초 (주)대한을 흡수합병하고 이전대가로 (주)감평의 보통주식 200주(주당 액면금액 ₩1,000, 주당 공정가치 ₩4,500)를 지급하였다. 합병 시점(주)대한의 재무상태표 상 자산총액은 ₩500,000이고 부채총액은 ₩200,000이며, 장부가치와 공정가치가 차이가 발생하는 항목은 토지(장부가치 ₩100,000, 공정가치 ₩250,000)이다. 합병시 식별가능한 무형자산 ₩70,000이 새롭게 인식되었고, 토지 취득세 ₩5,000을 현금지출 하였다. (주)감평이 20×1년 초 흡수합병 시 인식할 영업권은?

[감정평가사 2025]

① ₩375,000 ② ₩380,000 ③ ₩385,000
④ ₩445,000 ⑤ ₩455,000

## 관계기업투자주식

**04** 지분법을 적용하는 관계기업의 회계처리에 관한 설명으로 옳지 않은 것은? [관세사 2023]

① 관계기업에 대한 투자를 최초 인식할 때는 원가로 측정한다.

② 피투자자의 당기순손익 중 투자자의 몫은 투자자의 당기순손익으로 인식한다.

③ 기타포괄손익으로 인하여 피투자자의 순자산변동이 발생한 경우 그 변동액 중 투자자의 몫은 투자자의 기타포괄손익으로 인식한다.

④ 관계기업이 해외사업장과 관련된 누적 외환차이가 있고 기업이 유의적인 영향력을 상실하여 지분법 사용을 중단한 경우 기업은 해외사업장과 관련하여 이전에 기타포괄손익으로 인식했던 손익을 당기손익으로 재분류할 수 없다.

⑤ 피투자자에게서 받은 현금배당액은 투자자산의 장부금액을 줄여준다.

**05** (주)관세는 20×1년 초 (주)한국의 의결권 있는 보통주 30%(30주)를 주당 ₩5,000에 취득하여 유의적인 영향력을 행사하게 되었다. 취득 당시 (주)한국의 식별가능한 순자산 공정가치와 장부금액은 일치하였다. 20×1년 중 (주)관세는 (주)한국으로부터 주당 ₩400의 중간배당금을 현금으로 수취하였고, 20×1년 말 (주)한국은 당기순이익 ₩10,000을 보고하였다. (주)관세가 동 관계기업투자주식과 관련하여 20×1년 인식할 당기손익은? [단, 손상차손은 고려하지 않으며, (주)한국은 보통주만 발행하였다] [관세사 2022]

① ₩12,000 손실 ② ₩0 ③ ₩3,000 이익
④ ₩12,000 이익 ⑤ ₩15,000 이익

**06** (주)관세는 20×1년 1월 1일 (주)한국의 보통주 30%를 ₩6,600에 취득하여 유의적인 영향력을 행사하게 되었다. 취득 당시 (주)한국의 순자산공정가치는 ₩22,000으로 순자산장부금액에 비하여 ₩4,000 높았고, 이는 (주)한국이 보유 중인 건물(잔존내용연수 8년, 정액법 상각)에서 발생한 차이이다. 20×1년 (주)한국은 자본잉여금을 재원으로 10주(주당액면금액 ₩500)의 무상증자를 실시하였고, 당기순이익 ₩4,500을 보고하였다. (주)관세의 20×1년 말 관계기업투자주식 장부금액은? (단, 손상차손은 고려하지 않는다) [관세사 2020]

① ₩6,150 ② ₩6,300 ③ ₩6,750
④ ₩7,800 ⑤ ₩7,950

**07** (주)감평은 20×1년 초 (주)한국의 의결권주식 20%를 ₩300,000에 취득하고 지분법을 적용하는 관계기업투자주식으로 분류하였다. 취득 당시 (주)한국의 순자산 장부금액은 ₩1,000,000이었으며, 토지와 건물(내용연수 10년, 정액법상각)의 장부금액에 비해 공정가치가 각각 ₩100,000, ₩200,000 더 높은 것을 제외하고 자산과 부채의 장부금액은 공정가치와 일치하였다. 20×1년도에 (주)한국은 당기순이익과 기타포괄이익을 각각 ₩100,000, ₩30,000 보고하였으며, ₩15,000의 현금배당을 실시하였다. (주)감평의 20×1년 말 관계기업투자주식의 장부금액은? [감정평가사 2023]

① ₩312,000 ② ₩316,000 ③ ₩319,000
④ ₩320,000 ⑤ ₩326,000

## 외화환산

**08** (주)관세는 20×1년 11월 1일 외국에 소재하는 (주)한국에게 상품 $20,000를 외상으로 판매하였다. 외상으로 판매한 대금 $20,000 중 $10,000는 20×1년 12월 1일에 회수하였으며, 나머지는 20×2년 4월 1일에 회수한다. 관련 환율(₩/$)에 대한 자료는 다음과 같다.

| 일자 | 20×1.11.1. | 20×1.12.1. | 20×1.12.31. |
|---|---|---|---|
| 환율(₩/$) | ₩1,100 | ₩1,150 | ₩1,200 |

(주)관세가 20×1년도 포괄손익계산서에 보고할 외환차이는? [단, (주)관세의 기능통화는 원화이다] [관세사 2023]

① ₩500,000 ② ₩1,000,000 ③ ₩1,500,000
④ ₩2,000,000 ⑤ ₩2,500,000

**09** (주)감평은 20×1년 9월 1일 미국에 있는 토지(유형자산)를 $5,000에 취득하고 원가모형을 적용하고 있다. 20×1년 12월 31일 현재 토지의 공정가치는 $5,100이며, 20×2년 2월 1일 토지 중 30%를 $1,550에 처분하였다. 일자별 환율이 다음과 같을 때, 처분손익은? [단, (주)감평의 기능통화는 원화이다] [감정평가사 2022]

| 일자 | 20×1년 9월 1일 | 20×1년 12월 31일 | 20×2년 2월 1일 |
|---|---|---|---|
| 환율 (₩/$) | ₩1,200 | ₩1,170 | ₩1,180 |

① 손실 ₩29,000 ② 손실 ₩38,900 ③ ₩0
④ 이익 ₩29,000 ⑤ 이익 ₩38,900

**10** (주)감평은 20×1년 1월 1일 미국에 있는 건물(취득원가 $5,000, 내용연수 5년, 잔존가치 $0, 정액법 상각)을 취득하였다. (주)감평은 건물에 대하여 재평가모형을 적용하고 있으며, 20×1년 12월 31일 현재 동 건물의 공정가치는 $6,000로 장부금액과의 차이는 중요하다. (주)감평의 기능통화는 원화이며, 20×1년 1월 1일과 20×1년 12월 31일의 환율은 각각 ₩1,800/$과 ₩1,500/$이고, 20×1년의 평균환율은 ₩1,650/$이다. (주)감평이 20×1년 말 재무상태표에 인식해야 할 건물에 대한 재평가잉여금은? [감정평가사 2020]

① ₩1,500,000 ② ₩1,650,000 ③ ₩1,800,000
④ ₩3,000,000 ⑤ ₩3,300,000

**11** 외화거래에서 화폐성항목을 모두 고른 것은?

| |
|---|
| ㄱ. 현금으로 지급하는 연금 |
| ㄴ. 현금으로 상환하는 충당부채 |
| ㄷ. 부채로 인식하는 현금배당 |
| ㄹ. 사용권자산 |
| ㅁ. 재화와 용역에 대한 선급금 |

① ㄱ, ㄴ, ㄷ ② ㄱ, ㄴ, ㅁ ③ ㄱ, ㄹ, ㅁ
④ ㄴ, ㄷ, ㄹ ⑤ ㄷ, ㄹ, ㅁ

해커스 회계학 1차 기출+예상문제집

해커스 감정평가사 ca.Hackers.com

# PART 2

# 원가관리회계

## 01 제조원가의 흐름

**01** 원가가산 가격결정방법에 의해서 판매가격을 결정하는 경우 (　　)에 들어갈 금액으로 옳은 것은? (단, 영업이익은 총원가의 30%이고, 판매비와 관리비는 제조원가의 50%이다) [감정평가사 2018]

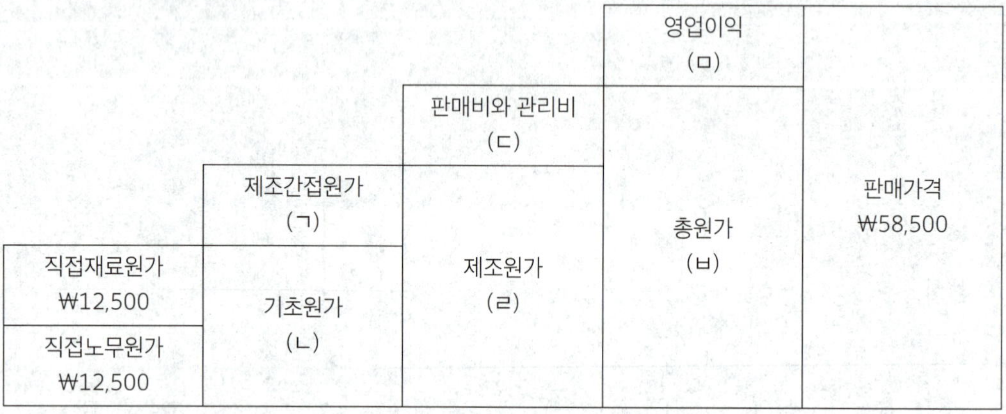


| | (ㄱ) | (ㄴ) | (ㄷ) | (ㄹ) | (ㅁ) | (ㅂ) |
|---|---|---|---|---|---|---|
| ① | ₩5,000 | ₩25,000 | ₩15,000 | ₩30,000 | ₩13,500 | ₩45,000 |
| ② | ₩5,000 | ₩25,000 | ₩17,500 | ₩35,000 | ₩10,500 | ₩48,000 |
| ③ | ₩10,000 | ₩25,000 | ₩15,000 | ₩30,000 | ₩13,500 | ₩45,000 |
| ④ | ₩10,000 | ₩25,000 | ₩17,500 | ₩35,000 | ₩10,500 | ₩48,000 |
| ⑤ | ₩10,000 | ₩25,000 | ₩17,500 | ₩30,000 | ₩10,500 | ₩48,000 |

**02** (주)관세는 20×1년 4월 중 ₩100,000의 재료A를 제품생산에 투입하였으며, 20×1년 4월 말 재료A의 재고액은 4월 초에 비하여 ₩20,000이 증가하였다. (주)관세는 20×1년 4월 중에 재료A를 얼마나 구입하였는가? [관세사 2011]

① ₩50,000　② ₩80,000　③ ₩100,000
④ ₩120,000　⑤ ₩150,000

**03** (주)관세가 A제품 1,000단위를 생산하기 위해서는 단위당 기초원가 ₩3,500, 단위당 가공원가 ₩5,500, 기계설비(최대조업능력은 1,000단위)의 감가상각비를 비롯한 고정제조간접원가 ₩1,000,000이 발생한다. 기초원가의 60%가 직접노무원가일 경우, 제품 단위당 제조원가는 얼마인가? [관세사 2014]

① ₩6,900 ② ₩7,600 ③ ₩7,900
④ ₩8,600 ⑤ ₩8,900

**04** 20×1년 (주)관세의 제조와 관련된 원가가 다음과 같을 때 직접노무원가? [관세사 2018]

| | |
|---|---|
| 당기제품제조원가 | ₩1,400,000 |
| 기본원가(prime cost) | 1,200,000 |
| 가공원가(전환원가) | 1,100,000 |
| 기초재공품 | 100,000 |
| 기말재공품 | 200,000 |

① ₩400,000 ② ₩500,000 ③ ₩600,000
④ ₩800,000 ⑤ ₩900,000

**05** 다음 자료를 이용하여 계산한 매출원가는? [감정평가사 2018]

| | | | | | |
|---|---|---|---|---|---|
| 기초재공품 | ₩60,000 | 기초제품 | ₩45,000 | 기말재공품 | ₩30,000 |
| 기말제품 | ₩60,000 | 직접재료원가 | ₩45,000 | 직접노무원가 | ₩35,000 |
| 제조간접원가 | ₩26,000 | | | | |

① ₩121,000 ② ₩126,000 ③ ₩131,000
④ ₩136,000 ⑤ ₩141,000

**06** (주)관세는 전자계산기를 생산하여 판매하고 있으며, 20×1년에 발생한 원가 관련 자료는 다음과 같다.

| | | | |
|---|---|---|---|
| 기초(기본)원가 | ₩75,000 | 전환(가공)원가 | ₩40,000 |
| 간접재료원가 | 3,000 | 간접노무원가 | 2,000 |
| 공장건물감가상각비 | 10,000 | 본사임원급여 | 8,000 |
| 광고비 | 12,000 | 영업사원급여 | 6,000 |
| 기타제조간접원가 | 1,000 | | |

다음 설명 중 옳지 않은 것은? (단, 기초재공품 재고액은 ₩0, 기말재공품 재고액은 ₩15,000이다)

[관세사 2025]

① 직접노무원가는 ₩24,000이다.
② 당기제품제조원가는 ₩76,000이다.
③ 판매관리비는 ₩26,000이다.
④ 당기총제조원가는 ₩91,000이다.
⑤ 제조간접원가는 ₩11,000이다.

**07** (주)관세의 20×1년 6월 매출액은 ₩400,000이며, 매출총이익률은 25%이다. 원가 관련 자료가 다음과 같을 때 6월 말 직접재료재고액은?

[관세사 2020]

| 구분 | 6월 초 | 6월 말 |
|---|---|---|
| 직접재료 | ₩20,000 | ? |
| 재공품 | 50,000 | ₩40,000 |
| 제품 | 90,000 | 100,000 |
| 직접재료매입액 | 180,000 | |
| 전환(가공)원가 | 130,000 | |

① ₩20,000　② ₩30,000　③ ₩40,000
④ ₩50,000　⑤ ₩60,000

**08** (주)감평의 20×1년 매출액은 ₩4,000,000이며, 매출총이익률은 20%이다. 당기 중 직접재료 매입액은 ₩1,500,000이며, 직접노무원가는 제조간접원가의 60%이다. (주)감평의 20×1년 재고자산 자료는 다음과 같다.

| | 직접재료 | 제공품 | 제품 |
|---|---|---|---|
| 20×1.1.1. | ₩40,000 | ₩120,000 | ₩90,000 |
| 20×1.12.31. | 60,000 | 150,000 | 60,000 |

(주)감평의 20×1년 기초(기본)원가는? [감정평가사 2025]

① ₩2,125,000 ② ₩2,168,000 ③ ₩2,245,000
④ ₩2,456,500 ⑤ ₩2,512,000

**09** (주)한국의 20×0년 기초 및 기말 재고자산은 다음과 같다.

| | 20×0년 초 | 20×0년 말 |
|---|---|---|
| 원재료 | ₩300,000 | ₩400,000 |
| 재공품 | 200,000 | 400,000 |
| 제품 | 500,000 | ? |

20×0년 중 (주)한국의 원재료 매입액은 ₩1,500,000이었으며, 제조간접원가는 가공원가의 50%인 ₩2,500,000이 발생하였다. (주)한국의 20×0년도 매출액이 ₩7,200,000이고, 이는 매출원가의 120%에 해당한다. 20×0년 말 제품재고액은 얼마인가? [감정평가사 2010]

① ₩400,000 ② ₩500,000 ③ ₩600,000
④ ₩700,000 ⑤ ₩800,000

**10** (주)국세의 20×1년 기초 및 기말 재고자산은 다음과 같다.

| 구분 | 기초 | 기말 |
|---|---|---|
| 직접재료 | ₩10,000 | ₩15,000 |
| 재공품 | 40,000 | 50,000 |
| 제품 | 40,000 | 55,000 |

(주)국세는 20×1년 중 직접재료 ₩35,000을 매입하였고, 직접노무원가 ₩45,000을 지급하였으며, 제조간접원가 ₩40,000이 발생하였다. (주)국세의 20×1년 당기제품제조원가는? (단, 20×1년 초 직접노무원가 선급금액은 ₩15,000이고 20×1년 말 직접노무원가 미지급금액은 ₩20,000이다)
[감정평가사 2020]

① ₩110,000 ② ₩120,000 ③ ₩125,000
④ ₩140,000 ⑤ ₩150,000

## 02 개별원가계산

**01** 실제개별원가계산제도를 사용하는 (주)감평의 20×1년도 연간 실제 원가는 다음과 같다.

| | | | |
|---|---|---|---|
| 직접재료원가 | ₩4,000,000 | 직접노무원가 | ₩5,000,000 |
| 제조간접원가 | ₩1,000,000 | | |

(주)감평은 20×1년 중 작업지시서 #901을 수행하였는데 이 작업에 320시간의 직접노무시간이 투입되었다. (주)감평은 제조간접원가를 직접노무시간을 기준으로 실제배부율을 사용하여 각 작업에 배부한다. 20×1년도 실제 총직접노무시간은 2,500시간이다. (주)감평이 작업지시서 #901에 배부하여야 할 제조간접원가는? [감정평가사 2018]

① ₩98,000 ② ₩109,000 ③ ₩128,000
④ ₩160,000 ⑤ ₩175,000

**02** 다음은 개별원가계산제도를 이용하고 있는 (주)한국의 원가계산 자료이다. 제조간접원가는 기본원가(prime costs)를 기준으로 배부한다.

| 원가항목 | 작업#1 | 작업#2 | 작업#3 | 합계 |
|---|---|---|---|---|
| 기초재공품 | ₩2,000 | ₩4,000 | - | ₩6,000 |
| 직접재료원가 | 2,800 | 3,000 | ₩2,200 | 8,000 |
| 직접노무원가 | 4,000 | 5,000 | 3,000 | 12,000 |
| 제조간접원가 | ( ) | ( ) | ( ) | 6,000 |

작업#1과 작업#3은 완성되었고, 작업#2는 미완성되었다. (주)한국이 기말재공품으로 계상할 금액은? [감정평가사 2012]

① ₩9,600 ② ₩10,200 ③ ₩12,500
④ ₩13,600 ⑤ ₩14,400

**03** (주)감평은 두 개의 제조부문 P1, P2와 두 개의 보조부문 S1, S2를 통해 제품을 생산하고 있다. S1과 S2의 부문원가는 각각 ₩60,000과 ₩30,000이다. 다음 각 부문간의 용역수수관계를 이용하여 보조부문원가를 직접배분법으로 제조부문에 배분할 때 P2에 배분될 보조부문원가는? (단, S1은 기계시간, S2는 kw에 비례하여 배분한다) [감정평가사 2024]

| 제공 \ 사용 | 제조부문 | | 보조부문 | |
|---|---|---|---|---|
| | P1 | P2 | S1 | S2 |
| S1 | 30기계시간 | 18기계시간 | 5기계시간 | 8기계시간 |
| S2 | 160kw | 240kw | 80kw | 50kw |

① ₩18,000 ② ₩22,500 ③ ₩37,500
④ ₩40,500 ⑤ ₩55,500

**04** 다음은 (주)관세의 부문원가를 배부하기 위한 배부기준과 원가자료이다.

| | 보조부문 | | 제조부문 | |
|---|---|---|---|---|
| | S1 | S2 | P1 | P2 |
| 기계시간 | - | 200 | 400 | 400 |
| 전력량(kwh) | 100 | - | 300 | 200 |
| 점유면적($m^2$) | 10 | 20 | 30 | 40 |
| 부문개별원가 | ₩240,000 | ₩160,000 | ₩400,000 | ₩600,000 |
| 부문공통원가 | ₩100,000 | | | |

부문공통원가는 점유면적을 기준으로 배부한다. 보조부문원가는 S1은 기계시간, S2는 전력량을 기준으로 직접배분법을 사용하여 제조부문에 배부한다. 제조부문 P1의 배부 후 총원가는? [관세사 2021]

① ₩663,000 ② ₩674,000 ③ ₩682,000
④ ₩686,000 ⑤ ₩694,000

**05** (주)감평은 두 개의 보조부문(X부문, Y부문)과 두 개의 제조부문(A부문, B부문)으로 구성되어 있다. 각각의 부문에서 발생한 부문원가는 A부문 ₩100,000, B부문 ₩200,000, X부문 ₩140,000, Y부문 ₩200,000이다. 각 보조부문이 다른 부문에 제공한 용역은 다음과 같다.

| 제공부문 \ 사용부문 | 보조부문 | | 제조부문 | |
|---|---|---|---|---|
| | X부문 | Y부문 | A부문 | B부문 |
| X부문(kwh) | - | 50,000 | 30,000 | 20,000 |
| Y부문(기계시간) | 200 | - | 300 | 500 |

(주)감평이 단계배부법을 이용하여 보조부문원가를 제조부문에 배부할 경우, A부문과 B부문 각각의 부문원가 합계는? (단, 배부 순서는 Y부문의 원가를 먼저 배부한다) [감정평가사 2015]

| | A부문원가 합계 | B부문원가 합계 |
|---|---|---|
| ① | ₩168,000 | ₩172,000 |
| ② | ₩202,000 | ₩328,000 |
| ③ | ₩214,000 | ₩336,000 |
| ④ | ₩244,000 | ₩356,000 |
| ⑤ | ₩268,000 | ₩372,000 |

**06** (주)관세는 제조부문(성형, 조립)과 보조부문(수선, 동력)을 이용하여 제품을 생산하고 있다. 수선부문과 동력부문의 부문원가는 각각 ₩260,000과 ₩100,000이며, 각 부문간의 용역수수관계는 다음과 같다.

| 제공부문 \ 사용부문 | 제조부문 | | 보조부문 | |
|---|---|---|---|---|
| | 성형 | 조립 | 수선 | 동력 |
| 수선 | 45% | 35% | - | 20% |
| 동력 | 55% | 20% | 25% | - |

(주)관세가 보조부문원가를 상호배부법으로 제조부문에 배부할 경우, 조립부문에 배부될 보조부문원가 합계액은? [관세사 2020]

① ₩118,000 ② ₩121,400 ③ ₩137,000
④ ₩172,000 ⑤ ₩223,000

**07** (주)감평은 수선부문과 동력부문의 두 개의 보조부문과 도색부문과 조리부문의 두 개의 제조부문으로 구성되어 있다. (주)감평은 상호배부법을 사용하여 보조부문의 원가를 제조부문에 배부한다. 20×1년도 보조부문의 용역제공은 다음과 같다.

| 제공부문 | 보조부문 | | 제조부문 | |
|---|---|---|---|---|
| | 수선 | 동력 | 도색 | 조립 |
| 수선(시간) | - | 400 | 1,000 | 600 |
| 동력(kwh) | 2,000 | - | 4,000 | 4,000 |

20×1년도 보조부문인 수선부문과 동력부문으로부터 도색부문에 배부된 금액은 ₩100,000이고, 조립부문에 배부된 금액은 ₩80,000이었다. 동력부문의 배부 전 원가는? [감정평가사 2018]

① ₩75,000 ② ₩80,000 ③ ₩100,000
④ ₩105,000 ⑤ ₩125,000

**08** (주)관세는 제조부문인 성형부문과 조립부문이 있으며, 제조부문의 설비 수선을 위해 수선부문을 보조부문으로 운용하고 있다. 수선부문에서는 ₩300,000의 원가가 발생하였는데, 이 중 고정원가인 수선기계의 감가상각비는 ₩180,000이며, 변동원가는 ₩120,000이다. 20×1년에 제조부문이 사용한 수선서비스의 실제사용량과 최대사용가능량은 다음과 같다.

| 구분 | 성형부문 | 조립부문 | 합계 |
|---|---|---|---|
| 실제사용량 | 200시간 | 300시간 | 500시간 |
| 최대사용가능량 | 300시간 | 500시간 | 800시간 |

이중배부율법을 적용하는 경우, 성형부문에 배부되는 수선부문원가는? [관세사 2025]

① ₩112,500 ② ₩115,500 ③ ₩120,000
④ ₩180,000 ⑤ ₩187,500

**09** 단일제품을 생산하는 (주)국세는 매출원가의 20%를 이익으로 가산하여 제품을 판매하고 있다. 당기의 생산 및 판매 자료가 다음과 같다면, (주)국세의 당기 직접재료매입액과 영업이익은?

[감정평가사 2019]

• 재고자산

| | 기초재고 | 기말재고 |
|---|---|---|
| 직접재료 | ₩17,000 | ₩13,000 |
| 재공품 | 20,000 | 15,000 |
| 제품 | 18,000 | 23,000 |

• 기본(기초)원가 ₩85,000
• 가공(전환)원가 98,000
• 매출액 180,000
• 판매관리비 10,000

| | 직접재료매입액 | 영업이익 |
|---|---|---|
| ① | ₩46,000 | ₩15,000 |
| ② | ₩48,000 | ₩15,000 |
| ③ | ₩48,000 | ₩20,000 |
| ④ | ₩52,000 | ₩20,000 |
| ⑤ | ₩52,000 | ₩26,000 |

## 03 활동기준원가계산

**01** 활동기준원가계산에 관한 설명으로 옳지 않은 것은? [관세사 2025]

① 제품과 고객이 다양하고 생산공정이 매우 복잡한 경우, 일반적으로 활동기준원가계산이 전통적 원가계산보다 정확한 제품원가 정보를 제공한다.
② 활동기준원가계산은 활동원가의 계층구조를 일반적으로 단위수준활동, 묶음수준활동(배치수준활동), 제품유지활동, 설비유지활동으로 구분한다.
③ 활동기준원가계산의 절차는 활동분석, 활동중심점의 설정, 원가동인의 선택, 활동별 제조간접원가 배부율의 계산, 제조간접원가의 배부 순으로 이루어진다.
④ 활동기준원가계산은 활동별로 사용되는 원가배부기준인 원가동인이 원가와 제품 사이의 인과관계를 잘 반영하지 못하는 경우 제품원가계산이 왜곡될 가능성이 있다.
⑤ 묶음수준활동은 원자재 구매, 작업준비 등과 같이 제품을 처리하거나 생산할 때 묶음단위로 수행되는 활동으로 조립활동, 전수조사에 의한 품질검사 등이 해당된다.

**02** 활동기준원가계산에 관한 설명으로 옳지 않은 것은? [관세사 2023]

① 활동별로 합리적인 원가동인(cost driver)을 설정하므로 실적과 성과평가의 연관성이 명확해진다.

② 제품구성이 자주 변화하는 기업이라도 활동기준원가계산을 사용하면 신축적인 원가계산이 가능하다.

③ 제조간접원가의 비중이 큰 기업일수록 활동기준원가계산을 도입하면 정확한 원가계산이 가능하다.

④ 활동분석을 통해 비부가가치활동을 제거하므로 원가절감에 도움이 된다.

⑤ 원가동인인 묶음(batch)크기를 줄이면 묶음수준활동원가가 절감된다.

**03** 제품 A와 B를 생산·판매하고 있는 (주)감평의 20×1년 제조간접원가를 활동별로 추적한 자료는 다음과 같다.

| | 원가동인 | 제품 A | 제품 B | 추적가능원가 |
|---|---|---|---|---|
| 자재주문 | 주문횟수 | 20회 | 35회 | ₩55 |
| 품질검사 | 검사횟수 | 10회 | 18회 | 84 |
| 기계수리 | 기계가동시간 | 80시간 | 100시간 | 180 |

제조간접원가를 활동기준으로 배부하였을 경우 제품 A와 B에 배부될 원가는? [감정평가사 2022]

| | 제품 A | 제품 B |
|---|---|---|
| ① | ₩100 | ₩219 |
| ② | ₩130 | ₩189 |
| ③ | ₩150 | ₩169 |
| ④ | ₩189 | ₩130 |
| ⑤ | ₩219 | ₩100 |

## 04

(주)국세는 활동기준원가계산방법에 의하여 제품의 원가를 계산하고 있다. 다음은 (주)국세의 연간 활동제조간접원가 예산자료와 작업 #203의 원가동인에 관한 자료이다.

<연간 활동제조간접원가 예산자료>

| 활동 | 활동별 제조간접원가 | 원가동인 | 원가동인수량 |
|---|---|---|---|
| 생산준비 | ₩200,000 | 생산준비시간 | 1,250시간 |
| 재료처리 | ₩300,000 | 재료처리횟수 | 1,000회 |
| 기계작업 | ₩500,000 | 기계작업시간 | 50,000시간 |
| 품질관리 | ₩400,000 | 품질관리횟수 | 10,000회 |

<작업 #203의 원가동인 자료>

| 작업 | 생산준비시간 | 재료처리횟수 | 기계작업시간 | 품질관리횟수 |
|---|---|---|---|---|
| #203 | 60시간 | 50회 | 4,500시간 | 500회 |

작업 #203의 제조원가가 ₩300,000이라면, 작업 #203의 기본(기초)원가는? [감정평가사 2019]

① ₩210,400　② ₩220,000　③ ₩225,400
④ ₩230,400　⑤ ₩255,400

## 05

다음은 활동기준원가계산을 사용하는 제조기업인 (주)감평의 20×1년도 연간 활동원가 예산자료이다. 20×1년에 회사는 제품 A를 1,000단위 생산하였는데 제품 A의 생산을 위한 활동원가는 ₩830,000으로 집계되었다. 제품 A의 생산을 위해서 20×1년에 80회의 재료이동과 300시간의 직접노동시간이 소요되었다. (주)감평이 제품 A를 생산하는 과정에서 발생한 기계작업시간은? [감정평가사 2018]

<연간 활동원가 예산자료>

| 활동 | 활동원가 | 원가동인 | 원가동인총수량 |
|---|---|---|---|
| 재료이동 | ₩4,000,000 | 이동횟수 | 1,000회 |
| 성형 | ₩3,000,000 | 제품생산량 | 15,000단위 |
| 도색 | ₩1,500,000 | 직접노동시간 | 7,500시간 |
| 조립 | ₩1,000,000 | 기계작업시간 | 2,000시간 |

① 400시간　② 500시간　③ 600시간
④ 700시간　⑤ 800시간

## 06 세 종류의 스키를 생산 · 판매하는 (주)관세의 제조간접원가를 활동별로 분석하면 다음과 같다.

| 활동 | 제조간접원가 | 원가동인 | 원가동인 수 | | |
|---|---|---|---|---|---|
| | | | 초급자용 스키 | 중급자용 스키 | 상급자용 스키 |
| 절단 | ₩70,000 | 절단횟수 | 150회 | 250회 | 300회 |
| 성형 | 180,000 | 제품생산량 | 400대 | 300대 | 200대 |
| 도색 | 225,000 | 직접노무시간 | 400시간 | 600시간 | 500시간 |
| 조립 | 88,000 | 기계작업시간 | 100시간 | ? | 150시간 |

(주)관세가 활동기준원가계산에 의해 중급자용 스키에 제조간접원가를 ₩208,000 배부하였다면 중급자용 스키 생산에 소요된 기계작업시간은? [관세사 2019]

① 100시간　② 120시간　③ 150시간
④ 200시간　⑤ 300시간

## 07 (주)감평은 활동기준원가계산에 의하여 간접원가를 배부하고 있다. 20×6년 중 고객 갑은 10회를 주문하였다. 20×6년도 간접원가 관련 자료가 다음과 같을 때, 고객 갑에게 배부될 간접원가 총액은? [감정평가사 2016]

(1) 연간 간접원가

| 구분 | 금액 |
|---|---|
| 급여 | ₩500,000 |
| 임대료 | 200,000 |
| 통신비 | 120,000 |
| 계 | 820,000 |

(2) 활동별 간접원가 배부비율

| 구분 | 주문처리 | 고객대응 |
|---|---|---|
| 급여 | 60% | 40% |
| 임대료 | 50% | 50% |
| 통신비 | 70% | 30% |

(3) 활동별 원가동인과 연간 활동량

| 활동 | 원가동인 | 활동량 |
|---|---|---|
| 주문처리 | 주문횟수 | 1,600회 |
| 고객대응 | 고객수 | 120명 |

① ₩3,025　② ₩3,235　③ ₩5,125
④ ₩5,265　⑤ ₩5,825

**08** (주)감평의 20×5년 생산활동 및 제조간접원가에 관한 정보는 다음과 같다.

| 활동 | 원가 | 원가동인 | 원가동인총량 |
|---|---|---|---|
| 조립 | ₩450,000 | 기계시간 | 37,500시간 |
| 구매주문 | ₩32,000 | 주문횟수 | 1,000회 |
| 품질검사 | ₩120,000 | 검사시간 | 1,600시간 |

제품 #23의 생산 및 판매와 관련된 활동 및 원가정보는 다음과 같다.

| | |
|---|---|
| 단위당 판매가격 | ₩90.7 |
| 단위당 직접재료원가 | ₩15.5 |
| 단위당 직접노무원가 | ₩12.2 |
| 연간 생산 및 판매량 | 300단위 |
| 연간 기계시간 | 850시간 |
| 연간 주문횟수 | 90회 |
| 연간 검사시간 | 30시간 |

활동기준원가계산을 사용할 경우, 제품 #23의 매출총이익은? [감정평가사 2015]

① ₩3,570 ② ₩7,725 ③ ₩11,880
④ ₩15,330 ⑤ ₩18,900

**09** 감평회계법인은 컨설팅과 회계감사서비스를 제공하고 있다. 지금까지 감평회계법인은 일반관리비 ₩270,000을 용역제공시간을 기준으로 컨설팅과 회계감사서비스에 각각 45%와 55%/씩 배부해 왔다. 앞으로 감평회계법인이 활동기준원가계산을 적용하기 위해, 활동별로 일반관리비와 원가동인을 파악한 결과는 다음과 같다.

| 활동 | 일반관리비 | 원가동인 |
|---|---|---|
| 스탭지원 | ₩200,000 | 스탭 수 |
| 컴퓨터지원 | 50,000 | 컴퓨터사용시간 |
| 고객지원 | 20,000 | 고객 수 |
| 합계 | ₩270,000 | |

컨설팅은 스탭 수 35%, 컴퓨터사용시간 30% 그리고 고객 수 20%를 소비하고 있다. 활동기준원가계산을 이용하여 컨설팅에 집계한 일반관리비는 이전 방법을 사용하는 경우보다 얼마만큼 증가 또는 감소하는가? [감정평가사 2013]

① ₩32,500 감소 ② ₩32,500 증가 ③ ₩59,500 감소
④ ₩59,500 증가 ⑤ 변화 없음

# 04 종합원가계산

**01** (주)관세는 종합원가계산을 적용하고 있다. 직접재료는 공정초에 전량 투입되고 가공원가는 공정전반에 걸쳐 균등하게 발생한다. 20×1년 제품의 생산과 관련된 자료는 다음과 같다.

| | 수량(단위) | 완성도 | 직접재료원가 | 가공원가 |
|---|---|---|---|---|
| 기초재공품 | 500 | 40% | ₩10,000 | ₩8,600 |
| 당기착수 | 4,500 | | 135,000 | 88,000 |
| 당기완성량 | 4,200 | | | |
| 기말재공품 | 800 | 50% | | |

선입선출법을 적용하는 경우 기말재공품에 배부되는 가공원가? [관세사 2025]

① ₩8,000 ② ₩8,400 ③ ₩8,800
④ ₩9,000 ⑤ ₩9,400

**02** (주)감평은 가중평균법에 의한 종합원가계산시스템을 도입하고 있다. 직접재료는 공정의 초기에 전량 투입되고 가공원가는 공정 전반에 걸쳐 균등하게 발생된다. (주)감평은 원가계산을 위해 다음과 같은 자료를 수집하였다.

| | |
|---|---|
| 직접재료원가의 완성품환산량 | 5,000단위 |
| 가공원가의 완성품환산량 | 4,400단위 |
| 당기완성품수량 | 3,500단위 |

위 자료를 이용하여 계산한 기말재공품의 가공원가 완성도는? [감정평가사 2013]

① 50% ② 60% ③ 70%
④ 80% ⑤ 90%

**03** (주)감평은 종합원가계산제도를 채택하고 단일제품을 생산하고 있다. 재료는 공정이 시작되는 시점에서 전량 투입되며, 가공(전환)원가는 공정 전체에 걸쳐 균등하게 발생한다. 가중평균법과 선입선출법에 의한 가공(전환)원가의 완성품환산량은 각각 108,000단위와 87,000단위이다. 기초재공품의 수량이 70,000단위라면 기초재공품 가공(전환)원가의 완성도는? [감정평가사 2018]

① 10% ② 15% ③ 20%
④ 25% ⑤ 30%

**04** 다음은 종합원가계산제도를 채택하고 있는 (주)감평의 당기 제조활동에 관한 자료이다.

| | |
|---|---|
| 기초재공품 | ₩3,000(300단위, 완성도 60%) |
| 당기투입원가 | ₩42,000 |
| 당기완성품수량 | 800단위 |
| 기말재공품 | 200단위(완성도 50%) |

모든 원가는 공정 전체를 통하여 균등하게 발생하며, 기말재공품의 평가는 평균법을 사용하고 있다. 기말재공품원가는? (단, 공손 및 감손은 없다) [감정평가사 2022]

① ₩4,200 ② ₩4,500 ③ ₩5,000
④ ₩8,400 ⑤ ₩9,000

**05** (주)한국은 종합원가계산제도를 도입하고 있다. 20×0년 1분기 동안 생산 관련 자료는 다음과 같다.

| | |
|---|---|
| 당기투입량 | 8,000톤 |
| 완성품 | 7,500톤 |
| 기말재공품 | 2,000톤 |
| 기초재공품 | 1,500톤 |

가공원가는 공정 전반에 걸쳐 균등하게 발생한다. 기말재공품은 세 개의 완성도로 구성되어 있는데, 기말재공품의 1/4은 완성도가 80%이며, 1/2은 50%, 나머지 1/4은 20%이다. 선입선출법(FIFO)을 적용할 경우 가공원가의 완성품 환산량이 7,960톤이라면 20×0년 1분기 기초재공품의 완성도는 얼마인가? (단, 1분기 기초재공품은 한 개의 완성도로만 구성됨) [감정평가사 2010]

① 32% ② 36% ③ 40%
④ 44% ⑤ 48%

**06** 다음은 종합원가계산을 적용하고 있는 (주)관세의 가공원가와 관련된 자료이다. 기말재공품에 포함된 가공원가를 평균법과 선입선출법에 의해 각각 계산한 금액은? (단, 가공원가는 공정 전체를 통해 균등하게 발생하며 공손 및 감손은 발생하지 않았다) [관세사 2017]

| | 물량 | 가공원가 |
|---|---|---|
| 기초재공품(완성도 40%) | 5,000단위 | ₩1,050,000 |
| 당기투입량 및 발생원가 | 20,000단위 | ₩17,000,000 |
| 기말재공품(완성도 20%) | 7,500단위 | ? |

| | 평균법 | 선입선출법 |
|---|---|---|
| ① | ₩1,425,000 | ₩1,500,000 |
| ② | ₩1,412,000 | ₩1,425,000 |
| ③ | ₩1,425,000 | ₩1,593,750 |
| ④ | ₩1,500,000 | ₩1,425,000 |
| ⑤ | ₩1,500,000 | ₩1,593,750 |

**07** (주)관세는 종합원가계산을 적용하고 있으며, 제품 생산을 위해 재료 A와 재료 B를 사용하고 있다. 재료 A는 공정초기에 전량 투입되고, 재료 B는 공정의 60% 시점에 전량 투입되며, 가공원가는 공정전반에 걸쳐서 균등하게 발생한다. 당기 제조활동과 관련된 자료가 다음과 같을 때, 선입선출법을 적용하여 계산한 당기 완성품원가는? (단, 공손과 감손은 발생하지 않았다) [관세사 2016]

| | 물량자료 | 재료 A | 재료 B | 가공원가 |
|---|---|---|---|---|
| 기초재공춤 | 400단위(완성도 20%) | ₩120,000 | ₩0 | ₩42,300 |
| 당기착수 | 1,600단위 | ₩512,000 | ₩259,000 | ₩340,200 |
| 당기완성 | 1,400단위 | | | |
| 기말재공품 | 600단위(완성도 50%) | | | |

① ₩856,200
② ₩877,300
③ ₩1,010,700
④ ₩1,016,400
⑤ ₩1,018,500

**08** (주)관세는 선입선출법을 적용한 종합원가계산을 채택하고 있으며, 제품생산 최종공정과 관련된 자료는 다음과 같다.

| | | | | |
|---|---|---|---|---|
| 기초재공품수량 | 100개(완성도 40%) | 기초재공품원가 | | ₩10,000 |
| 당기착수량 | 500개 | 당기발생원가 | 전공정원가 | 40,000 |
| | | | 직접재료원가 | 6,000 |
| | | | 전환(가공)원가 | 26,000 |
| 당기완성품수량 | 400개 | 당기완성품원가 | | ? |
| 기말재공품수량 | 200개(완성도 80%) | 기말재공품원가 | | ? |

전공정 완성품은 공정 초에 모두 대체되고, 직접재료는 공정의 50% 시점에 투입되며, 전환(가공)원가는 공정 전반에 걸쳐 균등하게 발생한다. (주)관세의 최종공정의 당기 완성품원가는? [관세사 2023]

① ₩42,000 ② ₩46,000 ③ ₩52,000
④ ₩56,000 ⑤ ₩58,000

**09** (주)감평은 종합원가계산제도를 채택하고 있으며, 제품 X의 생산 관련 자료는 다음과 같다.

| 구분 | 물량 |
|---|---|
| 기초재공품(전환원가 완성도) | 60단위(70%) |
| 당기착수량 | 300단위 |
| 기말재공품(전환원가 완성도) | 80단위(50%) |

직접재료는 공정 초에 전량 투입되고, 전환원가(conversion cost, 또는 가공원가)는 공정 전반에 걸쳐 균등하게 발생한다. 품질검사는 전환원가(또는 가공원가) 완성도 80% 시점에 이루어지며, 당기에 품질검사를 통과한 합격품의 5%를 정상공손으로 간주한다. 당기에 착수하여 완성된 제품이 200단위일 때 비정상공손 수량은? (단, 재고자산의 평가방법은 선입선출법을 적용한다) [감정평가사 2024]

① 7단위 ② 10단위 ③ 13단위
④ 17단위 ⑤ 20단위

**10** (주)감평은 단일제품을 대량생산하고 있으며, 선입선출법에 의한 종합원가계산을 적용하고 있다. 직접재료원가는 공정 초에 전량 투입되며, 전환원가(conversion costs, 가공원가)는 공정 전반에 걸쳐 균등하게 발생한다. 품질검사는 생산공정의 50% 시점에서 이루어지며, 당기 품질검사를 통과한 합격품의 3%를 정상공손으로 간주한다. (주)감평의 20×1년의 생산 및 원가와 관련한 자료는 다음과 같다.

| | 수량 | 완성도 | 직접재료원가 | 전환원가 |
|---|---|---|---|---|
| 기초재공품 | 500단위 | 40% | ₩32,000 | ₩18,380 |
| 당기착수량 | 8,500단위 | | 850,000 | 409,000 |
| 당기완성량 | 8,000단위 | | | |
| 기말재공품 | 600단위 | 30% | | |

(주)감평의 20×1년 정상공손원가는? [감정평가사 2025]

① ₩28,125 ② ₩30,000 ③ ₩30,375
④ ₩32,250 ⑤ ₩35,000

**11** (주)감평은 가중평균법에 의한 종합원가계산제도를 채택하고 있으며, 단일공정을 통해 제품을 생산한다. 모든 원가는 공정 전반에 걸쳐 균등하게 발생한다. (주)감평의 당기 생산 관련 자료는 다음과 같다.

| 구분 | 물량(완성도) | 직접재료원가 | 전환원가 |
|---|---|---|---|
| 기초재공품 | 100단위(?) | ₩4,300 | ₩8,200 |
| 당기착수 | 900 | 20,000 | 39,500 |
| 기말재공품 | 200(?) | ? | ? |

(주)감평의 당기 완성품환산량 단위당 원가가 ₩80이고 당기 완성품환산량이 선입선출법에 의한 완성품환산량보다 50단위가 더 많을 경우, 선입선출법에 의한 기말재공품 원가는? (단, 공손 및 감손은 발생하지 않는다) [감정평가사 2023]

① ₩3,500 ② ₩4,500 ③ ₩5,500
④ ₩6,500 ⑤ ₩7,000

**12** 단일공정을 통해 손소독제를 생산하는 (주)관세는 가중평균법에 의한 종합원가계산을 채택하고 있다. 공정 전반에 걸쳐 25%의 감손이 비례적으로 발생하며, 모든 감손은 정상적인 것으로 간주한다. 직접재료는 공정 초기에 전량 투입되고, 전환원가는 공정전반에 걸쳐 균등하게 발생한다. 생산 관련 자료가 다음과 같을 때, 비분리계산법에 의한 당기 완성품의 단위당 원가는? [관세사 2022]

| 구분 | 수량 | 완성도 | 직접재료원가 | 전환원가 |
|---|---|---|---|---|
| 기초재공품 | 1,750단위 | ? | ₩250,000 | ₩300,000 |
| 당기투입 | 8,000 | - | 1,200,000 | 800,000 |
| 완성품 | 6,000 | 100% | ? | ? |
| 기말재공품 | 1,800 | 40% | ? | ? |

① ₩270　② ₩275　③ ₩360
④ ₩362　⑤ ₩367

## 05 결합원가계산

**01** (주)감평은 원재료 리튬을 이용하여 결합제품 A, B, C를 생산하고 있다. 각 결합제품의 생산량, 결합원가 및 분리점의 판매가치에 관한 자료는 다음과 같다.

| | 제품 A | 제품 B | 제품 C | 합계 |
|---|---|---|---|---|
| 생산량 | 800개 | 1,200개 | 1,000개 | 3,000개 |
| 결합원가 | ? | ₩86,000 | ? | ₩200,000 |
| 분리점의 판매가치 | ? | ? | ₩80,000 | 320,000 |

(주)감평은 결합원가를 분리점에서의 상대적 판매가치를 기준으로 배분하고 있다. 제품 A에 배분되는 결합원가는? [감정평가사 2025]

① ₩56,000　② ₩60,000　③ ₩64,000
④ ₩70,000　⑤ ₩75,000

**02** 20×1년에 설립된 (주)서울은 제1공정에서 원재료 1,000kg을 가공하여 중간제품A와 제품B를 생산한다. 제품B는 분리점에서 즉시 판매될 수 있으나, 중간제품A는 분리점에서 판매가치가 형성되어 있지 않기 때문에 제2공정에서 추가 가공하여 제품C로 판매한다. 제품별 생산 및 판매량과 kg당 판매가격은 다음과 같다.

| 제품 | 생산 및 판매량 | kg당 판매가격 |
|---|---|---|
| 중간제품A | 600kg | - |
| 제품B | 400kg | ₩500 |
| 제품C | 600kg | 450 |

제1공정에서 발생한 결합원가는 ₩1,200,000이었고, 중간제품A를 제품C로 가공하는데 추가된 원가는 ₩170,000이었다. 회사가 결합원가를 순실현가치에 비례하여 제품에 배부하는 경우, 제품B와 제품C에 배부되는 총제조원가는? [감정평가사 2011]

| | 제품B | 제품C |
|---|---|---|
| ① | ₩400,000 | ₩800,000 |
| ② | ₩400,000 | ₩970,000 |
| ③ | ₩570,000 | ₩800,000 |
| ④ | ₩800,000 | ₩570,000 |
| ⑤ | ₩870,000 | ₩400,000 |

**03** (주)관세는 결합공정을 통해 제품 A와 B를 생산하고 있으며, 결합원가를 순실현가치법에 의해 배분한다. 제품 A는 분리점에서 즉시 판매되고 있으나, 제품 B는 추가가공을 거쳐서 판매된다. (주)관세의 당기 영업활동 관련 자료는 다음과 같다.

| 구분 | 생산량 | 판매량 | 단위당 추가가공원가 | 단위당 판매가격 |
|---|---|---|---|---|
| 제품 A | 4,000단위 | 3,000단위 | - | ₩250 |
| 제품 B | 6,000 | 4,000 | ? | 350 |

당기 결합원가 발생액이 ₩800,000이고, 제품 B에 배분된 결합원가가 ₩480,000일 경우, 제품 B의 단위당 추가가공원가는? (단, 기초 및 기말재공품은 없다) [관세사 2022]

① ₩32 ② ₩48 ③ ₩69
④ ₩80 ⑤ ₩100

**04** (주)감평은 동일 공정에서 결합제품 A와 B를 생산하여 추가로 원가(A: ₩40, B: ₩60)를 각각 투입하여 가공한 후 판매하였다. 순실현가치법을 사용하여 결합원가 ₩120을 배분하면 제품 A의 총제조원가는 ₩70이며, 매출총이익률은 30%이다. 제품 B의 매출총이익률은? [감정평가사 2022]

① 27.5% ② 30% ③ 32.5%
④ 35% ⑤ 37.5%

**05** (주)관세는 결합공정을 통해 결합제품 A와 B를 생산하고 있다. 분리점 이전에 발생한 결합원가는 ₩950,000이며, 균등이익률법에 의해 배분되고 있다. 제품 A는 분리점에서 즉시 판매되고 있으나, 제품 B는 분리점에서 시장이 형성되어 있지 않아 추가가공을 거친 후 판매되고 있다. (주)관세의 20×1년 제품의 생산 및 판매와 관련한 원가자료는 다음과 같다.

| 제품 | 생산량(단위) | 추가가공원가 | 최종판매단가 |
|---|---|---|---|
| A | 2,000 | - | ₩200 |
| B | 3,000 | ₩250,000 | 400 |

결합제품 B에 배분되는 결합원가는? (단, 생산량은 모두 판매되며, 공손 및 감손은 없고, 기초 및 기말재공품도 없다) [관세사 2025]

① ₩570,000 ② ₩615,000 ③ ₩650,000
④ ₩668,500 ⑤ ₩712,500

**06** (주)국세는 동일한 원재료를 투입하여 제품X, 제품Y, 제품Z를 생산한다. (주)국세는 결합원가를 분리점에서의 상대적 판매가치를 기준으로 결합제품에 배부한다. 결합제품 및 추가가공과 관련된 자료는 다음과 같다.

| | 제품X | 제품Y | 제품Z | 합계 |
|---|---|---|---|---|
| 생산량 | 150단위 | 200단위 | 100단위 | 450단위 |
| 결합원가 | ₩15,000 | ? | ? | ? |
| 분리점에서의 단위당 판매가격 | ₩200 | ₩100 | ₩500 | |
| 추가가공원가 | ₩3,500 | ₩5,000 | ₩7,500 | ₩16,000 |
| 추가가공 후 단위당 판매가격 | ₩220 | ₩150 | ₩600 | |

(주)국세 각 제품을 분리점에서 판매할 수도 있고, 분리점 이후에 추가가공을 하여 판매할 수도 있다. (주)국세가 위 결합제품을 전부 판매할 경우, 예상되는 최대 매출총이익은? (단, 결합공정 및 추가가공과정에서 재공품 및 공손은 없다) [감정평가사 2019]

① ₩25,000 ② ₩57,000 ③ ₩57,500
④ ₩82,000 ⑤ ₩120,000

**07** (주)관세는 종합원가계산과 결합원가계산을 혼합하여 사용한다. 결합공정에 의해 4 : 1의 비율로 제품A와 제품B를 생산하고 있으며 결합원가는 상대적 판매가치법에 의해 배분한다. 제품A의 판매가격은 kg당 ₩75이고, 제품B의 판매가격은 kg당 ₩200이다. 당기에 결합공정에서 원재료 20,000kg이 공정에 투입되어 발생한 원가와 물량자료는 다음과 같다. 기초재공품은 없고 공손 및 감손은 발생하지 않았다.

| | | | |
|---|---|---|---|
| 완성품 | 10,000kg | 재료원가 | ₩200,000 |
| 기말재공품 | 10,000kg(가공원가 완성도 50%) | 가공원가 | 300,000 |

상대적 판매가치법을 기준으로 결합원가를 결합제품에 배분할 경우 제품B에 배분될 결합원가 배분액은? [관세사 2024]

① ₩40,000 ② ₩80,000 ③ ₩120,000
④ ₩160,000 ⑤ ₩200,000

**08** 당기에 설립된 (주)감평은 결합공정을 통하여 제품 X와 Y를 생산 · 판매한다. 제품 X는 분리점에서 즉시 판매하고 있으나, 제품 Y는 추가가공을 거쳐 판매한다. 결합원가는 균등이익률법에 의해 각 제품에 배분되며, 직접재료는 결합공정 초에 전량 투입되고 전환원가는 결합공정 전반에 걸쳐 균등하게 발생한다. 당기에 (주)감평은 직접재료 3,000단위를 투입하여 2,400단위를 제품으로 완성하고, 600단위는 기말재공품(전환원가 완성도 50%)으로 남아 있다. 당기에 발생한 직접재료원가와 전환원가는 각각 ₩180,000과 ₩108,000이다. (주)감평의 당기 생산 및 판매 관련 자료는 다음과 같다.

| 구분 | 생산량 | 판매량 | 단위당 추가가공원가 | 단위당 판매가격 |
|---|---|---|---|---|
| 제품 X | 800단위 | 800단위 | - | ₩150 |
| 제품 Y | 1,600 | 900 | ₩15 | 200 |

제품 Y의 단위당 제조원가는? (단, 공손 및 감손은 발생하지 않는다) [감정평가사 2023]

① ₩100 ② ₩105 ③ ₩110
④ ₩115 ⑤ ₩120

**09** (주)관세는 20×1년에 주산물 1,500개와 부산물 250개를 생산하면서 결합원가가 ₩135,000 발생하였다. 부산물은 분리점 이후 판매되는데, 판매단가는 ₩60이며, 판매비용은 단위당 ₩15씩 발생한다. (주)관세는 생산시점에서 부산물의 원가를 인식한다고 할 때 주산물에 배부되어야 할 결합원가는 얼마인가? (단, 결합공정에서 재공품은 없다) [관세사 2011]

① ₩112,500 ② ₩121,250 ③ ₩123,750
④ ₩131,500 ⑤ ₩135,000

**10** (주)감평은 결합공정을 거쳐 주산품 A, B와 부산물 F를 생산하여 주산품 A, B는 추가가공한 후 판매하고, 부산품 F의 회계처리는 생산시점에 순실현가치법(생산기준법)을 적용한다. (주)감평의 당기 생산 및 판매 자료는 다음과 같다.

| 구분 | 분리점 이후 추가가공원가 | 추가가공 후 단위당 판매가격 | 생산량 | 판매량 |
|---|---|---|---|---|
| A | ₩1,000 | ₩60 | 100단위 | 80단위 |
| B | 200 | 30 | 140 | 100 |
| F | 500 | 30 | 50 | 40 |

결합원가 ₩1,450을 분리점에서의 순실현가능가치 기준으로 각 제품에 배분할 때 주산물 A의 매출총이익은? (단, 기초 재고자산은 없다) [감정평가사 2024]

① ₩2,714 ② ₩2,800 ③ ₩2,857
④ ₩3,714 ⑤ ₩3,800

## 06 표준원가계산

**01** (주)관세는 제조간접원가를 직접노동시간에 따라 예정배부한다. 20×1년 예산 및 동년 3월의 자료가 다음과 같을 때 3월의 제조간접원가 실제발생액은? [관세사 2018]

| | |
|---|---|
| 연간 직접노동시간(예산) | 3,700시간 |
| 연간 제조간접원가(예산) | ₩192,400 |
| 3월 직접노동시간(실제) | 450시간 |
| 3월 제조간접원가 배부차이 | ₩1,300(과대배부) |

① ₩21,200 ② ₩22,100 ③ ₩23,200
④ ₩23,400 ⑤ ₩24,700

**02** (주)감평은 제조간접원가를 기계작업시간 기준으로 예정배부하고 있다. 20×1년 실제 기계작업시간은? [감정평가사 2021]

| | |
|---|---|
| 제조간접원가(예산) | ₩928,000 |
| 제조간접원가(실제) | 960,000 |
| 제조간접원가 배부액 | 840,710 |
| 기계작업시간(예산) | 80,000시간 |

① 70,059시간 ② 71,125시간 ③ 72,475시간
④ 73,039시간 ⑤ 74,257시간

**03** (주)감평은 20×1년 초에 설립되었으며, 정상개별원가계산을 적용하고 있다. 다음은 20×1년 말 배부차이를 조정하기 전의 제조간접원가 계정과 기말 재고자산 및 매출원가에 관한 자료이다.

- 제조간접원가

| 제조간접원가 | |
|---|---|
| 370,000 | 310,000 |

- 기말 재고자산 및 매출원가

| 원재료 | 재공품 | 제품 | 매출원가 |
|---|---|---|---|
| ₩500,000 | ₩200,000 | ₩300,000 | ₩1,500,000 |

(주)감평은 제조간접원가 배부차이를 총원가비례배분법으로 조정하고 있다. 제조간접원가 배부차이를 조정한 후, (주)감평의 20×1년 매출원가는? [감정평가사 2025]

① ₩1,440,000 ② ₩1,455,000 ③ ₩1,464,000
④ ₩1,536,000 ⑤ ₩1,545,000

**04** (주)관세는 정상개별원가계산을 채택하고 있으며, 제조간접원가 배부차이를 총원가비례배분법에 의해 기말재고자산과 매출원가에 배분한다. 다음은 당기 말 제조간접원가 배부차이를 조정하기 전 각 계정의 잔액이다.

| | | |
|---|---|---|
| • 재고자산 | | |
| | 원재료 | ₩250,000 |
| | 재공품 | 90,000 |
| | 제품 | 230,000 |
| • 매출원가 | | 680,000 |

당기에 발생한 제조간접원가 배부차이가 ₩150,000(과소배부)일 경우, 배부차이 조정 후 기말재고자산은? [관세사 2022]

① ₩358,400 ② ₩368,000 ③ ₩608,400
④ ₩618,000 ⑤ ₩638,400

**05** (주)관세는 20×1년 영업을 개시하여 선박을 제작 · 판매하고 있으며, 직접노무시간을 기준으로 제조간접원가를 배부하는 정상개별원가계산을 채택하고 있다. 제조와 관련된 원가 및 활동 자료는 다음과 같다.

| | 화물선 | 유람선 | LNG선 |
|---|---|---|---|
| 직접재료원가 | ₩240,000 | ₩400,000 | ₩520,000 |
| 직접노무원가 | 280,000 | 520,000 | 640,000 |
| 실제직접노무시간 | 700시간 | 1,200시간 | 1,600시간 |

(주)관세는 20×1년 초 연간 제조간접원가 ₩2,000,000과 직접노무시간 5,000시간을 예상하였으며. 20×1년에 실제 발생한 제조간접원가는 ₩1,500,000이다. 20×1년 말 화물선은 완성되어 판매되었고, 유람선은 완성되었으나 판매되지 않았으며, LNG선은 미완성 상태이다. (주)관세가 제조간접원가 배부차이를 매출원가에서 전액 조정한다면 제조간접원가 배부차이를 조정한 후의 매출원가는?

[관세사 2020]

① ₩700,000 ② ₩780,000 ③ ₩800,000
④ ₩820,000 ⑤ ₩900,000

**06** (주)감평은 정상개별원가계산제도를 채택하고 있다. 제조간접원가는 직접노무원가의 40%를 예정배부하고 있으며, 제조간접원가 배부차이는 전액 매출원가에서 조정하고 있다. (주)감평의 당기 재고자산 및 원가 관련 자료는 다음과 같다.

| 구분 | 기초잔액 | 기말잔액 |
|---|---|---|
| 직접재료 | ₩3,200 | ₩6,200 |
| 재공품 | 8,600 | 7,200 |
| 제품 | 6,000 | 8,000 |

직접재료매입액: ₩35,000
기초원가(기본원가): ₩56,000

(주)감평의 당기 제조간접원가 배부차이 조정 후 매출원가가 ₩67,700인 경우, 당기에 발생한 실제 제조간접원가는?

[감정평가사 2023]

① ₩6,900 ② ₩9,700 ③ ₩10,700
④ ₩11,300 ⑤ ₩12,300

**07** (주)관세는 표준원가계산을 적용하고 있다. 20×1년 단위당 표준직접재료원가는 다음과 같다.

| |
|---|
| 제품 단위당 직접재료 표준원가: 6kg × ₩10/kg = ₩60 |

20×1년 (주)관세의 실제생산량은 1,000단위, 직접재료구입량은 7,500kg, kg당 실제 구입가격은 ₩12이다. (주)관세는 직접재료 6,500kg을 생산에 투입하였다. (주)관세의 직접재료 가격차이와 수량차이는? (단, 직접재료 가격차이는 구입시점에서 분리한다) [관세사 2021]

| | 구입가격차이 | 수량차이 |
|---|---|---|
| ① | ₩13,000(불리) | ₩5,000(불리) |
| ② | ₩15,000(불리) | ₩5,000(불리) |
| ③ | ₩13,000(유리) | ₩5,000(유리) |
| ④ | ₩15,000(유리) | ₩10,000(유리) |
| ⑤ | ₩15,000(불리) | ₩10,000(유리) |

**08** (주)감평은 20×1년 초 영업을 개시하였으며, 표준원가계산제도를 채택하고 있다. 직접재료 kg당 실제 구입가격은 ₩5, 제품 단위당 직접재료 표준원가는 ₩6(2kg × ₩3/kg)이다. 직접재료원가에 대한 차이 분석결과 구입가격차이가 ₩3,000(불리), 능률차이가 ₩900(유리)이다. 20×1년 실제 제품 생산량이 800단위일 때, 기말 직접재료 재고수량은? (단, 기말재공품은 없다) [감정평가사 2024]

① 50kg ② 100kg ③ 130kg
④ 200kg ⑤ 230kg

**09** (주)감평은 표준원가계산제도를 채택하고 있으며, 20×1년도 직접노무원가와 관련된 자료는 다음과 같다. 20×1년도 실제 총직접노무원가는? [감정평가사 2022]

| | |
|---|---|
| 실제생산량 | 100단위 |
| 직접노무원가 실제임률 | 시간당 ₩8 |
| 직접노무원가 표준임률 | 시간당 ₩10 |
| 실제생산량에 허용된 표준 직접작업시간 | 생산량 단위당 3시간 |
| 직접노무원가 임률차이 | ₩700(유리) |
| 직접노무원가 능률차이 | ₩500(불리) |

① ₩1,800 ② ₩2,500 ③ ₩2,800
④ ₩3,500 ⑤ ₩4,200

**10** (주)감평은 표준원가계산제도를 도입하고 있다. 변동제조간접원가의 배부기준은 직접노무시간이며, 제품 1개를 생산하는데 소요되는 표준직접노무시간은 2시간이다. 20×1년 3월 실제 발생한 직접노무시간은 10,400시간이고, 원가자료는 다음과 같다.

| | |
|---|---|
| 변동제조간접원가 실제 발생액 | ₩23,000 |
| 변동제조간접원가 능률차이 | 2,000(불리) |
| 변동제조간접원가 총차이 | 1,000(유리) |

(주)감평의 20×1년 3월 실제 제품생산량은? [감정평가사 2021]

① 4,600개 ② 4,800개 ③ 5,000개
④ 5,200개 ⑤ 5,400개

**11** (주)감평은 표준원가계산제도를 채택하고 있으며, 직접노무시간을 기준으로 제조간접원가를 배부한다. 당기 제조간접원가 관련 자료는 다음과 같다.

| | |
|---|---|
| 고정제조간접원가 표준배부율 | ₩100/시간 |
| 변동제조간접원가 표준배부율 | ₩300/시간 |
| 기준조업도(직접노무시간) | 5,000시간 |
| 실제직접노무시간 | 4,850시간 |
| 실제생산량에 허용된 표준 직접노무시간 | 4,800시간 |
| 제조간접원가 배부차이 | ₩20,000 과소배부 |

(주)감평의 당기 제조간접원가 실제 발생액은? [감정평가사 2023]

① ₩1,900,000 ② ₩1,920,000 ③ ₩1,940,000
④ ₩1,960,000 ⑤ ₩1,980,000

**12** (주)관세는 표준원가계산제도를 채택하고 있다. 고정제조간접원가는 기계시간을 기준으로 배부하고 있는데, 제품 단위당 5시간의 기계시간이 소요된다. 20×3년도에는 1,000개의 제품을 생산하였고 실제 고정제조간접원가 발생액은 ₩285,000이었다. 고정제조간접원가 변동예산차이가 ₩9,000(불리)이고 고정제조간접원가 조업도차이가 ₩46,000(불리)인 경우에 20×3년도 기준조업도(기계시간)는 몇 시간인가? [관세사 2013]

① 4,500시간 ② 5,000시간 ③ 5,500시간
④ 6,000시간 ⑤ 6,500시간

**13** (주)관세는 단일 제품을 생산하며, 실제산출물에 허용된 표준직접노무시간을 기초로 제조간접원가를 제품에 배부하는 표준원가계산시스템을 사용한다. 20×1년 고정제조간접원가와 관련된 자료는 다음과 같다.

| 구분 | 자료 내용 |
|---|---|
| 연간 예산(예상) 고정제조간접원가 | ₩500,000 |
| 예산 표준직접노무시간(기준조업도) | 25,000단위 × 직접노무시간 2시간/단위 = 50,000시간 |
| 연간 실제고정제조간접원가 | ₩508,000 |
| 실제직접노무시간 | 54,000시간 |

(주)관세가 20×1년에 제품을 26,000단위 생산하였을 경우, 고정제조간접원가 조업도차이는?

[관세사 2019]

① ₩20,000(유리) ② ₩20,000(불리) ③ ₩32,000(유리)
④ ₩32,000(불리) ⑤ ₩40,000(유리)

**14** (주)감평은 표준원가계산제도를 채택하고 있다. 20×1년 직접재료원가의 표준원가와 실제원가의 차이에 관한 자료는 다음과 같다.

| | |
|---|---|
| 직접재료 실제사용량 | 4,850kg |
| 직접재료 단위당 실제구입가격 | ₩160 |
| 제품단위당 직접재료 표준투입량 | 2kg |
| 직접재료원가 가격차이 | ₩48,500(불리) |
| 직접재료원가 총차이 | 26,000(불리) |

(주)감평의 20×1년 실제 제품생산량은? [감정평가사 2025]

① 2,300단위 ② 2,350단위 ③ 2,400단위
④ 2,450단위 ⑤ 2,500단위

**15** (주)관세는 표준원가계산제도를 사용하고 있으며 3월과 4월의 표준은 동일하다. 3월에는 1,000단위의 제품을 생산하였으며 고정제조간접원가의 조업도차이는 ₩500(불리)이고, 소비차이는 ₩200(유리)이었다. 4월에는 1,500단위의 제품을 생산하였고 고정제조간접원가는 조업도차이가 ₩500(유리)이고, 소비차이는 ₩300(불리)이다. 4월의 고정제조간접원가 실제발생액은? [관세사 2024]

① ₩1,800 ② ₩2,200 ③ ₩2,300
④ ₩2,800 ⑤ ₩3,200

## 07 변동원가계산

**01** 전부원가계산, 변동원가계산 및 초변동원가계산에 관한 설명으로 옳지 않은 것은? [감정평가사 2025]

① 초변동원가계산은 직접재료원가만을 제품원가에 포함하고 나머지 제조원가는 모두 기간비용으로 처리한다.

② 변동원가계산은 이익계획 및 의사결정 목적에 유용하도록 원가를 변동원가와 고정원가로 분류하고 공헌이익을 보고한다.

③ 전부원가계산하의 영업이익은 판매량뿐만 아니라 생산량의 변화에도 영향을 받지만, 변동원가계산하의 영업이익은 판매량에 의해서만 영향을 받는다.

④ 전부원가계산과 변동원가계산은 수익과 비용의 대응원칙에 부합되는 원가계산방법으로 외부보고 및 조세 목적을 위해서 일반적으로 인정되는 방법이다.

⑤ 초변동원가계산은 판매량이 일정한 경우에 생산량이 증가할수록 기간비용화되는 변동가공원가가 증가하여 영업이익이 감소되므로 불필요한 재고의 누적을 방지하는 효과가 변동원가계산보다 크다.

**02** 전부원가계산, 변동원가계산, 초변동원가계산에 관한 설명으로 옳지 않은 것은? [관세사 2021]

① 기초재고가 없다면, 당기 판매량보다 당기 생산량이 더 많을 때 전부원가계산상의 당기영업이익보다 초변동원가계산상의 당기 영업이익이 더 작다.

② 변동원가계산은 전부원가계산에 비해 판매량 변화에 의한 이익의 변화를 더 잘 파악할 수 있다.

③ 초변동원가계산에서는 기초재고가 없고 판매량이 일정할 때 생산량이 증가하더라도 재료처리량 공헌이익(throughput contribution)은 변하지 않는다.

④ 일반적으로 인정된 회계원칙에서는 전부원가계산에 의해 제품원가를 보고하도록 하고 있다.

⑤ 전부원가계산은 변동원가계산에 비해 경영자의 생산과잉을 더 잘 방지한다.

**03** 전부원가계산 및 변동원가계산에 관한 설명으로 옳은 것은? [관세사 2016]

① 변동원가계산은 고정제조간접원가를 제품원가에 포함시키므로 생산량의 변동에 따라 제품단위당 원가가 달라져서 경영자가 의사결정을 할 때 혼란을 초래할 수 있다.

② 전부원가계산은 영업이익이 판매량뿐만 아니라 생산량에 의해서도 영향을 받기 때문에 과대생산에 의한 재고과잉의 우려가 있다.

③ 전부원가계산은 원가를 변동원가와 고정원가로 분류하여 공헌이익을 계산하므로 경영의사결정, 계획수립 및 통제목적에 유용한 정보를 제공한다.

④ 변동원가계산은 외부보고용 재무제표를 작성하거나 법인세를 결정하기 위한 조세목적을 위해서 일반적으로 인정되는 원가계산방법이다.

⑤ 초변동원가계산은 직접재료원가와 직접노무원가만을 재고가능원가로 처리하므로 불필요한 재고자산의 보유를 최소화하도록 유인할 수 있다.

**04** (주)감평의 생산량 관련 범위 내에 해당하는 원가 자료는 다음과 같다. (　　)에 들어갈 금액으로 옳지 않은 것은? [감정평가사 2021]

| | 생산량 2,000개 | 생산량 5,000개 |
|---|---|---|
| 총원가 | | |
| 변동원가 | A(　) | ? |
| 고정원가 | B(　) | ? |
| 소계 | ? | E(　) |
| 단위당 원가 | | |
| 변동원가 | C(　) | ? |
| 고정원가 | ? | ₩10 |
| 소계 | D(　) | ₩30 |

① A: ₩40,000　② B: ₩50,000　③ C: ₩20
④ D: ₩45　⑤ E: ₩90,000

**05** (주)관세는 제품A를 생산하고 있다. 제품A의 단위당 판매가격은 ₩150이다. 제품A의 제조와 관련된 내용은 다음과 같다. 변동원가계산에 의한 영업이익이 ₩7,500일 때 전부원가계산에 의한 영업이익은? [관세사 2024]

| | | | |
|---|---|---|---|
| 제조간접원가: | | 기초제품재고량 | 0단위 |
| 단위당 변동원가 | ₩15 | 생산량 | 150단위 |
| 총 고정원가 | 6,000 | 판매량 | 100단위 |

① ₩8,250　② ₩9,500　③ ₩11,000
④ ₩12,750　⑤ ₩13,500

**06** 당기에 설립된 (주)관세는 3,000단위를 생산하여 2,500단위를 판매하였으며, 영업활동 관련 자료는 다음과 같다.

| 구분 | 단위당 변동원가 | 고정원가 |
|---|---|---|
| 직접재료원가 | ₩250 | - |
| 직접노무원가 | 150 | - |
| 제조간접원가 | 100 | ? |
| 판매관리비 | 200 | ₩150,000 |

변동원가계산에 의한 영업이익이 전부원가계산에 의한 영업이익에 비해 ₩62,500이 적을 경우, 당기에 발생한 고정제조간접원가는? (단, 기말재공품은 없다) [관세사 2022]

① ₩312,500 ② ₩325,000 ③ ₩355,000
④ ₩375,000 ⑤ ₩437,500

**07** (주)감평이 20×2년 재무제표를 분석한 결과 전부원가계산보다 변동원가계산의 영업이익이 ₩30,000 더 많았다. 20×2년 기초재고수량은? (단, 20×1년과 20×2년의 생산 · 판매활동 자료는 동일하고, 선입선출법을 적용하며, 재공품은 없다) [감정평가사 2021]

| | |
|---|---|
| 당기 생산량 | 5,000개 |
| 기초재고수량 | ? |
| 기말재고수량 | 500개 |
| 판매가격(개당) | ₩1,500 |
| 변동제조간접원가(개당) | 500 |
| 고정제조간접원가(총액) | 750,000 |

① 580개 ② 620개 ③ 660개
④ 700개 ⑤ 740개

**08** (주)관세는 2월 1일 영업을 개시하였으며 한 달 동안 제품 2,000단위를 생산하여 1,600단위를 단위당 ₩10,000에 판매하였다. (주)관세의 제조원가 및 판매관리비가 다음과 같을 때 전부원가계산과 변동원가계산에 의한 2월의 영업이익 차이는? [관세사 2017]

| | 고정원가 | 단위당 변동원가 |
|---|---|---|
| 직접재료원가 | - | ₩3,000 |
| 직접노무원가 | - | ₩500 |
| 제조간접원가 | ₩600,000 | ₩1,500 |
| 판매관리비 | ₩700,000 | ₩2,000 |

① 전부원가계산이 변동원가계산보다 ₩120,000 많다.
② 전부원가계산이 변동원가계산보다 ₩120,000 적다.
③ 전부원가계산이 변동원가계산보다 ₩140,000 많다.
④ 전부원가계산이 변동원가계산보다 ₩140,000 적다.
⑤ 차이가 없다.

**09** (주)감평은 20×1년 초 영업을 개시하였으며, 제품 X를 생산 · 판매하고 있다. 재고자산 평가방법은 선입선출법을 적용하고 있으며, 20×1년 1분기와 2분기의 영업활동 결과는 다음과 같다.

| 구분 | 1분기 | 2분기 |
|---|---|---|
| 생산량 | 500단위 | 800단위 |
| 전부원가계산에 의한 영업이익 | ₩7,000 | ₩8,500 |
| 변동원가계산에 의한 영업이익 | 5,000 | 6,000 |

1분기와 2분기의 판매량이 각각 400단위와 750단위일 때, 2분기에 발생한 고정제조간접원가는? (단, 각 분기별 단위당 판매가격, 단위당 변동원가는 동일하며, 재공품 재고는 없다) [감정평가사 2024]

① ₩20,000 ② ₩22,000 ③ ₩24,000
④ ₩26,000 ⑤ ₩30,000

**10** (주)감평은 20×1년 1월 1일에 설립된 회사이다. 20×1년도 1월 및 2월의 원가자료는 다음과 같다.

| 구분 | 1월 | 2월 |
|---|---|---|
| 최대생산가능량 | 1,000단위 | 1,200단위 |
| 생산량 | 800단위 | 1,000단위 |
| 판매량 | 500단위 | 1,100단위 |
| 변동제조원가(총액) | ₩40,000 | ₩50,000 |
| 고정제조간접원가(총액) | ₩20,000 | ₩30,000 |
| 변동판매관리비(총액) | ₩1,500 | ₩5,500 |
| 고정판매관리비(총액) | ₩2,000 | ₩2,000 |

(주)감평은 실제원가계산을 적용하고 있으며, 원가흐름가정은 선입선출법이다. 20×1년 2월의 전부원가계산에 의한 영업이익이 ₩10,000이며, 2월의 변동원가계산에 의한 영업이익은? (단, 기초 및 기말 재공품재고는 없다) [감정평가사 2017]

① ₩10,500 ② ₩11,000 ③ ₩11,500
④ ₩12,000 ⑤ ₩12,500

**11** 20×1년 초에 설립된 (주)관세는 단일제품을 생산·판매하며, 실제원가계산을 사용하고 있다. (주)관세는 20×1년에 6,000단위를 생산하여 4,000단위를 판매하였고, 20×2년에는 6,000단위를 생산하여 7,000단위를 판매하였다. 연도별 판매가격과 원가구조는 동일하며 원가자료는 다음과 같다.

| 원가항목 | 단위당 원가 | 연간 총원가 |
|---|---|---|
| 직접재료원가 | ₩85 | |
| 직접노무원가 | 40 | |
| 변동제조간접원가 | 105 | |
| 변동판매관리비 | 50 | |
| 고정제조간접원가 | | ₩120,000 |
| 고정판매관리비 | | 350,000 |

20×2년 전부원가계산에 의한 영업이익이 ₩910,000일 경우, 20×2년 변동원가계산에 의한 영업이익은? (단, 기초 및 기말 재공품은 없는 것으로 가정한다) [관세사 2019]

① ₩890,000 ② ₩900,000 ③ ₩910,000
④ ₩920,000 ⑤ ₩930,000

**12** (주)국세의 전부원가계산에 의한 영업이익은 ₩374,000이고, 변동원가계산에 의한 영업이익은 ₩352,000이며, 전부원가계산에 의한 기말제품재고액은 ₩78,000이다. 전부원가계산에 의한 기초제품재고액이 변동원가계산에 의한 기초제품재고액보다 ₩20,000이 많은 경우, 변동원가계산에 의한 기말제품재고액은? (단, 기초 및 기말 재공품은 없으며, 물량 및 원가흐름은 선입선출법을 가정한다)

[감정평가사 2020]

① ₩36,000 ② ₩42,000 ③ ₩56,000
④ ₩58,000 ⑤ ₩100,000

**13** 변동원가계산제도를 채택하고 있는 (주)감평의 당기 기초재고자산과 영업이익은 각각 ₩64,000과 ₩60,000이다. 전부원가계산에 의한 (주)감평의 당기 영업이익은 ₩72,000이고, 기말재고자산이 변동원가계산에 의한 기말재고자산에 비하여 ₩25,000이 많은 경우, 당기 전부원가계산에 의한 기초재고자산은? [감정평가사 2023]

① ₩58,000 ② ₩62,000 ③ ₩68,000
④ ₩77,000 ⑤ ₩89,000

**14** (주)관세의 20×1년도 상반기 생산 및 판매 자료 일부이다.

| | 1분기 | 2분기 |
|---|---|---|
| 기초제품재고수량 | 1,000단위 | ? |
| 당기 생산량 | 8,000단위 | 9,000단위 |
| 당기 판매량 | 7,000단위 | ? |
| 직접노무원가 | ₩1,360,000 | ₩1,500,000 |
| 변동제조간접원가 | 800,000 | 885,000 |
| 고정제조간접원가 | 1,600,000 | 1,620,000 |

20×1년 2분기 변동원가계산의 영업이익이 초변동원가계산의 영업이익보다 ₩241,750이 더 많았다. 2분기 말 제품재고수량은? (단, 선입선출법을 적용하며, 재공품은 없다) [관세사 2020]

① 2,950단위 ② 2,960단위 ③ 2,970단위
④ 2,980단위 ⑤ 2,990단위

**15** 다음은 제품 A를 생산 · 판매하는 (주)감평의 당기 전부원가 손익계산서와 공헌이익 손익계산서이다.

| 전부원가 손익계산서 | | 공헌이익 손익계산서 | |
|---|---|---|---|
| 매출액 | ₩1,000,000 | 매출액 | ₩1,000,000 |
| 매출원가 | 650,000 | 변동원가 | 520,000 |
| 매출총이익 | 350,000 | 공헌이익 | 480,000 |
| 판매관리비 | 200,000 | 고정원가 | 400,000 |
| 영업이익 | 150,000 | 영업이익 | 80,000 |

제품의 단위당 판매가격 ₩1,000, 총고정판매관리비가 ₩50,000일 때 전부원가계산에 의한 기말제품 재고는? (단, 기초 및 기말 재공품, 기초제품은 없다) [감정평가사 2022]

① ₩85,000 ② ₩106,250 ③ ₩162,500
④ ₩170,000 ⑤ ₩212,500

## 08 원가함수추정

**01** 다음은 20×1년 (주)관세의 기계가동시간과 윤활유원가에 대한 일부 자료이다.

| 분기 | 기계가동시간 | 윤활유원가 |
|---|---|---|
| 1 | 5,000시간 | ₩256,000 |
| 2 | 4,500시간 | ₩232,000 |
| 3 | 6,500시간 | ₩285,000 |

20×1년 4분기에 기계가동시간은 5,500시간으로 예상된다. 고저점법을 이용하여 원가를 추정할 때 20×1년 4분기의 윤활유원가는 얼마로 추정되는가? [관세사 2011]

① ₩252,000 ② ₩254,000 ③ ₩256,000
④ ₩258,500 ⑤ ₩261,000

**02** 다음은 A제품의 20×4년과 20×5년의 생산 관련 자료이며, 총고정원가와 단위당 변동원가는 일정하였다.

| 구분 | 생산량(개) | 총제조원가(원) |
|---|---|---|
| 20×4년 | 1,000 | 50,000,000 |
| 20×5년 | 2,000 | 70,000,000 |

20×6년도에는 전년도에 비해 총고정원가는 20% 증가하고 단위당 변동원가는 30% 감소한다면, 생산량이 3,000개일 때 총제조원가는? [감정평가사 2016]

① ₩62,000,000 ② ₩72,000,000 ③ ₩78,000,000
④ ₩86,000,000 ⑤ ₩93,000,000

**03** (주)관세의 제조간접원가는 외주가공비, 감가상각비, 기타제조원가로 구성된다. 생산량이 1,000단위와 2,000단위일 때 각각의 제조간접원가 및 추정된 원가함수는 다음과 같다.

| 구분 | 원가행태 | 생산량 | |
|---|---|---|---|
| | | 1,000단위 | 2,000단위 |
| 외주가공비 | 변동원가 | ? | ₩10,000 |
| 감가상각비 | 고정원가 | ₩2,000 | ? |
| 기타제조원가 | 혼합원가 | ? | ? |
| 제조간접원가 | 혼합원가 | ? | ? |
| 고저점법을 이용하여 추정한 원가함수 | | 제조간접원가 = ₩9 × 생산량 + ₩5,000 | |

(주)관세의 생산량이 3,000단위일 때 예상되는 기타제조원가 총액은? [관세사 2023]

① ₩15,000 ② ₩15,500 ③ ₩16,000
④ ₩17,000 ⑤ ₩17,500

**04** (주)국세는 최근 신제품을 개발하여 최초 10단위의 제품을 생산하는데 총 150시간의 노무시간을 소요하였으며, 직접노무시간당 ₩1,200의 직접노무원가가 발생하였다. (주)국세는 해당 신제품 생산의 경우, 90%의 누적평균시간 학습곡선모형이 적용될 것으로 예상하고 있다. 최초 10단위 생산 후, 추가로 30단위를 생산하는 데 발생할 것으로 예상되는 직접노무원가는? [감정평가사 2020]

① ₩180,000 ② ₩259,200 ③ ₩324,000
④ ₩403,200 ⑤ ₩583,200

**05** (주)감평은 20×1년 초에 신제품을 개발하여 최초 10단위를 생산하였으며, 최초 10단위의 신제품 생산과 관련된 제조원가는 다음과 같다.

| | |
|---|---|
| 직접재료원가 | ₩8,000 |
| 직접노무원가(시간당 ₩10) | 3,000 |
| 변동제조간접원가<br>(직접노무시간에 비례하여 발생) | 9,000 |
| 고정제조간접원가 배부액 | 2,000 |

신제품 생산에는 90% 누적평균시간 학습효과가 있는 것으로 분석되었다. 추가로 30단위를 생산하여 총 40단위를 생산할 경우, 총 40단위에 대해 예상되는 변동원가는? [단, (주)감평은 신제품을 생산할 수 있는 충분한 여유설비를 확보하고 있다] [감정평가사 2014]

① ₩70,880 ② ₩72,880 ③ ₩76,680
④ ₩78,680 ⑤ ₩80,880

**06** (주)관세가 신제품 P－1 첫 번째 단위를 생산하는 데 소요된 직접노무시간은 90시간이며, 두 번째 단위를 생산하는 데 소요된 직접노무시간은 54시간이다. 이 신제품 P－1의 생산과 관련된 원가자료는 다음과 같다.

| 구분 | 금액 |
|---|---|
| 제품 단위당 직접재료원가 | ₩500 |
| 직접노무시간당 임률 | ₩10 |
| 변동제조간접원가(직접노무시간에 비례하여 발생) | 직접노무시간당 ₩2.5 |
| 고정제조간접원가 배부액 | ₩2,500 |

직접노무시간이 누적평균시간 학습모형을 따르는 경우, 신제품 P－1의 최초로 생산된 4단위의 총제조원가는 얼마인가? [관세사 2015]

① ₩4,880 ② ₩5,880 ③ ₩6,880
④ ₩7,380 ⑤ ₩8,880

# 09 CVP분석

**01** 다음 자료를 이용하여 계산한 (주)감평의 20×5년 손익분기점 매출액은? [감정평가사 2015]

| | |
|---|---|
| • 단위당 판매가격 | ₩2,000 |
| • 단위당 변동제조원가 | 700 |
| • 단위당 변동판매비와관리비 | 300 |
| • 연간 고정제조간접원가 | 1,350,000 |
| • 연간 고정판매비와관리비 | 1,250,000 |

① ₩2,500,000 ② ₩2,700,000 ③ ₩4,000,000
④ ₩5,200,000 ⑤ ₩5,400,000

**02** 서울특허법률사무소는 특허출원에 대한 법률서비스를 제공하려고 한다. 이 서비스의 손익분기점매출액은 ₩15,000,000, 공헌이익률은 40%이다. 서울특허법률사무소가 동 서비스로부터 ₩2,000,000의 이익을 획득하기 위한 매출액은? [감정평가사 2011]

① ₩6,000,000 ② ₩8,000,000 ③ ₩9,000,000
④ ₩20,000,000 ⑤ ₩22,000,000

**03** (주)대한의 공헌이익률은 24%이며, 고정원가는 ₩84,000이다. 회사가 단위당 ₩250에 상품 3,360개를 판매하였다면, 회사의 순이익은 얼마인가? [관세사 2012]

① ₩108,440 ② ₩117,600 ③ ₩135,400
④ ₩181,440 ⑤ ₩201,600

**04** (주)관세는 20×1년 초에 설립되어 단일 제품을 생산 · 판매할 예정이며, 20×1년도 원가 관련자료는 다음과 같이 예상된다.

| | |
|---|---|
| • 연간 총고정원가 | ₩30,000 |
| • 단위당 변동원가 | ₩40 |

(주)관세는 20×1년 동안 1,000개의 제품을 생산하여 전량 판매할 것으로 예상하며, 이를 통해 법인세차감후순익 ₩12,000을 실현하려고 한다. 단위당 판매가격은 얼마가 되어야 하는가? (단, 법인세율은 40%이며, 재공품은 없다) [관세사 2011]

① ₩90 ② ₩100 ③ ₩110
④ ₩120 ⑤ ₩130

**05** (주)관세는 제품 A를 제조 · 판매하는 회사이다. 제품 A의 고정원가는 ₩200,000이고 단위당 예산자료는 다음과 같다.

| | |
|---|---|
| • 판매가격 | ₩200 |
| • 직접재료원가 | ₩30 |
| • 직접노무원가 | ₩20 |
| • 변동제조간접원가 | ₩40 |
| • 변동판매비 | ₩10 |

(주)관세가 세후목표이익 ₩30,000을 달성하기 위한 판매수량은? (단, 법인세율은 20%이고 생산량과 판매량은 동일하다) [관세사 2017]

① 2,075단위 ② 2,175단위 ③ 2,275단위
④ 2,375단위 ⑤ 2,475단위

**06** (주)감평은 제품 A를 생산하여 단위당 ₩1,000에 판매하고 있다. 제품 A의 단위당 변동원가는 ₩600, 총고정원가는 연 ₩30,000이다. (주)감평이 20×1년 법인세 차감후 순이익 ₩12,500을 달성하기 위한 제품 A의 판매수량은? (단, 법인세율은 ₩10,000 이하까지는 20%, ₩10,000 초과분에 대해서는 25%이다) [감정평가사 2024]

① 85단위 ② 95단위 ③ 105단위
④ 115단위 ⑤ 125단위

**07** (주)관세는 동일한 생산설비를 이용하여 제품 A, B, C를 생산 판매하고 있으며 총고정비는 ₩1,000,000이다.

| 제품 | 판매단가 | 단위당 변동비 |
|---|---|---|
| A | ₩900 | ₩700 |
| B | 1,000 | 600 |
| C | 900 | 500 |

제품 A, B, C 의 판매량구성이 4 : 2 : 1일 때 손익분기점에 이르는 총판매액은? [관세사 2010]

① ₩1,875,000 ② ₩2,500,000 ③ ₩3,250,000
④ ₩4,500,000 ⑤ ₩5,050,000

**08** (주)대한은 A, B 두 제품을 생산 · 판매하고 있다. 두 제품에 대한 20×1년도 예산자료는 다음과 같다.

| | A제품 | B제품 | 합계 |
|---|---|---|---|
| 매출액 | ₩300,000 | ₩900,000 | ₩1,200,000 |
| 변동원가 | 120,000 | 450,000 | 570,000 |
| 공헌이익 | ₩180,000 | ₩450,000 | ₩630,000 |

회사 전체의 연간 고정원가 총액은 ₩262,500이다. A제품의 연간 손익분기점 매출액은? (단, 예산 매출배합이 일정하게 유지된다고 가정한다) [감정평가사 2014]

① ₩105,000 ② ₩110,000 ③ ₩115,000
④ ₩120,000 ⑤ ₩125,000

**09** (주)감평은 제품 X, Y, Z를 생산 · 판매하고 있으며, 각 제품 관련 자료는 다음과 같다.

| 구분 | 제품 X | 제품 Y | 제품 Z |
|---|---|---|---|
| 매출배합비율(매출수량기준) | 20% | 60% | 20% |
| 단위당 공헌이익 | ₩12 | ₩15 | ₩8 |
| 손익분기점 매출수량 | ? | 7,800단위 | ? |

(주)감평은 제품 Z의 생산중단을 고려하고 있다. 제품 Z의 생산을 중단하는 경우에 고정비 중 ₩4,000을 회피할 수 있으며, 제품 X와 Y의 매출배합비율(매출수량기준)은 60%와 40%로 예상된다. (주)감평이 제품 Z의 생산을 중단할 경우, 목표이익 ₩33,000을 달성하기 위한 제품 X의 매출수량은? [감정평가사 2023]

① 6,900단위 ② 7,800단위 ③ 8,400단위
④ 8,700단위 ⑤ 9,000단위

**10** (주)감평의 20×1년 제품 A의 생산 · 판매와 관련된 자료는 다음과 같다.

| | |
|---|---|
| 단위당 판매가격 | ₩25 |
| 단위당 변동제조원가 | 10 |
| 단위당 변동판매관리비 | 6 |
| 연간 총고정제조간접원가 | 1,500(감가상각비 ₩200 포함) |
| 연간 총고정판매관리비 | 2,500(감가상각비 ₩300 포함) |

(주)감평은 변동원가계산을 채택하고 있으며, 감가상각비를 제외한 모든 수익과 비용은 발생 시점에 현금으로 유입되고 지출된다. 법인세율이 20%일 때 (주)감평의 세후현금흐름분기점 판매량은? [감정평가사 2022]

① 180단위 ② 195단위 ③ 360단위
④ 375단위 ⑤ 390단위

**11** (주)감평은 20×1년에 영업을 개시하였으며, 실제원가계산을 적용하고 있다. 20×1년 생산 및 판매에 관한 자료는 다음과 같다.

| | | | |
|---|---|---|---|
| 생산량 | 5,000단위 | 판매량 | 4,800단위 |
| 단위당 변동제조원가 | ₩150 | 고정제조간접원가 | ₩200,000 |
| 단위당 변동판매관리비 | 20 | 고정판매관리비 | 110,000 |
| 단위당 판매가격 | 250 | | |

(주)감평의 20×1년 전부원가계산하에서의 손익분기점 판매량은? [감정평가사 2025]

① 2,500단위 ② 2,750단위 ③ 3,000단위
④ 3,750단위 ⑤ 3,875단위

**12** (주)서울의 20×1년 단위당 변동비는 ₩4.2, 공헌이익률은 30%, 매출액은 ₩1,200,000이다. (주)서울은 20×1년에 이익도 손실도 보지 않았다. (주)서울은 20×2년에 20×1년보다 100,000단위를 더 판매하려고 한다. (주)서울의 20×2년 단위당 판매가격과 단위당 변동비는 20×1년과 동일하다. (주)서울이 20×2년에 ₩30,000의 목표이익을 달성하고자 한다면, 추가로 최대한 지출할 수 있는 고정비는? [감정평가사 2011]

① ₩50,000 ② ₩75,000 ③ ₩100,000
④ ₩125,000 ⑤ ₩150,000

**13** (주)관세의 20×1년도 생산 및 판매와 관련된 자료는 다음과 같다.

| | 금액 |
|---|---|
| 매출액 | ₩2,700,000 |
| 변동제조원가 | 1,170,000 |
| 고정제조원가 | 540,000 |
| 변동판매비와관리비 | 450,000 |
| 고정판매비와관리비 | 324,000 |

20×2년도의 매출액이 전년도에 비하여 15% 증가할 경우 영업이익은 얼마로 예상되는가? [관세사 2014]

① ₩410,400 ② ₩378,000 ③ ₩345,600
④ ₩313,200 ⑤ ₩248,400

**14** (주)감평은 단일제품을 생산 · 판매하고 있다. 20×1년 매출액은 ₩1,200,000(판매량 1,000단위), 총고정원가는 ₩240,000, 변동원가율은 75%이며, 법인세율은 40%이다. 다음 설명 중 옳지 않은 것은?

[감정평가사 2025]

① 세후영업이익은 ₩36,000이다.
② 안전한계율(margin of safety ratio)은 20%이다.
③ 영업레버리지도(degree of operating loverage)는 4이다.
④ 세후목표이익 ₩54,000을 달성하기 위한 매출액은 ₩1,320,000이다.
⑤ 손익분기점 판매량은 800단위이고, 손익분기점 공헌이익은 ₩240,000이다.

## 10 관련원가분석

**01** 원가에 관한 설명으로 옳지 않은 것은? [감정평가사 2022]

① 가공원가(전환원가)는 직접노무원가와 제조간접원가를 합한 금액이다.
② 연간 발생할 것으로 기대되는 총변동원가는 관련범위 내에서 일정하다.
③ 당기제품제조원가는 당기에 완성되어 제품으로 대체된 완성품의 제조원가이다.
④ 기초고정원가는 현재의 조업도 수준을 유지하는데 기본적으로 발생하는 고정원가이다.
⑤ 회피가능원가는 특정한 의사결정에 의하여 원가의 발생을 회피할 수 있는 원가로서 의사결정과 관련있는 원가이다.

**02** (주)국세는 단일제품 8,000단위를 생산 및 판매하고 있다. 제품의 단위당 판매가격은 ₩500, 단위당 변동원가는 ₩300이다. (주)국세는 (주)한국으로부터 단위당 ₩450에 1,500단위의 특별주문을 받았다. 이 특별주문을 수락하는 경우, 별도의 포장작업이 추가로 필요하여 단위당 변동원가가 ₩20 증가하게 된다. (주)국세의 연간 최대생산능력이 9,000단위라면, 이 특별주문을 수락하는 경우, 증분손익은?

[감정평가사 2019]

① 손실 ₩105,000 ② 손실 ₩75,000 ③ 손실 ₩55,000
④ 이익 ₩95,000 ⑤ 이익 ₩195,000

**03** (주)감평은 A제품을 생산 · 판매하고 있다. 20×1년에는 기존 고객에게 9,000단위를 판매할 것으로 예상되며, A제품 관련 자료는 다음과 같다.

| 구분 | 자료 내용 |
|---|---|
| 연간 최대생산량 | 10,000단위 |
| 단위당 판매가격 | ₩2,000 |
| 단위당 변동제조원가 | ₩1,000 |
| 단위당 변동판매비 | ₩200 |
| 연간 총고정제조원가 | ₩2,500,000 |

20×1년 중에 (주)감평은 새로운 고객인 (주)대한으로부터 A제품 2,000단위를 구매하겠다는 특별주문을 제안 받았다. 특별주문을 수락하면 기존고객에 대한 판매량 중 1,000단위를 감소시켜야 하며, 특별주문에 대해서는 단위당 변동판매비 ₩200이 발생하지 않는다. (주)감평이 특별주문으로부터 받아야 할 단위당 최소판매가격은? (단, 특별주문은 일부분만 수락할 수 없음) [감정평가사 2017]

① ₩1,300 ② ₩1,350 ③ ₩1,400
④ ₩1,450 ⑤ ₩1,500

**04** 다음은 (주)관세의 손익계산서에서 발췌한 정보이다. (주)관세가 판매하는 제품의 단위당 판매가격은 ₩200이다. 매출원가와 판매비와관리비 각각에 대해서 30%는 변동원가이며, 70%는 회피불능고정원가이다. (주)관세는 (주)한국으로부터 단위당 ₩150에 500단위의 제품을 사겠다고 제의를 받았다. 이에 대한 추가 주문을 받아들인다면 (주)관세의 영업이익에 미치는 영향은 얼마인가? [단, (주)관세의 유휴생산능력이 충분하다] [관세사 2013]

| | |
|---|---|
| 매출액 | ₩3,000,000 |
| 매출원가 | (2,000,000) |
| 매출총이익 | 1,000,000 |
| 판매비와관리비 | (500,000) |
| 영업이익 | 500,000 |

① ₩51,000 감소 ② ₩50,000 감소 ③ ₩50,000 증가
④ ₩51,000 증가 ⑤ ₩75,000 증가

**05** 다음은 (주)관세가 생산 · 판매하는 제품A에 관한 자료이다.

| 구분 | 자료 내용 |
|---|---|
| 최대 생산가능 수량 | 10,000단위 |
| 현재 생산 · 판매수량 | 8,000단위 |
| 단위당 외부 판매가격 | ₩300 |
| 단위당 변동제조원가 | ₩100 |
| 단위당 변동판매비 | ₩40 |
| 단위당 고정제조간접원가 | ₩90(최대 생산가능 수량 기준) |

(주)한국은 (주)관세에게 제품A에 특수장치를 부착한 제품B를 제작하여, 단위당 ₩220에 1,500단위를 공급해줄 것을 제안하였다. (주)관세는 제품A의 생산라인에서 제품B를 생산할 수 있으며, (주)한국의 주문으로 기존 판매 및 원가구조는 영향을 받지 않는다. (주)관세는 제품A에 단위당 ₩30의 특수장치를 추가하여 제품B를 생산하며, 제품B의 단위당 변동판매비는 ₩30이 된다. (주)관세가 (주)한국의 특별주문을 수락하는 경우 이익에 미치는 영향은? [관세사 2019]

① ₩90,000 감소 ② ₩90,000 증가 ③ ₩120,000 감소
④ ₩120,000 증가 ⑤ ₩150,000 증가

**06** (주)관세는 완제품 생산에 필요한 부품 A 1,000단위를 자체생산하고 있다. 부품 A의 총고정제조간접원가는 ₩40,000이고 단위당 변동원가는 다음과 같다.

| | |
|---|---|
| 직접재료원가 | ₩80 |
| 직접노무원가 | ₩24 |
| 변동제조간접원가 | ₩16 |

(주)대한은 (주)관세에게 부품 A를 단위당 ₩140에 1,000단위를 판매하겠다는 제의를 했다. (주)관세가 (주)대한의 제의를 수락한다며 총고정제조간접원가의 25%를 회피할 수 있으며, 유휴설비는 외부에 임대되어 총 ₩30,000의 임대료 수익이 발생할 것으로 기대된다. (주)대한의 제의를 받아들일 경우 (주)관세의 이익에 미치는 영향은? [관세사 2017]

① ₩10,000 감소 ② ₩10,000 증가 ③ ₩20,000 감소
④ ₩20,000 증가 ⑤ ₩30,000 증가

**07** (주)대한은 완제품 생산에 필요한 A부품을 매월 500단위씩 자가제조하고 있다. 그런데 타 회사에서 매월 A부품 500단위를 단위당 ₩100에 납품하겠다고 제의하였다. A부품을 자가제조할 경우 변동제조원가는 단위당 ₩70이고, 월간 고정제조간접원가 총액은 ₩50,000이다. 만약 A부품을 외부구입하면 변동제조원가는 발생하지 않으며, 월간 고정제조간접원가의 40%를 절감할 수 있다. 또한 A부품 생산에 사용되었던 설비는 여유설비가 되며 다른 회사에 임대할 수 있다. A부품을 외부 구입함으로써 매월 ₩10,000의 이익을 얻고자 한다면, 여유설비의 월 임대료를 얼마로 책정해야 하는가?

[감정평가사 2014]

① ₩5,000 ② ₩6,000 ③ ₩7,000
④ ₩8,000 ⑤ ₩10,000

**08** (주)대한은 X, Y, Z 제품을 생산 · 판매하고 있으며, 20×1년도 제품별 예산손익계산서는 다음과 같다.

| 구분 | | X | Y | Z |
|---|---|---|---|---|
| 매출액 | | ₩100,000 | ₩200,000 | ₩150,000 |
| 매출원가: | 변동원가 | 40,000 | 80,000 | 60,000 |
| | 고정원가 | 30,000 | 70,000 | 50,000 |
| 매출총이익 | | ₩30,000 | ₩50,000 | ₩40,000 |
| 판매관리비: | 변동원가 | 20,000 | 10,000 | 10,000 |
| | 고정원가 | 20,000 | 20,000 | 20,000 |
| 영업이익(손실) | | (₩10,000) | ₩20,000 | ₩10,000 |

(주)대한의 경영자는 영업손실을 초래하고 있는 X제품의 생산을 중단하려고 한다. X제품의 생산을 중단하면, X제품의 변동원가를 절감하고, 매출원가에 포함된 고정원가의 40%와 판매관리비에 포함된 고정원가의 60%를 회피할 수 있다. 또한, 생산중단에 따른 여유생산능력을 임대하여 ₩10,000의 임대수익을 얻을 수 있다. X제품의 생산을 중단할 경우, 20×1년도 회사 전체의 예산 영업이익은 얼마나 증가(또는 감소)하는가? (단, 기초 및 기말 재고자산은 없다)

[감정평가사 2017]

① ₩4,000 감소 ② ₩5,000 증가 ③ ₩6,000 감소
④ ₩7,000 증가 ⑤ ₩8,000 증가

**09** (주)관세가 생산 · 판매하고 있는 제품A와 B의 연간 최대 판매가능수량은 각각 2,000단위와 1,000단위이다. 제품A의 단위당 공헌이익은 ₩15이고, 단위당 노무시간은 1시간이다. 제품B의 단위당 공헌이익은 ₩20이고, 노무시간당 공헌이익은 ₩10이다. 연간 최대노무시간이 3,000시간일 때 달성할 수 있는 최대공헌이익은?

[관세사 2024]

① ₩20,000 ② ₩25,000 ③ ₩30,000
④ ₩35,000 ⑤ ₩40,000

**10** (주)감평은 제 종류의 제품 A, B, C를 독점 생산 및 판매하고 있다. 제품생산을 위해 사용되는 공통설비의 연간 사용시간은 총 40,000시간을 제한되어 있다. 20×1년도 예상 자료는 다음과 같다. 다음 설명 중 옳은 것은? [감정평가사 2018]

| 구분 | 제품 A | 제품 B | 제품 C |
|---|---|---|---|
| 단위당 판매가격 | ₩500 | ₩750 | ₩1,000 |
| 단위당 변동원가 | ₩150 | ₩300 | ₩600 |
| 단위당 공통설비사용시간 | 5시간 | 10시간 | 8시간 |
| 연간 최대 시장수요량 | 2,000단위 | 3,000단위 | 2,000단위 |

① 제품단위당 공헌이익이 가장 작은 제품은 C이다.
② 공헌이익을 최대화하기 위해 생산할 제품 C의 설비 사용시간은 12,000시간이다.
③ 공헌이익을 최대화하기 위해 생산할 총제품수량은 5,000단위이다.
④ 공헌이익을 최대화하기 위해서는 제품 C, 제품 B, 제품 A의 순서로 생산한 후 판매해야 한다.
⑤ 획득할 수 있는 최대공헌이익은 ₩2,130,000이다.

**11** 범용기계장치를 이용하여 제품 X와 Y를 생산 · 판매하는 (주)감평의 당기 예산자료는 다음과 같다.

| 구분 | 제품 X | 제품 Y |
|---|---|---|
| 단위당 판매가격 | ₩1,500 | ₩1,000 |
| 단위당 변동원가 | 1,200 | 800 |
| 단위당 기계가동시간 | 2시간 | 1시간 |
| 연간 정규시장 판매수량 | 300단위 | 400단위 |
| 연간 최대기계가동시간 | 1,000시간 | |

(주)감평은 신규거래처로부터 제품 Z 200단위의 특별주문을 요청받았다. 제품 Z의 생산에는 단위당 ₩900의 변동원가가 발생하며 단위당 1.5 기계가동시간이 필요하다. 특별주문 수락 시 기존 제품의 정규시장 판매를 일부 포기해야 하는 경우, (주)감평이 제시할 수 있는 단위당 최소판매가격은? (단, 특별주문은 전량 수락하든지 기각해야 한다) [감정평가사 2023]

① ₩900 ② ₩1,125 ③ ₩1,150
④ ₩1,200 ⑤ ₩1,350

**12** (주)관세는 제품 A와 제품 B를 생산하여 판매하고 있으며, 두 제품에 대한 시장수요는 무한하다. 제품 A와 제품 B의 생산에 사용되는 재료는 연간 총 2,400kg, 기계사용시간은 연간 총 3,000시간으로 제한되어 있다. 제품의 생산 및 판매와 관련된 자료가 다음과 같을 때, (주)관세가 달성할 수 있는 연간 최대 공헌이익은? [관세사 2016]

| | 제품 A | 제품 B |
|---|---|---|
| 단위당 판매가격 | ₩1,000 | ₩1,500 |
| 단위당 변동제조원가 | ₩500 | ₩800 |
| 단위당 변동판매관리비 | ₩200 | ₩300 |
| 단위당 재료소요량 | 2kg | 2kg |
| 단위당 기계사용시간 | 2시간 | 3시간 |

① ₩360,000 ② ₩400,000 ③ ₩420,000
④ ₩600,000 ⑤ ₩720,000

## 11 대체가격결정

**01** (주)관세는 분권화된 사업부 A와 사업부 B를 이익중심점으로 운영하고 있다. 사업부 A에서 생산되는 표준형 밸브는 외부시장에 판매하거나 사업부 B에 대체할 수 있다. 사업부 A는 현재 최대생산능력을 이용하여 생산하는 표준형 밸브 전량을 단위당 판매가격 ₩50으로 외부시장에 판매하고 있고, 생산 및 판매와 관련된 자료는 다음과 같다.

| | |
|---|---|
| 연간 최대생산능력 | 180,000단위 |
| 단위당 변동제조원가 | ₩29 |
| 단위당 변동판매관리비 | ₩4 |
| 단위당 고정제조간접원가(연간 180,000단위 기준) | ₩7 |
| 단위당 고정판매관리비(연간 180,000단위 기준) | ₩5 |

사업부 A가 표준형 밸브를 사업부 B에 사내대체할 경우 단위당 변동제조원가를 ₩2만큼 절감할 수 있으며, 변동판매관리비는 발생하지 않는다. 사업부 A가 외부시장에 판매한 경우와 동일한 이익을 얻기 위한 표준형 밸브의 단위당 사내대체가격은 얼마인가? [관세사 2015]

① ₩29 ② ₩34 ③ ₩36
④ ₩40 ⑤ ₩44

**02** (주)백제에는 A, B 두 사업부가 있는데, B사업부는 신제품을 생산하기 위하여 필요한 부품 2,000개를 A사업부로부터 구입하려고 한다. A사업부가 이 부품을 생산하는데 단위당 변동원가 ₩22이 소요될 것으로 추정된다. 또한 A사업부는 이 부품 2,000개를 생산하기 위해 현재 생산판매중인 Z제품 2,500개를 포기해야 한다. Z제품의 판매단가는 ₩45이고, 단위당 변동원가는 ₩15이다. B사업부는 이 부품을 외부에서 단위당 ₩65에 구입할 수 있다. 다음 중 최적사내이전가격에 해당하는 것은? [관세사 2012]

① ₩45 ② ₩47 ③ ₩55
④ ₩60 ⑤ ₩67

**03** (주)대한은 펌프사업부와 밸브사업부를 이익중심점으로 운영하고 있다. 밸브사업부는 X제품을 생산하며, X제품의 단위당 판매가격과 단위당 변동원가는 각각 ₩100과 ₩40이고, 단위당 고정원가는 ₩20이다. 펌프사업부는 연초에 Y제품을 개발했으며, Y제품을 생산하는데 필요한 A부품은 외부업체로부터 단위당 ₩70에 구입할 수 있다. 펌프사업부는 A부품 500단위를 밸브사업부로부터 대체받는 것을 고려하고 있다. 밸브사업부가 A부품 500단위를 생산 및 대체하기 위해서는 단위당 변동제조원가 ₩30과 단위당 운송비 ₩7이 발생하며, 기존시장에서 X제품의 판매량을 200단위만큼 감소시켜야 한다. 밸브사업부가 대체거래를 수락할 수 있는 A부품의 단위당 최소 대체가격은? [감정평가사 2017]

① ₩53 ② ₩58 ③ ₩61
④ ₩65 ⑤ ₩70

**04** (주)한국은 A와 B 두 개의 사업부를 이익중심점으로 설정하여 운영하고 있다. A 사업부는 부품을 생산하여 B 사업부와 기업외부에 판매할 수 있다. 사업부간의 대체가격은 단위당 변동제조원가에 기회원가를 가산하여 결정된다.

<A 사업부의 생산 · 판매 자료>

| | |
|---|---|
| 연간 최대조업도 | 11,000단위 |
| 연간 고정제조원가 | ₩4,500,000 |
| 단위당 변동제조원가 | ₩1,800 |
| 단위당 외부시장 판매가격 | ₩3,000 |

A 사업부가 연간 9,000단위를 생산하여 전량 기업외부에 판매하고 있는 상황에서 B 사업부가 연간 4,000단위의 부품을 대체해 줄 것을 요청하였다. 다음 중 A 사업부가 요구해야 할 최소한의 단위당 대체가격은 얼마인가? (단, 대체거래를 하더라도 A 사업부가 생산하는 부품의 제조원가는 주어진 자료와 동일하며 판매비와관리비는 고려하지 않는다. 또한 B 사업부가 동일한 부품을 외부에서 구입하는 경우에는 단위당 ₩3,000을 지급하고 4,000단위 전량을 구입해야 한다) [감정평가사 2009]

① ₩2,150 ② ₩2,300 ③ ₩2,400
④ ₩2,700 ⑤ ₩2,750

**05** (주)감평은 분권화된 사업부 A와 B를 이익중심점으로 운영한다. 사업부 A는 매년 부품 X를 8,000단위 생산하여 전량 외부시장에 단위당 ₩150에 판매하여 왔다. 최근 사업부 B는 제품 단위당 부품 X가 1단위 소요되는 신제품 Y를 개발하고, 단위당 판매가격 ₩350에 4,000단위를 생산 · 판매하는 방안을 검토하고 있다. 다음은 부품 X에 대한 제조원가와 신제품 Y에 대한 예상제조원가 관련 자료이다.

| 구분 | 부품 X | 부품 Y |
|---|---|---|
| 단위당 직접재료원가 | ₩40 | ₩80 |
| 단위당 직접노무원가 | 35 | 70 |
| 단위당 변동제조간접원가 | 25 | 30 |
| 연간 고정제조간접원가 | 200,000 | 100,000 |
| 연간 최대생산능력 | 10,000단위 | 5,000단위 |

사업부 B는 신제품 Y의 생산에 필요한 부품 X를 사내대체하거나 외부로부터 단위당 ₩135에 공급받을 수 있다. 사업부 A는 사내대체를 전량 수락하든지 기각해야 하며, 사내대체 시 외부시장 판매를 일부 포기해야 한다. 사업부 A가 사내대체를 수락할 수 있는 부품 X의 단위당 최소대체가격은?

[감정평가사 2023]

① ₩100 ② ₩125 ③ ₩135
④ ₩170 ⑤ ₩180

**06** (주)하나는 두 사업부 X와 Y를 운영하고 있다. 사업부 X는 부품을 생산하고, 사업부 Y는 그 부품을 조립하여 완제품을 생산하고 있다. 부품과 완제품은 모두 외부시장에 존재하여 각 사업부는 이익중심점으로 운영되고 있고, 그 동안 부품의 대체가격은 장기평균시장가격으로 결정하였다. 관련 자료는 다음과 같다.

| | |
|---|---|
| 완제품의 단위당 추정판매가격 | ₩220 |
| 부품의 단위당 장기평균판매가격 | ₩150 |
| 사업부 X의 단위당 변동원가 | ₩100 |
| 사업부 Y의 단위당 추가가공원가 | ₩80 |

현재 사업부 X에서는 다음의 두 대안을 고려하고 있다.

(대안1) 외부판매가격을 단위당 ₩148으로 인하하고 10,000개의 부품을 시장판매한다.
(대안2) 외부판매가격을 단위당 ₩150으로 하고 9,000개의 부품을 시장판매하며, 사업부 Y에 1,000개의 부품을 대체한다.

대안2에서 사업부 X는 대체가격을 얼마로 결정해야 대안 1과 동일한 공헌이익을 얻을 수 있는가?

[감정평가사 2008]

① ₩112 ② ₩120 ③ ₩130
④ ₩148 ⑤ ₩150

**07** (주)세무는 분권화된 사업부 A와 B를 각각 이익중심점으로 설정하여 운영하고 있다. 현재 사업부 A는 부품 X를 매월 40,000단위 생산하여 단위당 ₩50에 전량 외부시장에 판매하고 있다. 사업부 A의 부품 X 생산에 관한 원가자료는 다음과 같다.

| 구분 | 금액/단위 |
|---|---|
| 단위당 변동제조원가 | ₩35 |
| 월간 최대생산능력 | 50,000단위 |

사업부 B는 최근에 신제품을 개발했으며, 신제품 생산을 위해서 사업부 A에 성능이 향상된 부품 Xplus를 매월 20,000단위 공급해 줄 것을 요청했다. 사업부 A가 부품 Xplus 1단위를 생산하기 위해서는 부품 X 2단위를 포기해야 하며, 부품 X의 변동제조원가에 단위당 ₩20의 재료원가가 추가로 투입된다. 부품 X의 외부 수요량은 매월 40,000단위로 제한되어 있다. 사업부 A가 현재의 영업이익을 감소시키지 않기 위해 사업부 B에 요구해야 할 부품 Xplus의 단위당 최소대체가격은? [세무사 2022]

① ₩66.25 ② ₩75.50 ③ ₩77.50
④ ₩80.25 ⑤ ₩85.50

**08** (주)세무는 사업부 A와 B를 이익중심점으로 두고 있다. 사업부 A는 부품 S를 생산하여 사업부 B에 대체하거나 외부에 판매할 수 있으며, 사업부 B는 완제품 생산을 위해 필요한 부품 S를 사업부 A에서 구입하거나 외부에서 구입할 수 있다. 부품 S 1,000단위를 대체하는 경우 사업부 A의 단위당 최소대체가격은 ₩160이다. 부품 S 1,000단위를 내부대체하면 대체하지 않는 것에 비해 회사 전체 이익이 ₩50,000 증가한다. 이 경우 부품 S 1,000단위에 대한 사업부 B의 단위당 최대대체가격(M)과 대체로 인하여 증가하는 이익을 두 사업부가 균등하게 나눌 수 있는 대체가격(E)의 합(M + E)은? [세무사 2023]

① ₩370 ② ₩380 ③ ₩385
④ ₩390 ⑤ ₩395

## 12 자본예산

**01** (주)세무는 온라인 교육을 확대하기 위해 새로운 온라인 강의설비를 ₩280,000에 구입할 것을 검토하고 있다. 이 설비는 향후 5년에 걸쳐 강사료, 시설관리비 등에서 ₩330,000의 현금절감효과를 가진다. 현금절감액은 연중 균일하게 발생하지만, 연도별 현금흐름은 다음과 같이 균일하지 않다. 이러한 상황에서 설비투자에 대한 회수기간은? [세무사 2021]

| 연도 | 1 | 2 | 3 | 4 | 5 |
|---|---|---|---|---|---|
| 현금절감액 | ₩100,000 | ₩80,000 | ₩60,000 | ₩50,000 | ₩40,000 |

① 3.2년 ② 3.4년 ③ 3.5년
④ 3.6년 ⑤ 3.8년

**02** 순현재가치법(NPV법)과 내부수익률법(IRR법)에 관한 설명 중 옳은 것을 모두 고른 것은? [관세사 2025]

> ㄱ. 순현재가치법에서 자본비용(최저요구수익률)이 증가하면 순현재가치도 증가한다.
> ㄴ. 순현재가치법은 분석 시점에 초기 투자액이 없는 경우에도 사용할 수 있다.
> ㄷ. 순현재가치법에서는 순현재가치가 0보다 클 경우 투자안을 선택한다.
> ㄹ. 내부수익률법에서 내부수익률이란 투자안의 순현재가치를 0이 되도록 하는 할인율이다.
> ㅁ. 순현재가치법과 달리 내부수익률법은 화폐의 시간가치를 고려하지 않는다.

① ㄱ, ㄴ, ㄷ ② ㄱ, ㄷ, ㅁ ③ ㄱ, ㄹ, ㅁ
④ ㄴ, ㄷ, ㄹ ⑤ ㄴ, ㄹ, ㅁ

**03** (주)세무는 신제품 생산을 위해 새로운 기계를 구입하려고 한다. 새로운 기계와 관련된 자료는 다음과 같다.

> • 구입원가: ₩1,000,000
> • 추정내용연수: 5년
> • 추정잔존가액: 없음
> • 감가상각방법: 정액법

새로운 기계로부터 예상되는 세전영업현금흐름은 매년 ₩300,000이다. 다음 설명으로 옳은 것은? (단, 법인세율은 30%이며, 회수기간과 회계적 이익률은 세후기준으로 계산한다) [세무사 2024]

① 매년 예상되는 세후순현금유입액은 ₩210,000이다.
② 회수기간은 3.84년이다.
③ 평균투자액은 ₩600,000이다.
④ 매년 예상되는 법인세차감전순이익은 ₩70,000
⑤ 평균투자액에 대한 회계적 이익률은 14%이다.

## 13 종합예산

**01** (주)관세는 단위당 2kg의 재료를 사용하여 제품A를 생산한다. 재료의 kg당 가격은 ₩3이며, 다음 분기 목표재료사용량의 20%를 분기말 재고로 유지한다. 20×1년 제품A의 1분기와 2분기의 생산량이 각각 3,000단위와 5,000단위일 때 1분기 재료구입예산액은? [관세사 2024]

① ₩14,400 ② ₩18,000 ③ ₩20,400
④ ₩24,000 ⑤ ₩27,600

## 02 다음은 제품A를 생산 · 판매하는 (주)관세의 20×1년 분기별 판매계획이다.

| 구분 | 1분기 | 2분기 | 3분기 | 4분기 |
|---|---|---|---|---|
| 예상판매수량 | 1,000단위 | 1,000단위 | 1,200단위 | 1,300단위 |
| 분기 말 예상재고수량 | 400단위 | 480단위 | 520단위 | 450단위 |

(주)관세의 20×1년 제품A의 기초재고수량이 300단위라면, 20×1년 제품A의 연간 예상 생산수량은?

[관세사 2019]

① 4,350단위 ② 4,550단위 ③ 4,650단위
④ 4,700단위 ⑤ 4,750단위

## 03 (주)관세는 20×1년 3분기에 30,000단위의 제품을 판매하였으며, 4분기에는 판매량이 3분기보다 10% 증가할 것으로 예측하고 있다. 20×1년 9월 및 12월 말 제품재고량이 각각 3,300단위, 2,850단위라면, 4분기의 목표생산량은 얼마인가? [관세사 2014]

① 29,250단위 ② 30,900단위 ③ 32,550단위
④ 34,200단위 ⑤ 35,850단위

## 04 (주)대한은 단일제품을 생산 · 판매하고 있다. 제품 1단위를 생산하기 위해서는 직접재료 0.5kg이 필요하고, 직접재료의 kg당 구입가격은 ₩10이다. 1분기 말과 2분기 말의 재고자산은 다음과 같이 예상된다.

| | 재고자산 | |
|---|---|---|
| | 1분기 말 | 2분기 말 |
| 직접재료 | 100kg | 120kg |
| 제품 | 50단위 | 80단위 |

2분기의 제품 판매량이 900단위로 예상될 경우, 2분기의 직접재료 구입예산은? (단, 각 분기말 재공품 재고는 무시한다) [감정평가사 2014]

① ₩4,510 ② ₩4,600 ③ ₩4,850
④ ₩4,900 ⑤ ₩4,960

## 05 (주)감평은 단일 종류의 상품을 구입하여 판매하고 있다. 20×1년 4월과 5월의 매출액은 각각 ₩6,000과 ₩8,000으로 예상된다. 20×1년 중 매출원가는 매출액의 70%이다. 매월 말의 적정재고금액은 다음 달 매출원가의 10%이다. 4월 중 예상되는 상품구입액은? [감정평가사 2014]

① ₩4,340 ② ₩4,760 ③ ₩4,920
④ ₩5,240 ⑤ ₩5,600

## 06 다음은 (주)감평의 20×1년 상반기 종합예산을 작성하기 위한 자료의 일부이다. 4월의 원재료 구입예산액은?

[감정평가사 2022]

• 예산판매량
  3월: 2,000단위 4월: 2,500단위 5월: 2,400단위 6월: 2,700단위
• 재고정책
  제품: 다음 달 예산판매량의 10%를 월말재고로 보유한다.
  원재료: 다음 달 생산량에 소요되는 원재료의 5%를 월말재고로 보유한다.
• 제품 1단위를 생산하는데 원재료 2kg이 투입되며, kg당 구입단가는 ₩10이다.

① ₩49,740 ② ₩49,800 ③ ₩49,860
④ ₩52,230 ⑤ ₩52,290

## 07 (주)관세는 20×1년의 분기별 현금예산을 편성 중이며, 관련 매출 자료는 다음과 같다.

| | 1분기 | 2분기 | 3분기 | 4분기 |
|---|---|---|---|---|
| 예상 매출액 | ₩250,000 | ₩300,000 | ₩200,000 | ₩275,000 |

분기별 예상 매출액 중 현금매출은 40%이며, 외상매출은 60%이다. 외상매출은 판매된 분기(첫 번째 분기)에 60%, 두 번째 분기에 30%, 세 번째 분기에 10%가 현금으로 회수된다. 20×1년 매출과 관련하여 3분기에 예상되는 현금유입액은?

[관세사 2018]

① ₩152,000 ② ₩206,000 ③ ₩218,000
④ ₩221,000 ⑤ ₩267,000

## 08 (주)관세는 20×1년의 분기별 현금예산을 편성 중인데, 동 기간 동안의 매출 관련 자료는 다음과 같이 예상된다.

| | 예상 매출액 |
|---|---|
| 1분기 | ₩100,000 |
| 2분기 | ₩120,000 |
| 3분기 | ₩80,000 |
| 4분기 | ₩110,000 |

매 분기 매출액 가운데 현금매출은 60%이며, 외상매출은 40%이다. 외상매출은 판매된 분기에 30%가 현금으로 회수되고, 그 다음 분기에 나머지 70%가 현금으로 회수된다. 20×1년 3분기의 매출관련 현금유입액은 얼마로 예상되는가?

[관세사 2011]

① ₩89,000 ② ₩91,200 ③ ₩94,400
④ ₩95,000 ⑤ ₩96,600

**09** 20×1년 초 설립된 (주)관세의 20×1년 1월, 2월, 3월의 예상매출액은 다음과 같다.

| 구분 | 1월 | 2월 | 3월 |
|---|---|---|---|
| 예상매출액 | ₩350,000 | ₩420,000 | ₩450,000 |

(주)관세의 매출총이익률은 20%이며, 월말재고는 다음 달 예상 매출원가의 30%를 보유하는 정책을 실시하고 있다. (주)관세는 상품매입대금의 50%는 당월에, 30%는 다음 월에, 20%는 그 다음 월에 지급한다. (주)관세의 상품매입과 관련하여 20×1년 2월에 예상되는 현금지출액은? (단, 매입에누리와 매입환출 및 매입할인은 발생하지 않는다) [관세사 2025]

① ₩278,640 ② ₩285,840 ③ ₩293,360
④ ₩323,600 ⑤ ₩336,240

**10** (주)아침은 상품매매업을 영위하고 있으며, 20×7년 1/4분기의 월별 매출계획은 다음과 같다.

| | 1월 | 2월 | 3월 |
|---|---|---|---|
| 판매량 | 1,000개 | 2,000개 | 1,500개 |

판매가격은 단위당 ₩10이다. 매출액 중 40%는 현금으로, 나머지는 외상판매될 것이다. 또한 외상판매대금 중 50%는 당월에, 나머지 50%는 익월에 회수될 것이다. 20×7년 2월 현금회수 추정액은 얼마인가? [감정평가사 2008]

① ₩9,000 ② ₩11,000 ③ ₩14,000
④ ₩17,000 ⑤ ₩18,000

**11** (주)감평은 매입원가의 130%로 매출액을 책정한다. 모든 매입은 외상거래이다. 외상매입액 중 30%는 구매한 달에, 70%는 구매한 달의 다음 달에 현금으로 지급된다. (주)감평은 매월 말에 다음 달 예상 판매량의 25%를 안전재고로 보유한다. 20×1년도 예산자료 중 4월, 5월, 6월의 예상 매출액은 다음과 같다.

| | 4월 | 5월 | 6월 |
|---|---|---|---|
| 예상 매출액 | ₩1,300,000 | ₩3,900,000 | ₩2,600,000 |

20×1년 5월에 매입대금 지급으로 인한 예상 현금지출액은? (단, 4월, 5월, 6월의 판매단가 및 매입단가는 불변) [감정평가사 2017]

① ₩1,750,000 ② ₩1,875,000 ③ ₩2,050,000
④ ₩2,255,000 ⑤ ₩2,500,000

**12** 20×1년 1월 초에 1분기 현금예산을 편성 중인 (주)관세의 월별 매출예상액은 다음과 같다.

| 구분 | 1월 | 2월 | 3월 |
|---|---|---|---|
| 매출예상액 | ₩600,000 | ₩450,000 | ₩900,000 |
| 매출총이익률 | 30% | | |

매출액 중 40%는 판매한 달에, 55%는 판매한 다음 달에 현금으로 회수되며, 5%는 대손으로 예상된다. 상품매입대금은 매입한 다음 달에 전액 현금으로 지급한다. 1월초 상품재고액은 ₩60,000이고 매월 말 상품재고액은 다음 달 매출원가의 10%로 유지한다. 2월 한 달간 예상되는 현금유입액과 현금유출액의 차이는? [관세사 2017]

① ₩112,500 ② ₩118,500 ③ ₩121,200
④ ₩126,300 ⑤ ₩132,300

## 14 책임회계제도

**01** (주)관세는 표준원가계산제도를 채택하고 있으며, 원재료 A와 원재료 B를 투입하여 제품을 생산하고 있다. (주)관세는 20×1년에 300단위의 제품을 생산하였으며, 직접재료에 대한 원가자료는 다음과 같다. 직접재료원가의 수율차이는? [관세사 2014]

| 구분 | 표준 | | | 실제 | | |
|---|---|---|---|---|---|---|
| | 단위당 투입량 | kg당 가격 | 재료원가 | 투입량 | kg당 가격 | 재료원가 |
| 원재료 A | 0.5kg | ₩200 | ₩100 | 160kg | ₩250 | ₩40,000 |
| 원재료 B | 1.5kg | 120 | 180 | 464kg | 170 | 78,880 |
| 계 | 2.0kg | | ₩280 | 624kg | | ₩118,880 |

① ₩320 불리 ② ₩320 유리 ③ ₩3,360 불리
④ ₩3,360 유리 ⑤ ₩3,680 불리

**02** 대한회사는 A와 B의 두 제품을 생산 · 판매하고 있다. 예산에 의하면 제품 A의 단위당 공헌이익은 ₩20이고, 제품 B의 공헌이익은 ₩4이다. 2007년의 예산매출수량은 제품 A가 800단위, 제품 1,200단위로 총 2,000단위였다. 그러나 실제매출수량은 제품 A가 500단위, 제품 B가 2,000단위로 총 2,500단위였다. 대한회사의 2007년 매출배합차이와 매출수량차이를 계산하면 각각 얼마인가? [세무사 2008]

| | 매출배합차이 | 매출수량차이 |
|---|---|---|
| ① | ₩8,000 유리 | ₩5,200 불리 |
| ② | ₩8,000 유리 | ₩5,200 유리 |
| ③ | ₩5,200 불리 | ₩8,000 불리 |
| ④ | ₩5,200 유리 | ₩8,000 불리 |
| ⑤ | ₩8,000 불리 | ₩5,200 유리 |

**03** (주)국세는 사무용과 가정용 복사기를 판매한다. (주)국세는 20×1년 복사기 시장규모가 800,000대일 것으로 예측했으나, 실제 시장규모는 700,000대로 집계되었다. 20×1년 예산과 실제 결과에 대한 자료가 다음과 같을 때, (주)국세의 시장점유율 차이는 얼마인가? [세무사 2011]

<20×1년도 **예산**>

| 제품종류 | 판매단가 | 단위당 변동원가 | 판매수량 및 비율 | |
|---|---|---|---|---|
| | | | 수량 | 비율 |
| 사무용 | ₩1,200 | ₩700 | 20,000대 | 25% |
| 가정용 | ₩900 | ₩500 | 60,000대 | 75% |
| 합계 | | | 80,000대 | 100% |

<20×1년도 **실제 결과**>

| 제품종류 | 판매단가 | 단위당 변동원가 | 판매수량 및 비율 | |
|---|---|---|---|---|
| | | | 수량 | 비율 |
| 사무용 | ₩1,100 | ₩625 | 25,200대 | 30% |
| 가정용 | ₩820 | ₩400 | 58,800대 | 70% |
| 합계 | | | 84,000대 | 100% |

① ₩3,840,000 불리
② ₩4,960,000 불리
③ ₩5,270,000 불리
④ ₩4,750,000 유리
⑤ ₩5,950,000 유리

**04** (주)세무는 사무실용과 가정용 공기청정기를 판매한다. 다음은 (주)세무의 20×1년 예산과 실제결과에 대한 자료이다.

<20×1년 **예산**>

| 제품 | 단위당 판매가격 | 단위당 변동원가 | 판매수량 |
|---|---|---|---|
| 사무실용 공기청정기 | ₩180 | ₩120 | 30,000대 |
| 가정용 공기청정기 | ₩135 | ₩90 | 90,000대 |

<20×1년 **실제결과**>

| 제품 | 단위당 판매가격 | 단위당 변동원가 | 판매수량 |
|---|---|---|---|
| 사무실용 공기청정기 | ₩165 | ₩112.5 | 37,800대 |
| 가정용 공기청정기 | ₩120 | ₩82.5 | 88,200대 |

20×1년도 공기청정기의 전체 실제시장규모는 1,050,000대이며, (주)세무의 시장점유율차이는 ₩1,023,750(유리)이다. (주)세무가 예상한 20×1년도 전체 공기청정기의 시장규모는?

[세무사 2020]

① 857,143대 ② 923,077대 ③ 1,100,000대
④ 1,150,000대 ⑤ 1,200,000대

**05** (주)관세가 20×1년 초에 편성한 예산(고정예산)과 실제결과는 다음과 같다.

| 구분 | 실제결과 | 고정예산 |
|---|---|---|
| 판매량 | 110단위 | 100단위 |
| 매출액 | ₩3,300 | ₩2,500 |
| 변동원가 | 2,200 | 1,000 |
| 고정원가 | 600 | 500 |
| 영업이익 | ₩500 | ₩1,000 |

(주)관세의 경영자는 실제영업이익이 고정예산 영업이익보다 감소한 이유를 분석하고 있다. 이에 관한 내용으로 옳지 않은 것은? [관세사 2023]

① 매출가격차이는 ₩550 유리하다.
② 매출조업도차이는 ₩150 유리하다.
③ 변동원가차이는 ₩1,100 불리하다.
④ 변동예산차이는 ₩500 불리하다.
⑤ 고정원가 예산차이는 ₩100 불리하다.

**06** A사업부의 자료는 다음과 같다. A사업부가 16%의 총자산이익률을 달성하기 위해서는 제품가격을 얼마로 결정해야 하는가? [관세사 2012]

| | |
|---|---|
| • 연간 총고정원가 | ₩490,000 |
| • 제품단위당 변동원가 | ₩140 |
| • 연간 예상판매량 | 15,000단위 |
| • 평균총자산 | ₩2,000,000 |

① ₩186 ② ₩188 ③ ₩190
④ ₩192 ⑤ ₩194

**07** (주)감평은 A, B 두 개의 사업부만 두고 있다. 투자수익률과 잔여이익을 이용하여 사업부를 평가할 때 관련 설명으로 옳은 것은? (단, 최저필수수익률은 6%라고 가정한다) [감정평가사 2016]

| 구분 | A사업부 | B사업부 |
|---|---|---|
| 투자금액 | ₩250,000,000 | ₩300,000,000 |
| 감가상각비 | 25,000,000 | 28,000,000 |
| 영업이익 | 20,000,000 | 22,500,000 |

① A사업부와 B사업부의 성과는 동일하다.
② A사업부가 투자수익률로 평가하든 잔여이익으로 평가하든 더 우수하다.
③ B사업부가 투자수익률로 평가하든 잔여이익으로 평가하든 더 우수하다.
④ 투자수익률로 평가하는 경우 B사업부, 잔여이익으로 평가하는 경우 A사업부가 각각 더 우수하다.
⑤ 투자수익률로 평가하는 경우 A사업부, 잔여이익으로 평가하는 경우 B사업부가 각각 더 우수하다.

**08** (주)감평의 제1사업부는 단일제품을 생산 · 판매하고 있으며, 투자중심점으로 운영되고 있다. 20×1년 제1사업부의 성과평가와 관련된 자료는 다음과 같다.

| | | | |
|---|---|---|---|
| 평균영업자산 | ₩1,200,000 | 가중평균자본비용 | 12% |
| 투하(투자)자본 | 1,200,000 | 최저필수수익률 | 10% |
| 세전영업이익 | 230,000 | 법인세율 | 30% |

제1사업부의 잔여이익과 경제적 부가가치(EVA)는 각각 얼마인가? [감정평가사 2025]

| | 잔여이익 | 경제적 부가가치 |
|---|---|---|
| ① | ₩86,000 | ₩17,000 |
| ② | ₩110,000 | ₩17,000 |
| ③ | ₩86,000 | ₩41,000 |
| ④ | ₩110,000 | ₩41,000 |
| ⑤ | ₩110,000 | ₩50,000 |

# 15 불확실하의 의사결정

**01** (주)서울은 기계A나 기계B를 구입하여 신형자전거를 생산하려고 한다. 신형자전거가 생산되면 구매자의 선호에 따라 히트상품이 될 수도 있고 보통상품이 될 수도 있다. 각 상황에 따라 예상되는 이익은 다음과 같다.

| 구분 | 미래상황 | |
|---|---|---|
| | 히트상품 | 보통상품 |
| 기계A 구입 | ₩120,000 | ₩40,000 |
| 기계B 구입 | 150,000 | 10,000 |

신형자전거가 히트상품이 될 확률이 40%이며 보통상품이 될 확률은 60%라고 한다. 다음 중 옳지 않은 것은? [감정평가사 2011]

① 기계A를 구입하는 대안의 기대이익은 ₩72,000이다.
② 기계B를 구입하고 신형자전거가 보통상품이 될 경우 조건부 손실(conditional loss)은 ₩30,000이다.
③ 각 상황에 대해 80% 정확도를 가진 보고서가 있다면, 이 보고서는 정보로서의 가치가 있다.
④ 각 상황에 대해 100% 정확한 예측을 하는 보고서가 있을 때, 이 보고서의 최대 구입가격은 ₩12,000이다.
⑤ 조건부 손실의 기댓값을 최소화하는 대안은 기계B를 구입하는 것이다.

**02** (주)목포는 갑회사로부터 유휴설비를 1년간 임대해 달라는 요청을 받았다. (주)목포는 설비 임대료와 관련하여 다음과 같이 두 가지 대안을 제시받았다.

- 대안 1: 갑회사의 연간 제품판매량 × ₩40 + ₩50,000
- 대안 2: 갑회사의 연간 제품판매량 × ₩70

갑회사의 1년간 판매량이 1,000단위일 확률은 40%이며, 2,000단위일 확률은 60%라고 한다. (주)목포의 입장에서 기대이익을 극대화하려면 어느 대안을 선택해야 하며, 그 기대임대료는 얼마인가? [세무사 2010]

① 대안 2, ₩104,000 ② 대안 2, ₩130,000 ③ 대안 2, ₩90,000
④ 대안 1, ₩112,000 ⑤ 대안 1, ₩114,000

**03** (주)세무는 공정이 정상인지에 대해 조사 여부를 결정하고자 한다. 공정 조사비용은 ₩10,000이고, 조사 후 공정이 비정상 상태이면 교정비용이 추가로 발생하며, 공정이 비정상인데 조사하지 않으면 손실 ₩70,000이 발생한다. 공정을 조사하는 경우의 기대비용은 ₩19,000이고 공정을 조사하지 않는 경우의 기대비용은 ₩21,000이다. 공정 전문가 L씨에게 상담을 받으면 공정 상태에 대한 완전정보를 얻을 수 있다고 한다. 이 경우 공정 상태에 대한 완전정보의 대가로 L씨에게 지불할 수 있는 최대금액은?

[세무사 2025]

① ₩2,000 ② ₩3,000 ③ ₩7,000
④ ₩8,000 ⑤ ₩9,000

**04** (주)세무는 기계 A, B 중 하나를 구입하고, 이를 사용하여 신제품을 생산하려 한다. 관련 자료를 근거로 작성한 성과표(payoff table)는 다음과 같다. 성과표에서 $P(S_i)$는 확률을 의미하고, 금액은 이익을 의미한다.

| 상황 / 대안 | $S_1$ = 호황<br>$P(S_1) = 0.4$ | $S_2$ = 불황<br>$P(S_2) = 0.6$ |
|---|---|---|
| 기계 A | ₩9,000 | ₩1,000 |
| 기계 B | 7,000 | $K$ |

기계 A의 기대이익이 기계 B의 기대이익보다 더 크며, 호황일 때는 기계 A의 이익이 더 크고 불황일 때는 기계 B의 이익이 더 크다. 완전정보의 기대가치(EVPI)가 ₩600인 경우, 성과표에서 $K$는 얼마인가?

[세무사 2023]

① ₩1,500 ② ₩2,000 ③ ₩2,200
④ ₩2,300 ⑤ ₩2,500

**05** (주)세무는 기존에 생산중인 티셔츠 제품계열에 새로운 색상인 하늘색과 핑크색 중 한 가지 제품을 추가할 것을 고려중이다. 추가될 제품은 현재의 시설로 생산가능하지만, 각각 ₩200,000의 고정원가 증가가 요구된다. 두 제품의 판매단가는 ₩10, 단위당 변동원가는 ₩8으로 동일하다. 마케팅부서는 두 제품의 시장수요에 대해 다음과 같은 확률분포를 제공하였다.

| 수요량 | 기대확률 | |
|---|---|---|
| | 하늘색 | 핑크색 |
| 50,000단위 | 0.0 | 0.1 |
| 100,000 | 0.2 | 0.1 |
| 200,000 | 0.2 | 0.2 |
| 300,000 | 0.4 | 0.2 |
| 400,000 | 0.2 | 0.4 |

(주)세무의 기대영업이익을 최대화하는 관점에서 두 제품 중 상대적으로 유리한 제품과 유리한 영업이익 차이를 모두 올바르게 나타낸 것은? [세무사 2021]

① 핑크색, ₩30,000　② 하늘색, ₩32,000　③ 핑크색, ₩34,000
④ 하늘색, ₩36,000　⑤ 핑크색, ₩38,000

**06** 다음은 (주)대한의 매출 관련 예상자료이다.

| | |
|---|---|
| 매출액 | ₩240,000 |
| 총변동비 | 135,000 |
| 총고정비 | 40,000 |
| 판매량 | 3,000단위 |

추가판촉행사에 ₩10,000을 투입한다면, 예상 판매량이 400단위 증가할 확률이 60%, 200단위 증가할 확률이 40%이다. 이 판촉행사를 실시하면 영업이익의 기대치가 어떻게 변하는가? [세무사 2009]

① ₩1,000 감소　② ₩1,200 감소　③ ₩1,500 감소
④ ₩1,200 증가　⑤ ₩1,500 증가

## 16 전략적 원가관리

**01** 원가관리기법에 관한 설명으로 옳은 것은? [감정평가사 2021]

① 제약이론을 원가관리에 적용한 재료처리량공헌이익(throughput contribution)은 매출액에서 기본원가를 차감하여 계산한다.
② 수명주기원가계산에서는 공장자동화가 이루어지면서 제조이전단계보다는 제조단계에서의 원가절감 여지가 매우 높아졌다고 본다.
③ 목표원가계산은 표준원가와 마찬가지로 제조과정에서의 원가절감을 강조한다.
④ 균형성과표는 전략의 구체화와 의사소통에 초점이 맞춰진 제도이다.
⑤ 품질원가계산에서는 내부실패원가와 외부실패원가를 통제원가라 하며, 예방 및 평가활동을 통해 이를 절감할 수 있다.

**02** 전략적 원가관리에 관한 설명으로 옳지 않은 것은? [관세사 2015]

① 목표원가계산은 제조이전 단계에서의 원가절감에 초점을 두고 있다.
② 가치사슬원가계산에서는 제품생산 이전에 발생한 활동과 관련된 원가는 물론 제품생산 이후에 발생한 활동과 관련된 원가도 분석한다.
③ 품질원가에서 예방원가는 대부분 제품이 내부고객과 외부고객의 요구사항을 충족하고 있는지 확실하게 하기 위해서 제품을 검사하는 것과 관련이 있다.
④ 제품수명주기원가계산에서는 특정 제품의 기획에서부터 폐기까지의 모든 비용을 식별 · 추적한다.
⑤ 카이젠원가계산은 제품의 수명주기상의 제조단계에서 원가를 절감시키려는 데 초점을 맞추고 있다.

**03** 원가관리기법과 관련한 새로운 접근방법들에 대한 설명으로서 옳은 것은? [세무사 2008]

① 카이젠원가계산은 제품제조 이전단계에서의 지속적인 원가절감에 초점을 둔다.
② 목표원가계산 기법은 기존의 표준원가계산과 마찬가지로 제품제조단계에서의 원가절감을 강조한다.
③ 제품수명주기원가계산은 제품제조단계에서의 원가절감을 강조한다.
④ 가치사슬원가계산에 있어서는 제품생산 이전에 발생된 활동과 관련된 원가는 물론 제품생산 이후에 발생된 활동과 관련된 원가도 분석한다.
⑤ 품질원가분석에 있어서 제품보증수리비용은 내부 실패원가에 해당한다.

**04** 다음 중 원가관리회계의 이론 및 개념들에 대한 설명으로 옳지 않은 것은? [회계사 2021]

① 안전재고는 재고부족으로 인해 판매기회를 놓쳐서 기업이 입는 손실을 줄여준다.
② 제품의 품질수준이 높아지면, 실패원가가 낮아진다. 따라서 품질과 실패원가는 음(-)의 관계를 가진다.
③ 제약이론은 주로 병목공정의 처리능력 제약을 해결하는 것에 집중해서 기업의 성과를 높이는 방법이다.
④ 제품수명주기원가계산은 특정 제품이 고안된 시점부터 폐기되는 시점까지의 모든 원가를 식별하여 측정한다.
⑤ 적시생산시스템(JIT)은 재고관리를 중요하게 생각하며, 다른 생산시스템보다 안전재고의 수준을 높게 설정한다.

**05** (주)관세는 품질 관련 활동원가를 예방원가, 평가원가, 내부실패원가 및 외부실패원가로 구분한다. 다음 자료를 이용하여 계산한 (주)관세의 예방원가는? [관세사 2025]

| | | | |
|---|---|---|---|
| 설계엔지니어링 원가 | ₩1,500 | 제품 품질검사 원가 | ₩800 |
| 불량재공품 재작업 원가 | 750 | 부품 공급업체평가 원가 | 600 |
| 제품보증수리 원가 | 300 | 종업원 품질교육 원가 | 1,100 |

① ₩2,600 ② ₩2,850 ③ ₩3,200
④ ₩4,000 ⑤ ₩4,250

**06** (주)관세는 품질원가를 계산하고자 한다. 다음 자료를 바탕으로 계산한 외부실패원가는? [관세사 2021]

| | | | |
|---|---|---|---|
| • 품질교육 | ₩100 | • 완성품검사 | ₩400 |
| • 불량재공품 재작업 | ₩600 | • 보증수리 | ₩200 |
| • 반품 재작업 | ₩500 | • 설계개선 작업 | ₩300 |
| • 품질에 따른 판매기회상실 기회비용 | ₩700 | | |

① ₩700 ② ₩900 ③ ₩1,200
④ ₩1,400 ⑤ ₩1,800

**07** (주)세무의 품질관리 활동원가는 다음과 같다.

| 활동 | 원가(또는 비용) |
|---|---|
| 공손품 재작업 | ₩400 |
| 납품업체 평가 | 500 |
| 불량품 폐기 | 600 |
| 완제품 검사 | 700 |

| 활동 | 원가(또는 비용) |
|---|---|
| 보증수리원가 | ₩2,000 |
| 반품 재작업 | 1,000 |
| 품질교육훈련 | 1,000 |
| 재공품 검사 | 300 |

위 원가(비용)를 다양한 유형별로 구분하여 자세히 분석한 결과, 예방원가(prevention cost)를 현재보다 50% 증가시키면 외부실패원가(external failure cost)를 현재보다 40% 절감할 수 있을 것으로 예상하였다. 이를 실행할 경우, 회사의 이익은 얼마나 증가하는가? [세무사 2023]

① ₩400 ② ₩450 ③ ₩690
④ ₩700 ⑤ ₩850

**08** 품질원가는 불량품 예방을 위해서나, 제품의 불량으로부터 초래되는 모든 원가를 의미한다. 품질원가와 관련된 다음의 설명 중 옳지 않은 것은? [관세사 2012]

① 예방원가(prevention costs)와 평가원가(appraisal costs)는 불량제품이 생산되어 고객에게 인도되는 것을 예방하는 활동에 의해 발생한다.
② 내부실패원가(internal failure costs)와 외부실패원가 (external failure costs)는 불량품이 생산됨으로써 발생하는 원가이다.
③ 품질원가는 제조활동뿐만 아니라, 초기 연구개발부터 고객 서비스까지 모든 활동과 관련되어 있다.
④ 일반적으로, 품질문제가 발생한 후에 이를 발견하고 해결하는 것보다 문제가 발생하기 전에 이를 예방하는 것이 총품질원가를 감소시킨다.
⑤ 예방 및 평가원가가 증가하면 내부실패원가는 감소하나 외부실패원가는 증가한다.

**09** (주)갑의 신제품 개발팀은 신제품을 위한 다양한 제품 사양을 개발하였다. (주)갑은 개발한 제품 사양이 모두 포함된 신제품 A를 제조할 것인지 아니면 제품 사양들 중 일부가 제외된 신제품 B를 제조할 것인지를 결정하고자 한다. 어느 신제품을 생산하여 출시하더라도 생산 및 판매와 관련된 예상고정원가 총액은 ₩2,000,000이며, 신제품의 목표이익률은 판매가격의 30%이다.

신제품 A와 신제품 B의 생산 및 판매와 관련된 추가 자료는 다음과 같다.

| | 신제품 A | 신제품 B |
|---|---|---|
| 단위당 예상판매가격 | ₩5,000 | ₩4,000 |
| 단위당 예상변동원가 | ₩2,500 | ₩1,900 |
| 예상생산·판매량 | ? | 2,500단위 |

다음 설명 중 옳지 않은 것은? [회계사 2012]

① 신제품 A의 단위당 목표원가는 ₩3,500이다.

② (주)갑은 신제품 A의 단위당 목표이익를 달성하기 위해 최소한 2,000단위 이상을 생산·판매하여야 한다.

③ 신제품 B의 단위당 목표원가는 ₩2,800이다.

④ 신제품 B를 생산·판매하면 목표이익률을 달성할 수 있다.

⑤ 만약 신제품 A의 예상생산·판매량이 2,000단위 이상이면, (주)갑은 신제품 B 대신 신제품 A를 생산·판매하는 것이 유리하다.

ca.Hackers.com

해커스 회계학 1차 기출+예상문제집

해커스 감정평가사 ca.Hackers.com

# 정답 및 해설

# 해커스 회계학 1차 기출+예상문제집

해커스 감정평가사 ca.Hackers.com

# PART 1

# 재무회계
# 정답 및 해설

# 1장 | 개념체계와 재무제표

## I. 필수 유형 정리

**01** ② 중요성은 기업 특유 관점의 목적적합성을 의미하므로 회계기준위원회는 중요성에 대한 획일적인 계량임계치를 정하거나 특정한 상황에서 무엇이 중요한 것인지를 미리 결정할 수 없다.

**02** ① 검증가능성은 합리적인 판단력이 있고 독립적인 서로 다른 관찰자가 어떤 서술이 충실하게 표현되었다는 데 대체로 의견이 일치할 수 있다는 것을 의미한다.

**03** ② 비용의 기능별 분류방법은 성격별 분류방법보다 자의적인 배분과 상당한 정도의 판단이 더 개입될 수 있다.

**04** ① 재무자본유지개념은 자산의 측정기준을 제한하고 있지 않다.

**05** ③
① 매입채무 그리고 종업원 및 그 밖의 영업원가에 대한 미지급비용과 같은 유동부채는 기업의 정상영업주기 내에 사용되는 운전자본의 일부이므로, 이러한 항목은 보고기간 후 12개월 후에 결제일이 도래하더라도 유동부채로 분류한다.
② 기업이 기존의 대출계약조건에 따라 보고기간 후 적어도 12개월 이상 부채를 차환하거나 연장할 것으로 기대하고 있고, 그런 재량권이 있다면, 보고기간 후 12개월 이내에 만기가 도래한다 하더라도 비유동부채로 분류한다. 그러나 기업에게 부채의 차환이나 연장에 대한 재량권이 없다면, 차환가능성을 고려하지 않고 유동부채로 분류한다.
④ 중요한 오류수정과 회계정책의 변경은 소급법을 적용하므로 이러한 수익과 비용은 당기손익이 아니고 전기이전 손익이 되어 당기 초 이익잉여금에 반영된다.
⑤ 비용을 기능별로 분류하는 기업은 감가상각비, 기타 상각비와 종업원급여비용을 포함하여 비용의 성격에 대한 추가 정보를 주석 공시한다. 비용을 성격별로 공시하는 경우 비용의 기능에 대한 추가 정보를 주석으로 공시하지 않는다.

**06** ②
① 한국채택국제회계기준은 재무제표만을 그 적용범위로 한다.
③ 경영진이 기업을 청산하거나 경영활동을 중단할 의도를 가지고 있거나 청산 또는 경영활동의 중단의도가 있을 경우에는 청산기업 가정에 따라 재무제표를 작성한다.
④ 한국채택국제회계기준의 요구사항을 모두 충족하지 않더라도 일부만 준수하여 재무제표를 작성한 기업은 그러한 준수 사실을 기재할 수 없다.
⑤ 변경된 표시방법의 지속가능성이 낮아 비교가능성을 저해하더라도 재무제표이용자에게 신뢰성 있고 더욱 목적적합한 정보를 제공한다고 판단되더라도 재무제표의 표시방법을 변경할 수 없다.

**07** ① 목적적합성과 표현충실성이 없는 재무정보는 더 비교가능하거나, 검증가능하거나, 적시성이 있거나, 이해가능하더라도 유용한 정보가 아니다.

## Ⅱ. 최신 기출 유형 정리

### 개념체계

**01** ⑤ 보강적 질적특성은 비교가능성, 검증가능성, 적시성 및 이해가능성이다. 그중 검증가능성에 대한 설명이다.

**02** ⑤ 근본적 질적특성은 목적적합성과 표현충실성이다. 이 중 목적적합성에 대한 설명이다.

**03** ② 중요성은 기업 특유 관점의 목적적합성을 의미하므로 회계기준위원회는 중요성에 대한 획일적인 계량 임계치를 정하거나 특정한 상황에서 무엇이 중요한 것인지를 미리 결정할 수 없다.

**04** ②
① 근본적 질적특성은 목적적합성과 표현충실성이다.
③ 일부 정보는 보고기간 말 후에도 오랫동안 적시성이 있을 수 있다. 예를 들어, 일부 이용자들은 추세를 식별하고 평가할 필요가 있을 수 있기 때문이다.
④ 정보가 비교가능하기 위해서는 비슷한 것은 비슷하게 보여야 하고 다른 것은 다르게 보여야 한다.
⑤ 표현충실성에서 오류가 없다는 것은 모든 면에서 완벽하게 정확하다는 것을 의미하지는 않는다. 오류가 없다는 것은 현상의 기술에 오류나 누락이 없고, 보고 정보를 생산하는 데 사용되는 절차의 선택과 적용 시 절차상 오류가 없음을 의미한다.

**05** ④ 개념체계는 수시로 개정될 수 있으며, 개념체계가 개정되면 자동으로 회계기준이 개정되는 것은 아니다.

**06** ②
ㄱ. 표현충실성에서 오류가 없다는 것은 절차의 선택과 적용 시 절차상 오류가 없음을 의미하는 것이지, 절차상 완벽하게 정확하다는 것을 의미하지는 않는다.
ㄷ. 중요성은 기업 특유 관점의 목적적합성을 의미하므로 회계기준위원회는 중요성에 대한 획일적인 계량 임계치를 정하거나 특정한 상황에서 무엇이 중요한 것인지를 미리 결정할 수 없다.

**07** ① 중립적 정보는 목적이 없거나 행동에 대한 영향력이 없는 정보를 의미하지 않는다.

**08** ⑤
① 완벽한 표현충실성을 위해서 서술은 완전하고 중립적이며 오류가 없어야 한다는 것이다.
② 재무정보가 예측가치를 갖기 위해서는 그 자체가 예측치 또는 예상치일 필요는 없다.
③ 나타내고자 하는 바를 충실하게 표현하는 가장 목적적합한 정보를 선택하려는 결정의 결과가 비대칭성인 경우라도 특정 회계기준에서 비대칭적인 요구사항을 포함할 수 있다.
④ 오류가 없다는 것은 현상의 기술에 오류나 누락이 없고 보고 정보를 생산하는데 사용되는 측정과 절차 측면에서 오류가 없음을 의미한다.

**09** ② 부채가 발생하거나 인수할 때의 역사적 원가는 발생시키거나 인수하면서 수취한 대가에서 거래원가를 차감한 가치이다.

**10** ③ 수익과 비용은 자본청구권 보유자에 대한 출자 및 분배와 관련된 것을 포함하지 않는다.

## 측정기준

**11** ① 자산이나 부채의 현행가치는 자산이나 부채를 발생시킨 거래나 그 밖의 사건의 가격으로부터 부분적으로라도 도출되지 않는다. 지문은 역사적 원가에 대한 설명이다.

**12** ① 측정기준 중 공정가치에 대한 설명이다.

**13** ⑤ 사용가치는 기업이 자산의 사용과 궁극적인 처분으로 얻을 것으로 기대하는 현금흐름 또는 그 밖의 경제적 효익의 현재가치이다.

**14** ① 공정가치는 자산을 매도하면서 수취하거나 부채를 이전하면서 지급하게 될 가격이며, 유출가격이다.

**15** ③ 공정가치를 측정하기 위해 사용하는 가치평가기법은 관측할 수 있는 투입변수의 사용을 최대화하고, 관측할 수 없는 투입변수를 최소한으로 사용한다.

**16** ③
① 현행원가에 대한 설명이다.
② 역사적 원가에 대한 설명이다.
④ 공정가치에 대한 설명이다.
⑤ 이행원가에 대한 설명이다.

## 자본유지개념

**17** ③ 3,000(기말자본) - 2,400(기말 재고자산 200개를 구매할 수 있는 금액 12 × 200 = 2,400) = 600

| B/S | | | |
|---|---|---|---|
| 현금 | 3,000 | 기초자본금 | 2,000 |
| | | 자본유지조정 | 400 |
| | | 이익 | 600 |

## 재무제표 표시

**18** ⑤ 대여자가 즉시 상환을 요구할 수 있는 채무는 보고기간 후 재무제표 발행승인일 전에 상환을 요구하지 않기로 합의하여도 유동부채로 분류한다.

**19** ①
② 한국채택국제회계기준을 준수하여 작성된 재무제표는 국제회계기준을 준수하여 작성된 재무제표임을 주석으로 공시할 수 있다.
③ 환경 요인이 유의적인 산업에 속해 있는 기업이 제공하는 환경보고서는 한국채택국제회계기준의 적용범위에 해당하지 않는다.
④ 부적절한 회계정책은 공시나 주석 또는 보충 자료를 통해 설명하여도 정당화될 수 없다.
⑤ 기업이 재무상태표에 유동자산과 비유동자산 그리고 유동부채와 비유동부채로 구분하여 표시하는 경우, 이연법인세자산(부채)은 유동자산(부채)으로 분류하지 않는다.

**20** ⑤ 기타포괄손익으로 인식한 재평가잉여금의 변동은 후속 기간에 재분류하지 않으며, 유형자산이나 무형자산이 사용되는 후속 기간 또는 자산이 제거될 때 이익잉여금으로 대체될 수 있다.

**21** ① 재고자산평가충당금과 대손충당금과 같은 평가충당금을 차감하여 관련 자산을 순액으로 측정하는 것은 상계표시에 해당하지 않는다.

> 한국채택국제회계기준에서 요구하거나 허용하지 않는 한 자산과 부채, 수익과 비용은 상계하지 아니한다. 다만, 동일거래에서 발생하는 수익과 관련비용의 상계표시가 거래나 그 밖의 사건의 실질을 반영한다면 그러한 거래의 결과는 상계하여 표시한다.
> 1. 투자자산 및 영업용자산을 포함한 비유동자산의 처분손익은 처분대금에서 그 자산의 장부금액과 관련처분비용을 차감하여 표시한다.
> 2. 충당부채와 관련된 지출을 제3자와의 계약관계에 따라 보전 받는 경우, 당해 지출과 보전받는 금액은 상계하여 표시할 수 있다.

**22** ⑤ ① 자산을 유동자산과 비유동자산으로 구분하여 표시하는 경우, 이연법인세자산은 유동자산으로 분류하지 않는다.
② 영업주기는 영업활동을 위한 자산의 취득시점부터 그 자산이 현금이나 현금성자산으로 실현되는 시점까지 소요되는 기간이다.
③ 수익과 비용의 어느 항목도 당기손익과 기타포괄손익을 표시하는 보고서 또는 주석에 특별손익항목으로 표시할 수 없다.
④ 비용을 기능별로 분류하는 기업은 비용의 성격에 대한 추가 정보를 공시하여야 한다.

**23** ① ② 부적절한 회계정책을 사용한 경우에도 이에 대하여 주석 또는 보충 자료를 통해 충분히 설명하는 경우에는 정당화될 수 없다.
③ 기업이 재무상태표에 유동자산과 비유동자산으로 구분하여 표시하는 경우, 보고기간 후 12개월 이내에 소멸될 것으로 예상되는 이연법인세자산은 유동자산으로 분류할 수 없다.
④ 총포괄손익이란 소유주로서의 자격을 행사하는 소유주와의 거래로 인한 자본의 변동을 제외한 거래나 그 밖의 사건으로 인한 기간 중 자본의 변동을 말한다.
⑤ 일반목적 재무제표란 주요정보이용자의 정보요구를 충족시키기 위해 작성되는 재무제표를 말한다.

**24** ⑤ 종속기업, 공동기업, 관계기업에서 받는 배당금은 기업이 배당을 수취한 시점이 아니라 배당받을 권리가 확정되는 시점에 그 기업의 별도재무제표에 인식한다.

**25** ⑤ ① 비용을 기능별로 분류하는 경우에는 적어도 매출원가를 다른 비용과 분리하여 공시해야 한다.
② 기타포괄손익의 항목(재분류조정 포함)과 관련한 법인세비용 금액은 포괄손익계산서나 주석에 공시한다.
③ 유동자산과 비유동자산을 구분하여 표시하는 경우라면 이연법인세자산을 유동자산으로 분류하지 않는다.
④ 중요하지 않은 항목은 성격 또는 기능이 유사한 항목에 통합하여 표시할 수 있다.

**26** ④ 수익과 비용의 어느 항목도 당기손익과 기타포괄손익을 표시하는 보고서 또는 주석에 특별손익항목으로 표시할 수 없다.

**27** ③ 수익은 자본청구권 보유자로부터의 출자를 포함하지 않으며, 자본청구권 보유자에 대한 분배도 비용으로 인식하지 않는다.

**28** ① 서술형 정보라도 당기 재무제표를 이해하는 데 목적적합하다면 비교정보를 표시한다.

**29** ② ① 기업이 재무상태표에 유동자산과 비유동자산, 그리고 유동부채와 비유동부채로 구분하여 표시하는 경우, 이연법인세자산은 유동자산으로 분류하지 않는다.
③ 환경 요인이 유의적인 산업에 속해 있는 경우나 종업원이 재무제표이용자인 경우 재무제표 이외에 환경보고서나 부가가치보고서를 제공할 수 있으나, 한국채택국제회계기준이 적용되는 것은 아니다.
④ 부적절한 회계정책은 이에 대하여 공시나 주석 또는 보충자료를 통해 설명하여도 정당화될 수 없다.
⑤ 해당 기간에 인식한 당기손익과 기타포괄손익은 단일 포괄손익 계산서 또는 두 개의 별개의 손익계산서 중 한 가지 방법으로 작성할 수 있다.

**30** ① 이연법인세부채는 비유동부채로 분류한다.

**31** ① 보고기업에 유의적인 영향력이 있는 개인이나 그 개인의 가까운 가족은 보고기업의 특수관계자로 보며, 이 때 개인의 가까운 가족의 범위는 배우자, 자녀, 부모 등을 포함한다.

## Ⅲ. 타시험 기출 및 과거 기출 필수문제 정리

**01** ⑤ 보고기업의 경제적 자원 및 청구권은 지분상품과 채무상품의 발행과 같이 재무성과 외의 사유로도 변동될 수 있다.

**02** ④ 주요정보이용자도 정보제공을 보고기업에 직접 요구할 수 없다.

**03** ① 보고기업이 지배 - 종속관계로 모두 연결되어 있지는 않은 둘 이상 실체들로 구성된다면 그 보고기업의 재무제표를 '결합재무제표'라고 부른다.

**04** ②
1) 기말 자산: (100,000 - 40단위 × @2,000) + 40단위 × @3,000 = 140,000
2) 유지해야 하는 자본: (100,000 ÷ @2,000)단위 × @2,500 = 125,000
3) 기말 자본유지조정: 유지해야 하는 자본 - 기초자본 ⇒ 125,000 - 100,000 = 25,000
4) 이익: 기말자본 - 유지해야 하는 자본 ⇒ 140,000 - 125,000 = 15,000

**05** ②
1) 역사적 원가: 100,000 + 20,000 = 120,000
2) 현행원가: 110,000 + 5,000 = 115,000
3) 공정가치: 98,000 + 20,000 = 118,000
⇒ 역사적 원가 > 공정가치 > 현행원가

**06** ③ 비용의 기능별 분류 정보가 비용의 성격에 대한 정보보다 미래현금흐름을 예측하는 데 유용하지 않다.

**07** ①

② 한국채택국제회계기준은 재무제표 이외에 연차보고서 및 감독기구 제출서류에는 적용할 수 없다.
③ 서술형 정보의 경우에는 당기 재무제표를 이해하는 데 목적적합하다면 비교정보를 포함한다.
④ 재무상태표에 자산과 부채는 유동자산과 비유동자산, 그리고 유동부채와 비유동부채를 구분하여 표시하며, 유동성순서에 따른 표시방법은 허용한다.
⑤ 한국채택국제회계기준의 요구에 따라 공시되는 정보가 중요하지 않다면 공시하지 않는다.

**08** ③

자본을 불변구매력단위로 정의한다면 이익은 해당 기간 중 투자된 구매력의 증가를 의미하게 된다. 따라서, 일반물가수준에 따른 가격상승을 초과하는 자산가격의 증가 부분만이 이익으로 간주된다.
$145,000 - 100,000 \times 1.25 = 20,000$

# 2장 | 재고자산

## Ⅰ. 필수 유형 정리

**01** ③ 선적지인도조건으로 매입하여 아직 도착하지 못한 상품과 도착지인도조건으로 판매하여 아직 도착하지 못한 상품은 모두 기말 창고에 존재하는 재고자산에 가산한다.

**02** ① 미인도청구판매분은 기말 실사 재고자산에서 차감한다. 또한 반품조건부 판매의 경우 반품률을 합리적으로 추정할 수 없더라도 이를 반환재고회수권이라는 별도의 자산으로 기재하고 재고자산으로 보지 않는다. 그러므로 반품조건부 판매의 경우 기말재고자산에 가감할 금액은 없다.

**03** ⑤ 차입금으로 담보를 제공하였어도 담보권이 실행되기 전까지는 회사의 재고자산이고, 현재 창고에 보관 중이므로 별도로 고려할 사항은 없다. 재매입약정 판매의 경우 현재 기업이 동 거래로 손해를 보고 행사할 가능성이 높으므로 금융약정으로 보아 해당 재고자산의 원가에 해당하는 금액을 기말재고자산에 가산하여야 한다.

**04** ④ 1) 평균단가
(1) 2월 28일: (200개 × 1,100 + 2,400개 × 1,230) ÷ (200 + 2,400)개 = @1,220
(2) 8월 20일: (600개 × 1,220 + 2,600개 × 1,300) ÷ (600 + 2,600)개 = @1,285
2) 매출원가: 2,000개 × @1,220 + 1,500개 × @1,285 = 4,367,500

**05** ⑤ 1) 평균단가: (220,000 + 2,952,000 + 3,380,000) ÷ (200 + 2,400 + 2,600)개 = @1,260
2) 매출원가: (2,000 + 1,500)개 × @1,260 = 4,410,000

**06** ③ 매출원가: 220,000 + 2,952,000 + 900개 × @1,300 = 4,342,000

**07** ① 1) 감모손실: (1,700 - 1,500)개 × @1,260 = 252,000
2) 기말재고자산: Min[1,260, 1,000] × 1,500개 = 1,500,000
3) 매출원가: 220,000 + 6,332,000 - 252,000 - 1,500,000 = 4,800,000

**08** ② 매출원가: (220,000 - 20,000) + 6,332,000 - 252,000 - 1,500,000 = 4,780,000

**09** ④ 평가손실(20X1년 말 재고자산평가충당금): 189,000
1) 제품: 370개 × (4,000 - 3,600) = 148,000
2) 재공품: 50개 × (1,500 - 1,400) = 5,000
3) 원재료: 180개 × (1,000 - 800) = 36,000(관련 제품 저가법 적용으로 원재료도 저가법 적용)

**10** ② 1) 20×2년 말 재고자산평가충당금

(1) 제품

- ₩확정판매계약: 200개 × [5,000 - (4,500 - 200)] = 140,000
- 확정판매계약 초과분: 저가법 적용대상 아님

(2) 재공품: 20개 × (1,400 - 1,100) = 6,000

(3) 원재료: 생산된 제품(확정판매계약 초과분)이 저가법 평가대상이 아니므로 원재료도 저가법 적용대상 아님

2) 재고자산평가손실환입: 146,000 - 189,000 = ( - )43,000 환입

**11** ② 1) 매출액: 15,000 + 510,000[1)] = 525,000

[1)] 매출채권 T계정: 20,000 + 외상매출 = 500,000 + 30,000, 외상매출: 510,000

2) 매입: 10,000 + 490,000[2)] + 6,000(선적지인도조건 미기록) = 506,000

[2)] 매입채무 T계정: 30,000 + 외상매입 = 500,000 + 20,000, 외상매입: 490,000

3) 기말재고: 10,000 + 506,000 - 525,000/1.25 = 96,000

4) 재해손실액: 96,000 - 6,000(미착상품) - Min[40,000, 8,000] - Min[20,000, 30,000] = 62,000

**12** ④ 1) T계정 분석

| | |
|---|---|
| 기초재고자산 원가 | ⓐ 10,000 |
| 당기매입액(총액) 원가 | ⓑ 120,000 |

상품(원가)

| | | | |
|---|---|---|---|
| 기초재고 | ? | 매출원가 | ? |
| 총매입액 | ? | | |
| 매입할인 등 | ( - )4,000 | 기말재고 | ? |
| 비정상파손 | ( - )6,000 | | |

상품(매가)

| | | | |
|---|---|---|---|
| 기초재고 | 40,000 | 총매출액 | 120,000 |
| 총매입액 | 210,000 | 매출에누리 등 | ( - )20,000 |
| 매입환출 | ( - )5,000 | 종업원할인 | 2,000 |
| 순인상액 | 22,000 | 정상파손 | 4,000 |
| 순인하액 | ( - )15,000 | | |
| 비정상파손 | ( - )12,000 | 기말재고(역산) | 134,000 |
| | 240,000 | | 240,000 |

(1) 판매가능재고자산 원가: 240,000 × 50% = 120,000

(2) 당기매입재고자산 원가: (240,000 - 40,000) × 55% = 110,000

(3) 기초재고자산 원가: 120,000 - 110,000 = 10,000

(4) 당기매입액(총액) 원가: 120,000 - 10,000 + 4,000 + 6,000 = 120,000

2) 저가기준 선입선출법

(1) 원가율: 110,000 ÷ (240,000 - 40,000 + 15,000) = 51%

(2) 매출원가: 120,000 - 134,000 × 51% = 51,660

**13** ②

| | | | | |
|---|---|---|---|---|
| 20×1년 9월 | 차) 수확물(사과)[1)] | 600,000 | 대) 평가이익 | 600,000 |
| | 차) 수확비용 | 20,000 | 대) 현금 | 20,000 |
| 20×1년 10월 | 차) 현금 | 400,000 | 대) 매출 | 400,000 |
| | 차) 매출원가 | 300,000 | 대) 수확물(사과) | 300,000 |
| | 차) 판매비용 | 10,000 | 대) 현금 | 10,000 |
| 20×1년 말 | 차) 생물자산(자라나는 사과)[2)] | 200,000 | 대) 평가이익 | 200,000 |
| | 차) 생산용식물(사과나무) 감가상각비[3)] | 10,000 | 대) 감가상각누계액 | 10,000 |

[1] 20박스 × @30,000 = 600,000, 생물자산에서 수확된 수확물은 수확시점에 순공정가치로 측정한다.
[2] 생물자산은 살아있는 동물이나 식물을 말하며, 생산용식물에서 자라는 생산물을 포함한다. 그러므로 기말에 순공정가치로 평가하여야 한다.
[3] (50,000 - 0)/5년 = 10,000

⇒ 이미 수확하여 보유하는 사과 10박스는 재고자산으로 처리하여 저가법을 적용하므로 평가이익은 인식하지 않는다.

∴ 당기순이익에 미치는 영향

600,000 - 20,000 + 400,000 - 300,000 - 10,000 + 200,000 - 10,000 = 860,000

## Ⅱ. 최신 기출 유형 정리

### 재고자산의 정의 및 분류

**01** ① 직접 소유 또는 금융리스를 통해 보유하고 운용리스로 제공하고 있는 건물은 투자부동산으로 분류해야 한다.

### 재고자산의 취득원가 및 기말재고자산 조정

**02** ③ ③ 적격자산에 해당하는 재고자산의 제조에 직접 관련된 차입원가는 재고자산의 취득원가에 포함한다.
①②④⑤ 모두 취득원가에 포함할 수 없으며 발생기간의 비용으로 인식하여야 하는 원가의 예이다.

**03** ① 생산에 투입하기 위해 보유하는 원재료 및 기타 소모품은 제품의 원가가 순실현가능가치를 초과할 것으로 예상된다면 해당 원재료를 현행대체원가로 감액한다.

**04** ① 20×1년도 상품 매입원가 = 당기매입 110,000 - 부가가치세 10,000 + 매입운임 10,000 + 하역료 5,000 - 매입할인 5,000 - 리베이트 2,000 + 관세납부금 500 = 108,500
1) 매입원가에 포함하는 것: 매입운임, 하역료, 관세납부금 및 취득과정에 직접 관련된 원가
(∴ 후속 생산단계에 투입하기 전에 보관이 필요한 경우 이외의 보관원가는 매입원가에 포함하지 않는다)
2) 매입원가에서 제외하는 것: 부가가치세, 관세환급금 등
3) 매입할인, 리베이트, 매입에누리, 매입환출은 매입원가를 결정할 때 차감한다.

**05** ① 매출원가 = 적송한 상품 중 판매된 부분의 원가
1) 총 적송품: 7,100 = 700 × 10 + 100(운송비용)
2) 적송품 중 판매된 부분: 7,100 × 70%(10대 중 7개 판매) = 4,970

**06** ①

| 구분(판단순서) | 1st In 창고? | → | 2nd My 재고? | → | 기말 재고 포함 여부 |
|---|---|---|---|---|---|
| ㄱ. 외부 보관 원재료 | × | → | ○ | → | ○ |
| ㄴ. 선적지인도조건 판매(미착) | × | → | × | → | × |
| ㄷ. 시용판매 | × | → | × | → | × |
| ㄹ. 도착지인도조건 매입(미착) | × | → | × | → | × |

1) 선적지 인도조건으로 판매한 경우 선적시점에 판매된 것으로 본다. → 운송 중: 판매자 재고 ×, 매입자 재고 ○
2) 도착지 인도조건으로 판매한 경우 도착지에 도착했을 때 판매된 것으로 본다. → 판매자 재고 ○, 매입자 재고 ×

**07** ① ₩3,260 = 2,840 + 100 + 120 + 200

| 구분(판단순서) | 1st In 창고? | → | 2nd My 재고? | → | 기말 재고 가감 |
|---|---|---|---|---|---|
| 외부보관상품 | × | → | ○ | → | +100[1] |
| 위탁판매상품 | × | → | ○ | → | +120(600 × 20%) |
| 시용판매상품 | × | → | ○ | → | +200 |
| 도착지인도조건 매입(미착) | × | → | × | → | - |

[1] 후속 생산단계에 투입하기 전에 보관이 필요한 경우 이외의 보관원가는 재고자산의 취득원가에 포함하지 않는다.

**08** ④ ₩26,000 = 15,000 + 3,000 + 4,000 + 4,000

| 구분(판단순서) | 1st In 창고? | → | 2nd My 재고? | → | 기말 재고 가감 |
|---|---|---|---|---|---|
| 위탁판매상품 | × | → | ○ | → | +3,000 |
| 시용판매상품 | × | → | ○ | → | +4,000 |
| 선적지인도조건 판매(미착) | × | → | × | → | - |
| 선적지인도조건 매입(미착) | × | → | ○ | → | +4,000 |

**09** ④ 1) 기말재고자산 수정: 10,000 - 위탁보관상품 300 = 9,700
2) 매출원가 = 기초재고자산 10,000 + 순매입액 29,800 - 기말재고자산 9,700 = 30,100
3) 당기법인세차감전순이익 = 매출액 60,000 - 매출원가 30,100 - 판관비 10,000 = 19,900
4) 당기순이익 = 19,900 × (1 - 법인세율 40%) = 11,940

**10** ② 1) 매출원가 = 순매출액(6,000 - 500) - 매출총이익 1,125 = 4,375
매출에누리는 총매출액에서 차감한다.
2) 기초상품재고 = 매출원가 4,375 + 기말상품재고 375 - 순매입액(3,750 - 250) = 1,250
매입리베이트는 총매입액에서 차감한다.

**11** ② 1) 매출액 = 10,000 + 30,000 × 2.4868 = 84,604
2) 매출총이익 = 매출 84,604 - 매출원가 80,000 = 4,604

**12** ③ 1) 당기손익의 증가
- 매출 = 20,000 × 1.7355 = 34,710
- 이자수익 = 34,710 × 10% = 3,471

2) 당기손익의 감소
- 매출원가 = 35,000

3) 당기순이익에 미치는 영향 = 34,710 + 3,471 - 35,000 = 3,181 증가

## 재고자산의 단위원가결정 – 원가흐름가정

**13** ③ 1) 선입선출법의 기말재고
150개 × @180(9/3매입분) = 27,000
2) 평균법의 기말재고
150개 × {(300개 × @150 + 450개 × @165 + 300개 × @180) ÷ 1,050} = 24,750
3) 27,000 - 24,750 = 2,250

**14** ② 1) 총매출 = 180개 × @600 + 250개 × @600 = 258,000
2) 매출원가 = 150개 × @300 + 200개 × @350 + 80개 × @400 = 147,000
3) 매출총이익 = 총매출 - 매출원가 = 258,000 - 147,000 = 111,000

## 감모손실과 평가손실

**15** ② 재고자산의 분류나 특정영업부문에 속하는 모든 재고자산에 기초하여 저가법을 적용하는 것은 적절하지 않다.

**16** ④ 기업이 선택한 방법에 의하여 측정한 재고자산의 원가보다 순실현가치가 낮은 경우 저가법을 적용해야 한다.

**17** ③ 1) 실지재고의 평가손실 적용 전 기말재고액
= (A)800개 × @100 + (B)250 × @180 + (C)400 × @250 = 225,000
2) 재고자산감모손실 = 장부상 기말재고액 - 실지재고자산의 평가손실 적용 전 기말재고액
= 250,000 - 225,000 = 25,000
∴ 당기매입액과 단위당 순실현가능가치는 불필요한 자료이다.

**18** ③ 1) 상품의 평가손실: 80,000 + 47,000 = 127,000
확정판매계약 40개: (@20,000 - @18,000) × 40개 = 80,000
그 외 10개: {@20,000 - (@17,000 - @17,000 × 10%)} × 10개 = 47,000
2) 원재료의 경우 원재료를 이용하여 생산하는 제품이 원가 이상으로 판매될 것으로 예상되므로 저가법을 적용하지 않는다. 따라서 평가손실을 인식하지 않는다.

**19** ①

| 종목 | 실사수량 | 단위당 취득원가 | 단위당 순실현가치 | 평가손실 |
|---|---|---|---|---|
| 상품 A | 100개 | ₩300 | ₩350 - 30 = 330 | 순실현가치 > 취득원가이므로 저가법을 적용하지 않음 |
| 상품 B | 30개 | 200 | 250 - 30 = 220 | |
| | 70개 | 200 | 220 - 30 = 190 | 70개 × (200 - 190) = 700 |
| 상품 C | 200개 | 100 | 120 - 30 = 90 | 200개 × (100 - 90) = 2,000 |

∴ 재고자산 평가와 관련하여 20×1년 인식할 당기손익 = ( - )700 + ( - )2,000 = ( - )2,700

**20** ④

| 항목 | 원가 | 순실현가능가치 | 평가손실 |
|---|---|---|---|
| 제품 A | 1,000 | 900 - 900 × 10% = 810 | 1,000 - 810 = 190 |
| 제품 B | 1,200 | 1,250 - 1,250 × 10% = 1,125 | 1,200 - 1,125 = 75 |
| 원재료 A | 1,100 | 저가법 적용하지 않음 | |
| 원재료 B | 1,000 | 900 | 1,000 - 900 = 100 |
| 합계 | | | 365 |

원재료의 경우 원재료를 사용한 제품이 원가 이상 판매될 것으로 예상하여 저가법을 적용하지 않는 경우, 원재료에도 저가법을 적용하지 않는다. 반면, 생산하는 제품의 원가가 순실현가능가치를 초과할 것으로 예상되는 경우에는 순실현가능가치(원재료의 경우 현행대체원가)로 감액한다.

**21** ② 1) 기초재고 + 당기매입 - 매출원가 = 기말재고
10,000(@100 × 100개) + 30,000(@100 × 300개) - 36,000 = 4,000
2) 기말재고 = 실지재고수량A × Min[취득원가 @100, 순실현가능가치 @80] = 4,000, A = 50개

**22** ⑤ 재고자산평가손실 = 기말실제수량 16개 × {취득원가 @1,200 - 순실현가능가치(@1,250 - 80)} = ( - )480
평가손실을 인식하지 않으면 20×1년도 기말재고가 ₩480만큼 과대계상되고, 해당 재고는 20×2년도 기초재고로 넘어가서 20×2년도 매출원가를 ₩480만큼 늘려 20×2년도 당기순이익이 ₩480만큼 과소계상된다.

**23** ④ 매출원가 = 기초재고 4,200 + 당기매입 6,000 - 비정상감모 720 - 기말재고 1,500 = 7,980

재고자산

| | | | |
|---|---|---|---|
| 기초재고 | 70개 × @60 = 4,200 | 당기판매 | 대차차액 |
| | | 정상감모 | (장부 - 실제수량) × 취득가 × 정상감모비율 |
| | | 평가손실 | 실제수량 × (취득가 - NRV) |
| | | 비정상감모 | (장부 - 실제수량) × 취득가 × 비정상감모비율 |
| | | | (50 - 30) × @60 × (1 - 40%) = 720 |
| 당기매입 | 100개 × @60 = 6,000 | 기말재고 | 실제수량 × Min[NRV, 취득원가] |
| | | | 30개 Min[@60, @50] = 1,500 |

**24** ③ 1) 제품: 저가법적용대상 아님[3,000 < (3,400 - 200)]
2) 원재료: 제품이 저가법적용대상 아니므로 저가법을 적용하지 않는다.
3) 상품: 2,500개 × [5,000 - (4,500 - 100)] = 1,500,000

**25** ③ 1) 비정상감모: (90 - 80 - 7)개 × @300 = 900
2) 기말재고자산(평가충당금, 감모 제외): 80개 × MIN(300, 270) = 21,600
3) 매출원가: 20,000 + 80,000 - 900 - 21,600 = 77,500

## 특수한 원가배분방법 - 매출총이익률법

**26** ① ₩11,600
1) 기초 매출채권 3,000 + 당기 매출액 A = 현금회수액 100,000 + 기말(12/1) 매출채권 2,000
∴ 당기매출액 A = 99,000
(이때 당기 매출액은 순매출액이므로 매출할인은 반영하지 않는다)
2) 매출원가 = 99,000 × (1 - 30%) = 69,300
3) 기말 재고자산 = 기초 재고자산 1,000 + 매입액 80,000 - 매출원가 69,300 = 11,700
4) 소실된 기말 재고자산 = 11,700 - 100 = 11,600
→ 선적지인도조건으로 매입하여 운송 중인 상품은 아직 창고에 도착하지 않아 화재로 소실되지 않았으므로 소실된 금액에서 제외한다.

**27** ④ ₩93,000
1) 매출원가 = 122,000

[약식분개법]

| | | | | | |
|---|---|---|---|---|---|
| 차) | 재고자산 | 4,000 | 대) | 매입채무 | 6,000 |
| | 매출원가(대차차액) | 122,000 | | 현금(유출) | 120,000 |

2) 매출총이익 = 매출 215,000 - 매출원가 122,000 = 93,000

**28** ⑤ 매출과 매입으로 인한 순현금유입액은 ₩1,000이다.

1) 매입으로 인한 현금지급액: 20,000
   기초매입채무 4,000 + 매입액 18,000 = 현금지급액 + 기말매입채무 2,000, 현금지급액 = 20,000
2) 매출로 인한 현금회수액: 21,000
   기초매출채권 5,000 + 매출액 20,000 = 현금회수액 + 기말매출채권 4,000, 현금회수액 = 21,000
3) 매출원가: 17,000
   기초재고자산 2,000 + 매입액 18,000 = 매출원가 + 기말재고자산 3,000, 매출원가 = 17,000
4) 매출총이익 = 매출액 20,000 - 매출원가 17,000 = 3,000
5) 순현금유입액 = 현급회수액 21,000 - 현금지급액 20,000 = 1,000

**29** ③

1) 평균재고자산 = (3,000 + 4,200) ÷ 2 = 3,600
2) 재고자산회전율 6회 = 매출원가 ÷ 평균재고자산 3,600, ∴ 매출원가 = 21,600
3) 매출총이익 = 매출액 40,000 - 매출원가 21,600 = 18,400

**30** ③

1) 평균매출채권 = (100 + 150) ÷ 2 = 125
2) 매출채권회전율 = 매출액 200 ÷ 평균매출채권 125 = 1.6
3) 평균회수기간 = 360 ÷ 1.6 = 225일

**31** ②

1) 관세의 매출총이익률 = [10,000 - (1,000 + 8,000 - 3,000)]/10,000 = 40%
2) 20×2년 매출총이익 = 12,000 × 40% = 4,800
3) 20×2년 매출원가 = 12,000 - 4,800 = 7,200
4) 20×2년 기말재고 = 3,000 + 8,000 - 7,200 = 3,800

## 특수한 원가배분방법 - 소매재고법

**32** ②

원가

| | | | |
|---|---|---|---|
| 기초 | 44,500 | ⑥ 매출원가 (대차차액) | 79,850 |
| 매입 | 105,000 | | |
| (에/환/할) | - | ⑤ 기말(원가) | 69,650 |
| (비정상파손) | - | | |
| | ① I 149,500 | | |

매가

| | | | |
|---|---|---|---|
| 기초 | 70,000 | 매출 | 112,000 |
| 매입 | 140,000 | (에/환/할) | - |
| (환출) | - | 정상파손 | 1,500 |
| 순인상 | 7,000 | 종업원할인 | - |
| (순인하) | (3,500) | | |
| (비정상파손) | (500) | ③ 기말(매가) | 99,500 |
| | ② II 213,000 | | |

1) 평균원가소매재고법 원가율: I/II = 149,500/213,000 = 70%(소수점 둘째 자리에서 반올림)
2) 기말(매가) 149,500 × ④ 원가율 70% = 기말(원가) 69,650

**33** ②

원가

| | | | |
|---|---|---|---|
| 기초 | 10,000 | ⑥ 매출원가 (대차차액) | 76,500 |
| 매입 | 83,500 | | |
| (에/환/할) | - | | |
| (비정상파손) | - | ⑤ 기말(원가) | 17,000 |
| | ① I 93,500 | | |

매가

| | | | |
|---|---|---|---|
| 기초 | 13,000 | 매출 | 90,000 |
| 매입 | 91,000 | (에/환/할) | - |
| (환출) | - | 정상파손 | - |
| 순인상 | 6,000 = 9,000 - 3,000 | 종업원할인 | - |
| (순인하) | - | | |
| (비정상파손) | - | ③ 기말(매가) | 20,000 |
| | ② II 110,000 | | |

1) 평균원가소매재고법 원가율: I/II = 93,500/110,000 ≒ 85%
2) 기말(매가) 20,000 × ④ 원가율 85% = 기말(원가) 17,000
3) 매출원가 = I 93,500 - 기말(원가) 17,000 = 76,500

**34** ②

원가

| | | | |
|---|---|---|---|
| 기초 | 50,000 | ⑥ 매출원가 (대차차액) | 95,850 |
| 매입 | 112,500 | | |
| (에/환/할) | - | | |
| | | ⑤ 기말(원가) | 65,650 |
| (비정상파손) | (1,000) | | |
| | ① I 161,500 | | |

매가

| | | | |
|---|---|---|---|
| 기초 | 60,000 | 매출 | 130,000 |
| 매입 | 170,000 | (에/환/할) | - |
| (환출) | - | 정상파손 | 7,500 |
| 순인상 | 20,000 | 종업원할인 | - |
| (순인하) | (10,000) | | |
| (비정상파손) | (1,500) | ③ 기말(매가) | 101,000 |
| | ② II 238,500 | | |

1) 저가기준 평균원가소매재고법 원가율: I/II + 순인하액 = 161,500/238,500 + 10,000 = 65%(소수점 둘째 자리에서 반올림)
2) 기말(매가) 101,000 × ④ 원가율 65% = 기말(원가) 65,650

**35** ②

원가

| | | | |
|---|---|---|---|
| 기초 | 1,000 | ⑥ 매출원가 (대차차액) | 7,000 |
| 매입 | 9,000 | | |
| (에/환/할) | - | | |
| | | ⑤ 기말(원가) | 3,000 |
| (비정상파손) | | | |
| | ① I 10,000 | | |

매가

| | | | |
|---|---|---|---|
| 기초 | 1,500 | 매출 | 9,500 |
| 매입 | 11,500 | (에/환/할) | - |
| (환출) | - | 정상파손 | - |
| 순인상 | 1,400 - 800 = 600 | 종업원할인 | - |
| (순인하) | (700) - (600) = (100) | | |
| (비정상파손) | - | ③ 기말(매가) | 4,000 |
| | ② II 13,500 | | |

1) 선입선출소매재고법 원가율: I - 기초(원가)/II - 기초(원가) = 10,000 - 1,000/13,500 - 1,500 = 75%
2) 기말(매가) 4,000 × ④ 원가율 75% = 기말(원가) 3,000
3) 매출원가 = I 10,000 - 기말(원가) 3,000 = 7,000

**36** ④

| 원가 | | | | 매가 | | | |
|---|---|---|---|---|---|---|---|
| 기초 | 7,000 | ⑥ 매출원가 (대차차액) | 16,900 | 기초 | 10,000 | 매출 | 30,000 |
| 매입 | 20,000 | | | 매입 | 40,000 | (에/환/할) | - |
| (에/환/할) | - | | | (환출) | - | 정상파손 | 100 |
| | | ⑤ 기말(원가) | 9,700 | 순인상 | 200 | 종업원할인 | - |
| | | | | (순인하) | (300) | | |
| (비정상파손) | (100) | | | (비정상파손) | (400) | ③ 기말(매가) | 19,400 |
| | ① I 26,900 | | | | ② II 49,500 | | |

1) 저가기준 선입선출소매재고법 원가율: I - 기초(원가)/II - 기초(원가) + 순인하 = 26,900 - 7,000/49,500 - 10,000 + 300 = 50%
2) 기말(매가) 19,400 × ④ 원가율 50% = 기말(원가) 9,700
3) 매출원가 = I 26,900 - 기말(원가) 9,700 = 17,200

## 농림어업

**37** ② 자산에 수확 후 생물자산의 복구 관련 현금흐름(예 수확 후 조림지에 나무를 다시 심는 원가)은 생물자산의 원가에 포함하지 아니한다.

**38** ④

| | | | | |
|---|---|---|---|---|
| 20×1년 12월 27일 | 차) 수확물(우유)[1] | 1,000 | 대) 평가이익 | 1,000 |
| 20×1년 12월 28일 | 차) 현금 | 1,200 | 대) 매출 | 1,200 |
| | 차) 매출원가 | 1,000 | 대) 수확물(우유) | 1,000 |
| 20×1년 12월 29일 | 차) 생물자산(송아지)[2] | 300 | 대) 평가이익 | 300 |
| 20×1년 말 | 차) 생물자산(어미젖소)[2] | 200 | 대) 평가이익 | 200 |
| | 차) 평가손실 | 50 | 대) 생물자산(송아지)[2] | 50 |

1) 100L × @10 = 1,000, 생물자산에서 수확된 수확물은 수확시점에 순공정가치로 측정한다.
2) 생물자산은 살아있는 동물이나 식물을 말하며, 기말에 순공정가치로 평가하여야 한다.

당기순이익에 미치는 영향: 1,000 + 1,200 - 1,000 + 300 + 200 - 50 = 1,650

# Ⅲ. 타시험 기출 및 과거 기출 필수문제 정리

**01** ③ 1) 재고자산 조정

| 구분(판단순서) | 1st In 창고? | → | 2nd My 재고 | → | 기말 B/S 재고 가산·차감 |
|---|---|---|---|---|---|
| 수탁상품(미판매분) | ○ | → | × | → | - (100,000 - 20,000) |
| 할부판매 | × | → | × | → | - |
| 위탁판매(미판매분) | × | → | ○ | → | + 200,000 × (1 - 60%) |
| 선적지인도조건 매입분 | × | → | ○ | → | + 100,000 |
| 재매입약정 판매[1] | × | → | ○ | → | + 50,000 |
| 합계 | | | | | 150,000 |

1) 재매입약정 판매이고 별도의 언급이 없으므로 금융약정으로 본다.

2) 기말상품재고액: 1,500,000 + 150,000 = 1,650,000

**02** ③ ₩1,000,000 + ₩100,000 × 0.6 + ₩70,000 = ₩1,130,000

**03** ⑤ 선입선출법을 사용할 경우, 계속기록법과 실지재고조사법의 결과는 서로 일치한다.

**04** ② 1) 매출: 300개 × @600 + 200개 × @500 = 280,000

2) 평균단가

(1) 7/1: (100개 × @300 + 400개 × @400)/500개 = @380

(2) 10/1: (200개 × @380 + 100개 × @500)/300개 = @420

3) 매출원가: 206,000

재고자산

| | | | |
|---|---|---|---|
| 기초재고 | 순액(= 기초취득가 - 기초평가충당금) | 당기판매 | 대차차액 |
| | 100개 × @300 - 4,000 = 26,000 | 정상감모 | (장부 - 실제수량) × 취득가 × 정상감모비율 |
| | | 평가손실 | 실제수량 × (취득가 - NRV) |
| | | 비정상감모 | (장부 - 실제수량) × 취득가 × 비정상감모비율 |
| 당기매입 | 문제 제시 | 기말재고 | 실제수량 × Min[NRV, 취득원가] |
| | 400개 × @400 + 100개 × @500 = 210,000 | | 100개 × Min[@300, @420] = 30,000 |

4) 매출총이익: 280,000 - 206,000 = 74,000

**05** ① 1) 항목별 기준

(1) 기말재고자산: 110개 × Min[800, 700] + 200개 × Min[1,000, 950] + 280개 × Min[900, 800] + 300개 × Min[1,050, 1,150] = 806,000

(2) 매출원가: 855,000 + 7,500,000 - 806,000 = 7,549,000

2) 조별 기준

(1) 기말재고자산: Min[(110개 × 800 + 200개 × 1,000), (110개 × 700 + 200개 × 950)] + Min[(280개 × 900 + 300개 × 1,050), (280개 × 800 + 300개 × 1,150)] = 834,000

(2) 매출원가: 855,000 + 7,500,000 - 834,000 = 7,521,000

**06** ④ 기초재고자산 + (800,000 + 60,000 - 10,000) = 989,400(판매에 대한 재고) + 500개 × @900(감모와 평가손실 포함된 재고)

⇒ 기초재고자산: 589,400

**07** ④ 1) 판매가능재고자산: 300개 × @100 + 300개 × @120 + 400개 × @130 = 118,000

2) 단위당 취득원가: 118,000 ÷ 1,000개 = @118

3) 평가손실: 2,960 = @(118 - 110) × 실제수량, 실제수량: 370

4) 감모손실과 평가손실을 제외한 기말재고자산: @110 × 370개 = 40,700

5) 비정상감모손실: (400 - 370)개 × @118 × 20% = 708

6) 매출원가: 118,000 - 40,700 - 708 = 76,592

**08** ② 

1) 기초매출채권 80,000 + 외상매출액 = 회수액 11,500,000 + 손상확정 5,000 + 기말매출채권 120,000
   ⇒ 외상매출액: 11,545,000
2) 매출원가: 11,545,000 × (1 - 40%) = 6,927,000
3) 기초재고 150,000 + 매입 12,000,000 = 매출원가 6,927,000 + 기말재고 ⇒ 기말재고: 5,223,000
4) 재고자산의 추정 손실금액: 5,223,000 × 90% = 4,700,700

**09** ② 

T계정을 이용하여 풀이

매출채권

| | | | |
|---|---|---|---|
| 기초재고 | ₩2,000,000 | 현금회수 | ₩7,000,000 |
| 순매출 | 7,400,000 | 기말재고 | 2,400,000 |
| 합계 | ₩9,400,000 | 합계 | ₩9,400,000 |

재고자산

| | | | |
|---|---|---|---|
| 기초재고 | ₩500,000 | 매출원가 | ₩5,920,000[1] |
| | | 재해손실 | 670,000 |
| 순매입액 | 6,300,000 | 기말재고 | 210,000[2] |
| 합계 | ₩8,000,000 | 합계 | ₩8,000,000 |

[1] 매출원가 = 순매출 × 원가율 = 7,400,000 × 80% = ₩5,920,000
[2] 기말재고 = 미착상품 + 손상재고 처분가치 = 10,000 + 200,000 = ₩210,000

**10** ③

원가

| | | | |
|---|---|---|---|
| 기초(원가) | 80,000 | ⑥ 매출원가 | 788,200 |
| 매입 | 806,000 | | |
| (에/환/할) | (50,000) | | |
| (비정상파손) | (10,000) | ⑤ 기말(원가) | 37,800 |
| | ① I 826,000 | | |

매가

| | | | |
|---|---|---|---|
| 기초(매가) | 100,000 | 매출 | 1,050,000 |
| 매입 | 1,000,000 | (에/환/할) | (24,000) |
| (환출) | | 정상파손 | 50,000 |
| 순인상 | 95,000 | 종업원할인 | - |
| (순인하) | (50,000) | | |
| (비정상파손) | (15,000) | ③ 기말(매가) | 54,000 |
| | ② II 1,130,000 | | |

기말(매가) × ④ 원가율(원가/매가) = 기말(원가)
54,000 × 70%[ = 826,000/(1,130,000 + 50,000)] = 37,800
⇒ 매출총이익: 1,050,000 - 24,000 - 788,200 = 237,800

**11** ② 

당기순이익 증가액: 450,000
1) 젖소 취득 시 평가손실: (95,000 - 100,000) × 10마리 = ( - )50,000
2) 수확물 수확 시 평가이익: 3,000 × 100리터 = 300,000
3) 수확물 처분이익: (5,000 - 3,000) × 100리터 = 200,000
4) 젖소 기말평가이익: (100,000 - 105,000) × 10마리 + (100,000 - 95,000) × 10마리 = 0

# 3장 | 유형자산

## Ⅰ. 필수 유형 정리

**01** ① 812,500 × 72,000/(72,000 + 828,000) = 65,000

**02** ④ 1) 건물 A의 취득원가: 812,500 × 828,000/(72,000 + 828,000) = 747,500
2) 건물 A의 내용연수: (747,500 - 47,500)/14,000 = 50년

**03** ⑤ (300,000 - 30,000) × 5년/15년 × 6/12 + (300,000 - 30,000) × 4년/15년 × 6/12 = 81,000

**04** ⑤ ① 기계장치 B의 취득원가: 4,000 + 4,000 × 2.57710(3년, 8% 연금현가) = 14,308
② 기계장치 B의 20×1년 손상차손

| | |
|---|---:|
| 장부금액: 14,308 - (14,308 - 308) ÷ 5년 = | 11,508 |
| 회수가능액: Max[8,000, 10,000] = | (-)10,000 |
| 계 | 1,508 |

③ 기계장치 B의 20×2년 감가상각비: (10,000 - 308) ÷ 4년 = 2,423
④ 기계장치 B의 20×2년 손상차손환입

| | |
|---|---:|
| 회수가능액: Min[Max(11,000, 12,000), 8,708[1)]] = | 8,708 |
| 장부금액: 10,000 - (10,000 - 308) ÷ 4년 = | (-)7,577 |
| 계 | 1,131 |

[1)] 회수가능액의 한도: 14,308 - (14,308 - 308) × 2년/5년 = 8,708

⑤ 기계장치 B 관련 20×2년 말 손상차손누계액: 1,508 - 1,131 = 377

**05** ③ 1) 20×2년 기계 A의 장부금액

| | |
|---|---:|
| 취득원가 | 300,000 |
| 감가상각누계액: 45,000 + 81,000 = | (-)126,000 |
| 장부금액 | 174,000 |

2) 20×3년 기계 A의 감가상각비: (174,000 - 14,000) ÷ (4 + 1)년 = 32,000

**06** ③

| | | | | |
|---|---|---:|---|---:|
| [20×1년 초] | | | | |
| 차) | 구축물 | 3,310,460 | 대) 현금 | 3,000,000 |
| | | | 복구충당부채[1)] | 310,460 |
| [20×1년 말] | | | | |
| 차) | 감가상각비[2)] | 662,092 | 대) 감가상각누계액 | 662,092 |
| 차) | 이자비용[3)] | 31,046 | 대) 복구충당부채 | 31,046 |

정답 및 해설

해커스 회계학 1차 기출+예상문제집

1) 500,000 × 0.62092 = 310,460
2) 3,310,460/5 = 662,092
3) 310,460 × 10% = 31,046
⇒ 20×1년 당기손익에 미치는 영향: ( - )662,092 + ( - )31,046 = ( - )693,138

**07** ⑤ 1) 감가상각비: ( - )662,092
2) 이자비용: 500,000/1.1 × 10% = ( - )45,455
3) 복구공사손실: 500,000 - 530,000 = ( - )30,000
⇒ 20×5년 당기손익에 미치는 영향: 1) + 2) + 3) = ( - )737,547

**08** ③

| | | | | | |
|---|---|---|---|---|---|
| [20×1년 초] | | | | | |
| 차) | 구축물 | 3,310,460 | 대) | 현금 | 3,000,000 |
| | | | | 복구충당부채[1] | 310,460 |
| [20×1년 말] | | | | | |
| 차) | 감가상각비[2] | 662,092 | 대) | 감가상각누계액 | 662,092 |
| 차) | 이자비용[3] | 31,046 | 대) | 복구충당부채 | 31,046 |
| 차) | 복구충당부채[4] | 87,298 | 대) | 구축물 | 87,298 |
| [20×2년 말] | | | | | |
| 차) | 감가상각비[5] | 640,268 | 대) | 감가상각누계액 | 640,268 |
| 차) | 이자비용[6] | 30,505 | 대) | 복구충당부채 | 30,505 |

1) 500,000 × 0.62092 = 310,460
2) 3,310,460/5 = 662,092
3) 310,460 × 10% = 31,046
4) (310,460 + 31,046) - 400,000 × 0.63552 = 87,298
5) 2,561,070/4 = 640,268
6) 254,208 × 12% = 30,505
⇒ 20×2년 당기손익에 미친 영향: ( - )640,268 + ( - )30,505 = ( - )670,773

**09** ① 1) 20×4년 초 유형자산 BV: 4,000,000 - (4,000,000 - 200,000) × 27/60개월 = 2,290,000
2) 20×4년 초 이연수익 BV: 1,000,000 - 1,000,000 × 27/60개월 = 550,000
3) 당기손익에 미친 영향: 처분이익(1,600,000 - 2,290,000) + 보조금수익 550,000 = ( - )140,000

**10** ② 1) 20×4년 초 유형자산 BV: 4,000,000 - (4,000,000 - 200,000) × (5 + 4 + 3 × 3/12)/15 = 1,530,000
2) 20×4년 초 이연수익 BV: 1,000,000 - 1,000,000 × (5 + 4 + 3 × 3/12)/15 = 350,000
3) 당기손익에 미친 영향: 처분이익(1,600,000 - 1,530,000) + 보조금수익 350,000 = 420,000

**11** ③ 1) 20×4년 초 감가상각누계액: 2,926,125[1]
1) 4,000,000 × 45% + 4,000,000 × (1 - 45%) × 45% + 4,000,000 × (1 - 45%)$^2$ × 45% × 3/12 = 2,926,125
2) 20×4년 초 유형자산 BV: 4,000,000 - 2,926,125 = 1,073,875
3) 20×4년 초 이연수익 BV: 1,000,000 - 2,926,125 × 1,000,000/(4,000,000 - 200,000) = 229,967
4) 당기손익에 미친 영향: 처분이익(1,600,000 - 1,073,875) + 보조금수익 229,967 = 756,092

**12** ④ 20×2년 말 회계처리

| | | | | | |
|---|---|---|---|---|---|
| 차) | 감가상각비 | 14,000 | 대) | 감가상각누계액 | 14,000 |
| 차) | 감가상각누계액 | 14,000 | 대) | 건물 | 46,000 |
| | 재평가잉여금[1] | 32,000 | | | |
| 차) | 재평가잉여금[1] | 4,000 | 대) | 손상차손누계액 | 32,000 |
| | 손상차손 | 28,000 | | | |

[1] 20×1년 말 재평가잉여금: 126,000 - (100,000 - 10,000) = 36,000

**13** ④ 1) 20×1년 말 공정가치 기준 감가상각비: (126,000 - 0)/9년 = 14,000
2) 20×1년 말 감가상각누계액: 14,000 × 1년 = 14,000
3) 20×1년 말 공정가치: 126,000
4) 20×1년 말 취득원가: 14,000 + 126,000 = 140,000

**14** ④ 재평가잉여금[1]: 1) - 2) = 140,000
1) 공정가치: $1,100 × ₩900/$ = 990,000
2) 장부금액: ($1,000 - $1,000/5 × 9/12) × ₩1,000/$ = 850,000

[1] 공정가치 변동분과 환율변동효과를 모두 재평가잉여금으로 계상한다.

## Ⅱ. 최신 기출 유형 정리

### 유형자산의 취득원가

**01** ② ㄴ. 유형자산의 교환거래로서 상업적 실질이 결여된 경우라면 취득한 자산의 원가는 제공한 자산의 장부가액으로 인식한다.
ㄷ. 유형자산의 사용 후 원상복구 의무를 부담하는 경우에 예상되는 복구원가는 유형자산의 사용 후 원상복구 의무를 부담하는 경우에 예상되는 복구원가는 자산 자체를 사용한 결과에 따라 발생한 의무인 자산의 해체, 제거 또는 복구원가인 경우 해당 유형자산의 원가에 가산한다.

**02** ② ㄷ. 회사가 유지·관리하는 상하수도는 별도의 구축물이므로 토지의 취득원가에 포함하지 않는다.
ㄹ. 내용연수가 영구적이지 않은 배수공사비용 및 조경공사비용은 별도의 구축물이므로 토지의 취득원가에 포함하지 않는다.

**[배수(로), 조경, 상하수도, 진입도로, 도로포장 등의 회계처리]**
1. **회사가 유지보수책임 ×(영구적 지출)**: 토지 취득원가에 가산(감가상각 ×)
2. **회사가 유지보수책임 ○(반영구적 지출)**: 별도의 구축물로 계상(감가상각 ○)

**03** ④ 토지의 취득원가 = 7,500 + 300 - 100 = 7,700
취득 후 기존 건물을 철거 후 토지만 사용하는 경우, 일괄구입원가 모두 토지의 취득가액으로 한다.
기존 건물 철거비용은 취득원가에 포함하며, 폐물매각수익이 발생하는 경우에는 취득원가에서 차감한다.

**04** ④ 1) 기계장치의 취득원가 = 약속어음의 현재가치 = $100,000 \times 2.40183 = 240,183$

2) 20×1년 인식할 비용: ⓐ + ⓑ = 108,883

ⓐ 기계장치의 감가상각비 = $240,183 \div 3 = 80,061$

ⓑ 어음의 이자비용 = $240,183 \times 12\% = 28,822$

## 감가상각

**05** ④ 1) 20×1년 감가상각비 = $210,000 \times 0.45 \times 8/12 = 63,000$

2) 20×2년 감가상각비 = $(210,000 - 63,000) \times 0.45 = 66,150$

3) 20×2년 말 감가상각누계액 = 1) + 2) = $63,000 + 66,150 = 129,150$

정률법과 이중체감법으로 감가상각하는 경우, 잔존가치는 고려하지 않는다. 또한, 감가상각비를 월수에 비례하여 배분하는 방법을 사용하거나 취득한 이후의 보고기간에는 월수에 비례하지 않고 기초장부금액에 상각률을 곱하여 계산하여도 동일한 금액으로 계산된다. 따라서 정률법과 이중체감법은 취득한 회계연도에만 월할상각하고 다음 회계연도부터는 일반적인 방법을 적용해도 동일한 결과에 도달한다.

**06** ③ 1) 정률법에 따른 20×2년도 감가상각비

20×2년 기초 장부금액 × 0.5 = $(1,000,000 - 1,000,000 \times 0.5 \times 6/12) \times 0.5 = 375,000$

2) 연수합계법에 따른 20×2년도 감가상각비

$$(1,000,000 - 1,000,000 \times 10\%) \times \left(\frac{4}{1+2+3+4} \times 6/12 + \frac{3}{1+2+3+4} \times 6/12\right) = 315,000$$

연수합계법의 경우 상각률이 매년 변동하므로 구입연도와 그 다음 연도까지의 1년 전체 감가상각비를 계상한 후에 월수에 따라 안분 후 감가상각비를 계상한다.

**07** ③ 1) 20×2년 말까지의 감가상각비 = $(5,100 - 100) \div 5 \times 2 = 2,000$

20×3년 초의 순장부금액 = $5,100 - 2,000 = 3,100$

2) 성능개선 후 20×3년의 감가상각비 = $(3,100 + 1,500 - 50) \div (3 + 2) = 910$

후속원가의 경우 자본적 지출은 자산의 원가에 포함하고, 수익적 지출은 비용으로 처리한다.
또한 자본적 지출에 의해 잔여내용연수 등이 변경된 경우 이를 반영하여 감가상각비 계산을 한다.

**08** ② 1) 20×2년 말까지의 감가상각비 = $(620,000 - 20,000) \div 5 \times 2 = 240,000$

20×3년 초 장부금액 = $620,000 - 240,000 = 380,000$

2) 감가상각방법 변경 후 20×3년의 감가상각비 = $(380,000 - 20,000) \times \frac{3}{1+2+3} = 180,000$

**09** ④ 1) 20×2년 말까지의 감가상각비 = $(10,000 - 0) \div 5 \times 2 = 4,000$

20×3년 초 장부금액 = $10,000 - 4,000 = 6,000$

2) 자본적 지출 후 20×3년의 감가상각비 = $(6,000 + 3,000) \times \frac{5}{1+2+3+4+5} = 3,000$

**10** ② 1) 20×3년 말까지의 감가상각비 = $(1,000,000 - 50,000) \div 5 \times 3 = 570,000$

20×3년 초 장부금액 = $1,000,000 - 570,000 = 430,000$

2) 20×4년의 감가상각비 = (430,000 - 변경잔존가치 A) ÷ (7 - 3) = 100,000, ∴ A = 30,000

당초 내용연수가 5년에서 7년으로 변경되었으므로 잔여내용연수는 4년으로 계산할 수 있다.

**11** ④ 1) 20×1년의 감가상각비 = (1,000,000 - 0) ÷ 5 = 200,000
2) 20×2년의 감가상각비 = (1,000,000 - 200,000 + 325,000) × 2/6 = 375,000
3) 20×3년의 처분이익 10,000 = 처분대가 A - {(1,000,000 + 325,000) - (200,000 + 375,000)}
∴ A = 760,000

**12** ③ 1) 20×2년 말 기계장치 장부금액 = 250,000 - (250,000 - 0) × 2/5 = 150,000
2) 20×3년 감가상각비 = (150,000 + 20,000 - 10,000)/(5 - 2 + 1) = 40,000

**13** ④ 1) 20×1년 말 유형자산 장부금액 = 500,000 - 500,000/5 = 400,000
2) 20×2년 초 회계처리

| | | | |
|---|---|---|---|
| 차) 수선유지비 | 30,000 | 대) 현금 | 30,000 |
| 차) 차량운반구 | 200,000 | 대) 현금 | 200,000 |

3) 20×2년 감가상각비 = (400,000 + 200,000 - 60,000) ÷ (5 - 1 + 2) = 90,000
4) 20×2년 당기순이익 감소액 = ( - )30,000 - 90,000 = ( - )120,000

## 교환취득

**14** ③ (가) 상업적 실질 ○ + 취득한 자산 FV가 명확한 경우의 취득원가: 취득한 자산 FV = 8,000
(나) 상업적 실질 결여 시 취득원가: 제공한 자산 BV + 현금지급 - 현금수령 = (9,000 - 3,500) + 1,500 = 7,000

| 구분 | | 취득원가 | 처분손익 |
|---|---|---|---|
| 상업적 실질 ○ | 제공한 자산 FV가 명확 | 제공한 자산 FV + 현금지급<br>제공한 자산 FV - 현금수령 | 제공한 자산 FV - BV |
| | 취득한 자산 FV가 명확 | 취득한 자산 FV | 취득한 자산 FV - BV - 현금지급<br>취득한 자산 FV - BV + 현금수령 |
| 상업적 실질 × | | 제공한 자산 BV + 현금지급 - 현금수령 | - |
| FV를 측정할 수 없는 경우 | | 제공한 자산 BV + 현금지급 - 현금수령 | - |

**15** ② 기계장치 취득원가 470,000 = 제공자산 FV 450,000 + 현금지급 A, ∴ A = 20,000

| 구분 | | 취득원가 | 처분손익 |
|---|---|---|---|
| 상업적 실질 ○ | 제공한 자산 FV가 명확 | 제공한 자산 FV + 현금지급<br>제공한 자산 FV - 현금수령 | 제공한 자산 FV - BV |
| | 취득한 자산 FV가 명확 | 취득한 자산 FV | 취득한 자산 FV - BV - 현금지급<br>취득한 자산 FV - BV + 현금수령 |

**16** ③ 처분손익 = 취득자산 FV 2,500 - 제공자산 BV 2,000 + 현금수령 700 = 1,200, ∴ 유형자산처분이익 1,200을 인식한다.

| 구분 | | 취득원가 | 처분손익 |
|---|---|---|---|
| 상업적 실질 ○ | 제공한 자산 FV가 명확 | 제공한 자산 FV + 현금지급<br>제공한 자산 FV - 현금수령 | 제공한 자산 FV - BV |
| | 취득한 자산 FV가 명확 | 취득한 자산 FV | 취득한 자산 FV - BV - 현금지급<br>취득한 자산 FV - BV + 현금수령 |

**17** ④ 상업적 실질이 있고, (주)한국의 유형자산의 공정가치가 더 명확하다.

1) (주)감평의 처분손익 = 취득자산 FV 7,900 - 제공자산 BV 10,000 + 현금수령 3,000 = 900, 처분이익 900을 인식한다.

2) (주)한국의 처분손익 = 제공자산 FV 7,900 - 제공자산 BV 8,000 = ( - )100, 처분손실 100을 인식한다.

| 구분 | | 취득원가 | 처분손익 |
|---|---|---|---|
| 상업적 실질 ○ | 제공한 자산 FV가 명확 | 제공한 자산 FV + 현금지급<br>제공한 자산 FV - 현금수령 | 제공한 자산 FV - BV |
| | 취득한 자산 FV가 명확 | 취득한 자산 FV | 취득한 자산 FV - BV - 현금지급<br>취득한 자산 FV - BV + 현금수령 |

**18** ③ 1) 교환 시 회계처리

| | | | | | |
|---|---|---|---|---|---|
| 차) | 구축물 | 40,000 | 대) | 기계장치 | 100,000 |
| | 처분손실 | 60,000 | | | |
| 차) | 구축물 | 10,000 | 대) | 현금 | 10,000 |

2) 20×1년 감가상각비 = (40,000 + 10,000 - 5,000) × 4/10 = 18,000

## 복구원가

**19** ① 1) 20×1년 초 인식할 복구충당부채 = 200,000 × 0.6806 = 136,120

2) 시설물의 취득원가 = 1,200,000 + 136,120 = 1,336,120

3) 20×1년 복구충당부채에 전입할 이자비용 = 136,120 × 8% = 10,890

유형자산의 최초 인식시점에 예상되는 자산의 복구원가가 충당부채의 인식요건을 충족한다면, 복구충당부채로 인식하고 해당 금액을 유형자산의 원가에 가산한다.

**20** ③ 1) 20×1년 초 복구충당부채 = 200,000 × 0.6380 = 136,600

2) 구조물의 취득원가 = 2,000,000 + 136,600 = 2,136,600

3) 20×1년에 인식할 총 비용: ⓐ + ⓑ = 497,810

ⓐ 구조물의 감가상각비 = (2,136,600 - 200,000) ÷ 4 = 484,150

ⓑ 복구충당부채에 전입할 이자비용 = 136,600 × 10% = 13,660

**21** ③ 1) 20×1년 초 복구충당부채 = 3,000 × 0.7130 = 2,139

2) 유류저장고 취득원가 = 13,000 + 2,139 = 15,139

3) 20×1년에 인식할 총 비용: ⓐ + ⓑ = 2,978

ⓐ 구조물의 감가상각비 = (15,139 - 1,000) ÷ 5 = 2,828

ⓑ 복구충당부채에 전입할 이자비용 = 2,139 × 7% = 150

**22** ③ 1) 20×1년 폐기물처리시설의 감가상각비 = 1,000,000 ÷ 5 = 200,000

2) 20×2년 초 복구충당부채 = 300,000 × 0.7921 = 237,630

3) 20×2년 초 폐기물처리시설 = (1,000,000 - 200,000) + 237,630 = 1,037,630

4) 20×2년 폐기물처리시설의 감가상각비 = 1,037,630 ÷ 4 = 259,408

유형자산이 가동되지 않거나 유휴상태가 되더라도, 감가상각이 완전히 이루어지기 전까지는 감가상각을 중단하지 않는다.

**23** ⑤ 1) 20×1년 초 인식할 복구충당부채 = 200,000 × 0.6209 = 124,180
20×1년 초 환경설비의 취득원가 = 5,000,000 + 124,180 = 5,124,180
20×1년 환경설비의 감가상각비 = 5,124,180 ÷ 5 = 1,024,836
2) 20×2년 초 복구충당부채 금액의 변경: ⓑ - ⓐ = 54,052
ⓐ 수정 전 = 124,180 × 1.1 = 136,598
ⓑ 수정 후 = 300,000 × 0.6355 = 190,650
3) 20×2년 복구충당부채 금액의 변경에 따른 환경설비의 장부금액 변경 = (5,124,180 - 1,024,836) + 54,052 = 4,153,396
4) 20×2년 인식할 비용: ⓐ + ⓑ = 1,061,227
ⓐ 환경설비의 감가상각비 = 4,153,396 ÷ 4 = 1,038,349
ⓑ 복구충당부채에 전입할 이자비용 = 190,650 × 12% = 22,878
유형자산의 취득시점에 인식한 복구충당부채의 금액은 내용연수 종료시점의 복구예상액을 추정한 것이므로 추후에 변경될 수 있다. 원가모형을 사용하는 유형자산은 복구충당부채가 변경되는 경우 그 변경액을 당해 자산의 원가에 가감하며, 변경된 금액을 잔여내용연수로 감가상각한다.
변경된 복구충당부채의 전입액을 계산할 때에는 수정된 할인율을 적용하여 계산한다.

**24** ④ 1) 20×1년 초 시설물 취득원가: 1,000,000 + 500,000 × 0.6139 = 1,306,950
2) 20×2년 감가상각비: 1,306,950/10 = 130,695
3) 20×2년 이자비용: 306,950 × 1.05 × 5% = 16,114
⇒ 20×2년 비용의 합계: 2) + 3) = 146,809

## 정부보조금

**25** ③ 1) 인식할 정부보조금 = 100,000 - 100,000 × 0.735 = 26,500
2) 20×1년 기계장치의 감가상각비 = (100,000 - 26,500) ÷ 4 = 18,375
∴ 20×1년 말 기계장치의 장부금액 = 100,000 - 26,500 - 18,375 = 55,125
무이자부, 또는 시장이자율보다 낮은 이자율의 정부대여금 대여일의 공정가치인 최초 장부금액과 수취한 대가의 차이로 인식한다. 또한 정부보조금을 원가(자산)차감법을 이용해 인식하는 경우, 자산의 차감계정으로 표시하며, 자산의 내용연수 동안 감가상각비와 상계한다.

**26** ② 1) 20×3년 초 설비자산의 (순)장부가액 = (20,000 - 8,000) - (20,000 - 8,000) ÷ 5 × 2 = 7,200
2) 20×3년 자산과 관련하여 인식할 순손익 = 5,000 - 7,200 = (-)2,200
처분대가 수령으로 인한 자산의 증가 + 5,000, 설비자산의 처분으로 인한 자산의 감소 (-)7,200
[별해]
1) 20×3년 설비자산의 감가상각비 = (20,000 - 8,000) ÷ 5 = (-)2,400
2) 자산 처분으로 인한 처분손익 = 5,000 - (7,200 - 2,400) = 200
3) 20×3년 순손익 = (-)2,200
당기의 처분손익이 아닌 순손익을 묻는 경우, 총 자산의 증감으로 계산하는 것이 더 간편하다.

**27** ② 1) 유형자산 취득 시 장부금액(정부보조금 차감)[1]: 1,000,000 - 300,000 + 200,000 × 0.4632 = 792,640
2) 20×1년 감가상각비: (792,640 - 0)/10 = 79,264

[1] 자산차감법이고 정액법으로 상각하므로 유형자산 취득원가에서 정부보조금을 차감하여 계산한다.

## 재평가모형

**28** ⑤ 20×3년 말 토지 B로부터 기타포괄이익 100이 증가한다.

1) 토지 A
- 20×1년 자산의 변동 = 1,100 - 1,000 = 기타포괄이익 +100
- 20×2년 자산의 변동 = 950 - 1,100 = 기타포괄이익 ( - )100 + 당기순이익 ( - )50
- 20×3년 자산의 변동 = 920 - 950 = 당기순이익 ( - )30

2) 토지 B
- 20×1년 자산의 변동 = 1,700 - 2,000 = 당기순이익 ( - )300
- 20×2년 자산의 변동 = 2,000 - 1,700 = 당기순이익 +300
- 20×3년 자산의 변동 = 2,100 - 2,000 = 기타포괄이익 +100

**29** ③ 1) 20×1년 감가상각비 = 10,000 ÷ 10 = 1,000
20×1년 말 재평가잉여금 = 12,600 - (10,000 - 1,000) = 3,600(OCI)
2) 20×2년 감가상각비 = 12,600 ÷ 9 = (1,400)
20×2년 말 자산의 감소 = 6,000 - (12,600 - 1,400) = ( - )5,200
→ 재평가잉여금(OCI) ( - )3,600 + 재평가손실(NI) ( - )1,600
3) 20×2년 당기순이익에 미치는 영향 = 감가상각비 ( - )1,400 + 재평가손실 ( - )1,600 = ( - )3,000

**30** ⑤ 1) 20×2년까지의 감가상각비 = 5,000 ÷ 5 × 2 = 2,000
2) 20×2년 말 재평가잉여금 = 6,000 - (5,000 - 2,000) = 3,000(OCI)
3) 20×3년부터 인식할 감가상각비 = 6,000 ÷ (5 - 2) = 2,000
→ 재평가로 인해 인식하는 감가상각비의 증가액 = 2,000 - 1,000 = 1,000
건물을 사용함에 따라 재평가잉여금을 이익잉여금으로 대체하는 정책을 채택하고 있으므로 매년 재평가잉여금 중 1,000을 이익잉여금으로 대체한다.
4) 20×5년 초 재평가잉여금 잔액 = 3,000 - (1,000 × 2) = 1,000
처분 시 재평가잉여금 잔액을 모두 이익잉여금으로 대체하는 정책을 채택하고 있으므로 재평가잉여금 잔액 1,000이 이익잉여금으로 대체되는 금액이다.

**31** ② 1) 20×1년 말 재평가손실: 70,000 - (100,000 - 100,000/5) = ( - )10,000
2) 20×2년 당기순이익에 미친 영향: 68,000 - (70,000 + 10,000) = ( - )12,000
* 기타포괄손익에 미친 영향이 없으니 자산의 변동으로 쉽게 답을 구할 수 있다.

## 원가모형의 손상회계

**32** ② 손상차손 = 장부금액 3,500 - Max(순공정가치 1,200 , 사용가치 1,800) = ( - )1,700

**33** ① 1) 20×1년 말 기계장치의 장부금액 = 5,000 - 5,000 ÷ 4 = 3,750
2) 20×1년 손상차손 = 장부금액 3,750 - Max(순공정가치 2,600 , 사용가치 3,000) = ( - )750
3) 20×2년 말 기계장치의 장부금액 = 3,000 - 3,000 ÷ 3 = 2,000
4) 20×2년 손상차손환입 = Min[손상되지 않았을 경우 BV(3,750 - 1,250), 회수가능액 2,700] - 장부금액 2,000 = 500

**34** ⑤ ① 20×1년 기계장치의 감가상각비 = 3,600 ÷ 5 = ( - )720
② 20×1년 말 회수가능액 = Max(순공정가치 1,600, 사용가치 1,500) = 1,600

③ 20×1년 손상차손 = 장부금액(3,600 - 720) - 회수가능액 1,600 = ( - )1,280
④ 20×2년 기계장치의 감가상각비 = 1,600 ÷ 4 = ( - )400
⑤ 20×2년 손상차손환입액 = Min[손상되지 않았을 경우 BV(3,600 - 720 × 2), 회수가능액 2,200] - 장부금액(1,600 - 400) = 960

**35** ② 1) 20×1년 말 기계장치의 장부금액 = 500,000 - 500,000 ÷ 5 = 400,000
2) 20×1년 손상차손 = 장부금액 400,000 - 회수가능액 320,000 = ( - )80,000
3) 20×2년 말 기계장치의 장부금액 = 320,000 - 320,000 ÷ 4 = 240,000
4) 20×2년 손상차손환입 = Min[손상되지 않았을 경우 BV(500,000 - 100,000 × 2), 회수가능액 310,000] - 장부금액 240,000 = 60,000

**36** ⑤ 1) 20×2년 감가상각비 = 30,000 ÷ 5 = ( - )6,000
2) 20×2년 손상차손 = 장부금액(30,000 - 6,000 × 2) - 회수가능액 15,000 = ( - )3,000
∴ 20×2년 당기순이익 영향 = (6,000) + (3,000) = ( - )9,000

**37** ④ 1) 20×2년 말 기계장치의 장부금액 = 30,000 - {(30,000 - 1,000) ÷ 5 × 2} = 18,400
2) 20×2년 손상차손 = 장부금액18,400 - 회수가능액 Max(순공정가치 9,000, 사용가치 16,000) = ( - )2,400
3) 20×3년 말 기계장치의 장부금액 = 16,000 - (16,000 - 1,000) ÷ 3 = 11,000
4) 20×3년 손상차손환입 = Min[손상되지 않았을 경우 BV(30,000 - {(30,000 - 1,000) ÷ 5 × 3}), 회수가능액 13,000] - 장부금액 11,000 = 1,600

**38** ① 1) 20×2년 말 기계장치의 장부금액 = 50,000 - (50,000 ÷ 5 × 2) = 30,000
2) 20×2년 손상차손 = 장부금액 30,000 - 회수가능액 Max(순공정가치 15,000, 사용가치 18,000) = ( - )12,000
3) 20×3년 말 기계장치의 장부금액 = 18,000 - (18,000 ÷ 3) = 12,000
4) 20×3년 손상차손환입 = Min[손상되지 않았을 경우 BV(50,000 - (50,000 ÷ 5 × 3)], Max(순공정가치 21,000, 사용가치 17,000) = 8,000

**39** ④ 1) 20×1년 말 기계장치의 장부금액 = 1,600,000 - (1,600,000 ÷ 4) = 1,200,000
2) 20×1년 말 회수가능액 Max(ⓐ, ⓑ) = 734,776

> • 20×1년 말 현재 기계장치를 처분할 경우, 처분금액은 ₩760,000이며 처분 관련 부대원가는 ₩70,000이 발생할 것으로 추정된다.
> • (주)감평이 동 기계장치를 계속하여 사용할 경우, 20×2년 말부터 내용연수 종료시점까지 매년 말 ₩300,000의 순현금유입과, 내용연수 종료시점에 ₩20,000의 기계 철거 관련 지출이 발생할 것으로 예상된다.
> • 현재가치 측정에 사용할 할인율은 연 12%이다.

ⓐ 순공정가치 = 760,000 - 70,000 = 690,000
ⓑ 사용가치 = 300,000 × 2.4018 - 20,000 × 0.7118 = 706,304
3) 20×1년 손상차손 = 장부금액 1,200,000 - 회수가능액 706,304 = ( - )493,696

**40** ③ 20×2년 당기순이익 감소액: 150,000 - 200,000 = ( - )50,000 손상차손

### 재평가모형의 손상회계

**41** ②, ③ (중복정답)

1) 20×1년 감가상각비 = 20,000 ÷ 5 = (-)4,000
   20×1년 말 재평가잉여금 = FV18,000 - (20,000 - 4,000) = +2,000
3) 20×2년 감가상각비 = 18,000 ÷ 4 = (-)4,500
4) 20×2년 재평가손실 = 12,000 - (18,000 - 4,500) = (-)1,500(재평가잉여금의 감소, 재평가잉여금 잔액 = 500)
5) 20×2년 손상차손 = 회수가능액11,000 - FV12,000 = (-)1,000 = (-)500(재평가잉여금) + (-)500(손상차손)
   이때, 자산의 손상액은 (-)1,000이지만, 재평가잉여금 잔액을 감소시킨 후 인식하는 손상차손은 (-)500이므로 중복정답 처리된 것으로 보인다.

**42** ⑤

1) 20×1년 감가상각비 = 1,000,000 ÷ 5 = (-)200,000
   20×1년 말 재평가잉여금 = FV850,000 - (1,000,000 - 200,000) = 50,000
   회수가능액(사용가치900,000)이 공정가치보다 크므로 20×1년에는 손상차손을 인식하지 않는다.
3) 20×2년 감가상각비 = 850,000 ÷ 4 = (-)212,500
4) 20×2년 재평가손실 = 610,000 - (850,000 - 212,500) = (-)27,500(재평가잉여금의 감소, 재평가잉여금 잔액 = 22,500)
5) 20×2년 손상차손 = Max(순공정가치 568,000, 사용가치 A) - 610,000 = (-)12,500
   ∴ A = 610,000 - 12,500 = 597,500

해당 문제는 20×2년에 인식할 손상차손이 재평가잉여금을 감소시킨 후 인식하는 손상차손과 그렇지 않은 손상차손 모두 정답에 있어 전부 정답처리가 되었다. 본 해설은 재평가잉여금을 고려하지 않은 해설이다.

## Ⅲ. 타시험 기출 및 과거 기출 필수문제 정리

**01** ④

1) 20×1년 7월 1일 회계처리

| | | | | | |
|---|---|---|---|---|---|
| 차) | 기계장치(신) - 역산 | 6,000 | 대) | 기계장치(구) | 7,000 |
| | 유형자산처분손실 | 1,000 | | | |
| 차) | 기계장치(신) | 500 | 대) | 현금 | 500 |
| 차) | 기계장치(신) | 1,000 | 대) | 현금 | 1,000 |

2) 20×2년 감가상각비: (7,500 - 500) × 3/6 × 6/12 + (7,500 - 500) × 2/6 × 6/12 = 2,917

**02** ④

1) 20×1년 7월 1일 회계처리

| | | | | | |
|---|---|---|---|---|---|
| 차) | 토지 | 9,000,000 | 대) | 현금 | 14,000,000 + 1,000,000 |
| | 건물[1] | 6,000,000 | | | |

[1] 15,000,000 × 6,400,000/(9,600,000 + 6,400,000) = 6,000,000

2) 20×2년 감가상각비: 1,750,000[2]

[2] (6,000,000 - 1,000,000) × 4/10 × 6/12 + (6,000,000 - 1,000,000) × 3/10 × 6/12 = 1,750,000

**03** ① 1) 건물 A의 취득원가: ₩40,000 × 1/5 = ₩8,000
2) 20×1년 12월 31일 건물 A의 장부금액: ₩8,000 - ₩8,000 ÷ 5 = ₩6,400
3) 20×2년 12월 31일 건물 B의 장부금액: ₩20,000 - ₩20,000 ÷ 10 × 3/12 = ₩19,500

**04** ③

| | 토지 | 건물(신축공장) |
|---|---|---|
| 일괄구입대금 | ₩2,000,000 | |
| 토지취득 중개수수료 | 80,000 | |
| 토지 취득세 | 160,000 | |
| 공장건축허가비 | | ₩10,000 |
| 신축공장건물 설계비 | | 50,000 |
| 기존건물 철거비 | 150,000 | |
| 폐건축자재 판매대금 | (100,000) | |
| 토지 정지비 | 30,000 | |
| 토지굴착비용 | | 50,000 |
| 건물 신축원가 | | 3,000,000 |
| 차입원가 | | 10,000 |
| 합계 | ₩2,320,000 | ₩3,120,000 |

**05** ④ (1) (주)대한의 입장 (제공한 자산의 공정가치가 명확)
이에 대한 회계처리는 다음과 같다.

| | | | |
|---|---|---|---|
| 차) 차량운반구 | 25,000 | 대) 기계 | 20,000 |
| 차) 현금 | 5,000 | 대) 처분이익 | 10,000 |

(2) (주)세종의 입장 (취득한 자산의 공정가치가 명확)

| | | | |
|---|---|---|---|
| 차) 기계 | 30,000 | 대) 차량운반구 | 30,000 |
| 차) 처분손실 | 5,000 | 대) 현금 | 5,000 |

**06** ① 건물이 위치한 토지의 가치가 증가할 경우 건물의 감가상각대상금액은 증가하지 않는다.

**07** ④ 1) 20×1년 7/1 복구충당부채의 장부금액: 300,000 × 0.6830 = 204,900
2) 20×1년 7/1 설비의 장부금액: 1,000,000 + 204,900 = 1,204,900
3) 20×2년 당기비용: (1) + (2) = 373,230
(1) 감가상각비: (1,204,900 - 200,000) × 4/10 × 6/12 + (1,204,900 - 200,000) × 3/10 × 6/12 = 351,715
(2) 이자비용: 204,900 × 10% × 6/12 + 204,900 × 1.1 × 10% × 6/12 = 21,515

**08** ⑤ 1) 20×1년 초 차입금의 공정가치: 400,000 × 0.7350 + 12,000 × 3.3121 = 333,745
2) 20×1년 초 정부보조금: 400,000 - 333,745 = 66,255
3) 20×1년 말 기계장치 장부금액: (400,000 - 66,255) - (400,000 - 66,255 - 0)/4 = 250,309

**09** ④

1) 기계장치 취득원가[1]: 240,000 + 40,000 = 280,000

[1] 시험과정에서 발생한 시제품의 매각금액과 재배치비용 등은 유형자산의 취득원가에 가산하지 않는다.

2) 20×1년 감가상각비: 280,000/4 = 70,000
3) 20×1년 손상차손: (280,000 - 70,000) - Max[150,000, 120,000] = 60,000
4) 20×2년 감가상각비: 150,000/3 = 50,000
5) 20×2년 손상차손환입: Min[170,000, (280,000 - 70,000 - 70,000)] - (150,000 - 50,000) = 40,000
6) 20×2년 말 기계장치 장부금액: 140,000

**10** ④

1) 20×1년 재평가손실: 5,000,000 - [6,000,000 - (6,000,000 - 500,000)/10] = (-)450,000
2) 20×2년 재평가잉여금: 5,500,000 - [5,000,000 - (5,000,000 - 500,000)/9] - 450,000 = 550,000
3) 20×3년 감가상각비: (5,500,000 - 600,000)/5 = (-)980,000
4) 20×3년 재평가손실: 3,500,000 - (5,500,000 - 980,000) + 550,000 = (-)470,000
5) 20×3년 당기순이익에 미치는 영향: 3) + 4) = (-)1,450,000

**11** ④

| B/S | | | | N/I변동 | OCI변동 | 총포괄손익변동 |
|---|---|---|---|---|---|---|
| 취득 | 2,000,000 | | | | | |
| 상각 | (-)600,000 | | | (-)600,000 | | (-)600,000 |
| 20×1 말 BV | 1,400,000 | | | | | |
| 재평가잉여금 | 200,000 | 재평가잉여금 | 200,000 | | 200,000 | 200,000 |
| 20×1 말 FV | 1,600,000 | | | | | |
| | | OCI잔액 | 200,000 | (-)600,000 | 200,000 | (-)400,000 |
| 상각[1] | (-)700,000 | 대체 | (-) | (-)700,000 | | (-)700,000 |
| 20×2 말 BV | 900,000 | | | | | |
| 재평가잉여금 | (-)200,000 | 재평가잉여금 | (200,000) | | (-)200,000 | (-)200,000 |
| 재평가손실 | (-)200,000 | | | (-)200,000 | | (-)200,000 |
| 20×2 말 FV | 500,000 | OCI잔액 | - | | | |
| 손상차손 | (-)200,000 | | | (-)200,000 | | (-)200,000 |
| 20×2 말 회수가능액 | 300,000 | | | | | |
| | | OCI잔액 | - | (-)1,100,000 | (-)200,000 | (-)1,300,000 |

[1] (1,600,000 - 200,000) ÷ (3 - 1)년 = 700,000

⇒ 20×2년 당기손익에 미친 영향: (-)1,100,000

# 4장 | 차입원가 자본화

## Ⅰ. 필수 유형 정리

**01** ① 1) 적수 산정

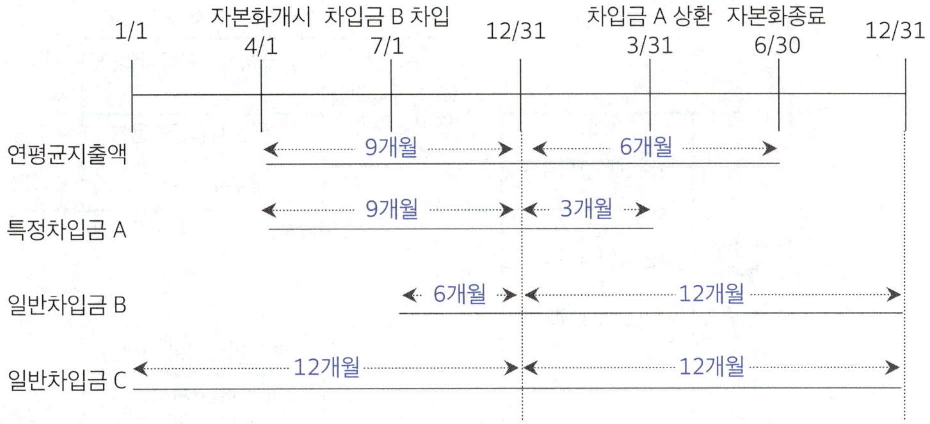


2) 20×1년 자본화할 차입원가: 102,000 + 98,000 = 200,000

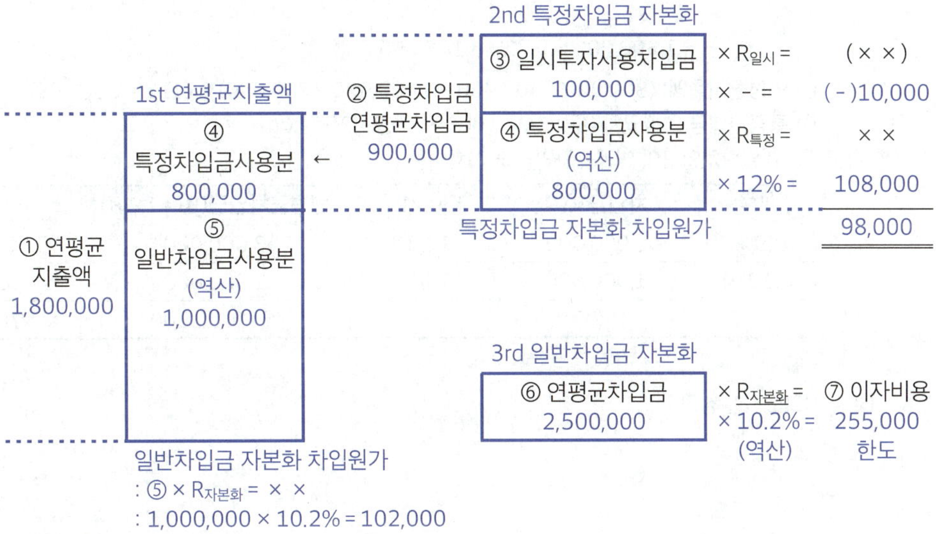


① 연평균지출액: (800,000 × 9 - 400,000 × 9 + 3,000,000 × 6)/12 = 1,800,000

② 특정차입금 연평균차입금: 1,200,000 × 9/12 = 900,000

③ 일시투자사용 연평균차입금: 400,000 × 3/12 = 100,000

⑥⑦ 일반차입금의 연평균차입금과 이자비용

| 구분 | 차입금액(I) | 적수(II) | 연평균차입금(III = I × II) | 이자비용 |
|---|---|---|---|---|
| B(9%) | 3,000,000 | 6/12 | 1,500,000 | 1,500,000 × 9% |
| C(12%) | 1,000,000 | 12/12 | 1,000,000 | 1,000,000 × 12% |
| 합계 | | | ⑥ 2,500,000 | ⑦ 255,000 |

**02** ② 01번 해설 참고

**03** ① 20×2년 자본화할 차입원가: 146,250 + 36,000 = 182,250

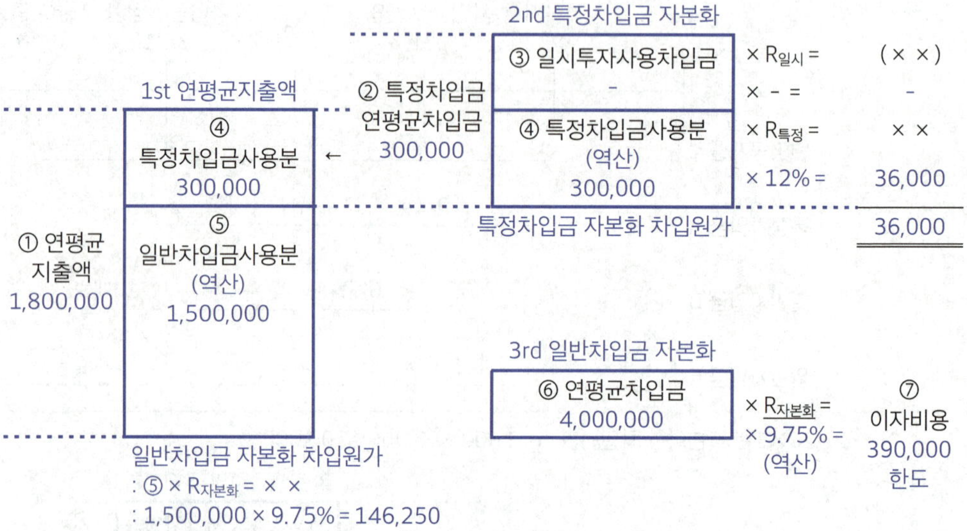


① 연평균지출액: (800,000 - 400,000 + 3,000,000 + 200,000) × 6/12 = 1,800,000

② 특정차입금 연평균차입금: 1,200,000 × 3/12 = 300,000

⑥, ⑦ 일반차입금의 연평균차입금과 이자비용

| 구분 | 차입금액(I) | 적수(II) | 연평균차입금(III = I × II) | 이자비용 |
|---|---|---|---|---|
| B(9%) | 3,000,000 | 12/12 | 3,000,000 | 3,000,000 × 9% |
| C(12%) | 1,000,000 | 12/12 | 1,000,000 | 1,000,000 × 12% |
| 합계 | | | ⑥ 4,000,000 | ⑦ 390,000 |

**04** ⑤ 03번 해설 참고

**05** ② 20×1년 자본화할 차입원가: 218,000

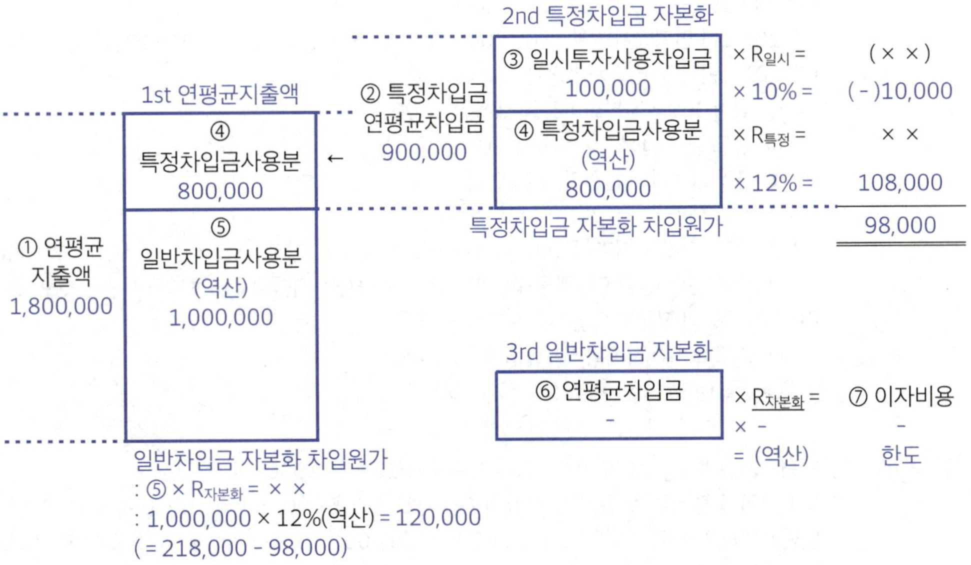


## Ⅱ. 최신 기출 유형 정리

### 차입원가 자본화

**01** ② 30,000 + 5,000 = 35,000

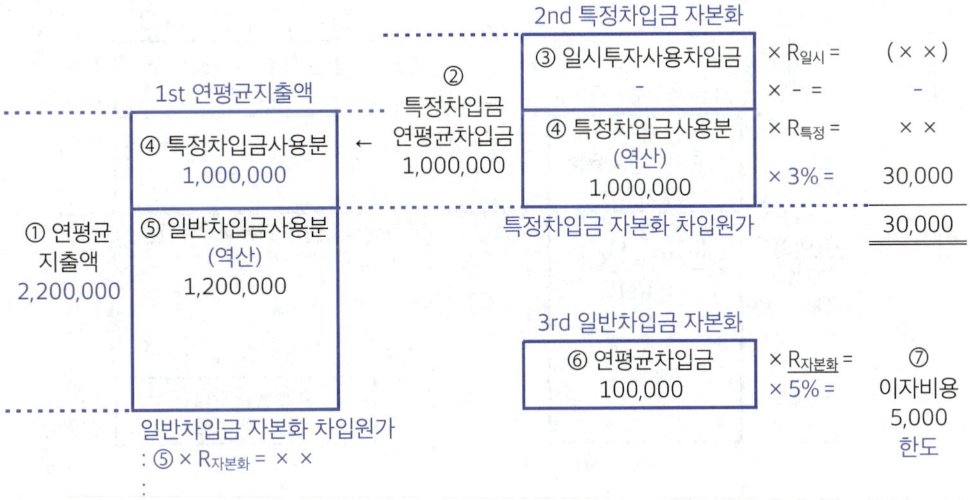


⑤ > ⑥ 이므로 일반차입금은 한도에 걸려 5,000이 자본화 금액이다.

**02** ① 특정차입금이 없으므로, 일반차입금만 이용하여 자본화 차입원가를 구하면 된다.

1) 20×1년의 자본화 차입원가: 20,000

(1) 20×1년 공사기간: 5/1~12/31(8개월)

(2) 20×1년 연평균지출액: [300,000 × 8(5~12월) + 200,000 × 3(10~12월)]/12 = 250,000

(3) 20×1년의 자본화 차입원가 = Min(ⓐ, ⓑ)

ⓐ 250,000 × 자본화이자율 10% = 25,000

ⓑ 한도(실제 발생 이자비용) = 20,000

2) 20×2년의 자본화 차입원가: 22,000

(1) 20×2년 공사기간: 1/1~6/30(6개월)

(2) 20×2년 연평균지출액: [500,000 × 6(1~6월) + 100,000 × 3(4~6월)]/12 = 275,000

→ 20×2년 연평균지출액을 구할 때에는 전년 공사비 지출액을 연초부터 지출한 것으로 보아 계산한다.

(3) 20×2년의 자본화 차입원가 = Min(ⓐ, ⓑ)

ⓐ 275,000 × 자본화이자율 8% = 22,000

ⓑ 한도(실제 발생 이자비용) = 24,200

**03** ④

1) 연평균지출액: (200,000 × 9 + 300,000 × 6)/12 = 300,000

2) 특정차입금 자본화 차입원가: (300,000 × 9/12 = 225,000) × 5% - 100,000 × 3/12 × 3% = 10,500

3) 일반차입금 자본화 차입원가: [300,000 - (225,000 - 25,000) × 7% = 7,000(한도: 700,000 × 7% = 49,000)

4) 자본화할 차입원가: 2) + 3) = 17,500

## Ⅲ. 타시험 기출 및 과거 기출 필수문제 정리

**01** ②

20×1년 자본화할 차입원가: 15,000 + 16,100 = 31,100

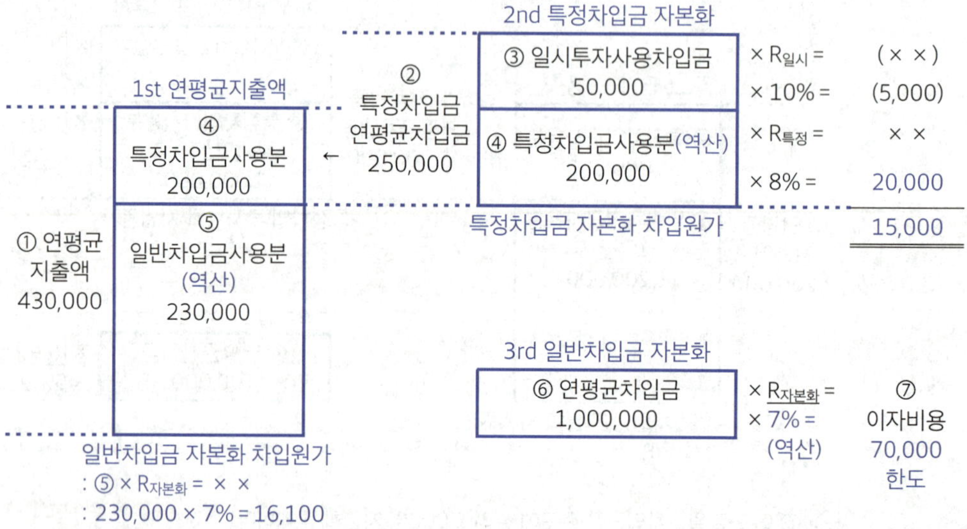


① 연평균지출액: (300,000 × 6 + 960,000 × 3 - 240,000 × 3 + 1,200,000 × 1)/12 = 430,000

② 특정차입금 연평균차입금: 500,000 × 6/12 = 250,000

③ 일시투자사용 연평균차입금: 200,000 × 3/12 = 50,000

⑥⑦ 일반차입금의 연평균차입금과 이자비용

| 구분 | 차입금액(I) | 적수(II) | 연평균차입금(III = I × II) | 이자비용 |
|---|---|---|---|---|
| A(8%) | 500,000 | 12/12 | 500,000 | 500,000 × 8% |
| B(6%) | 1,000,000 | 6/12 | 500,000 | 500,000 × 6% |
| 합계 | | | ⑥ 1,000,000 | ⑦ 70,000 |

**02** ①

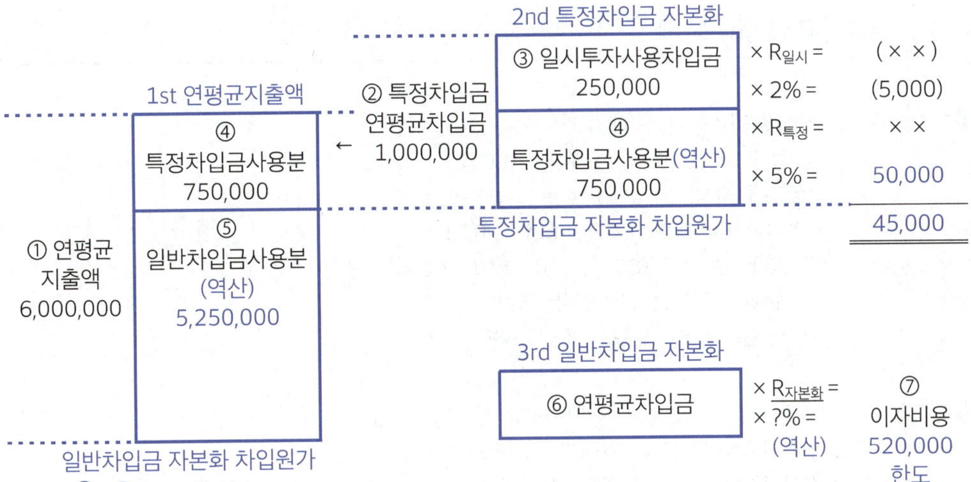


: ⑤ × $R_{자본화}$ = × ×

: 5,250,000 × 자본화 이자율 = 150,000 - 45,000, 자본화 이자율: 2%

① 12,000,000 × 6/12 = 6,000,000

② 2,000,000 × 6/12 = 1,000,000

③ 1,000,000 × 3/12 = 250,000

**03** ⑤ 적격자산을 취득하기 위한 목적으로 특정하여 차입한 자금에 한하여, 회계기간 동안 그 차입금으로부터 실제 발생한 차입원가에서 당해 차입금의 일시적 운용에서 생긴 투자수익을 차감한 금액을 자본화가능차입원가로 결정한다.

**04** ⑤ 특정차입금을 $x$라 하면

$(6,000,000 - x) \times 0.1 = 400,000$

$\therefore x = 2,000,000$

# 5장 | 기타의 자산

## I. 필수 유형 정리

**01** ④ 1) A로 분류 시 당기손익에 미치는 영향: (-)1,000
감가상각비: (10,000 - 0)/10년 = 1,000
2) B로 분류 시 당기손익에 미치는 영향: (-)1,800
(1) 감가상각비: (9,180 - 0)/9년 = 1,020
(2) 재평가손실: 9,180 - 1,020 - 180 - 7,200 = 780
3) C로 분류 시 당기손익에 미치는 영향: (-)1,980
평가손실: 7,200 - 9,180 = (-)1,980

**02** ② 원가모형 적용 시 20×2년 당기손익에 미친 영향: 795
1) 투자부동산평가이익: 10,500 - 9,180 = 1,320
2) 감가상각비: (10,500 - 0)/10년 × 6/12 = (-)525

| | | | | | |
|---|---|---|---|---|---|
| [대체 시] | | | | | |
| 차) | 건물 | 10,500 | 대) | 투자부동산 | 9,180 |
| | | | | 투자부동산평가이익 | 1,320 |
| [기말] | | | | | |
| 차) | 감가상각비 | 525 | 대) | 감가상각누계액 | 525 |

**03** ④ 재평가모형 적용 시 20×2년 당기손익에 미친 영향: (-)1,980
1) 투자부동산평가이익: 10,500 - 9,180 = 1,320
2) 감가상각비: (-)525
3) 재평가손실: 7,200 - (10,500 - 525) = (-)2,775

| | | | | | |
|---|---|---|---|---|---|
| [대체 시] | | | | | |
| 차) | 건물 | 10,500 | 대) | 투자부동산 | 9,180 |
| | | | | 투자부동산평가이익 | 1,320 |
| [기말] | | | | | |
| 차) | 감가상각비 | 525 | 대) | 감가상각누계액 | 525 |
| 차) | 감가상각누계액 | 525 | 대) | 유형자산 | 3,300 |
| | 재평가손실 | 2,775 | | | |

**04** ③ 원가모형을 적용하는 경우 20×2년 당기손익에 미친 영향: (-)13,000

| | | | | | |
|---|---|---|---|---|---|
| [20×2년 7월 1일] | | | | | |
| 차) | 감가상각비[1] | 5,000 | 대) | 감가상각누계액 | 5,000 |
| 차) | 감가상각누계액 | 10,000 | 대) | 건물 | 200,000 |
| | 투자부동산 | 210,000 | | 재평가잉여금 | 20,000 |
| [20×2년 말] | | | | | |
| 차) | 투자부동산평가손실[2] | 8,000 | 대) | 투자부동산 | 8,000 |

[1] (200,000 - 0)/20년 × 6/12 = 5,000
[2] 202,000 - 210,000 = (-)8,000

**05** ② 재평가모형을 적용하는 경우 20×2년 당기손익에 미친 영향: (-)13,641

| | | | | | |
|---|---|---|---|---|---|
| [20×1년 말] | | | | | |
| 차) | 감가상각비 | 5,000 | 대) | 감가상각누계액 | 5,000 |
| 차) | 감가상각누계액 | 5,000 | 대) | 재평가잉여금 | 25,000 |
| | 건물 | 20,000 | | | |
| [20×2년 7월 1일] | | | | | |
| 차) | 감가상각비[1] | 5,641 | 대) | 감가상각누계액 | 5,641 |
| 차) | 감가상각누계액 | 5,641 | 대) | 건물 | 220,000 |
| | 투자부동산 | 210,000 | | | |
| | 재평가잉여금 | 4,359 | | | |
| [20×2년 말] | | | | | |
| 차) | 투자부동산평가손실 | 8,000 | 대) | 투자부동산 | 8,000 |

[1] (220,000 - 0)/19.5년 × 6/12 = 5,641

**06** ③ 1) 20×2년 비용의 합계: 300,000 + 350,000 = 650,000
(1) 연구비: 300,000
(2) 20×2년 개발비 상각비: (3,500,000 - 0) × 4/10 × 3/12 = 350,000
2) 20×3년 비용의 합계: 1,312,500 + 837,500 = 2,150,000
(1) 20×3년 개발비 상각비: (3,500,000 - 0) × 4/10 × 9/12 + (3,500,000 - 0) × 3/10 × 3/12 = 1,312,500
(2) 20×3년 말 손상 전 개발비 장부금액: 3,500,000 - 350,000 - 1,312,500 = 1,837,500
(3) 20×3년 개발비 손상차손: 1,837,500 - 1,000,000 = 837,500

## Ⅱ. 최신 기출 유형 정리

### 투자부동산

**01** ① 소유 투자부동산은 최초 인식시점에서 원가로 측정한다. 이때 발생한 거래원가는 최초측정치에 포함한다.

**02** ⑤ 투자부동산은 공정가치모형과 원가모형 중 하나를 선택하여 모든 투자부동산에 적용하므로 자산의 분류별로 선택하여 적용하는 것이 아니다.

**03** ⑤ 처분예정인 자가사용부동산은 매각예정비유동자산으로 분류한다.

**04** ④ 공정가치로 평가하게 될 자가건설 투자부동산의 건설이나 개발이 완료되면 해당일의 공정가치와 기존 장부금액의 차액은 당기손익으로 인식한다.

**05** ⑤ 건물의 평가손익 = 120,000 - 100,000 = 20,000
→ 투자부동산에 공정가치모형을 적용할 경우 감가상각하지 않으며, 공정가치 변동에 따른 평가손익은 당기손익으로 인식한다.

**06** ① 1) 공정가치모형을 적용할 경우의 당기순이익: ( - )200,000
건물의 평가손익 = 800,000 - 1,000,000 = ( - )200,000
→ 투자부동산에 공정가치모형을 적용할 경우 감가상각하지 않으며, 공정가치 변동에 따른 평가손익은 당기손익으로 인식한다.
2) 원가모형을 적용할 경우의 당기순이익: ( - )180,000
감가상각비 = (1,000,000 - 100,000) ÷ 5 = ( - )180,000
→ 원가모형은 감가상각비를 인식하며, 공정가치평가를 하지 않는다.
∴ 원가모형을 적용하는 경우 당기순이익이 20,000 증가

**07** ① 1) 공정가치모형을 적용할 경우의 당기순이익: 70 감소
건물의 평가손익 = 930 - 1,000 = ( - )70
→ 투자부동산에 공정가치모형을 적용할 경우 감가상각하지 않으며, 공정가치 변동에 따른 평가손익은 당기손익으로 인식한다.
2) 원가모형을 적용할 경우의 당기순이익: 100 감소
감가상각비 = (1,000 - 0) ÷ 10 = ( - )100
→ 원가모형은 감가상각비를 인식하며, 공정가치평가를 하지 않는다.

**08** ③ 1) 유형자산으로 분류하고 재평가모형을 적용한 경우 20×2년 당기순이익 영향: 2,250 감소
- 20×1년 감가상각비 = (10,000 - 0) ÷ 5 = ( - )2,000(N/I)
- 20×1년 재평가손익 = 9,000 - (10,000 - 2,000) = 1,000(OCI)
- 20×2년 감가상각비 = (9,000 - 0) ÷ 4 = ( - )2,250
- 20×1년 재평가손익 = 11,000 - (9,000 - 2,250) = 4,250(OCI)

→ 재평가모형을 적용할 경우 감가상각비를 인식하며, 재평가에 따른 평가이익의 경우 당기손익으로 인식한 재평가손실금액이 없으므로 전액 기타포괄이익으로 인식한다.
2) 투자부동산으로 분류하고 공정가치모형을 적용한 경우 당기순이익 영향: 2,000 증가
- 20×2년 평가손익 = 11,000 - 9,000 = 2,000

→ 투자부동산에 공정가치모형을 적용할 경우 감가상각하지 않으며, 공정가치 변동에 따른 평가손익은 당기손익으로 인식한다. 따라서 20×1년의 평가손익을 별도로 구할 필요는 없다.

**09** ① 처분손익 = 처분대가 36,000 - 자산 BV 42,000 = ( - )6,000

**10** ⑤ 투자부동산(공정가치모형)에서 유형자산(재평가모형)으로 계정대체를 하는 경우 재분류시점에 투자부동산을 공정가치평가하여 평가손익을 당기손익으로 인식한다. 이때, 공정가치금액을 장부금액으로 승계하고 재분류시점부터 감가상각하는 회계처리를 한다.

| 20×1년 말 | 20×2년 9월 1일 | 20×2년 말 |
|---|---|---|
| ₩340,000 | ₩330,000 | ₩305,000 |

1) 재분류시점(20×2년 9월 1일)의 평가손익 = 330,000 - 340,000 = (-)10,000(N/I)
2) 재분류 후 감가상각비 = (330,000 - 0) ÷ 10 × 4/12 = (-)11,000(N/I)
3) 기말 재평가손익 = 305,000 - (330,000 - 11,000) = (-)14,000(N/I)
   재평가에 따른 평가손실의 경우 기타포괄이익으로 인식한 재평가잉여금이 없으므로 전액 당기손익으로 인식한다.

∴ 20×2년 당기순이익에 미치는 영향 = 1) + 2) + 3) = 35,000 감소

**11** ② 원가모형과 공정가치모형 간의 선택은 회계정책의 변경에 해당하므로 처음부터 공정가치모형을 적용하였던 것처럼 소급하여 재무제표를 수정한다.

1) 20×1년 감가상각비 = 0
   20×1년 말 투자부동산 = 기말 FV 190,000
   20×1년 투자부동산 평가손익 = 190,000 - 200,000 = (-)10,000
2) 20×2년 말 투자부동산 = 기말 FV 185,000
   20×2년 투자부동산 평가손익 = 185,000 - 190,000 = (-)5,000

**12** ③ 당기순이익 ₩430,000 감소, 기타포괄이익 ₩80,000 증가

1) 재분류시점까지의 감가상각비 = 2,400,000 ÷ 10 × 9/12 = (-)180,000(N/I)
   재분류 시점 건물의 BV = 2,400,000 - (2,400,000 ÷ 10 × 9/12) = 2,220,000

| 20×0년 말 | 20×1년 10월 1일 | 20×1년 말 |
|---|---|---|
| ₩2,400,000 | ₩2,300,000 | ₩2,050,000 |

2) 재분류시점의 재평가손익 = FV 2,300,000 - BV 2,200,000 = 80,000(OCI) → 재평가모형의 회계처리 준용
3) 재분류 후 평가손익 = 2,050,000 - 2,300,000 = (-)250,000(N/I) → 공정가치모형의 평가손익은 당기손익으로 인식함

∴ 당기순이익 = (-)180,000 + (-)250,000 = (-)430,000, 기타포괄이익 = 80,000

유형자산에서 투자부동산(공정가치모형)으로 계정대체를 하는 경우 재분류시점에 투자부동산을 공정가치평가하고 장부금액과의 차액에 대해서는 재평가모형의 회계처리를 준용한다. 따라서 평가이익은 기타포괄이익으로, 평가손실은 당기손익으로 인식한다. 단, 재분류 후에는 공정가치모형으로 회계처리하는 것에 주의한다.

**13** ④ ㄴ. 재무상태표에서 제거된다.
ㄹ. 자가사용부동산으로 분류된다.

## 무형자산

**14** ⑤ 무형자산에 대해 재평가모형을 적용할 경우 재평가는 재무상태표일에 자산의 장부금액이 공정가치와 중요하게 차이가 나지 않도록 주기적으로 수행한다.

**15** ⑤ 무형자산의 경제적 효익이 소비될 것으로 예상되는 형태를 반영한 방법을 신뢰성 있게 결정할 수 없을 경우 상각방법은 정액법을 사용한다.

**16** ④ 내용연수가 비한정적인 무형자산은 상각하지 않고, 매년 또는 무형자산의 손상을 시사하는 징후가 있을 때 손상검사를 수행한다.

**17** ① 무형자산의 상각은 매각예정비유동자산으로 분류되는 날과 자산이 재무상태표에서 제거되는 날 중 이른 날에 중지한다.

**18** ⑤ ① 내용연수가 비한정인 무형자산을 유한 내용연수로 재평가하는 것은 그 자산의 손상을 시사하는 하나의 징후에 해당한다.
② 연구결과를 최종 선택하는 활동과 관련된 지출은 비용으로 인식한다.
③ 아직 사용할 수 없는 무형자산에 대해서는 매기 말 손상검사를 한다.
④ 내부적으로 창출한 브랜드는 무형자산으로 인식하지 않는다.

**19** ⑤ ① 내용연수가 비한정인 무형자산으로 최초 인식한 경우 그 이후에 비한정 내용연수를 유한 내용연수로 변경할 수 있다.
② 재평가모형을 적용하는 경우에도 최초로 인식하는 경우 원가로 인식한다.
③ 기타 법적권리의 기간을 초과할 수 없다.
④ 제조과정에서 사용된 무형자산의 상각은 일반적으로 제조원가로 인식한다.

**20** ⑤ ㄱ. 경영자가 의도하는 방식으로 운용될 수 있는 상태에 이른 후에 발생한 원가는 더 이상 자산으로 인식하지 않는다.
ㄷ. 최초에 비용으로 인식한 무형항목에 대한 지출은 그 이후에 무형자산의 원가를 신뢰성 있게 측정할 수 있어도 무형자산으로 인식할 수 없다.

**21** ③ 영업권에 대한 설명이다.

**22** ① 1) 무형자산의 취득원가 = (800,000 - 300,000) + 400,000 = 900,000
→ 내부적으로 창출한 무형자산은 자산인식요건을 충족한 때부터 개발단계의 지출을 자산으로 인식한다.
2) 20×3년 개발비 상각액 = (900,000 - 0) ÷ 4 = ( - )225,000
→ 20×3년 1월 1일부터 사용이 가능하므로, 이 시점부터 상각비를 인식한다.

**23** ④ 1) 무형자산의 취득원가 = 50,000 + 100,000 = 150,000
→ 내부적으로 창출한 무형자산은 자산인식요건을 충족한 때부터 개발단계의 지출을 자산으로 인식한다.
2) 20×3년 말 개발비 = 150,000 - {(150,000 - 0) ÷ 10} = 135,000
20×3년 손상차손 = 80,000 - 135,000 = ( - )55,000
→ 20×3년 1월 1일부터 사용이 가능하므로, 이 시점부터 상각비를 인식하고, 회수가능액과 비교하여 손상차손을 인식한다.

**24** ⑤ 1) 20×1년 감가상각비 = (1,000,000 - 0) ÷ 5 = ( - )200,000(N/I)
20×1년 재평가손실 = 780,000 - (1,000,000 - 200,000) = ( - )20,000(N/I)
→ 기타포괄이익으로 인식한 재평가잉여금이 없으므로 전액 당기손익으로 인식한다.
2) 20×2년 감가상각비 = (780,000 - 0) ÷ 4 = ( - )195,000(N/I)
20×2년 재평가이익 = 610,000 - (780,000 - 195,000) = 25,000 = 20,000(N/I) + 5,000(OCI)
→ 당기손익으로 인식한 재평가손실에 해당하는 금액만큼 당기손익으로 인식하고, 이를 초과하는 금액에 대해서는 기타포괄이익으로 인식한다. 평가와 관련한 당기손익과 기타포괄손익을 물었으므로 재평가로 인한 당기손익 20,000, 기타포괄손익 5,000이 답이 된다.

## 매각예정 비유동자산과 중단영업

**25** ①

② 소유주에 대한 분배예정으로 분류된 비유동자산(또는 처분자산집단)은 분배부대원가 차감 후 공정가치와 장부금액 중 작은 금액으로 측정한다.

③ 비유동자산이 매각예정으로 분류되거나 매각예정으로 분류된 처분자산집단의 일부라면 감가상각을 하지 않는다.

④ 매각예정으로 분류된 비유동자산(또는 처분자산집단)은 순공정가치와 장부금액 중 큰 금액으로 측정한다.

⑤ 매각예정으로 분류된 처분자산집단의 부채와 관련된 이자와 기타 비용은 계속 인식한다.

**26** ①

매각예정으로 분류된 비유동자산(또는 처분자산집단)은 공정가치에서 처분부대원가를 뺀 금액과 장부금액 중 작은 금액으로 측정한다.

**27** ④

매각예정비유동자산은 매기 말 순공정가치로 평가하므로 20×2년 말 장부금액은 20×2년 말 순공정가치인 190,000이 된다.

## 웹 사이트 원가

**28** ①

② 기업이 주로 자체의 재화와 용역의 판매촉진과 광고를 위해 웹 사이트를 개발한 경우에는 그 웹 사이트가 어떻게 미래경제적 효익을 창출할지를 제시할 수 없다. 따라서 이러한 웹 사이트 개발에 대한 모든 지출은 발생시점에 비용으로 인식한다.

③ 웹 사이트 개발의 계획단계에서 발생하는 지출은 발생시점에 비용으로 인식한다.

④ 내부적으로 창출한 무형자산의 원가가 그 무형자산이 특정 인식기준을 최초로 충족한 이후에 발생한 지출이 웹 사이트의 창출, 제조 및 경영자가 의도하는 방식으로 운영될 수 있게 준비하는 데 직접 관련된다면 해당 내부적으로 창출한 웹 사이트 무형자산의 원가에 포함한다.

⑤ 무형자산으로 인식한 웹 사이트 관련 원가는 최초 인식 후 원칙적으로 원가모형을 적용하여 측정한다.

# Ⅲ. 타시험 기출 및 과거 기출 필수문제 정리

**01** ②

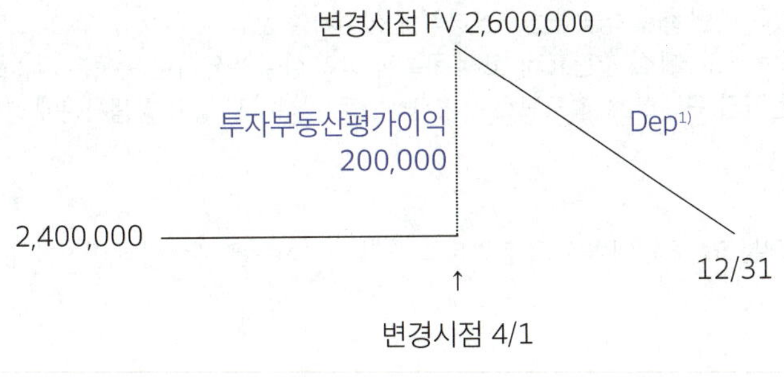


[1] 변경 후 4/1~12/31의 Dep: (2,600,000 - 200,000) ÷ 5년 × 9/12 = 360,000

⇒ 20×2년 당기손익에 미친 영향: 200,000 - 360,000 = ( - )160,000

**02** ① 1) A: 감가상각비 10,000/10년 = (-)1,000
2) B: 감가상각비 10,800/9년 = (-)1,200
3) C: 평가손실 8,000 - 10,800 = (-)2,800

**03** ④ ① 통상적인 영업과정에서 가까운 장래에 개발하여 판매하기 위해 취득한 부동산은 재고자산으로 분류한다.
② 토지를 자가사용할지 통상적인 영업과정에서 단기간에 판매할지를 결정하지 못한 경우 투자부동산으로 분류한다.
③ 호텔을 소유하고 직접 경영하는 경우 투숙객에게 제공하는 용역이 전체 계약에서 유의적인 비중을 차지하므로 자가사용부동산으로 분류한다.
⑤ 사무실 건물의 소유자가 그 건물을 사용하는 리스이용자에게 경미한 비중의 보안과 관리용역을 제공하는 경우 부동산 보유자는 당해 부동산을 투자부동산으로 분류한다.

**04** ① 지배기업 또는 다른 종속기업에게 부동산을 리스하는 경우, 이러한 부동산은 연결재무제표에 투자부동산으로 분류할 수 없다. 단, 별도재무제표에서는 가능하다.

**05** ⑤ 투자부동산을 공정가치로 측정해 온 경우 비교할만한 시장의 거래가 줄어들거나 시장가격 정보를 쉽게 얻을 수 없게 되더라도 계속하여 공정가치로 측정한다.

**06** ④ 부분별로 나누어 매각할 수 없다면, 재화의 생산에 사용하기 위하여 보유하는 부분이 중요하다면 전체 부동산을 자가사용부동산으로 분류한다.

**07** ① 사업결합으로 취득하는 무형자산은 무형자산 인식조건 중 자산에서 발생하는 미래경제적효익이 기업에 유입될 가능성이 높고 자산의 원가를 신뢰성 있게 측정할 수 있다는 인식기준을 항상 충족하는 것으로 본다.

**08** ④ 1) 개발비의 취득원가: 3,500,000
2) 20×3년 말 개발비의 상각후원가: 3,500,000 × (240 - 15)/240 = 3,281,250
3) 20×3년 무형자산 상각비: 3,500,000/20 = 175,000
4) 20×3년 손상차손: 3,281,250 - 2,000,000 = 1,281,250
5) 20×3년 당기순이익에 미치는 영향: (-)175,000 - 1,281,250 = (-)1,456,250

**09** ⑤ ㄱ. 내용연수가 비한정인 무형자산 또는 아직 사용할 수 없는 무형자산에 대해서는 자산손상을 시사하는 징후가 있는지에 관계없이 매년 회수가능액을 추정하여 손상검사를 한다.
ㄷ. 내부적으로 창출된 브랜드, 제호, 출판표제, 고객 목록과 이와 실질이 유사한 항목은 사업을 전체적으로 개발하는 데 발생한 원가와 구별할 수 없으므로 무형자산으로 인식하지 않고 발생시점에 항상 당기손익으로 인식한다.

**10** ④ 매각예정으로 분류된 처분자산집단의 부채와 관련된 이자와 기타비용은 계속해서 인식한다.

# 6장 | 금융부채

## Ⅰ. 필수 유형 정리

**01** ① 20×1년 이자비용: (-)10,847

1) 사채발행가액: 100,000 × 0.75131 + 8,000 × 2.48685 - 4,633 = 90,393
2) 유효이자(R): 90,393 × (1 + R) - 8,000 = 93,240, R = 12%
3) 이자비용: 90,393 × 12% = (-)10,847

**02** ⑤ 1) 20×1년 4월 1일 사채발행 시 현금수령액: (1) + (2) = 87,169

(1) 20×1년 초 사채의 현재가치: 100,000 × 0.65752 + 8,000 × 2.28323 = 84,018
(2) 20×1년 초 ~ 4월 1일 유효이자: 84,018 × 15% × 3/12 = 3,151
(3) 20×1년 초 ~ 4월 1일 미수이자: 8,000 × 3/12 = 2,000

2) 20×1년 4월 1일 사채발행 시 장부금액: (1) + (2) - (3) = 85,169
3) 20×1년 말 B/S상 사채할인발행차금: 100,000 - (84,018 × 1.15 - 8,000) = 11,379
4) 20×1년의 이자비용: 84,018 × 15% × 9/12 = (-)9,452
5) 20×1년 사채할인발행차금상각액: 88,621[1] - 85,169 = 3,452

[1] 20×1년 말 사채 BV: 84,018 × 1.15 - 8,000 = 88,621

6) 총이자비용: (100,000 + 8,000 × 3년) - 87,169 = (-)36,831

**03** ④ 20×3년 N/I에 미치는 영향: (-)3,764 + (-)7,855 = (-)11,619

1) 상환손실: -45,000 + [(1) + (2)] × 40% = (-)3,764

(1) 20×3년 초 사채의 BV: 108,000/1.1 = 98,182
(2) 20×3년 초~7월 1일까지 유효이자: 98,182 × 10% × 6/12 = 4,909

2) 이자비용: 98,182 × 10% × 6/12 × 40% + 98,182 × 10% × 60% = (-)7,855

## Ⅱ. 최신 기출 유형 정리

### 금융부채

**01** ② ㄱ. 차입금은 부채이다.

ㄴ. 제품을 판매하기로 하고 받은 선금은 자산이다.

ㄷ. 비파생상품으로서 기업이 결제를 위하여 인도해야 할 자기지분상품의 수량이 확정되어 있는 계약은 지분상품으로 분류한다.

ㄹ. 비파생상품으로서 기업이 결제를 위하여 인도해야 할 자기지분상품의 수량이 변동 가능한 계약은 금융부채로 분류한다.

**02** ② ㄱ. 상품 외상으로 구입하는 것은 부채를 발생시키는 거래이다(매입채무).
ㄴ. 미리 수취한 건물 임대료는 선수금으로 자산이다.
ㄷ. 금융자산의 인도를 발생시키는 계약이 아니므로 금융부채를 발생시키는 거래가 아니다.
ㄹ. 일반사채의 발행은 대표적인 금융부채를 발생시키는 거래이다.

**03** ③ ㄴ, ㄷ. 금융부채이다. 금액이 결정되어 있는 자기지분상품거래는 금융부채로 분류한다.

**04** ⑤ ₩39,300
금융부채의 합계금액 = 매입채무 3,000 + 장기차입금 10,000 + 미지급금 3,300 + 사채 15,000 + 미지급이자 8,000 = 39,300
→ 금융부채로 인식하지 않는 부채: 선수수익, 제품보증충당부채, 미지급법인세

**05** ④ 1) 발행시점의 사채 장부금액 = 1,000,000 × 0.7350 + 1,000,000 × 10% × 3.3121 = 1,066,210
2) 20×2년 말 사채 장부금액 = (1,066,210 × 1.08 - 100,000) × 1.08 - 100,000 = 1,035,628
[별해]
(1,000,000 + 100,000) ÷ $1.08^2$ + 100,000 ÷ 1.08 = 1,035,665(단수 차이)

**06** ③ ₩1,502
1) 20×2년 말 사채 장부금액 = (92,416 × 1.1 - 8,000[1]) × 1.1 - 8,000 = 95,023
[1] 사채액면이자 100,000 × 8%
2) 20×3년 말 사채 장부금액 = 95,023 × 1.1 - 8,000 = 96,525
3) 20×3년도에 상각할 사채할인발행차금 = 96,525 - 95,023 = 1,502
사채할인발행차금(사채할증발행차금)의 상각액은 기초와 기말의 사채 장부금액 변동액과 같다.

**07** ④ 1) 20×1년 초 금융부채 장부금액: 1,000,000 × 0.7599 + 10,000 × 6.0021 = 819,921
2) 총이자비용: (1,000,000 + 10,000 × 7) - 819,921 = 250,079

## 연속상환사채

**08** ④ 발행가액 ₩58,008, 20×2년 이자비용 ₩4,676
1) 사채의 발행가액 = (20,000 + 6,000) × 0.8929 + (20,000 + 4,000) × 0.7972 + (20,000 + 2,000) × 0.7118 = 58,008
2) 20×2년 이자비용 = [(58,008 × 1.12) - 26,000] × 12% = 4,676

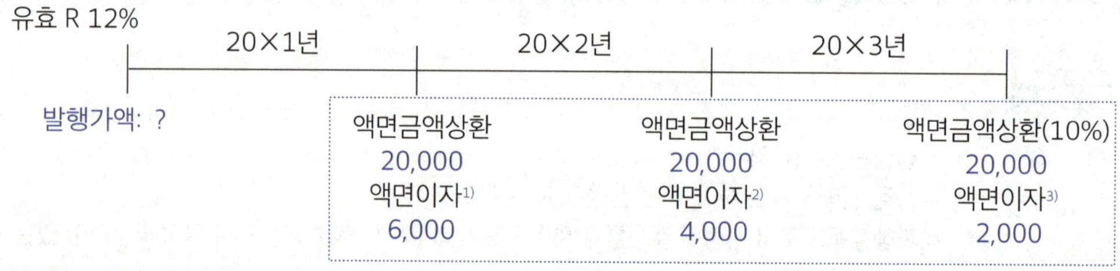


연속상환사채의 매기 말 액면이자: 기초 잔여 액면금액 × 액면이자율
[1] 기초 잔여 액면금액 60,000 × 10% = 6,000
[2] 기초 잔여 액면금액 (60,000 - 20,000) × 10% = 4,000
[3] 기초 잔여 액면금액 (60,000 - 40,000) × 10% = 2,000

**09** ① 20×2년 말 사채의 장부금액 = (300 + 15) × 0.9434 = 298

20×2년 말의 사채의 장부금액을 물었으므로 남아있는 20×3년의 현금흐름을 현재가치로 계산하여 장부금액을 구한다.

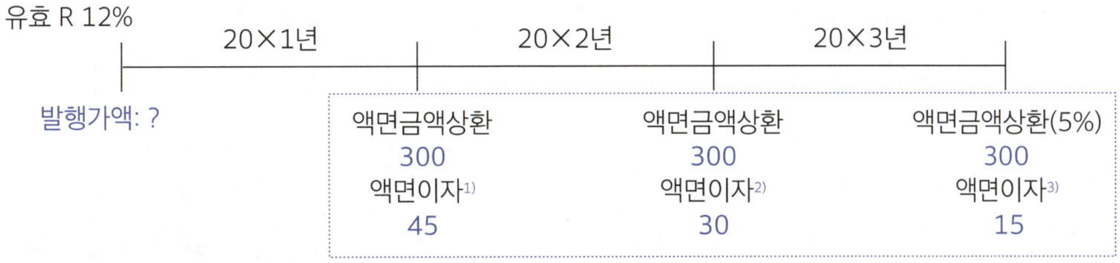


연속상환사채의 매기 말 액면이자: 기초 잔여 액면금액 × 액면이자율

1) 기초 잔여 액면금액 900 × 5% = 45

2) 기초 잔여 액면금액 (900 - 300) × 5% = 30

3) 기초 잔여 액면금액 (900 - 600) × 5% = 15

## 사채의 상환

**10** ④ 1) 상환일 사채 장부금액 = 발행금액 950,263 + 이자비용 191,555 - 액면이자 80,000 × 2 = 981,818

2) 상환 시 지급한 현금 A - 사채 장부금액 981,818 = 상환손실 8,182, A = 981,818 + 8,182 = 990,000

**11** ④ 1) 발행일 사채 장부금액 = 100,000 × 0.8638 + 100,000 × 3% × 2.7232 = 94,550

2) 20×3년 1월 1일 사채 장부금액 = (94,550 × 1.05 - 3,000) × 1.05 - 3,000 = 98,092

3) 사채 상환손익 = 98,092 - 95,000 = 3,092

[별해]

1) 20×3년 1월 1일 사채 장부금액 = (100,000 + 3,000) ÷ 1.05 = 98,095

2) 사채 상환손익 = 98,095 - 95,000 = 3,095(단수 차이)

**12** ③ 1) 사채의 유효이자율 = 11,400 ÷ 95,000 = 12%

2) 20×1년 말 사채 장부금액 = 95,000 + 11,400 - 10,000 = 96,400

3) 20×2년 인식할 이자비용(ⓐ + ⓑ) = 8,676

ⓐ 기초 BV × 유효 R × 50% × 6/12 = 96,400 × 12% × 50% × 6/12 = 2,892

ⓑ 기초 BV × 유효 R × 50% × 12/12 = 96,400 × 12% × 50% × 12/12 = 5,784

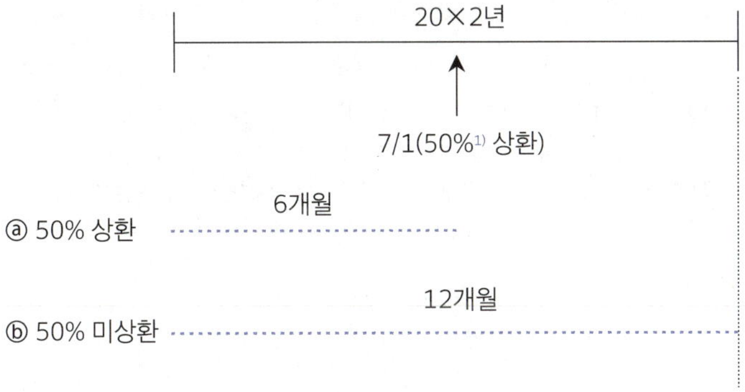


1) 사채의 액면금액 100,000 중 50,000원에 해당하는 부분 상환 = 50%

**13** ④ 1) 20×2년 초 사채의 장부금액 = 876 × 1.1 - 1,000 × 5% = 914
2) 20×2년 6월 30일까지의 유효이자 = 914 × 10% × 6/12 = 46
3) 사채 중 상환된 부분 = 상환가액 300 + 사채상환이익 84 = 384
4) 사채 중 상환된 부분의 비율 = $\frac{384}{914 + 46}$ = 40%
5) 20×2년 말 남아있는 사채 장부금액 = (914 × 1.1 - 50) × (1 - 40%) = 574

**14** ② 사채상환손익: (-)100,000 + 102,000/1.05 = (-)2,857

### 상각후원가로 후속측정하지 않는 금융부채

**15** ⑤ ₩10,000 증가(신용위험 변동에 따른 공정가치 변동 외의 증가분)

> 당기손익-공정가치 측정 금융부채의 경우
> - **금융부채의 자기신용위험 변동에 따른 공정가치 변동**: 기타포괄손익으로 표시
>   (단, 회계불일치를 일으키거나 확대하는 경우에는 당기손익으로 표시)
> - **나머지 공정가치 변동**: 당기손익으로 표시

**16** ① 당기순이익에 미친 영향: (1,000,000 - 700,000) - 170,000 = 130,000 증가
FVPL금융부채는 평가손익 중 신용위험에 기인한 부분 이외에만 당기순이익에 반영한다.

## Ⅲ. 타시험 기출 및 과거 기출 필수문제 정리

**01** ② 사채발행비가 존재하는 경우, 발행시점의 발행자의 유효이자율은 발행시점의 시장이자율보다 높다.

**02** ① 1) 20×2년 초 사채의 장부금액: 84,000 - 2,000(사채할인발행차금 = 사채 기말 BV - 기초 BV) = 82,000
2) 사채의 유효이자율: 8,200 ÷ 82,000 = 10%
3) 20×3년 말 사채의 장부금액: 기초장부금액 84,000 × 1.1(= 1 + 유효이자율) - 액면이자 6,200 = 86,200

**03** ③ 1) 20×1년 초 현재가치: 100,000 × 0.7118 + 10,000 × 2.4018 = 95,198
2) 4월 1일 미수이자 포함 현금 수취액: 95,198 × (1 + 0.12 × 3/12) = 98,054
3) 사채 발행 시 사채 95,554, 미지급이자 2,500을 인식하므로 부채에 미치는 영향의 합계는 98,054 증가이다.

**04** ② 1) 사채상환시점 사채의 장부금액

| | | | | |
|---|---|---|---|---|
| 차) | 사채(장부금액)(역산) | 639,184 | 대) 현금 | 637,000 |
| | | | 상환이익 | 2,184 |

2) 사채상환비율(R): 639,184 ÷ (875,645 × 1.1 - 50,000) = 70%
3) 20×2년 말 사채의 장부금액: 1,050,000/1.1 × (1 - 70%) = 286,364(단수 차이)

**05** ⑤ 1) 20×1년 초 사채의 장부금액: 1,000,000 × 0.7938 + 50,000 × 2.5771 - 46,998 = 875,657

2) 유효이자율: 87,566 ÷ 875,657 = 10%

3) 20×2년 말 사채의 장부금액: 1,050,000 ÷ (1 + 10%) = 954,545

4) 20×3년 초부터 4월 1일까지 유효이자: 954,545 × 10% × 3/12 = 23,863

5) 20×3년 4월 1일 사채상환손익(약식분개)

| | | | |
|---|---|---|---|
| 차) 기초 BV + 3개월 유효이자[1] | 587,045 | 대) 현금 | 570,000 |
| | | 상환이익 | 17,045 |

[1] (954,545 + 23,863) × 60% = 587,045

**06** ③ 1) 20×1년 초 AC금융부채 장부금액: 1,900,504 - 92,604 = 1,807,900

2) 발행시점의 유효이자율: 216,948/1,807,900 = 12%

3) 20×2년 초 AC금융부채 장부금액: 1,807,900 × 1.12 - 160,000 = 1,864,848

4) 20×2년 유효이자: (1,807,900 × 1.12 - 160,000) × 12% = 223,782

5) 상환시점 약식분개

| | | | |
|---|---|---|---|
| 차) 3) + 4)[1] | 2,088,630 | 대) 현금 | 2,000,000 |
| | | 상환이익(대차차액) | 88,630 |

[1] 상환대가에 경과이자가 포함되어 있으므로 기초 금융부채의 장부금액과 유효이자의 합계와 상환대가를 비교하여 상환이익을 계산한다.

**07** ③ 1) 사채의 CF

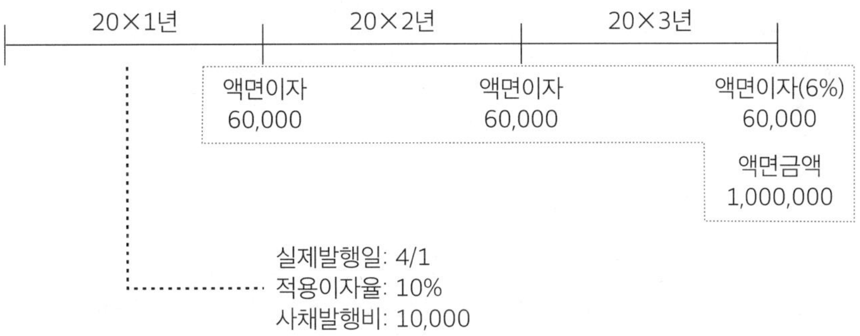


2) 사채의 기중 발행

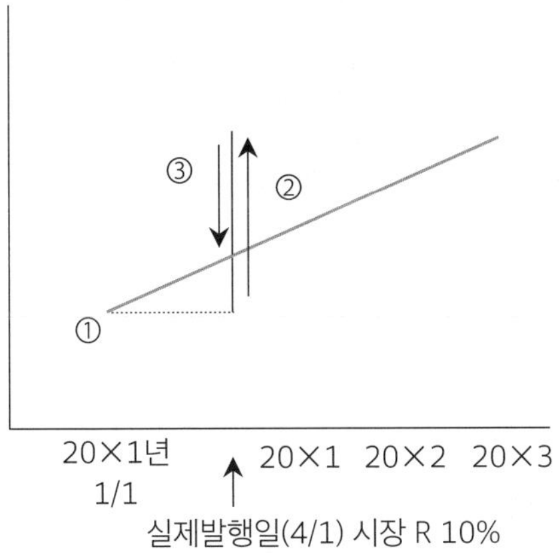


① 20×1년 초 CF의 PV = PV(CF) by 실제발행일 R
: 1,000,000 × 0.7513 + 60,000 × 2.4868
= 900,508

② 20×1년 초~발행일까지 유효이자
= ① × 유효 R × 미보유/12
: 900,508 × 10% × 3/12 = 22,513

③ 20×1년 초~발행일까지 액면이자
= 액면금액 × 액면 R × 미보유/12
: 1,000,000 × 6% × 3/12 = 15,000

- 현금수령액(사채발행가액): ① + ② = 923,021
- 사채 BV(사채순발행가액): ① + ② - ③ = 908,021

3) 당기손익 - 공정가치 측정 금융부채(FVPL금융부채) 분류 시

[순액법]

| | | | | |
|---|---|---|---|---|
| 차) 현금(사채발행가액) | ①+②<br>923,021 | 대) | FVPL금융부채<br>(사채순발행가액) | ①+②-③<br>908,021 |
| | | | 미지급이자 | ③<br>15,000 |
| 차) 사채발행비(N/I)[1] | 10,000 | 대) | 현금(사채발행비용) | 10,000 |

[1] 사채발행비용은 I/S에 당기비용처리한다.

B/S

| | | | |
|---|---|---|---|
| 현금 | ①+②-사채발행비<br>913,021 | FVPL금융부채 BV | ①+②-③<br>908,021 |
| | | 미지급이자 | ③<br>15,000 |

4) 상각후원가 측정 금융부채 분류 시

[순액법]

| | | | | |
|---|---|---|---|---|
| 차) 현금(사채발행가액) | ①+②<br>923,021 | 대) | 사채(사채순발행가액) | ①+②-③<br>908,021 |
| | | | 미지급이자 | ③<br>15,000 |
| 차) 사채 | 10,000 | 대) | 현금(사채발행비용) | 10,000 |

B/S

| | | | |
|---|---|---|---|
| 현금 | ①+②-사채발행비<br>913,021 | 사채 BV | ①+②-③-사채발행비<br>898,021 |
| | | 미지급이자 | ③<br>15,000 |

**08** ⑤

1) 20×1년 말 AC금융부채 장부금액: 950,252 × 1.1 - 80,000 = 965,277
2) 20×2년 초 변경된 현금흐름의 현재가치(10% 사용): 1,000,000 × 0.6830 + 50,000 × 3.1699 = 841,495
3) 20×2년 초 변경된 현금흐름의 현재가치(12% 사용): 1,000,000 × 0.6355 + 50,000 × 3.0374 = 787,370
4) 실질적 조건의 변경 여부 판단: (965,277 - 841,495) ≥ 965,277 × 10%
   ⇒ 실질적 조건의 변경에 해당[1]

[1] 실질적 조건의 변경에 해당하므로 기존 부채는 상환하고 새로운 부채를 발행하는 것으로 보아 변경일의 시장이자율을 적용하여 변경된 현금흐름의 현재가치를 구한다.

5) 20×2년 회계처리

| | | | | | |
|---|---|---|---|---|---|
| [20×2년 초] | | | | | |
| 차) | AC금융부채(변경 전) | 965,277 | 대) | AC금융부채(변경 후) | 787,370 |
| | | | | 조건변경이익(N/I) | 177,907 |
| [20×2년 말] | | | | | |
| 차) | 이자비용[1)] | 94,484 | 대) | 현금 | 50,000 |
| | | | | AC금융부채 | 44,484 |

1) 787,370 × 12% = 94,484

⇒ 20×2년 당기손익에 미친 영향: 177,907 - 94,484 = 83,423

# 7장 | 충당부채와 보고기간후사건

## I. 필수 유형 정리

**01** ⑤ 미래영업을 위하여 발생하게 될 원가는 충당부채로 인식할 수 없다.

**02** ① 배당은 주주거래이므로 보고기간 말 부채로 인식하지 않는다. 또한 보고기간 후부터 재무제표 발행승인일 전 사이의 배당은 차기의 거래이다.

**03** ⑤ 과거에 우발부채로 처리하였다면 이후 충당부채의 인식조건을 충족하게 되면 충당부채로 인식한다.

**04** ②
1) 충당부채로 500,000 인식
2) 미래의 회계시스템 도입을 위하여 지출될 비용은 과거사건의 결과로 인한 비용이 아니므로 충당부채로 인식하지 아니한다.
3) 정기적인 수리비용 및 교체는 대체원가가 자산인식기준을 충족하는 경우 대체원가를 자산으로 인식한다.

**05** ① 의무는 상대방이 누구인지 반드시 알아야 하는 것은 아니며, 경우에 따라서는 일반 대중이 될 수도 있다.

**06** ③

| | |
|---|---|
| 1) 손해배상손실: 2,000,000 - 500,000 = | 1,500,000 |
| 2) 손해배상손실 | 500,000 |
| 3) 지급보증손실: 2,000,000 - 400,000 = | 1,600,000 |
| 계 | 3,600,000 |

**07** ⑤ 제품보증 또는 이와 유사한 계약 등 다수의 유사한 의무가 있는 경우 의무이행에 필요한 자원의 유출가능성은 당해 유사한 의무 전체를 고려하여 결정한다. 비록 개별 항목의 의무이행에 필요한 자원의 유출가능성이 높지 않더라도 전체적인 의무이행을 의하여 필요한 자원의 유출가능성이 높을 경우에는 충당부채로 인식할 수 있다.

**08** ⑤ 충당부채를 결제하기 위하여 필요한 지출액의 일부 또는 전부를 제3자가 변제할 것이 예상되는 경우 기업이 의무를 이행한다면 변제를 받을 것이 거의 확실하게 되는 때에 한하여 변제금액을 인식하고 별도의 자산으로 회계처리한다.

**09** ④
1) 제품보증충당부채 잔액
   (1) 20×1년: (1,000대 × 2% - 8대) × 60 = 720
   (2) 20×2년: (3,000대 × 2% - 20대) × 60 = 2,400
2) 제품보증비용
   (1) 20×1년: 720 + 8대 × 60 = 1,200
   (2) 20×2년: (2,400 - 720) + (11 + 20)대 × 60 = 3,540

* 예상되는 자산처분이 충당부채를 발생시킨 사건과 밀접하게 관련되었더라도 당해 자산의 예상처분이익은 충당부채를 측정하는 데 고려하지 아니한다. 자산의 예상처분이익은 당해 자산과 관련된 회계처리를 다루고 있는 한국채택국제회계기준서에서 규정하고 있는 시점에 인식한다.

**10** ① 1) 20×2년 말 제품보증충당부채 잔액: (1,000대 × 2% + 3,000대 × 2% - 8대 - 11대 - 20대) × 60 = 2,460

2) 20×1년 말 제품보증충당부채 잔액: (1,000대 × 2% - 8대) × 60 = 720

3) 제품보증비: (2,460 - 720) + (11 + 20)대 × 60 = 3,600

## Ⅱ. 최신 기출 유형 정리

### 충당부채

**01** ① 미래의 예상 영업손실은 충당부채로 인식하지 않는다.

**02** ⑤ 예상되는 자산 처분이 충당부채를 생기게 한 사건과 밀접하게 관련된 경우에도 예상되는 자산 처분이익은 충당부채를 측정하는 데에 고려하지 않는다.

**03** ⑤ 충당부채는 세전 금액으로 측정한다.

**04** ⑤ ㄱ. 유형자산을 정기적으로 수선해야 하는 경우 미래에 발생할 수선비에 대해 충당부채로 인식할 수 없다.

ㄴ. 미래 행위로 미래의 지출을 회피할 수 있는 경우 현재의무가 존재하지 않으므로 충당부채로 인식하지 않는다.

ㄷ. 의무를 발생시키는 법률 제정이 거의 확실한 경우 의무가 생긴 것으로 보아 충당부채로 인식한다.

ㄹ. 기업이 당해 의무를 이행할 것이라는 정당한 기대를 상대방이 가지게 되는 경우 의제의무로써 충당부채를 인식한다.

**05** ④ ① 미래 예상영업손실은 충당부채로 인식하지 않는다.

② 손실부담계약 관련 의무는 충당부채로 인식한다.

③ 우발부채는 재무제표에 인식하지 않는다.

⑤ 예상되는 자산 처분이익은 충당부채 측정 시 고려하지 않는다.

**06** ② 복구충당부채 120,000 + 제품보증충당부채 350,000 = 470,000

1) 구조조정과 관련된 충당부채는 인식기준을 모두 충족하는 경우에만 인식한다.

(1) 계획의 공표: 구조조정에 대한 공식적, 구체적 계획에 의하여 주요 내용을 확인할 수 있다.

(2) 정당한 기대: 기업이 구조조정계획의 이행에 착수하였거나 구조조정의 주요 내용을 공표함으로써 구조조정의 영향을 받을 당사자가 기업이 구조조정을 이행할 것이라고 정당한 기대를 가져야 한다.

→ 20×1년 말까지 이행에 착수하지 않았으므로 충당부채를 인식할 수 없다.

2) 충당부채로 인식하려면 현재의무가 존재할 가능성이 존재하지 않을 가능성보다 높고 인식기준을 충족해야 한다.

3) 미래 영업 손실은 충당부채로 인식할 수 없다.

**07** ⑤ 1) 20×1년: (1,500대 × 3% × 20) - 5대 × 20 = 800
2) 20×2년: {(1,500대 + 4,000대) × 3% × 20} - (5대 + 15대 + 30대) × 20 = 2,300

**08** ④ 1) 20×2년 말 제품보증 충당부채 = 100 × 10% + 4,000 × 5% = 210
충당부채가 다수의 항목과 관련된 경우 가능한 모든 결과에 관련된 확률을 가중평균하여 측정한다.
2) 20×2년 제품보증비 = (300 - 200) + 210 = 310

[회계처리]

| | | | | | |
|---|---|---|---|---|---|
| 차) | 제품보증충당부채 | 200 | 대) | 현금 | 300 |
| | | | | 보증비 | 100 |
| 차) | 보증비 | 210 | 대) | 제품보증충당부채 | 210 |

[별해]
20×년 제품보증비: 1) + 2) = 310
1) 당기 발생 비용 = 300
2) 충당부채 증가분 = 210 - 200 = 10

**09** ⑤ 20×2년 말 제품보증충당부채: (200,000 × 5% + 250,000 × 6%) - (2,500 + 3,000 + 4,000) = 15,500

**10** ④ 충당부채를 결제하기 위하여 필요한 지출액의 일부나 전부를 제3자가 변제할 것이 거의 확실할 것으로 예상되는 경우에는 이를 별도의 자산으로 인식하고 충당부채와 상계하지 않는다. 단, 충당부채와 관련하여 포괄손익계산서에 인식한 비용은 제3자의 변제와 관련하여 인식한 수익과 상계표시를 할 수 있다.

[회계처리]

| | | | | | |
|---|---|---|---|---|---|
| 차) | 손해배상손실 | 500,000 | 대) | 손해배상충당부채 | 500,000 |
| 차) | 대리변제자산 | 150,000[1] | 대) | 손해배상손실(or 충당부채 관련 수익) | 150,000 |

[1] 500,000 × 30%

## 보고기간후사건

**11** ① 보고기간 말과 재무제표 발행승인일 사이에 투자자산의 공정가치가 하락한 것은 보고기간 후에 발생한 상황을 나타내는 사건으로 수정을 요하지 않는 보고기간후사건이다.

**12** ⑤ 수정을 요하는 보고기간후사건은 보고기간 말에 존재하였던 상황에 대해 증거를 제공하는 다음의 사건을 말한다.

- 보고기간 말에 존재하였던 현재의무가 보고기간 후에 소송사건의 확정에 의해 확인되는 경우
- 보고기간 말에 이미 자산손상이 발생되었음을 나타내는 정보를 보고기간 후에 입수하는 경우나 이미 손상차손을 인식한 자산에 대하여 손상차손금액의 수정이 필요한 정보를 보고기간 후 입수한 경우
  - 보고기간 후의 매출처 파산은 보고기간 말의 고객의 신용이 손상되었음을 확인해준다.
  - 보고기간 후의 재고자산 판매는 보고기간 말의 순실현가능가치에 대한 증거를 제공할 수 있다.
- 보고기간 말 이전에 구입한 자산의 취득원가가 매각한 자산의 대가를 보고기간 후에 결정하는 경우
- 보고기간 말 이전 사건의 결과로서 보고기간 말에 종업원에게 지급해야할 법적의무나 의제의무가 있는 이익분배나 상여금지급금액을 보고기간 후에 확정하는 경우
- 재무제표가 부정확하다는 것을 보여주는 부정이나 오류를 발견한 경우

## Ⅲ. 타시험 기출 및 과거 기출 필수문제 정리

**01** ④ 당초에 다른 목적으로 인식된 충당부채를 그 목적이 아닌 다른 지출에 사용할 수 없다.

**02** ③

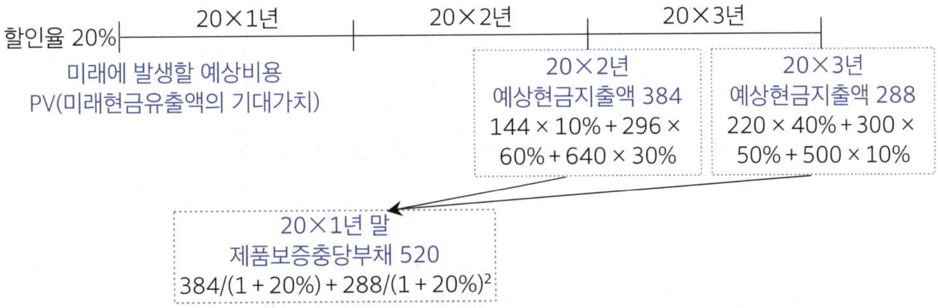


**03** ② 20×1년 말 제품보증충당부채: 6,740[1)]

1) (1,800 × 20% + 3,000 × 50% + 7,000 × 30%) × 0.9091 + (3,000 × 30% + 4,000 × 60% + 5,000 × 10%) × 0.8264 = 6,740

* 미래예상현금흐름을 이용하여 충당부채를 산정하였으므로 당기 실제지출액은 고려하지 않는다.

**04** ③ 재무제표는 미래 시점의 예상 재무상태가 아니라 보고기간 말의 재무상태를 표시하는 것이므로, 미래 영업에서 생길 원가는 충당부채로 인식하지 아니한다.

**05** ④ 투자자산의 공정가치가 보고기간 말과 재무제표 발행승인일 사이에 하락한 것은 보고기간 말의 상황과 관련된 것이 아니라 보고기간 후에 발생한 상황이 반영된 것이다.

# 8장 | 자본

## Ⅰ. 필수 유형 정리

**01** ② 주주지분에 미친 영향: 1월 (6,000,000) + 4월 2,160,000 + 6월 700,000 + 9월 400,000 = (-)2,740,000

**02** ③ 자본의 증감: 140,000
- 기말자본: 500,000 - 200,000 = 300,000
- 기초자본: 300,000 - 기초부채 = 160,000 ⇒ 기초부채: 140,000

1) 주주와의 거래: 50,000 - 30,000 = 20,000
2) 총포괄손익: 120,000

**03** ②

| | | | | |
|---|---|---|---|---|
| [20×1년 1월 20일] | | | | |
| 차) 자기주식 | 60,000 | 대) 현금 | | 60,000 |
| [20×1년 4월 10일] | | | | |
| 차) 현금 | 30,000 | 대) 자기주식 | | 20,000 |
| | | 자기주식처분이익 | | 10,000 |
| [20×1년 5월 25일] | | | | |
| 차) 현금 | 10,000 | 대) 자기주식 | | 40,000 |
| 자기주식처분이익 | 10,000 | | | |
| 자기주식처분손실 | 20,000 | | | |

**04** ③ 주식병합으로 인하여 자본금총액은 변하지 않는다.「상법」상 주식병합은 감자의 절차를 포함하는 개념이지만 회계상의 주식병합은 감자의 절차를 포함하는 개념이 아니라는 것에 유의하여야 한다.

**05** ① 1) 자본총계: 5,000 × 1,000주 + 4,000 × 500주 + 10,000 × 150주 - 4,000 × 250주 + 7,000 × 250주 = 9,250,000

2) 자본잉여금: (4,000 - 5,000) × 500주 + (10,000 - 5,000) × 150주 + (7,000 - 4,000) × 250주 = 1,000,000

| | | | | |
|---|---|---|---|---|
| 1월 10일 | 차) 현금 | 5,000,000 | 대) 자본금 | 5,000,000 |
| 3월 6일 | 차) 현금 | 2,000,000 | 대) 자본금 | 2,500,000 |
| | 주식할인발행차금 | 500,000 | | |
| 5월 11일 | 차) 현금 | 1,500,000 | 대) 자본금 | 750,000 |
| | | | 주식할인발행차금 | 500,000 |
| | | | 주식발행초과금 | 250,000 |
| 8월 12일 | 차) 자기주식 | 1,000,000 | 대) 현금 | 1,000,000 |
| 12월 31일 | 차) 현금 | 1,750,000 | 대) 자기주식 | 1,000,000 |
| | | | 자기주식처분이익 | 750,000 |

**06** ① 1) 누적적 상환우선주
(1) 발행금액: 500,000 × 20% × 2.40183 + 1,000,000 × 0.71178 = 951,963
(2) 이자비용: 951,963 × 12% = 114,236
2) 비누적적 상환우선주
(1) 발행금액: 1,000,000 × 0.71178 = 711,780
(2) 이자비용: 711,780 × 12% = 85,414

**07** ① 1) 최대배당가능이익을 $x$라고 하면, $x + x \times 10\% = 220{,}000$
∴ 최대배당가능이익($x$) = 200,000
2) 최대배당가능이익의 배분

| 구분 | 기본배당 | 잔여배당 | 합계 |
|---|---|---|---|
| 우선주 | 25,000 | 25,000[1] | 50,000 |
| 보통주 | 25,000 | 125,000 | 150,000 |

[1] Min { 150,000 × 500,000/1,000,000 = 75,000 / 한도: 500,000 × (10% - 5%) = 25,000 } = 25,000

## Ⅱ. 최신 기출 유형 정리

### 자본에 미치는 영향

**01** ⑤ 미지급배당금은 기업이 주주총회나 이사회 결의를 통해 배당을 지급하기로 하여 배당의무가 발생한 때에 기록한다. 배당기준일에는 별도의 회계처리를 하지 않는다.

**02** ⑤ ㄱ. 보통주 발행 시 현금이 36,000(@600 × 60주)만큼 증가하므로 자산총액이 증가한다.
ㄴ. 차입으로 인하여 현금이 15,000만큼 증가하므로 자산총액이 증가한다.
ㄷ. 매출채권이라는 자산 계정이 증가하므로 자산총액이 증가한다.

[회계처리]
차) 매출채권(자산) 20,000 대) 매출(수익) 20,000

ㄹ. 자본 내 계정 대체에 불과하므로 자산총액에는 영향을 미치지 않는다.

[회계처리]
차) 미처분이익잉여금 ××× 대) 미교부주식배당 ×××

ㅁ. 비용과 부채는 각각 10,000씩 증가하나, 자산 총액에는 영향을 미치지 않는다.

[회계처리]
차) 급여(비용) 10,000 대) 미지급급여 10,000(부채)

**03** ① ① 주주총회에서 보통주에 대해 현금배당을 지급하기로 결의하는 경우 해당 금액만큼 자본이 감소하고 부채가 증가하므로 자본의 감소를 가져오는 거래이다.

[회계처리]
차) 미처분이익잉여금(자본) ××× 대) 미지급배당금(부채) ×××

②③ 자본이 증가하는 거래
④⑤ 자본 내 대체로써 자본총액에 영향이 없는 거래

**04** ③ ③ 이월결손금 ₩80,000을 보전하기 위하여 액면금액과 발행금액이 ₩500으로 동일한 발행주식 400주를 2주당 1주의 비율로 감소시키면 자본잉여금 ₩20,000이 증가한다.

[회계처리]

| | | | |
|---|---|---|---|
| 차) 자본금 | 100,000[1)] | 대) 이월결손금 | 80,000 |
| | | 감자차익(자본잉여금) | 20,000 |

1) (400 ÷ 2 × 1) × 500

① 액면금액 ₩500인 보통주 30주를 주당 ₩700에 발행하면 보통주자본금은 ₩15,000 증가한다.

[회계처리]

| | | | |
|---|---|---|---|
| 차) 현금 | 21,000(@700 × 30주) | 대) 보통주 자본금 | 15,000(@500 × 30주) |
| | | 주식발행초과금 | 6,000 |

② 보통주주식발행초과금 중 ₩10,000을 자본전입하여 액면금액 ₩500인 보통주 20주를 발행하면 자본총액은 불변한다.
→ 자본 내 대체에 불과하다.

[회계처리]

| | | | |
|---|---|---|---|
| 차) 보통주주식발행초과금(자본) | 10,000 | 대) 자본금 | 10,000(@500 × 20주) |

④ 주주총회에서 유통보통주 1,000주에 대해 ₩20,000의 현금배당이 선언되면 자본은 감소한다.

[회계처리]

| | | | |
|---|---|---|---|
| 차) 미처분이익잉여금(자본) | 20,000 | 대) 미지급배당금(부채) | 20,000 |

→ 자본이 감소하고 부채가 증가하므로 자본은 감소한다.

⑤ 액면금액 ₩500인 자기주식 10주를 주당 현금 ₩700에 취득할 경우 자본은 감소한다.

[회계처리]

| | | | |
|---|---|---|---|
| 차) 자기주식 | 7,000 | 대) 현금 | 7,000 |

→ 자기주식은 자본의 차감계정이며, 자기주식을 현금으로 취득하는 경우 자본총액은 감소한다.

**05** ⑤

| 구분 | 자본총계 | 비고 |
|---|---|---|
| 기초 | 290,000 | |
| 3.30. 배당 | (-)100,000 | 현금배당: 자본 감소 / 주식배당: 자본 불변 |
| 6.9. 자기주식 취득 | (-)40,000 | 자기주식을 취득 시 자본이 감소한다. |
| 7.13. 자기주식 재발행 | (+)18,000 | 자기주식을 재발행 시 자본이 증가한다. |
| 12.13. 유상증자 | (+)50,000 | 유상증자는 자본이 증가하는 거래이다. |
| 계 | 218,000 | |

**06** ②

| 구분 | 자본총계 | 비고 |
|---|---|---|
| 기초 | 2,000,000 | |
| 자기주식 취득 | (-)7,000 | @700 × 10주 |
| 주식배당 | - | 주식배당은 자본 변동을 발생시키지 않는 거래이다. |
| 보통주 발행 | (+)75,000 | @800 × 100주 - 5,000 |
| 자기주식 재발행 | (+)3,600 | @600 × 6주 |
| 현물출자 | (+)55,000 | 현물출자의 경우 취득자산의 공정가치만큼 자산과 자본이 증가한다. |
| 총포괄손익 | (+)190,000 | 당기순이익 200,000 - 기타포괄손실 10,000 |
| 계 | 2,316,600 | |

**07** ③

| 구분 | 자본총계 | 비고 |
|---|---|---|
| 기초 | 50,000 | |
| 2월 28일 배당 | (-)2,000 | 주식배당은 자본 변동을 발생시키지 않는 거래이다. |
| 5월 15일 자기주식 취득 | (-)3,000 | @150 × 20주 |
| 7월 17일 유상증자 | (+)20,000 | @200 × 100주 |
| 9월 10일 무상증자 | - | 무상증자는 자본 변동을 발생시키지 않는 거래이다. |
| 10월 5일 자기주식 매각 | (+)1,800 | @180 × 10주 |
| 11월 11일 자기주식 소각 | - | 자기주식 소각은 자본 변동을 발생시키지 않는 거래이다. |
| 계 | 66,800 | |

**08** ③

| 구분 | 자본총계 | 비고 |
|---|---|---|
| 기초 | 10,000 | |
| 무상증자 | - | 무상증자는 자본 변동을 발생시키지 않는 거래이다. |
| 자기주식 취득 | (-)600 | 자기주식의 취득은 자본이 감소한다. |
| 당기순이익 발생 | (+)1,000 | |
| 주식배당 결의 | - | 주식배당은 자본 변동을 발생시키지 않는 거래이다. |
| 자기주식 소각 | - | 자기주식 소각은 자본 변동을 발생시키지 않는 거래이다. |
| 기타포괄이익 | (+)800 | |
| 계 | 11,200 | |

**09** ③

| 구분 | 자본총계 | 비고 |
|---|---|---|
| 기초 | 48,000 | 자본금 20,000 + 주식발행초과금 4,000 + 이익잉여금 30,000 - 자기주식 6,000 |
| 4월 1일 자기주식 취득 | (-)9,000 | @450 × 20주 |
| 5월 25일 자기주식 처분 | (+)5,600 | @700 × 8주 |
| 6월 12일 자기주식 소각 | - | 자기주식 소각은 자본 변동을 발생시키지 않는 거래이다. |
| 8월 20일 무상증자 | - | 무상증자는 자본 변동을 발생시키지 않는 거래이다. |
| 당기순이익 | (+)50,000 | |
| 계 | 94,600 | |

**10** ③

| 구분 | 자본총계 | 비고 |
|---|---|---|
| 기초 | 2,500 | 자산 5,000 - 부채 2,500 |
| 유상증자 | (+)300 | |
| 무상증자 | - | 무상증자는 자본 변동을 발생시키지 않는 거래이다. |
| 현금배당 | (-)200 | |
| 재평가잉여금 | (+)80 | 재평가잉여금의 증가는 자본을 증가시킨다. |
| 당기순이익 | A | |
| 기말 | 3,600 | 자산 7,000 - 부채 3,400 |

∴ 당기순이익 A = 920

**11** ②

1) 20×2년 초 자본 = 3,000,000
20×2년 초 부채 = 6,000,000
[∵ 20×2년 초 부채비율 200% = 총부채 6,000,000 ÷ 주주지분(자본) 3,000,000]

| 구분 | 자본총계 | 비고 |
|---|---|---|
| 20×1년 초 | 3,000,000 | (차) 현금 3,000,000 (대) 자본금 1,000,000(@5,000 × 200)<br>주식발행초과금 2,000,000 |
| 자기주식취득 | (-)1,000,000 | (차) 자기주식 1,000,000 (대) 현금 1,000,000 |
| 당기순이익 | (+) 1,000,000 | |
| 20×1년 말 | 3,000,000 | |

2) 부채비율을 낮추기 위해서는 총부채의 감소 또는 주주지분(자본)의 증가가 발생해야 한다.
선지 중 ②③이 자본이 증가하는 거래이며, ①④⑤ 자본이 불변하는 거래이다.
② 자기주식 50주를 주당 ₩15,000에 처분하는 경우: 자본증가 750,000(@15,000 × 50주)
→ 총부채 6,000,000 ÷ 자본(3,000,000 + 750,000) = 160%
③ 보통주 50주를 주당 ₩10,000에 유상증자: 자본증가 500,000(@10,000 × 50주)
→ 총부채 6,000,000 ÷ 자본(3,000,000 + 500,000) = 171.42%

**12** ④ 자본총계에 미치는 영향: 1,500 × 500 - 30,000 = 720,000

**13** ④ 자본총계에 미친 영향: 40주 × 800 = 32,000

**14** ⑤

1) 자본 변동액: (26,000 - 17,000) - (22,000 - 16,000) = 3,000
2) 자본 변동액: 3,000 = (-)300 - 400 + 100 + 당기순이익, 당기순이익: 3,600

## 이익잉여금

**15** ⑤

| 구분 | 미처분이익잉여금 |
|---|---|
| 결산 승인 전 | 43,000 |
| 임의적립금 이입 | (+)3,000 |
| 주식할인발행차금 상각 | (-)2,000 |
| 현금배당 | (-)10,000 |
| 차기이월미처분이익잉여금 | 34,000 |

**16** ②

| 구분 | 미처분이익잉여금 | |
|---|---|---|
| 20×1년 초 | 150 | |
| 당기순이익 | (+)4,000 | |
| 배당평균적립금(임의적립금) 이입 | (+)500 | 임의적립금의 이입은 이익잉여금을 증가시킨다. |
| 현금배당 | (-)1,500 | 50,000 × 3% = 1,500 |
| 이익준비금 적립 | (-)150 | 현금배당의 1/10을 적립한다. |
| 주식배당 | (-)300 | 주식배당은 이익준비금을 적립하지 않는다. |
| 사업확장적립금(임의적립금) 적립 | (-)100 | 임의적립금의 적립은 이익잉여금을 감소시킨다. |
| 차기이월미처분이익잉여금 | 2,600 | |

## 이익배당 우선주

**17** ④ 1) 보통주 자본금: 액면금액 500 × 300주 = 150,000
2) 우선주 자본금: 액면금액 500 × 200주 = 100,000

| 구분 | 발행주식수 | 주당 액면금액 | 비고 |
|---|---|---|---|
| 보통주 | 300주 | ₩500 | |
| 우선주 | 200주 | ₩500 | 배당률 5%, 누적적·완전참가적 우선주 |

| 구분 | 우선주 | 보통주 |
|---|---|---|
| 누적분 | ① 우선주자본금 × 최소배당률 × 배당금을 수령 못한 누적연수<br>100,000 × 5% × 2년(20×1, 20×2) = 10,000 | - |
| 당기분 | ② 우선주자본금 × 최소배당률<br>100,000 × 5% = 5,000 | ③ 보통주자본금 × 최소배당률<br>15,000 × 5%[1] = 7,500 |
| 잔여분 | ④ 완전참가적 우선주잔여분<br>= 잔여배당 × 우선주자본금/(우선주자본금 + 보통주자본금)<br>= (38,000 - ①②③) × 100,000/(100,000 + 250,000)<br>= 6,200 | 배당가능액 - ①②③④<br>= 9,300 |
| 합계 | ⑤ 우선주배당액: ① + ② + ④ = 21,200 | 보통주배당액 = 배당가능액 - ⑤<br>= 38,000 - 21,200 = 16,800 |

[1] 보통주에 대한 배당률이 별도로 제시되지 않았을 때에는 우선주의 배당률을 따른다.

**18** ④ 1) 보통주 자본금: 액면금액 20 × 200주 = 4,000
2) 우선주 자본금: 액면금액 20 × 50주 = 1,000

| 구분 | 우선주 | 보통주 |
|---|---|---|
| 누적분 | ① 우선주자본금 × 최소배당률 × 배당금을 수령 못한 누적연수<br>1,000 × 5% × 1년(20×1년) = 50 | - |
| 당기분 | ② 우선주자본금 × 최소배당률<br>1,000 × 5% = 50 | ③ 보통주자본금 × 최소배당률<br>4,000 × 4% = 160 |
| 잔여분 | ④ 완전참가적 우선주잔여분<br>= 잔여배당 × 우선주자본금/(우선주자본금 + 보통주자본금)<br>= (500 - ①②③) × 1,000/(1,000 + 4,000)<br>= 48 | 배당가능액 - ①②③④<br>= 192 |
| 합계 | ⑤ 우선주배당액: ① + ② + ④ = 148 | 보통주배당액 = 배당가능액 - ⑤<br>= 500 - 148 = 356 |

**19** ③ 1) 보통주 자본금: 액면금액500 × 500주 = 250,000
2) 우선주 자본금: 액면금액500 × 200주 = 100,000

| 구분 | 우선주 | 보통주 |
|---|---|---|
| 누적분 | ① 우선주자본금 × 최소배당률 × 배당금을 수령 못한 누적연수<br>100,000 × 4% × 3년(20X1~20X3년) = 12,000 | - |
| 당기분 | ② 우선주자본금 × 최소배당률<br>100,000 × 4% = 4,000 | ③ 보통주자본금 × 최소배당률<br>250,000 × 4%[1] = 10,000 |
| 잔여분 | ④ 우선주잔여분: Min[A, B] = 3,000<br>A: 우선주자본금 × (부분참가적 비율 - 최소배당률)<br>= 100,000 × (7%-4%) = 3,000<br>B: 잔여배당 × 우선주자본금/(우선주자본금 + 보통주자본금)<br>= (50,000-①②③) × 100,000/(100,000 + 250,000)<br>= 6,857 | 배당가능액 - ①②③④<br>= 192 |
| 합계 | ⑤ 우선주배당액: ① + ② + ④ = 19,000 | **보통주배당액 = 배당가능액 - ⑤**<br>**= 50,000 - 19,000 = 31,000** |

[1] 보통주에 대한 배당률이 별도로 제시되지 않았을 때에는 우선주의 배당률을 따른다.

**20** ③

| 구분 | 우선주 | 보통주 |
|---|---|---|
| 전기이전분 | 100주 × 1,000 × 6% × 2년 = 12,000 | - |
| 당기분 | 100주 × 1,000 × 6% = 6,000 | 400주 × 1,000 × 5%<br>= 20,000 |
| 잔여분 | Min(a, b) = 1,400<br>a. 100주 × 1,000 × (8% - 6%) = 2,000<br>b. (45,000 - 12,000 - 6,000 - 20,000) × 1/(1 + 4) = 1,400 | ×× |
| 합계 | 19,400 | 45,000 - 19,400 |

**21** ② 1) 잔여분 보통주 배당액: 4,500 - @500 × 100주 × 5% = 2,000
2) 잔여분 × (500 × 100)/(500 × 100 + 500 × 50) = 2,000, 잔여분: 3,000
3) 우선주 전기 이전, 당기분 배당액: 10,000 - 4,500 - (3,000 - 2,000) = @500 × 50주 × 배당률 × 3년, 배당률: 6%

## 상환우선주

**22** ② {80,000 × 1.1 - (100,000 × 2%)} × 40% = 34,400
자산의 변동이 없을 때 부채의 감소분과 자본의 증가분이 일치하므로 상환우선주 전환부분에 대한 가치를 구한다.

[20X2년 초 회계처리]

| | | | |
|---|---|---|---|
| 차) 상환우선주(금융부채) | 86,000 × 40%<br>= 34,400 | 대) 자본금 + 주발초(자본) | 106,000 × 40%<br>= 42,400 |
| 전환권(자본) | 20,000 × 40%<br>= 8,000 | | |

## 자본변동표

**23** ① 자본변동표는 지배기업의 소유주와 비지배지분에게 각각 귀속되는 금액으로 구분하여 표시한 해당 기간의 총포괄손익을 포함한다.

## Ⅲ. 타시험 기출 및 과거 기출 필수문제 정리

**01** ① 해설자본금은 발행된 주식의 액면금액 합계를 의미하므로, 기업이 무액면주식을 발행하는 경우 발행금액만큼 자본금이 증가한다.

**02** ① 주식분할의 경우 총자본은 변동하지 않는다.

**03** ⑤ 20×1년 말 자본총계: 3,000,000 + 100 × 12,000 - 200,000 - 20 × 11,000 + 10 × 13,000 + 850,000 + 130,000 = 4,890,000

**04** ⑤

| | | | | |
|---|---|---|---|---|
| 20×1년 2월 1일 | 차) 현금 | 600주 × 700 - 30,000 | 대) 자본금 | 600주 × 500 |
| | | | 주식발행초과금 | 90,000 |
| 20×1년 3월 10일 | 차) 자본금[1] | 300,000 | 대) 이월결손금 | 250,000 |
| | | | 감자차익 | 50,000 |
| 20×1년 5월 2일 | 차) 화재발생손실 | 400,000 | 대) 유형자산(장부금액) | 400,000 |
| | 차) 현금 | 40,000 | 대) 보험금수익 | 40,000 |
| 20×1년 8월 23일 | 차) 이익준비금 | 200,000 | 대) 자본금 | 200,000 |
| 20×1년 9월 30일 | 차) 현금 | 80,000 | 대) 정부보조금 or 이연수익 | 80,000 |
| 20×1년 11월 17일 | 차) 현금 | 500주 × 700 | 대) 자기주식 | 500주 × 650 |
| | | | 자기주식처분이익 | 25,000 |

[1] 3,000주 × (1 - 0.8) × 500 = 300,000

⇒ 20×1년 말 자본잉여금: 100,000 + 90,000 + 50,000 + 25,000 = 265,000

**05** ② (1) 미처분이익잉여금: ₩210,000 + ₩20,000 - ₩10,000 - ₩10,000 - ₩100,000 = ₩110,000
(2) 이익준비금: ₩30,000 + ₩10,000 = ₩40,000
(3) 임의적립금: ₩60,000 - ₩20,000 = ₩40,000
(4) 이익잉여금 합계액: ₩110,000 + ₩40,000 + ₩40,000 = ₩190,000

**06** ②

| 구분 | 우선주 배당액 | 보통주 배당액 |
|---|---|---|
| 전기이전분(× 1, × 2) | (2,000,000 × 3%) × 2 = 120,000 | - |
| 당기분 | 2,000,000 × 3% = 60,000 | 8,000,000 × 2% = 160,000 |
| 잔여분 | 40,000[1] | 220,000(역산) |
| 합계 | 220,000 | 380,000 |

[1] 잔여분 Min(ⓐ, ⓑ)
ⓐ (600,000 - 120,000 - 60,000 - 160,000) × 2,000,000/(2,000,000 + 8,000,000) = 52,000
ⓑ 2,000,000 × (5% - 3%) = 40,000

**07** ⑤ 20×1년 이자비용: (200주 × 600 × 0.8900 + 200주 × 500 × 3% × 1.8334) × 6% = 6,738

**08** ⑤ 보유자가 발행자에게 특정일이나 그 후에 확정되었거나 결정가능한 금액으로 상환해 줄 것을 청구할 수 있는 권리가 있는 우선주는 부채로 분류한다.

# 9장 | 금융자산(1)

## Ⅰ. 필수 유형 정리

**01** ④ 1) 20×1년 말 공정가치평가로 인식할 평가손실: @(4,700 - 4,900) × 100주 = ( - )20,000

* 취득 시 수수료는 비용처리, 취득 시 취득원가는 취득시점의 공정가치

2) 20×2년 처분이익: 18,000

| | | | | | |
|---|---|---|---|---|---|
| 차) | 현금 | @(5,200 - 50) × 40주 | 대) | FVPL금융자산 | @4,700 × 40주 |
| | | | | 처분이익(대차차액) | 18,000 |

3) 20×2년 평가이익: @(5,400 - 4,700) × 60주 = 42,000

**02** ③ 1) 20×1년 포괄손익계산서에 인식할 기타포괄손익: @(4,700 - 4,950) × 100주 = ( - )25,000

* 취득 시 수수료는 취득원가에 가산

2) 20×2년 처분손익: @50 × 40주 = ( - )2,000

| | | | | | |
|---|---|---|---|---|---|
| 차) | FVOCI금융자산 | (5,200 - 4,700) × 40주 | 대) | 평가손실(OCI) | 20,000 |
| 차) | 현금 | @(5,200 - 50) × 40주 | 대) | FVOCI금융자산 | @5,200 × 40주 |
| | 처분손실 | @50 × 40주 = 2,000 | | | |

3) FVOCI금융자산과 FVPL금융자산은 분류와 관계없이 총포괄손익( = 자산의 변동)은 항상 일치한다.

**03** ① 거래원가: 2,268

100,000 × 0.7513 + 4,000 × 2.4869 + 거래원가 = 100,000 × 0.7722 + 4,000 × 2.5313

**04** ③ 당기손익에 미친 영향: 6,655

B/S 20×1년 초

| | | |
|---|---|---|
| FVPL금융자산 | FV<br>85,077 | |

* 취득 시 거래원가 2,268은 비용처리

B/S 20×1년 말

| | | |
|---|---|---|
| FVPL금융자산 | FV<br>90,000 | |

I/S 20×1년

N/I 영향: 이자수익 = 액면이자 = 4,000

평가손익 = 기말 FV - 기초 FV = 90,000 - 85,077 = 4,923

취득 시 수수료비용: ( - )2,268

OCI 변동: -

**05** ① 당기손익에 미친 영향: 4,861

B/S 20×1년 초

| | | |
|---|---|---|
| AC금융자산 | 총장부금액 ① × (1 + R) - 액면이자 | |
| | 87,345 | |
| (손실충당금) | ( - ) | |
| | 상각후원가 87,345 | |

B/S 20×1년 말

| | | |
|---|---|---|
| AC금융자산 | 총장부금액 ① × (1 + R) - 액면이자 | |
| | 87,345 × 1.09 - 4,000 = 91,206 | |
| (손실충당금) | ( - )3,000 | |
| | 상각후원가 88,206 | |

I/S 20×1년

N/I 영향: 이자수익 = 기초총장부금액 × 유효 R × 보유기간/12 = 87,345 × 9% = 7,861
손상차손 = 기말 B/S상 손실충당금 - 기초 B/S상 손실충당금 = ( - )3,000 - 0 = ( - )3,000
OCI 변동: -

**06** ① AC금융자산과 FVOCI금융자산은 당기손익에 미치는 영향이 동일하다(05번 해설 참고).

**07** ⑤ 1) 당기손익에 미친 영향: 4,861
2) 기타포괄손익에 미친 영향: 1,794 - 0 = 1,794

B/S 20×1년 초

| | | | |
|---|---|---|---|
| FVOCI금융자산 | 기말 FV | | |
| | 87,345 | | |
| | | 평가손익(FV) | 기말 FV - 총장부금액 |
| | | | - |
| | | 평가손익 | 기말기대신용손실누계액 |
| | | (손실충당금) | - |

B/S 20×1년 말

| | | | |
|---|---|---|---|
| FVOCI금융자산 | 기말 FV | | |
| | 90,000 | | |
| | | 평가손익(FV) | 기말 FV - 총장부금액 |
| | | | 90,000 - 91,206 = ( - )1,206 |
| | | 평가손익 | 기말기대신용손실누계액 |
| | | (손실충당금) | 3,000 |

I/S 20×1년

N/I 영향: 이자수익 = 기초총장부금액 × 유효 R × 보유기간/12 = 87,345 × 9% = 7,861
손상차손 = 기말기대손실누계액 - 기초기대손실누계액 = (3,000) - 0 = ( - )3,000
OCI 변동: 금융자산평가이익 = 기말 B/S상 OCI - 기초 B/S상 OCI
금융자산평가이익(FV평가) = 1,794 - 0 = 1,794

**08** ② 손상차손: (4,000/1.1 + 64,000/$1.1^2$) - (8,000/1.1 + 108,000/$1.1^2$ - 2,000) = ( - )38,000

**09** ④ 손상차손환입: 87,000/1.1 - 64,000/1.1 = 20,909

**10** ② 손상차손: (4,000/1.1 + 64,000/$1.1^2$) - (8,000/1.1 + 108,000/$1.1^2$ - 2,000) = ( - )38,000

**11** ④ 손상차손환입: 87,000/1.1 - 64,000/1.1 = 20,909

**12** ④ 1) 재분류일: 20×3년 1월 1일

2) 재분류일 회계처리

| | | | | | |
|---|---|---|---|---|---|
| 차) | FVPL금융자산 | 재분류일 FV 88,000 | 대) | FVOCI금융자산 | 재분류일 FV 88,000 |
| | 재분류손실(N/I) | (대차차액 2,196) | | 금융자산평가손실 | 재분류일 B/S상 OCI 2,196 |

B/S(재분류 전)

| | | | |
|---|---|---|---|
| FVOCI금융자산 | 재분류일 FV 88,000 | | |
| | | OCI(FV평가) | 재분류일 FV - 총장부금액[1] ( - )7,196 |
| | | OCI(손상) | 기대손실누계액 5,000 |

[1] 20×2년 말 총장부금액: (92,790 × 1.12 - 10,000) × 1.12 - 10,000 = 95,196

B/S(재분류 후)

| | | | |
|---|---|---|---|
| FVPL금융자산 | 재분류일 FV 88,000 | | |

3) 20×3년 말 회계처리

| | | | | | |
|---|---|---|---|---|---|
| 차) | 현금 | 10,000 | 대) | 이자수익[1] | 10,000 |
| 차) | FVPL금융자산 | 4,000 | 대) | 금융자산평가이익(N/I)[2] | 4,000 |

[1] 이자수익: 100,000 × 10% = 10,000

[2] 평가이익: 92,000 - 88,000 = 4,000

**13** ⑤ 1) 재분류일: 20×3년 1월 1일

2) 재분류일 회계처리

| | | | | | |
|---|---|---|---|---|---|
| 차) | AC금융자산 | 재분류일 총장부금액 95,196 | 대) | FVOCI금융자산 | 재분류일 FV 88,000 |
| | | | | 금융자산평가손실 | 재분류일 FV - 총장부금액 2,196 |
| | | | 대) | 손실충당금 | 5,000 |

B/S(재분류 전)

| | | | |
|---|---|---|---|
| FVOCI금융자산 | 재분류일 FV 88,000 | | |
| | | OCI(FV평가) | 재분류일 FV - 총장부금액 (-)7,196 |
| | | OCI(손상) | 기대손실누계액 5,000 |

B/S(재분류 후)

| | | | |
|---|---|---|---|
| AC금융자산 | 재분류일 총장부금액 95,196 | | |
| (손실충당금) | (기대손실누계액) (-)5,000 | | |
| | 상각후원가 90,196 | | |

3) 20×3년 말 회계처리

| | | | | | |
|---|---|---|---|---|---|
| 차) | 현금 | 10,000 | 대) | 이자수익[1] | 11,424 |
| | AC금융자산 | 1,424 | | | |
| 차) | 손상차손[2] | 2,000 | 대) | 손실충당금 | 2,000 |

[1] 95,196 × 12% = 11,424
[2] 7,000 - 5,000 = 2,000

**14** ③ 20×5년 이자수익: 110,000 - 95,652 = 14,348

* FVPL금융자산에서 FVOCI · AC금융자산으로 재분류 시 재분류일의 공정가치를 기준으로 재분류일의 시장이자율을 적용하여 재분류 이후의 이자수익을 인식한다.

## Ⅱ. 최신 기출 유형 정리

### 금융자산 일반

**01** ⑤ 기업이 자기지분상품을 재취득하는 경우(자기주식)에는 이러한 지분상품은 자본에서 차감한다.

**02** ⑤ 최초 발생시점이나 매입할 때 신용이 손상되어 있는 상각후원가 측정 금융자산의 이자수익은 최초 인식시점부터 상각후원가에 신용조정 유효이자율을 적용하여 계산한다.

**03** ④ 금융자산과 금융부채를 상계하면 손익이 생기지 않는다.

**04** ⑤ 1) 금융자산 3,000 = 매출채권 A + 대여금 500 + 투자사채 1,000, A = 1,500
선급비용은 금융자산으로 분류하지 않는다.
2) 금융부채 500 = 매입채무 B + 차입금 100 + 사채 200, B = 200
선수수익은 금융부채로 분류하지 않는다.

## 투자지분상품

**05** ⑤ 20×2년 초 당기손익 - 공정가치 측정 금융자산 처분손익 = 처분대가 11,000 - 20×1년 말 공정가치 9,000 = 2,000 이익

**06** ② 당기손익의 인식: 1) + 2) + 3) = ( - )500

1) 4월 1일: ( - )1,500
   - 지분상품의 취득원가 = 41,500 - 1,500 = 40,000(4,000 ÷ 50주 = @800)
   - 거래원가 ( - )1,500(N/I)

   → 당기손익 - 공정가치 측정 금융자산으로 분류하는 경우 취득 시 거래원가는 당기비용 처리한다.

2) 6월 9일: 3,000

   처분손익 = (@900 - @800) × 30주 = 3,000(N/I)

3) 12월 31일: ( - )2,000

   평가손익 = (@700 - @800) × (50주 - 30주) = ( - )2,000(N/I)

   → 당기손익 - 공정가치 측정 금융자산으로 분류하는 경우 평가손익을 당기손익으로 인식한다.

**07** ⑤ 1) 20×2년 7월 1일: 처분이익 120

매각대금 = @120 × 5 = 600

거래원가 = 600 × (3% + 2%) = 30

∴ 금융자산처분손익 = (600 - 30) - (@90[1] × 5주) = 120(N/I)

[1] 금융자산의 1주당 장부금액 = 20×1년 말 1주당 공정가치90

→ 당기손익 - 공정가치 측정 금융자산을 처분하는 경우 처분금액과 장부금액과의 차액은 금융자산 처분손익으로 하여 당기손익으로 인식한다. 처분과 직접 관련하여 발생하는 거래원가는 처분금액에서 차감하여 금융자산 처분손익에 반영한다.

[회계처리]

| | | | | | |
|---|---|---|---|---|---|
| 차) | 현금 | 570( = 600 - 30) | 대) | FVPL 금융자산 | 450( = @90 × 5주) |
| | | | | 금융자산처분이익(대차차액) | 120 |

2) 20×2년 말 평가이익 100 = (@110 - @90) × 5주(N/I)

→ 당기손익 - 공정가치 측정 금융자산으로 분류하는 경우 평가손익은 당기손익으로 인식한다.

**08** ③ 기타포괄손익 - 공정가치 측정 금융자산으로 분류한 지분상품은 처분시 당기손익으로 인식할 처분손익은 없다.

**09** ① 1) 20×1년 초 금융자산 취득원가 = @180 × 20 + 150 = 3,750

→ 지분상품을 기타포괄손익 - 공정가치 측정 지분상품으로 분류하는 경우 거래원가는 취득원가에 가산한다.

2) 20×1년 말 금융자산 평가손익 = (240 × 20 - 3,750) = 1,050(기타포괄이익)

→ 지분상품을 기타포괄손익 - 공정가치 측정 지분상품으로 분류하는 경우 평가손익은 기타포괄손익으로 인식한다.

**10** ④ 1) 취득 시 수수료비용: ( - )50 × 200주 = ( - )10,000

2) 배당금수익: 30 × 200주 = 6,000

3) 처분이익: (1,200 - 50) × 100주 - 1,050 × 100주 = 10,000

4) 평가이익: 1,300 × (100 + 20)주 - 1,050 × 100주 = 51,000

⇒ 당기순이익에 미친 영향: 1) + 2) + 3) + 4) = 57,000

## 투자채무상품

**11** ④ 1) 이자수익 = 500,000 × 10% = 50,000

2) 평가손익 = 기말 공정가치 510,000 - 기초 취득원가 475,982 = 34,018

→ 채무상품을 당기손익 - 공정가치 측정 채무상품으로 분류하는 경우 유효이자가 아닌 표시이자를 이자수익으로 인식하며, 보고기간 말의 공정가치로 평가하고 장부금액과의 차액은 금융자산 평가손익으로 하여 당기손익으로 처리한다.

**12** ③ 20×1년 말 장부금액 = 90,490 × 1.1 - 100,000 × 7% = 92,539

→ 상각후원가측정 채무상품은 계약상 현금흐름을 수취하기 위해 보유하는 것이 목적인 금융자산이므로 보고기간 말의 공정가치로 측정하지 않고, 유효이자율법을 이용하여 상각한다.

**13** ① 20×2년도에 인식할 이자수익 = (45,900 × 1.07 - 50,000 × 5%) × 7% = 3,263

→ 채무상품을 기타포괄손익 - 공정가치 측정 채무상품으로 분류한 경우 상각후원가측정 채무상품으로 분류한 경우와 당기손익에 미치는 영향이 동일하므로 처음부터 상각후원가측정 채무상품으로 취득한 것처럼 계산한다.

**14** ① 1) 20×1년 말 상각후원가 = 875,640 × 1.1 - 1,000,000 × 5% = 913,204

2) 20×1년 말 기타포괄이익 = 20×1년 말 공정가치 950,000 - 913,204 = 36,796

→ 기타포괄손익 - 공정가치 측정 채무상품은 보고기간 말의 공정가치로 측정하며, 공정가치와 총장부금액의 차액은 금융자산평가손익으로 하여 기타포괄손익으로 인식한다.

**15** ③ 1) 20×1년 초 공채의 공정가치 = 2,000,000 × 0.7938 + 80,000 × 2.5771 = 1,793,768

2) 20×1년 초 건물 취득원가 = 10,000,000 + (2,000,000 - 1,793,768)[1] = 10,206,232

[1] 유형자산을 취득하기 위해 공채를 의무적으로 취득하는 경우 공채의 취득원가와 공정가치의 차이 금액을 유형자산의 취득원가에 가산한다.

3) 20×1년 당기순이익 효과(ⓐ + ⓑ) = 877,122

ⓐ 건물 감가상각비 = 10,206,232 ÷ 10 = ( - )1,020,623

ⓑ 공채 이자수익 = 1,793,768 × 8% = 143,501

**16** ⑤ 기타포괄손익 - 공정가치(FVOCI) 측정 금융자산으로 분류하였을 경우, 20×2년 당기순이익은 15,000 증가한다.

→ 상각후원가 측정 채무상품과 기타포괄손익 - 공정가치 측정 채무상품의 당기손익 효과는 항상 동일하다.

1) FVPL 금융자산으로 분류 시 20×1년 당기손익 효과(ⓐ + ⓑ) = 68,116 증가

ⓐ 이자수익(액면이자) = 1,000,000 × 4% = 40,000

ⓑ 평가손익 = 925,000 - 896,884 = 28,116

2) FVOCI 또는 AC 측정 금융자산으로 분류 시 20×1년 당기손익 효과: 71,751 증가

20×1년 이자수익 896,884 × 8% = 71,751

3) FVOCI 또는 AC 측정 금융자산으로 분류 시 20×2년 당기손익 효과: 11,365 증가

20×1년 말 장부금액 = 896,884 × 1.08 - 40,000 = 928,635

처분으로 인한 당기손익 효과 = 940,000 - 928,635 = 11,365

**17** ④ 1) 20×3년 초 상각후원가: (105,151 × 1.08 - 10,000) × 1.08 - 10,000 = 101,848

2) 20×3년 초 금융자산 처분이익: 95,000 - 101,848 = ( - )6,848

* FVOCI금융자산과 AC금융자산은 당기순이익에 미치는 영향이 항상 동일하여 AC금융자산으로 풀이한다.

## 금융자산의 기타사항

**18** ③ 금융자산을 기타포괄손익 - 공정가치 측정 범주에서 상각후원가 측정 범주로 재분류하는 경우에 재분류일의 공정가치로 측정하고, 재분류 전에 인식한 기타포괄손익누계액은 자본에서 제거하고 재분류일의 금융자산 공정가치에서 조정한다.

**19** ①

[재분류시 회계처리]

| | | | | |
|---|---|---|---|---|
| 차) | 손실충당금 | 600 | 대) AC금융자산 | 9,200 |
| | FVPL금융자산 | 8,800 | 재분류이익 | 200 |

# Ⅲ. 타시험 기출 및 과거 기출 필수문제 정리

**01** ①

② 당기손익 - 공정가치로 측정되는 지분상품에 대한 특정 투자의 후속적인 공정가치 변동은 최초 인식시점에는 기타포괄손익으로 표시하는 것을 선택할 수 있다.

③ 금융자산의 전체나 일부의 회수를 합리적으로 예상할 수 없는 경우에는 해당 금융자산의 총장부금액을 직접 줄일 수 있다.

④ 기타포괄손익 - 공정가치측정금융자산의 손상차손은 당기손실로 인식하고, 손상차손환입도 당기손익으로 인식한다.

⑤ 회계불일치를 제거하거나 유의적으로 줄이는 경우에는 최초 인식시점에 해당 금융자산을 당기손익 - 공정가치측정항목으로 지정할 수 있으며, 지정 후 이를 취소할 수 없다.

**02** ⑤

① 20×1년 기중 FVOCI 취득원가: 100,000 + 500 = 100,500

② 20×1년 기말 FVOCI 평가이익: 110,000 - 100,500 = 9,500

③ 20×2년 기말 FVOCI 평가손실: 98,000 - 100,500 = (-)2,500

④ 20×3년 처분 직전 FVOCI 평가손실 잔액: 99,000 - 100,500 = (-)1,500

**03** ③

1) A의 20×1년 당기순이익에 미친 영향: 207,218
   (1) 평가이익: 1,888,234 - 1,801,016 = 87,218
   (2) 이자수익: 2,000,000 × 6% = 120,000

2) B의 20×1년 당기순이익에 미친 영향: 142,537
   (1) 이자수익: 1,425,366 × 10% = 142,537

3) C의 20×1년 당기순이익에 미친 영향: 50,000
   (1) 이자수익: 500,000 × 10% = 50,000

⇒ 20×1년 당기순이익에 미치는 영향: 1) + 2) + 3) = 399,755 증가

**04** ①

1) 20×1년 말 B/S

B/S

| | | |
|---|---|---|
| AC금융자산 | 총장부금액 × (1 + R) - 액면이자<br>(180,792 + 9,260) × 1.1 -<br>16,000 = 193,057 | |
| (손실충당금) | (-)6,000 | |
| | 상각후원가 187,057 | |

2) 20×2년 말 B/S - 신용손상 전

B/S

| | | |
|---|---|---|
| AC금융자산 | 총장부금액 × (1 + R) - 액면이자<br>193,057 × 1.1<br>- 16,000 = 196,363 | |
| (손실충당금) | (-)6,000 | |
| | 상각후원가 190,363 | |

3) 20×2년 말 B/S - 신용손상 후

B/S

| | | |
|---|---|---|
| AC금융자산 | 200,000/1.1 = 181,818 | |

4) 20×2년 I/S

I/S

| | |
|---|---|
| N/I 영향: 이자수익 | 기초총장부금액 × 유효 R × 보유기간/12<br>193,057 × 10% = 19,306 |
| 손상차손 | 손상 후 상각후원가 - 손상 전 상각후원가<br>181,818 - 190,363 = (-)8,545 |

⇒ 20×2년 N/I에 미친 영향: 19,306 - 8,545 = 10,761 증가

**05** ②

손상차손환입: $60,000/1.1 + 60,000/1.1^2 = 104,132$(단수차이)

**06** ②

1) 20×1년 초 금융자산의 최초 측정액: 1,000,000 × 0.8396 + 40,000 × 2.6730 = 946,520
2) 20×1년 총포괄이익[1)]: (700,000 - 946,520) + 40,000 = (-)206,520

[1)] 총포괄이익은 주주와의 거래가 없고 부채의 변동이 없을 때, 자산의 변동과 일치하므로 금융자산의 기말공정가치에서 기초장부금액을 차감하고 액면이자를 더하면 쉽게 구할 수 있다.

3) 20×2년 당기순이익에 미치는 영향: 이자수익 42,720 + 손상차손환입 188,679 = 231,399(단수차이)
   (1) 20×2년 이자수익: $800,000/1.06^2 \times 6\% = 42,720$
   (2) 20×2년 손상차손환입: 1,000,000/1.06 - 800,000/1.06 = 188,679

**07** ③

기타포괄손익 - 공정가치 측정 금융자산을 당기손익 - 공정가치 측정 금융자산으로 재분류할 경우 계속 공정가치로 측정하고, 재분류 전에 인식한 기타포괄손익누계액은 재분류일에 재분류조정하여 당기손익으로 재분류한다.

**08** ② ㄴ. 계약상 현금흐름의 수취와 금융자산의 매도 둘 다를 통해 목적을 이루는 사업모형하에서 금융자산을 보유하고, 금융자산의 계약 조건에 따라 특정일에 원금과 원금잔액에 대한 이자지급만으로 구성되어 있는 현금흐름이 발생하는 금융자산은 기타포괄손익 - 공정가치로 측정한다.

ㄹ. 금융자산을 기타포괄손익 - 공정가치 측정범주에서 당기손익 - 공정가치 측정범주로 재분류하는 경우, 재분류 전에 인식한 기타포괄손익누계액은 재분류일에 당기순이익으로 재분류조정된다.

**09** ① 1) 20×1년 말 변경 전 상각후원가: 950,244 × 1.1 - 80,000 = 965,268

2) 20×1년 말 변경된 현금흐름의 현재가치(당초 유효이자율 10% 사용): 1,000,000 × 0.7513 + 50,000 × 2.4868 = 875,640

3) 20×1년 말 변경시점의 회계처리

| | | | | | |
|---|---|---|---|---|---|
| 차) | 조건변경손실[1] | 89,628 | 대) | AC금융자산 | 89,628 |
| 차) | AC금융자산 | 124,360 | 대) | 현금(거래원가) | 124,360 |

[1] 965,268 - 875,640 = 89,628

4) 20×1년 말 변경 후 AC금융자산 상각후원가: 875,640 + 124,360 = 1,000,000

5) 20×2년 이자수익: 1,000,000 × 5% = 50,000

* 변경 후 상각후원가가 액면금액과 일치하므로 변경시점의 거래원가를 반영한 유효이자율은 액면이자율과 일치한다.

> 금융자산의 총장부금액은 재협상되거나 변경된 계약상 현금흐름에 해당 금융자산의 최초 유효이자율로 할인한 현재가치로 재계산한다. 발생한 거래원가는 금융자산의 장부금액에 반영하여 해당 금융자산의 남은 존속기간 동안 상각한다.

**10** ① 1) 20×2년 초 상각후원가: 951,963 × 1.12 - 1,000,000 × 0.1 = 966,199

2) 20×2년 7월말까지 유효이자: 966,199 × 0.12 × 7/12 = 67,634

3) 20×2년 7월말 금융자산처분손익: 980,000 - (966,199 + 67,634) = ( - )53,833

4) 20×2년 당기손익에 미치는 영향: 67,634 - 53,833 = 13,801

# 10장 | 금융자산(2)

## Ⅰ. 필수 유형 정리

**01** ①

현금성자산: (1) + (3) + (4) + (8) + (9) + (12) + (14) + (16) + (19) + (20) = 2,368,000
(2): 사용이 제한된 예금은 현금및현금성자산으로 분류될 수 없음
(5): 대여금 및 수취채권으로 분류
(6): 대여금 및 수취채권으로 분류
(7): 대여금 및 수취채권으로 분류
(10): 선급비용으로 분류
(11): 대여금 및 수취채권으로 분류
(13): 단기금융자산으로 분류
(15): 대여금 및 수취채권으로 분류
(17): 차입금
(18): 장기금융자산으로 분류

**02** ⑤

<은행계정조정표>

| 구분 | 회사 | 은행 |
|---|---|---|
| 수정 전 잔액 | 106,000 | 70,000 |
| 은행 미기입예금 | - | 60,000 |
| 은행수수료 | (10,000) | - |
| 기발행 미인출수표 | - | (50,000) |
| 미통지입금 | 46,000 | - |
| 부도수표 | - | - |
| 은행오류 | - | 22,000 |
| 회사오류 | - | - |
| 직원 횡령액 | 출금( - ) | - |
| 수정 후 잔액 | 102,000 | 102,000 |

⇒ 직원 횡령액: 40,000

**03** ⑤

1) 1단계 만기금액(a): 액면금액 + 액면금액 × 액면 R × 어음총기간/12
= 160,000 + 160,000 × 9% × 5/12 = 166,000
2) 2단계 할인액(b): 만기금액(a) × 할인율 × 할인기간/12
= 166,000 × A% × 3/12 = b(4,482), A(역산) = 10.8%
3) 3단계 현금수령액(c): 만기금액(a) - 할인액(b)
= 166,000 - b = 161,518, b(역산) = 4,482

## Ⅱ. 최신 기출 유형 정리

### 현금및현금성자산

**01** ② 보고기간 후 12개월 이내에 기한이 도래하지 않으면서 사용목적이 제한되어 있거나 혹은 일상적인 기업의 영업활동과정에서 지급수단으로 사용할 수 없는 예금은 유동자산으로 분류할 수 없다.

**02** ③ 현금및현금성자산은 통화, 통화대용 증권, 요구불예금, 현금성자산을 말한다. 현금성자산이란 유동성이 매우 높은 단기 투자자산으로 확정된 금액의 현금으로 전환이 용이하고 가치변동의 위험이 중요하지 않은 자산이다(투자자산은 취득일로부터 만기일 또는 상환일이 3개월 이내).

ㄴ. 타인발행약속어음은 현금및현금성자산이 아니다.
ㄷ. 우표는 선급비용으로 분류한다.
ㅁ. 취득 시 만기일이 3개월 이내가 아니다.

**03** ④ 현금 200 + 타인발행수표 600 + 배당금지급 통지서 500 + 우편환 증서 200 = 1,500
선일자수표는 수취채권으로, 당좌개설보증금은 비유동자산으로 분류한다.

**04** ⑤ ㄱ. 사용이 제한된 요구불예금은 현금및현금성자산으로 분류 불가하나 사용제한 기간에 따라 유동자산, 비유동자산 분류 가능하며, 12개월 이상 사용이 제한되었으므로 비유동자산으로 분류 가능하다.
ㄴ. 선급비용으로 분류 가능하다.
ㄷ. 취득일로부터 상환일까지 기간이 3개월 이내인 경우 현금성자산으로 분류 가능하다.
ㄹ. 현금및현금성자산은 큰 거래비용 없이 현금전환이 용이하고 가치변동의 위험이 중요하지 않은 금융상품이므로 가치변동이 큰 상장기업의 보통주는 현금및현금성자산에 해당하지 않는다.
ㅁ. 재취득한 자기지분상품은 자기주식으로 자본조정에 해당한다.

**05** ② 현금및현금성자산 30,000
= 지점전도금 500 + 우편환 3,000 + 당좌예금 400(당좌예금) + 만기도래국채이자표 500 + 배당급지급통지표 7,500 + 양도성예금증서 500 + 외국환통화 A
∴ 외국환통화 A = 17,600 ÷ 1,100 = $16

### 은행계정조정

**06** ④ ㄴ. 대금지급을 위해 발행한 수표 중 일부가 미인출수표로 남아 있는 것은 은행이 반영해야 할 항목이다. 그 외 부도수표, 장부에 착오기재한 오류, 추심어음은 모두 (주)감평이 장부에 반영해야 할 항목이다.

**07** ① 1) 가산할 금액 = 추심된 받을어음 1,000
2) 차감할 금액 = 미통지 은행 수수료 100 + 부도수표 200 = 300
(주)감평이 발행한 수표가 은행에서 미결제된 경우는 은행 조정 사항이다.

**08** ⑤ 당좌예금 조정 전 잔액은 (주)관세가 주거래은행보다 ₩15,000이 더 적다.

| 구분 | (주)관세 | 은행 |
|---|---|---|
| 수정 전 잔액 | ₩320,000 | ③ ₩335,000 |
| 거래처 A에게 발행한 미인출 수표 | - | ₩(-)30,000 |
| 전산장애로 미입금처리 된 수표 | - | ₩73,000 |
| 거래처 B가 입금 후 통보되지 않은 수표 | ₩50,000 | - |
| 오기입한 거래처 C에 대한 수표 | ₩9,000 | - |
| 당좌거래 수수료 | ₩(-)1,000 | |
| 수정 후 잔액 | ① ₩378,000 | ② ₩378,000 |

①→②→③의 순서로 구한다.

**09** ④

| 구분 | (주)관세 | 은행 |
|---|---|---|
| 수정 전 잔액 | ₩18,000 | ③ ₩23,700 |
| 미인출 수표 | - | ₩(-)2,000 |
| 은행수수료 | ₩(-)800 | - |
| 추심된 매출채권 | ₩6,000 | - |
| 부도처리된 수표 | ₩(-)1,500 | - |
| 수정 후 잔액 | ① ₩21,700 | ② ₩21,700 |

①→②→③의 순서로 구한다.

## 수취채권의 손상

**10** ③ 손상차손 = 기초 손실충당금 5,000 - 손상확정 7,000 + 채권회수 3,000 - 기말 손실충당금 6,000 = (-)5,000

손실충당금

| | | | |
|---|---|---|---|
| 손상확정 | 7,000 | 기초 | 5,000 |
| | | 회수 | 3,000 |
| 기말 | 6,000 | 손상차손[1](당기설정) | 5,000 |

[1] 대차가액

[회계처리]

20×2년 7월 초

| | | | |
|---|---|---|---|
| 차) 손실충당금 | 5,000 | 대) 매출채권 | 7,000 |
| 손상차손 | 2,000 | | |

20×2년 12월 초

| | | | |
|---|---|---|---|
| 차) 매출채권 | 3,000 | 대) 손실충당금 | 3,000 |

20×2년 12월 말

| | | | |
|---|---|---|---|
| 차) 손상차손 | 3,000 | 대) 손실충당금 | 3,000 |

## 받을어음의 할인, 팩토링

**11** ② 1) 제거요건을 충족하지 못한 양도의 경우

제거조건을 충족하지 못한 양도는 양도자가 양도한 금융자산에 대해서 소유에 따른 위험과 보상의 대부분을 보유하고 있는 형태의 양도이므로 양도자산 전체를 계속하여 인식하며 수취한 대가를 금융부채로 인식한다. 따라서 처분손익이 발생하지 않는다.

2) 제거요건을 충족한 양도 - 무이자부어음

- 1단계 만기금액(a): 액면금액 200,000
- 2단계 할인액(b): 만기금액(a) × 할인율 × 할인기간/12 = 200,000 × 9% × 2/12 = 3,000
- 3단계 현금수령액(c): 만기금액(a) - 할인액(b) = 200,000 - 3,000 = 197,000
- 4단계 장부금액(d): 액면금액 200,000
- 5단계 매출채권처분손익: 현금수령액(c) - 장부금액(d) = 197,000 - 200,000 = ( - )3,000

**12** ④ 1) 1단계 만기금액(a): 액면금액 + 액면금액 × 액면 R × 어음총기간/12 = 100,000 + 100,000 × 8% × 6/12 = 104,000

2) 2단계 할인액(b): 만기금액(a) × 할인율 × 할인기간/12 = 104,000 × 10% × (6 - 3)/12 = 2,600

3) 3단계 현금수령액(c): 만기금액(a) - 할인액(b) = 104,000 - 2,600 = 101,400

**13** ② 1) 1단계 만기금액(a): 액면금액 + 액면금액 × 액면 R × 어음총기간/12 = 100,000 + 100,000 × 12% × 3/12 = 103,000

2) 2단계 할인액(b): 만기금액(a) × 할인율 × 할인기간/12 = 103,000 × 15% × (3 - 1)/12 = 2,575

3) 3단계 현금수령액(c): 만기금액(a) - 할인액(b) = 103,000 - 2,575 = 100,425

4) 4단계 장부금액(d): 액면금액 + 액면금액 × 액면 R × 보유기간/12 = 100,000 + 100,000 × 12% × 1/12 = 101,000

5) 5단계 매출채권처분손익: 현금수령액(c) - 장부금액(d) = 100,425 - 101,000 = ( - )575

**14** ① 당기이익 ₩960

당기손익: 1) + 2) = 960

1) 이자수익 = 액면금액 × 액면 R × 보유기간/12 = 120,000 × 10% × 2/12 = 2,000

2) 처분손익 = (1,040)

- 1단계 만기금액(a): 액면금액 + 액면금액 × 액면 R × 어음총기간/12 = 120,000 + 120,000 × 10% × 6/12 = 126,000
- 2단계 할인액(b): 만기금액(a) × 할인율 × 할인기간/12 = 126,000 × 12% × (6 - 2)/12 = 5,040
- 3단계 현금수령액(c): 만기금액(a) - 할인액(b) = 126,000 - 5,040 = 120,960
- 4단계 장부금액(d): 액면금액 + 액면금액 × 액면 R × 보유기간/12 = 120,000 + 120,000 × 10% × 2/12 = 122,000
- 5단계 매출채권처분손익: 현금수령액(c) - 장부금액(d) = 120,960 - 122,000 = ( - )1,040

**15** ⑤ 1) 만기수령액: 2,400,000 + 2,400,000 × 6% × 6/12 = 2,472,000

2) 할인액: 2,472,000 - 2,439,040 = 2,472,000 × 할인율 × 2/12, 할인율: 8%

**16** ④ 1) 만기수령액: 120,000 + 120,000 × 10% × 4/12 = 124,000

2) 할인액: 124,000 × 12% × 3/12 = 3,720

3) 현금수령액: 1) - 2) = 120,280

4) 매출채권장부금액 및 미수이자 합계: 120,000 + 120,000 × 10% × 1/12 = 121,000

5) 처분손실: 3) - 4) = ( - )720

## 지속적관여자산

**17** ① 양도자가 양도자산에 대한 보증을 제공하는 형태로 지속적관여가 이루어지는 경우, 그 양도자산에 대하여 지속적으로 관여하는 정도까지 그 양도자산을 계속하여 인식하며, 관련부채도 함께 인식한다.

→ 지속적관여의 정도 = Min[양도자산의 장부금액, 수취한 대가 중 상환을 요구받을 수 있는 최대금액(보증금액)]

1) 지속관여자산 관련 부채 = 지급보증부채 100 + 지속적관여부채 300 = 400

[회계처리]

20×1년 1월 1일

| | | | | | |
|---|---|---|---|---|---|
| 차) | 현금 | 700 | 대) | 금융자산 | 500 |
| | | | | **지급보증부채(FV)** | **100** |
| | | | | 금융자산처분이익 | 100 |
| 차) | 지속적관여자산 | 300[1)] | 대) | **지속적관여부채** | **300** |

1) Min(장부금액500, 보증금액300)

2) 지급보증비용

[회계처리]

20×2년 2월 1일

| | | | | | |
|---|---|---|---|---|---|
| 차) | **지급보증비용(대차차액)** | **100** | 대) | 현금 | 200 |
| | 지급보증부채 | 100 | | | |
| 차) | 지속적관여부채 | 300 | 대) | 지속적관여자산 | 300 |

# Ⅲ. 타시험 기출 및 과거 기출 필수문제 정리

**01** ② 1) 은행계정조정표를 통한 회사의 당좌예금잔액

| 구분 | 회사 | 은행 |
|---|---|---|
| 수정 전 잔액 | ? | ₩700,000 |
| 은행이 (주)세무에 통보하지 않은 매출채권 추심액 | ₩50,000 | |
| 은행이 (주)세무에 통보하지 않은 은행수수료 | ₩(-)100,000 | |
| (주)세무가 당해 연도 발행했지만 은행에서 미인출된 수표 | | ₩(-)200,000 |
| 마감시간 후 입금으로 인한 은행미기입예금 | | ₩300,000 |
| 수정 후 잔액 | ₩800,000 | ① ₩800,000 |

2) 회사의 현금및현금성자산

| 구분 | 현금및현금성자산 판단 | 현금및현금성자산 금액 |
|---|---|---|
| 소액현금 | 현금및현금성자산 | ₩100,000 |
| 지급기일이 도래한 공채이자표 | 현금및현금성자산 | ₩200,000 |
| 수입인지 | 선급비용 | - |
| 양도성예금증서<br>(만기 20×2년 5월 31일) | 단기금융상품<br>(보유기간 3개월 초과) | - |
| 타인발행당좌수표 | 현금및현금성자산 | ₩100,000 |
| 우표 | 선급비용 | - |
| 차용증서 | 금융부채 | - |
| 수정 후 당좌예금잔액 | | ① ₩800,000 |
| 합계 | | ₩1,200,000 |

1. 회사의 실사자료를 통해서 파악할 수 있는 것은 회사가 보유 중인 현금뿐이므로 당좌예금은 은행계정조정표를 이용하여야 한다.
2. 양도성예금증서는 보고기간 말로부터 만기가 3개월 이상이고 취득일로부터도 만기가 3개월 이상이므로 단기금융상품으로 분류한다.

**02** ④ 현금및현금성자산: 1,200 + 1,300 + 1,200 + 1,800 + 200 + 400 = 6,100

**03** ③

매출채권

| | | | |
|---|---|---|---|
| 기초 | ₩10,000 | 현금회수액 | ₩40,000 |
| 외상매출 | ₩32,000 | 기말 | ₩2,000 |
| 합계 | ₩42,000 | 합계 | ₩42,000 |

1) 매출원가: 16,000 + 32,000 - 22,000 = 26,000
2) 매출액: 26,000 + 13,000 = 39,000
3) 외상매출액: 39,000 - 7,000 = 32,000

**04** ④ 주어진 자료를 바탕으로 매출채권과 대손충당금의 증감내역을 T계정을 통해서 파악하면 다음과 같다.

매출채권

| | | | |
|---|---|---|---|
| (1) 기초 | ₩40,000 | (8) 현금회수액 | ₩200,000 |
| (9) 외상매출 | ₩215,200 | (7) 대손발생액 | 3,200 |
| | | (2) 기말 | ₩52,000 |
| 합계 | ₩255,200 | 합계 | ₩255,200 |

대손충당금

| | | | |
|---|---|---|---|
| | | (3) 기초 | ₩4,000 |
| (6) 대손발생액 | ₩3,200 | | |
| (4) 기말 | ₩2,800 | (5) 설정 | ₩2,000 |
| 합계 | ₩6,000 | 합계 | ₩6,000 |

위와 같이, 매출채권과 대손충당금의 증감내역을 T계정을 통해서 순차적으로 (1)~(9)로 계산하면 당기 외상매출액은 215,200이다.

# 11장 | 복합금융상품

## Ⅰ. 필수 유형 정리

**01** ①

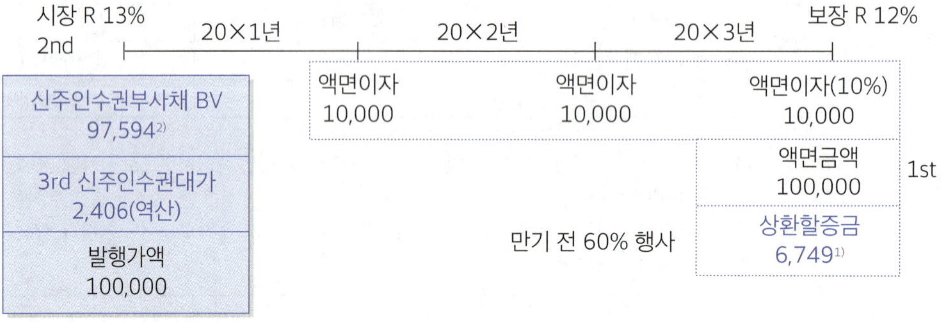


1) 100,000 × (12% - 10%) × (1 + 1.12 + 1.12²) = 6,749
2) 10,000 × 2.36115 + 106,749 × 0.69305 = 97,594

**02** ④ 20×3년 이자비용: 116,749/1.13 × 13% = 13,431

**03** ⑤

B/S 20×1년 말

| | | |
|---|---|---|
| | 신주인수권부사채 | 액면금액 100,000 |
| | 상환할증금 | + 만기상환액 6,749 |
| | (신주인수권조정) | - 역산 ( - )6,468 |
| | 신주인수권부사채 BV | ① 100,281 |
| | 신주인수권대가 | ② 2,406 |

⇒ 기말 신주인수권부사채 BV: PV(잔여 CF) by 취득 R = 기초BV × (1 + R) - 액면이자 = 97,594 × 1.13 - 10,000 = 100,281

**04** ④

1) 40% 행사 시 회계처리

|  | | |  | | |
|---|---|---|---|---|---|
| 차) | 현금 | 70,000 × 40% | 대) | 신주인수권조정 | 1,464 × 40% |
| | 상환할증금 | 6,749 × 40% | | 자본금 | 50,000 × 40% |
| | 신주인수권대가 | 2,406 × 40% | | 주식발행초과금 | 27,691 × 40% |

2) 행사시점에 자본총계에 미친 영향: (70,000 + 6,749/1.13²) × 40% = 30,114
3) 행사시점에 주식발행초과금의 증가액: 27,691 × 40% = 11,076
4) 만기 시 (주)한영이 상환할 금액[1)]: 104,049

1) 액면금액 + 상환할증금 만기지급액 × (1 - 전환비율) = 100,000 + 6,749 × (1 - 40%) = 104,049

5) 20×2년에 (주)한영이 인식할 이자비용[2)]: ( - )12,762

2) 기초 PV(액면금액 + 액면이자 + 상환할증금 × (1 - 전환비율)) × 취득 R = [10,000/1.13 + {110,000 + 6,749 × (1 - 40%)}/1.13²] × 13% = ( - )12,762

6) 20×2년 말 재무상태표

| B/S | | 20×2년 말 |
|---|---|---|
| | 신주인수권부사채 | 액면금액 100,000 |
| | 상환할증금 | + 만기상환액 4,049 |
| | (신주인수권조정) | - 역산 (-)3,120 |
| | 신주인수권부사채 BV | ① 100,929 |
| | 신주인수권대가 | ② 1,444 |

⇒ 기말 신주인수권부사채 BV: PV(잔여 CF) by 취득 R = [110,000 + 6,749 × (1 - 40%)]/1.13 = 100,929

**05** ②

1) 부채요소: 963,481 - 96,348 = 867,133
2) 자본요소: 36,519 - 3,652 = 32,867
3) 전환사채의 발행시점 회계처리

| | | | | | |
|---|---|---|---|---|---|
| 차) | 현금 | 1,000,000 | 대) | 전환사채 | 1,000,000 |
| | 전환권조정 | 186,520 | | 상환할증금 | 150,000 |
| | | | | 전환권대가[1] | 36,520 |
| 차) | 전환권조정[2] | 96,348 | 대) | 현금 | 100,000 |
| | 전환권대가 | 3,652 | | | |

1) 1,000,000 - (1,000,000 × 1.15 × 0.75131 + 40,000 × 2.48685) = 36,520
2) 100,000 × 963,481/1,000,000 = 96,348

**06** ②

1) 상환할증금의 만기지급액: 100,000 × (4% - 2%) × ($1 + 1.04 + 1.04^2$) = 6,243
2) 20×1년 초 전환사채의 공정가치: (100,000 + 6,243) × 0.8163 + 2,000 × 2.6243 = 91,975
3) 전환권대가: 100,000 - 91,975 = 8,025
4) 전환시점의 회계처리(순액법 - 100% 가정)

| | | | | | |
|---|---|---|---|---|---|
| 차) | 전환사채 | 96,413 | 대) | 자본금[1] | 50,000 |
| | 전환권대가 | 8,025 | | 주식발행초과금(역산) | 54,438 |

1) 100,000/200 × 100 = 50,000

5) 주식발행초과금 증가액: 54,438 × 60% = 32,663
6) 20×2년도 이자비용: 96,413 × 7% × (1 - 60%) = 2,700

## Ⅱ. 최신 기출 유형 정리

### 전환사채

**01** ② 발행시점 전환사채의 공정가치 = 500,000 × 0.7513 + (500,000 × 8%) × 2.4868 = 475,122
전환권대가 = 발행금액(액면발행)500,000 - 발행시점 전환사채의 공정가치475,122 = 24,878

**02** ③ 20×1년 말 전환사채의 장부금액 = (100,000 × 0.6830 + 100,000 × 5% × 3.1700) × 1.1 - 100,000 × 5% = 87,565
→ 상환할증금이 없고, 전환권이 행사되지 않은 전환사채(부채)의 장부금액을 구하는 문제이므로 일반사채와 동일하게 풀이하면 된다.

**03** ② 상환할증금 = [전환사채 액면금액 × (보장수익률 - 표시이자율)] × 연금미래가치계수
= 10,000 × (7% - 3%) × (1 + 1.07 + 1.145) = 1,286
[별해]
$400 \times 1.07^2 + 400 \times 1.07 \times 400 = 1,286$

**04** ④
1) 만기에 상환할 금액 = 액면금액1,000,000 × 106.49% = 1,064,900
2) 20×1년 초 전환사채 부채요소의 공정가치 = 1,064,900 × 0.75131 + 60,000 × 2.48685 = 949,281
3) 만기상환일까지 지급할 액면이자 = 1,000,000 × 6% × 3 = 180,000
4) 총이자비용 = 미래에 지급할 금액(1,064,900 + 180,000) - 사채발행 시 공정가치949,281 = 295,619

**05** ③
1) 20×1년 초 전환권대가: 100,000 - (100,000 × 0.8639) = 13,610
2) 20×2년 초 전환사채의 장부금액: 100,000 × 0.8639 × 1.05 = 90,710
3) 100% 전환 시 주식발행초과금 증가액 = 전환사채 장부금액 + 전환권대가 - 전환주식 수 × 보통주 액면금액
= (90,710 + 13,610) - 100,000/5,000 × 500 = 94,320
4) 60% 전환 시 주식발행초과금 증가액: 94,320 × 60% = 56,5910

[100% 전환 시 회계처리]

| | | | | | |
|---|---|---|---|---|---|
| 차) | 전환사채 | 90,710 | 대) | 자본금 | 10,000 |
| | 전환권대가 | 13,610 | | 주식발행초과금(대차차액) | 94,320 |

**06** ④
1) 20×1년 초 전환사채의 장부금액과 전환권대가

| | 재무상태표 | 20×1 |
|---|---|---|
| | 전환사채(액면금액) | 100,000 |
| | 상환할증금 | 5,348[1] |
| | (전환권조정) | (11,414) |
| | 전환사채BV | 93,934 |
| | 전환권대가(자본조정) | 6,066 |

[1] (100,000 × 5.348%)

2) 20×1년 말 전환사채의 장부금액: 20×1년초 장부금액 93,934 + 전환권조정 상각액 3,087 = 97,021
전환권조정 상각액은 전환사채 장부금액의 변동금액과 일치하므로, 이를 통해 기말 장부금액을 구할 수 있다.

3) 100% 전환 시 주식발행초과금 증가액 = 전환사채 장부금액 + 전환권대가 - 전환주식 수 × 보통주 액면금액
= (97,021 + 6,066) - 100,000/1,000 × 500 = 53,087

4) 60% 전환 시 주식발행초과금 증가액: 53,087 × 60% = 31,852

[100% 전환 시 회계처리]

| | | | | | |
|---|---|---|---|---|---|
| 차) | 전환사채(BV) | 97,021 | 대) | 자본금 | 50,000 |
| | 전환권대가 | 6,066 | | 주식발행초과금(대차차액) | 53,087 |

**07** ③ 1) 20×2년 초 전환사채의 장부금액: 6,000/1.09 + (100,000 + 6,700 + 6,000)/1.09² = 100,362

2) 20×2년 이자비용: 100,362 × 9% = 9,032

## 신주인수권부사채

**08** ④ 1) 발행 시 신주인수권부사채의 현재가치와 신주인수권대가

| | | |
|---|---|---|
| 신주인수권부사채의 발행금액 | | 1,000 |
| 신주인수권부사채의 현재가치 | | |
| • 이자의 현재가치: 1,000 × 5% × 2.4018 = | 120 | |
| • 원금의 현재가치: 1,000 × 0.7118 = | 712 | |
| • 상환할증금의 현재가치: 135[1)] × 0.7118 = | 96 | (928) |
| 신주인수권대가 | | 72 |

[1)] 상환할증금: 1,000 × 13.5%

2) 20×2년 초 상환할증금의 현재가치: 96 × 1.12 = 108

3) 100% 행사 시 주식발행초과금 증가액
= 납입되는 현금(행사주식수 × 행사가격) + 상환할증금 PV + 신주인수권대가 - 행사주식수 × 보통주액면금액
= (1,000/200 × 200) + 108 + 72 - (1,000/200 × 100) = 680

4) 60% 행사 시 주식발행초과금 증가액: 680 × 60% = 408

[100% 행사 시 회계처리]

| | | | | | |
|---|---|---|---|---|---|
| 차) | 현금 | 1,000 | 대) | 자본금 | 500 |
| | 상환할증금(PV) | 108 | | 주식발행초과금(대차차액) | 680 |
| | 신수인수권대가 | 72 | | | |

**09** ④ 자본증가액(현금수령액): 1,000,000/10,000 × 10,000 × 40% = 400,000

## Ⅲ. 타시험 기출 및 과거 기출 필수문제 정리

**01** ④ 1) 신주인수권대가: 100,000 - [(100,000 + 6,367[1]) × 0.7938 + 4,000 × 2.5770] = 5,258

1) 2,000 × $1.06^2$ + 2,000 × 1.06 + 2,000 = 6,367

2) 20×2년 초 행사 시 회계처리(100%)

| | | | | | |
|---|---|---|---|---|---|
| 차) | 현금 | 100,000 | 대) | 자본금 | 50,000 |
| | 신주인수권부사채 | 6,367/$1.08^2$ | | 주식발행초과금 | 60,717 |
| | 신주인수권대가 | 5,258 | | | |

3) 20×2년 초 40% 행사 시 주식발행초과금 증가액: 60,717 × 40% = 24,286

**02** ④ 20×2년 당기순이익에 미치는 영향( = 전환사채 재매입이익): 17,957[1] 증가

1) [(50,000/1.1 + 1,200,000/$1.1^2$) - (50,000/1.12 + 1,200,000/$1.12^2$)] × 50% = 17,957(단수 차이)

**03** ④

| | 20×1년 초 | 20×1년 말 | 20×2년 말 | 20×3년 말 |
|---|---|---|---|---|
| 액면이자 | | ₩30,000 | ₩30,000 | ₩30,000 |
| 원금 | | | | ₩500,000 |
| 상환할증금 | | | | ₩32,464 |

1) 전환권대가(A): 500,000 - 30,000 × 2.4869 + 500,000 × 0.7513 = 49,473

2) 전환권대가(B): 49,473 - 32,464 × 0.7513 = 25,353

[별해] 상환할증금의 계산

상환할증금의 계산은 보장수익률과 액면이자율을 이용하여 계산할 수 있어야 한다.

500,000 × 0.02[1] × 1.08 × 1.08 + 500,000 × 0.02 × 1.08 + 500,000 × 0.02 = 32,464

1) 0.08(보장수익률) - 0.06(액면이자율) = 0.02

**04** ④ 1) 전환권대가: 1,000,000 - (50,000 × 2.4018 + 1,198,600 × 0.7118) = 26,747

2) 20×3년 1월 1일 장부금액: (50,000 + 1,198,600) × 0.8929 = 1,114,875

3) 전환 시 주식발행초과금: (1,114,875 + 26,747) × 0.4 - 200주 × 1,000 = 256,648

# 12장 | 고객과의 계약에서 생기는 수익

## Ⅰ. 필수 유형 정리

**01** ② 20×1년 말 수취채권: 700, 20×1년 말 계약자산: 400, 20×1년 말 계약부채: 1,000

1) 제품 A - 회계처리

| | | | | |
|---|---|---|---|---|
| 20×1년 11월 30일 | 차) 현금 | 300 | 대) 계약부채 | 300 |
| | 차) 수취채권 | 700 | 대) 계약부채 | 700 |

2) 제품 B - 회계처리

| | | | | |
|---|---|---|---|---|
| 20×1년 11월 30일 | 차) 계약자산 | 400 | 대) 계약수익 | 400 |

**02** ③ 1) 동 계약의 변경은 계약의 범위가 확장되고 확장된 부분은 개별 판매가격을 반영하였으므로 별도의 계약이다.

2) 기존 계약 제품 40개에 대한 수익인식액: 40개 × @100 = 4,000

3) 추가 계약 제품 10개에 대한 수익인식액: 10개 × @95 = 950

**03** ④ 1) 동 계약의 변경은 계약의 범위가 확장되고 확장된 부분은 개별 판매가격을 반영하지 않았고 재화·용역이 구별되므로 기존 계약은 종료하고 새로운 계약이 시작되는 것으로 본다. 또한 기존 제품의 결함으로 인한 가격할인분은 기존 계약의 일부로 인식(매출에누리)한다.

2) 기존 계약 제품 40개에 대한 수익인식액: 40개 × @94[1] = 3,760

3) 추가 계약 제품 10개에 대한 수익인식액: 10개 × @94[1] = 940

[1] [(120 - 50)개 × @100 + 30개 × @80] ÷ (70 + 30)개 = @94

**04** ④ 1) 20×2년 수익인식액: 500개 × @90 = 45,000

2) 회계처리

| | | | | |
|---|---|---|---|---|
| 20×1.12.31. | 차) 수취채권 | 60,000 | 대) 수익 | 54,000 |
| | | | 환불부채[1] | 6,000 |
| 20×2.3.31. | 차) 수취채권 | 50,000 | 대) 수익 | 45,000 |
| | | | 환불부채[2] | 5,000 |
| 20×2.4.1. | 차) 환불부채 | 11,000 | 대) 수취채권 | 110,000 |
| | 현금 | 99,000 | | |

[1] 600개 × @(100 - 90) = 6,000
[2] 500개 × @(100 - 90) = 5,000

**05** ② 1) 20×2년 수익인식액: 36,000

- 20×2년 300개: 300개 × @100 = 30,000
- 20×1년 600개 소급분: 600개 × @(100 - 90) = 6,000

2) 회계처리

| | | | | | | |
|---|---|---|---|---|---|---|
| 20×1.12.31. | 차) | 수취채권 | 60,000 | 대) | 수익 | 54,000 |
| | | | | | 환불부채 | 6,000 |
| 20×2.3.31. | 차) | 수취채권 | 30,000 | 대) | 수익 | 36,000 |
| | | 환불부채 | 6,000 | | | |
| 20×2.4.1. | 차) | 현금 | 90,000 | 대) | 수취채권 | 90,000 |

**06** ① A사가 20×1년에 인식할 수익: 900,000

1) 제품 단위당 수익: (2,000,000 - 200,000[1]) ÷ 100단위 = @18,000
2) 20×1년에 인식할 수익: 50단위 × @18,000 = 900,000
3) 회계처리

| | | | | | |
|---|---|---|---|---|---|
| [20×1년 7월 1일] | | | | | |
| 차) | 환수자산(선급금) | 200,000 | 대) | 현금 | 200,000 |
| [20×1년 판매 시] | | | | | |
| 차) | 현금 | 1,000,000 | 대) | 계약수익 | 900,000 |
| | | | | 환수자산(선급금) | 100,000 |

[1] 고객에게 지급할 대가가 고객에게 받은 구별되는 재화나 용역에 대한 지급이 아니라면, 그 대가는 거래가격 즉, 수익에서 차감하여 회계처리한다.

**07** ④ B사가 20×1년도에 인식할 수익: 400,000 - 10,000 = 390,000

1) 생산설비의 판매금액: 400,000
2) 고객에게 지급한 대가[1]: 50,000 - 40,000 = 10,000

[1] 고객에게 지급한 대가가 경영자문의 대가(공정가치)를 초과하므로 동 초과액을 수익에서 차감한다. 만일 경영자문의 대가(공정가치)를 합리적으로 추정할 수 없는 경우에는 전액을 수익에서 차감한다.

3) 회계처리

| | | | | | |
|---|---|---|---|---|---|
| [20×1년 11월 1일] | | | | | |
| 차) | 현금 | 400,000 | 대) | 매출 | 390,000 |
| | | | | 환불부채 | 10,000 |
| [경영자문용역을 제공받을 때] | | | | | |
| 차) | 환불부채 | 10,000 | 대) | 현금 | 50,000 |
| | 수수료비용 | 40,000 | | | |

**08** ⑤ 1) A사가 20×3년에 제품을 판매할 때 인식할 매출액: $400,000 \times 1.06^2 = 449,440$

2) 회계처리

| | | | | | |
|---|---|---|---|---|---|
| [20×1년 7월 1일] | | | | | |
| 차) | 현금 | 400,000 | 대) | 계약부채 | 400,000 |
| [20×1년 12월 31일] | | | | | |
| 차) | 이자비용 | 12,000 | 대) | 계약부채 | 12,000 |
| [20×2년 12월 31일] | | | | | |
| 차) | 이자비용[1] | 24,720 | 대) | 계약부채 | 24,720 |
| [20×3년 6월 30일] | | | | | |
| 차) | 이자비용[2] | 12,720 | 대) | 계약부채 | 12,720 |
| 차) | 계약부채 | 449,440 | 대) | 매출 | 449,440 |
| 차) | 매출원가 | 300,000 | 대) | 재고자산 | 300,000 |

[1] 400,000 × 6% × 6/12 + 400,000 × 1.06 × 6% × 6/12 = 24,720
[2] 424,000 × 6% × 6/12 = 12,720

**09** ② 20×1년 수익: 60,000 × 90%[1] = 54,000

[1] "지금까지 수행완료한 부분에 대한 집행가능한 지급청구권을 D건설회사가 가지고 있다."는 것은 수익인식 시 진행기준을 사용한다는 것이므로, 20×1년(도로건설) 진행률인 90% 반영하였다.

**10** ③ 20×2년 수익: 76,000

1) 거래가격의 배분
   (1) 도로 건설: 120,000 × 70,000/140,000 = 60,000
   (2) 교량 건설: 120,000 × 70,000/140,000 = 60,000
2) 거래가격 변동분의 배분
   (1) 도로 건설: 10,000 × 70,000/140,000 = 5,000
   (2) 교량 건설: 10,000 × 70,000/140,000 = 5,000

   * 거래가격을 이행의무에 배분하는 기준(상대적 독립판매가격 기준으로 배분하는 데 사용한 비율)은 계약 개시 후 변경하지 않았다.
3) 추가적으로 인식할 수익금액: 11,000 + 65,000 = 76,000
   (1) 도로 건설: (60,000 + 5,000) × 100% - 60,000 × 90% = 11,000
   (2) 교량 건설: 60,000 + 5,000 = 65,000

**11** ② A사가 제품을 판매하는 시점에 인식할 수익: 47,170

1) 할인권의 추정 개별 판매가격: 3,000[1]

   [1] @25,000(추가 제품 평균구입가격) × 20%(증분할인율) × 60%(할인권 행사가능성) = 3,000
   * 모든 고객은 앞으로 30일 동안 구매금액의 10% 할인을 받을 수 있기 때문에 고객에게 중요한 권리를 제공하는 할인은 10%에서 증분되는 20% 할인뿐이다.
2) 거래가격 배분

| 구분 | 거래가격 |
|---|---|
| 제품 | 50,000 × 50,000/(50,000 + 3,000) = 47,170 |
| 할인권 | 50,000 × 3,000/(50,000 + 3,000) = 2,830 |
| 합계 | 50,000 |

3) 회계처리

| | | | | | |
|---|---|---|---|---|---|
| 차) | 현금 | 50,000 | 대) | 매출 | 47,170 |
| | | | | 계약부채 | 2,830 |

**12** ⑤ 20×1년 말 충당부채: 1,000+2,000 = 3,000

별도의 수행의무가 아닌 2년간의 법적무상수리기간에 대해 지급될 것으로 예상되는 금액인 3,000원은 수익 비용 대응을 위해 제품 매도 시 충당부채로 계상하여 비용처리한다.

20×1년 수익: 460,800

1) 보증용역의 개별 판매가격: (6,000 + 10,000) × (1 + 25%) = 20,000

2) 거래가격의 배분

(1) 기계: 480,000 × 480,000/(480,000 + 20,000) = 460,800

(2) 보증용역: 480,000 × 20,000/(480,000 + 20,000) = 19,200

* 법적 무상보증기간을 초과하는 무상보증은 용역 유형의 보증에 해당하므로 별도의 수행의무이다.

3) 회계처리

| | | | | |
|---|---|---|---|---|
| 차) 현금 | 480,000 | 대) | 매출 | 460,800 |
| | | | 계약부채 | 19,200 |
| 차) 매출원가 | 300,000 | 대) | 재고자산 | 300,000 |
| 차) 제품보증비 | 3,000 | 대) | 제품보증충당부채 | 3,000 |

**13** ① 1) (주)대한이 20×1년에 수익으로 인식할 금액: @1,500 × 200개 + @150 × 40개 = 306,000

2) (주)민국이 20×1년에 수익으로 인식할 금액: @1,350 × 200개 + @1,500 × 40개 = 330,000

수익의 인식 여부는 '통제권'이 이전되었는지이다. (주)대한이 200개까지는 판매를 보장하므로 200개까지의 통제권은 (주)대한에게 이전되었다.

**14** ③ 1) 수익으로 인식할 금액: 10,000 × (1 - 1%) = 9,900

2) 비용으로 인식할 금액: (7,000) × (1 - 1%) + (20) = ( - )6,950

3) 회계처리

| | | | | |
|---|---|---|---|---|
| 판매 시 | 차) 현금 | 10,000 | 대) 매출 | 10,000 |
| | 차) 매출 | 100 | 대) 환불부채 | 100 |
| | 차) 매출원가 | 7,000 | 대) 재고자산 | 7,000 |
| | 차) 반품비용 | 20 | 대) 매출원가 | 70 |
| | 반환재고회수권 | 50 | | |

**15** ④

| | | | | |
|---|---|---|---|---|
| 반품 시 | 차) 환불부채 | 100 | 대) 현금 | 150 |
| | 매출 | 50 | | |
| | 차) 재고자산 | 150 × 70% - 50 = 55 | 대) 반환재고회수권 | 50 |
| | 반품비용 | 60 | 현금 | 30 |
| | | | 매출원가 | 50 × 70% = 35 |

**16** ①

[20×1년 1월 1일]

| | | | |
|---|---|---|---|
| 차) 현금 | 1,000,000 | 대) 단기차입금 | 1,000,000 |

[20×1년 3월 31일]

| | | | |
|---|---|---|---|
| 차) 이자비용 | 50,000 | 대) 미지급이자 | 50,000 |
| 차) 단기차입금 | 1,000,000 | 대) 현금 | 1,050,000 |
| 미지급이자 | 50,000 | | |

**17** ③

[20×1년 1월 1일]

| | | | |
|---|---|---|---|
| 차) 현금 | 1,000,000 | 대) 단기차입금 | 1,000,000 |

[20×1년 3월 31일]

| | | | |
|---|---|---|---|
| 차) 이자비용 | 50,000 | 대) 미지급이자 | 50,000 |
| 차) 단기차입금 | 1,000,000 | 대) 매출 | 1,050,000 |
| 미지급이자 | 50,000 | | |
| 차) 매출원가 | 800,000 | 대) 재고자산 | 800,000 |

**18** ⑤

[20×1년 1월 1일]

| | | | |
|---|---|---|---|
| 차) 현금 | 1,000,000 | 대) 리스보증금 | 900,000 |
| | | 선수리스료 | 100,000 |

[20×1년 3월 31일]

| | | | |
|---|---|---|---|
| 차) 리스보증금 | 900,000 | 대) 현금 | 900,000 |
| 차) 선수리스료 | 100,000 | 대) 리스료수익 | 100,000 |

**19** ②

1) 회계처리

| | | | | |
|---|---|---|---|---|
| **20×1년 매출** | 차) 현금 | 100,000,000 | 대) 매출 | 90,000,000 |
| | | | 계약부채 | 10,000,000 |
| **20×1년 말** | 차) 계약부채 | 3,000,000 | 대) 포인트매출 | 3,000,000 |
| **20×2년 말** | 차) 계약부채 | 6,000,000 | 대) 포인트매출 | 6,000,000 |
| **20×3년 말** | 차) 계약부채 | 1,000,000 | 대) 포인트매출 | 1,000,000 |

(1) 부여한 포인트의 개별 판매가격
제공된 포인트 총 개별 판매가격: 105 × 100,000포인트 = 10,500,000

(2) 거래가격 배분
- 일반매출액: 100,000,000 × 94,500,000/(94,500,000 + 10,500,000) = 90,000,000
- 포인트 관련 이연매출액: 100,000,000 × 10,500,000/(94,500,000 + 10,500,000) = 10,000,000

2) 연도별 누적 포인트 매출액

| 구분 | 이연매출 | 예상회수비율 | 누적매출액 | 당기매출액 |
|---|---|---|---|---|
| 20×1년 말 | 10,000,000 | 24,000/80,000 = 30% | 3,000,000 | 3,000,000 |
| 20×2년 말 | 10,000,000 | 81,000/90,000 = 90% | 9,000,000 | 6,000,000 |
| 20×3년 말 | 10,000,000 | 100% | 10,000,000 | 1,000,000 |

3)

| | |
|---|---|
| 20×1년 제품매출 | 90,000,000 |
| 20×1년 포인트수익 | 3,000,000 |
| 20×1년 수익 | 93,000,000 |

## Ⅱ. 최신 기출 유형 정리

### 수익

**01** ① ① 고객은 기업이 수행하는 대로 기업의 수행에서 제공하는 효익을 동시에 얻고 소비한다.
②③④⑤ 모두 한 시점에 이행되는 수행의무이다.

> 다음 기준 중 어느 하나를 충족하면, 기업은 재화나 용역에 대한 통제를 기간에 걸쳐 이전하므로, 기간에 걸쳐 수행의무를 이행하는 것이고, 기간에 걸쳐 수익을 인식한다.
> 1. 고객은 기업이 수행하는 대로 기업의 수행에서 제공하는 효익을 동시에 얻고 소비한다.
> 2. 기업은 수행하여 만들어지거나 가치가 높아지는 대로 고객이 통제하는 자산을 기업이 만들거나 그 자산 가치를 높인다.
> 3. 기업은 수행하여 만든 자산이 기업 자체에는 대체 용도가 없고, 지금까지 수행을 완료한 부분에 대해 집행 가능한 지급청구권이 기업에 있다.

**02** ⑤ 기업은 수행하여 만든 자산이 기업 자체에는 대체 용도가 **없고,** 지금까지 수행을 완료한 부분에 대해 집행 가능한 **지급청구권이 기업에 있는 경우** 기간에 걸쳐 수익을 인식한다.

**03** ③ 변동대가의 추정이 가능한 경우, 계약에서 가능한 결과치가 두 가지뿐일 경우에는 **가능성이 가장 높은 금액**이 변동대가의 적절한 추정치가 될 수 있다.

**04** ④ 계약에 상업적 실질이 있어야 한다.

**05** ② 고객이 재화나 용역의 대가를 선급하였고 그 재화나 용역의 이전 시점이 고객의 재량에 따라 결정된다면, 기업은 거래가격을 산정할 때 화폐의 시간가치가 미치는 영향을 고려하여 약속된 대가를 조정하지 않는다.

**06** ② 계약은 서면으로, 구두로, 기업의 사업 관행에 따라 암묵적으로 체결할 수 있다.

> **[계약의 식별 요건]**
> 다음 기준을 모두 충족하는 때에만 고객과의 계약은 식별가능하며 고객과의 계약으로 회계처리한다.
> 1. 계약 당사자들이 계약을 승인하고 각자의 의무를 수행하기로 확약한다.
> 2. 이전할 재화나 용역에 관련된 각 당사자의 권리를 식별할 수 있다.
> 3. 이전할 재화나 용역의 지급조건을 식별할 수 있다.
> 4. 계약에 상업적 실질이 있다(계약의 결과로 기업의 미래 현금흐름의 위험, 시기, 금액이 변동될 것으로 예상됨).
> 5. 고객에게 이전할 재화나 용역에 대하여 받을 권리를 갖게 될 대가의 회수가능성이 높다.

**07** ③ 고객과의 계약에서 생기는 수익의 인식 5단계
1) 1단계: 고객과의 계약 식별
2) 2단계: 수행의무의 식별
3) 3단계: 거래가격의 산정
4) 4단계: 거래가격의 배분
5) 5단계: 수익의 인식

## 거래가격의 산정

**08** ② 1) 20×1년 말 재무상태표에 계상할 계약부채의 장부금액 = 100,000 + 10,000 = 110,000

2) 20×2년 말 매출수익 = 100,000 × $1.1^2$ = 121,000

[회계처리]

| | | | | | |
|---|---|---|---|---|---|
| 20×1년 1월 1일 | 차) 현금 | 100,000 | 대) 계약부채 | | 100,000 |
| 20×1년 12월 31일 | 차) 이자비용 | 10,000[1] | 대) 계약부채 | | 10,000 |
| 20×2년 말(제품 통제 이전) | | | | | |
| 차) 이자비용 | | 11,000 | 대) 계약부채 | | 11,000 |
| 계약부채 | | 121,000 | 매출(수익) | | 121,000 |

[1] 100,000 × 증분차입이자율10%

## 반품권이 부여된 판매

**09** ④ 환불부채 = (@300 × 200개) × 5% = 3,000

[회계처리]

| | | | | |
|---|---|---|---|---|
| 차) 현금 | @300 × 200개 = 60,000 | 대) 매출 | | 60,000 |
| 차) 매출 | 60,000 × 5% = 3,000 | 대) **환불부채** | | **3,000** |
| 차) 매출원가 | @200 × 200개 = 40,000 | 대) 재고자산 | | 40,000 |
| 차) 반품재고회수권 | 2,000 | 대) 매출원가 | | 40,000 × 5% = 2,000 |

**10** ① 1) 총매출 = 50,000 - 5,000 + 1,800 = 46,800

매출원가 = 25,000 - 2,500 + 1,500 = 24,000

매출총이익 = 46,800 - 24,000 = 22,800

2) 환불부채 잔액 = 5,000 - 3,000 = 2,000

3) 환불금액 = @100 × 30개 = 3,000

[판매 시 회계처리]

| | | | |
|---|---|---|---|
| 차) 현금 | 50,000 | 대) 매출 | 50,000 |
| 차) 매출 | 50,000 × 10% = 5,000 | 대) 환불부채 | 5,000 |
| 차) 매출원가 | @50 × 500개 = 25,000 | 대) 재고자산 | 25,000 |
| 차) 반환재고회수권 | 2,500 | 대) 매출원가 | 25,000 × 10% = 2,500 |

[반품 시 회계처리]

| | | | |
|---|---|---|---|
| 차) 환불부채 | 3,000 | 대) 현금 | @100 × 30개 = 3,000 |
| 재고자산 | 1,500 | 반환재고회수권 | 1,500 |
| 차) 현금 | 1,800 | 대) 매출 | 1,800 |
| 차) 매출원가 | 1,500 | 대) 재고자산 | 1,500 |

## 재매입약정

**11** ④ 20×2년에 인식해야 할 총수익: 1) + 2) = 128,719

1) (주)한국과의 거래에서 인식할 수익 = 3,719
   - 20×1년 초 매출채권: 40,000 × 2.7232 = 108,928
   - 20×1년 말 매출채권: 108,928 × 1.05 - 40,000 = 74,374
   - 20×2년 이자수익: 74,374 × 5% = 3,719

   [유의적인 금융요소가 있는 계약]

   거래가격 산정 시, 지급시기 등의 원인으로 유의적인 금융 효익이 고객이나 기업에 제공되는 경우 화폐의 시간가치가 미치는 영향을 반영하여 약속된 대가를 조정한다.

2) (주)대한과의 거래에서 인식할 수익: 125,000

   [재매입약정]

   고객에게 풋옵션이 있고 행사가능성이 높으며 판매가격보다 재매입가격이 높은 경우, 금융약정거래로 회계처리하고 재매입가격과 판매가격의 차액을 이자비용으로 인식한다. 또한 풋옵션이 행사되지 않으면 재매입금액을 매출액으로 인식한다.

[회계처리]

| | | | | |
|---|---|---|---|---|
| 20×1년 12월 1일 | 차) 현금 | 120,000 | 대) 금융부채 | 120,000 |
| 20×1년 12월 31일 | 차) 이자비용 | 25,000[1] | 대) 미지급이자 | 25,000 |
| 20×2년 1월 31일 | 차) 이자비용 | 25,000[1] | 대) 미지급이자 | 25,000 |
| | 차) 금융부채 | 120,000 | 대) 매출 | 125,000 |
| | 미지급이자 | 5,000 | | |
| | 차) 매출원가 | 50,000 | 대) 재고자산 | 50,000 |

[1] (125,000 - 120,000) × 1/2

**12** ③ 판매가격보다 재매입약정 가격이 높은 콜옵션이므로 금융약정으로 회계처리한다.

1) 20×2년 상황A(콜옵션 행사 ○) 당기순이익 영향: 이자비용 50 감소
2) 20×2년 상황B(콜옵션 행사 ×) 당기순이익 영향: 매출 1,300 - 매출원가 900 - 이자비용 50 = 350 증가

[20×1년 회계처리 - 상황 A, B동일]

| | | | | |
|---|---|---|---|---|
| 20×1년 10월 1일 | 차) 현금 | 1,200 | 대) 금융부채 | 1,200 |
| 20×1년 12월 31일 | 차) 이자비용 | 50[1] | 대) 미지급이자 | 50 |

[1] (1,300 - 1,200) × 3/6

[20×2년 회계처리 - 상황 A(콜옵션 행사 ○)]

| | | | | |
|---|---|---|---|---|
| 20×2년 1월 31일 | 차) 이자비용 | 50 | 대) 미지급이자 | 50 |
| | 차) 금융부채 | 1,200 | 대) 현금 | 1,300 |
| | 미지급이자 | 1,000 | | |

콜옵션이 행사되었으므로 금융부채의 상환으로 회계처리한다.

[20×2년 회계처리 - 상황B(콜옵션 행사 ×)]

| | | | | |
|---|---|---|---|---|
| 20×2년 1월 31일 | 차) 이자비용 | 50 | 대) 미지급이자 | 50 |
| | 차) 금융부채 | 12,000 | 대) 매출 | 1,300 |
| | 미지급이자 | 1,000 | | |
| | 차) 매출원가 | 900 | 대) 재고자산 | 900 |

## 고객충성제도

**13** ② 1) 20×1년 포인트 계약부채 = 50,00 × 1% × 10 = 5,000
2) 20×1년 인식할 포인트 관련 매출 = 5,000 × (500포인트/2,500포인트) = 1,000

**14** ② 개별거래가격의 배분

| 구분 | 거래가격 |
|---|---|
| 제품 | 20,000 × 20,000/(20,000 + 1,800) = 18,349 |
| 포인트 | 1,800 × 20,000/(20,000 + 1,800) = 1,651 |
| 합계 | 20,000 |

제품과 포인트에 대해 개별판매가격에 기초하여 거래가격을 배분하며, 포인트는 미래에 고객이 사용할 때 수익으로 인식되는 이연된 매출이므로 3월 1일에 인식할 수익은 제품에 대해 배분된 개별거래가격이다.

**15** ① 1) 포인트의 개별판매가격 = (10,000 ÷ 5) × 75% × 0.7 = 1,050
2) 20×1년 말 재무상태표에 인식할 포인트 관련 이연수익(부채) = $10,000 \times \frac{1,050}{1,050 + 9,450} = 1,000$

**16** ⑤ 1) 포인트 개별판매가격: 10,000포인트 × @0.8 × 90%[1] = 7,200
[1] 90%를 곱한 이유는 전체 포인트 중 사용 가능 추정인 90%를 고려한 것이다.
2) 상품의 개별판매가격 배분액(문제조건에 따라 계산함): 100,000 - 7,200 = 92,800
3) 판매시 회계처리

| | | | | |
|---|---|---|---|---|
| 차) 현금 | 100,000 | 대) | 매출 | 92,800 |
| | | | 계약부채(포인트) | 7,200 |

4) 기말 포인트 수익: 7,200 × 6,000/10,000 × 90% = 4,800
5) 20×1년 수익: 92,800 + 4,800 = 97,600

## Ⅲ. 타시험 기출 및 과거 기출 필수문제 정리

**01** ⑤

| | | | | |
|---|---|---|---|---|
| 20×1년 12월 15일 | 차) 계약자산 | 8,000 | 대) 계약수익 | 8,000 |
| 20×2년 1월 10일 | 차) 수취채권 | 10,000 | 대) 계약자산 | 8,000 |
| | | | 계약수익 | 2,000 |
| 20×2년 1월 15일 | 차) 현금 | 10,000 | 대) 수취채권 | 10,000 |

**02** ⑤ 1) 계약변경시점 개별 판매가격 반영한 경우의 20×1년 수익: (1) + (2) + (3) = 106,000
(1) 20×1년 10월 31일 50개 판매에 따른 수익: 50개 × @1,000 = 50,000
(2) 기존 계약 수량 중 40개 판매에 따른 수익: 40개 × @1,000 = 40,000
(3) 추가 계약 수량 중 20개 판매에 따른 수익: 20개 × @800 = 16,000
* 추가 주문이 구별되는 재화이며, 개별 판매가격을 반영하고 있으므로 별도의 계약에 해당한다.

2) 계약변경시점 개별 판매가격 반영하지 않은 경우의 20×1년 수익: (1) + (2) + (3) = 106,400

(1) 20×1년 10월 31일 50개 판매에 따른 수익: 50개 × @1,000 = 50,000

(2) 기존 계약 수량 중 40개 판매에 따른 수익: 40개 × @940[1] = 37,600

(3) 추가 계약 수량 중 20개 판매에 따른 수익: 20개 × @940[1] = 18,800

[1] 단위원가 재계산: (70개 × @1,000 + 30개 × @800) ÷ 100개 = @940

* 추가 주문이 구별되는 재화이며, 개별 판매가격을 반영하고 있지 않으므로 기존 계약은 종료하고 새로운 계약이 시작되는 것에 해당한다.

**03** ② 20×3년 수익: (1,000,000 + 900,000 × 4)/5년 = 920,000

* 기존 계약은 종료하고 새로운 계약이 시작되는 계약의 변경에 해당한다.

**04** ① 1) 할인권의 개별 판매가격: 1,500 × (30% - 10%) × 80% = 240

2) 계약부채: 2,000 × 240/(2,000 + 240) = 214

**05** ③ 변동대가(금액)는 기댓값 또는 가능성이 가장 높은 금액 중에서 기업이 받을 권리를 갖게 될 대가(금액)를 더 잘 예측할 것으로 예상하는 방법을 사용하여 추정한다.

**06** ② ① 개별 판매가격의 변동은 반영하지 않는다.

③ 수령하는 대가의 개별 판매가격을 측정하는 것을 원칙으로 한다.

④ 기댓값 방식을 적용할 수 있다.

⑤ 대가에서 차감하여야 한다.

**07** ⑤ 수익은 한 시점에 이행하는 수행의무 또는 기간에 걸쳐 이행하는 수행의무로 구분한다. 이러한 구분을 위해 먼저 통제 이전 지표에 의해 기간에 걸쳐 이행되는 수행의무인지를 판단하고, 이에 해당하지 않는다면 그 수행의무는 한 시점에 이행되는 것으로 본다.

**08** ① 1) (상황 1)의 수익: 600,000 - (50,000 - 40,000) = 590,000

2) (상황 2)의 수익: 600,000 - 50,000 = 550,000

**09** ⑤ 20×1년에 인식할 수익: 1) + 2) = 1,950,000

1) 고정대가: 1,500,000(인도되는 시점에 전액 수익인식)

2) 변동대가: (7,000,000 + 8,000,000) × 3% = 450,000[1]

[1] 로열티는 변동대가를 추정하지 않으며, 권리가 확정되는 시점과 수행의무가 이행되는 시점 중 나중 시점에 수익을 인식한다.

# 13장 | 건설계약

## I. 필수 유형 정리

**01** ⑤ 1) 20×1년 누적진행률: 4,000,000/10,000,000 = 40%

2) 20×2년 누적진행률: 6,600,000/11,000,000 = 60%

3) 지문분석

① 20×2년 계약손실

: (12,000,000 - 11,000,000) × 60% - (12,000,000 - 10,000,000) × 40% = (200,000)

② 20×3년 계약수익: 12,000,000 × (1 - 60%) = 4,800,000

③ 20×1년 말 계약자산: 12,000,000 × 40% - 2,800,000 = 2,000,000

④ 20×2년 말 누적계약수익: 12,000,000 × 60% = 7,200,000

⑤ 20×1년 말 수취채권: 2,800,000 - 2,600,000 = 200,000

## II. 최신 기출 유형 정리

### 건설계약

**01** ③ 1) 진행률의 산정

| 구분 | 20×1년 | 20×2년 | 20×3년 |
|---|---|---|---|
| 당기발생계약원가 | 1,200 | 2,300 | 2,500 |
| 당기누적계약원가 | 1,200 | 1,200 + 2,300 = 3,500 | 3,500 + 2,500 = 6,000 |
| 추정총계약원가 | 1,200 + 4,800 = 6,000 | 3,500 + 3,500 = 7,000 | 6,000 + 2,000 = 8,000 |
| 누적진행률 | 1,200 ÷ 6,000 = 20% | 3,500 ÷ 7,000 = 50% | 6,000 ÷ 8,000 = 75% |

2) 20×2년 누적공사손익 = (10,000 - 7,000) × 50% = 1,500

3) 20×3년 공사손익 = (10,000 - 8,000) × 75% - 1,500 = 0

**02** ③ 20×1년 진행률 = 300 ÷ (300 + 700) = 30%

1) 20×1년 공사이익 = (1,200 - 1,000) × 30% = 60

| | 20×1년 | 20×2년 | 20×3년 |
|---|---|---|---|
| 실제발생 공사원가 | ₩300 | ₩500 | ₩350 |
| 완성시까지 예상 추가 공사원가 | 700 | 200 | - |
| 공사대금 청구액 | 400 | 300 | 500 |
| 공사대금 회수액 | 320 | 200 | 680 |

2) 20×1년 계약수익 = 1,200 × 30% = 360

3) 20×1년 계약부채 = 계약수익360 - 공사대금 청구액(수취채권)400 = ( - )40
계약수익보다 청구액이 더 크므로 계약부채를 인식한다.

**03** ③ 1) 20×2년 진행률: (20,000 + 40,000)/(20,000 + 40,000 + 15,000) = 80%
2) 누적수익: 100,000 × 80% = 80,000
3) 누적대금청구액: 15,000 + 35,000 = 50,000
4) 계약자산(미청구공사): 80,000 - 50,000 = 30,000

## Ⅲ. 타시험 기출 및 과거 기출 필수문제 정리

**01** ② 1) 20×2년 누적진행률: (2,400,000 + 4,950,000)/(2,400,000 + 4,950,000 + 3,150,000) = 70%
2) 20×2년 누적계약수익: (10,000,000 + 2,000,000) × 70% = 8,400,000
3) 20×2년 누적수취채권 증가액: 2,500,000 + 5,500,000 = 8,000,000
4) 20×2년 계약자산: 8,400,000 - 8,000,000 = 400,000

**02** ① 1) 20×1년 공사손익: (₩1,000,000 - ₩800,000) × ₩320,000/₩800,000 = ₩80,000
2) 20×1년 말 미청구공사: ⓐ - ⓑ = ₩50,000
ⓐ 20×1년 말 미성공사: ₩1,000,000 × ₩320,000/₩800,000 = ₩400,000
ⓑ 20×1년 말 진행청구액: ₩350,000

# 14장 | 리스

## Ⅰ. 필수 유형 정리

**01** ③ 20×1년 당기손익에 미친 영향: 14,912

[리스현금흐름분석]

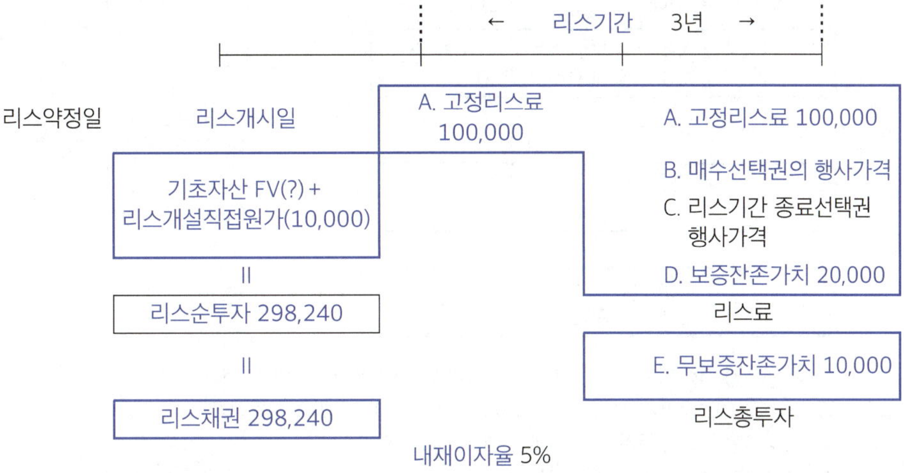


1) 리스개시일의 리스채권: 100,000 × 2.72325 + (20,000 + 10,000) × 0.86384 = 298,240
2) 20×1년 리스채권의 이자수익: 298,240 × 5% = 14,912
3) 회계처리

| | | | | | |
|---|---|---|---|---|---|
| [20×1년 1월 1일 - 리스개시일] | | | | | |
| 차) | 리스채권 | 298,240 | 대) | 선급리스자산 | 288,240 |
| | | | | 현금 | 10,000 |
| [20×1년 12월 31일] | | | | | |
| 차) | 현금 | 100,000 | 대) | 이자수익 | 14,912 |
| | | | | 리스채권 | 85,088 |

**02** ④ 20×1년 당기손익에 미친 영향: 1) + 2) = 5,842

1) 20×1년 말 리스채권 손상차손: [Max(15,000, 20,000)[1) ] - 30,000] × 0.90703 = ( - )9,070

  [1)] 무보증잔존가치를 한도로 손상을 인식한다.

2) 20×1년 리스채권의 이자수익: 298,240 × 5% = 14,912

3) 회계처리

| | | | | | |
|---|---|---|---|---|---|
| [20×1년 1월 1일 - 리스개시일] | | | | | |
| 차) | 리스채권 | 298,240 | 대) | 선급리스자산 | 288,240 |
| | | | | 현금 | 10,000 |
| [20×1년 12월 31일] | | | | | |
| 차) | 현금 | 100,000 | 대) | 이자수익 | 14,912 |
| | | | | 리스채권 | 85,088 |
| 차) | 손상차손 | 9,070 | 대) | 리스채권[1] | 9,070 |

[1] 리스채권을 직접 차감하는 것도 되지만, 손실충당금 사용도 가능하다.

**03** ⑤ 20×3년 당기손익에 미친 영향: 1) + 2) + 3) = ( - )3,810

(1) 리스채권 장부금액(보증 + 무보증 잔존가치)
20,000 + 10,000 = 30,000

(2) 기초자산 보증잔존가치
20,000

(3) 기초자산 FV
15,000

리스제공자

1) 잔존가치보증손실: (1) - (3)
= 30,000 - 15,000 = 15,000

2) 보증이익: (2) - (3)
= 20,000 - 15,000 = 5,000

1) 20×3년 리스채권의 이자수익: (100,000 + 30,000)/1.05 × 5% = 6,190
2) 20×3년 잔존가치 보증손실: 15,000 - 30,000 = ( - )15,000
3) 20×3년 리스보증이익: 20,000 - 15,000 = 5,000
4) 회계처리

| | | | | | |
|---|---|---|---|---|---|
| [20×3년 12월 31일] | | | | | |
| 차) | 현금 | 100,000 | 대) | 이자수익 | 6,190 |
| | | | | 리스채권 | 93,810 |
| 차) | 기초자산 | 15,000 | 대) | 리스채권 | 30,000 |
| | 잔존가치 보증손실 | 15,000 | | | |
| 차) | 현금 | 5,000 | 대) | 리스보증이익 | 5,000 |

**04** ① 고정리스료(A): A × 3.1699 + 500,000 × 0.6830 = 5,498,927, A = 1,627,000

**05** ③ 1) 리스총투자: 1,627,000 × 4년 + 200,000 + 300,000 = 7,008,000
2) 미실현수익: 7,008,000 - 5,498,927 = 1,509,073

**06** ① (주)세무의 20×1년 당기순이익: 1) + 2) = ( - )1,852,910
1) 리스부채의 이자비용: 5,294,027[1] × 10% = 529,403

[1] 1,627,000 × 3.1699 + 200,000 × 0.6830 = 5,294,027

2) 사용권자산의 감가상각비: (5,494,027[2] - 200,000) ÷ Min[4년, 6년] = 1,323,507

[2] 5,294,027 + 200,000 = 5,494,027

## Ⅱ. 최신 기출 유형 정리

### 리스

**01** ④ ㄴ. 리스이용자는 리스의 내재이자율을 쉽게 산정할 수 없는 경우에는 리스이용자의 증분차입이자율을 사용하여 리스료를 할인한다.

**02** ① 리스기간 종료시점에 기초자산의 소유권을 확정금액이 아닌 그 시점의 공정가치에 해당하는 변동지급액으로 이전하는 경우나 변동리스료가 있고 그 결과로 리스제공자가 기초자산의 소유에 따른 위험과 보상의 대부분을 이전하지 않는 경우에는 이를 운용리스로 분류한다.

**03** ④ 리스순투자 = PV(고정리스료 + 매수선택권)
1,000,000 = 고정리스료A × 3.1699 + 400,000 × 0.6830, A = 229,282

**04** ③ 1) 리스개시일의 리스부채 = 1,000,000 × 2.48685 + 300,000 × 0.75131 = 2,712,243
2) 리스개시일의 사용권자산 = 리스부채2,712,243 + 리스개설직접원가(리스이용자)100,000 = 2,812,243
3) 20×1년도 인식할 비용총액(ⓐ + ⓑ) = ( - )974,285
ⓐ 20×1년도 사용권자산 상각비 = 2,812,243 ÷ 4 = ( - )703,061
ⓑ 20×1년도 이자비용 = 2,712,243 × 10% = ( - )271,224

[회계처리]
개시일

| | | | | | |
|---|---|---|---|---|---|
| 차) | 사용권자산(대차차액) | 2,812,243 | 대) | 리스부채 | 2,7212,243 |
| | | | | 현금(리스개설직접원가) | 100,000 |

20×1년 말

| | | | | | |
|---|---|---|---|---|---|
| 차) | 상각비 | 703,061 | 대) | 사용권자산 | 703,061 |
| 차) | 이자비용 | 271,224 | 대) | 현금 | 100,000 |
| | | | | 리스부채 | 171,224 |

**05** ⑤ 20×1년 당기순이익에 미치는 영향: 1) + 2) + 3) = ( - )21,000
1) 20×1년도 이자비용 = 50,000 × 12% = ( - )6,000
2) 20×1년도 사용권자산 상각비 = 50,000 ÷ 5 = ( - )10,000
3) 20×1년 말 사용권자산 재평가손익 = FV35,000 - (50,000 - 10,000) = ( - )5,000
기존에 기타포괄이익으로 평가된 재평가잉여금 잔액이 없으므로 재평가손실은 당기손익으로 인식한다.

**06** ① 제조자 또는 판매자인 리스제공자는 금융리스 체결과 관련하여 부담하는 원가를 리스개설직접원가로 보아 판매관리비로 처리한다.

**07** ④ 1) 리스개시일 회계처리

| | | | |
|---|---|---|---|
| 차) 사용권자산 | 2,500,000 | 대) 리스부채[1] | 2,401,800 |
| | | 현금 | 98,200 |

[1] 1. 1,000,000 × 2.4018 = 2,401,800

2) 20×1년 당기순이익에 미친 영향: (1) + (2) + (3) = ( - )988,216
   (1) 이자비용: 2,401,800 × 12% = ( - )288,216
   (2) 감가상각비: 2,500,000/5 = ( - )500,000
   (3) 재평가손실: 1,800,000 - (2,500,000 - 500,000) = ( - )200,000

## Ⅲ. 타시험 기출 및 과거 기출 필수문제 정리

**01** ③ 2,000,000 = 고정리스료 × 2.4869 + 400,000 × 0.7513, 고정리스료 = 683,373

**02** ② (주)세무리스 20×2년 N/I 영향: 30,000 - 20,000 = 10,000

B/S

| | |
|---|---|
| 운용리스자산[1] A | |
| 800,000 | |

I/S

| | |
|---|---|
| 리스료수익 | Σ정기리스료/리스기간 |
| | 360,000/3 × 3/12 = 30,000 |
| (감가상각비) | |
| • 리스자산 | (구입가격 - 잔존가치)/내용연수 |
| | 800,000/10 × 3/12 = (20,000) |
| • 리스개설직접원가 | 리스개설직접원가/리스기간 |
| (인센티브 관련 손익) | 지급액/리스기간 |

[1] A: 리스자산 구입가격 + 리스개설직접원가

**03** ③ 20×1년 당기순이익에 미치는 영향: 125,789 - 100,000 - 1,000 + 15,095 = 39,884
1) 매출: Min[130,000, 125,789( = 50,000 × 2.4019 + 8,000 × 0.7118)] = 125,789
2) 매출원가: ( - )100,000
3) 판매관리비: ( - )1,000
4) 20×1년 리스채권의 이자수익: 125,789 × 12% = 15,095

**04** ① 1) 20×1년 초 리스채권
   기초자산 공정가치 + 리스개설직접원가 300,000 = 3,000,000 × 2.4868 + 10,000,000 × 0.7513
   ⇒ 기초자산의 공정가치: 14,673,400
2) 회수 시 손실금액: 20×3년 말 리스채권 10,000,000 - 보증잔존가치 7,000,000 = 3,000,000

**05** ① 20×3년 초 리스부채 장부금액: 70,000 × 1.7833 = 124,831

# 15장 | 법인세 회계

## Ⅰ. 필수 유형 정리

**01** ① 20×4년도 법인세비용: 523,700

1) 이연법인세자산 · 부채 정리

| 구분 | 당기(25%) | 20×5년(28%) | 20×6년(30%) |
|---|---|---|---|
| 법인세비용차감전순이익 | 2,000,000 | | |
| 접대비 한도초과액 | 100,000 | | |
| 감가상각비 한도초과액 | 50,000 | (-)30,000 | (-)20,000 |
| FVPL금융자산평가이익 | (-)20,000 | 20,000 | |
| 합계 | 2,130,000 | (-)10,000 | (-)20,000 |
| × 세율 | × 25% | × 28% | × 30% |
| | ① 532,500 | ② (-)2,800 | ② (-)6,000 |

2) 기간 간 배분 회계처리

| 차) | | 대) | | |
|---|---|---|---|---|
| 이연법인세자산(기말) | 4th ② 8,800 | 당기법인세자산 | 1st 0 | ① |
| 법인세비용 | 대차차액 523,700 | 당기법인세부채 | 2nd 532,500 | |
| | | 이연법인세자산(기초) | 3rd 0 | |

**02** ④ (2,000,000 + 100,000) × 20% = 420,000

## Ⅱ. 최신 기출 유형 정리

### 법인세 회계

**01** ⑤ ① 영업권의 최초 인식금액과 세무기준액 간의 차이에 의해 발생하는 일시적 차이 중 이연법인세부채는 인식을 금지하지만, 이연법인세자산은 자산성이 인정되는 범위 내에서 사업결합의 일부로 인식한다

② 이연법인세자산과 이연법인세부채는 현재가치로 할인하지 않는다.

③ 과거 회계기간의 당기법인세에 대하여 소급공제가 가능한 세무상결손금과 관련된 혜택은 자산으로 인식한다.

④ 이연법인세자산의 일부 또는 전부에 대한 혜택이 사용되기에 충분한 과세소득이 발생할 가능성이 더 이상 높지 않다면 이연법인세자산의 장부금액을 감액한다.

**02** ② 자산의 장부금액이 세무기준액보다 크다면 당해 일시적 차이는 가산할 일시적 차이이며 미래 회계기간에 발생하는 법인세 납부 의무만큼 이연법인세부채를 발생시킨다.

**03** ① ㄴ. 기업이 집행가능한 상계권리를 가지고 있고, 순액으로 결제할 의도가 있는 경우에는 당기법인세자산과 당기법인세부채를 상계한다.
ㄹ. 이연법인세자산과 이연법인세부채는 현재가치로 할인하지 않는다.

**04** ④ 1) 이연법인세 자산(부채) 정리

| 구분 | 당기(20%) | 당기 이후(20%) |
|---|---|---|
| 법인세비용차감전순이익 | 490,000 | |
| 감가상각비 한도초과액 | 125,000 | (-)125,000 |
| 접대비 한도초과액 | 60,000 | |
| 정기예금 미수이자 | (-)25,000 | 25,000 |
| 합계 | 650,000 | (-)100,000 |
| × 세율 | × 20% | × 20% |
| | ① 130,000 | ② (-)20,000 |

2) 당기 법인세비용 = 당기법인세부채 130,000 - 이연법인세자산 20,000 = 110,000

[회계처리]

| | | | |
|---|---|---|---|
| 차) 이연법인세자산 | 20,000 | 대) 당기법인세부채 | 130,000 |
| 법인세비용(역산) | 110,000 | | |

[별해]
당기와 차기 이후의 세율이 일정한 경우 다음과 같이 풀어도 당기 법인세비용을 구할 수 있다.
(490,000 + 60,000) × 20% = 110,000

**05** ③ 1) 이연법인세 자산(부채) 정리

| 구분 | 당기(20%) | 당기 이후(20%) |
|---|---|---|
| 법인세비용차감전순이익 | 400,000 | |
| 감가상각비 한도초과액 | 55,000 | (-)55,000 |
| 정기예금 미수이자 | (-)25,000 | 25,000 |
| 접대비 한도초과액 | 10,000 | |
| 합계 | 440,000 | (-)30,000 |
| × 세율 | × 20% | × 20% |
| | ① 88,000 | ② (-)6,000 |

2) 당기 법인세비용 = 당기법인세부채 88,000 - 이연법인세자산 6,000 = 82,000

[회계처리]

| | | | |
|---|---|---|---|
| 차) 이연법인세자산 | 7,000 | 대) 당기법인세부채 | 88,000 |
| 법인세비용(역산) | 6,000 | | |

[별해]
당기와 차기 이후의 세율이 일정한 경우 다음과 같이 풀어도 당기 법인세비용을 구할 수 있다.
(400,000 + 10,000) × 20% = 82,000

**06** ③ 유효법인세율 = 법인세비용 107,000 ÷ 법인세비용차감전순이익 500,000 = 21.4%

1) 이연법인세 자산(부채) 정리

| 구분 | 당기(20%) | 당기 이후(20%) |
|---|---|---|
| 법인세비용차감전순이익 | 500,000 | |
| 벌과금 | 20,000 | |
| 접대비 한도초과액 | 15,000 | |
| 감가상각비 한도초과액 | 15,000 | (-)15,000 |
| 합계 | 550,000 | (-)15,000 |
| × 세율 | × 20% | × 20% |
| | ① 110,000 | ② (-)3,000 |

2) 당기 법인세비용 = 당기법인세부채110,000 - 이연법인세자산3,000 = 107,000

| [회계처리] | | | |
|---|---|---|---|
| 차) 이연법인세자산 | 7,000 | 대) 당기법인세부채 | 88,000 |
| 법인세비용(역산) | 6,000 | | |

[별해]
당기와 차기 이후의 세율이 일정한 경우 다음과 같이 풀어도 당기 법인세비용을 구할 수 있다.
(500,000 + 20,000 + 15,000) × 20% = 107,000

**07** ④ 1) 20×2년 기초 이연법인세자산: (50,000 - 20,000) × 20% = 6,000
2) 20×2년 기말 이연법인세자산: (50,000 - 20,000 - 10,000) × 25% = 5,000
3) 법인세납부세액: 120,000 × 20% = 24,000
4) 20×2년 법인세비용: 24,000 + (6,000 - 5,000) = 25,000

**08** ② 법인세비용: (500,000 + 20,000) × 20% = 104,000

## Ⅲ. 타시험 기출 및 과거 기출 필수문제 정리

**01** ③ 당기법인세자산과 부채는 기업이 인식된 금액에 대한 법적으로 집행가능한 상계권리를 가지고 있고 순액으로 결제하거나, 자산을 실현하고 부채를 결제할 의도가 있는 경우에 상계한다.

**02** ③ 법인세비용: (500,000 + 130,000) × 20% = 126,000

**03** ③ 1) 법인세 부담액의 계산: (150,000 + 24,000 + 10,000) × 0.25 = 46,000
2) 기말이연법인세 자산: 7,500 + 10,000 × 0.25 = 10,000
3) 법인세비용: 46,000 - 2,500[1)] = 43,500

[1)] 10,000 - 7,500 = 2,500

**04** ② 1) 20×1년 법인세 부담액: 1,300,000 × 0.2 = 260,000
2) 이연법인세 자산: 250,000 × 0.2 = 50,000
3) 법인세 비용: 260,000 - 50,000 = 210,000

# 16장 | 종업원급여

## I. 필수 유형 정리

**01** ②

확정급여채무

| | | | |
|---|---|---|---|
| 지급액 | 1,000,000 | 기초 | 4,500,000 |
| | | 근무원가(당기 + 과거) A | 800,000 |
| | | 이자비용(기초 × 기초 R) B | 360,000 |
| 기말 I | 5,000,000 | 재측정요소 ① | 340,000 |

사외적립자산

| | | | |
|---|---|---|---|
| 기초 | 4,200,000 | 지급액 | 1,000,000 |
| 기여금 | 200,000 | | |
| 이자수익 C | 336,000 | | |
| 재측정요소 ② | 64,000 | 기말 II | 3,800,000 |

* 실제이자수익: C + ②

1) B/S 계정
순확정급여부채
⇒ I - II: 1,200,000
2) I/S 계정
(1) 퇴직급여(N/I)
⇒ A + B - C: 824,000
(2) 재측정요소변동(OCI)
⇒ ② - ①: ( - )276,000

**02** ③

확정급여채무

| | | | |
|---|---|---|---|
| 지급액 | 1,000,000 | 기초 | 4,500,000 |
| | | 근무원가(당기 + 과거) A | 800,000 |
| | | 이자비용(기초 × 기초 R) B | 384,000 |
| 기말 I | 5,000,000 | 재측정요소 ① | 316,000 |

사외적립자산

| | | | |
|---|---|---|---|
| 기초 | 4,200,000 | 지급액 | 1,000,000 |
| 기여금 | 200,000 | | |
| 이자수익 C | 336,000 | | |
| 재측정요소 ② | 64,000 | 기말 II | 3,800,000 |

1) B/S 계정
순확정급여부채
⇒ I - II: 1,200,000
2) I/S 계정
(1) 퇴직급여(N/I)
⇒ A + B - C: 848,000
(2) 재측정요소변동(OCI)
⇒ ② - ①: ( - )252,000

## Ⅱ. 최신 기출 유형 정리

### 퇴직급여제도

**01** ⑤ 보고기간 말 현재 우량회사채의 시장수익률을 먼저 사용하며, 없는 경우 국공채의 시장수익률을 사용한다.

**02** ④ 확정기여제도에서는 보고기업이 부담하는 채무가 당채 기간의 기여금으로 결정되기 때문에 채무나 비용을 측정하기 위해 보험수리적 가정을 이용할 필요가 없다.

**03** ② ① 가득급여에 관한 설명이다.
③ 급여지급에 이용가능한 순자산에 관한 설명이다.
④ 확정급여제도에 관한 설명이다.
cf. 확정기여제도: 종업원에게 지급할 퇴직급여금액이 기금에 출연하는 기여금과 그 투자수익에 의해 결정되는 퇴직급여제도
⑤ 기금적립: 퇴직급여를 지급할 미래의무를 충족하기 위해 사용자와는 구별된 실체(기금)에 자산을 이전하는 것

**04** ② 20×1년 말 유급휴가와 관련하여 인식할 종업원급여 = 40 × (11 - 7) × @15 = 2,400

**05** ③

확정급여채무

| | | | |
|---|---|---|---|
| 지급액 | 50 | 기초 | 180 |
| | | 근무원가(당기 + 과거) | 40 |
| | | 이자비용(기초 × 기초 R) | 180 × 10% = 18 |
| 기말 I | 160 | 재측정요소 | 28 |

**06** ②

순확정급여부채

| | | | |
|---|---|---|---|
| 기여금 | 300 | 기초 | 1,200 - 1,000 = 200 |
| | | 근무원가(당기 + 과거) | 200 |
| | | 이자비용(기초 × 기초 R) | 200 × 5% = 10 |
| 기말 I (역산) | 110 | 재측정요소 | - |

**07** ④ 기타포괄손익누계액에 미치는 영향(ⓑ - ⓐ) = (7,000)

확정급여채무

| | | | |
|---|---|---|---|
| 지급액 | 10,000 | 기초 | 120,000 |
| | | 근무원가(당기 + 과거) A | 60,000 |
| | | 이자비용(기초 × 기초 R) B | 12,000 |
| 기말 I | 190,000 | 재측정요소(OCI) ⓐ | 8,000 |

사외적립자산

| | | | |
|---|---|---|---|
| 기초 | 90,000 | 지급액 | 10,000 |
| 기여금 | 20,000 | | |
| 이자수익(기초 × 기초 R) C | 9,000 | | |
| 재측정요소(OCI) ⓑ | 1,000 | 기말 II | 110,000 |

**08** ② 1) 순확정급여부채t계정: 0 + 40,000 - 50,000 + 재측정요소 = 0, 재측정요소: 10,000

2) 확정급여채무에서 발생한 재측정요소가 없으므로 순확정급여부채t계정의 재측정손실은 모두 사외적립자산에서 발생한다. 부채의 t계정에서 부채를 증가시키므로 손실금액이다.

**09** ⑤ 순확정급여부채 ₩49,000, 퇴직급여 관련 비용 ₩86,200

1) 순확정급여부채의 기말 금액

순확정급여부채

| | | | |
|---|---|---|---|
| 기여금 | 60,000 | 기초 | 20,000 |
| | | 근무원가(당기 + 과거) | 85,000 |
| | | 이자비용(기초 × 기초 R) | 20,000 × 6% = 1,200 |
| 기말 I (역산) | 49,000 | 재측정요소 | 5,000 - 2,200 = 2,800 |
| | | | 109,000 |

2) 당기손익으로 인식할 퇴직급여 비용 = 근무원가85,000 + (순)이자비용1,200 = 86,200

## Ⅲ. 타시험 기출 및 과거 기출 필수문제 정리

**01** ② 1) 당기 순이자비용: (900,000 - 720,000) × 10% - 60,000 × 10% × 3/12 = 16,500

2) 기말 순확정급여부채: (900,000 - 720,000) + 120,000 + 16,500 - 60,000 = 256,500

**02** ①

확정급여채무

| | | | |
|---|---|---|---|
| 지급액 | 240,000 | 기초 | 1,200,000 |
| | | 근무원가(당기 + 과거) A | 300,000 |
| | | 이자비용(기초 × 기초 R) B[1] | 104,000 |
| 기말 I | 1,400,000 | 재측정요소 ① | 36,000 |

사외적립자산

| | | | |
|---|---|---|---|
| 기초 | 900,000 | 지급액 | 240,000 |
| 기여금 | 120,000 | | |
| 이자수익 C[2] | 78,000 | | |
| 재측정요소 ② | 62,000 | 기말 II | 920,000 |

1) B/S계정

순확정급여부채

⇒ I - II: 480,000

2) I/S계정

(1) 퇴직급여(N/I)

⇒ A + B - C: 326,000

(2) 재측정요소변동(OCI)

⇒ ② - ①: 26,000

[1] 1,200,000 × 10% - 240,000 × 10% × 8/12 = 104,000

[2] 900,000 × 10% + 120,000 × 10% × 4/12 - 240,000 × 10% × 8/12 = 78,000

⇒ 총포괄이익: ( - )326,000 + 26,000 = ( - )300,000

**03** ②

확정급여채무

| | | | |
|---|---|---|---|
| 지급액 | 150,000 | 기초 | 305,000 |
| | | 근무원가(당기 + 과거) A | 190,000 |
| | | 이자비용(기초 × 기초 R) B | 30,500 |
| 기말 I | 373,000 | 재측정요소(보험수리적손익) ① | - 2,500 |

(1) 퇴직급여(N/I)
⇒ A + B - C: 172,500

사외적립자산

| | | | |
|---|---|---|---|
| 기초 | 300,000 | 지급액 | 150,000 |
| 기여금 | 180,000 | | |
| 이자수익 C[1)] | 48,000 | | |
| 재측정요소 ② | - 4,000 | 기말 II | Min[(373,000 + 1,000), 375,000] |

(2) 재측정요소변동(OCI)
⇒ ② - ①: ( - )1,500

[1)] (300,000 + 180,000) × 10% = 48,000

**04** ⑤

① 확정기여제도에서 기업의 법적의무나 의제의무는 기금에 출연하기로 약정한 급여로 한정된다.
② 확정기여제도에서는 종업원이 보험수리적위험과 투자위험을 실질적으로 부담한다.
③ 확정급여제도에서는 예측단위적 적립방식을 사용하므로 기업이 채무나 비용을 측정하기 위해 보험수리적 가정을 세울 필요가 있다.
④ 확정급여제도에서 퇴직급여채무를 할인하기 위해 사용하는 할인율은 보고기간 말 현재 우량회사채수익률이다.

**05** ④

T계정을 이용해서 풀이

확정급여채무

| | | | |
|---|---|---|---|
| 퇴직금지급 | ₩2,300 | 기초 | ₩24,000 |
| | | 당기근무원가 | 3,600 |
| OCI | 1,500 | 이자원가 | 1,200 |
| 기말 | 25,000 | | |
| | ₩28,800 | | ₩28,800 |

사외적립자산

| | | | |
|---|---|---|---|
| 기초 | ₩20,000 | 퇴직금지급 | ₩2,300 |
| 기여금 | 4,200 | | |
| 이자수익 | 1,000 | OCI | 900 |
| | | 기말 | 22,000 |
| | ₩25,200 | | ₩25,200 |

기타포괄손익에 미치는 영향 = 1,500 + (900) = 600 증가

**06** ① T계정을 이용해서 풀이

확정급여채무

| | | | |
|---|---|---|---|
| 퇴직금지급 | ₩1,000 | 기초 | ₩30,000 |
| | | 당기근무원가 | 40,000 |
| | | 이자비용 | 3,000 |
| 기말 | 80,000 | OCI | 8,000 |
| | ₩81,000 | | ₩81,000 |

사외적립자산

| | | | |
|---|---|---|---|
| 기초 | ₩20,000 | 퇴직금지급 | ₩1,000 |
| 기여금 | 30,000 | | |
| 이자수익 | 2,000 | | |
| OCI | 11,000 | 기말 | 63,000 |
| | ₩64,000 | | ₩64,000 |

∴ 기말 순확정급여부채 = 80,000 - 65,000 = 15,000

# 17장 | 주식기준보상거래

## Ⅰ. 필수 유형 정리

**01** ④

| 구분 | P | Q | | | 누적(B/S) | 당기(I/S) |
|---|---|---|---|---|---|---|
| | 공정가치 | 인원 | 부여수량 | 적수 | 보상원가 | 당기원가 |
| 20×1년 | ①<br>150 | × ②<br>(500 - 75) | × ③<br>100 | × ④<br>1/3 | = A<br>2,125,000 | A<br>2,125,000 |
| 20×2년 | ①<br>150 | × ② - 1<br>(500 - 60) | × ③<br>100 | × ④<br>2/3 | = B<br>4,400,000 | B - A<br>2,275,000 |

**02** ②

1st: 주식선택권 1개 행사 시 회계처리

| | | | |
|---|---|---|---|
| 차) 현금 | 행사가격<br>600 | 대) 자본금 | 액면가<br>500 |
| 주식선택권 | FV<br>150 | 주식발행초과금 | 행사가 + FV - 액면가<br>250 |

2nd: 가득수량 고려

⇒ 행사시점의 자본 증가액: 주식선택권 1개 행사 시 행사가격 × 행사수량

: @600 × 30,000개 = 18,000,000

⇒ 행사시점의 주식발행초과금 증가액: 주식선택권 1개 행사 시 주식발행초과금 × 행사수량

: @250 × 30,000개 = 7,500,000

**03** ②

| | | | |
|---|---|---|---|
| 차) 현금 | 행사가격<br>600 × 30,000개 = 18,000,000 | 대) 자기주식 | BV<br>30,000,000 |
| 주식선택권 | FV<br>150 × 30,000개 = 4,500,000 | | |
| 자기주식처분손실 | 7,500,000 | | |

**04** ①

3,750,000 ÷ (600 + 150 - 500) ÷ 100개 = 150명

**05** ③

주식보상비용: 5,590,000

1) 재측정[1)]: 43,000개 × (880 - 750) = 5,590,000

| | | | |
|---|---|---|---|
| 차) 주식보상비용 | 5,590,000 | 대) 주식선택권 | 5,590,000 |

1) 내재가치로 주식선택권 측정 시 [현재주가 - 행사가격]으로 공정가치 측정 후 행사 전까지 매기 말 재측정한다.

2) 행사

| | | | |
|---|---|---|---|
| 차) 현금 | 20,000개 × 600 | 대) 자본금 | 20,000개 × 500 |
| 주식선택권 | 20,000개 × (880 - 600) | 주식발행초과금 | 7,600,000 |

**06** ③ B사의 20×4년도 당기순이익에 미친 영향: ( - )615,000 감소

1) 평가: (@250 - @160) × 85명 × 100개 = 765,000 주식보상비용

2) 행사: (@200[1)] - @250) × 30명 × 100개 = ( - )150,000 주식보상비용환입

[1)] 20×4년 말 주가 700 - 행사가격 500 = 200

**07** ④ 20×5년 말 주가차액보상권의 개당 공정가치: @280

1) 20×4년 말 미지급비용: @250 × (85 - 30)명 × 100개 = 1,375,000

2) 20×5년 말 미지급비용: 1,375,000 + 165,000 = 1,540,000

3) 20×5년 말 개당 공정가치(@A) = 280[1)]

[1)] @A × (85 - 30)명 × 100개 = 1,540,000, @A = 280

## Ⅱ. 최신 기출 유형 정리

### 주식기준보상거래

**01** ④

① 현금결제형 주식기준보상거래로 용역을 제공받는 경우에는 그에 상응한 부채의 증가를 인식한다.

② 주식선택권의 행사가격이 ₩30이고 기초주식의 공정가치가 ₩20이라면 내재가치는 없다(∵ 행사가격 > 공정가치).

③ 현금결제형 주식기준보상거래에서는 매 보고기간 말과 결제일까지의 공정가치 변동액을 당기손익으로 인식한다.

⑤ 종업원 및 유사용역제공자와의 주식기준보상거래에서는 부여일, 종업원 및 유사용역제공자가 아닌 자와의 거래에서는 용역을 제공받는 날을 측정기준일로 한다.

**02** ⑤

① 종업원에게서 제공받는 용역의 가치는 부여일을 측정기준일로 한다.

② 주식선택권의 가치를 공정가치로 측정할 때 가득조건에 성과조건이 있다면 미래 가득기간에 걸쳐 보상비용을 인식하되, 성과조건이 시장조건이면 후속적으로 미래 기대가득기간을 수정할 수 없다.

③ 주식선택권의 가치를 공정가치로 측정할 때 가득된 지분상품이 추후 상실되거나 주식선택권이 행사되지 않은 경우 종업원에게서 제공받은 근무용역에 대해 인식한 금액을 환입하지 않는다(자본 내 대체는 가능).

④ 주식선택권의 가치를 공정가치로 측정할 때 부여한 지분상품의 조건이 종업원에게 불리하도록 변경되는 경우에 조건이 변경되지 않은 것으로 본다.

### 용역제공조건 주식결제형 주식선택권

**03** ③

| 구분 | P | Q | | | 누적(B/S) | 당기(I/S) |
|---|---|---|---|---|---|---|
| | 공정가치 | 인원 | 부여수량 | 적수 | 보상원가 | 당기원가 |
| 20×1년 | ①<br>10 | ×②<br>(70 - 6 - 10) | ×③<br>50 | ×④<br>1/3 | = A<br>9,000 | A<br>9,000 |
| 20×2년 | ①<br>10 | ×② - 1<br>(70 - 6 - 8 - 5) | ×③<br>50 | ×④<br>2/3 | = B<br>**17,000** | B - A<br>6,000 |

**04** ① 1) 20×3년 말 주식선택권의 장부금액

| 구분 | P | Q | | | 누적(B/S) |
|---|---|---|---|---|---|
| | 공정가치 | 인원 | 부여수량 | 적수 | 보상원가 |
| 20×3년 | ① 1,000 | × ② 35 | × ③ 10 | × ④ 3/3 | 350,000 |

20×4년 주식선택권 행사 시 주식발행초과금 증가액을 물었으므로 20×1년과 20×2년은 구하지 않아도 된다.

2) 20×4년 초 주식선택권 행사 시 주식발행초과금

[전량 행사 시 회계처리]

| | | | |
|---|---|---|---|
| 차) 현금 | 2,450,000<br>(@7,000 × 350개) | 대) 자본금 | 1,750,000<br>(@5,000 × 350개) |
| 주식선택권(자본) | 350,000 | 주식발행초과금(역산) | 1,050,000 |

∴ 60% 행사 시 주식발행 초과금 증가액 = 1,050,000 × 60% = 630,000

**05** ④ 1) 20×3년 말 주식선택권의 장부금액

| 20×1.12.31 | 20×2.12.31 | 20×3.12.31 | 20×4.12.31 |
|---|---|---|---|
| ₩1,000 | ₩1,100 | ₩1,200 | ₩1,300 |

| 구분 | P | Q | | | 누적(B/S) |
|---|---|---|---|---|---|
| | 공정가치 | 인원 | 부여수량 | 적수 | 보상원가 |
| 20×3년 | ① 1,000 | × ② 35 | × ③ 10 | × ④ 3/3 | 350,000 |

(20×4년 주식선택권 행사 시 자본 증가액을 물었으므로 20×1년과 20×2년은 구하지 않아도 된다)

2) 20×4년 초 주식선택권 행사 시 자본증가액 = 현금 수령액 = 행사가격 × 행사수량 = 6,000 × (350개 × 60%) = 1,260,000

주식선택권 행사 시 자본증가액을 물을 때에는 행사 시 증가하는 현금액을 구하면 쉽게 구할 수 있다.

[회계처리]

| | | | |
|---|---|---|---|
| 차) 현금 | 1,260,000 | 대) 자본금(자본) | 1,050,000<br>(@5,000 × 350개 × 60%) |
| 주식선택권(자본) | 210,000<br>(350,000 × 60%) | 주식발행초과금(자본)(역산) | 420,000 |

**06** ③ 20×2년 보상비용: 30 × 100명 × (1 - 10%) × 10개 × 2/3 - 30 × 100명 × (1 - 20%) × 10개 × 1/3 = 10,000

**07** ④ 자본증가액(현금유입액): @500 × 80명 × 10개 = 400,000

## 비시장 성과조건

**08** ④ ₩260,000

1) 20×1년 예상 누적 연평균 영업이익 성장률 = (22% + 20%)/2 = 21% ≥ 20% → 예상 가득시기 20×2년 말

2) 20×2년

- 20×2년 실제 누적 연평균 영업이익 성장률 = (22% + 16%)/2 = 19% ≤ 20% → 20×2년 가득조건 미충족

• 20×3년까지 고려한 예상 누적 연평균 영업이익 성장률 = (22% + 16% + 8%)/3 = 15.33% ≥ 15%
예상 가득시기 20×3년 말

| 구분 | P | Q | | | 누적(B/S) | 당기(I/S) |
|---|---|---|---|---|---|---|
| | 공정가치 | 인원 | 부여수량 | 적수 | 보상원가 | 당기원가 |
| 20×1년 | ①<br>1,000 | ×②<br>(100 - 8 - 6) | ×③<br>20 | ×④<br>1/2 | = A<br>860,000 | A<br>860,000 |
| 20×2년 | ①<br>1,000 | ×② - 1<br>(100 - 8 - 5 - 3) | ×③<br>20 | ×④<br>2/3 | = B<br>1,120,000 | B - A<br>260,000 |

## 용역제공조건 현금결제형 주가차액보상권

**09** ④

| 구분 | P | Q | | | 누적(B/S) | 당기(I/S) |
|---|---|---|---|---|---|---|
| | 공정가치 | 인원 | 부여수량 | 적수 | 보상원가 | 당기원가 |
| 20×1년 | ①<br>100 | ×②<br>(95 - 10) | ×③<br>50 | ×④<br>1/2 | = A<br>212,500 | A<br>212,500 |
| 20×2년 | ①<br>500 | ×② - 1<br>94 | ×③<br>50 | ×④<br>2/2 | = B<br>2,350,000 | B - A<br>2,137,500 |

주식결제형 주식선택권과 달리 현금결제형 주가차액보상권은 매 기말 주가차액보상권의 공정가치를 재측정하며, 보상원가를 부채로 인식한다.

**10** ①

1) 20×3년 말 주가차액보상권 재평가로 인식할 주식보상비용 = 5,450

| 구분 | P | Q | | | 누적(B/S) | 당기(I/S) |
|---|---|---|---|---|---|---|
| | 공정가치 | 인원 | 부여수량 | 적수 | 보상원가 | 당기원가 |
| 20×2년 | ①<br>15 | ×②<br>(100 - 5 - 7 - 15) | ×③<br>10 | ×④<br>2/3 | = A<br>7,300 | A |
| 20×3년 | ①<br>17 | ×② - 1<br>75 | ×③<br>10 | ×④<br>3/3 | = B<br>12,750 | B - A<br>5,450 |

2) 20×3년 말 주가차액보상권 행사로 인식할 주식보상비용

| | | | |
|---|---|---|---|
| 차) 장기미지급비용 | 6,800<br>(= 12,750 × 40/75) | 대) 현금 | 6,400<br>(= 내재가치 16 × 40명 × 10개) |
| | | 주식보상비용환입(역산) | 400 |

∴ 20×3년 인식할 주식보상비용 = 5,450 - 400 = 5,050

[별해]

주식보상비용 5,050 = 장기미지급비용(부채)의 감소 (1,350) + 현금(자산)의 감소 6,400

[회계처리]

| | | | |
|---|---|---|---|
| 차) 장기미지급비용[1] | 1,350 | 대) 현금 | 6.400 |
| 주식보상비용(역산) | 5,050 | | |

[1] 장기미지급비용 장부가액 변동 = 기말5,950(FV @17 × (75 - 40) × 10개) - 기초7,300 = (1,350)

**11** ④

1) 20×2년 말 B/S상 주가차액보상권(장기미지급비용) = 6,000 + 6,500 = 12,500
2) 20×3년 말 주가차액보상권 재평가 = FV @15 × (100 - 30) × 20개 = 21,000
주식보상비용 = 21,000 - 12,500 = 8,500

| | | | |
|---|---|---|---|
| [회계처리] | | | |
| 차) 주식보상비용 | 8,500 | 대) 장기미지급비용 | 8,500 |

3) 20×3년 말 주가차액보상권 행사에 따른 주식보상비용환입: 1,000

| | | | |
|---|---|---|---|
| [회계처리] | | | |
| 차) 장기미지급비용 | 3,000 | 대) 현금 | 2,000 |
| | (=15 × 10명 × 20개) | | (=내재가치 10 × 10명 × 20개) |
| | | 주식보상비용환입(역산) | 1,000 |

∴ 20×3년 인식할 주식보상비용 = 8,500 - 1,000 = 7,500

[별해]

주식보상비용 7,500 = 장기미지급비용(부채)의 증가 5,500 + 현금(자산)의 감소 2,000

| | | | |
|---|---|---|---|
| [회계처리] | | | |
| 차) 주식보상비용 | 7,500(역산) | 대) 장기미지급비용 | 5,500[1] |
| | | 현금 | 2,000 |

[1] 장기미지급비용 장부가액 변동 = 기말 18,000[FV @15(100 - 30) × 20개] - 기초 12,500

## Ⅲ. 타시험 기출 및 과거 기출 필수문제 정리

**01** ⑤ 1) 가득조건 구분

| 구분 | P | Q | | |
|---|---|---|---|---|
| | 공정가치 | 인원 | 부여수량 | 적수 |
| 비시장성과조건 | 고정 | 변동 | 변동 | 고정 |

2) TOOL 적용

| 구분 | P | Q | | | 누적(B/S) | 당기(I/S) |
|---|---|---|---|---|---|---|
| | 공정가치 | 인원 | 부여수량 | 적수 | 보상원가 | 당기원가 |
| 20×2년 | ①<br>300 | ×②<br>100 | ×③<br>150 | ×④<br>2/3 | =A<br>3,000,000 | A<br>3,000,000 |
| 20×3년 | ①<br>300 | ×② - 1<br>100 | ×③ - 1<br>0 | ×④ - 1<br>3/3 | =B<br>0 | B - A<br>(-)3,000,000 |

⇒ 20×3년 당기순이익에 미치는 영향: 3,000,000(주식보상비용환입)

**02** ③ 1) 기존 부여일의 공정가치 기준 주식기준보상거래

| 구분 | P | Q | | | 누적(B/S) | 당기(I/S) |
|---|---|---|---|---|---|---|
| | 공정가치 | 인원 | 부여수량 | 적수 | 보상원가 | 당기원가 |
| 20×1년 | ①<br>200 | ×②<br>300 × 80% | ×③<br>10 | ×④<br>1/4 | =A<br>120,000 | A<br>120,000 |
| 20×2년 | ①<br>200 | ×② - 1<br>300 × 90% | ×③<br>10 | ×④<br>2/4 | =B<br>270,000 | B - A<br>150,000 |

2) 증분공정가치 기준 주식기준보상거래

| 구분 | P | Q | | | 누적(B/S) | 당기(I/S) |
|---|---|---|---|---|---|---|
| | 공정가치 | 인원 | 부여수량 | 적수 | 보상원가 | 당기원가 |
| 20×2년 | 증분 FV<br>20 | ×② - 1<br>300 × 90% | ×③<br>10 | × 잔여기간 기준<br>1/3 | = D<br>18,000 | D<br>18,000 |

⇒ 20×2년 주식보상비용: (B - A) + D = 150,000 + 18,000 = 168,000

**03** ②

1) 20×2년 말 주식선택권 장부금액: @(55 - 50) × (100 - 20)명 × 10개 × 2/3 = 2,667
2) 20×3년 말 주식선택권 장부금액: @(60 - 50) × 72명 × 10개 × 3/3 = 7,200
3) 20×3년 주식보상비용: 7,200 - 2,667 = 4,533
4) 20×4년 말 주식선택권 장부금액: (720 - 400)개 × @(70 - 50) = 6,400

**04** ②

1) 평가에 따른 주식보상비용(환입)
   @1,400 × 73명 × 10개 - @1,260 × (100 - 10 - 12 - 8) × 10개 × 2/3 = 434,000
2) 행사에 따른 주식보상비용(환입): @(1,200 - 1,400) × 28명 × 10개 = ( - )56,000
   ⇒ 20×3년 당기비용: 434,000 - 56,000 = 378,000

**05** ⑤

① 현금결제형 주식기준보상거래의 경우 제공받는 재화나 용역과 그 대가로 부담하는 부채를 부채의 공정가치로 측정하며, 부채가 결제될 때까지 매 보고기간 말과 결제일에 부채의 공정가치를 재측정한다.
② 주식결제형 주식기준보상거래로 가득된 지분상품이 추후 상실되거나 주식선택권이 행사되지 않은 경우에는 종업원에게서 제공받은 근무용역에 대해 인식한 금액을 환입하여 자본으로 처리한다.
③ 부여한 지분상품의 공정가치를 신뢰성 있게 추정할 수 없어 내재가치로 측정한 경우에는 부여일부터 가득일까지 내재가치 변동을 재측정하여 당기손익으로 인식하고, 가득일 이후의 내재가치 변동을 수정한다.
④ 시장조건이 있는 지분상품을 부여한 때에는 지분상품의 대가에 해당하는 용역을 거래상대방에게 이미 제공받은 것으로 본다. 따라서 기업이 제공받은 용역 전부를 부여일에 인식한다.

**06** ②

1) 20×1년 말 주식보상비용: (100 - 20) × 10 × ₩150 × 1/3 = ₩40,000
2) 20×2년 말 주식보상비용: (100 - 30) × 10 × ₩150 × 2/3 - ₩40,000 = ₩30,000

# 18장 | 주당이익

## I. 필수 유형 정리

**01** ①

| | | | |
|---|---|---|---|
| 당기순이익 | | | 1,000,000 |
| 1) 누적적 상환우선주[1] | | | 0 |
| 2) 비누적적 비상환우선주 | | | |
| • 구주배당금 | 500 × 1,000주 × 10% = | 50,000 | |
| • 신주배당금 | 500 × 1,000주 × 10% = | 50,000 | (-)100,000 |
| 3) 누적적 비상환우선주[2] | | | |
| • 배당금 | 500 × 2,000주 × 8% = | 80,000 | |
| • 상환 시 초과지급액 | | 10,000 | (-)90,000 |
| 보통주당기순이익 | | | 810,000 |

[1] 부채로 분류되었으므로 우선주배당금이 비용으로 처리되어 당기순이익에 이미 차감되었다.
[2] 보통주당기순이익 산정 시 배당결의 여부와 관계없이 당해 회계기간과 관련된 누적적 우선주에 대한 세후 배당금만을 차감한다.

**02** ③

| | | | |
|---|---|---|---|
| 당기순이익 | | | 1,000,000 |
| 1) 누적적 할증배당우선주 | | | |
| • 우선주할인발행차금상각 | | 18,000 | (-)18,000 |
| 2) 누적적 전환우선주 | | | |
| • 배당금 | 500 × 2,000주 × 4% = | 40,000 | |
| • 전환 시 추가 지급액 | 300 × 100주 = | 30,000 | (-)70,000 |
| 보통주당기순이익 | | | 912,000 |

**03** ③ 가중평균유통보통주식수: 11,019주

1) 공정가치 미만 유상증자
   (1) 공정가치 유상증자주식수: 2,250주 × 1,000/2,250 = 1,000주
   (2) 무상증자주식수: 2,250주 - 1,000주 = 1,250주
   (3) 무상증자비율: 1,250주 ÷ (9,000 + 1,000)주 = 12.5%
2) 가중평균유통보통주식수: (9,000 × 1.125 × 12 + 1,000 × 1.125 × 9 + 200 × 3) ÷ 12 = 11,019주

**04** ③ 보통주당기순이익: 2,875,000

1) 우선주배당금: (1,000[1] - 500)주 × @500 × 10% = 25,000
   [1] 우선주자본금 500,000 ÷ 우선주액면금액 @500 = 1,000
2) 우선주재매입손실: 350,000 - 500주 × @500 = 100,000
3) 보통주당기순이익: 3,000,000 - 25,000 - 100,000 = 2,875,000

## Ⅱ. 최신 기출 유형 정리

### 주당이익

**01** ② 가중평균유통보통주식수 = (10,000 × 1.25 × 12 + 5,000 × 6 - 1,000 × 3)/12 = 14,750주

**02** ④ 가중평균유통보통주식수 = (1,600 × 1.1 × 12 + 400 × 1.1 × 6)/12 = 1,980주
1) 7월 1일 공정가치로 발행될 유상증자주식수: 600 × 400/600 = 400주
2) 7월 1일 무상증자비율: (600 - 400) ÷ (1,600 + 400) = 10%

**03** ② 가중평균유통보통주식수 = (18,400 × 1.02 × 12 + 1,600 × 1.02 × 6 - 1,500 × 4)/12 = 19,084주
1) 7월 1일 공정가치로 발행될 유상증자주식수: 2,000 × 40,000/50,000 = 1,600주
2) 7월 1일 무상증자비율: (2,000 - 1,600) ÷ (18,400 + 1,600) = 2%

**04** ⑤ 가중평균유통보통주식수 = (3,000 × 1.1 × 1.04 × 12 + 900 × 1.04 × 6 + 800 × 1.04 × 3)/12 = 4,108주
1) 10월 초 공정가치로 발행될 유상증자주식수: 1,000 × 2,000/2,500 = 800주
2) 10월 초 무상증자비율: (1,000 - 800) ÷ (3,000 × 1.1 + 900 + 800) = 4%

**05** ④

| 내역 | 주식수 |
|---|---|
| 1월 1일: 유통보통주식수 | 800주 |
| 4월 1일: 유상증자(주당 발행금액 ₩100, 증자직전 주당 공정가치 ₩150) | 300주 |
| 9월 1일: 유상증자(공정가치 발행) | ? |

가중평균유통보통주식수 1,095주 = (800 × 1.1 × 12 + 200 × 1.1 × 9 + A × 4)/12, A = 150주
1) 4월 1일 공정가치로 발행될 유상증자주식수: 300 × 100/150 = 200주
2) 4월 1일 무상증자비율: (300 - 200) ÷ (800 + 200) = 10%

**06** ① 1) 기본주당이익 200 = 당기순이익 264,000 ÷ 가중평균유통보통주식수 $x$ = 1,320주
2) 1,320주 = (기초 보통주식수 $y$ × 1.1 × 12 + 400 × 1.1 × 6)/12, $y$ = 1,000주

**07** ③ 1) 가중평균유통보통주식수 = (3,200 × 1.05 × 12 + 800 × 1.05 × 6 - 800 × 3)/12 = 3,580주
7월 1일 공정가치로 발행될 유상증자주식수: 1,000 × 2,000/2,500 = 800주
7월 1일 무상증자비율: (1,000 - 800) ÷ (3,200 + 800) = 5%
2) 기본주당이익 = 당기순이익 1,253,000 ÷ 3,580주 = 350

**08** ④ 1) 가중평균유통보통주식수 = (10,000 × 1.2 × 1.104 × 12 + 500 × 1.104 × 6 - 1,800 × 3)/12 = 13,074주
7월 1일 공정가치로 발행될 유상증자주식수: 1,800 × 5,000/18,000 = 500주
7월 1일 무상증자비율: (1,800 - 500) ÷ (10,000 × 1.2 + 500) = 10.4%
2) 기본주당순이익 900 = 당기순이익 A ÷ 13,074주, A = 11,766,600

**09** ③ 1) 우선주배당금 = 500 × 1,000주 × 8% = 40,000
2) 보통주당기순이익 = 당기순이익 1,650,000 - 우선주배당금 40,000 = 1,610,000
3) 가중평균유통보통주식수 = (1,200 × 12 - 200 × 3)/12 = 1,150
4) 기본주당순이익 = 1,610,000 ÷ 1,150 = 1,400

**10** ① 1) 가중평균유통보통주식수 = (5,000 × 1.1 × 12 - 300 × 3)/12 = 5,425주
2) 기본주당순이익 162 = (당기순이익 900,000 - 우선주배당금 A) ÷ 5,425, A = 21,150

**11** ② 1) 가중평균유통보통주식수: (4,000 × 1.1 × 12 + 2,000 × 9 × 1.1 - 200 × 3)/12 = 6,000
2) 기본주당이익: 1,800,000/6,000 = 300

## 희석주당이익

**12** ① 1) 기본EPS: 1,000,000/100주 = 10,000
2) 희석EPS
3) 전환사채 희석효과: 425,000/150주 = 2,833(4순위)
4) 전환우선주 희석효과: 190,000/100주 = 1,900(3순위)
5) 신주인수권부사채: 10,000/200주 = 50(2순위)
6) 옵션: 0(1순위)
7) 희석주당이익

| 구분 | 당기순이익 | 가중평균유통보통주식수 | EPS |
|---|---|---|---|
| 기본주당이익 | 1,000,000 | 100 | 10,000 |
| 옵션 | 0 | 100 | |
| | 1,000,000 | 200 | 5,000 |
| 신주인수권부사채 | 10,000 | 200 | |
| | 1,010,000 | 400 | 2,525 |
| 전환우선주 | 190,000 | 100 | |
| | 1,200,000 | 500 | 2,400 |
| 전환사채 | 425,000 | 150 | |
| | 1,625,000 | 650 | 2,500(희석효과 없음) |

## Ⅲ. 타시험 기출 및 과거 기출 필수문제 정리

**01** ② 1) 주주우선배정 신주발행(공정가치 미만의 유상증자) TOOL
(1) 1st FV기준 발행가능 유상증자주식수: 총현금유입액/유상증자 전일 공정가치
= 12,000주 × ₩1,000/₩1,500 = 8,000주
(2) 2nd 무상증자주식수: 총발행주식수 - FV기준 발행가능 유상증자주식수
= 12,000주 - 8,000주 = 4,000주
(3) 3rd 무상증자비율: 무상증자주식수/(유상증자 전 주식 수 + FV기준 발행 유상증자주식수)
= 4,000주/(24,000주 + 8,000주) = 12.5%

2) 가중평균유통보통주식수

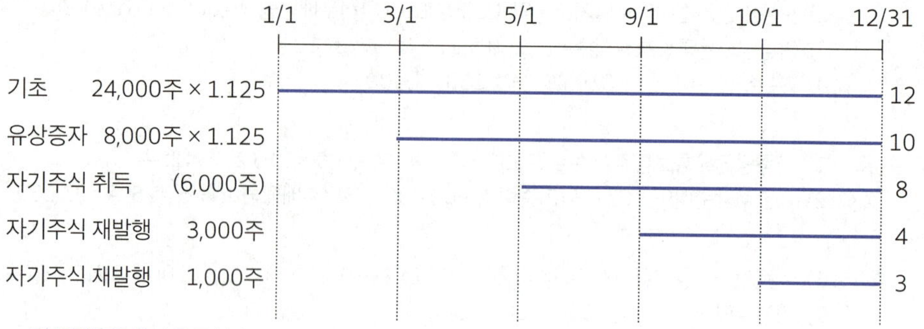


⇒ 가중평균유통보통주식수

: (24,000 × 1.125 × 12 + 8,000 × 1.125 × 10 - 6,000 × 8 + 3,000 × 4 + 1,000 × 3)/12 = 31,750

**02** ④ 1) 우선주 배당액: (900 - 600)주 × @200 × 20% = 12,000

2) 가중평균유통보통주식수:

[(7,000 - 600) × 1.05 × 12 + 1,600 × 1.05 × 10 + 500,000/500 × 25% × 6 + 600/3 × 3]/12 = 8,295주

(1) 3월 1일 공정가치로 발행될 유상증자주식수: 2,000 × 2,000/2,500 = 1,600주

(2) 3월 1일 무상증자비율: (2,000 - 1,600) ÷ (7,000 - 600 + 1,600) = 5%

3) 기본주당이익: (2,334,600 - 12,000) ÷ 8,295주 = 280

**03** ④ 1) 보통주귀속당기순이익: 15,260,000 - 20,000 × @5,000 × 5% = 10,260,000

2) 가중평균유통보통주식수

: (30,000 × 1.1[1] × 12 + 2,000 × 1.1[1] × 6 + 1,000,000/500 × 20% × 3) ÷ 12 = 34,200

[1] 무상증자비율: 3,200주 ÷ (30,000 + 2,000)주 = 10%

3) 잠재적보통주식수: (400 × 9 + 1,000,000/500 × 80% × 12) ÷ 12 = 1,900

4) 희석주당이익: [10,260,000 + 171,000 × (1 - 20%)] ÷ (34,200 + 1,900) = @288

**04** ③ 1) 기본주당순이익 계산

| 날짜 | 적요 | 주식수 | 가중치 | 평균주식수 |
|---|---|---|---|---|
| 1/1 | 기초 보통주 | 20,000 | 12/12 | 20,000 |
| 5/1 | 전환우선주행사 | 9,000 | 8/12 | 600 |
| | | 가중평균유통보통주 | | 20,600주 |

(1) 보통주귀속당기순이익 = 1,049,000 - 328,000 = 721,000

(2) 기본 EPS = 721,000/20,600 = 35

2) 희석주당이익 계산

(1) 잠재적보통주 = (4,100주 × 12/12 + 900주 × 4/12) = 4,400주

(2) 희석주당순이익 = 4,100주 × 1,000 × 0.08 = 328,000

(3) 희석효과 = 328,000 ÷ 4,400 = 74.55

3) 희석화효과가 없으므로 희석주당순이익과 기본주당순이익이 일치한다.

**05** ② 1) 기본주당이익 계산

| 날짜 | 적요 | 주식수 | 가중치 | 평균주식수 |
|---|---|---|---|---|
| 1/1 | 기초 보통주 | 8,000 | 12/12 | 8,000 |
| 10/1 | 전환권행사 | 1,000 | 3/12 | 250 |
| | | 가중평균유통보통주 | | 8,250주 |

기본주당이익 = 198,000 ÷ 8,250주 = 24

2) 희석주당이익 계산

(1) 잠재적보통주 = (1,000주 × 12/12 + 1,000주 × 9/12) = 1,750주

(2) 희석주당순이익 = 15,000 × (1 - 20%) = 12,000

(3) 희석화효과 = 12,000 ÷ 1,750 = 6.86

3) 희석주당이익 = $\frac{198,000 + 12,000}{8,250주 + 1,750주}$ = 21

# 19장 | 회계변경 및 오류수정

## Ⅰ. 기초 유형 정리

**01** ④ 1) 20×1년 감가상각비: 30,000,000 × 2/8 = 7,500,000
2) 20×2년 감가상각비: (30,000,000 - 7,500,000) × 2/8 = 5,625,000
3) 20×3년 감가상각비: 2,087,500[1)]

[1)] (30,000,000 - 7,500,000 - 5,625,000 + 5,000,000 - 1,000,000)/(8 - 2 + 4) = 2,087,500

**02** ③ 1) 수정분개

| | | | | |
|---|---|---|---|---|
| 차) | 매출원가[1)] | 11,000 | 대) 재고자산 | 17,000 |
| | 이월이익잉여금[2)] | 6,000 | | |

[1)] 매출원가: 74,000 - 63,000 = 11,000
[2)] 이월이익잉여금: (38,000 + 47,000) - (34,000 + 45,000) = 6,000

2) 20×3년 말 재고자산: 26,000 - 17,000 = 9,000

**03** ② 1) 수정분개

| | | | | |
|---|---|---|---|---|
| 차) | 매출원가 | 100,000 | 대) 재고자산 | 250,000 |
| | 이익잉여금 | 150,000 | | |

2) 정산표

| 구분 | 20×6년 | 20×7년 | 20×8년 |
|---|---|---|---|
| 20×6년 재고 감소 | (-)100,000 | 100,000 | |
| 20×7년 재고 감소 | | (-)150,000 | 150,000 |
| 20×8년 재고 감소 | | | (-)250,000 |
| 계 | (-)100,000 | (-)50,000 | (-)100,000 |

**04** ④ 20×8년 초 이익잉여금에 미친 영향: (-)100,000 + (-)50,000 = (-)150,000

**05** ①

| 구분 | | 20×1년 | 20×2년 | 20×3년 |
|---|---|---|---|---|
| 수정 전 당기순이익 | | 16,000 | 9,200 | 6,300 |
| (1) | 재고자산 - 20×1 과대 | (-)9,700 | 9,700 | |
| | 재고자산 - 20× 2 과대 | | (-)7,500 | 7,500 |
| | 재고자산 - 20× 3 과소 | | | 5,900 |
| (2) | 선급비용 누락 - 20×1 | 1,950 | (-)1,950 | |
| | 선급비용 누락 - 20×2 | | 2,100 | (-)2,100 |
| | 선급비용 누락 - 20×3 | | | 2,300 |
| (3) | 미지급비용 누락 - 20×1 | (-)2,400 | 2,400 | |
| | 미지급비용 누락 - 20×2 | | (-)2,200 | 2,200 |
| | 미지급비용 누락 - 20×3 | | | (-)1,900 |
| (4) | 트럭 - 20×1 | 19,000 | | |
| | 트럭 - 20×2 | | (-)4,000 | |
| | 트럭 - 20×3 | | | (-)4,000 |
| 수정 후 당기순이익 | | 24,850 | 7,750 | 16,200 |

**06** ⑤ 20×3년 말 이익잉여금: 60,000 + 24,850 + 7,750 + 16,200 = 108,800

## Ⅱ. 최신 기출 유형 정리

### 회계변경과 오류수정

**01** ② 과거에 발생하지 않았거나 발생하였어도 중요하지 않았던 거래, 기타 사건 또는 상황에 대하여 새로운 회계정책을 적용하는 경우는 회계정책의 변경에 해당하지 않는다.

**02** ①

② 새로운 회계정책을 과거기간에 적용하는 경우, 과거기간에 인식된 금액의 추정에 사후에 인지된 사실을 이용할 수 없다.

③ 거래 및 기타 사건에 대하여 적용할 수 있는 한국채택국제회계기준이 없는 경우, 경영진은 판단에 따라 회계정책을 개발 및 적용하여 회계정보를 작성할 수 있다.

④ 과거에 발생한 거래와 실질이 다른 거래, 기타 사건 또는 상황에 대하여 다른 회계정책을 적용하는 경우에는 회계정책의 변경에 해당하지 않는다.

⑤ 과거에 발생하지 않았던 거래, 기타 사건에 대하여 새로운 회계정책을 적용하는 경우에는 회계정책의 변경에 해당하지 않는다.

**03** ⑤ 변경 전 당기순이익: 2,000 + 900 = 2,9000

| 구분 | 20×1년 당기순이익 변동 | 20×2년 당기순이익 변동 |
|---|---|---|
| 20×1년 기말재고자산 감소 | (300) | + 300 |
| 20×2년 기말재고자산 증가 | - | + 600 |
| 합계 | (300) | + 900 |

**04** ① 1) [20×1년 말 수정분개]

| | | | |
|---|---|---|---|
| 차) 보험료(비용) | 300 | 대) 선급보험료(자산) | 300 |

2) 자본의 변동
  (1) 20×1년 초 자본 = 10,000 - 7,000 = 3,000
  (2) 20×1년 올바른 자본 변동액 = 총수익 12,000 - 총비용 (9,000 + 300) + 유상증자 1,000 - 현금배당 100 = + 3,600
  (3) 20×1년 말 자본 = 3,000 + 3,600 = 6,600
3) 기말 올바른 자산 = 15,000 - 300 = 14,700
4) 기말 올바른 부채 = 14,700 - 6,600 = 8,100

**05** ① 20×3년 초에 오류를 발견하였고 20×2년까지의 오류는 20×2년의 이익잉여금 등에 반영되므로 20×3년의 당기순이익에는 영향을 미치지 않는다.

**06** ② 20×3년 오류 수정 후 당기순이익: 250 - 30 = 220

| 구분 | 20×1년 당기순이익 변동 | 20×2년 당기순이익 변동 | 20×3년 당기순이익 변동 |
|---|---|---|---|
| 20×1년 기말재고자산 수정 | + 30 | (30) | |
| 20×2년 기말재고자산 수정 | - | + 10 | (10) |
| 20×3년 기말재고자산 증가 | | | (20) |
| 합계 | + 30 | (20) | (30) |

과소계상된 재고자산은 증가시키고 과대계상 된 재고자산은 감소시킨다.

## 법인세를 고려한 오류수정

**07** ④ 당기순이익이 140 과소계상되었다.
1) 당기수익 200이 누락되었으므로 법인세비용 60(200 × 30%)이 과소계상된다. 이에 따라 과소계상되는 당기순이익은 160( = 200 - 40)이다.
2) 세법상 정기예금 이자는 이자수령시점에 과세되므로 당기 법인세부채에는 영향을 미치지 않는다. 단, 이자수령시점으로 이연될 이연법인세부채 60(200 × 30%)이 과소계상된다.

[누락된 회계처리]

| | | | |
|---|---|---|---|
| 차) 미수이자(자산) | 200 | 대) 이자수익(수익) | 200 |
| 차) 법인세비용(비용) | 60 | 대) 이연법인세부채(부채) | 60 |

∴ 회계처리 누락에 따른 영향
→ 자산 200 과소, 수익 200 과소, 법인세비용 60 과소, 이연법인세부채 60 과소, 당기순이익 140 과소

## Ⅲ. 타시험 기출 및 과거 기출 필수문제 정리

**01** ③ 1) 원가모형 적용 시 회사의 재무상태표

(1) 투자부동산 취득원가: 5,000,000

(2) 감가상각누계액: (5,000,000 - 1,000,000)/10 = ( - )400,000

2) 공정가치모형 적용 시 회사의 재무상태표

(1) 투자부동산의 장부금액: 4,500,000

3) 회계처리

| | | | | |
|---|---|---|---|---|
| [20×2년 초] | | | | |
| 차) | 감가상각누계액 | 400,000 | 대) 투자부동산 | 500,000 |
| | 이익잉여금 | 100,000 | | |
| [20×2년 말] | | | | |
| 차) | 투자부동산[1] | 300,000 | 대) 평가이익 | 300,000 |

[1] 4,800,000 - 4,500,000 = 300,000

4) 20×2년 말 이익잉여금: (300,000 - 100,000) + (700,000 + 300,000) = 1,200,000

**02** ③ ㄱ, ㄹ. 회계정책의 변경으로 보지 않는다.

ㅁ. 오류수정에 해당한다.

**03** ② 1) 20×1년 말 이익잉여금: 150,000 + 60,000 - 10,000(재고자산 과대계상) = 200,000

2) 20×2년 말 이익잉여금: 150,000 + 60,000 + 130,000 = 340,000

* 재고자산은 자동조정오류로 20×1년에 발생한 오류는 20×2년에 자동조정되어 20×2년 말 이익잉여금에는 영향이 없다.

**04** ④ 1) 회사의 회계처리에 따른 당기순이익에 미친 영향: (1) + (2) = ( - )36,900

(1) 이자비용: (274,000) × 10% = ( - )27,400

(2) 수수료비용: ( - )9,500

2) 올바른 회계처리에 따른 당기순이익에 미친 영향: ( - )31,740

이자비용: (274,000 - 9,500) × 12% = ( - )31,740

3) 올바른 당기순이익: 100,000 + (36,900 - 31,740) = 105,160

**05** ② ① 측정기준의 변경은 회계추정의 변경이 아니라 회계정책의 변경에 해당한다.

③ 과거에 발생한 거래와 실질이 다른 거래, 기타 사건 또는 상황에 대하여 다른 회계정책을 적용하는 경우에도 회계정책의 변경에 해당하지 않는다.

④ 과거기간의 금액을 수정하는 경우 과거기간에 인식, 측정, 공시된 금액을 추정함에 있어 사후에 인지된 사실을 이용할 수 없다.

⑤ 회계정책의 변경과 회계추정의 변경을 구분하는 것이 어려운 경우에는 이를 회계추정의 변경으로 본다.

**06** ② 1) 20×3년 초 장부금액: 2,000,000 - (2,000,000 - 200,000) × 9/15 = 920,000

2) 20×3년 말 감가상각비: (920,000 - 20,000) × 1/3 = 300,000

**07** ① 24,000 - 200 - 300 = 23,500

**08** ② 1) 오류수정정산표

| | | 20×0년 | 20×1년 |
|---|---|---|---|
| 재고자산오류 | 20×0년 | 12,000 | (-)12,000 |
| | 20×1년 | | (-)5,000 |
| 선급비용오류 | 20×0년 | 4,000 | (-)4,000 |
| | 20×1년 | | (-)3,000 |
| 오류수정효과 | | 16,000 | (-)18,000 |

2) 20×1년도 수정 후 법인세비용차감전 순이익: 500,000 - 18,000 = 482,000

# 20장 | 현금흐름표

## Ⅰ. 필수 유형 정리

**01** ⑤

| | | |
|---|---|---|
| 고객으로부터 수취한 현금(A + C) | | 55,150 |
| 1. 매출활동 관련 손익(A) | | |
| (1) 매출액 | 58,250 | |
| (2) 손상차손 | (-)400 | |
| (3) 매출채권 처분손익 | - | |
| (4) 환율변동손익 | - | |
| 2. 매출활동 관련 자산·부채 증감(C) | | |
| (1) 매출채권 증감 | (-)2,900 | |
| (2) 손실충당금 증감 | 200 | |
| (3) 선수금 증감 | - | |

**02** ④

| | | |
|---|---|---|
| 공급자에게 지급한 현금유출액(A + C) | | (-)41,000 |
| 1. 매입활동 관련 손익(A) | | |
| (1) 매출원가(매입 + 평가손실·감모손실) | (-)36,000 | |
| (2) 감모손실과 평가손실 | - | |
| (3) 채무면제이익 | - | |
| (4) 환율변동이익 | - | |
| 2. 매입활동 관련 자산·부채 증감(C) | | |
| (1) 상품 증감 | (-)3,000 | |
| (2) 선급금 증감 | - | |
| (3) 매입채무 증감 | (-)2,000 | |

**03** ③

| | | |
|---|---|---|
| 1. 기타영업활동 관련 손익(A) | | |
| - 이자비용 | (-)1,300 | |
| - 사채할인발행차금상각액 | 300 | |
| 2. 기타영업활동 관련 자산·부채 증감(C) | | |
| - 선급이자 | | |
| - 미지급이자 | 800 | |
| - 자본화한 차입원가 | (-)100 | |
| ⇒ 이자의 지급으로 인한 현금유출액 | | (-)300 |

**04** ②

| | | |
|---|---|---|
| 1. 기타영업활동 관련 손익(A) | | |
| - 법인세비용 | (-)2,000 | |
| - 자기주식처분이익 | | |
| 2. 기타영업활동 관련 자산·부채 증감(C) | | |
| - 이연법인세자산의 감소 | 400 | |
| - 당기법인세부채의 증가 | 100 | |
| ⇒ 법인세로 인한 현금유출액 | | (-)1,500 |

**05** ②

20×1년도에 기계장치의 취득으로 유출된 현금: 248,000

| | | |
|---|---|---|
| **유형자산 투자활동현금흐름(A+C)** | | ① (173,000) - 12,000[1] = (-)185,000 |
| 1. 투자활동 관련 손익(A) | | (-)30,000 |
| - 감가상각비 | (-)45,000 | |
| - 유형자산처분이익 | 15,000 | |
| - 유형자산손상차손 등 | - | |
| 2. 투자활동 관련 자산·부채 증감(C) | | (-)143,000 |
| - 자산의 증감 | (-)150,000 | |
| - 부채의 증감 | 7,000 | |
| - 재평가잉여금 증감 | - | |

[1] 투자활동순현금흐름 계상 시 20×2년에 받기로 한 12,000은 제외한다.

| | | |
|---|---|---|
| ① 순현금유출<br>(-)185,000 | ② 유형자산처분으로 인한 현금유입 63,000<br>③ 유형자산취득으로 인한 현금유출 (-)248,000 | ⇒ 역산 |

**06** ①

20×1년도에 건물의 처분으로 수령한 현금: 80,000

| | | |
|---|---|---|
| **유형자산 투자활동현금흐름(A+C)** | | ① (-)220,000 |
| 1. 투자활동 관련 손익(A) | | (-)20,000 |
| - 감가상각비 | (-)40,000 | |
| - 유형자산처분이익 | 20,000 | |
| - 유형자산손상차손 등 | - | |
| 2. 투자활동 관련 자산·부채 증감(C) | | (-)200,000 |
| - 자산의 증감 | (-)100,000 | |
| - 부채의 증감 | (-)60,000 | |
| - 재평가잉여금[1] | (50,000 - 10,000) | |

[1] 재평가잉여금 중 이익잉여금 대체액은 현금의 증감과 관련이 없다.

| | | |
|---|---|---|
| ① 순현금유출<br>(-)220,000 | ② 유형자산처분으로 인한 현금유입 80,000<br>③ 유형자산취득으로 인한 현금유출 (-)300,000 | ⇒ 역산 |

**07** ③ 20×1년도에 사채상환으로 지급한 현금: 95,000

| 장기차입금과 유동성장기부채 및 사채 재무활동현금흐름(A+C) | | ① 87,000 |
|---|---|---|
| 1. 재무활동 관련 손익(A) | | (-)2,000 |
| - 환율변동손익(차입금 관련) | - | |
| - 사채발행차금상각액 | (-)4,000 | |
| - 사채상환이익 | 2,000 | |
| 2. 재무활동 관련 자산·부채 증감(C) | | 89,000 |
| - 사채의 증감 | 100,000 | |
| - 사채할인발행차금의 증감 | (-)11,000 | |

| ① 순현금유입 87,000 | ② 사채로 인한 현금유입 182,000 | ⇒ 역산 |
|---|---|---|
| | ③ 사채로 인한 현금유출 (-)95,000 | |

**08** ④ 이자의 지급으로 인한 현금유출액: 215,000

| | | |
|---|---|---|
| 1. 기타영업활동 관련 손익(A) | | (-)170,000 |
| - 이자비용 | (-)200,000 | |
| - 사채할인발행차금상각액 | 30,000 | |
| 2. 기타영업활동 관련 자산·부채 증감(C) | | (-)45,000 |
| - 선급이자 | (-)20,000 | |
| - 미지급이자 | 5,000 | |
| - 자본화한 차입원가 | (-)30,000 | |
| ⇒ 이자의 지급으로 인한 현금유출액 | | (-)215,000 |

**09** ③

[약식분개법]

| | | | | | |
|---|---|---|---|---|---|
| 차) | 현금 | 45,695 | 대) | 매출(역산) | 46,000 |
| | 손상차손 | 20 | | 손실충당금 | 15 |
| | 매출채권 | 300 | | | |

**10** ①

[약식분개법]

| | | | | | |
|---|---|---|---|---|---|
| 차) | 매출원가(역산) | 39,250 | 대) | 재고자산 | 100 |
| | | | | 매입채무 | 150 |
| | | | | 현금 | 39,000 |

**11** ⑤ 1) 법인세비용차감전순이익: 3,370

| | | |
|---|---|---|
| **법인세비용차감전순이익** | | **3,370** |
| **영업활동 비관련 손익** | | 1,250 |
| 감가상각비 | 800 | |
| 유형자산처분손실 | 250 | |
| 외환손실 | 200 | |
| **관련 자산·부채의 증감** | | 65 |
| 매출채권 증가 | (-)300 | |
| 손실충당금 증가 | 15 | |
| 재고자산 감소 | 100 | |
| 선급판매비용 감소 | 30 | |
| 매입채무 증가 | 150 | |
| 미지급판매비용 감소 | (-)120 | |
| 확정급여채무 증가 | 190 | |
| **영업에서 창출된 현금** | | **4,685** |
| 법인세납부 | | (-)790 |
| **영업활동순현금흐름** | | **3,895** |

2) 법인세비용: (-)810[1)]

1) 법인세납부 (-)790 = 법인세비용 + 미지급법인세 증가 20, 법인세비용: (-)810

| | | | | |
|---|---|---|---|---|
| 차) | 법인세비용 | 810 | 대) 현금 | 790 |
| | | | 미지급법인세 | 20 |

## Ⅱ. 최신 기출 유형 정리

### 현금흐름표의 작성방법

**01** ② 종속기업과 기타 사업에 대한 지배력의 획득 또는 상실에 따른 총현금흐름은 별도로 표시하고 투자활동으로 분류한다.

**02** ⑤ 주식이나 기타 지분상품의 발행에 따른 현금유입은 재무활동이다.

### 영업활동으로 인한 현금흐름

**03** ④ 기말 매출채권 = 기초 매출채권 10,000 + 매출 40,000 - 현금결제액 30,000 - 손상차손 3,000 = 17,000

**04** ⑤ 매출과 매입으로 인한 순현금유입액은 1,000이다.

1) 매입으로 인한 현금지급액: 20,000

| | | | | |
|---|---|---|---|---|
| 차) | 매입채무 | 2,000 | 대) **현금(대차차액)** | **20,000** |
| 차) | 매입 | 18,000 | | |

2) 매출원가: 17,000
기초재고자산 2,000 + 당기매입 18,000 - 기말재고자산 3,000 = 매출원가 17,000

3) 매출로 인한 현금회수액: 21,000

| | | | | | |
|---|---|---|---|---|---|
| 차) | **현금(대차차액)** | **21,000** | 대) | 매출채권 | 1,000 |
| | | | | 매출 | 20,000 |

4) 매출총이익 = 매출20,000 - 매출원가17,000 = 3,000

5) 매출과 매입으로 인한 순현금유입액 = 유입21,000 - 유출20,000 = 1,000
(1) 매입으로 인한 현금지급액은 매입액 보다 ₩2,000 크다.
(2) 매출원가는 매입으로 인한 현금지급액 보다 ₩3,000 작다.
(3) 매출로 인한 현금회수액은 매출액 보다 ₩1,000 크다.
(4) 매출총이익은 ₩3,000이다.

**05** ②

1) 고객으로부터 유입된 현금흐름: 340

| | | | | | |
|---|---|---|---|---|---|
| 차) | 매출채권 | 70 | 대) | 매출 | 410 |
| | **현금(대차차액)** | **340** | | | |

2) 영업비용으로 유출된 현금흐름: 115

| | | | | | |
|---|---|---|---|---|---|
| 차) | 영업비용 | 150 | 대) | 선급 영업비용 | 15 |
| | | | | 미지급 영업비용 | 20 |
| | | | | **현금(대차차액)** | **115** |

**06** ④

| | |
|---|---|
| 당기순이익(A + B) | 2,500 |
| 영업활동과 관련이 없는 손익 차감(-B) | |
| - 감가상각비 | 200 |
| - 토지처분이익 | (100) |
| - 사채상환손실 | 250 |
| 이자손익, 배당금, 법인세 관련 손익 차감(-B) | |
| - 이자비용 | 600 |
| - 법인세비용 | 1,000 |
| 영업활동 관련 자산·부의 증감(+C) | |
| - 매출채권(순액) 증가 | (1,000) |
| - 재고자산 감소 | 500 |
| - 매입채무 증가 | 800 |
| 영업에서 창출된 현금(A + C) | 4,750 |

**07** ②

| | |
|---|---|
| 당기순이익(A + B) | 600 |
| 영업활동과 관련이 없는 손익 차감(-B) | |
| - 감가상각비 | 200 |
| - 유형자산처분이익 | (300) |
| 이자손익, 배당금, 법인세 관련 손익 차감(-B) | |
| - | - |
| 영업활동 관련 자산·부채의 증감(+C) | |
| - 매출채권(순액) 증가 | (400) |
| - 선급비용 감소 | 200 |
| - 매입채무 증가 | 100 |
| 영업에서 창출된 현금(A + C) | 400 |

단기차입금 관련 현금흐름은 재무활동 현금흐름으로 분류하므로 영업활동 현금흐름을 구할 때에 반영하지 않는다.

**08** ④

| | |
|---|---|
| 당기순이익(A + B) | 147,000 |
| 영업활동과 관련이 없는 손익 차감(-B) | |
| - 감가상각비 | 5,000 |
| - 유형자산처분이익 | (20,000) |
| 이자손익, 배당금, 법인세 관련 손익 차감(-B) | |
| - 이자비용 | 25,000 |
| - 이자수익 | (15,000) |
| - 배당금수익 | (8,000) |
| - 법인세비용 | 30,000 |
| 영업활동 관련 자산·부채의 증감(+C) | |
| - 매출채권(순액) 감소 | 15,000 |
| - 재고자산 증가 | (4,000) |
| - 매입채무 감소 | (6,000) |
| 영업에서 창출된 현금(A + C) | 169,000 |

**09** ①

[약식분개법]

| | | | | | |
|---|---|---|---|---|---|
| 차) | 법인세비용 | 1,500 | 대) | 당기법인세부채 | 500 |
| | 이연법인세자산 | 200 | | 이연법인세부채 | 100 |
| | | | | 현금(법인세납부액) | 1,100 |

**10** ②

| | |
|---|---|
| 법인세비용차감전순이익(A + B) | X |
| 영업활동과 관련이 없는 손익 차감(-B) | |
| - 감가상각비 | 1,500 |
| - 사채상환이익 | (700) |
| 이자손익, 배당금, 법인세 관련 손익 차감(-B)[1] | |
| - 이자비용 | 2,700 |
| 영업활동 관련 자산·부채의 증감(+C) | |
| - 매출채권(순액) 증가 | (4,800) |
| - 재고자산 감소 | 2,500 |
| - 매입채무 증가 | 3,500 |
| 영업에서 창출된 현금(A + C) | 100,000 |
| 이자수취·지급[2] | (1,700) |
| 배당금수취 | - |
| 법인세납부[3] | (6,000) |
| 영업활동순현금흐름 | Y |

[1] 법인세비용차감전순이익으로부터 영업에서 창출된 현금을 구할 때에는 법인세 관련 손익을 차감하지 않아도 된다. 법인세비용차감전순이익은 법인세비용이 반영되지 않은 금액이기 때문이다.

[2] 이자수취·지급

| | | | | |
|---|---|---|---|---|
| (차) | 이자비용 | 2,700 | (대) 미지급이자 | 1,000 |
| | | | 현금(대차차액) | 1,700 |

[3] 법인세납부

| | | | | |
|---|---|---|---|---|
| (차) | 법인세비용 | 4,000 | (대) 현금(대차차액) | 6,000 |
| | 미지급법인세 | 2,000 | | |

## 투자활동으로 인한 현금흐름

**11** ① 1) 20×1년 감가상각비: 500

| | | | | | |
|---|---|---|---|---|---|
| 건물(총액) | 기초<br>10,000 | + 취득<br>+ 4,000(역산) | | + (처분)<br>+ (5,000) | = 기말<br>= 9,000 |
| - 감가상각누계액 | (기초)<br>(4,000) | | + (Dep)<br>+ (500) 역산 | + 처분<br>+ 2,000 | = (기말)<br>= (2,500) |
| = 건물(순액) | 기초<br>6,000 | + 취득<br>+ 4,000 | + (Dep)<br>+ (500) 역산 | + (처분)<br>+ (3,000) | = 기말<br>= 6,500 |

자료에 감가상각비가 별도로 제시되지 않으면 위와 같이 증감분석법으로 구해야 한다.

2) 건물에 대한 취득과 처분으로 인한 순현금유출액(ⓐ - ⓑ): 0

ⓐ 건물의 취득으로 인한 현금유출액: 4,000

ⓑ 건물의 처분으로 인한 현금유입액: 4,000

| | | | | |
|---|---|---|---|---|
| 차) | 현금(대차차액) | 4,000 | 대) 건물(장부금액) | 3,000 |
| | | | 유형자산처분이익 | 1,000 |

**12** ④ 1) 유형자산 취득으로 인한 현금 유출: (-)50,000[1)]

[1)] 취득원가 증감분석: 130,000 + 취득 - 30,000 = 150,000, 취득: 50,000

2) 유형자산 처분으로 인한 현금 유입: 60,000

| | | | |
|---|---|---|---|
| 차) 현금(역산) | 60,000 | 대) 기계장치(순액) | 10,000 |
| | | 처분이익 | 50,000 |

3) 순현금유입액: 60,000 - 50,000 = 10,000

### 재무활동으로 인한 현금흐름

**13** ④

| | | | |
|---|---|---|---|
| 차) 사채할인발행차금 | 600 | 대) 사채 | 2,000 |
| 상각액 | 100 | 사채상환이익 | 300 |
| 현금(대차차액) | 1,600 | | |

**14** ③ 순현금유입액: (-)외환차손8,000 - 외화환산손실15,000 + 차입금증가150,000 = 127,000

### 발생주의에서 현금주의로의 수정

**15** ⑤ 순현금흐름 = 900(발생주의 순이익) + 200(재고자산 감소) - 300(미수수익 증가) + 100(매출채권 감소) - 300(미지급비용 감소) = 600

## Ⅲ. 타시험 기출 및 과거 기출 필수문제 정리

**01** ⑤ 단기매매목적으로 보유하는 유가증권의 취득과 판매에 따른 현금흐름은 영업활동으로 분류한다.

**02** ③ 문제 조건에 사채의 추가 발행 등이 없으므로 당기 사채의 변동액은 모두 상각액에 해당한다.

[약식분개법]

| | | | |
|---|---|---|---|
| 차) 이자비용 | 48,191 | 대) 미지급이자 | 5,000 |
| B사채 감소 | 3,358 | A사채 증가 | 2,349 |
| | | 현금지급액(대차차액) | 44,200 |

**03** ① 1) 고객으로부터 유입되는 현금흐름

| | | | |
|---|---|---|---|
| 차) 현금 | 730,000 | 대) 매출채권의 감소 | 35,000 |
| 손실충당금의 감소 | 10,000 | 외환차익 | 200,000 |
| 손상차손 | 20,000 | 매출(역산) | 525,000 |

2) 공급자에게 유출되는 현금흐름

| | | | |
|---|---|---|---|
| 차) 재고자산의 증가 | 30,000 | 대) 현금 | 580,000 |
| 감모손실 | 15,000 | 매입채무의 증가 | 20,000 |
| 매출원가(역산) | 855,000 | 외환차익 | 300,000 |

**04** ④

| | | | | | |
|---|---|---|---|---|---|
| 차) | 평가손실 | 3,000 | 대) | 재고자산의 감소 | 130,000 |
| | 매출원가(역산) | 921,000 | | 평가충당금의 증가 | 3,000 |
| | | | | 매입채무의 증가 | 120,000 |
| | | | | 외화환산이익 | 11,000 |
| | | | | 현금유출액 | 660,000 |

**05** ①

| | | |
|---|---|---|
| **법인세비용차감전순이익(A + B)** | | 177,000 |
| 영업활동과 관련이 없는 손익 차감(-B) | | |
| - 감가상각비 | | 40,000 |
| - 유형자산처분손실 | | 20,000 |
| 이자손익, 배당금, 법인세 관련 손익 차감(-B) | | |
| - 이자비용 | | 25,000 |
| 영업활동 관련 자산·부채의 증감(+C) | | |
| - 매출채권 증가 | | (15,000) |
| - 손실충당금 증가 | | 5,000 |
| - 재고자산 감소 | | 4,000 |
| - 매입채무 감소 | | (6,000) |
| **영업에서 창출된 현금(A + C)** | | 250,000 |
| 이자수취·지급 | | (25,000) |
| 배당금수취 | | - |
| 법인세납부 | (30,000) + 미지급법인세 (5,000) + 이연법인세부채 10,000 = | (25,000) |
| **영업활동순현금흐름** | | 200,000 |

**06** ①

1) 사채의 당기 상각액: 15,000 - 10,000 = 5,000

2) 건물의 현금흐름

| | | | | | |
|---|---|---|---|---|---|
| 차) | 현금 | 30,000 | 대) | 건물의 감소 | 50,000 |
| | 감가상각누계액의 감소 | 10,000 | | | |
| | 감가상각비 + 처분손익 | 10,000 | | | |

3) 영업활동현금흐름(간접법)

| | |
|---|---|
| **법인세차감전순이익(A + B)** | 1,000,000 |
| 영업활동과 관련이 없는 손익 차감(-B) | |
| - (감가상각비 + 처분손익) | 10,000 |
| 이자수익, 배당금 관련 손익 차감(-B) | |
| - 이자비용 | 30,000 |
| - 법인세비용[1)] | - |
| 영업활동 관련 자산·부채의 증감(+C) | |
| - 매출채권 증가 | (10,000) |
| - 재고자산 증가 | (35,000) |
| **영업에서 창출된 현금(A + C)** | 995,000 |
| 이자지급[2)] | (25,000) |
| 법인세지급 | (120,000) |
| **영업활동순현금흐름** | 850,000 |

1) 당기순이익이 아닌 법인세차감전순이익부터 시작하므로 법인세비용은 고려하지 않는다.
2) 사채의 발행, 상환이 없으므로 사채의 현금유출액 중 전액 이자비용이다.

**07** ②

| | |
|---|---|
| 당기순이익 | 115,000(역산) |
| - 영업활동과 관련 없는 손익 제거 | 25,000(감가상각비) + 10,000(사채상각액) - 30,000(토지처분이익) |
| ± 영업활동과 관련 있는 자산 · 부채 조정 | - 10,000(미지급이자 감소) - 15,000(매출채권 증가)<br>+ 5,000(법인세부채 증가) |
| = 영업활동순현금흐름 | = 100,000 |

* 영업에서 창출된 현금흐름을 구분하고 있지 않으므로 이자와 법인세를 별도로 분리할 필요가 없다.

**08** ②

당기순이익에서 출발하여 영업현금흐름과 관련없는 손익을 제거하고 영업활동 관련 자산 · 부채를 조정하여 영업활동현금흐름을 계산한다.

| | |
|---|---:|
| 당기순이익 | ₩100,000 |
| 감가상각비 | 20,000 |
| 유형자산처분이익 | (7,000) |
| 사채상환손실 | 8,000 |
| 재고자산감소 | 80,000 |
| 매입채무감소 | (4,000) |
| 매출채권증가 | (50,000) |
| 미지급급여증가 | 6,000 |
| 영업활동현금흐름 | ₩153,000 |

**09** ③

분개를 추정하면 다음과 같다.

| | | | | |
|---|---:|---|---|---:|
| 차) 이자비용 | 6,000 | 대) | 사채할인발행차금 | 400 |
| | | | 미지급이자 | 30 |
| | | | 현금 | 5,570 |

**10** ①

당기 발생한 재무활동에 대한 회계처리는 다음과 같다.

| | | | | | | |
|---|---|---|---:|---|---|---:|
| 전환사채 | 차) | 전환사채 | 600,000 | 대) | 자본금 | ××× |
| | | 전환권대가 | ××× | 대) | 주식발행초과금 | ××× |
| 유상증자 | 차) | 현금 | 50,000 | 대) | 자본금 | 20,000 |
| | | | | | 주식발행초과금 | 30,000 |
| 무상증자 | 차) | 자본잉여금 | 10,000 | 대) | 자본금 | 10,000 |
| 자기주식 | 차) | 현금 | 3,000 | 대) | 자기주식 | 5,000 |
| | 차) | 자기주식처분손실 | 2,000 | | | |
| 외화사채 | 차) | 외화차입금 | 10,000 | 대) | 외화환산이익 | 10,000 |

∴ 재무활동 순현금흐름 = 50,000 + 3,000 = 53,000

# 21장 | 기타주제

## Ⅰ. 최신 기출 유형 정리

### 사업결합과 합병

**01** ③ 이전대가 FV 30,000 - 순자산 FV 31,000 = (1,000)
∴ 염가매수차익 1,000
순자산의 공정가치보다 이전대가의 공정가치가 작으므로 염가매수차익을 인식한다.

**02** ① 이전대가 FV 200,000 - (순자산 FV 170,000 + 무형자산 FV 20,000) = 10,000
∴ 영업권 10,000
합병 시 식별가능한 별도의 무형자산은 공정가치로 인식한다.

**03** ②

[합병 시 회계처리]

| | | | | | |
|---|---|---|---|---|---|
| 차) | 자산 | 500,000 | 대) | 부채 | 200,000 |
| | 토지[1] | 150,000 | | 자본금 | 200,000 |
| | 무형자산 | 70,000 | | 주식발행초과금 | 700,000 |
| | 영업권(역산) | 380,000 | | | |
| 차) | 토지 | 5,000 | 대) | 현금 | 5,000 |

[1] 피취득자인 (주)대한의 B/S상 토지장부금액과 공정가치의 차액이다.

### 관계기업투자주식

**04** ④ 관계기업이 해외사업장과 관련된 누적 외환차이가 있고 기업이 유의적인 영향력을 상실하여 지분법 사용을 중단한 경우 기업은 해외사업장과 관련하여 이전에 기타포괄손익으로 인식했던 손익을 당기손익으로 **재분류한다.**

**05** ③ 20×1년 지분법이익(N/I) = 10,000 × 30% = 3,000

**06** ④ 1) 취득 시 관계기업투자주식BV = 6,600
2) 20×1년 지분법이익 = {4,500 - (4,000 ÷ 8)} × 30% = 1,200

| 구분 | 20×1년 |
|---|---|
| 조정 전 (주)한국의 N/I | 4,500 |
| 매출원가 조정 | - |
| 감가상각비 조정 | (-)500 |
| 내부거래 미실현이익 | - |
| 내부거래 이익 실현 | - |
| 조정 후 (주)한국의 N/I | 4,000 |

3) 20×1년 말 관계기업투자주식 장부금액 = 6,600 + 1,200 = 7,800

**07** ③ 1) 취득 시 관계기업투자주식BV = 300,000

2) 20×1년 지분법이익 = {100,000 - (200,000 ÷ 10)} × 20% = 16,000

| 구분 | 20×1년 |
|---|---|
| 조정 전 (주)한국의 N/I | 100,000 |
| 매출원가 조정 | - |
| 감가상각비 조정 | (-)20,000 |
| 내부거래 미실현이익 | - |
| 내부거래 이익 실현 | - |
| 조정 후 (주)한국의 N/I | 80,000 |

3) 20×1년 지분법자본변동 = 30,000(기타포괄이익) × 20% = 6,000

4) 20×1년 말 관계기업투자주식 장부금액 = 300,000 + 지분법이익 16,000 + OCI 6,000 - 현금배당금 3,000 = 319,000

## 외화환산

**08** ③ ∴ 20×1년도 외환차이 = 외환차익 500,000 + 외화환산이익 1,000,000 = 1,500,000

**09** ④ 원가모형을 적용하므로 20×1년 말의 공정가치 상승은 반영하지 않는다.

**10** ③

| | | | | | | |
|---|---|---|---|---|---|---|
| 20×1.1.1 | 차) | 건물 | 9,000,000 | 대) | 현금 | $5,000 × 1,800<br>= 9,000,000 |
| 20×1.12.31 | 차) | 감가상각비 | 9,000,000 ÷ 5<br>= 1,800,000 | 대) | 감가상각누계액 | 1,800,000 |
| | | 건물 | 1,800,000 | | 재평가잉여금 | 1,800,000[1] |

[1] 20×1년 말 FV: $6,000 × @1,500 = 9,000,000
20×1년 말 BV: 9,0000,000 - dep1,800,000 = 7,200,000
∴ 재평가이익(OCI) = 9,000,000 - 7,200,000

**11** ① ㄱ, ㄴ, ㄷ. 화폐성항목이다.

ca.Hackers.com

해커스 회계학 1차 기출+예상문제집

해커스 감정평가사 ca.Hackers.com

# PART 2

# 원가관리회계 정답 및 해설

# PART 2 | 원가관리회계

## 01: 제조원가의 흐름

**01** ①

**key**

판매가격은 총원가(ㅂ)의 130%이고, 총원가(ㅂ)는 제조원가(ㄹ)의 150%이다.

1) 총원가(ㅂ)
   ₩58,500 ÷ 130% = ₩45,000
2) 영업이익(ㅁ)
   ₩58,500 - ₩45,000 = ₩13,500
3) 제조원가(ㄹ)
   ₩45,000 ÷ 150% = ₩30,000
4) 판매비와 관리비(ㄷ)
   ₩45,000 - ₩30,000 = ₩15,000
5) 기초원가(ㄴ)
   ₩12,500 + ₩12,500 = ₩25,000
6) 제조간접원가(ㄱ)
   ₩30,000 - ₩25,000 = ₩5,000

**02** ④

월말재고가 월초에 비하여 ₩20,000만큼 증가하였으므로, 월초재고를 "₩0"이라 하면, 월말재고는 ₩120,000이다.

원재료(4월)

| | | | |
|---|---|---|---|
| 기초 | - | 사용 | ₩100,000 |
| 매입 | ₩120,000 | 기말 | 20,000 |
| | ₩120,000 | | ₩120,000 |

**03** ①

**key**

고정제조간접원가는 가공원가에 포함되어 있기 때문에 별도로 고려하지 않는다.

1) 직접노무원가
   ₩3,500 × 60% = ₩2,100
2) 직접재료원가
   ₩3,500 × 40% = ₩1,400
3) 제품 단위당 제조원가
   직접재료원가 + 가공원가( = 직접노무원가 + 제조간접원가) = ₩1,400 + ₩5,500 = ₩6,900
   그러므로, 제품 단위당 제조원가는 ₩6,900이다.

**04** ④ 1) 직접재료원가

재공품

| | | | |
|---|---|---|---|
| 기초 | ₩100,000 | 완성 | ₩1,400,000 |
| DM | 400,000 | | |
| 가공원가 | 1,100,000 | 기말 | 200,000 |
| | ₩1,600,000 | | ₩1,600,000 |

그러므로, 직접재료원가는 ₩400,000이다.

2) 직접노무원가

기본원가 - 직접재료원가

= ₩1,200,000 - ₩400,000

= ₩800,000

그러므로, 직접노무원가는 ₩800,000이다.

**05** ①

**key**

재공품계정과 제품계정을 이용하여 매출원가를 추정할 수 있다.

1) 당기제품제조원가

재공품

| | | | |
|---|---|---|---|
| 기초 | ₩60,000 | 완성 | ₩136,000 |
| 직접재료원가 | 45,000 | | |
| 직접노무원가 | 35,000 | | |
| 제조간접원가 | 26,000 | 기말 | 30,000 |
| | ₩166,000 | | ₩166,000 |

2) 매출원가

제품

| | | | |
|---|---|---|---|
| 기초 | ₩45,000 | 판매 | ₩121,000 |
| 입고 | 136,000 | 기말 | 60,000 |
| | ₩181,000 | | ₩181,000 |

그러므로, 매출원가는 ₩121,000이다.

**06** ⑤ 1) 제조간접원가

간접재료원가 + 간접노무원가 + 공장건물감가상각비 + 기타제조간접원가

= ₩3,000 + ₩2,000 + ₩10,000 + ₩1,000

= ₩16,000

2) 판관비

본사임원급여 + 광고비 + 영업사원급여

= ₩8,000 + ₩12,000 + ₩6,000

= ₩26,000

3) 직접노무원가

전환원가 - 제조간접원가

= ₩40,000 - ₩16,000

= ₩24,000

4) 직접재료원가

기초원가 - 직접노무원가

= ₩75,000 - ₩24,000

= ₩51,000

5) 재공품

재공품

| | | | |
|---|---|---|---|
| 기초 | - | 완성 | ₩76,000 |
| 직접재료원가 | ₩51,000 | | |
| 직접노무원가 | 24,000 | | |
| 제조간접원가 | 16,000 | 기말 | 15,000 |
| | ₩91,000 | | ₩91,000 |

**07** ②

key

매출원가는 매출액의 75%이다.

1) 당기제품제조원가

제품

| | | | |
|---|---|---|---|
| 월초 | ₩90,000 | 판매 | ₩300,000(=₩400,000 × 75%) |
| 생산 | 310,000 | 월말 | 100,000 |
| | ₩400,000 | | ₩400,000 |

그러므로, 당기제품제조원가는 ₩310,000이다.

2) 직접재료원가

재공품

| | | | |
|---|---|---|---|
| 월초 | ₩32,000 | 완성 | ₩310,000 |
| DM | 170,000 | | |
| DL<br>OH | 130,000 | 월말 | 40,000 |
| | ₩350,000 | | ₩350,000 |

그러므로, 직접재료원가는 ₩170,000이다.

3) 6월 말 직접재료재고액

직접재료

| | | | |
|---|---|---|---|
| 월초 | ₩20,000 | 사용 | ₩170,000 |
| 매입 | 180,000 | 월말 | 30,000 |
| | ₩200,000 | | ₩200,000 |

그러므로, 6월 말 직접재료재고액은 ₩30,000이다.

**08** ①

**key**

> 매출원가율은 80%이다. 또한, 제조간접원가를 $x$라 하면, 직접노무원가는 $0.6x$이다.

1) 직접재료원가

직접재료

| | | | |
|---|---|---|---|
| 기초 | ₩40,000 | 사용 | ₩1,480,000 |
| 매입 | 1,500,000 | 기말 | 60,000 |
| | ₩1,540,000 | | ₩1,540,000 |

그러므로, 직접재료원가는 ₩1,480,000이다.

2) 당기제품제조원가

제품

| | | | |
|---|---|---|---|
| 기초 | ₩90,000 | 사용 | ₩3,200,000(=₩4,000,000 × 80%) |
| 매입 | 3,170,000 | 기말 | 60,000 |
| | ₩3,260,000 | | ₩3,260,000 |

그러므로, 당기제품제조원가는 ₩3,170,000이다.

3) 직접노무원가

제조간접원가를 $x$라 하면, 직접노무원가는 $0.6x$이다.

재공품

| | | | |
|---|---|---|---|
| 기초 | ₩120,000 | 완성 | ₩3,170,000 |
| DM | 1,480,000 | | |
| DL | $0.6x$ | | |
| OH | $x$ | 기말 | 150,000 |
| | ₩3,320,000 | | ₩3,320,000 |

₩1,600,000 + $1.6x$ = ₩3,320,000이므로, $x$는 ₩1,075,000이다.

4) 기초원가

| | |
|---|---|
| 직접재료원가 | ₩1,480,000 |
| 직접노무원가 | 645,000(=₩1,075,000 × 60%) |
| 기초원가 | ₩2,125,000 |

**09** ④

**key**

> 매출원가의 120%가 ₩7,200,000이므로, 매출원가를 추정할 수 있다.

1) 매출원가

₩7,200,000 ÷ 120% = ₩6,000,000

2) 직접재료원가

재료

| | | | |
|---|---|---|---|
| 기초 | ₩300,000 | 사용 | ₩1,400,000 |
| 매입 | 1,500,000 | 기말 | 400,000 |
| | ₩1,800,000 | | ₩1,800,000 |

그러므로, 재료사용액은 ₩1,400,000이다.

3) 당기제품제조원가

재공품

| | | | |
|---|---|---|---|
| 기초 | ₩200,000 | 완성 | ₩6,200,000 |
| DM | 1,400,000 | | |
| DL[1] | 2,500,000 | | |
| OH | 2,500,000 | 기말 | 400,000 |
| | ₩6,600,000 | | ₩6,600,000 |

[1] (DL + ₩2,500,000) × 50% = ₩2,500,000

그러므로, 당기제품제조원가는 ₩6,200,000이다.

4) 제품재고

제품

| | | | |
|---|---|---|---|
| 기초 | ₩500,000 | 판매 | ₩6,000,000 |
| 입고 | 6,200,000 | 기말 | 700,000 |
| | ₩6,700,000 | | ₩6,700,000 |

그러므로, 제품재고금액은 ₩700,000이다.

**10** ④ 1) 직접재료원가

₩10,000 + ₩35,000 - ₩15,000 = ₩30,000

2) 직접노무원가

₩45,000 + ₩15,000 + ₩20,000 = ₩80,000

3) 당기총제조원가

₩30,000 + ₩80,000 + ₩40,000 = ₩150,000

4) 당기제품제조원가

₩40,000 + ₩150,000 - ₩50,000 = ₩140,000

## 02: 개별원가계산

**01** ③ key

제조간접원가를 실제 총직접노무시간으로 나누어 제조간접원가 배부율을 계산할 수 있다.

1) 제조간접원가 배부율

$\frac{1,000,000}{2,500\text{시간}}$ = ₩400

2) #901에 배부하여야 할 제조간접원가

₩400 × 320시간 = ₩128,000

그러므로, #901에 배부하여야 할 제조간접원가 ₩128,000이다.

**02** ⑤

| | 작업#1 | 작업#2 | 작업#3 |
|---|---|---|---|
| 기초재공품 | ₩2,000 | ₩4,000 | - |
| 직접재료원가 | 2,800 | ₩3,000 | ₩2,200 |
| 직접노무원가 | 4,000 | 5,000 | 3,000 |
| 제조간접원가 | 2,040[1)] | 2,400 | 2,220 |
| | ₩10,840 | ₩14,400 | ₩7,420 |

1) 배부율은 $\frac{6,000}{6,800 + 8,000 + 5,200}$ = 0.3/기본원가이므로,
0.3 × ₩6,800 = ₩2,040

그러므로, ₩14,400이다.

**03** ④

**key**

자가소비용역과 보조부문간의 용역수수관계는 무시한다.

| | S1 | S2 | P1 | P2 | 합계 |
|---|---|---|---|---|---|
| S1 | - | - | 0.625 | 0.375 | 1 |
| S2 | - | - | 0.4 | 0.6 | 1 |
| 배분전원가 | ₩60,000 | ₩30,000 | - | - | ₩90,000 |
| S1배분 | (60,000) | - | 37,500 | 22,500 | - |
| S2배분 | - | (30,000) | 12,000 | 18,000 | - |
| | - | - | ₩49,500 | ₩40,500 | ₩90,000 |

그러므로, P2에 배분될 보조부문원가는 ₩40,500이다.

**04** ①

| | 보조부문 | | 제조부문 | |
|---|---|---|---|---|
| | S1 | S2 | P1 | P2 |
| S1 | - | - | 400 | 400 |
| S2 | - | - | 300 | 200 |
| 배분전원가 | ₩250,000[1)] | ₩180,000 | ₩430,000 | ₩640,000 |
| A부문 배분 | (250,000) | - | 125,000[2)] | 125,000 |
| B부문 배분 | - | (180,000) | 108,000[3)] | 72,000 |
| 배분후원가 | - | - | ₩663,000 | ₩837,000 |

1) ₩240,000 + ₩100,000 × $\frac{10}{100}$ = ₩250,000

2) ₩250,000 × $\frac{400}{800}$ = ₩125,000

3) ₩180,000 × $\frac{300}{500}$ = ₩108,000

**05** ⑤

**key**

Y부문은 X부문에 배부하지만, X부문은 Y부분에 배부하지 않는다.

| | X | Y | A | B | 합계 |
|---|---|---|---|---|---|
| X | - | - | 0.6 | 0.4 | 1 |
| Y | 0.2 | - | 0.3 | 0.5 | 1 |
| 배분전원가 | ₩140,000 | ₩200,000 | ₩100,000 | ₩200,000 | ₩640,000 |
| Y배분 | 40,000[1] | (200,000) | 60,000 | 100,000 | - |
| X배분 | (180,000) | - | 108,000[2] | 72,000 | - |
| | - | - | ₩268,000 | ₩372,000 | ₩640,000 |

[1] ₩200,000 × 0.2 = ₩40,000
[2] ₩180,000 × 0.6 = ₩108,000

**06** ③

1) 배분할 원가
수선과 동력을 각각 A와 B라 하면
A = ₩260,000 + 0.25B
B = ₩100,000 + 0.2A
그러므로, A = ₩300,000, B = ₩160,000

2) 보조부문원가 배분

| | 보조부문 | | 제조부문 | |
|---|---|---|---|---|
| | A | B | 성형 | 조립 |
| A부문 제공 | - | 0.2 | 0.45 | 0.35 |
| B부문 제공 | 0.25 | - | 0.55 | 0.2 |
| 배분전원가 | ₩260,000 | ₩100,000 | - | - |
| A부문 배분 | (300,000) | 60,000[1] | ₩135,000 | ₩105,000 |
| B부문 배분 | 40,000[2] | (160,000) | 88,000 | 32,000 |
| 배분후원가 | - | - | ₩223,000 | ₩137,000 |

[1] ₩300,000 × 0.2 = ₩60,000
[2] ₩160,000 × 0.25 = ₩40,000

그러므로, 조립부문에 배부될 보조부문원가 합계액은 ₩137,000이다.

**07** ④

**key**

먼저 제조부문에 배분된 보조부문의 배부할 원가를 추정한 후, 배부할 원가와 상호용역수수관계를 이용하여 배부 전 원가를 추정한다.

1) 용역제공수수비율
수선부문을 A, 보조부문을 B라 한다.

| 제공부문 | 보조부문 | | 제조부문 | |
|---|---|---|---|---|
| | 수선(A) | 동력(B) | 도색 | 조립 |
| 수선(시간) | - | 0.2 | 0.5 | 0.3 |
| 동력(kwh) | 0.2 | - | 0.4 | 0.4 |

2) 타 보조부문으로부터 받은 금액을 가산한 보조부문원가

수선부문의 배부할 원가를 S1, 보조부문의 배부할 원가를 S2라 하면

- 도색: 0.5S1 + 0.4S2 = ₩100,000
- 조립: 0.3S1 + 0.4S2 = ₩80,000

그러므로, S1, S2는 각각 ₩100,000, ₩125,000이다.

3) 보조부문원가를 배분하기 전의 보조부문원가

- 수선: ₩100,000 = A + 0.2 × ₩125,000
- 동력: ₩125,000 = B + 0.2 × ₩100,000

그러므로, 수선부문과 동력부문의 원가는 각각 ₩75,000, ₩105,000이다.

**08** ②

1) 배부율

- 변동원가: $\frac{120,000}{200시간 + 300시간}$ = ₩240
- 고정원가: $\frac{180,000}{300시간 + 500시간}$ = ₩225

2) 보조부문원가배부

| | 성형부문 | 조립부문 |
|---|---|---|
| 변동원가 | ₩240 × 200시간 | ₩240 × 300시간 |
| 고정원가 | ₩225 × 300시간 | ₩255 × 500시간 |
| | ₩115,500 | ₩184,500 |

**09** ③

1) 매출원가

₩180,000 ÷ 120% = ₩150,000

2) 당기총제조원가

₩150,000 + 23,000 - 18,000 = ₩155,000

3) 당기총제조원가

₩155,000 + 15,000 - ₩20,000 = ₩150,000

4) 직접재료비

₩150,000 - 98,000 = ₩52,000

5) 재료매입액

₩52,000 + 13,000 - 17,000 = ₩48,000

6) 영업이익

₩180,000 - 150,000 - 10,000 = ₩20,000

## 03: 활동기준원가계산

**01** ⑤ 전수조사에 의한 품질검사는 단위수준활동에 해당된다.

**02** ⑤ 원가동인인 묶음(batch)크기를 줄이면 묶음수준활동원가가 증가된다.

**03** ②

**key**

활동별 추적가능원가를 원가동인으로 나누어 배부율을 계산하다.

1) 활동별 배부율

| 항목 | 원가동인배부율 |
|---|---|
| 자재주문 | ₩55 ÷ 55회 = ₩1/회 |
| 품질검사 | ₩84 ÷ 28회 = ₩3/회 |
| 기계수리 | ₩180 ÷ 180시간 = ₩1/시간 |

2) 제품별 원가

| | | 제품 A | 제품 B |
|---|---|---|---|
| 자재주문 | ₩1/회 × 20회 = | ₩20 | ₩35 |
| 품질검사 | ₩3/회 × 10회 = | 30 | 54 |
| 기계수리 | ₩1/시간 × 80시간 = | 80 | 100 |
| 계 | | ₩130 | ₩189 |

**04** ① 1) #203 제조간접원가

| | 총원가 | 원가동인수 | 배부율 | #203 제조간접원가 |
|---|---|---|---|---|
| 생산준비 | ₩200,000 | 1,250시간 | ₩160 | ₩9,600 |
| 재료처리 | ₩300,000 | 1,000회 | ₩300 | ₩15,000 |
| 기계작업 | ₩500,000 | 50,000시간 | ₩10 | ₩45,000 |
| 품질관리 | ₩400,000 | 10,000회 | ₩40 | ₩20,000 |
| | | | | ₩89,600 |

2) #203 기본원가

₩300,000 - 89,600 = ₩210,400

**05** ②

**key**

제품 A의 생산을 위한 활동원가는 ₩830,000을 이용하여 조립활동의 원가와 기계작업시간을 추정할 수 있다.

1) 활동별 원가동인배부율

| 항목 | 원가동인배부율 |
|---|---|
| 재료이동 | ₩4,000,000 ÷ 1,000회 = ₩4,000/이동횟수 |
| 성형 | ₩3,000,000 ÷ 15,000 = ₩200/단위 |
| 도색 | ₩1,500,000 ÷ 7,500시간 = ₩200/직접노동시간 |
| 조립 | ₩1,000,000 ÷ 2,000시간 = ₩500/기계작업시간 |

2) 제품 A를 1,000단위
기계작업시간을 $x$라 하자

| 항목 | 절감액 | |
|---|---|---|
| 재료이동 | ₩4,000 × 80회 = | ₩320,000 |
| 성형 | ₩200 × 1,000단위 = | 200,000 |
| 도색 | ₩200 × 300시간 = | 60,000 |
| 조립 | | $500x$ |
| 합계 | | ₩830,000 |

그러므로, 기계작업시간은 $\frac{250,000}{500}$ = 500시간이다.

**06** ③ 1) 활동별 원가동인배부율

| 항목 | 원가동인배부율 | |
|---|---|---|
| 절단 | ₩70,000 ÷ 700회 = | ₩100/회 |
| 성형 | ₩180,000 ÷ 900대 = | ₩200/대 |
| 도색 | ₩225,000 ÷ 1,500시간 = | ₩150/시간 |
| 조립 | ₩88,000 ÷ ? = | ₩?/시간 |

2) 중급자용 스키 조립활동원가

| 항목 | 금액 | |
|---|---|---|
| 절단 | ₩100 × 250회 = | ₩25,000 |
| 성형 | ₩200 × 300대 = | 60,000 |
| 도색 | ₩150 × 600시간 = | 90,000 |
| 조립 | | ? |
| 합계 | | ₩208,000 |

그러므로, 조립활동원가는 ₩33,000이다.

3) 조립활동원가 배분비율

중급자용 스키 $\frac{33,000}{88,000}$ = 0.375

그러므로, 기타 스키 비율은 1 - 0.375 = 0.675이다.

4) 총기계작업시간

$\frac{100\text{시간} + 150\text{시간}}{0.625}$ = 400시간

그러므로, 중급자용 스키 기계작업시간은 400시간 - 250시간 = 150시간이다.

**07** ⑤ key

각 항목별 원가를 자원동인을 기준으로 각 활동으로 배부하여 활동중심점별 원가를 집계한다.

1) 활동중심점별 원가집계
- 주문처리: ₩500,000 × 60% + ₩200,000 × 50% + ₩120,000 × 70% = ₩484,000
- 고객대응: ₩500,000 × 40% + ₩200,000 × 50% + ₩120,000 × 30% = ₩336,000

2) 활동별 배부율

| | 원가 | 원가동인 | 배부율 |
|---|---|---|---|
| 주문처리 | ₩484,000 | 1,600회 | ₩302.5/회 |
| 고객대응 | 336,000 | 120명 | 2,800/명 |

3) 고객 갑에게 배부될 간접원가 총액

₩302.5 × 10회 + ₩2,800 × 1명 = ₩5,825

**08** ①

**key**

제조간접원가는 활동기준원가계산을 이용하여 계산한다.

1) 활동별배부율

- 조립활동: $\frac{450,000}{37,500}$ = ₩12/시간
- 구매주문: $\frac{32,000}{1,000회}$ = ₩32/회
- 품질검사: $\frac{120,000}{1,600시간}$ = ₩75/시간

2) 제품 #23의 제조간접원가

| | | |
|---|---|---|
| 조립활동 | 850시간 × ₩12 = | 10,200 |
| 구매주문 | 90회 × ₩32 = | 2,880 |
| 품질검사 | 30시간 × ₩75 = | 2,250 |
| 합계 | | ₩15,330 |

3) 제품 #23의 매출총이익

| | | |
|---|---|---|
| 매출 | 300단위 × ₩90.7 = | 27,210 |
| 직접재료원가 | 300단위 × ₩15.5 = | 4,650 |
| 직접노무원가 | 300단위 × ₩12.2 = | 3,660 |
| 제조간접원가 | | 15,330 |
| 매출총이익 | | ₩3,570 |

그러므로, 매출총이익은 ₩3,570이다.

**09** ①

1) 기존 방식

₩270,000 × 0.45 = ₩121,500

2) 활동기준원가계산

| | 활동기준원가계산 | |
|---|---|---|
| 스탭지원 | ₩200,000 × 0.35 = | ₩70,000 |
| 컴퓨터지원 | ₩50,000 × 0.3 = | 15,000 |
| 고객지원 | ₩20,000 × 0.2 = | 4,000 |
| | | ₩89,000 |

그러므로, 기존에 비하여 ₩121,500 - ₩89,000 = ₩32,500만큼 감소

## 04: 종합원가계산

**01** ① 1) 가공원가 완성품환산량 단위당 원가

㉠ 물량흐름 파악

재공품

| | | | |
|---|---|---|---|
| 기초 | 500(0.4) | 완성 | 500(0.6) |
| 착수 | 4,500 | | 3,700 |
| | | 기말 | 800(0.5) |
| | 5,000 | | 5,000 |

㉡ 완성품환산량

| 가공원가 |
|---|
| 300 |
| 3,700 |
| 400 |
| 4,400 |

㉢ 원가 ₩88,000

㉣ 단가 @20( = ₩88,000 ÷ 4,400)

2) 기말재공품에 배부되는 가공원가

(800 × 50%) × ₩20 = ₩8,000

**02** ②

재공품

| | | | |
|---|---|---|---|
| 기초 | ? | 완성 | 3,500 |
| 착수 | ? | 기말 | 1,500(60%)[2] |
| | 5,000[1] | | 5,000 |

[1] 가중평균법에서 직접재료의 완성품환산량이 5,000단위이므로 투입량의 합계는 5,000단위이다.

[2] 가공원가의 완성품환산량이 4,400단위이므로, 다음의 식이 성립되어야 한다.

4,400단위 = 3,500단위 + 1,500단위 × 진행율

그러므로, 진행율은 60%이다.

**03** ⑤

**key**

원가흐름의 가정에 따른 공정 전체에 걸쳐 균등하게 발생하는 가공원가의 완성품환산량 차이는 기초재공품 수량과 완성도이다.

완성품 환산량 차이

= 108,000단위 - 87,000단위

= 21,000단위

"21,000단위 = 70,000단위 × 기초재공품의 완성도"이므로, 기초재공품 가공(전환)원가의 완성도는 30%이다.

**04** ③

**key**

평균법은 기초재공품을 당기에 착수한 것으로 가정하여 평균단가를 계산한다.

㉠ 물량흐름 파악

| 재공품 | | | |
|---|---|---|---|
| 기초 | 300(0.6) | 완성 | 800 |
| 착수 | 700 | 기말 | 200(0.5) |
| | 1,000 | | 1,000 |

㉡ 완성품환산량

| 완성품환산량 |
|---|
| 800 |
| 100 |
| 900 |

㉢ 원가 ₩45,000(= ₩3,000 + ₩42,000)

㉣ 단가 @50(= ₩45,000 ÷ 900)

그러므로, 기말재공품원가는 @50 × 100단위 = ₩5,000이다.

**05** ②

**key**

가공원가 완성품환산량을 이용하여 기초재공품의 완성도를 추정할 수 있다.

㉠ 물량흐름 파악

| 재공품 | | | |
|---|---|---|---|
| 기초 | 1,500($x$) | 완성 | 1,500(1 - $x$) |
| | | | 6,000 |
| | | 기말 | 500(0.2) |
| | | | 1,000(0.5) |
| 착수 | 8,000 | | 500(0.8) |
| | 9,500 | | 9,500 |

㉡ 완성품환산량

| 가공원가 |
|---|
| 1,500(1 - $x$) |
| 6,000 |
| 100 |
| 500 |
| 400 |
| 7,960 |

그러므로, $x$는 36%이다.

**06** ①

1) 평균법

㉠ 물량흐름 파악

| 재공품 | | | |
|---|---|---|---|
| 기초 | 5,000(0.4) | 완성 | 17,500 |
| 착수 | 20,000 | 기말 | 7,500(0.2) |
| | 25,000 | | 25,000 |

㉡ 완성품환산량

| 가공원가 |
|---|
| 17,500 |
| 1,500 |
| 19,000 |

㉢ 원가 ₩18,050,000

㉣ 단가 @950

그러므로, 기말재공품에 포함된 가공원가는 ₩950 × 1,500 = ₩1,425,000이다.

2) 선입선출법

㉠ 물량흐름 파악

| 재공품 | | | |
|---|---|---|---|
| 기초 | 5,000(0.4) | 완성 | 5,000(0.6) |
| 착수 | 20,000 | | 12,500 |
| | | 기말 | 7,500(0.2) |
| | 25,000 | | 25,000 |

㉡ 완성품환산량

| 가공원가 |
|---|
| 3,000 |
| 12,500 |
| 1,500 |
| 17,000 |

㉢ 원가 ₩17,000,000

㉣ 단가 @1,000

그러므로, 기말재공품에 포함된 가공원가는 ₩1,000 × 1,500 = ₩1,500,000이다.

**07** ⑤ 1) 완성품환산량

㉠ 물량흐름 파악 / ㉡ 완성품환산량

| 재공품 | | | | 재료비 A(0%) | 재료비 B(60%) | 가공비 |
|---|---|---|---|---|---|---|
| 기초 | 400(0.2) | 완성 | 400(0.8) | - | 400 | 320 |
| 착수 | 1,600 | | 1,000 | 1,000 | 1,000 | 1,000 |
| | | 기말 | 600(0.5) | 600 | - | 300 |
| | 2,000 | | 2,000 | 1,600 | 1,400 | 1,620 |

2) 환산량 단위당원가

재료 A ₩512,000 ÷ 1,600 = ₩320

재료 B ₩259,000 ÷ 1,400 = ₩185

가공원가 ₩340,200 ÷ 1,620 = ₩210

3) 완성품원가

₩162,300 + 1,000 × ₩320 + 1,400 × ₩185 + 1,320 × ₩210 = ₩1,018,500

그러므로, 당기 완성품원가는 ₩1,018,500이다.

**08** ④ 1) 물량흐름 파악 / 2) 완성품환산량

| | | | | 전공정원가 | 재료원가 | 가공원가 |
|---|---|---|---|---|---|---|
| 기초 | 100(0.4) | 완성품 | 100(0.6) | - | 100 | 60 |
| 착수 | 500 | | 300 | 300 | 300 | 300 |
| | | 기말 | 200(0.8) | 200 | 200 | 160 |
| | 600 | | 600 | 500 | 600 | 520 |
| 3) 당기발생원가 | | | | ₩40,000 | ₩6,000 | ₩26,000 |
| 4) 환산량 단위당원가 | | | | @80 | @10 | @50 |

그러므로, 완성품원가는 ₩10,000 + 300단위 × ₩80 + 400단위 × ₩10 + 360단위 × ₩50 = ₩56,000이다.

**09** ①

**key**

총완성품은 당기에 착수하여 완성된 제품에 기초재공품을 합한다.

1) 총공손수량($x$)

기초재공품 + 당기착수량 = 완성품 + $x$ + 기말재공품

60단위 + 300단위 = (60단위 + 200단위) + $x$ + 80단위

그러므로, 총공손수량($x$)은 20단위이다.

2) 정상공손

합격품의 5%

= 260단위 × 5%

= 13단위

그러므로, 비정상공손수량은 20단위 - 13단위 = 7단위이다.

**10** ②

**key**

> 검사시점을 통과한 물량은 완성량이며, 공손의 완성도는 검사시점이다.

1) 정상공손수량과 비정상공손수량

"총투입량 = 총산출량"이며, 총공손수량을 $x$라 하면,

(500단위 + 8,500단위) = (8,000단위 + 600단위 + $x$)이므로 $x$는 400단위이다.

- 정상공손수량 = 합격품 × 3% = 8,000단위 × 3% = 240단위
- 비정상공손수량 = 400단위 - 240단위 = 160단위

2) 완성품환산량 단위당 원가

㉠ 물량흐름 파악 / ㉡ 완성품환산량

| 재공품 | | | | 직접재료원가 | 전환원가 |
|---|---|---|---|---|---|
| 기초 | 500(0.4) | 완성 | 500(0.6) | - | 300 |
| | | | 7,500 | 7,500 | 7,500 |
| | | 정상 | 240(0.5) | 240 | 120 |
| | | 비정상 | 160(0.5) | 160 | 80 |
| 착수 | 8,500 | 기말 | 600(0.3) | 600 | 180 |
| | 9,000 | | 9,000 | 8,500 | 8,180 |
| ㉢ 원가 | | | | ₩850,000 | ₩409,000 |
| ㉣ 환산량단위당 원가(= ㉢ ÷ ㉡) | | | | ₩100 | ₩50 |

3) 정상공손원가

240단위 × ₩100 + 120단위 × ₩50 = ₩30,000

**11** ⑤

**key**

> 원가가 공정 전반에 걸쳐 균등하게 발생하는 경우 평균법에 의한 완성품환산량이 선입선출법에 의한 완성품환산량보다 기초재공품수량에 기초완성도를 곱한 수량만큼 더 많다.

1) 기말재공품 완성도($x$)

$$\frac{4,300 + 8,200 + 20,000 + 39,500}{800단위 + 200단위 \times x} = ₩80$$

그러므로, $x$는 50%이다.

2) 기초재공품 완성도($y$)

50단위 = 100단위 × $y$

그러므로, $y$는 50%이다.

3) 기말재공품원가(선입선출법)

㉠ 물량흐름 파악

| 재공품 | | | |
|---|---|---|---|
| 기초 | 100(0.5) | 완성 | 100(0.5) |
| 착수 | 900 | | 700 |
| | | 기말 | 200(0.5) |
| | 1,000 | | 1,000 |

㉡ 완성품환산량

| | 총원가 |
|---|---|
| | 50 |
| | 700 |
| | 100 |
| | 850 |
| ㉢ 원가 | ₩59,500 |
| ㉣ 단가 | @70 |

그러므로, 기말재공품원가는 ₩70 × 200단위 × 50% = ₩7,000이다.

**12** ③

key

단위당 완성품원가를 총원가를 6,000단위로 나누어 계산한다.

1) 감손 전 물량

완성품 6,000단위 ÷ (1 - 0.25 × 100%) = 8,000단위

기말재공품 1,800단위 ÷ (1 - 0.25 × 40%) = 2,000단위

기초재공품 8,000단위 + 2,000단위 - 8,000단위 = 2,000단위

2) 기초재공품 완성도($x$)

1,750단위 = 2,000단위 × (1 - 0.25 × $x$)

$x$는 50%이다.

3) 완성품원가

㉠ 물량흐름 파악

| 재공품 | | | |
|---|---|---|---|
| 기초 | 2,000(0.5) | 완성 | 8,000 |
| 착수 | 8,000 | 기말 | 2,000(0.4) |
| | 10,000 | | 10,000 |

㉡ 완성품환산량

| | 재료원가 | 가공원가 |
|---|---|---|
| | 8,000 | 8,000 |
| | 2,000 | 800 |
| | 10,000 | 8,800 |
| ㉢ 원가 | ₩1,450,000 | ₩1,100,000 |
| ㉣ 단가 | @145 | @125 |

완성품원가는 8,000 × ₩145 + 8,000 × ₩125 = ₩2,160,000이다.

그러므로, 당기 완성품의 단위당 원가는 ₩2,160,000 × 6,000단위 = ₩360이다.

# 05: 결합원가계산

**01** ③

**key**

결합원가는 ₩200,000이고, 분리점의 판매가치는 ₩320,000이므로 결합원가는 분리점의 판매가치의 62.5%$\left(=\frac{200,000}{320,000}\right)$이다.

결합원가의 배분기준이 분리점의 판매가치 이므로 이 관계를 이용하여 각 제품의 분리점 판매가치를 구할 수 있다.

| | A | B | C | 합계 | |
|---|---|---|---|---|---|
| 결합원가 | ₩64,000[2] | ₩86,000 | ₩50,000[1] | ₩200,000 | 분리점 판매가치의 62.5% |
| 분리점의 판매가치 | ? | ? | 80,000 | 320,000 | |

[1] ₩80,000 × 62.5% = ₩50,000
[2] ₩200,000 - ₩86,000 - ₩50,000 = ₩64,000

**02** ④

| | B | C |
|---|---|---|
| 결합원가 | ₩800,000[1] | ₩400,000 |
| 추가가공원가 | - | 170,000 |
| 합계 | ₩800,000 | ₩570,000 |

[1] 결합원가 배분

| | 순실현가치 | 결합원가배분액 |
|---|---|---|
| B | 400kg × ₩500 = ₩200,000(2/3) | ₩800,000 |
| C | 600kg × ₩450 - 170,000 = ₩100,000(1/3) | 400,000 |
| | | ₩1,200,000 |

**03** ⑤

**key**

제품 B에 배분된 결합원가가 ₩480,000이므로, 제품 B 순실현가치비율을 계산할 수 있다.

1) 제품 B 순실현가치비율

$\frac{480,000}{800,000}$ = 60%이다.

2) 제품 B 추가가공원가($x$)

| | 분리점 판매가치 | | 배분비율 | 결합원가 |
|---|---|---|---|---|
| 제품 A | 4,000 × ₩250 = | ₩1,000,000 | 40% | ₩320,000 |
| 제품 B | 6,000 × ₩350 - $x$ = | 1,500,000 | 60% | 480,000 |
| | | ₩2,500,000 | | ₩800,000 |

$x$는 ₩600,000이다.

그러므로, 제품 B의 단위당 추가가공원가는 $\frac{600,000}{6,000단위}$ = ₩100이다.

**04** ⑤

key

결합원가 배분 후 결합제품 A의 총제조원가는 ₩70이므로 결합원가 배분금액은 ₩70 - ₩40 = ₩30이며, 총 결합원가의 25%이다. 따라서, 결합제품 A의 순실현가치 비율은 25%이다.

1) 순실현가치비율

A　₩30 ÷ ₩120 = 25%

B　₩90 ÷ ₩120 = 75%

2) A 매출액(S)

S - (₩30 + ₩40) = 0.3S

S = ₩100

즉, A의 순실현가치는 ₩100 - ₩40 = ₩60

3) B 매출액

A의 순실현가치 ₩60은 25%의 비율이므로 B의 순실현가치는 ₩180으로 추산된다.

그러므로, B의 매출액은,

S - ₩60 = ₩180이므로,

S = ₩240

4) B 이익

₩240 - ₩90 - ₩60 = ₩90

그러므로, 매출총이익률은, ₩90 ÷ ₩240 = 37.5%이다.

**05** ③

| | 연산품 | | 합계 |
|---|---|---|---|
| | A | B | |
| 매출 | ₩400,000 | ₩1,200,000 | ₩1,600,000 |
| 결합원가 | (300,000) | (650,000) | (950,000) |
| 추가원가 | - | (250,000) | (250,000) |
| 매출총이익 | ₩100,000 | ₩300,000 | ₩400,000 |
| 매출총이익률 | 25% | 25% | 25% |

**06** ③

1) 결합원가

| 제품 | 분리점판매가치 | 비율 | 결합원가 |
|---|---|---|---|
| X | ₩30,000 | 50% | ₩15,000 |
| Y | 20,000 | | ? |
| Z | 50,000 | | ? |
| | ₩100,000 | | ₩50,000 |

2) 추가가공의사결정

| 제품 | 분리점판매가치 | 추가원가 | 최종판매가치 |
|---|---|---|---|
| X | ₩30,000 | ₩3,500 | ₩33,000 |
| Y | 20,000 | 5,000 | 30,000 |
| Z | 50,000 | 7,500 | ₩60,000 |
| | ₩100,000 | | ₩123,000 |

그러므로, Y와 Z를 추가가공한다.

3) 손익계산서

| | X | Y | Z | 합계 |
|---|---|---|---|---|
| 매출 | ₩30,000 | ₩30,000 | ₩60,000 | ₩120,000 |
| 결합원가 | | | | (50,000) |
| 분리원가 | - | (5,000) | (7,500) | (12,500) |
| 매출총이익 | | | | ₩57,500 |

**07** ③ 1) 결합원가

㉠ 물량흐름 파악

| 재공품 | | | |
|---|---|---|---|
| 기초 | - | 완성 | 10,000 |
| 착수 | 20,000 | | 10,000(0.5) |
| | 20,000 | | 20,000 |

㉡ 완성품환산량

| | 재료원가 | 가공원가 |
|---|---|---|
| | 10,000 | 10,000 |
| | 10,000 | 5,000 |
| | 20,000 | 15,000 |
| ㉢ 원가 | ₩200,000 | ₩300,000 |
| ㉣ 단가 | @10 | @20 |

결합원가는 10,000kg × ₩10 + 10,000kg × ₩20 = ₩300,000이다.

2) 결합원가배분

| | 분리점 판매가치 | | 배분비율 | 결합원가 |
|---|---|---|---|---|
| 제품A | 8,000kg × ₩75 = | ₩600,000 | 60% | ₩180,000 |
| 제품B | 2,000kg × ₩200 = | 400,000 | 40% | 120,000 |
| | | ₩1,000,000 | | ₩300,000 |

그러므로, 제품B에 배분될 결합원가 배분액은 ₩120,000이다.

**08** ⑤

**key**

제품 X, Y에 배분될 결합원가는 결합공정에서의 완성품원가이다.

1) 결합원가

㉠ 물량흐름 파악

| 재공품 | | | |
|---|---|---|---|
| 기초 | - | 완성 | 2,400 |
| 착수 | 3,000 | | 600(0.5) |
| | 3,000 | | 3,000 |

㉡ 완성품환산량

| | 재료원가 | 가공원가 |
|---|---|---|
| | 2,400 | 2,400 |
| | 600 | 300 |
| | 3,000 | 2,700 |
| ㉢ 원가 | ₩180,000 | ₩108,000 |
| ㉣ 단가 | @60 | @40 |

그러므로, 결합원가는 2,400단위 × ₩60 + 2,400단위 × ₩40 = ₩240,000이다.

2) 제품 Y의 단위당 제조원가

| | X | Y | 총계 |
|---|---|---|---|
| 매출액 | ₩120,000 | ₩320,000 | ₩440,000 |
| 결합원가 | (72,000) | (168,000) | (240,000) |
| 추가원가 | - | (24,000) | (24,000) |
| 매출총이익 | ₩48,000 | ₩128,000 | ₩176,000 |
| 이익율 | (0.4) | (0.4) | (0.4) |

그러므로, 제품 Y의 단위당 제조원가는 $\frac{168,000 + 24,000}{1,600\text{단위}}$ = ₩120이다.

**09** ③

**key**

부산물 인식방법이 생산시점이므로 결합원가에서 부산물의 순실현가치를 차감한 나머지를 주산품에 배부한다.

1) 부산물 순실현가치

(₩60 - ₩15) × 250 = ₩11,250

2) 연산품에 배분된 결합원가

₩135,000 - ₩11,250 = ₩123,750

**10** ⑤

**key**

부산물의 순실현가치를 결합원가에서 차감한다. 또한, 매출총이익은 판매량 80단위를 기준으로 계산한다.

1) 부산물 순실현가치

₩30 × 50단위 - ₩500 = ₩1,000

그러므로, 주산물에 배분될 결합원가는 ₩1,450 - ₩1,000 = ₩450이다.

2) 결합원가배분

| | 순실현가치 | | 배분비율 | 결합원가 |
|---|---|---|---|---|
| X | 100 × ₩60 - ₩1,000 = | ₩5,000 | 5/9 | ₩250 |
| Y | 140 × ₩30 - ₩200 = | 4,000 | 4/9 | 200 |
| | | ₩9,000 | | ₩450 |

3) 주산물 A의 단위당 원가

$$\frac{1,000 + 250}{100\text{단위}} = ₩12.5$$

4) 주산물 A의 매출총이익

80단위 × (₩60 - ₩12.5) = ₩3,800

그러므로, 주산물 A의 매출총이익 ₩3,800이다.

## 06: 표준원가계산

**01** ②

**key**

제조간접원가 실제발생액은 제조간접원가 예정배부액에서 과대배부액을 차감하여 계산한다.

1) 예정배부율

$$\frac{\text{제조간접비 예산}}{\text{추정직접노무시간}} = \frac{192,400}{3,700\text{시간}} = ₩52/\text{시간}$$

2) 예정배부액

₩52 × 450시간 = ₩23,400

그러므로, 실제발생액은 ₩23,400 - ₩1,300 = ₩22,100이다.

**02** ③

**key**

예정배부금액은 예정배부율에 실제조업도를 곱하여 계산한다.

1) 예정배부율

₩928,000 ÷ 80,000시간 = ₩11.6

2) 예정배부금액

실제 기계작업시간을 $x$라 하자.

₩11.6 × $x$ = ₩840,710

그러므로, $x$는 72,475시간이다.

**03** ⑤

**key**

제조간접원가 차변잔액은 실제발생금액이고 대변잔액은 예정배부금액이다. 또한, 원재료는 제조간접원가와 무관하기 때문에 배부대상에서 제외한다.

1) 배부차이

| | | |
|---|---|---|
| 예정배부금액 | ₩310,000 | |
| 실제발생금액 | 370,000 | |
| 배부차이 | ₩60,000 | 과소배부 |

2) 배부차이조정(총원가기준비례배분법)

| 구분 | 분리점의 판매가치 | 비율 | 배부차이 |
|---|---|---|---|
| 재공품 | ₩200,000 | 10% | ₩6,000 |
| 제품 | 300,000 | 15% | 9,000 |
| 매출원가 | 1,500,000 | 75% | 45,000 |
| | | 100% | ₩60,000 |

그러므로, 배부차이 조정 후 매출원가는 ₩1,500,000 + ₩45,000 = ₩1,545,000이다.

**04** ④ 1) 배부차이조정

| | 조정전금액 | | 배부차이조정 | |
|---|---|---|---|---|
| | | | 조정 | 조정후금액 |
| 재공품 | ₩90,000 | (9%) | ₩13,500 | ₩103,500 |
| 제품 | 230,000 | (23%) | 34,500 | 264,500 |
| 매출원가 | 680,000 | (68%) | 102,000 | 782,000 |
| 계 | ₩1,000,000 | | ₩150,000 | ₩1,150,000 |

2) 재고자산

원재료 + 재공품 + 제품

= ₩250,000 + ₩103,500 + ₩264,500

= ₩618,000

그러므로, 배부차이 조정 후 기말재고자산은 ₩618,000이다.

**05** ⑤

| | 화물선 | 유람선 | LNG선 |
|---|---|---|---|
| 직접재료원가 | ₩240,000 | ₩400,000 | ₩520,000 |
| 직접노무원가 | 280,000 | 520,000 | 640,000 |
| 제조간접원가 | 280,000[1] | 480,000 | 640,000 |
| 차이조정전 총제조원가 | ₩800,000 | ₩1,400,000 | ₩1,800,000 |
| 배부차이조정 | (100,000)[2] | - | - |
| 차이조정후 총제조원가 | ₩900,000 | ₩1,400,000 | ₩1,800,000 |

[1] 예정배부액
- 예정배부율: ₩2,000,000 ÷ 5,000시간 = ₩400/시간
- 예정배부액: ₩400 × 700시간 = ₩280,000

[2] 배부차이

| | 금액 |
|---|---|
| 예정배부액 | ₩1,400,000( = ₩400 × 3,500시간) |
| 실제발생액 | 1,500,000 |
| 배부차이금액 | ₩100,000 과소배부 |

그러므로, 제조간접원가 배부차이를 조정한 후의 매출원가는 ₩900,000이다.

**06** ⑤

**key**

> 제조간접원가 예정배부액에 배부차이를 반영하여 실제발생액을 계산한다.

1) 배부차이 조정 후 재공품계정 및 제품계정

제품

| | | | |
|---|---|---|---|
| 기초 | ₩6,000 | 판매 | ₩67,700 |
| 입고 | 69,700 | 기말 | 8,000 |
| | ₩75,700 | | ₩75,700 |

재공품

| | | | |
|---|---|---|---|
| 기초 | ₩8,600 | 완성 | ₩69,700 |
| DM<br>DL | 56,000 | | |
| OH | 9,600[1] | 기말 | 7,200 |
| | ₩74,200 | | ₩76,900 |
| | 예정배부액 | | 실제발생액 |

[1] ₩24,000 × 40% = ₩9,600

그러므로, 배부차이는 ₩76,900 - ₩74,200 = ₩2,700 과소배부이다.

2) 실제 제조간접원가

예정배부액 + 배부차이

= ₩9,600 - ₩2,700

= ₩12,300

그러므로, 실제 제조간접원가는 ₩12,300이다.

**07** ②

1) 구입가격차이

| AQ' × AP | AQ' × SP |
|---|---|
| 7,500kg × ₩12<br>= ₩90,000 | 7,500kg × ₩10<br>= ₩75,000 |

₩15,000 불리

2) 수량차이

| AQ × SP | SQ × SP |
|---|---|
| 6,500kg × ₩10<br>= ₩65,000 | 1,000단위 × 6kg × ₩10<br>= ₩60,000 |

₩5,000 불리

**08** ④

**key**

구입가격차이를 이용하여 구입량을 계산할 수 있고, 능률차이를 이용하여 사용량을 계산할 수 있다.

1) 구입량

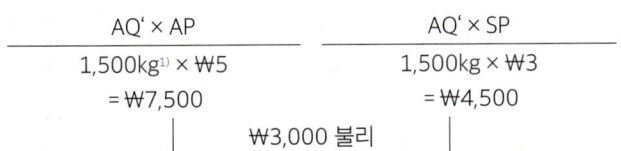

| AQ' × AP | AQ' × SP |
| --- | --- |
| 1,500kg[1] × ₩5 = ₩7,500 | 1,500kg × ₩3 = ₩4,500 |
| ₩3,000 불리 | |

[1] AQ' × (₩5 - ₩3) = ₩3,000 불리

2) 사용량

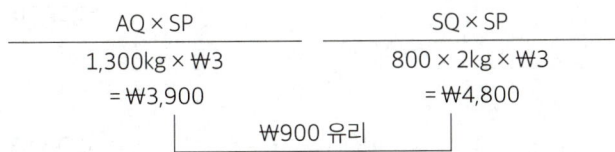

| AQ × SP | SQ × SP |
| --- | --- |
| 1,300kg × ₩3 = ₩3,900 | 800 × 2kg × ₩3 = ₩4,800 |
| ₩900 유리 | |

그러므로, 기말 직접재료 재고수량은 1,500kg - 1,300kg = 200kg이다.

**09** ③

**key**

능률차이를 이용하여 실제노무시간을 계산한 후, 임률차이를 이용하여 실제노무원가를 계산한다.

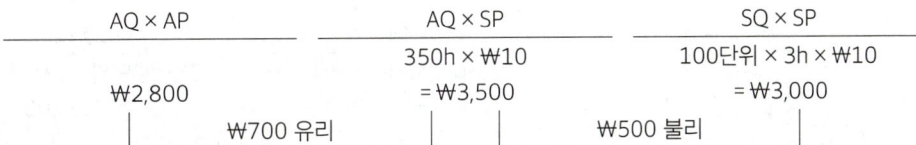

| AQ × AP | AQ × SP | SQ × SP |
| --- | --- | --- |
| ₩2,800 | 350h × ₩10 = ₩3,500 | 100단위 × 3h × ₩10 = ₩3,000 |
| ₩700 유리 | | ₩500 불리 |

**10** ②

**key**

변동제조간접원가 총차이에서 능률차이를 제외하면 소비차이를 계산할 수 있다.

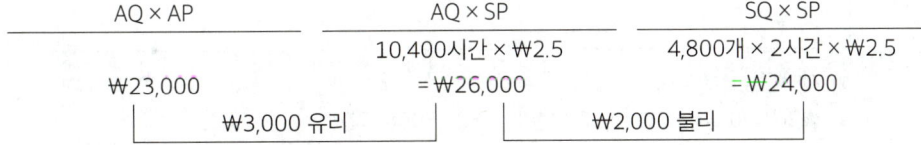

| AQ × AP | AQ × SP | SQ × SP |
| --- | --- | --- |
| ₩23,000 | 10,400시간 × ₩2.5 = ₩26,000 | 4,800개 × 2시간 × ₩2.5 = ₩24,000 |
| ₩3,000 유리 | | ₩2,000 불리 |

**11** ③

**key**

표준원가계산에서 배부차이는 실제발생액과 표준배부액과의 차이이다.

| 실제발생액 | AQ × SP | SQ × SP |
|---|---|---|
| ? | 4,850시간 × ₩300<br>= ₩1,455,000 | 4,800시간 × ₩300<br>= ₩1,440,000 |

| 실제발생액 | 예산 | SQ × SP |
|---|---|---|
| ? | 5,000시간 × ₩100<br>₩500,000 | 4,800시간 × ₩100<br>= ₩480,000 |
| ₩1,940,000 | | ₩1,920,000 |
| | ₩20,000 과소 | |

**12** ④

| 실제 | 예산 | SQ × SP |
|---|---|---|
| ₩285,000 | 6,000h × ₩46<br>= ₩276,000 | 1,000 × 5h × ₩46[1]<br>= ₩230,000 |
| ₩9,000 불리 | | ₩46,000 불리 |

[1] 고정제조원가 표준배부율 = $\frac{230,000}{1,000 \times 5h}$ = ₩46

**13** ①

| 실제 | 예산 | SQ × SP |
|---|---|---|
| | 50,000시간 × ₩10<br>= ₩500,000 | 26,000단위 × 2시간 × ₩10<br>= ₩520,000 |
| | ₩20,000 유리 | |

그러므로, 고정제조간접원가 조업도차이는 ₩20,000 유리이다.

**14** ⑤

**key**

직접재료원가 총차이는 가격차이와 수량차이로 구성되어 있으므로, 총차이와 가격차이를 이용하여 수량차이를 추정할 수 있다.

1) 직접재료 수량차이

₩26,000(불리) - ₩48,500(불리) = ₩22,500(유리)

2) 실제 제품생산량

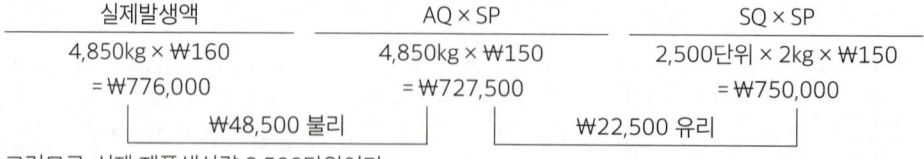

| 실제발생액 | AQ × SP | SQ × SP |
|---|---|---|
| 4,850kg × ₩160<br>= ₩776,000 | 4,850kg × ₩150<br>= ₩727,500 | 2,500단위 × 2kg × ₩150<br>= ₩750,000 |
| ₩48,500 불리 | | ₩22,500 유리 |

그러므로, 실제 제품생산량 2,500단위이다.

**15** ④ 예산고정제조간접원가를 A, 단위당 표준변동제조간접원가를 B라 한다.

3월

| 실제발생액 | 예산 | SQ × SP |
|---|---|---|
| | A | 1,000 × B |

실제발생액 - 예산: ₩200 유리 / 예산 - SQ × SP: ₩500 불리

4월

| 실제발생액 | 예산 | SQ × SP |
|---|---|---|
| ? | A | 1,500 × B |

실제발생액 - 예산: ₩300 불리 / 예산 - SQ × SP: ₩500 유리

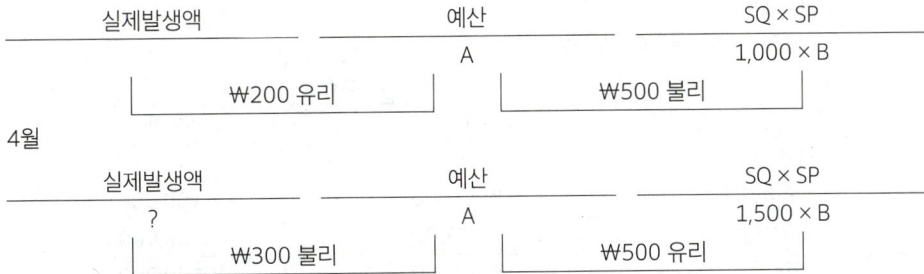

- 4월: A + ₩500 = 1,500 × B
- 3월: A - ₩500 = 1,000 × B

4월에서 3월을 차감하면 다음과 같다.

₩1,000 = 500 × B

B = ₩2, A = ₩2,500

예산고정제조간접원가(A)는 ₩2,500이므로, 4월 실제로 발생한 고정제조간접원가는 ₩2,500 + ₩300 = ₩2,800이다.

## 07: 변동원가계산

**01** ④

**key**

변동원가계산은 수익과 비용의 대응원칙에 부합하지 않고 외부보고 및 조세 목적으로 인정되지 않는다.

전부원가계산은 수익과 비용의 대응원칙에 부합되는 원가계산방법으로 외부보고 및 조세 목적을 위해서 일반적으로 인정되는 방법이다.

**02** ⑤ 변동원가계산은 전부원가계산에 비해 경영자의 생산과잉을 더 잘 방지한다.

**03** ②

① 전부원가계산은 고정제조간접원가를 제품원가에 포함시키므로 생산량의 변동에 따라 제품단위당 원가가 달라져서 경영자가 의사결정을 할 때 혼란을 초래할 수 있다.

③ 변동원가계산은 원가를 변동원가와 고정원가로 분류하여 공헌이익을 계산하므로 경영의사결정, 계획수립 및 통제목적에 유용한 정보를 제공한다.

④ 전부원가계산은 외부보고용 재무제표를 작성하거나 법인세를 결정하기 위한 조세목적을 위해서 일반적으로 인정되는 원가계산방법이다.

⑤ 초변동원가계산은 직접재료원가만을 재고가능원가로 처리하므로 불필요한 재고자산의 보유를 최소화하도록 유인할 수 있다.

**04** ⑤

**key**

단위당 변동원가와 총고정원가는 일정하다.

1) 단위당 변동원가

₩30 - ₩10 = ₩20

2) 총고정원가

₩10 × 5,000개 = ₩50,000

| | 생산량 | |
|---|---|---|
| | 2,000개 | 5,000개 |
| 총원가 | | |
| 변동원가 | ₩40,000 | ₩100,000 |
| 고정원가 | 50,000 | 50,000 |
| 소계 | ₩90,000 | ₩150,000 |
| 단위당 원가 | | |
| 변동원가 | ₩20 | ₩20 |
| 고정원가 | 25 | 10 |
| 소계 | ₩45 | ₩30 |

그러므로, E는 ₩150,000이다.

**05** ②

**key**

전부원가계산에 의한 영업이익과 변동원가계산에 의한 영업이익 차이는 재고에 포함되어 있는 고정제조간접원가이다.

1) 단위당 고정제조간접원가

₩6,000 ÷ 150단위 = ₩40

2) 전부원가계산에 의한 영업이익

₩7,500 + 50단위 × ₩40 = ₩9,500

그러므로, 전부원가계산에 의한 영업이익은 ₩9,500이다.

**06** ④

**key**

전부원가계산에 의한 영업이익과 변동원가계산에 의한 영업이익 차이는 재고에 포함되어 있는 고정제조간접원가이다.

1) 재고에 포함되어 있는 단위당 고정제조간접원가($x$)

₩62,500 = 500단위 × $x$

$x$는 ₩125이다.

2) 고정제조간접원가

₩125 × 3,000단위 = ₩375,000

그러므로, 당기에 발생한 고정제조간접원가는 ₩375,000이다.

**07** ④

**key**

전부원가계산과 변동원가계산의 영업이익 차이는 재고에 포함되어 있는 고정제조간접원가이다.

1) 단위당 고정제조간접원가
₩750,000 ÷ 5,000개 = ₩150
2) 기초재고수량($x$)
전부원가계산 영업이익 - 변동원가계산 영업이익 = 기말재고 × 단위당고정제조원가 - 기초재고 × 단위당 고정제조원가
(₩30,000) = 500개 × ₩150 - $x$ × ₩150
그러므로, $x$는 700개이다.

**08** ①

**key**

전부원가계산에 의한 영업이익과 변동원가계산에 의한 영업이익 차이는 재고에 포함되어 있는 고정제조간접원가이다.

1) 기말제품재고

제품

| | | | |
|---|---|---|---|
| 기초 | - | 판매 | 1,600 |
| 생산 | 2,000 | 기말 | 400 |
| | 2,000 | | 2,000 |

그러므로, 기말제품재고는 400단위이다.
2) 단위당 고정제조간접원가
₩600,000 ÷ 2,000단위 = ₩300
3) 영업이익차이
400단위 × ₩300 = ₩120,000
그러므로, 전부원가계산에 의한 영업이익이 변동원가계산에 의한 영업이익보다 ₩120,000만큼 많다.

**09** ③

**key**

1분기와 2분기 영업이익 차이를 이용하여 1분기와 2분기 고정제조간접원가를 각각 추정할 수 있다.

1) 1분기 고정제조간접원가
"전부원가계산하 이익 = 변동원가계산하 이익 + 기말재고 × @FOH - 기초재고 × @FOH"이므로,
₩7,000 = ₩5,000 + ₩2,000( = 100단위 × ₩20)
그러므로, 1분기 고정제조간접원가는 ₩20 × 500단위 = ₩10,000이다.
2) 2분기 고정제조간접원가
"전부원가계산하 이익 = 변동원가계산하 이익 + 기말재고 × @FOH - 기초재고 × @FOH"이므로,
₩8,500 = ₩6,000 + ₩4,500( = 150단위 × ₩30) - ₩2,000
그러므로, 2분기 고정제조간접원가는 ₩30 × 800단위 = ₩24,000이다.

**10** ③

**key**

전부원가계산에 의한 영업이익과 2월의 변동원가계산에 의한 영업이익 차이는 재고에 포함되어 있는 고정제조간접원가이다.

1) 월별 재고현황

| 1월 | | | | 2월 | | | |
|---|---|---|---|---|---|---|---|
| 월초 | - | 판매 | 500 | 월초 | 300 | 판매 | 1,100 |
| 생산 | 800 | 월말 | 300 | 생산 | 1,000 | 월말 | 200 |

2) 월별 단위당 고정제조간접원가
- 1월: ₩20,000 ÷ 800단위 = ₩25
- 2월: ₩30,000 ÷ 1,000단위 = ₩30

3) 2월의 변동원가계산에 의한 영업이익($x$)

전부원가계산하에서의 영업이익 = 변동원가계산하에서의 영업이익
+ 기말재고 × 단위당고정제조원가
- 기초재고 × 단위당고정제조원가

₩100,000 = $x$ + 200 × ₩30 - 300 × ₩25

그러므로, 2월의 변동원가계산에 의한 영업이익은 ₩11,500이다.

**11** ⑤ 1) 연도별 재고현황

| 20×1년 | | | | 20×2년 | | | |
|---|---|---|---|---|---|---|---|
| 기초 | - | 판매 | 4,000 | 기초 | 2,000 | 판매 | 7,000 |
| 생산 | 6,000 | 기말 | 2,000 | 생산 | 6,000 | 기말 | 1,000 |

2) 연도별 단위당 고정제조간접원가
- 20×1년: ₩120,000 ÷ 6,000단위 = ₩20
- 20×2년: ₩120,000 ÷ 6,000단위 = ₩20

3) 20×2년 변동원가계산에 의한 영업이익($x$)

₩910,000 = $x$ + 1,000단위 × ₩20 - 2,000단위 × ₩20

$x$는 ₩930,000이다.

그러므로, 20×2년 변동원가계산에 의한 영업이익은 ₩930,000이다.

**12** ① ₩374,000 = ₩352,000 + (₩78,000 - $x$) - ₩20,000

$x$ = ₩36,000

**13** ④ key

> 전부원가계산과 변동원가계산의 재고금액차이는 고정제조간접원가이다.

1) 기초재고자산의 고정제조간접원가($x$)

"전부원가계산 이익 = 변동원가계산 이익 + 기말재고 × @FOH - 기초재고 × @FOH"이므로,

₩72,000 = ₩60,000 + ₩25,000 - $x$

그러므로, 기초재고자산의 고정제조간접원가는 ₩13,000이다.

2) 전부원가계산에 의한 기초재고자산

변동제조원가 + 고정제조간접원가

= ₩64,000 + ₩13,000

= ₩77,000

그러므로, 전부원가계산에 의한 기초재고자산은 ₩77,000이다.

**14** ①

**key**

변동원가계산의 영업이익과 초변동원가계산의 영업이익 차이는 재고에 포함되어 있는 변동가공원가이다.

1) 분기별 단위당 변동가공원가
   - 1분기: (₩1,360,000 + ₩800,000) ÷ 8,000단위 = ₩270
   - 2분기: (₩1,500,000 + ₩885,000) ÷ 9,000단위 = ₩265

2) 2분기 말 제품재고수량($x$)
   ₩241,750 = $x$ × ₩265 - 2,000단위 × ₩270
   $x$는 2,950단위이다.
   그러므로, 2분기 말 제품재고수량은 2,950단위이다.

**15** ③

**key**

고정제조간접원가와 단위당 고정제조간접원가를 이용하여 당기 생산량과 기말재고수량을 추정할 수 있다.

1) 판매량
   매출 ÷ 단위당 판매가격
   = ₩1,000,000 ÷ ₩1,000
   = 1,000단위
2) 고정제조간접원가
   총고정원가 - 총고정판매관리비
   = ₩400,000 - ₩50,000
   = ₩350,000
3) 변동판매관리비
   총판매관리비 - 총고정판매관리비
   = ₩200,000 - ₩50,000
   = ₩150,000
   그러므로, 단위당 변동판매관리비는 ₩150,000 ÷ 1,000단위 = ₩150이다.
4) 단위당 변동원가
   ₩520,000 ÷ 1,000단위 = ₩520
   그러므로, 변동제조원가는 ₩520 - ₩150 = ₩370이다.
5) 단위당 전부제조원가
   ₩650,000 ÷ 1,000단위 = ₩650
6) 단위당 고정제조간접원가
   ₩650 - ₩370 = ₩280
7) 생산량
   총고정제조간접원가 ÷ 단위당 고정제조간접원가
   = ₩350,000 ÷ ₩280
   = 1,250단위
8) 기말재고수량
   1,250단위 - 1,000단위
   = 250단위
   그러므로, 전부원가계산에 의한 기말제품재고는 250단위 × ₩650 = ₩162,500이다.

## 08: 원가함수추정

**01** ④ 총고정비를 a라 하고 기계가동시간당 변동비를 b라 하면,

| | |
|---|---|
| 3분기(고점) | ₩285,000 = a + b × 6,500시간 |
| 1분기(저점) | ₩232,000 = a + b × 4,500시간 |

a는 ₩112,750, b는 ₩26.5이므로 원가함수($y$)는 "$y$ = ₩112,750 + 26.5$x$"이다.
그러므로, 기계가동시간 5,500시간에서 원가는 다음과 같다.
₩112,750 + 26.5 × 5,500시간 = ₩258,500

**02** ③

**key**

고저점법을 이용하여 단위당 변동원가와 총고정원가를 추정한다.

1) 원가함수 추정

| | | 총원가(Y) | = | 고정비(a) | + | 변동비(b × $x$) |
|---|---|---|---|---|---|---|
| 20×5년 | | ₩70,000,000 | = | a | + | b × 2,000 |
| 20×4년 | (-) | 50,000,000 | = | a | + | b × 1,000 |
| | | ₩20,000,000 | = | | | b × 1,000 |

b = $\frac{20,000,000}{1,000}$ = ₩20,000이므로, 이를 20×5년에 대입하면,
₩70,000,000 = a + ₩20,000 × 2,000
따라서, a는 ₩30,000,000이므로 원가함수는 다음과 같다.
$y$ = ₩30,000,000 + ₩20,000 × $x$

2) 20×6년 원가함수
총고정원가는 20% 증가하고 단위당 변동원가는 30% 감소하므로,
$y$ = (₩30,000,000 × 120%) + (₩20,000 × 70%) × $x$
= ₩36,000,000 + ₩14,000 × $x$

3) 생산량이 3,000개일 때 총제조원가
$y$ = ₩36,000,000 + ₩14,000 × 3,000개
= ₩78,000,000

**03** ① 1) 기타제조원가함수(1,000단위기준)

| | 고정원가 | 변동원가 |
|---|---|---|
| 외주가공비 | - | ₩5 × 1,000 |
| 감가상각비 | ₩2,000 | - |
| 기타제조원가 | 3,000 | 4 × 1,000 |
| | ₩5,000 | ₩9 × 1,000 |

기타제조원가함수는 "₩4 × 생산량 + ₩3,000"이다.

2) 생산량이 3,000단위일 때 예상되는 기타제조원가 총액
₩4 × 3,000 + ₩3,000 = ₩15,000
그러므로, 생산량이 3,000단위일 때 예상되는 기타제조원가 총액은 ₩15,000이다.

**04** ④ (1) 40단위 생산 총노무시간

$150시간 \times 0.9^2 \times 4 = 486시간$

(2) 추가 30단위 직접노무원가

(486시간 - 150시간) × ₩1,200 = ₩403,200

**05** ①

**key**

첫 번째(10단위) 생산에 투입된 시간은 ₩3,000 ÷ ₩10 = 300시간이다.

1) 40단위 생산에 소요되는 노무시간

| | 누적생산량 | 누적평균시간 | 총시간 |
|---|---|---|---|
| 1lot | 10단위 | 300시간 | 300시간 |
| 2lot | 20단위 | 270시간[1] | |
| 4lot | 40단위 | 243시간 | 972시간 |

[1] 300시간 × 90%

그러므로, 총 972시간이 소요된다.

2) 총변동원가

| | | |
|---|---|---|
| 직접재료원가 | ₩800 × 40대 = | ₩32,000 |
| 직접노무원가 | ₩10 × 972시간 = | 9,720 |
| 변동제조간접원가 | ₩30 × 972시간 = | 29,160 |
| 합계 | | ₩70,880 |

그러므로, 총변동원가는 ₩70,880이다.

**06** ④

**key**

두 번째 생산에 총시간은 90시간 + 54시간 = 144시간이다.

1) 4단위 소요되는 노무시간

| 누적생산량 | 누적평균시간 | 총시간 |
|---|---|---|
| 1단위 | 90시간 | 90시간 |
| 2단위 | 72시간[1] | 144시간 |
| 3단위 | ? | |
| 4단위 | 57.6시간[2] | 230.4시간 |

[1] 학습률 72시간 ÷ 90시간 = 80%
[2] 72시간 × 80% = 57.6시간

2) 4단위 총제조원가

| | | |
|---|---|---|
| 직접재료원가 | ₩500 × 4단위 = | ₩2,000 |
| 직접노무원가 | ₩10 × 230.4시간 = | 2,304 |
| 변동제조간접원가 | ₩2.5 × 230.4시간 = | 576 |
| 생산량 | | 2,500 |
| 단위당 원가 | | ₩7,380 |

# 09: CVP분석

**01** ④

**key**

단위당 변동원가는 ₩1,000이고, 총고정원가는 ₩2,600,000이다.

1) 자료정리

| | | |
|---|---|---|
| p | ₩2,000 | |
| vc | 1,000 | |
| cm | ₩1,000 | (cm r: 0.5) |
| FC | ₩2,600,000 | |

2) 손익분기점 매출액

$$\frac{2,600,000}{0.5} = ₩5,200,000$$

**02** ④

| | |
|---|---|
| 단위당 판매가격 | 100% |
| 단위당 변동원가 | 60% |
| 단위당 공헌이익 | 40% |
| 고정비 | ₩6,000,000 |

목표매출액을 S라 하면,
0.4S - ₩6,000,000 = ₩2,000,000
S는 ₩20,000,000이다.

**03** ② ₩250 × 0.24 × 3,360개 - ₩84,000 = ₩117,600

**04** ① 단위당 판매가격을 P라 하면,
[(P - ₩40) × 1,000개 - ₩30,000] × (1 - 0.4) = ₩12,000
그러므로, P는 ₩90이다.

**05** ④ 1) 자료정리

| | |
|---|---|
| p | ₩200 |
| vc | 100( = ₩30 + ₩20 + ₩40 + ₩10) |
| cm | ₩100 |
| FC | ₩200,000 |

2) 세후목표판매량(Q)
(₩100Q - ₩200,000) × (1 - 0.2) = ₩30,000
Q는 2,375단위이다.
그러므로, 세후목표이익 ₩30,000을 달성하기 위한 판매수량은 2,375단위이다.

**06** ④

**key**

누진세율의 경우 세전이익으로 전환한다.

1) 세전목표이익
   ₩8,000 ÷ (1 - 0.2) + ₩4,500 ÷ (1 - 0.25)
   = ₩16,000
2) 목표이익분석
   400 × Q - ₩30,000 = ₩16,000
   Q = 115
   그러므로, 제품 A의 판매수량은 115단위이다.

**07** ③

※ 자료정리

| | A | B | C |
|---|---|---|---|
| 판매가격 | ₩900 | ₩1,000 | ₩900 |
| 변동원가 | 700 | 600 | 500 |
| 공헌이익 | ₩200 | ₩400 | ₩400 |
| 매출배합 | 4 | 2 | 1 |

1) 꾸러미법 적용시 꾸러미당 공헌이익
   ₩200 × 4 + ₩400 × 2 + ₩400 × 1 = ₩2,000
2) 손익분기 꾸러미수(Q)
   ₩2,000Q - ₩1,000,000 = 0
   그러므로, Q는 500꾸러미
3) 제품별 손익분기 판매량

| | | |
|---|---|---|
| A | 500 × 4 = | 2,000 |
| B | 500 × 2 = | 1,000 |
| C | 500 × 1 = | 500 |

   그러므로 손익분기점 매출액은 다음과 같다.
   ₩900 × 2,000 + ₩1,000 × 1,000 + ₩900 × 500 = ₩3,250,000

**08** ⑤

**key**

가중평균공헌이익률을 이용하여 총매출액을 구한 후, 매출액구성비를 적용하여 A제품의 매출액을 계산한다.

1) 가중평균공헌이익률

| | A제품 | B제품 |
|---|---|---|
| 매출액 | ₩300,000 | ₩900,000 |
| 변동원가 | 120,000 | 450,000 |
| 공헌이익 | ₩180,000 | ₩450,000 |
| 공헌이익률 | 0.6 | 0.5 |

$$0.6 \times \frac{300,000}{1,200,000} + 0.5 \times \frac{900,000}{1,200,000} = 0.525$$

2) 손익분기점 매출액

$$\frac{262,500}{0.525} = ₩500,000$$

3) A제품 손익분기점 매출액

$$₩500,000 \times \frac{300,000}{1,200,000} = ₩125,000$$

**09** ⑤

**key**

손익분기점 매출수량과 배합비율을 이용하여 총고정원가를 계산할 수 있다.

1) 총고정원가

손익분기점에서 총공헌이익과 총고정원가는 동일하다.

| 구분 | 제품 X | 제품 Y | 제품 Z |
|---|---|---|---|
| 매출배합비율(매출수량기준) | 20% | 60% | 20% |
| 단위당 공헌이익 | ₩12 | ₩15 | ₩8 |
| 손익분기점 매출수량 | 2,600단위 | 7,800단위 | 2,600단위 |

총고정원가는 ₩12 × 2,600단위 + ₩15 × 7,800단위 + ₩8 × 2,600단위 = ₩169,000이다.

2) 제품 Z의 생산을 중단

| 구분 | 제품 X | 제품 Y |
|---|---|---|
| 매출배합비율(매출수량기준) | 60% | 40% |
| 단위당 공헌이익 | ₩12 | ₩15 |
| 총고정원가 | ₩169,000 - ₩4,000 = ₩165,000 | |

3) 가중평균공헌이익

₩12 × 60% + ₩15 × 40% = ₩13.2

4) 목표이익 ₩33,000을 달성하기 위한 제품 X의 매출수량

₩13.2 × Q - ₩165,000 = ₩33,000

Q는 15,000단위

그러므로, 제품 X의 매출수량은 15,000단위 × 60% = 9,000단위이다.

**10** ④

**key**

회계적 이익에 감가상각비를 가산하면 현금흐름이다.

[(₩25 - ₩16) × Q - ₩4,000] × (1 - 0.2) + ₩500 = 0

그러므로, Q는 375단위이다.

**11** ②

**key**

전부원가계산은 모든 제조원가를 제품원가로 처리하기 때문에 단위당 고정제조간접원가를 제품원가에 포함시켜야 한다.

※ 자료정리

| | |
|---|---|
| 단위당 판매가격 | ₩250 |
| 단위당 변동원가 | 170(₩150 + ₩20) |
| 공헌이익 | ₩80 |
| 고정원가 | ₩200,000 |
| 세율 | 110,000 |

1) 단위당 고정제조간접원가

$$\frac{200,000}{5,000\text{단위}} = ₩40$$

2) 전부원가계산하에서의 손익분기점 판매량

(₩250 - ₩170 - ₩40) × Q - ₩110,000 = ₩0

그러므로, Q는 2,750단위이다.

**12** ⑤ ※ 자료정리

| | |
|---|---|
| 단위당 판매가격 | ₩6 |
| 단위당 변동원가 | 4.2(0.7) |
| 단위당 공헌이익 | ₩1.8(0.3) |
| 고정비 | ₩360,000 |

1) 현재 매출수량

₩1,200,000 ÷ ₩6 = 200,000단위

2) 추가로 지출가능한 고정비

추가로 지출가능한 고정비를 k라 하면,

₩1.8 × (200,000단위 + 100,000단위) - (₩360,000 + k) = ₩30,000

k = ₩150,000

**13** ②

key

> 매출액이 증가하면 변동원가도 증가한다. 즉, 공헌이익이 전년도에 비하여 15% 증가한다.

1) 공헌이익률

$$\frac{2,700,000 - 1,170,000 - 450,000}{2,700,000} = 0.4$$

2) 20×2년 영업이익

₩2,700,000 × (1 + 15%) × 0.4 - (₩540,000 + ₩324,000) = ₩378,000

그러므로, 20×2년 영업이익은 ₩378,000이다.

**14** ③ ※ 자료정리

| | |
|---|---|
| 단위당 판매가격 | ₩1,200( = ₩1,200,000 ÷ 1,000단위) |
| 단위당 변동원가 | 900( = ₩1,200 × 0.75) |
| 공헌이익 | ₩300 |
| 고정원가 | ₩240,000 |
| 세율 | 40% |

① 세후영업이익
(₩300 × 1,000단위 - ₩240,000) × (1 - 0.4) = ₩36,000

② 안전한계율
- 손익분기점 판매량: ₩240,000 ÷ ₩300 = 800단위
- 안전한계율: (1,000단위 - 800단위) ÷ 1,000단위 = 20%

③ 영업레버리지도(DOL)
1 ÷ 20% = 5

④ 세후목표매출액(S)
(0.25 × S - ₩240,000) × (1 - 0.4) = ₩54,000
그러므로, S는 ₩1,320,000이다.

⑤ 손익분기점 공헌이익
₩300 × 800단위 = ₩240,000이다.

## 10: 관련원가분석

**01** ② 관련 범위 내에서 단위당 변동원가는 일정하며 총변동원가는 조업도에 따라 달라진다.

**02** ④

| | | | |
|---|---|---|---|
| 증분수익 | 매출 | 1,500 × ₩450 = | ₩675,000 |
| 증분비용 | 변동비 | 1,500 × (₩300 + 20) = | ₩480,000 |
| | 판매포기 | 500 × (₩500 - 300) = | ₩100,000 |
| 증분이익 | | | ₩95,000 |

**03** ③

key

특별주문에 대해서는 변동판매비가 발생하지 않으며, 기회비용은 기존 판매 1,000단위에 대한 공헌이익이다.

| | | |
|---|---|---|
| 증분수익 | | |
| 매출액 증가 | 2,000개 × P = | ₩2,000P |
| 증분비용 | | |
| 변동비 증가 | 2,000개 × ₩1,000 = | (2,000,000) |
| 공헌이익 감소 | 1,000개 × (₩2,000 - ₩1,200) = | (800,000) |
| 증분이익 | | ₩2,000P - ₩2,800,000 ≧ 0 |

그러므로, 단위당 최소판매가격은 $\frac{2,800,000}{2,000개}$ = ₩1,400이다.

**04** ③ 1) 판매량

"총매출액 ÷ 단위당 판매가격 = 총판매량"이므로,

₩3,000,000 ÷ ₩200 = 15,000단위

2) 영업이익 증감액

| | X |
|---|---|
| 단위당 판매가격 | ₩200 |
| 단위당 변동원가 | 50(= ₩40[1] + 10[2]) |
| 단위당 공헌이익 | ₩150 |

[1] 단위당 변동매출원가

$\frac{2,000,000 \times 0.3}{15,000\text{단위}} = ₩40$

[2] 단위당 변동매출원가

$\frac{500,000 \times 0.3}{15,000\text{단위}} = ₩10$

회사의 유휴생산능력은 충분하므로 영업이익 증가는 다음과 같다.

(주문가격 - 변동원가) × 주문량

= (₩150 - 50) × 500단위

= ₩50,000

**05** ②

| | | |
|---|---|---|
| 증분수익 | | |
| 매출증가 | 1,500단위 × ₩220 = | ₩330,000 |
| 증분비용 | | |
| 변동비 증가 | 1,500단위 × (₩100 + ₩30) = | (195,000) |
| 기존판매감소 | 1,500단위 × ₩30 = | (45,000) |
| 증분이익 | | ₩90,000 |

그러므로, 특별주문을 수락하는 경우 ₩90,000만큼 이익이 증가한다.

**06** ④

| | | |
|---|---|---|
| 증분수익 | | |
| 임대수익 | | ₩30,000 |
| 증분비용 | | |
| 변동비절감 | 1,000단위 × ₩120 = | ₩120,000 |
| 고정비절감 | ₩40,000 × 0.25 = | 10,000 |
| 구입비용 | 1,000단위 × ₩140 = | (140,000) |
| 증분이익 | | ₩20,000 |

그러므로, 제의를 받아들일 경우 ₩20,000만큼 이익이 증가한다.

**07** ①

**key**

증분접근법에서 증분이익이 ₩10,000이 되는 임대수익을 계산한다.

| | | |
|---|---|---|
| 증분수익 | | |
| 임대수익 | | $x$ |
| 증분비용 | | |
| 변동원가 감소 | 500단위 × ₩70 = | ₩35,000 |
| 고정원가 감소 | ₩50,000 × 40% = | 20,000 |
| 구입비용 | 500단위 × ₩100 = | (50,000) |
| 증분이익 | | ₩10,000 |

그러므로, $x$는 ₩5,000이다.

**08** ③

**key**

고정원가 중 회피할 수 있는 원가는 의사결정에 있어서 고려대상이다.

| | | |
|---|---|---|
| 증분수익 | | |
| 매출감소 | | (₩100,000) |
| 임대수익 | | 10,000 |
| 증분비용 | | |
| 변동원가 감소 | ₩40,000 + ₩20,000 = | 60,000 |
| 고정원가 감소 | ₩30,000 × 40% + ₩20,000 × 60% = | 24,000 |
| 증분이익 | | (₩6,000) |

그러므로, X제품의 생산을 중단할 경우 ₩6,000만큼 이익이 감소한다.

**09** ⑤ 1) 자료정리

| | 제품A | 제품B |
|---|---|---|
| 단위당 판매가격 | ? | ? |
| 단위당 변동원가 | ? | ? |
| 단위당 공헌이익 | ₩15 | ₩20 |
| 노무시간 | ÷ 1h | ÷ 2h(₩20 ÷ ₩10) |
| 노무시간당 공헌이익 | ₩15 | ₩10 |

2) 최적생산계획

| | | 필요시간 | 잔여시간 |
|---|---|---|---|
| 제품 A | 2,000단위 × 1h = | 2,000 | 1,000 |
| 제품 B | 500단위 × 2h = | 1,000 | - |

그러므로, 최대공헌이익은 2,000단위 × ₩15 + 500단위 × ₩20 = ₩40,000이다.

**10** ⑤

**key**

공통설비의 연간 사용시간은 총 40,000시간을 제한되어 있기 때문에 제품별 시간당 공헌이익을 기준으로 우선순위를 결정한다.

1) 자료정리

| | | 제품 A | 제품 B | 제품 C |
|---|---|---|---|---|
| 단위당 판매가격 | | ₩500 | ₩750 | ₩1,000 |
| 단위당 변동원가 | | 150 | 300 | 600 |
| 단위당 공헌이익 | | ₩350 | ₩450 | ₩400 |
| 단위당 설비사용시간 | (÷) | 5 | 10 | 8 |
| 기계소요시간당 공헌이익 | | ₩70 | ₩45 | ₩50 |
| 우선순위 | | 1순위 | 3순위 | 2순위 |

2) 최적제품배합

| | | 필요시간 | 잔여시간 |
|---|---|---|---|
| 제품 A | 2,000단위 × 5시간 = | 10,000 | 30,000 |
| 제품 C | 2,000단위 × 8시간 = | 16,000 | 14,000 |
| 제품 B | 1,400단위 × 10시간 = | 14,000 | - |

3) 최대공헌이익

2,000단위 × ₩350 + 1,400단위 × ₩450 + 2,000단위 × ₩400 = ₩2,130,000

① 제품단위당 공헌이익이 가장 작은 제품은 B이다.

② 공헌이익을 최대화하기 위해 생산할 제품 C의 설비 사용시간은 16,000시간이다.

③ 공헌이익을 최대화하기 위해 생산할 총제품수량은 5,400단위이다.

④ 공헌이익을 최대화하기 위해서는 제품 A, 제품 C, 제품 B의 순서로 생산한 후 판매해야 한다.

**11** ②

**key**

특별주문을 수락하기 위해서는 기계가동시간당 공헌이익이 작은 제품 일부를 포기해야 한다.

1) 자료정리

| | | X | Y |
|---|---|---|---|
| 단위당 판매가격 | | ₩1,500 | ₩1,000 |
| 단위당 변동원가 | | 1,200 | 800 |
| 단위당 공헌이익 | | ₩300 | ₩200 |
| 단위당 기계소요시간 | (÷) | 2 | 1 |
| 기계소요시간당 공헌이익 | | ₩150 | ₩200 |
| 우선순위 | | 2순위 | 1순위 |

2) 최적제품배합

| | | 필요시간 | 잔여시간 |
|---|---|---|---|
| Y | 400단위 × 1시간 = | 400 | 600 |
| X | 300단위 × 2시간 = | 600 | - |

3) 특별주문을 위한 시간

200단위 × 1.5시간 = 300시간

즉, X를 300시간 ÷ 2시간 = 150단위를 포기해야 한다.

4) 의사결정

| | | |
|---|---|---|
| 증분수익 | | |
| 매출증가 | | ₩200P |
| X포기 | 150단위 × ₩300 = | (45,000) |
| 증분비용 | | |
| 변동원가 증가 | 200단위 × ₩900 = | (180,000) |
| 증분이익 | | ₩200P - ₩225,000 ≥ 0 |

그러므로, P는 ₩1,125이다.

**12** ③ 1) 제품별 공헌이익

| | 제품 A | 제품 B |
|---|---|---|
| 단위당 판매가격 | ₩1,000 | ₩1,500 |
| 단위당 변동원가 | 700 | 1,100 |
| 단위당 공헌이익 | ₩300 | ₩400 |

2) 목적함수

z = ₩300 × A + ₩400 × B

3) 제약조건의 구체화

2 × A + 2 × B ≦ 2,400kg

2 × A + 3 × B ≦ 3,000시간

A, B ≧ 0

4) 최적해 도출

- (1,200, 0): ₩300 × 1,200 + ₩400 × 0 = ₩360,000
- (600, 600): ₩300 × 600 + ₩400 × 600 = ₩420,000
- (0, 1,000): ₩300 × 0 + ₩400 × 1,000 = ₩400,000

그러므로, 최대공헌이익은 ₩420,000이다.

## 11: 대체가격결정

**01** ⑤ key

사업부 A는 현재 최대생산능력을 이용하여 생산하는 표준형 밸브 전량을 외부시장에 판매할 수 있기 때문에 1단위 대체를 위해서는 1단위를 포기해야 한다.

1) 자료정리

| | 공급사업부 | | → | 구매사업부 |
|---|---|---|---|---|
| | 외부 | 대체 | | |
| p | ₩50 | TP | | |
| vc | ₩29 + ₩4 | ₩27 | | TP |
| cm | ₩17 | | | |

2) 최소대체가격

₩27 + ₩17 = ₩44

그러므로, 표준형 밸브의 단위당 사내대체가격은 ₩44이다.

**02** ④ 1) 최소대체가격

$$₩22 + \frac{(45 - 15) \times 2,500}{2,000} = ₩59.5$$

2) 최대대체가격

외부구입가격인 ₩65

그러므로, 대체가격을 TP라 하면 대체가격의 범위는 다음과 같다.

₩59.5 ≤ TP ≤ ₩65

**03** ③ **key**

대체시 단위당 증분원가는 변동제조원가와 운송비이며, 대체를 위해서는 기존 판매 200단위를 포기해야 한다.

| | 공급사업부 | | 500단위 | 구매사업부 | |
|---|---|---|---|---|---|
| | 외부 | 대체 | → | | |
| p | ₩100 | TP | | - | |
| vc | 40 | ₩30 + ₩7 | | TP | ← 외부구입비용 ₩70 |
| cm | ₩60 | | | | |

그러므로, 최소대체가격은 $₩37 + \frac{200단위 \times 60}{500단위} = ₩61$이다.

**04** ③ **key**

여유조업도가 충분하지 않는 경우 기존 외부시장에서 판매를 일부 포기한다.

1) 손익구조

| | 공급사업부 | | 4,000단위 | 구매사업부 | |
|---|---|---|---|---|---|
| | 외부 | 대체 | → | | |
| p | ₩3,000 | TP | | - | |
| vc | 1,800 | ₩1,800 | | TP | ← 외부구입비용 ₩3,000 |
| cm | ₩1,200 | | | | |

2) 여유조업도

| | |
|---|---|
| 최대조업도 | 11,000 |
| 외부판매 | 9,000 |
| 여유조업도 | 2,000 |

즉, 4,000단위 대체를 위해서는 기존 외부시장판매를 2,000단위 포기해야 한다.

3) 최소대체가격

최소 대체가격 = 단위당 증분원가 + 단위당 기회비용

$$= ₩1,800 + \frac{2,000단위 \times 1,200}{4,000단위}$$

$$= ₩2,400$$

**05** ②

**key**

> 사업부 A의 여유조업도는 2,000단위이므로 4,000단위를 대체하기 위해서는 2,000단위 판매를 포기해야 한다.

1) 자료정리

| | 사업부 A 외부 | 사업부 A 대체 | | 사업부 B | |
|---|---|---|---|---|---|
| p | ₩150 | TP | → | ₩350 | |
| vc | 100 | ₩100 | | TP + 180 | ← 외부구입비용 ₩135 |
| cm | ₩50 | | | | |

2) 최소대체가격

단위당 증분원가 + 단위당 기회원가

$$= ₩100 + \frac{2,000\text{단위} \times 50}{4,000\text{단위}}$$

= ₩125

그러므로, 최소대체가격은 ₩125이다.

**06** ③

**key**

> (대안1)의 공헌이익을 먼저 구한 후 (대안2)의 공헌이익과 동일해지는 대체가격을 계산한다.

1) (대안1)의 공헌이익

10,000개 × (₩148 - ₩100)

= ₩480,000

2) 대체가격(TP)

₩480,000 = 9,000개 × (₩150 - ₩100) + 1,000개 × (TP - ₩100)

그러므로, 대체가격(TP)은 ₩130이다.

**07** ③

**key**

> 40,000단위를 전량 판매하지만 최대 생산능력이 50,000단위이므로 여유조업도는 10,000단위이다. 따라서, 부품 Xplus 20,000단위를 생산하기 위하여 여유조업도 10,000단위를 제외한 기존 판매량 30,000단위를 포기해야 한다. 사업부 A의 최소판매가격은 단위당 증분원가에 단위당 기회원가를 합하여 계산할 수 있다.

※ 자료정리

| | 사업부 A 외부 | 사업부 A 대체 | 20,000단위 | 사업부 B |
|---|---|---|---|---|
| p | ₩50 | TP | → | - |
| vc | 35 | ₩35 + 20 | | TP |
| cm | ₩15 | | | |

1) 기회원가

기존판매분 감소량 × 단위당 공헌이익

= 30,000단위 × ₩15

= ₩450,000

2) 최소대체가격

최소 대체가격 = 단위당 증분원가 + 단위당 기회비용

$$= ₩55 + \frac{450,000}{20,000\text{단위}}$$

$$= ₩77.5$$

**08** ⑤

**key**

> 대체로 인한 회사 전체 이익을 이용하여 최대대체가격을 추정할 수 있다. 또한, 회사 전체 이익을 공급사업부와 구매사업부에 각각 50%씩 배분할 수 있는 대체가격을 계산한다.

1) 최대대체가격(M)

1,000단위(M - ₩160) = ₩50,000

그러므로, M는 ₩210이다.

2) 균등하게 나눌 수 있는 대체가격(E)

$$\frac{210 + 160}{2} = ₩185$$

그러므로, M + E = ₩210 + ₩185 = ₩395이다.

## 12: 자본예산

**01** ⑤

**key**

> 현금절감액은 연중 균일하게 발생한다고 제시되어 있어 연간 미회수액을 계산하여 회수기간을 계산할 수 있다.

| 기간 | 현금흐름 | 미회수액 |
|---|---|---|
| 1 | ₩100,000 | ₩(180,000) |
| 2 | 80,000 | (100,000) |
| 3 | 60,000 | (40,000) |
| 4 | 50,000 | 10,000 |

그러므로 회수기간은 다음과 같다.

$$3\text{년} + \frac{40,000}{50,000} = 3.8\text{년}$$

**02** ④ ㄱ. 순현재가치법에서 자본비용(최저요구수익률)이 증가하면 순현재가치는 감소한다.

ㅁ. 순현재가치법과 내부수익률법은 화폐의 시간가치를 고려한다.

**03** ⑤ **key**

세전영업현금흐름과 법인세를 이용하여 세후영업현금흐름을 계산할 수 있다. 또한, **회계적 이익과 현금흐름의 차이는 감가상각비**이다.

1) 매년 감가상각비

₩1,000,000 ÷ 5년 = ₩200,000

2) 매년 예상되는 세후순현금유입액

₩300,000 × (1 - 30%) + ₩200,000 × 30%

= ₩270,000

3) 회수기간

| | 순현금유입액 | 미회수금액 |
|---|---|---|
| 1차연도 | ₩270,000 | ₩(730,000)( = ₩1,000,000 - ₩270,000) |
| 2차연도 | 270,000 | (460,000)( = ₩730,000 - ₩270,000) |
| 3차연도 | 270,000 | (190,000)( = ₩460,000 - ₩270,000) |
| 4차연도 | 270,000 | 80,000( = ₩390,000 - ₩270,000) |
| 5차연도 | 270,000 | 350,000 |

$3년 + \frac{190,000}{270,000} = 3.7년$ 또는, $\frac{1,000,000}{270,000} = 3.7년$

4) 평균투자액

$\frac{1,000,000 + 0}{2} = ₩500,000$

5) 매년 법인세차감전순이익

세전영업현금흐름 - 감가상각비

= ₩300,000 - ₩200,000

= ₩100,000

6) 평균투자액에 대한 회계적 이익률

(1) 세후회계적이익

세후순현금유입액 - 감가상각비

= ₩270,000 - ₩200,000

= ₩70,000

(2) 회계적 이익률

$\frac{70,000}{500,000} = 14\%$

## 13: 종합예산

**01** ③

1분기

| | | | |
|---|---|---|---|
| 기초 | 1,200 | 사용 | 6,000( = 3,000단위 × 2kg) |
| 매입 | 6,800 | 기말 | 2,000( = 5,000단위 × 2kg × 20%) |
| | 8,000 | | 8,000 |

그러므로, 1분기 재료구입예산액은 6,800kg × ₩3 = ₩20,400이다.

**02** ③

1분기

| | | | |
|---|---|---|---|
| 기초 | 300 | 판매 | 1,000 |
| 생산 | 1,100 | 기말 | 400 |
| | 1,400 | | 1,400 |

2분기

| | | | |
|---|---|---|---|
| 기초 | 400 | 판매 | 1,000 |
| 생산 | 1,080 | 기말 | 480 |
| | 1,480 | | 1,480 |

3분기

| | | | |
|---|---|---|---|
| 기초 | 480 | 판매 | 1,200 |
| 생산 | 1,240 | 기말 | 520 |
| | 1,720 | | 1,720 |

4분기

| | | | |
|---|---|---|---|
| 기초 | 520 | 판매 | 1,300 |
| 생산 | 1,230 | 기말 | 450 |
| | 1,750 | | 1,750 |

그러므로, 20×1년 제품A의 연간 예상 생산수량은 1,100단위 + 1,080단위 + 1,240단위 + 1,230단위 = 4,650단위이다.

**03** ③

**key**

9월말 제품재고는 4분기 초 제품재고이다.

4분기

| | | | |
|---|---|---|---|
| 기초 | 3,300 | 완성 | 33,000(30,000단위 × 110%) |
| 생산 | 32,550 | 기말 | 2,850 |
| | 35,850 | | 35,850 |

그러므로, 4분기의 목표생산량은 32,550단위이다.

**04** ③

**key**

2분기의 제품 판매량과 제품재고를 이용하여 제품생산량을 계산한다.

1) 2분기 제품생산량

| 제품 | | | |
|---|---|---|---|
| 기초 | 50 | 판매 | 900 |
| 생산 | 930 | 기말 | 80 |
| | 980 | | 980 |

그러므로, 2분기 제품생산량은 930단위이다.

2) 2분기 재료매입액

| 재료 | | | |
|---|---|---|---|
| 기초 | 100 | 사용 | 465( = 930단위 × 0.5kg) |
| 매입 | 485 | 기말 | 120 |
| | 585 | | 585 |

그러므로, 2분기 재료매입액은 485kg × ₩10 = ₩4,850이다.

**05** ①

**key**

월별 매출원가를 구한 후 월말 재고금액을 반영하여 상품구입액을 구한다.

| 4월 | | | |
|---|---|---|---|
| 월초 | ₩420 | 판매 | ₩4,200( = ₩6,000 × 70%) |
| 구입 | $x$ | 월말 | 560( = ₩8,000 × 70% × 10%) |
| | ₩4,760 | | ₩4,760 |

그러므로, 4월 상품구입액은 ₩4,340이다.

**06** ①

**key**

4월 제품생산량에 해당하는 원재료가 4월에 사용되고, 5월 제품생산량에 해당하는 원재료의 5%를 4월말 원재료재고로 보유한다.

1) 제품생산량

| 4월 | | | |
|---|---|---|---|
| 월초 | 250단위 | 판매 | 2,500단위 |
| 생산 | 2,490 | 월말 | 240[1] |
| | 2,740단위 | | 2,740단위 |

| 5월 | | | |
|---|---|---|---|
| 월초 | 240단위 | 판매 | 2,400단위 |
| 생산 | 2,430 | 월말 | 270[2] |
| | 2,670단위 | | 2,670단위 |

[1] 5월 판매량 × 10%

[2] 6월 판매량 × 10%

그러므로, 4월 생산량은 2,490단위이고, 5월 생산량은 2,430단위이다.

2) 4월의 원재료 구입예산액

| 4월 | | | |
|---|---|---|---|
| 월초 | 249[1] | 사용 | 4,980( = 2,490단위 × 2kg) |
| 매입 | 4,974 | 월말 | 243( = 2,490단위 × 2kg × 5%) |
| | 5,223 | | 5,223 |

1) 4월 생산량 × 2kg × 5%

그러므로, 4월의 원재료 구입예산액은 4,974kg × ₩10 = ₩49,740이다.

**07** ④ 1) 매출채권 회수 일정

| | 당분기 | 다음분기 | 다다음분기 |
|---|---|---|---|
| 현금매출 | 40% | - | - |
| 외상매출 | 36%<br>( = 60% × 60%) | 18%<br>( = 60% × 30%) | 6%<br>( = 60% × 10%) |

2) 3분기에 예상되는 현금유입액

3분기 매출 × (40% + 36%) + 2분기 매출 × 18% + 1분기 매출 × 6%
= ₩200,000 × (40% + 36%) + ₩300,000 × 18% + ₩250,000 × 6%
= ₩221,000

**08** ② 1) 매출채권 회수일정

| | 당월 | 차월 |
|---|---|---|
| 현금매출 | 60% | - |
| 외상매출 | 40% × 30% = 12% | 40% × 70% = 28% |

2) 3분기 현금유입액

| | | |
|---|---|---|
| 3월분 | ₩80,000 × 60% + ₩80,000 × 40% × 30% = | ₩57,600 |
| 2월분 | ₩80,000 × 60% = | 33,600 |
| | | ₩91,200 |

**09** ② 1) 월별 매출원가

| | | 매출원가 |
|---|---|---|
| 1월 | ₩350,000 × (1 - 20%) = | ₩280,000 |
| 2월 | 420,000 × (1 - 20%) = | 336,000 |
| 3월 | 450,000 × (1 - 20%) = | 360,000 |

2) 월별 재고현황

| 1월 | | | |
|---|---|---|---|
| 기초 | - | 사용 | ₩280,000 |
| 매입 | ₩380,800 | 기말 | 100,800( = ₩336,000 × 30%) |
| | ₩380,800 | | ₩380,800 |

| 2월 | | | |
|---|---|---|---|
| 기초 | ₩100,800 | 사용 | ₩336,000 |
| 매입 | 343,200 | 기말 | 108,000( = ₩360,000 × 30%) |
| | ₩444,000 | | ₩444,000 |

그러므로, 2월 예상 현금지출액은 다음과 같다.

1월 매입액 × 30% + 2월 매입액 × 50%

= ₩380,800 × 30% + ₩343,200 × 50%

= ₩285,840

**10** ④ 2월 예상 현금회수 추정액

2월 매출액 × 70% + 1월 매출액 × 30%

= 2,000개 × ₩10 × 70% + 1,000개 × ₩10 × 30%

= ₩17,000

**11** ② key

> 매입원가의 130%로 매출액을 책정하므로 월별 매출액을 기준으로 월별 매출원가를 추정할 수 있다.

1) 4월 구매액

상품(4월)

| | | | |
|---|---|---|---|
| 기초 | ₩250,000 | 판매 | ₩1,000,000[2] |
| 매입 | $x$ | 기말 | 750,000[1] |
| | ₩1,750,000 | | ₩1,750,000 |

[1] 월말상품 재고
다음 달(5월) 매출원가 × 25%
= (₩3,900,000 ÷ 130%) × 25%
= ₩750,000

[2] 당월(4월) 매출원가
= ₩1,300,000 ÷ 130%
= ₩1,000,000

그러므로, 4월 매입량을 $x$라 하면, $x$는 ₩1,500,000이다.

2) 5월 구매액

상품(5월)

| | | | |
|---|---|---|---|
| 기초 | ₩750,000 | 판매 | ₩3,000,000[2] |
| 매입 | $x$ | 기말 | 500,000[1] |
| | ₩3,500,000 | | ₩3,500,000 |

[1] 월말상품 재고
다음 달(6월) 매출원가 × 25%
= (₩2,600,000 ÷ 130%) × 25%
= ₩500,000

[2] 당월(5월) 매출원가
= ₩3,900,000 ÷ 130%
= ₩3,000,000

그러므로, 5월 매입량을 $x$라 하면,

₩750,000 + $x$ = ₩3,500,000이므로 $x$는 ₩2,750,000이다.

3) 5월 중 예상 현금지출액은 다음과 같다

| | | |
|---|---|---|
| 당월(5월) 구매액 × 30% | ₩2,750,000 × 0.3 = | ₩825,000 |
| 전월(4월) 구매액 × 70% | 1,500,000 × 0.7 = | 1,050,000 |
| | | ₩1,875,000 |

그러므로, 5월에 매입대금 지급으로 인한 예상 현금지출액은 ₩1,875,000이다.

**12** ② 1) 매출채권 회수 및 매입채무 지급일정

| | 당월 | 차월 |
|---|---|---|
| 매출채권 회수 | 40% | 55% |
| 매입채무 지급 | - | 100% |

2) 월별 매출 및 매출원가

| | | 1월 | 2월 | 3월 |
|---|---|---|---|---|
| 매출 | | ₩600,000 | ₩450,000 | ₩900,000 |
| 매출원가 | ₩600,000 × 70% = | 420,000 | 315,000 | 630,000 |

3) 상품 매입액

상품(1월)

| | | | |
|---|---|---|---|
| 기초 | ₩60,000 | 판매 | ₩420,000 |
| 매입 | 391,500 | 기말 | 31,500[1] |
| | ₩451,500 | | ₩451,500 |

[1] 기말상품 재고
다음 달(2월) 매출원가 × 10%
= ₩315,000 × 10%
= ₩31,500

그러므로, 1월 상품매입액은 ₩391,500이다.

4) 현금증가액

| | | |
|---|---|---|
| 현금유입액 | | |
| 매출채권회수 | ₩450,000 × 0.4 + ₩600,000 × 0.55 = | ₩510,000 |
| 현금유출액 | | |
| 1월 매입액 | | (391,500) |
| | | ₩118,500 |

2월 한 달간 예상되는 현금유입액과 현금유출액의 차이는 ₩118,500이다.

## 14: 책임회계제도

**01** ③ **key**

원재료 예산배합비율은 1/4과 3/4이다.

| | AQ × SP | | Total AQ × BM × SP | | SQ × SP | |
|---|---|---|---|---|---|---|
| A | 160 × ₩200 = | ₩32,000 | 624 × 1/4 × ₩200 = | ₩31,200 | 300 × 0.5kg × ₩200 = | ₩30,000 |
| B | 464 × ₩120 = | 55,680 | 624 × 3/4 × ₩120 = | 56,160 | 300 × 1.5kg × ₩120 = | 54,000 |
| | 624 | ₩87,680 | 624 | ₩87,360 | 600 | ₩84,000 |

₩320 불리　　₩3,360 불리

**02** ⑤

**key**

예산에 의한 단위당 공헌이익은 (BP - SV)이며, 예산매출수량으로 매출배합을 계산할 수 있다.

| | AQ × (BP - SV) | | Total AQ × BM × (BP - SV) | | BQ × (BP - SV) | |
|---|---|---|---|---|---|---|
| A | 500 × ₩20 = | ₩10,000 | 2,500 × 0.4[1] × ₩20 = | ₩20,000 | 800 × ₩20 = | ₩16,000 |
| B | 2,000 × ₩4 = | 8,000 | 2,500 × 0.6 × ₩4 = | 6,000 | 1,200 × ₩4 = | 4,800 |
| | 2,500 | ₩18,000 | 2,500 | ₩26,000 | 2,000 | ₩20,800 |

₩8,000 불리 　　　　₩5,200 유리

[1] 제품 A 배합비율

$= \frac{800단위}{800단위 + 1,200단위}$

= 0.4

**03** ⑤

**key**

시장점유율차이과 시장규모차이는 총수량을 기준으로 분석하므로 예산평균공헌이익과 총판매량에 대한 예산점유율과 실제점유율에 대한 정보가 필요하다.

1) 예산평균공헌이익(BACM)

(₩1,200 - ₩700) × 0.25 + (₩900 - ₩500) × 0.75 = ₩425

2) 시장점유율

- 예산점유율: 80,000대 ÷ 800,000대 = 10%
- 실제점유율: 84,000대 ÷ 700,000대 = 12%

3) 시장점유율차이

| 실제규모 × 실제점유율 × BACM | 실제규모 × 예산점유율 × BACM | 예산규모 × 예산점유율 × BACM |
|---|---|---|
| 700,000 × 0.12 × ₩425 = ₩35,700,000 | 700,000 × 0.1 × ₩425 = ₩29,750,000 | 800,000 × 0.1 × ₩425 = ₩34,000,000 |

₩5,950,000F

**04** ⑤

**key**

매출수량차이는 시장점유율차이와 시장규모차이로 구분할 수 있다. 복수제품의 경우 매출수량차이는 매출배합이 일정한 상태에서 전체 수량에 대한 차이이므로 예산평균공헌이익(BACM)을 계산한 후 규모와 점유율에 대한 차이를 구분할 수 있다.

1) 예산평균공헌이익

₩60 × 0.25 + ₩45 × 0.75 = ₩48.75

2) 예산점유율

| 실제규모 × 실제점유율 × BACM | 실제규모 × 예산점유율 × BACM |
|---|---|
| 1,050,000 × 12% × ₩48.75 = ₩6,142,500 | 1,050,000 × 10% × ₩48.75 = ₩5,118,750 |

₩1,023,750 유리

**05** ④ ※ 자료정리

| AQ | AP - SV | BP - SV | BQ |
|---|---|---|---|
| 110단위 | ₩30 - ₩10 = ₩20 | ₩25 - ₩10 = ₩15 | 100단위 |

①②

| AQ × (AP - SV) | AQ × (BP - SV) | BQ × (BP - SV) |
|---|---|---|
| 110단위 × (₩30 - ₩10) = ₩2,200 | 110단위 × (₩25 - ₩10) = ₩1,650 | 100단위 × (₩25 - ₩10) = ₩1,500 |

₩550 유리　　₩150 유리

③ 변동원가차이는 ₩1,100 불리하다.

| 실제 | 변동예산 |
|---|---|
| 110단위 × ₩20 = ₩2,200 | 110단위 × ₩10 = ₩1,100 |

₩1,100 불리

④ 변동예산차이는 ₩650 불리하다.

| | 실제결과 | 변동예산 |
|---|---|---|
| 판매량 | 110단위 | 110단위 |
| 매출액 | ₩3,300 | ₩2,750( = 110단위 × ₩25) |
| 변동원가 | (2,200) | (1,100)( = 110단위 × ₩10) |
| 고정원가 | (600) | (500) |
| 영업이익 | ₩500 | ₩1,150 |

⑤ 고정원가 예산차이는 ₩100 불리하다.

| 실제발생액 | 예산 |
|---|---|
| ₩600 | ₩500 |

₩100 불리

**06** ⑤ 제품가격을 P라 하면,

$$\frac{(P - 140) \times 15,000 - 490,000}{2,000,000} = 0.16$$이므로,

P는 ₩194이다.

**07** ② key

> 투자금액, 영업이익 및 최저필수수익률을 이용하여 투자수익률과 잔여이익을 계산할 수 있다.

A사업부가 투자수익률로 평가하든 잔여이익으로 평가하든 더 우수하다.

| | ROI | RI |
|---|---|---|
| A사업부 | $\frac{20,000,000}{250,000,000} = 8\%$ | ₩20,000,000 - ₩250,000,000 × 0.06 = ₩5,000,000 |
| B사업부 | $\frac{22,500,000}{300,000,000} = 7.5\%$ | ₩22,500,000 - ₩300,000,000 × 0.06 = ₩4,500,000 |

그러므로, ROI, RI 모두 A사업부가 우수하다.

**08** ②

**key**

잔여이익과 경제적 부가가치는 각각 최저필수수익률과 가중평균자본비용을 적용한다.

- 잔여이익: ₩230,000 - ₩1,200,000 × 10% = ₩110,000
- 경제적 부가가치: ₩230,000 × (1 - 0.3) - ₩1,200,000 × 12% = ₩17,000

## 15: 불확실하의 의사결정

**01** ⑤ 1) 성과표 작성

| 상황 / 대안 | 히트상품 (40%) | 보통상품 (60%) | 기대이익 |
|---|---|---|---|
| 기계A 구입 | ₩120,000 | ₩40,000 | ₩72,000 |
| 기계B 구입 | 150,000 | 10,000 | 66,000 |

2) 기회손실표 작성

| 상황 / 대안 | 히트상품 (40%) | 보통상품 (60%) | 기대기회손실 |
|---|---|---|---|
| 기계A 구입 | ₩30,000 | - | ₩12,000 |
| 기계B 구입 | - | ₩30,000 | 18,000 |

3) 완전정보하의 기대성과

= ₩150,000 × 40% + ₩40,000 × 60%

= ₩84,000

4) 완전정보의 기대가치

= ₩84,000 - ₩72,000

= ₩12,000

조건부 손실의 기댓값을 최소화하는 대안은 기계A를 구입하는 것이다.

**02** ⑤

**key**

(주)목포입장에서 갑회사의 판매량이 미래 불확실한 상황이고 임대료에 조건이 선택할 수 있는 대안이다.

| | 1,000단위 (0.4) | 2,000단위 (0.6) | 기댓값 |
|---|---|---|---|
| 대안 1 | ₩90,000[1] | ₩130,000 | ₩114,000[2] |
| 대안 2 | 70,000 | 140,000 | 112,000 |

[1] 1,000 × ₩40 + ₩50,000

[2] ₩90,000 × 0.4 + ₩130,000 × 0.6

그러므로, 대안 1을 선택하며 이 때의 기댓값은 ₩114,000이다.

**03** ③

**key**

공정을 조사하지 않는 경우의 기대비용을 이용하여 공정이 비정상인 확률을 추정한 후, 공정을 조사하는 경우 기대비용을 이용하여 교정비용을 추정할 수 있다.

1) 성과표

| | 정상 (1 - P) | 비정상 (P) | 기대비용 |
|---|---|---|---|
| 조사 ○ | ₩10,000 | ₩10,000 + $x$ | ₩19,000(*) |
| 조사 × | - | 70,000 | 21,000 |

2) 비정상확률(P)

₩70,000 × P = ₩21,000이므로, P는 30%이다.

3) 교정비용

₩10,000 × 70% + (₩10,000 + $x$) × 30% = ₩19,000이므로, $x$는 ₩30,000이다.

4) 확률과 교정비용을 반영한 성과표

| | 정상 (70%) | 비정상 (30%) | 기대비용 |
|---|---|---|---|
| 조사 ○ | ₩10,000 | ₩10,000 + ₩30,000 | ₩19,000(*) |
| 조사 × | - | 70,000 | 21,000 |

5) 완전정보하의 기대성과

₩0 × 0.7 + ₩40,000 × 0.3 = ₩12,000

그러므로, 최대지불가능금액은 ₩19,000 - ₩12,000 = ₩7,000이다.

**04** ②

**key**

기계 A의 기대이익과 완전정보의 기대가치(EVPI)를 이용하여 완전정보하의 기대성과를 추정할 수 있다. 완전정보하의 기대성과를 근거로 K를 추정할 수 있다.

1) 기계 A의 기대가치

₩9,000 × 0.4 + ₩1,000 × 0.6 = ₩4,200

2) 완전정보하의 기대성과

기계 A의 기대가치 + 완전정보의 기대가치(EVPI)

= ₩4,200 + ₩600

= ₩4,800

₩9,000 × 0.4 + K × 0.6 = ₩4,800이므로, K는 ₩2,000이다.

**05** ①

**key**

두 제품의 판매가격, 단위당 변동원가 및 고정원가는 동일하므로 각 제품의 기대판매량을 계산한 후 기대영업이익을 계산한다.

1) 기대판매량

- 하늘색: 0 + 20,000 + 40,000 + 120,000 + 80,000 = 260,000
- 핑크색: 5,000 + 10,000 + 40,000 + 60,000 + 160,000 = 275,000

2) 기대영업이익

- 하늘색: 260,000 × ₩2 - ₩200,000 = ₩320,000
- 핑크색: 275,000 × ₩2 - ₩200,000 = ₩350,000

그러므로, 핑크색의 기대영업이익이 ₩30,000만큼 더 크다.

**06** ④

**key**

기대판매량을 이용하여 기대영업이익을 계산할 수 있다.

1) 기대판매량

(3,000단위 + 400단위) × 0.6 + (3,000단위 + 200단위) × 0.4
= 3,320단위

2) 손익구조

| | |
|---|---|
| p | ₩80( = ₩240,000 ÷ 3,000단위) |
| vc | 45( = ₩135,000 ÷ 3,000단위) |
| cm | ₩35 |
| FC | ₩40,000 |

- 판촉 전 영업이익 3,000단위 × ₩35 - ₩40,000 = ₩65,000
- 판촉 후 기대영업이익 3,320단위 × ₩35 - (₩40,000 + ₩10,000) = ₩66,200

그러므로, 기대영업이익은 ₩66,200 - ₩65,000 = ₩1,200만큼 증가한다.

## 16: 전략적 원가관리

**01** ④

① 제약이론을 원가관리에 적용한 재료처리량공헌이익(throughput contribution)은 매출액에서 재료원가를 차감하여 계산한다.

② 수명주기원가계산에서는 공장자동화가 이루어지면서 제조단계보다는 제조이전단계에서의 원가절감 여지가 매우 높아졌다고 본다.

③ 목표원가계산은 제조이전과정에서의 원가절감을 강조한다.

⑤ 품질원가계산에서는 내부실패원가와 외부실패원가를 실패원가라 하며, 예방 및 평가활동을 통해 이를 절감할 수 있다.

**02** ③

제품을 검사하는 것과 관련이 있는 품질원가는 평가원가이다.

**03** ④

**key**

가치사슬원가계산은 제조이전활동원가와 제조이후활동원가를 각각 상류원가와 하류원가로 분류한다.

① 카이젠원가계산은 제품제조단계에서의 지속적인 원가절감에 초점을 둔다.

② 목표원가계산기법은 제품제조 이전단계에서의 원가절감을 강조한다.

③ 제품수명주기원가계산은 제품제조 이전단계에서의 원가절감을 강조하며 제품수명주기상 모든 단계별 원가의 상호관련성에 대한 분석이 가능하다.

⑤ 품질원가분석에 있어서 제품보증수리비용은 외부실패원가에 해당한다.

**04** ⑤

**key**

적시생산시스템(JIT)은 주문이 들어왔을 때 제품을 생산하는 것으로 필요한 만큼의 재고를 적시에 공급받아 재고를 최소화하는 시스템을 말한다.

적시생산시스템(JIT)은 재고관리를 중요하게 생각하며, 다른 생산시스템보다 안전재고의 수준을 최소화한다.

**05** ③

설계엔지니어링 원가 + 부품 공급업체평가 원가 + 종업원 품질교육 원가
= ₩1,500 + ₩600 + ₩1,100
= ₩3,200

**06** ④

1) 예방원가: 품질교육, 설계개선작업
2) 평가원가: 완성품검사
3) 내부실패원가: 불량재공품재작업,
4) 외부실패원가: 반품재작업, 품질에 따른 판매기회상실 기회비용, 보증수리

그러므로, 외부실패원가는 ₩500 + ₩700 + ₩200 = ₩1,400이다.

**07** ②

**key**

유형별 품질원가를 집계한 후 예방원가와 외부실패원가 증분손익을 계산한다.

1) 유형별 품질원가

| 유형 | 활동 | 금액 |
|---|---|---|
| 예방원가 | 납품업체 평가, 품질교육훈련 | ₩500 + ₩1,000 = ₩1,500 |
| 평가원가 | 완제품 검사, 재공품 검사 | ₩700 + ₩300 = ₩1,000 |
| 내부실패원가 | 공손품 재작업, 불량품 폐기 | ₩400 + ₩600 = ₩1,000 |
| 외부실패원가 | 보증수리원가, 반품 재작업 | ₩2,000 + ₩1,000 = ₩3,000 |

2) 증분손익

| | | | |
|---|---|---|---|
| 증분수익 | | | |
| 증분비용 | 예방원가 증가 | ₩1,500 × 50% = | 750 |
| | 외부실패원가 절감 | ₩3,000 × 40% = | (1,200) |
| 증분이익 | | | ₩450 |

그러므로, ₩450만큼 증가한다.

**08** ⑤

예방 및 평가원가가 증가하면 내부실패와 외부실패원가는 감소한다.

**09** ⑤

**key**

제품별 이익을 계산하기 위해서는 총공헌이익에서 고정원가를 차감해야 한다.

① ₩5,000 × (1 - 0.3) = ₩3,500

② 목표판매량을 Q라 하면,
(₩5,000 - 2,500) × Q - ₩2,000,000 ≥ ₩5,000 × 0.3 × Q
그러므로, Q ≥ 2,000단위

③ ₩4,000 × (1 - 0.3) = ₩2,800

④ 목표판매량을 Q라 하면,
(₩4,000 - 1,900) × Q - ₩2,000,000 ≥ ₩4,000 × 0.3 × Q
그러므로, Q ≥ 2,222단위
따라서, 2,500단위를 판매할 경우 목표이익률을 달성할 수 있다.

⑤ • 신제품 A의 이익(2,000단위): ₩2,500 × 2,000 - ₩2,000,000 = ₩3,000,000
• 신제품 B의 이익(2,500단위): ₩2,100 × 2,500 - ₩2,000,000 = ₩3,250,000
신제품 B가 더 유리하다.

MEMO

MEMO

## 정윤돈

**약력**
성균관대학교 경영학과 졸업
한국공인회계사, 세무사

현 | 해커스 감정평가사 교수
현 | 해커스 경영아카데미 교수
현 | 해커스공무원 교수
현 | 해커스금융 교수
현 | 미래세무회계 대표 회계사
현 | 삼일아카데미 외부교육 강사

전 | 삼정회계법인 감사본부(CM본부)
전 | 한영회계법인 금융감사본부(FSO)
전 | 한영회계법인 금융세무본부(FSO TAX)
전 | 대안회계법인 이사
전 | 이그잼 경영아카데미 재무회계 전임(회계사, 세무사)
전 | 합격의 법학원 재무회계 전임(관세사, 감평사)
전 | 와우패스 강사(CFA - FRA, 신용분석사, 경영지도사)
전 | KEB하나은행, KB국민은행, 신한은행, IBK기업은행, 부산은행 외부교육 강사

**저서**
해커스 감정평가사 회계학 1차 기본서
해커스 감정평가사 회계학 1차 기출+예상문제집
해커스 IFRS 정윤돈 회계원리
해커스 IFRS 정윤돈 중급회계 1/2
해커스 IFRS 정윤돈 고급회계
해커스 IFRS 정윤돈 재무회계 키 핸드북
해커스 IFRS 정윤돈 객관식 재무회계
해커스 IFRS 정윤돈 재무회계연습
해커스공무원 정윤돈 회계학 재무회계 기본서
해커스공무원 정윤돈 회계학 단원별 기출문제집
해커스공무원 정윤돈 회계학 원가관리회계·정부회계 기본서
해커스 세무사 IFRS 정윤돈 재무회계 1차 FINAL
해커스 신용분석사 1부 이론+적중문제+모의고사

## 엄윤

**약력**
홍익대학교 경영대학원 세무학 석사
서울벤처대학원대학교 경영학 박사수료
한국공인회계사, 세무사

현 | 해커스 감정평가사 교수
해커스 경영아카데미 교수
현 | 나무회계사무소 대표
세무회계사무소 윤 대표
안세회계법인
하나금융경영연구소
웅지세무대학 조교수
한국사이버대학, 목원대학교 겸임교수
아이파경영아카데미, 한성학원 회계학 교수
삼일인포마인, 조세일보 칼럼니스트

**저서**
해커스 감정평가사 회계학 1차 기본서
해커스 감정평가사 회계학 1차 기출+예상문제집
해커스 允원가관리회계
해커스 객관식 允원가관리회계
해커스 회계사·세무사 允원가관리회계 1차 기출문제집
해커스 세무사 允원가관리회계 2차 핵심문제집
해커스 세무사 允원가관리회계연습
해커스 회계사 允원가관리회계연습



**2026 대비 최신개정판**

# 해커스 감정평가사 회계학 1차 기출+예상문제집

**개정 2판 1쇄 발행 2025년 8월 28일**

| | |
|---|---|
| **지은이** | 정윤돈, 엄윤 공편저 |
| **펴낸곳** | 해커스패스 |
| **펴낸이** | 해커스 감정평가사 출판팀 |
| **주소** | 서울특별시 강남구 강남대로 428 해커스 감정평가사 |
| **고객센터** | 1588-2332 |
| **교재 관련 문의** | publishing@hackers.com<br>해커스 감정평가사 사이트(ca.Hackers.com) 1:1 고객센터 |
| **학원 강의 및 동영상강의** | ca.Hackers.com |
| **ISBN** | 979-11-7404-410-5 (13320) |
| **Serial Number** | 02-01-01 |